나폴레옹 전쟁

Essential Histories Special 4

THE NAPOLEONIC WARS : THE RISE AND FALL OF AN EMPIRE

First published in Great Britain in 2004 by Osprey Publishing Ltd.,
Midland House, West Way, Botley, Oxford OX2 0PH, UK.
All rights reserved.

Korean language translation ⓒ 2020 by Planet Media Publishing Co.

KODEF 세계 전쟁사 ④

나폴레옹 전쟁

근대 유럽의 탄생

그레고리 프리몬-반즈 · 토드 피셔 지음
박근형 옮김

플래닛미디어
Planet Media

정말 놓쳐서는 안 될 역사서

연기가 자욱한 1815년 6월 18일 저녁 오후 7시 반을 조금 지날 무렵, 나폴레옹의 황제근위대가 마지막 공격에 나섰다. 그들은 황제의 타격대이자 전투로 단련된 고참병들로, 오후의 전투를 통해 위태로울 만치 약화된 적진에 치명타를 가할 찰나였다. 기울어가는 태양은 구름과 더불어 근위대의 대열로 포탄과 파편, 산탄 따위를 퍼붓는 낮은 언덕 위의 야포들이 뿜는 초연에 가려 모습을 감췄다. 그러나 포격만으로는 밀집 종대를 이룬 채 북소리의 격려에 이끌려 황제의 시선을 받아가며 무수한 말과 사람들의 시신이 널린 무른 대지 위로 독수리가 새겨진 군기를 앞세워 전진하는 최정예 병사들을 막을 수 없었다. 오후의 돌격에서 살아남은 병력의 지원을 받은 나폴레옹의 둘도 없는 병사들은 바닥에 쓰러진 채 포격으로 검게 그을린 호밀밭을 지나 완만한 비탈로 접어들며 이 한 번의 공격 앞

4

에 무너져 내릴 적을 향해 다가갔다.

황제근위대 병사 대부분은 그 적을 상대해본 적이 없었다. 이 영국 보병들은 반도 전쟁의 백전노장들이었으며, 비장의 필살기인 머스켓의 일제사격술을 갈고닦은 이들이었다. 그것은 나폴레옹 전쟁의 절정이자 역사를 뒤흔들 순간이었다. 근위대원들은 이를 알 수 없었겠지만 그들의 앞에는 패배가 놓여 있었고, 그들의 패배와 함께 독수리 군기도, 황제도, 20여 년간의 전쟁도 종말을 고했다.

1793년부터 시작된 이 전쟁은 나폴레옹 전쟁을 통해 그 2막에 접어든 기나긴 항쟁으로, 프랑스 혁명에 의해 촉발되었다. 그 세월 동안 모스크바와 워싱턴처럼 멀리 떨어진 수도들이 불에 탔고, 인도와 이집트, 카리브 해, 남아메리카 등이 싸움의 무대가 되었다. 그것은 가히 세계대전이나 다름없었지만, 여전히 그 중심에는 유럽이, 유럽의 중심에는 프랑스가, 그리고 프랑스의 중심에는 워털루Waterloo의 능선에서 끝난 이 거대한 투쟁에 자신의 이름을 새긴 사나이, 나폴레옹 보나파르트가 서 있었다.

나폴레옹 전쟁이라는 대서사시는 일부 영국인들이 성서의 문구를 빌려 "그 어떤 이유로도 거부할 수 없는 평화"라고 빈정대기도 한 1802년의 아미앵 조약Treaty of Amiens으로 그 막을 올렸다. 영국과 프랑스가 맺은 이 조약은 기껏해야 양국 간의 타협할 수 없는 야망이 막다른 골목에 놓인 순간 재발할 또 다른 전쟁을 낳을 수밖에 없는 회의적인 평화였으며, 그들이 놓고 다툰 것은 다름 아닌 지구의 패권이었다. 무적의 영국 함대는 이미 전 세계의 바다를 지배하고 있었지만, 그 같은 지배에는 특정한 목표, 바로 무역 문제가 얽혀 있었다. 나폴레옹은 영국을 두고 장사치들의 나라라고 비아냥댔지만, 세계 최강대국으로의 등극이라는 프랑스의 야망을 실현시키려면 바로 이 장사치들을 굴복시켜야만 했다. 영국을 무너뜨린다면 그들의 불어나던 제국도 프랑스에게 넘어와 향신료와 설탕, 면화,

각종 광물 등을 비롯한 방대한 세계 무역이 파리를 통해 진행될 테고, 이렇게 해서 더 많은 이익을 챙기게 될 프랑스는 더욱더 부강해져 영광을 누릴 터였다.

이리하여 이야기는 패권다툼으로 넘어가게 되는데, 그 시작은 분명 프랑스에게 유리한 듯 보였다. 영국은 실로 엄청난 함대를 보유하고 있었지만, 육군의 규모가 너무 작았던 데다가 유럽 대륙의 연합국들마저 대부분 부활한 프랑스에게 패배의 굴욕을 맛본 상태였다. 혁명에 따른 혼란에도 불구하고 그 난국을 딛고 일어선 프랑스는 징병제 군대가 일궈낸 승리로 유럽을 경악시켰고, 그러한 승리의 상당수는 나불리오네 부오나파르테Nabulione Buonaparte라는 세례명을 가진 젊은 장교의 지휘에 의한 것이었다. 그가 세상에 나온 1769년은 장차 웰링턴Wellington 공이 될 아서 웰즐리Arthur Wellesley가 태어난 해이기도 했다. 웰즐리가 귀족이란 혜택을 타고난 데 반해, 나폴레옹의 가족은 귀족의 혈통만 자처했을 뿐 가난에 찌든 집안이었다. 유럽의 변방에 위치한 황량한 땅 코르시카Corsica가 지금처럼 프랑스의 지배에 저항하고 있던 그 무렵, 나폴레옹은 잠시 코르시카 독립운동에 발을 들이는 듯하더니 곧 프랑스로 이주해 포병 장교가 되기 위한 훈련을 받았다. 그의 벼락출세는 그때부터 시작되었다. 1792년에 소위였던 그는 이듬해 툴롱Toulon에서 영국 함대를 몰아내는 빛나는 전공을 세우며 불과 24세에 준장으로 진급했다. 2년 뒤, 휘하 포병대로 파리 폭동을 진압한 그는 오스트리아군과 전투 중인 북부 이탈리아 주둔 프랑스군의 사령관으로 영전했다. 프랑스군은 그곳에서 고전을 면치 못하고 있었지만, 아직 20대 중반에 불과했던 젊은 장군은 전투에 관한 자신의 재능을 한껏 펼쳐보였다. 결과는 오스트리아군의 굴욕이었다.

이 전투로 나폴레옹은 유명인사가 되었지만, 젊고 연예인 뺨치는 외모로 인해 이것이 전혀 어색하게 느껴지지 않았다. 훗날 비대해진 그의 몸과 달리, 군사 정복에 관한 그의 야망은 항상 젊음의 패기를 잃지 않았다. 이탈리아 전투를 성공적으로 마무리한 그는 이집트 정복이라는 야심 찬 계획을 내놓았고, 이로써 영국에 저항 중인 인도로 이어지는 초석을 놓을 수 있을 것이라고 주장했다. 그는 이집트를 점령하는 데 성공했지만, 그의 함대가 아부키르Aboukir 만에서 호레이쇼 넬슨Horatio Nelson 제독의 함대에게 전멸당하자, 사실상 사막에 발이 묶인 신세가 되고 말았다. 실패한 원정이었음에도 군대를 버려둔 채 영국군의 해상 봉쇄를 뚫고 프랑스로 되돌아온 나폴레옹은 이집트 원정을 성공작으로 호도했다. 그가 파리로 돌아올 무렵, 프랑스는 또다시 과도 혁명정부가 붕괴되는 혼란에 휩싸여 있었고, 이 난장판 속에서 나폴레옹은 권력을 장악할 수 있었다. 그는 프랑스 정부를 이끌 3명 가운데서도 수석 통령이 되었지만, 셋 중의 하나라는 위치는 결코 그를 만족시킬 수 없었다. 나폴레옹은 다시 한 번 전쟁을 이용해 자신의 위상을 드높이기로 했다. 여전히 유럽 대륙에서 프랑스의 가장 강력한 적이었던 오스트리아를 상대로 제2차 이탈리아 원정을 펼친 나폴레옹은 상대를 완패시켜 평화조약을 맺으며 방대한 영토를 얻어냈다. 이는 또 한 번의 엄청난 승리였고, 그 대가로 나폴레옹은 황제에 즉위했다. 이제 35세가 된 그는 프랑스의 유일한 통치자이자 전 유럽이 가장 두려워하는 군인으로 떠올랐다.

　나폴레옹 전쟁의 시작은 이때부터였다. 오스트리아의 패전 직후 영국과 프랑스가 맺은 아미앵 평화조약의 수명은 고작 1년여에 불과했다. 프랑스 제국의 팽창에 나선 나폴레옹이 풍부한 설탕 산지인 서인도 제도 같은 해외 영토에 눈독을 들이자, 이를 자신들의 무역 우위에 대한 위협으로 여긴 데다가 항상 유럽 본토에서 절대 강자의 출현을 경계해온 영국은 전쟁을 재개했고, 이후 12년 동안 꺼지지 않을 전화가 타올랐다. 지금부터 여러분이 접할 이야기는 이렇게 시작되며, 끝없는 공포와 유혈극, 영응답으로 장식될 이 장엄한 드라마는 할리우드의 그 어떤 각본가나 역사소설가도 감히 짜내지 못할 것 같은 극적인 결말로 막을 내리게 된다. 이야기는 때때로 복잡하게 전개되기도 했다. 애당초 영국 침공으로 일거에 전쟁을 끝낸다는 나폴레옹의 단순한 계획은 넬슨의 트라팔가르Trafalgar 승리로 침공이 좌절되면서 영국의 이원전략으로 이어졌다. 영국은 유럽 대륙의 연합국들을 독려해 육상에서 프랑스를 공격하도록 하는 한편, 해군력을 동원해 프랑스의 해상무역을 옥죄는 가운데 나폴레옹의 침략이 스페인과 포르투갈에서 난초에 부딪치는 기회를 맞자 곧 자신들의 소규모 육군으로 전쟁에 개입했다. 그 결과물이 바로 나폴레옹을 굴복시키는 데 있어서 영국 육군이 한 가장 커다란 기여이자 내 소설 속 영웅 리처드 샤프Richard Sharpe의 활동 무대이기도 한 반도 전쟁이었다. 이 전쟁은 사실상 곁가지에 불과했지만 프랑스의 전력을 빨아들였고, 그 과정에서 재기에 성공한 영국 육군은 자신이 당대 최고의 군인임을 입증해낸 웰링턴 공의 지휘 아래 있었다. 웰링턴은 나폴레옹과 맞붙어본 적이 없었지만, 마침내 1815년 6월에 브뤼셀Brussels 남쪽의 비에 젖은 능선인 워털루의 참혹한 격전장에서 마주쳤고, 이 유혈극으로 세계를 제패할 유일한 절대강국이 된 영국은 한 세기 뒤 새로운 군대와 새로운 야망이 유럽을 산산이 갈라놓을 때까지 그 자리를 지켰다.

나폴레옹 전쟁에 관해서는 무수한 책들이 나와 있다. 내 책장에만 2,000권이나 되는 관련 서적들로 가득하지만, 내가 언제나 샤프에게 안겨줄 새로운 난관을 구상하며 뽑아드는 것은 훌륭한 저술과 알기 쉬운 내용으로 나의 작업을 돕는 오스프리Osprey 출판사의 책들이다. 프랑스 후사르들이 입던 군복의 색상이나 스페인 척탄병들이 정확히 어떤 무기들을 들고 다녔는지를 알고 싶을 때도 내 손은 어김없이 오스프리의 책들로 향한다. 이제 오스프리 출판사가 그 동안의 나폴레옹 전쟁 관련 내용들을 모아 한 권으로 묶은 덕분에 독자 여러분도 뛰어난 삽화들과 더불어 간결하면서도 명확한 이야기를 전달하는 오스프리 출판물들의 장점을 체험할 수 있게 되었다. 정말로 놓쳐서는 안 될 역사서인 이 책에 저자인 토드 피셔Todd Fisher와 그레고리 프리몬-반즈Gregory Fremont-Barnes는 생동감을 불어넣었다. 자, 이제 19세기의 여명기로 들어가 전쟁의 열정을 탐닉하는 전능한 황제 곁에 선 자신을 상상해보자. …… 그리고 끝까지 읽어주시길.

버나드 콘웰Bernard Cornwell

나폴레옹 전쟁이라는 대서사시

배경

나폴레옹 보나파르트^{Napoléon Bonaparte}는 1799년 11월의 쿠데타로 수석 집정관에 취임하면서 프랑스 병사들에게 다음과 같은 심상치 않은 포고문을 발표했다.

"문제는 더 이상 제군들의 국토 방어가 아니라 적국의 침공이다."

이로써 전 세계, 무엇보다 영국을 겨냥한 도전장이 던져졌다. 프랑스는 혁명의 방어에서 나아가 보다 원대하되 목표가 불분명한 영토 확장 전쟁에 발을 들여놓은 것이다.

1793년, 오스트리아와 프로이센, 스페인, 네덜란드 연방공화국, 영국이 최초의 대프랑스 동맹을 결성한 바로 그 해, 약관의 나폴레옹 보나파르트는 영국 해군의 봉쇄로부터 툴롱을 해방시키며 자신의 저력을 드러냈다. 같은 해, 오스트리아와 사르데냐군에 맞선 프랑스군의 지휘를 맡은 그는 다시 한 번 자신의 스타성을 과시했다.

1798년 5월, 나폴레옹은 오스만 제국의 정복을 꾀하며 툴롱을 떠나 이집트로 향했다. 프랑스 함대가 아부키르 만에서 영국 함대에게 궤멸당하고, 프랑스 육군마저 아크레Acre(이스라엘 북부의 항구 도시) 점령에 실패하자, 나폴레옹은 군대보다 앞서 파리로 돌아왔다.

1800년 6월 14일, 알프스를 넘어 공세에 나선 나폴레옹은 우세한 오스트리아군에 맞선 마렝고Marengo 전투*에서 패배의 문턱까지 갔다가 끝내 승리를 거뒀다. 이 사건에 이어 1801년 2월, 뤼네빌 조약Treaty of Lunéville ** 이 체결되었다.

나폴레옹은 1802년에 들어서자 영국과 아미앵 조약***을 맺는 데 합의했을 뿐만 아니라, 바티칸과도 정교협약을 맺으며 종신 집정관 취임을 선언했다.

● 본문의 주는 옮긴이 주임.

* **마렝고 전투** 나폴레옹은 통령統領에 취임하면서 오스트리아에 화약和約을 제안했는데, 이것이 거절되자 4만의 군대를 이끌고 알프스를 넘어 이탈리아 밀라노를 거쳐 마렝고 평야에서 오스트리아군 7만과 대치했다. 6월 13일 멜라스 장군 지휘하의 오스트리아군의 기습을 받아 한때 패색이 짙었으나, 이튿날 드제의 구원하에 반격을 가하여 오스트리아군의 반을 포로로 잡는 승리를 거두었다. 이 싸움에서 약 9,000명의 오스트리아군과 약 4,000명의 프랑스군이 전사했으며, 이를 계기로 이후 뤼네빌 조약을 맺어 이탈리아 영토를 프랑스 지배하에 두었다.

** **뤼네빌 조약** 나폴레옹은 1799년 12월 영국과 오스트리아에 화평을 제의했으나 거절당하자, 1800년 5월 알프스를 넘어 이탈리아로 원정을 떠나, 6월에 오스트리아군을 마렝고 전투에서 격파했다. 또 남독일의 라인 지방 작전에서도 모로의 프랑스군이 승리했으므로 나폴레옹은 탈레랑을 오스트리아에 파견하여 1801년 2월 뤼네빌 조약을 체결했다. 이 조약으로 나폴레옹은 이탈리아의 치사르피나 · 리구리아 공화국을 프랑스의 보호령으로 만들고, 또 라인 강 좌안과 벨기에, 룩셈부르크 등을 할양받아 영토를 확장했다.

*** **아미앵 조약** 1802년에 나폴레옹 전쟁 중 북프랑스의 아미앵에서 프랑스가 영국, 스페인, 네덜란드와 맺은 평화조약으로, 프랑스는 이 조약으로 1794년 이후 유럽에서 얻은 땅의 전부를 영토로 인정받았으며, 나폴레옹은 종신 통령으로 선출될 수 있도록 국내 체제를 정비할 수 있었다.

영국과의 평화는 더욱 맹렬한 기세로 전화가 치솟을 1803년 5월에 앞서 전열을 추스르는 휴지기가 되었다. 이후 1806년까지는 프랑스의 육상 장악과 함께 1805년 10월에 벌어진 트라팔가르 해전*의 역사적 승리로 대표되는 영국의 해상 장악 구도가 지속되었다.

나폴레옹은 대륙체제의 성립을 선언한 1806년 12월의 베를린 칙령** 이후, 유럽 본토의 봉쇄로 영국의 숨통을 죄려 했다. 그가 펼친 봉쇄망의 실질적인 약점은 이베리아 반도에 있었다. 카를로스 왕의 빈약한 왕권과 사악한 재상 마누엘 데 고도이Manuel de Godoy *** 아래 있던 스페인은 1795년 이후 공식적으로 프랑스의 동맹국이었다. 스페인은 참전에 별다른 열의가 없었고, 가장 기대할 만한 해군마저 트라팔가르 해전에서 영국 해군에게 치명타를 맞았다. 고도이는 1806년에 이르자, 프로이센에 가세해 남쪽으로부터 프랑스를 공격하려는 경솔한 발상을 했다. 그 무렵 독일에서 펼쳐진 전쟁에 매달린 와중에도 이 음모를 간파해낸 나폴레옹은 스페인에 동맹의 본분을 다할 것을 종용했다.

그는 스페인으로 하여금 제국의 원군으로서 정예 부대를 북부 독일로 파병하도록 요구했다. 공세에 쓸 주력이 빠져나간 스페인은 얌전히 전쟁을 관망해야만 했다.

나폴레옹의 포르투갈 항만 봉쇄가 추진되는 가운데 1807년 10월 21일, 고도이가 퐁텐블로 조약Treaty of Fontainebleau ****에 서명하자 스페인을

---

* 트라팔가르 해전 1805년 10월에 넬슨이 이끄는 영국 함대가 스페인의 트라팔가르 앞바다에서 프랑스와 스페인의 연합 함대를 격파한 싸움. 이 싸움으로 영국은 100여 년 동안 제해권을 차지했다.
** 베를린 칙령 1806년 11월에 나폴레옹이 영국을 압박하기 위해 베를린에서 대륙 봉쇄를 선언한 최초의 칙령.
*** 마누엘 데 고도이 19세기 스페인의 정치가. 영국과 동맹을 맺고 프랑스와 교전했다. 카탈루냐 전투에서 패배하고 1795년 바젤 화약을 체결해 '평화대공' 칭호를 받았다. 스페인군을 동원하여 포르투갈을 침공했다. 나폴레옹과 동맹을 맺어 영국군과 싸웠다.

경유한 프랑스군의 포르투갈 진공이 실현되었다. 앙도쉬 쥐노^{Andoche Junot} 장군 휘하의 1개 군이 11월에 리스본^{Lisbon}을 함락시키자 더 많은 프랑스군이 스페인으로 진주했다.

당시 스페인은 내전의 기로에 서 있었다. 국왕과 그의 아들 페르난도^{Fernando}의 주위에는 이들을 중심으로 서로 반목하는 세력들이 형성되었다. 페르난도가 아버지를 폐위시키고, 고도이를 투옥하자 양 진영이 하나같이 나폴레옹에게 지원을 요청했다. 1808년 5월, 양 진영의 세력은 바욘^{Bayonne}으로 모여들었다. 나폴레옹은 프랑스의 부패한 구지배층, 부르봉^{Bourbon} 왕가를 겪은 스페인 민중이 보다 자유주의 성향의 효율적인 정부에 환호하리라 오판하고 자기 형 조제프 보나파르트^{Joseph Bonaparte}를 왕좌에 앉혔다.

결과는 예상을 뒤엎는 것이었다. 1808년 7월 7일, 조제프는 부르고스^{Burgos}에서 대관식을 치렀지만, 반란이 진압된 뒤에야 마드리드^{Madrid}에 입성할 수 있었다. 그의 치세는 단명에 그쳤다. 프랑스군은 몇 차례 야전에서 패배를 겪었고, 조제프는 도착한 지 얼마 되지 않아 마드리드를 떠나야만 했다. 8월이 되자 스페인의 극히 일부만이 프랑스의 수중에 남겨졌다.

나폴레옹은 반격을 계획했다. 그 첫 단계로 그는 새로운 동맹국, 러시아 황제 알렉산드르 1세와 에어푸르트^{Erfurt}에서 회동을 가졌다. 알렉산드르 1세는 1805년에서 1807년 사이, 프랑스가 거둔 승리의 산물인 틸지트 조약^{Treaty of Tilsit}*을 통해 나폴레옹의 동맹이 되었다. 이에 앞서 오스트리

**** **퐁텐블로 조약** 1807년 10월 21일, 프랑스와 스페인은 퐁텐블로 비밀조약을 맺어 포르투갈 분할에 합의했고, 고도이는 포르투갈 남부에 있는 알가르베 왕국을 받았다.

* **틸지트 조약** 1807년 나폴레옹 1세와 프로이센의 프리드리히 빌헬름 3세가 체결한 강화 조약. 틸지트는 러시아 연방 칼리닌그라드 주 니멘 강 좌안에 위치한 도시다. 1806년 프로이센은 나폴레옹에게 선전을 포고했으나 예나 전투에서 패하고, 구원하러 온 러시아군도 같은 운명에 빠졌다. 전후 처리를 위해 1807년 2월, 러시아 황제 알렉산드르 1세와 나폴레

아가 프랑스의 동맹국이 될 기회가 있었지만, 지난 15년간의 전쟁에서 잃은 것을 되찾고자 또 다른 기회를 엿보기 위해 일언지하에 이를 거부했다. 이제 열강의 틈바구니에 낀 오스트리아는 나폴레옹에 맞설 새로운 전쟁의 도래를 고대하며 홀로 대륙에 남겨졌다.

1808년 9월에서 10월에 걸친 에어푸르트 회담은 나폴레옹이 형 조제프를 스페인의 왕좌에 복귀시키기 위해 스페인으로 향한 사이 프랑스의 주위를 평정하기 위한 것이었다. 알렉산드르 1세는 동맹의 취지에 부응하고 오스트리아에 대한 감시의 눈길을 늦추지 않기로 약속했지만, 사실 그의 본심은 다른 곳에 있었다. 나폴레옹의 특사인 탈레랑Talleyrand은 나폴레옹과 프랑스를 배신할 음모를 꾸몄다. 그는 에어푸르트 회담 내내 알렉산드르 1세에게 순응하는 척하라고 권고하면서 나폴레옹의 국가 기밀을 누설했다.

나폴레옹은 회담이 끝나자마자 서둘러 스페인 국경에 전개 중인 군대와 합류했다. 프랑스의 위신이 걸려 있었기 때문에 이를 회복하기 위해 11월 초에 나폴레옹은 군사 행동을 시작했다. 프랑스군은 마드리드를 되찾았지만, 이러한 노력은 나폴레옹 군대의 주력 대부분을 스페인 정복에 투입해야만 했다. 이들은 이제 스페인 군대나 게릴라뿐만 아니라 아서 웰즐리 경, 즉 훗날의 웰링턴 공작이 거느린 군대를 포르투갈에 상륙시킨 영국인과도 맞서야 했다.

오스트리아인들은 나폴레옹이 스페인에 묶여 있는 동안 자신들의 선택지를 가늠하기 시작했다. 1796년과 1800년, 1805년에 나폴레옹에게 당

옹은 니멘 강에 띄운 뗏목에서 회견했다. 이어서 프로이센 왕과는 7월에 화약이 성립되었다. 조약에는 엘베 강 좌안 전역이 웨스트팔리아 왕국으로 되고 나폴레옹의 아우 제롬이 원수元帥로 취임한다는 것과 단치히는 자유시가 된다는 것, 또 구폴란드령에 바르샤바 공국이 건설되고 작센 왕이 지배자를 겸한다는 것 외에 방대한 보상금과 군비의 제한이 프로이센에게 부과되었다.

한 패배의 원한을 간직한 그들은 복수의 기회를 엿보았다. 스페인에서 프랑스군이 당한 패배를 터무니없이 과장한 보고에 접한 오스트리아인들은 지금이 공격의 기회라고 믿었다.

우리는 뒤늦게 깨닫게 되었지만, 1807년 당시 나폴레옹으로서는 반도 전쟁Peninsular War*의 중요성을 내다볼 길이 없었다. 1805년에서 1807년 사이 펼쳐진 나폴레옹의 속전속결 전략은 고속 행군과 병력 집중에 근거한 것이었다. 군대는 길게 늘어진 보급선과 거추장스런 보급부대의 행렬, 그리고 지정된 보급창에 의존하기보다는 현지 징발을 통해 유지되었다. 즉, 나폴레옹의 군대는 이동 중에도 제 앞가림이 가능했고, 필요한 지점으로 최대한의 전력을 집중시킬 수 있었다. 이베리아 반도는 이러한 두 가지 조건을 고스란히 갖춘 곳이었다. 대육군은 이와 같은 조건에서 얼마간은 버틸 수 있었지만, 그렇다고 몇 년씩은 아니었다. 극도의 궁핍과 대부분 보잘것없는 샛길에 불과한 낙후된 도로망, 수로로 쓸 수 없는 강이나 험준한 산악지대는 방대한 병력과 마필로 이뤄진 군대에게 엄청난 장해물이었다.

프랑스군의 난제는 그들이 연합군 정규군뿐만 아니라 이베리아 반도의 평범한 주민들과도 적대관계에 놓임으로써 한층 더 악화되었다. 칼 폰 클라우제비츠Carl von Clausewitz**가 그로부터 몇 년 뒤 지적했듯이 "스페인에서 벌어진 전쟁은 민중 자신의 문제가 되어갔다." 알베르 드 로카Alber de Rocca같이 평범한 프랑스 노병은 자신과 동료들이 부딪힌 광신적 저항의 본질을 다음과 같이 짚어냈다.

---

* 반도 전쟁 1808년~1814년 나폴레옹의 이베리아 반도 침략에 저항하여 스페인, 영국, 포르투갈 동맹군이 벌인 전쟁. 이 전쟁은 나폴레옹의 군사지배체제에 금이 가기 시작한 직접적인 원인이 되었다.
** 칼 폰 클라우제비츠 1780~1831. 프로이센의 군인, 군사 이론가. 프로이센군의 근대화와 제도 확립에 공헌했으며, 저서로 『전쟁론Vom Kriege』이 있다.

우리는 [직업] 군대가 아닌, 대륙의 다른 나라들에 비해 태도나 의식, 심지어 국토의 특징마저 동떨어진 사람들과 싸우기 위해 이곳에 왔다. 스페인 사람들은 프랑스 정부의 목표가 이 반도를 속국으로 삼아 영원히 프랑스의 지배하에 놓는 것이라 믿으며 완강함을 넘어선 기세로 우리에게 저항하려 들었다.

실제로 프랑스군은 지형이나 주민, 어느 쪽도 우호적이지 않음을 빨리 깨달았다. 20세기 이전의 어떤 분쟁에서도 지역민의 저항과 자연 장해가 이토록 무시무시하게 결합된 경우는 없었다. 지형상 이베리아 반도는 눈 덮인 피레네 산맥부터 시에라모레나Sierra Morena의 타오르는 황무지까지 다양한 지형으로 이뤄져 있었다. 지형이나 기후만으로는 충분히 열악하지 않다는 듯 발진티푸스, 이질, 말라리아를 비롯한 전염병까지 지긋지긋하게 양측을 괴롭혔다.

스페인을 점령하려는 나폴레옹의 결단은 크나큰 판단착오임이 드러났다. 과거 서부와 중부 유럽의 점령지에서 얻은 경험대로라면 특별한 경우 외에는 프랑스의 지배, 심지어 일부는 보나파르트주의의 지배에 순응하는 것이 수동적인 현지인들의 일반적인 모습이었다. 스페인은 프랑스의 점령지 가운데서도 나폴레옹에게 완전히 정복되지 않은 곳이었다. 황제에게 정규군을 상대로 한 전쟁은 자신의 군대를 살아있는 전설의 반열에 올려놓은 기반이었다. 그러나 이베리아 반도에서는 1790년대에 프랑스인들을 고무시킨 것과는 상당히 차이가 있지만 잠재력만큼은 그에 못지않은 국민적 공감대가 형성되어 반란의 기운이 전국적으로 확산되었다. 잠재적 중도 세력인 대규모 중류층의 부재가 두드러진 방대한 스페인 농촌 지역에서는 전염성 강한 민족주의가 깊숙이 자리 잡고 있었던 것이다. 프랑스 혁명처럼 정치·사회 개혁을 지향한 자유주의를 철저히 배척한 이러한 흐름은 무정부주의 성향과 왕실 및 교회에 대한 맹목적 충성심을 바탕으로 노골적으로 변화에 반대하는 국민 정서를 대변했다. 절대적으로 농촌의 비중이 높은 사회의 소박하면서도 무지한 대다수 농민들은 부르봉 왕가를 진정한 신앙의 수호자, 가증스런 무어인들로부터 중세 스페인을 해방시킨 선현들의 후예로 받들었다. 다시 말해, 이 전쟁은 정복 아닌 해방을 내세운 색다른 십자군 전쟁으로 변모했고, 성직자들은 스스로 악마의 앞잡이로 낙인찍은 점령군이 국토에서 일소되는 기적을 염원하기 시작했다.

이처럼 적대적인 분위기는 16세와 17세기에 벌어졌던 끔찍한 종교 전쟁 이래 유례를 찾기 힘든 것이었다. 심지어 신교도인 영국 군인들을 이단시해 일부에서는 자신들의 동맹군인 이들이 가톨릭의 성지인 스페인 땅에 매장되는 것에 반대할 만큼 증오의 골은 깊숙이 패어있었다. 무신론적이고 자유주의에 근거한 프랑스 혁명의 원칙은 반동적인 대다수 스페인 귀족과 성직자에게 자신들의 권위와 재산, 사회 안정, 그리고 진정한 유일 종교의 영적 정당성에 대한 심각한 위협으로 비쳤다. 프랑스는 스페인 사회가 안고 있던 모든 문제, 그 중에서도 특히 극심한 빈곤의 원흉으로 지목하기에 좋은 대상이었다.

정규군인 직업군인과 게릴라들의 전쟁 수행 방식은 커다란 차이가 있었다. 상이한 두 가지 전쟁 방식은 정규전과 비정규전 형태로 급부상하게 되었다. 영국군과 프랑스군의 충돌은 계획된 전투나 소규모 교전을 통해 이뤄졌고, 전장 밖에서는 서로가 서로를 정중히 대했다. 실제로 이를 금지하는 웰링턴의 엄명이 있었는데도 곳곳에서 적과 어울리는 일이 다반사였다. 상대가 훤히 내다보는 상황에서도 조달 행위는 별다른 방해를 받지 않았고, 경계 진지의 보초들은 물자를 교환하거나 담배를 나눠 피며 담소를 나누는 일이 잦았다. 양측은 전선에서 비공식적인 휴전협정을 맺어 부상이 심한 소수의 포로를 교환하기도 했다.

그러나 게릴라전으로 넘어가면서 야만성은 그 극치를 드러냈다. 들불처럼 확산된 파르티잔partisan 운동으로 고립된 경계 초소의 소규모 병력이나 낙오병 및 부상병들이 무자비한 죽음을 맞이했다. 프랑스군은 농촌 지역에서 약탈, 강간, 방화가 동반된 학살을 상습적으로 저질렀다. 양측의 학살 행위는 복수가 또 다른 잔혹한 복수를 낳는 악순환을 만들었고, 파르티잔 가담자들이 폭증하자 급속히 대규모화되며 가공할 양상을 띠어갔다. 이로 인해 이베리아 반도의 전쟁은 직업적인 군대의 대결과 전체 민중이 휘말린 투쟁이 결합된 채 정규전과 비정규전의 두 요소가 망라됨으로써 20세기에 벌어질 수많은 분쟁의 예고편이 되었다.

반도 전쟁은 나폴레옹 제국이 존재한 시기 거의 전반에 걸쳐 지속되었다. 반도 전쟁 시작 즈음에 프랑스 황제는 유럽 대륙 대부분의 승자로서 군림하고 있었다. 영국 육군의 평판은 아직 미국 독립 전쟁의 패배와 프랑스 혁명 전쟁 당시의 지리멸렬함을 떨쳐내지 못한 상태였고, 훗날 웰링턴 공작이 될 아서 웰즐리 경 역시 비중 없는 장성으로서 그 앞날이 미지수였다. 아무튼, 웰링턴은 이 전쟁을 치르는 과정에서 승전을 거듭했다. 전쟁이 끝날 무렵인 1814년에 영국 육군은 그토록 잦은 후퇴전에도 불구하고, 포르투갈 해변에서 남부 프랑스까지 진군을 거듭한 끝에 영국이 낳은 가장 뛰어난 군인의 지휘하에 지금까지 영국 해안선을 벗어나 싸운 군대 중에서 최고의 숙련도와 투철한 군인의식을 자랑하는 효율적인 전투부대로 거듭났다. 프랑스의 패배가 처음부터 예고된 것인가에 대해서는 분명히 이론의 여지가 있다. 그렇지만 반도 전쟁이 종국에는 프랑스의 결정적인 패인으로 작용했음은 부정할 수 없을 것이다.

나폴레옹 자신도 세인트헬레나St. Helena로 유배되고 나서 수년 뒤에 이 사실을 인정했다.

······ 그 고약한 스페인 사태로 내 평판은 바닥으로 떨어졌고, 영국은 활기를 되찾았다. 그들은 이를 통해 전쟁을 지속할 수 있었다. 남아메리카 시장은 그들에게 활짝 열렸고, 그들의 군대는 반도에 발을 들여놓았다. ······ 이는 승리의 발판이자 대륙에 횡행하던 모든 사악한 음모의 구심점 역할을 했다. ······ (스페인 사태)는 나를 파멸시킨 원흉이다.

1810년에 나폴레옹은 천 년 전 샤를마뉴^{Charlemagne}*가 건설한 제국을 능가하는 제국을 유럽에 건설했다. 그러나 불과 수년 사이에 제국은 붕괴하기 시작했고, 1813년~1815년에는 역사상 가장 결정적인 두 전투를 비롯한 극적인 전투들이 펼쳐졌다.

파멸의 씨앗은 1812년 러시아 원정 당시에 뿌려졌다. 이후 나폴레옹은 50만 명이 넘는 병력을 잃었음에도 불구하고 다가오는 봄의 새로운 전투에 대비했다. 나폴레옹의 퇴각에 고무된 러시아인들은 새로운 동맹의 하위 참전국인 프로이센과 함께 제6차 대프랑스 동맹의 전장을 독일 땅으로 옮기려 했다.

이에 앞서 무려 다섯 번이나 이 같은 동맹이 결성되었다는 사실은 20년 전 전쟁이 시작된 이래 프랑스의 팽창 저지에 매달려온 열강들이 얼마나 미숙했었는지를 여실히 보여준다. 더불어 프로이센과 다른 독일계 국가들은 이 새로운 항쟁에 1806년~1807년의 전쟁 당시 없던 이념적 요소를 가미함으로써 1813년 전쟁을 '독일 해방 전쟁'이라는 애국적 명칭으로 불리게 만들었다. 한때 프랑스 혁명군의 활력소였던 도덕적 호소력은

---

* **샤를마뉴** 742~814. 카롤링거 왕조의 제2대 프랑크 국왕(재위 768~814). 몇 차례의 원정으로 영토 정복의 업적을 이루고 서유럽의 정치적 통일을 달성했다. 중앙집권적 지배를 가능하게 하면서 지방봉건제도를 활용했고 로마 교황권과 결탁하여 서유럽의 종교적인 통일을 이룩하고 카롤링거 르네상스를 이룩했다.

약간의 독일식 변형을 거치기는 했지만, 프랑스인들의 뒤통수를 치기 시작했다. 프로이센인들이 공화국을 열망한 것은 아니었지만, 이들의 민족주의에는 불이 붙었고, 전쟁은 실제로 그 같은 이름의 민족국가가 성립되기까지 아직 반세기가 더 필요했던 '독일'의 해방을 위한 것이 되었다.

이 단계에서 모든 열강들이 대프랑스 동맹에 참여한 것은 아니었지만, 역시 성공의 열쇠는 단결이었다. 오스트리아와 스웨덴 같은 일부 국가들이 대세의 흐름을 관망하려 했지만, 결국 이들을 비롯해 바이에른Bayern과 작센Sachsen이 포함된 라인 동맹Confederation of the Rhine * 구성국 대부분이 연합군에 가담함으로써 나폴레옹의 승산을 영원히 매장시킨 수적 격차가 발생했다. 영국 역시 이 전쟁에서 중요한 외교적 · 경제적 역할을 맡으며 연합군의 결속을 다졌고, 필요한 병력을 제공할 수 있는 나라들에게 수백만 파운드의 지원금을 댔다. 그 동안 영국은 스페인에서 벌어진 분쟁에 수만 명의 병력을 투입해왔고, 프랑스 항만을 봉쇄한 함대를 유지함으로써 나폴레옹 제국의 해외 무역을 고사시킨 바 있었다.

그런데도 나폴레옹은 덜 유능한 지휘관이었다면 절망적이라고 여겼을 상황 앞에서도 흔들리지 않았다. 그는 미숙한 젊은 징집병과 성치 않은 노병으로 구성되어 있어 유능한 부사관과 숙련된 장교가 심각하게 부족한 데다가 결정적으로 기병이 빈약한 새 군대를 급조해냄으로써 급속히 확산된 민족주의 기세에도 아랑곳하지 않고 제국의 독일 내 영토를 보존하려 했다. 황제의 천재적인 조직 능력은 그해 늦여름, 뤼첸Lützen 전투**와

---

* 라인 동맹 1806년에 프랑스의 속국으로 프로이센 및 러시아와 프랑스 사이의 완충 지대 역할을 수행할 목적으로 나폴레옹이 오스트리아와 프로이센을 제외한 라인 강 연안의 독일 연방 국가들(16개국)을 부추겨 결성한 동맹체제다. 나폴레옹의 꼭두각시였으며, 1813년에 나폴레옹 1세의 몰락과 함께 해체되었다.
** 뤼첸 전투 1813년 5월 2일에 벌어진 전투로, 프랑스군이 러시아에서 대패한 이후 거침없이 진격하던 제6차 대프랑스 동맹군의 일원이었던 프로이센과 러시아 연합군을 함정에

바우첸Bautzen 전투*의 신승을 일궈낸 새로운 군대를 부활시켰고, 마침내
는 오스트리아를 연합군에 가담케 함으로써 유럽 역사상 유례가 없는 막
강한 군사 동맹과 나폴레옹의 지배에서 벗어나려는 유럽에게 절실했던
열강들의 협력체제를 실현시키기에 이르렀다.

　가을이 되자, 드레스덴Dresden 전투**와 라이프치히Leipzig 전투를 포함
한 또 다른 결전이 이어졌다. 전쟁이 프랑스 영토로 번진 1814년, 궁지에
몰린 황제는 자신의 수적 열세가 3 대 1 이상임을 깨달았지만, 여전히 탁
월한 지휘로 연합군을 저지하며 군사적 천재성을 과시했다. 그러나 파리
가 위협당하고 군대마저 적의 엄청난 수적 우세에 압도당하자, 장군들은
싸우기를 거부했다. 나폴레옹은 이듬해 자신의 마지막이자 역사상 최고
의 전투를 위해 돌아오기는 했지만, 결국 폐위를 선택해야만 했다.

　워털루 전투***는 장기간의 정치적 파장을 발생시킨 전투, 그 이상의
사건이었다. 그것은 전사를 통틀어 견줄 대상이 없는 인간 드라마로 그 8
시간에 관해 역사상 어느 시기보다 많은 책이 나온 것은 결코 우연이 아
니다. 라에이상트La Haye Sainte와 우구몽Hougoumont 공방전, 스코츠 그레이스
Scots Greys 연대의 돌격, 흉갑기병의 물결을 가로막고 선 웰링턴의 강고한
보병대, 플랑세누아Plancenoit 혈투, 황제근위대의 격퇴, 이 모든 것이 장래

유럽의 안보가 걸린 전투의 독특하고도 흥미진진한 일화로 남게 되었다. 드라마가 완전히 막을 내리자, 동맹국들은 비로소 자신들이 간직해온 거창하고 유구한 유럽 재건의 구상을 실현시킬 수 있었다. 이러한 구상으로 대륙의 평화가 보장된 것은 아니었지만, 이후 40년 동안은 어느 정도 평화를 누릴 수 있었다. 실제로 빈 합의는 이를 전후로 등장한 것들, 특히 1919년 베르사유 조약Treaty of Versailles*에 비하면 1945년 이전에 맺어진 가장 효과적이고 오래 지속된 정치적 협의였다.

나폴레옹의 평범한 병사들과 고위 지휘관들은 거의 20년 동안 수그러들 줄 모르는 전화를 헤쳐왔고 그 이후에도 전쟁의 고단함에서 벗어나본 적이 없었다. 게다가 러시아 원정 직후의 상황은 1813년과 1814년의 전쟁을 행군과 역행군, 노숙과 허기, 갈증, 비, 진창, 추위, 궁핍으로 점철된 최악의 전쟁으로 만들었다. 또한 이 시기에는 지휘관들의 한계와 나폴레옹식 지휘체계의 결함이 역력히 드러나기도 했다.

과거에는 야전 지휘관들에게 나폴레옹의 구체적인 명령 없이 독자적인 작전조율권이 주어지는 경우가 거의 없었고, 독자적인 사고나 주도권 행사를 장려하는 이렇다 할 조치도 취해지지 않았다. 황제의 장대한 전략이나 그 전략에서 자신의 역할을 제대로 이해할 수 없었던 나폴레옹의 부하들은 과거보다 군대 규모가 급증한 데다가 나폴레옹이 모든 것을 감독할 수 없어, 스스로 판단하는 지휘관이 요구되는 상황에서도 맹목적으로 명령을 따를 수밖에 없었다. 1813년에 이르자, 유능한 지휘관들 중 일부(드제Desaix, 란Lannes, 라살Lasalle)는 이미 전사했고, 일부(베시에르Bessières, 포니

---

* **베르사유 조약** 1919년에 프랑스 베르사유 궁전에서 제1차 세계대전의 전후 처리를 위해 연합국과 독일이 맺은 평화조약. 전쟁 책임이 독일에 있다고 규정하고 독일의 영토 축소, 군비 제한, 배상 의무, 해외 식민지의 포기 따위의 조항과 함께 국제연맹의 설립안이 포함되었다.

아토프스키Poniatowski)는 이어진 전투에서 숨졌으며, 그 밖의 대다수는 그저 싸움에 지쳤거나 스페인에 발목이 잡혀 있었다. 전장에서 부하들을 통솔하는 데 탁월함을 발휘한 몇몇 지휘관들조차도 전략가의 경지에는 이르지 못했고, 패배에서 벗어나기 위한 경우가 아니고는 독자적인 결단을 내려 행사하기를 꺼렸다.

원수들이 끊임없이 군단을 바꿔가며 지휘하는 가운데 군단 편제마저 바뀌는 환경에서는 알찬 지휘체계를 세울 수 없었다. 따라서 갈수록 질이 떨어지던 병사들을 적절하게 통제하는 것은 어려운 일이 아닐 수 없었다. 이 같은 상황에서 나폴레옹이 모든 곳에 모습을 드러내 모든 것을 통제할 수 없게 되자, 실수는 피할 수 없는 것이 되었고, 그의 군 경력을 통틀어서도 그와 같은 실수가 1813년~1815년처럼 확연했던 적은 없었다.

The Napoleonic Wars

●●●●

차례

나폴레옹 전쟁

근대 유럽의 탄생

1부

프랑스 제국의 탄생과 부흥

1805~1807

프랑스 제국의 탄생과 부흥
1805~1807

나폴레옹 보나파르트는 1802년 3월 25일, 아미앵
조약에 서명하며 프랑스에서 가장 인기 있는 인물
이 되었다. 그는 피에몬테와 맘루크, 오스트리아, 터
키, 그리고 또다시 오스트리아로 이어진 적의 군대
를 차례로 격파하며 끊임없이 승리의 영광을 쌓아
올렸고, 여기에다 프랑스가 진정으로 원하던 평화를
가져왔다.

전쟁의 배경
시한부 평화

1802년 3월 25일, 아미앵 조약이 체결되자 나폴레옹 보나파르트는 프랑스에서 가장 인기 있는 인물이 되었다. 그는 피에몬테^{Piemonte} *와 맘루크^{Mamluk} **, 오스트리아, 터키, 그리고 오스트리아로 이어진 적의 군대를 차례로 격파하며 끊임없이 승리의 영광을 쌓아올렸고, 여기에다 프랑스가 진정으로 원하던 평화를 가져왔다.

---

* **피에몬테** 이탈리아 북부의 프랑스와 스위스 접경 지역으로 1796년에 혁명기 프랑스의 위성공화국이 된 뒤, 1801년에 나폴레옹 제국에 합병되었다.
** **맘루크** 주로 카프카즈 지역의 슬라브족이나 흑해 연안의 투르크족 출신 노예들로, 9세기 말부터 이집트의 칼리프에게 봉사한 군인계급인 이들은 13세기 중반 이집트의 권력을 장악한 뒤, 몽골의 침략을 격퇴하기도 했다. 이후 16세기부터는 오스만 투르크에 맞서 독립 투쟁을 벌이다 쇠락을 맞이했지만, 특유의 용맹함으로 이집트 원정에 나선 나폴레옹을 감탄시켜 소수가 황제 근위대 소속 기병대에 편입되었다. 흥미롭게도 1808년 5월의 마드리드 봉기는 이들의 모습에서 무어인 정복자들의 악몽을 떠올린 스페인 민중들에 의해 더욱 격화된 바 있는데, 프란시스코 고야$^{Francisco\ Goya}$의 그림 〈맘루크의 돌격〉에도 묘사된 이들은 이 비극적인 사건의 야만성을 대표하는 상징 가운데 하나가 되었다.

예나 전투 당시의 나폴레옹, 베르네Vernet 작. (AKG, London)

수석 집정관 보나파르트는 프랑스의 내정을 안정시킬 기회를 가졌다. 그는 토지, 경제, 그리고 교육체계에 관한 법률을 재정비했다. 그해 초에는 종교의 자유가 확립되는 가운데 교황과 맺은 조약, 이른바 정교협약 Concordat * 으로 마침내 종교적 평화가 찾아왔다.

1802년 아미앵 조약

프랑스와 영국이 맺은 아미앵 조약으로 프랑스 혁명 전쟁의 마지막 총성이 멎었다. 그것은 윌리엄 피트William Pitt ** 에게 패배나 다름없었지만, 후임자인 토리당Tory Party *** 당수 헨리 애딩턴Henry Addington **** 에게 모든 비

---

* **정교협약** 로마 교황과 국가 원수 사이에 그 국가 영토 내의 교회 문제를 조정하기 위해 맺은 협정. 1801년 나폴레옹은 혁명 이래 적대관계에 있던 교황 비오 7세Pius VII와 정교협약을 체결함으로써 프랑스에 로마 가톨릭교를 부활시켰다.

** **윌리엄 피트** 1759년~1806년. 영국의 정치가. 영국 케임브리지 대학을 졸업하고 1781년 하원의원이 되었으며, 이듬해 재무장관이 되었다. 1783년 24세의 나이로 수상직에 올라 조소嘲笑에도 굴하지 않고 이듬해 총선거에서 압승을 거둬 정권을 공고히 했다. 신흥계급 출신의 청년 수상으로서, 재정의 건전화 및 관세의 경감에 의한 산업진흥을 실행했고, 의회제도의 개혁과 노예제도의 폐지를 제창하는 등, 이른바 신新토리주의에 의한 토리당으로부터의 탈피에 노력했다. 프랑스 혁명이 발발하자 혁명의 파급을 방지하려는 중심인물이 되어 대프랑스 동맹을 지도하며 국내에서의 혁명적 태동을 억제했다.

*** **토리당** 영국에서 17세기 후반에 생긴 보수 정당. 귀족과 대지주를 기반으로 왕권과 국교회를 지지했으며, 19세기에 보수당으로 이름을 고쳤다.

**** **헨리 애딩턴** 1757년~1844년. 영국의 정치가. 아버지가 피트가家의 가정의家庭醫였으므로 어려서부터 피트와 친교를 맺었는데, 1783년 하원의원이 되자 그의 협력자가 되었다. 1789년~1801년 하원의장을 지냈고, 1801년 총리가 되어 1802년 아미앵 조약을 체결했다. 1804년 피트와의 대립으로 사임, 시드머스 자작子爵으로 서품되었다. 그 후 피트와 화해하고 1812년 토리당을 지휘, 다시 입각하여 내무장관이 되어 대중운동 및 언론을 탄압했다. 1817년의 '강제법強制法'은 이후의 피털루 사건의 도화선이 되었고, 탄압법인 '육법六法'은 국민의 비난 대상이 되어 1821년 내무장관을 사임했으나, 1824년까지 내각에 남아 있었다.

■■■■■■ 루이지애나 매각 서명 장면. 프랑스는 이 광대한 땅을 미국에 넘김으로써 나폴레옹이 방어불가능이라고 판단한 영토를 절실히 필요한 자금과 맞바꿀 수 있었다. [Hulton Getty]

난이 쏟아진 것을 본 그는 오히려 희희낙락했다. 피트는 이 같은 평화를 프랑스와의 장구한 패권 다툼 과정에서 잠시 주어진 휴식시간 이상의 것으로 여기지 않았다. 아무튼 영국에게는 시간이 필요했다. 그들은 잠재적이고 오래된 우방들과 결별했거나 소원해져 있었던 것이다. 오스트리아는 마렝고 전투와 호헨린덴Hohenlinden 전투*에서 프랑스에게 결정타를 얻어맞았다. 러시아는 당장이라도 프랑스의 동맹이 될 기세였다. 1801년, 덴마크는 코펜하겐의 자국 함대가 영국으로부터 일방적인 공격을 당하자, 프랑스의 품으로 뛰어들었다. 프로이센은 영국 왕의 소유이자 왕실의 고향이기도 한 하노버Hannover를 탐낸 데다가 발틱 해에서 영국이 보인 태도를 불쾌하게 생각하고 있었다. 그 결과, 영국은 일종의 고립 상태에 놓이고 말았다. 피트와 그의 추종자들은 이탈리아 일부를 병합하고 스위스의 내정에 간섭한 프랑스의 행동이 아미앵 조약의 취지를 훼손한 것이라

---

* **호헨린덴 전투** 1800년 12월 3일 장 빅토르 모로 장군 휘하의 프랑스군이 알프스 이북에서 오스트리아군을 격파함에 따라 오스트리아는 전의를 상실하고 프랑스에 휴전을 요청했고, 1801년 2월 9일에는 뤼네빌 조약에 서명했다.

며 예민한 반응을 보였다.

프랑스는 아미앵 조약에 이어 곧 터키와도 화해했다. 영국은 이를 인도와 이집트에 대한 잠재적 위협으로 보고 경계심을 발동했다. 영국은 평화조약의 명백한 위반인 몰타Malta 철수의 거부로 이에 대응했다. 애딩턴은 더 나아가 프랑스가 얻는 모든 것에 영국을 위한 반대급부가 주어져야 한다는 주장을 펼쳤다. 나폴레옹은 영국 상품에 프랑스 상품보다 높은 관세를 물림으로써 영국 상인들의 반감을 불러일으켰다. 조약 체결 이듬해, 프랑스의 무역량은 50퍼센트나 늘어났고, 영국 중류층은 무역 전쟁을 동반한 군사적인 평화의 지속에 별다른 매력을 느끼지 못하게 되었다.

피트 못지않게 평화의 지속성을 믿지 않았던 보나파르트는 이 휴지기를 프랑스 함대의 증강에 이용함으로써 당시 영국이 쥐고 있던 제해권을 위협하려 했다. 1803년의 루이지애나 매각*으로 프랑스는 80만 프랑을 벌었다. 보나파르트는 별다른 성과도 없었던 데다가 굴욕에 가까운 시도였던 카리브 해의 식민화에 재도전하기도 했다. 이 같은 시도들은 결국 실패로 끝났지만, 영국 의회에 커다란 경각심을 심어주었다.

평화의 지속에서 아무런 이점을 찾지 못한 영국의 주프랑스 대사 찰스 위트워스Charles Whitworth 경은 나폴레옹에게 네덜란드와 스위스에서 손

---

* **루이지애나 매각** 1800년대 초반 프랑스의 나폴레옹이 전 유럽을 장악하고 있을 때 그의 영토는 유럽과 아프리카 식민지, 아메리카 대륙에 이르기까지 드넓었다. 그때 프랑스는 한창 영국과 싸우고 있었고, 스페인을 제압하여 멕시코 북방과 미국 연방 서쪽의 광활한 대륙 루이지애나 주까지 통치권을 챙겼다. 나폴레옹은 루이지애나를 기반으로 강력한 프랑스를 재건할 꿈을 꾸고 있었지만, 카리브 해의 아이티에서 일어난 반란을 진압하는 데 골머리를 앓고 있었던 참이었고, 또 미국의 성장으로 인해 그 꿈이 실현될 가능성은 점점 사라지고 있었다. 그러던 차에 미국에서 온 먼로와 리빙스턴을 맞이하게 된 나폴레옹은 쓸데없는 땅을 팔아버리고 군비를 확보하자는 생각으로 그들에게 루이지애나 전체를 1,500만 달러에 매각하겠다고 제안했고, 결국 제안이 받아들여져 루이지애나를 미국에 매각했다. 미국의 루이지애나 매입은 미국 역사상 최대의 거래로서, 후에 밝혀진 바로는 매입 당시 1제곱킬로미터당 단돈 7달러에 불과한 가격이었다고 한다.

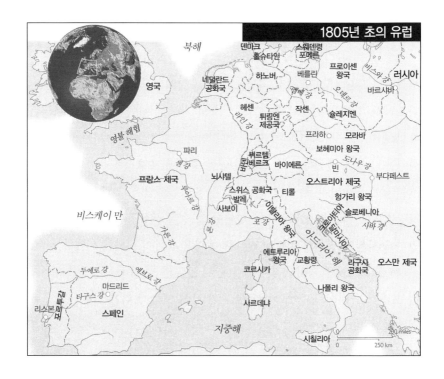

1805년 초의 유럽

을 떠라는 최후통첩을 전달했다. 이는 조약의 명시 사항과는 관계없는 것이어서 거부되었다. 프랑스는 이에 맞서 러시아의 황제 알렉산드르 1세에게 그 역시 탐내고 있던 몰타의 문제를 중재해줄 것을 제안했다. 알렉산드르 1세는 이 제안을 거절했고, 이로 인해 러시아는 프랑스와 사이가 더 벌어지게 되었다. 그러나 정세는 곧 영국에게 유리하게 돌아가기 시작했다. 1803년 5월, 애딩턴은 대사 소환에 이어 선전포고 없이 프랑스 선박들을 나포함으로써 아미앵 조약을 파기했다. 분노한 나폴레옹은 당시 프랑스에 머물던 영국 시민들을 억류하라고 명령했다. 도발당한 것은 정작그였음에도 불구하고 공화국 프랑스를 편들 리 없는 유럽의 군주들은 보나파르트의 행위를 범죄로 몰아붙였다.

황제 나폴레옹

보나파르트가 프랑스인들 사이에서 누리던 인기는 한 가지 역효과를 불러왔다. 그를 끌어내릴 민중 봉기의 전망이 점점 희박해지자, 지난 시절 프랑스의 지배 가문이었던 부르봉가의 절박함이 극에 달한 것이었다. 총재정부總裁政府* 시기(1775년~1799년)의 프랑스에서는 몇 차례나 왕정복고의 분위기가 무르익는 듯했다. 그러나 이제 수석 집정관 정부가 이전의 총재정부를 능가함에 따라 모든 희망은 사라져갔다. 그러자 부

■■■■■ 수석 통령 재직 시의 나폴레옹. 그는 부뤼메르 쿠데타로 권력을 장악한 뒤, 수석 통령에 취임했다. 1800년의 마렝고 전투 승리는 그가 황제의 자리에 오르는 기반이 되었다. (Hulton Getty)

르봉가의 반동적 인사들은 극단적인 수단에 기대기 시작했다. 부르봉 가문은 자신들이 신에게 선택되었다고 믿었던 만큼 프랑스 왕좌 수복에 암살을 포함한 모든 수단을 사용해도 정당화될 수 있을 것이라고 생각했다. 적어도 11건에 이르는 나폴레옹 살해 음모가 계획되고 실패하는 가운데 궁극적으로는 그의 자연사 여부에 대해서도 상당한 논란의 여지가 남게 되었다.

보나파르트는 자신이 일생의 대업을 이룰 때까지 살기 위해서는 부르

---

* **총재정부** 1795년 테르미도르의 반동부터 1799년 나폴레옹의 쿠데타까지 존재한 프랑스 정부. 5명의 총재로 구성되었다.

■■■■■■ 소小피트William Pitt the Younger(제1대 채텀 Chatham 백작 윌리엄 피트의 아들)는 젊은 시절에 자유주의 사상을 신봉하기도 했지만, 1784년~1801년과 1804년~1806년에 걸쳐 내각 수반을 지내는 동안 갈수록 억압적 인 정책을 폈다. 아우스터리츠 전투의 비보는 나폴레옹 과 프랑스 혁명의 둘도 없는 적이었던 그를 죽음으로 몰 아갔다고 전해진다. (Ann Ronan Picture Library)

봉가의 암살 조직을 저지해야 한다는 것을 깨달았다. 그는 한때 성직자이자 테러리스트였으며 사악한 성품으로 악명 높았지만 더할 나위 없는 적임자인 조제프 푸셰Joseph Fouché *의 감독 아래 적들을 정탐하는 경찰 기구를 창설하기도 했다. 그는 중립국들에게 압력을 가해 프랑스 접경지대에서 면책권을 누리다시피 하며 암약 중인 골치 아픈 망명자들을 추방시켰다. 이윽고 그는 젊은 앙기앵 공작Duc d'Enghien이 바덴Baden에서 그에 대한 반란을 계획하고 있음을 알게 되었다. 보나파르트의 외무대신 샤를 모리스 탈레랑Charles Maurice Talleyrand은 부르봉가에 대한 반격으로 체포조를 보내 앙기앵 공작을 사로잡아오도록 그를 부추겼다. 그리하여 1804년 3월 10일, 에텐하임Ettenheim에 들이닥친 일단의 용기병들이 젊은 공작을 납치해 서둘러 파리 교외의 뱅센 성Château de Vincennes으로 끌고 왔다. 앙기앵

---

* 조제프 푸셰 1758년~1820년. 프랑스의 정치가. 자코뱅파의 공포 정치 아래서 반反혁명파를 처형했으며, 테르미도르 반동에서 활약하여 나폴레옹의 참모가 되었으나, 후에 왕정복고에 협력했다.

■■■■■ 앙기앵 공작. 나폴레옹의 명령으로 중립 지대인 바덴에서 끌려온 그는 뱅센 성의 해자垓子에서 처형당했다. (Ann Ronan Picture Library)

공작은 속성으로 치러진 군사재판에서 영국에 매수되어 침략을 꾀했다는 죄명으로 1804년 3월 21일 이른 아침에 처형되었다.

이 사건은 보나트르트의 이력에 일대전기가 되었다. 왕자의 처형은 그에 대한 유럽 군주들의 반감을 격화시켰다. 보나파르트 입장에서는 자신도 암살이란 수단으로 대응할 수 있음을 부르봉가에 과시해야만 했을 것이다. 실제로 이 사건 이후로 보나파르트를 노린 암살 음모는 현저히 줄어들었다.

이런 상황에서 종신 수석 집정관 보나파르트는 자신의 안위가 세습적인 지위의 확보에 있다고 판단했다. 그는 심복들의 권유에 따라 프랑스

■■■■■■ 나폴레옹의 대관식. 1804년 12월 2일. 교황의 주제로 열린 이 예식에서 나폴레옹은 자신과 조제핀Joséphine의 머리에 스스로 왕관을 씌웠다. (AKG, London)

제국 선포에 관한 법안을 상원에 상정했다. 이 법안은 1804년 5월에 프랑스 국민의 투표를 거쳐 압도적인 지지로 통과되었다. 이리하여 수석 집정관 보나파르트는 프랑스 황제, 즉 나폴레옹 1세가 되었다. 그의 대관식은 교황의 주재하에 1804년 12월 2일에 노트르담^{Notre Dame}에서 치러졌다. 대관식은 나폴레옹이 자신의 머리에 왕관을 얹음으로써 절정에 다다랐다. 이로 인해 유럽의 왕가들은 그를 '찬탈자'라 부르며 더욱 적대시하게 되었다.

상트페테르부르크의 암살극

러시아의 귀족들은 수년 전부터 영국 쪽으로 기울고 있었다. 러시아 귀족 사회와 영국은 선왕 파벨 1세^{Pavel I}가 추진한 나폴레옹 공화국과 러시아의 동맹에 불안감을 느꼈고, 이에 영국은 이례적으로 찰스 위트워스 경을 러시아로 보내 친프랑스파인 러시아 황제의 제거 음모를 지원했다. 큰 불만을 품고 있던 몇몇 귀족과 장군이 이 음모에 가담하면서 1801년 3월 11일에 황제 파벨 1세가 암살당했다. 새로운 황제인 파벨 1세의 아들 알렉산드르 1세는 이 음모를 알고 있었지만, 주모자들을 건드리지 않았다. 아버지의 죽음에 대한 복잡한 죄책감은 알렉산드르 1세를 자신에게 유럽 기독교 사회의 구세주 역할이 맡겨졌다는 과대망상에 사로잡히도록 만들었다.

이후 수년간 러시아와 프랑스의 관계는 악화일로를 걸었다. 알렉산드르 1세는 프랑스가 취한 모든 움직임을 자신이 보호령으로 간주하던 지중해 일부 지역에 대한 위협으로 간주했다. 영국의 몇몇 경솔한 행동에도 불구하고 알렉산드르 1세는 점차 영국과 연합하는 쪽으로 기울었다. 앙기앵 공작의 처형은 결정적인 사건이었다. 이후 알렉산드르 1세는 영국

■■■■■■ 선왕 암살 직후의 러시아 황제 알렉산드르 1세. 그에게는 광대한 러시아 제국이 상속되었다. 지배자로서 기이하기 짝이 없는 그였지만, 적어도 그의 영토는 나폴레옹 전쟁의 종결 뒤 실성한 그가 왕좌에서 물러나 수도사가 될 때까지 확장을 거듭했다. [Ann Ronan Picture Library]

과 손을 잡고 1805년 4월부로 제3차 반프랑스 동맹을 결성했고, 영국은 후한 지원금으로 이에 보답했다.

이때부터 오스트리아를 동맹으로 포섭하기 위한 노력이 펼쳐졌다. 오스트리아는 두 번씩이나 나폴레옹과 격돌해 굴욕을 맛봤음에도 불구하고 나폴레옹의 북부 이탈리아 병합만큼은 국익에 대한 노골적인 위협으로 받아들이던 차였다. 그들에게는 수년 동안 양성한 군대가 있었다. 1805년

3월, 스스로를 북부 이탈리아 왕으로 추대한 나폴레옹의 행위는 도저히 용납할 수 없는 것이었다. 오스트리아는 그해 8월부로 제3차 동맹에 가담했고, 이번 역시 후한 지원금이 주어졌다. 바야흐로 사상 최고의 전투를 위한 막이 오르려 하고 있었다.

교전국
전쟁 전야

영국이 전쟁을 재개한 1803년 늦봄, 나폴레옹은 영국 침공의 가능성을 내다보며 군대의 재정비에 나섰다. 그는 참모총장 알렉상드르 베르티에 Alexandre Berthier에게 명령해 불로뉴Boulogne에 군대의 주둔지를 마련하게 했다. 영국 해협에서 영국 함선들이 일소되고 침공의 막이 오를 때까지 군대는 그곳에서 훈련하며 대기할 예정이었다.

프랑스

나폴레옹은 기존 프랑스 군사이론의 사상에 따라 자신의 군대를 조직했다. 그는 고정 편성 군단 도입의 선구자이기도 했다. 프랑스 혁명 전까지 여단 이상의 모든 제대는 임시 편성 부대였다. 프랑스군은 프랑스 혁명 전쟁(1792년부터 1801년까지) 당시, 고정 편성된 사단체계를 확립해 큰 효과를 본 바 있었다. 이제 나폴레옹은 2, 3개 보병사단에 자체 기병과 포병 전력을 갖춘, 실질적인 축소판 군이라 할 수 있는 영구적인 군단을 창설하기로 결정했다. 이러한 체계의 성과는 현대 군대가 그 체계 틀에서 크게 다르지 않은 동일한 편성을 유지하고 있다는 사실을 통해 확인할 수 있다.

프랑스군의 군단에는 고정 참모진이 배치되었다. 지휘관은 부하들과 소통하는 법을 배웠다. 사단은 자매 사단들과

■■■■■ 알렉상드르 베르티에. 나폴레옹의 참모장이었던 그는 1814년 첫 번째 하야 때까지 황제의 곁을 지켰다. 그는 제국 내에서 유일하게 나폴레옹의 심중을 읽고 그에 따라 행동했던 인물로 전해진다. (Musee de l'armée. Paris)

연계한 기동에 점차 익숙해졌다. 군단에 배속된 경기병은 세계 어느 군대보다도 높은 수준의 병과 간 협력을 실현시킨 훈련을 받았다.

유럽의 군대는 층층이 쌓아올려진 단위 부대로 이루어졌다. 보병연대는 중대가 모여 만들어진 대대로 편성되었다. 여단은 연대들로 구성되며, 사단은 2개 이상의 여단으로 이루어졌다. 나폴레옹은 그 위로 2개 이상의 보병사단에 1, 2개 기병여단이 배속된 보병군단을 보탰다.

나폴레옹의 보병부대는 전열^{ligne}보병 및 경^{légère}보병, 이 두 가지 형태로 나뉘었다. 경보병은 전열보병에 비해 산병전과 정찰 및 후퇴 엄호 임

무에 투입되는 경우가 잦았다. 당시의 보병대대는 9개 중대로 편성되었는데, 그 중 7개 중대는 중앙중대center company였고, 나머지 2개 정예중대는 그들의 소속이 전열대대 또는 경대대인지에 따라 경보병의 일종인 곡예병voltigeur과 척탄병grenadier 또는 도보 기병총병carabinier 중대로 구성되었다. 1805년에 나폴레옹은 몇몇 요새 주둔 연대의 정예중대를 거둬들여 우디노Oudinot 장군의 정예사단을 편성했다. 이 부대는 우디노의 척탄병들로 불리었다.

보병군단에 배속된 경기병에는 후사르hussar와 기마엽병hasseur 두 종류가 있었다. 이들은 복장이 다른 점을 빼면 수행하는 임무가 같았지만, 화려한 외양 덕을 보기도 한 후사르 쪽이 대체로 더 높은 평가를 받았다.

나폴레옹은 이어서 전열기병(용기병dragoon*)과 중장기병(흉갑기병 또는 기마기병총병) 연대로 이뤄진 기병예비군단Cavalry Reserve Corps을 창설했다. 이들은 주로 '돌파 전력'으로 쓰였으며, 보병이 약화시킨 적의 전열을 무너뜨리는 데 투입되었다. 이들은 전황이 좋지 않은 쪽으로 기울 때 이를 되돌리기 위한 수단으로 활용되기도 했다. 이들 중장기병과 동행한 기마포병대는 8파운드 포를 보유한 덕분에 짧은 시간 안에 방렬을 마치고 엄청난 파괴력을 발휘할 수 있었다. 이 두 종류 병종의 결합을 감당해내기란 아주 어려운 일이었다.

포병으로서 훈련받은 나폴레옹은 뛰어난 포병 장교 오귀스트 드 마몽Auguste de Marmont의 도움을 받아 프랑스 포병의 위력을 급상승시킬 수많은 개선책을 도입했다. 고성능에 가볍고 기동성 좋은 포와 개량된 폭약, 향상된 훈련 및 전술 덕분에 프랑스는 이 분야에서 큰 우위를 누릴 수 있었다.

---

* **용기병** 16~17세기 이래 유럽에 있었던 기마병. 갑옷을 입고, 용 모양의 개머리판이 있는 총을 들고 있었다.

1805년 전쟁에서 프랑스군이 안고 있던 한 가지 문제는 모든 용기병에게 지급할 만큼 충분한 말이 없었다는 점이다. 이로 인해 용기병 1개 사단은 말을 포기한 채 보병으로 싸워야만 했다. 보병으로서 그리 신통치 못했던 그들은 이윽고 전리품으로 자신들의 말을 장만했다.

마지막으로 황제근위군단이 있었다. 이 최정예 부대에는 2개 근위보병연대(척탄병 및 엽병)와 근위기병대(기마척탄병, 기병총병, 기마엽병) 및 쾌속포병flying horse artillery 포대가 조합되어 있었다. 근위대는 마지막 예비대이자 최후의 일격coup de grâce을 가할 전력이었다.

이 같은 군대가 각지의 주둔지에서 편성 중이던 1803년, 나폴레옹은 영국 침공에 착수했다. 그는 바지선 건조를 추진하고, 다가올 작전에 대비한 방대한 보급 물자를 집적하기 시작했다. 침공은 결코 실현될 수 없었지만, 2년이 넘도록 병사들이 받은 강도 높은 훈련은 군대를 최강의 전투 병기로 갈고닦아놓았다.

프랑스 제국의 선언과 함께 나폴레옹은 자신의 수많은 고안품들을 제국에 도입했다. 그는 수석 집정관 당시, 레종도뇌르Légion d'honneur(명예훈장)를 재정한 바 있었다. 그것은 자신의 분야에서 탁월함을 발휘한 이들에게 주어질 일종의 작위이되, 능력에 바탕한 포상 수단으로 발전했다.

나폴레옹은 그와 같은 취지에서 원수 직을 만들어, 18명의 장군을 원수로 선발했다. 그들은 개인의 능력과 충성도, 또는 나폴레옹이 자기편으로 끌어들이기를 원하는 정치 혹은 군내 파벌을 대표하는 인물인지에 따라 선발되었다. 군내 파벌들은 나폴레옹의 지휘를 받지 않은 군대의 일원으로 구성되어 있었다. 이들 가운데 상당수는 훗날 나폴레옹의 군단을 이끌게 된다. 원수라는 직함에는 두둑한 봉급이 덧붙었다. 원수의 꿈은 모든 프랑스 군인들의 마음속에 자리 잡은 포부였다. '모두의 배낭에 원수의 바통이 담겨 있다'는 말은 그저 선전만이 아니었으니, 실제로 나폴레옹의 휘하 원수들 가운데 일부는 사병 출신으로 진급을 거듭해온 이들이었다.

지금의 기준으로 봤을 때 프랑스 병사들의 생활은 지극히 고달픈 것이었다. 전쟁에 나간 병사는 자신의 담요에 몸을 만 채 맨땅에서 자야만 했다. 프랑스인들은 천막이나 기타 숙영장비가 행군을 상당히 더디게 만든다는 것을 깨달았다. 동절기를 제외하고는 일반적으로 군대가 집 안에 머무는 것은 금지되었다. 그러나 이 규칙은 위반되기 일쑤였고, 고위 장교들에게는 적용되지 않았다.

병사들은 하루에 빵 680그램과 고기 227그램, 그리고 이와 더불어 야채와 와인을 배급받았다. 고기와 콩은 대개 한 솥에 담아 끓인 수프나 스튜로 제공되었다. 공식적인 배급은 이것뿐이었다. 그러나 병사들은 현지인과 비방디에르vivandière 혹은 칸티니에르antinière *로부터 다른 물품들을 자유롭게 구입할 수 있었다. 게다가 이들은 주위의 촌락을 대상으로 징발 혹은 약탈을 수행하기도 했는데, 이에 대해서는 가장 엄격했던 루이-니콜라 다부Louis-Nicolas Davout나 가장 관대했던 앙드레 마세나André Masséna처럼 원수들마다 편차가 있기는 했지만, 일반적으로 자제시키는 것이 원칙이었다.

필요하다면 보병은 하루에 32킬로미터 이상을 행군할 수 있었다. 프랑스 육군 병사들은 놀랄 만큼 낮은 낙오율로 이 같은 이동 속도를 이룰 수 있었다. 여기에는 이들이 받은 훈련이 적지 않게 작용했다. 따라서 훗날 훈련이 부족해진 나폴레옹 군대는 이 같은 수준에 근접할 수 없었다.

나폴레옹이 자신의 사령부와 2개 군단(니콜라-장 드 듀 술트Nicolas-Jean de Dieu Soult 원수의 제4군단과 장 란 원수의 제5군단)과 함께 불로뉴 인근에 자리

---

* 비방디에르 혹은 칸티니에르 프랑스 육군 전투부대에 1792년부터 1906년에 걸쳐 존재했던 정규 여성 보조요원으로 술과 담배, 그리고 양질의 음식을 팔 뿐만 아니라 바느질과 세탁 업무까지 수행했다.

잡는 동안, 나머지 군대는 해안선을 따라 전개했다. 장-밥티스트 베르나도트Jean-Baptiste Bernadotte 원수의 제1군단은 하노버에, 미래에 원수가 될 오귀스트 드 마몽 장군의 제2군단은 위트레흐트Utrecht에, 루이-니콜라 다부 원수의 제3군단은 브뤼주Bruges에, 미셸 네Michel Ney 원수의 제6군단은 몽트뢰유Montreuil에, 피에르 오제로Pierre Augereau 원수의 제7군단은 바욘에 머물렀다. 마지막으로 조아생 뮈라Joachim Murat 원수가 총괄하는 기병 예비대의 주둔지들이 있었다. 이들은 아미앵과 바욘, 브뤼주, 콩피에뉴Compiegne, 몽트뢰유, 나이메헌Nijmegen 등지에 위치했다.

나폴레옹의 군단장들을 살펴보면 다음과 같다.

제1군단을 지휘한 베르나도트 원수는 전쟁을 치르는 능력 못지않게 정치적 술책을 통해 떠오른 혁명 전쟁의 노장이었다. 그는 개인적으로 용맹스럽기는 했지만, 전투의 지휘에서는 우유부단함을 보이곤 했다. 1799년에 나폴레옹의 권력 장악에 반대한 그는 1802년의 플래카드Placards 음모 사건* 당시 모로 장군과 모의해 나폴레옹을 배신하려 했다. 황제 밑에서 실패를 거듭하면서도 지휘관직을 유지해온 베르나도트의 실책이 비호될 수 있었던 것은, 당초 수많은 공화주의자들의 강력한 지지에 힘입은 바도 있었지만, 궁극적으로는 그가 나폴레옹의 전 약혼녀이자 조제프 보나파르트의 부인 쥘리 클라리Julie Clary의 동생인 데지레 클라리Desirée Clary와 결혼했다는 사실이 크게 작용했다. 동서지간이 된 베르나도트는 번번이 자

---

* 플래카드 음모 사건 브뤼메르 쿠데타로 정권을 장악한 나폴레옹이 공화정을 파괴했다고 판단한 자코뱅파 군인들이 1802년 4월에 렌Rennes에 모여서 허술한 반란을 모의하다 사전에 저지당한 사건. 이 사건은 영국 수상 윌리엄 피트의 자금지원설 등으로 인해 현재까지도 일부에서는 왕당파의 음모(국내에도 소개된 막스 갈로의 소설 『나폴레옹』에는 엉뚱하게도 모로 장군이 왕당파로 묘사된다)로 알려져 있지만, 실질적인 주동자 베르나도트를 비롯한 관련자 대부분이 관대한 처벌만을 받은 데서 알 수 있듯이 공화파와 그들의 옛 동료이자 새로운 독재자 나폴레옹 간의 복잡한 애증관계에서 빚어진 사건이었다.

신에게 쏟아져야 마땅한 나폴레옹의 노여움을 피해갈 수 있었고, 결국에는 그 신세를 배신으로 갚게 된다.

제2군단의 마몽 장군은 많지 않은 나폴레옹의 친구 중 한 명이었다. 그는 조직 면에서 탁월함을 발휘했다. 특히 포병 분야에서 발휘된 재능은 범상치 않았다. '혁명력 11년', 즉 1804년의 포병 개혁을 이끈 이가 바로 그였다. 나폴레옹이 그를 얼마나 높게 평가했는가는 그가 대육군^{Grande} ^{Armée}을 통틀어 유일한 비원수 출신 군단장이었다는 사실이 말해준다.

제3군단의 다부 원수는 1805년에서 1807년 사이에 명성을 얻었다. 그는 초기 원수들 가운데 최연소자였다. 나폴레옹과 프랑스에 모든 것을 바친 그는 빈틈없는 전술가이자 엄격한 기강의 준수자로 어리석은 행위를 간과하지 않았다. 그 결과, 병사들과 보좌관들로부터는 존경을 받았지만, 동료들 사이에서는 인기가 없었다.

제4군단의 술트 원수는 군내 최고의 조직가로 알려져 있었다. 그는 자신의 제4군단을 온 세상이 부러워할 만한 조직으로 일궈냈다. 제4군단은 다른 군단들에 비해 압도적으로 규모가 컸고, 유럽 최강의 전투부대들로 이루어졌다. 술트는 혁명기의 영웅이었다. 그는 라인^{Rhine} 강과 플랑드르^{Flanders}, 그리고 이탈리아에서 결연히 전투를 지휘했다. 그는 언제나 진두에서 부대를 이끌곤 했다. 1800년, 그는 제노바^{Genova}의 포위망을 빠져나오다가 심한 부상을 입었다. 이 사건은 그를 완전히 바꿔놓았다. 그는 두 번 다시 적의 포화 앞에 자신을 노출시키려 들지 않으려 했다. 그는 전선에서 너무 멀리 떨어져 있어서 전장에서 발생하는 긴박한 상황에 재빠르게 대응하지 못했다. 그러나 1805년 당시에는 아직 이 사실을 눈치 챈 사람이 없었다.

제5군단의 란 원수에 대해서는 160~169쪽에서 자세히 살펴보기로 하겠다. 제6군단의 네 원수는 용장勇將이라는 명성이 어울리는 인물이었다.

그는 혁명 전쟁기를 라인 강과 플랑드르의 가장 치열한 전장 한복판에서 보냈다. 그는 보나파르트의 휘하에 있어본 적도 없는 데다가 엎친 데 덮친 격으로 '반역자' 모로의 친구이기도 했지만, 황후 조제핀의 총애를 받던 궁중 도우미lady-in-waiting*와 결혼함으로써 행운을 보장받았다. 그는 매사를 승자의 입장에서 바라볼 줄 알고 자신감에 넘쳤으며, 황제 역시 그런 태도를 좋아했다. 원수의 사령봉을 건네받을 무렵, 네는 종전의 라인 강 주둔군 내부에서 가장 신뢰할 만한 장군으로 여겨졌고, 이에 따라 그에게는 제6군단의 지휘권과 함께 원수직이 주어졌다.

제7군단의 오제로 원수는 이탈리아 전선에서 보나파르트를 보좌했던 인물로, 자신이 오스트리아군을 고착시킨 사이 나폴레옹이 카스틸리오네Castiglione 전투**에서 다른 적을 격파할 수 있도록 결정적인 역할을 했다. 이와 더불어 그의 충직한 공화주의 성향은 그가 원수직과 함께 제7군단의 지휘를 맡을 만한 충분한 조건이 되었다. 오제로는 허풍이 심하고 다소 고압적인 인물이었다. 그는 프랑스 혁명이 그의 출세길을 열어주기 전까지 용병으로 전장을 전전했다***. 그는 탐욕스런 약탈자이자 악당이면서도 궁지에 몰리면 어떻게 싸워야 하는지를 아는 인물이었다.

뮈라 원수는 나폴레옹의 여동생 카롤린Caroline과 결혼하여 그의 매제가 되었다. 뮈라는 기병의 이상형Beau Idéal으로서 위풍당당하고 과감하게 선두에서 싸웠으며, 전군을 통틀어 가장 화려한 제복을 자랑했다. 그는 지적으로는 한계가 있었지만, 기병 돌격의 적기를 짚어내는 포식자의 눈을

---

* **궁중 도우미** 왕족의 시중을 들며 궁중에서 생활하던 유력한 가문의 처녀들을 뜻한다.
** **카스틸리오네** 프랑스 혁명 전쟁 당시의 이탈리아 원정 전투로서 1796년 8월 5일 치러졌다. 이 전투는 북이탈리아에서 보나파르트의 프랑스군과 뷔름저의 오스트리아군이 싸워 프랑스군이 승리했다.
*** 오제로는 프랑스를 비롯해 러시아, 프로이센, 나폴리 군대에서 연달아 탈영한 화려한 이력을 자랑했다.

타고난 인물이었다. 허영심 강하고 장난기 심한 그는 언제나 승리를 일궈내며 방데미에르Vendémiaire 반란*에서 브뤼메르Brumaire 쿠데타**에 이르기까지 보나파르트가 누려온 성공의 오른팔 노릇을 했다. 그는 보나파르트가 치른 모든 전투에 참가하여 자신의 역할을 다했다.

이 밖에 몇몇 지휘관들도 우리가 주목할 만하다. 그들 가운데 가장 중요한 인물로 마세나 원수를 꼽을 수 있다. 나폴레옹이 대두되기 전부터 1개 군을 지휘했던 그는 1796년, 이탈리아 원정군 사령관인 나폴레옹의 지휘를 받게 되자 앙심을 품기도 했다. 그는 이내 이 '꼬마 하사관Little Corporal***'의 재능을 간파했다. 1796년~1797년에 나폴레옹과 함께 싸운 그는 이집트 원정 기간 동안 유럽에 남았다. 그는 1799년, 알렉산드르 미하일로비치 림스키-코르사코프Aleksandr Michailovič Rimsky-Korsakov가 이끈 러시아, 오스트리아 연합군을 격파한 취리히Zürich 전투****로 명성을 얻었다.

---

* **방데미에르 반란** 1795년 방데미에르의 달(10월)에 파리에서 일어난 프랑스 왕당파의 반란. 당시 로베스피에르의 정부가 반대세력에 의해 무너지고 기존에 로베스피에르가 추진해왔던 정책들은 모두 백지화되어버렸다. 이로 인해 상류층과 상업에 종사하는 부르주아에게는 숨통 트이는 시기가 찾아왔다. 반면에 로베스피에르의 정책에 혜택을 입던 하층민은 상당한 손실을 입게 되었고, 다른 나라와의 전쟁은 하층민의 부담을 더 크게 만들었다. 왕당파는 이러한 상황을 이용하여 정권을 잡으려고 시도했다. 혁명정부는 이들로부터 끊임없는 협공을 당하게 되었고, 이러한 혼란 속에서 1795년 방데미에르의 달에 왕당파가 파리에서 반란을 일으켰다. 이 때문에 혁명정부는 큰 위기에 봉착하게 되었다. 이때 이 반란을 순식간에 진압한 무명의 젊은 장군이 바로 나폴레옹이었다. 방데미에르 반란은 나폴레옹이 프랑스에서 저명인사로 명성을 떨치는 계기가 되었다.

** **브뤼메르 쿠데타** 1799년 11월 9일~10일, 나폴레옹이 프랑스에서 총재정부 체제를 뒤엎고 통령 정부로 대체한 쿠데타. 나폴레옹 보나파르트의 전제 정치의 서막을 열었으며, 흔히 프랑스 혁명의 실질적 종말로 간주된다.

*** **꼬마 하사관** 나폴레옹의 별명.

**** **취리히 전투** 1799년 6월 4일~7일에 벌어진 제1차 취리히 전투에서 프랑스 장군 앙드레 마세나는 취리히 시를 오스트리아에게서 강탈하는 것을 포기하고 리마트 강 너머로 후퇴했다. 마세나는 자신의 소재지를 강화하고, 정돈을 끝냈다. 여름 동안, 알렉산드르 림스키-코르사코프 장군이 이끄는 러시아 군대가 오스트리아군의 뒤를 따라 도착했다. 그리고

이 전투로 인해 러시아가 제2차 대프랑스 동맹을 탈퇴하자, 보나파르트의 복귀를 위한 무대, 이른바 브뤼메르 쿠데타와 빛나는 마렝고 전투의 길이 열렸다. 1800년, 나폴레옹이 오스트리아군의 배후인 멜라스Melas로 들이닥치는 동안 마세나는 완강하게 제노바를 사수했다. 그는 이 전투에서 승리의 열쇠가 될 기동에 나선 나폴레옹을 기다리며 초인적인 노력으로 자신의 진형을 지탱했다. 1805년 당시 마세나는 프랑스를 통틀어 황제를 제외하면 가장 뛰어난 군 지휘관이었다. 그는 북부 이탈리아에서 오스트리아 최고의 지휘관인 칼Karl 대공*의 호적수가 되었다. 마세나는 군 지휘관으로서 뛰어난 기량을 갖춘 반면, 방탕한 생활을 위해 끊임없이 물질적인 것을 요구한 탓에 프랑스 육군 최악의 약탈자라는 당연한 악명을 얻게 되었다. 그는 밀수업자였던 과거와 별로 달라진 게 없는 듯했다.

에두아르-아돌프-카시미르-조제프 모르티에Édouard-Adolphe-Casimir-Joseph Mortier와 프랑수아 조제프 르페브르François Joseph Lefebvre 원수는 모두 대단한 인물들이었다. 이들은 심사숙고하는 스타일은 아니었지만, 아주 격렬한 전장을 향해서도 묵묵히 전진할 만큼 결연함을 갖추고 있었다. 이들은 부하들로부터 존경을 받았지만, 황제가 직접 감독할 경우에만 제몫을 해냈다. 두 사람 모두 1805년~1807년 전쟁 당시 군단을 이끌었다.

베시에르 원수는 지휘관으로 지낸 시간 대부분을 나폴레옹의 곁에서 보냈다. 그는 앙시앵 레짐Ancien Régime(구체제)의 귀족으로서 황제의 측근 집단이 계급으로 변모해가는 분위기를 이끌었다. 차림새와 세부사항에 편집적이었던 베시에르는 수많은 전투에서 근위대를 이끄는 동안 융통성

제2차 취리히 전투가 벌어졌다. 프랑스군은 연합군을 무찌르고 도시를 탈환했고, 스위스에서 휴식을 취할 수 있었다.

* 칼 대공 1771년~1847년. 오스트리아의 장군. 이탈리아 파견군 사령관, 남독일군 사령관으로 나폴레옹 전쟁에 참전하여 많은 승리를 거두었다. 군사위원회 장관이 되어 군제를 개혁하고 군사잡지를 창간하는 등 많은 활약을 했으나, 바그람 전투에서 패해 해임되었다.

없다는 평판을 얻는가 하면, 용맹함으로 이름을 떨치기도 했다.

기욤 마리 안 브륀Guillaume Marie Anne Brune 원수는 가장 열성적인 공화주의 자 가운데 한 명이었다. 그는 자신이 속한 정파를 회유하는 데 기여한 바를 인정받아 원수의 사령봉을 손에 넣었다. 그가 이끈 군대는 1799년에 네덜란드에서 요크York 공* 휘하의 러시아, 영국 연합군을 패퇴시켰다. 대육군이 내륙으로 이동하는 동안 자신을 중심으로 예비 군단을 창설한 그는 영국의 침공에 대비해 해안 방어를 맡았다.

1805년도 저물어가고 자신의 해군이 영국 해협을 제압할 기미가 전혀 보이지 않자, 나폴레옹은 다시 한 번 영국에 집중할 여건이 마련될 때까지 러시아와 오스트리아의 대륙 위협에 대처해야 했다. 오스트리아가 전쟁을 선포하자, 나폴레옹도 행동을 개시했다. '대양 해안군L'Armée des côtes de l'Océan'은 대육군으로 변신했다. 그는 8월 31일부로 지령을 내렸고, 잘 정비된 전쟁기계는 해안을 등진 채 오스트리아와 러시아라는 위협을 향해 진군했다.

오스트리아

나폴레옹을 기다리고 있던 오스트리아군은 아직도 제1·2차 대프랑스 동맹으로 입은 타격을 추스르지 못한 채 혼란에 빠져 있었다. 이 두 번의 전쟁에서 프랑스의 혁명군 및 집정관 체제 군대는 번번이 상대인 합스부르크Habsburg 왕가**의 군대를 압도했다. 신성로마제국 황제 프란츠 2세

---

* 요크 공 영국 왕의 둘째 아들에게 붙는 칭호로, 여기서는 조지 3세의 아들 프레더릭을 뜻한다.

** 합스부르크 왕가 유럽 최대의 왕실 가문으로, 특히 오스트리아의 왕실을 거의 600년 동

Franz II *의 군대가 직면한 문제들은 한두 가지가 아니었다. 오스트리아군은 병참 · 전술 · 전략 · 정치 면에서 급속히 현대화되던 프랑스군에 비해 불리하지 않을 수 없었던 것이다. 마리아 테레지아Maria Theresia ** 여제女帝 시절의 오스트리아는 당대 최고의 명장인 프로이센의 프리드리히Friedrich 대왕(프리드리히 2세)을 격퇴시킨 바 있었다. 마리아 테레지아 여제의 포병은 전 세계의 선망을 한 몸에 받았으며, 보병과 기병도 좋은 평가를 받았다. 7년 전쟁(1756년~1763년)***에 뒤이어 몇 가지 '개혁'이 실시되었다. 이중에서 최악은 포병의 전면 개편이었다. 그 결과, 오스트리아는 터키에게 수차례 굴욕적인 패배를 당하면서 재앙을 맞게 되었다. 이 같은 상황을 바로잡으려던 시도는 큰 성과를 거두지 못했다. 오스트리아는 대륙 연합군을 통틀어 가장 우수한 포병을 거느리고 있었지만, 프랑스의 상대가 되지 못했다.

안 지배한 것으로 유명하다. 합스부르크 왕가는 프랑스 왕을 제외한 거의 모든 유럽의 왕실과 연결되어 있었다.

* **프란츠 2세** 신성로마제국의 마지막 황제(재위 1792년~1806년). 구체제 유지에 힘써 온갖 개혁을 배격했다. 1806년 나폴레옹의 라인 동맹 정책에 의한 압박을 받아 신성로마제국 황제의 자리에서 퇴위되었고, 결국 신성로마제국은 멸망했다.

** **마리아 테레지아** 1717년~1780년. 오스트리아의 여제이자, 헝가리와 보헤미아의 여왕. 신성로마제국 황제 프란츠 1세의 아내로 칼 6세의 뒤를 이어 즉위했으나, 다른 나라들의 반대로 오스트리아 계승 전쟁, 7년 전쟁 따위를 치르면서 슐레지엔 등을 잃었지만, 제위는 확보했다. 후에 중앙과 지방 행정 조직과 군제 정비 따위의 국내 개혁을 통해 중앙 집권의 실적을 올렸다.

*** **7년 전쟁** 오스트리아 왕위 계승 전쟁에서 프로이센에게 패배해 독일 동부의 비옥한 슐레지엔을 빼앗긴 오스트리아가 그곳을 되찾기 위해 1756년~1763년에 프로이센과 벌인 전쟁을 말한다. 유럽의 거의 모든 열강들이 이 전쟁에 참가했을 뿐만 아니라, 그들의 식민지가 있던 아메리카와 인도에까지 대규모 전쟁이 퍼졌다. 주로 오스트리아, 프랑스, 작센, 스웨덴, 러시아가 동맹을 맺어 프로이센, 하노버, 영국의 연합에 맞섰다. 유럽에서는 영국의 지원을 받은 프로이센이 최종적으로 승리를 거두어 슐레지엔의 영유권을 확보했으며, 식민지 전쟁에서는 영국이 주요 승리를 거두어 북아메리카에서 프랑스 세력을 몰아냈고, 인도에서도 프랑스 세력을 몰아내어 대영 제국의 기초를 닦았다.

요제프Joseph와 레오폴트Leopold 황제 치세에는 보병 분야에서 몇 가지 개혁이 시도되었다. 1789년에는 경보병 연대들이 창설되었으나, 1801년에 해체되었다. 합스부르크 왕국의 지휘관들은 병사들 대부분이 장교의 직접 통제가 없는 상황에서 제대로 싸울 수 있으리라고 믿지 않았다. 그들에게는 엽병Jäger(소총으로 무장한 정예 경보병) 3개 대대와 그렌츠 부대Grenz troops(전통적 병역 의무를 진 발칸 출신의 접경 지역 주민들)*가 있었지만, 그것만으로 쇄도하는 프랑스군 전초부대를 맞상대할 수는 없었다. 오스트리아인들은 문제를 더욱 악화시키기라도 하듯, 그렌츠 부대에 한층 더 엄한 규율을 도입해 이들의 정치적 신뢰성을 높인 뒤 육군의 다른 부대들처럼 운영할 욕심을 부림으로써 이들의 오랜 장기인 비정규전 능력을 저하시키고 말았다.

오스트리아 황제에게 닥친 문제들은 대부분 지난 시절 합스부르크가가 거뒀던 성공에서 비롯된 것들이었다. 그들은 주로 혼인관계를 통해 다양한 민족과 계통의 주민들이 살던 수많은 지역을 병합했다. 이 때문에 군대에는 공용어란 것이 없었다. 게다가 병합 지역의 대다수는 오스트리아가 아니라 황제에 대해서만 충성의 의무를 지고 있었다. 예를 들어, 헝가리인들은 오스트리아의 전쟁 수행을 얼마나 지원해야 하는가 하는 문제는 자신들이 알아서 결정해야 할 문제라고 생각했다. 1805년에 이르자 재정 파탄으로 흔들리던 제국은 군대의 유지비를 줄이고 징병을 원활히 하기 위해 연대들을 각지로 분산시켰다. 그에 따른 경제적 이점이 무엇이든 간에, 그와 같은 병력 분산으로 인해 동원 과정은 길어질 수밖에 없었다.

황제의 동생 칼 대공은 1801년부터 군 개혁에 착수했다. 그는 최고군사회의Hofkriegsrat의 권한을 인수하고, 병참 절차를 간소화시켰다. 그는 두

---

* 그렌츠 부대 참고로 Grenz 자체가 독일어로 국경을 뜻한다.

말할 나위 없는 오스트리아 최고의 야전 지휘관이었지만, 궁중의 명사들과 경직된 고위 지휘부와 거리를 두는 경향이 있었다. 그는 측근이 자신들보다 지체 높은 이들에게 명령하는 것을 허용했다. 칼 대공은 역대 외무대신들과 끊임없이 충돌했고, 하나가 된 그의 적들은 그를 권력에서 끌어내릴 계책을 꾸몄다. 그들은 양동작전을 펴 동생 칼 대공의 인기에 대한 프란츠 Franz의 피해망상증을 이용하는 한편, 프란츠가 반나폴레옹 동맹에 가담하도록 부추겼다. 칼

▪▪▪▪▪ 마크 장군. 파견되었던 나폴리 군대에서 패배와 포로 생활까지 겪은 그였지만, 1805년에도 여전히 현대적이고 과학적인 군인으로 그를 바라본 오스트리아인들은 그에게 과도한 기대를 걸었다. (Roger-Viollet)

대공은 군대가 프랑스에 맞서 싸울 처지가 못 되며 오스트리아의 재정을 안정시키기 위해서는 한동안 평화가 이어져야 한다는 주장을 굽히지 않았다. 이를 위해 그는 유럽에서 가장 유구한 지배 가문의 굴욕을 감수하고서라도 나폴레옹의 황제 지위를 인정할 뜻을 내비쳤다.

칼 대공은 평화를 지향함으로써 자신의 반대파에게 활로를 터주고 말았다. 1804년 봄, 애딩턴에 이어 영국 수상에 취임한 피트가 빈 Wien의 궁정에 지원금을 제공하며 두둑한 뇌물을 돌리기 시작하자, 칼 대공의 적들이 일제히 공격에 나섰다. 그들은 우선 프란츠로 하여금 최고군사회의를 복원하도록 한 뒤, 칼 대공의 지지자들을 공직과 지휘계통에서 몰아냈다. 마지막으로 군사 문제에 있어서 칼 대공을 대체할 인물로서 칼 마크 폰

라이버이히Karl Mack von Leiberich 장군이 천거되었다. 마크는 동맹 가담과 참전을 지지하는 쪽이었다. 칼 대공이 군대의 준비가 미비함을 지적한 데 반해, 마크는 달콤한 언사로 프란츠가 그런 걱정을 떨쳐버리도록 만들었다. 영국이 부탁한 지원금을 보내주자, 주사위는 던져졌다. 프란츠가 연합군에 가담하면서 칼 대공은 지금까지 '주전장'이었던 이탈리아로 파견된 반면, 마크는 주력부대를 맡아 1805년 늦여름부터 바이에른 침공을 준비했다.

그런데 하필이면 이 시기에 마크는 보병연대의 개혁을 단행했다. 그는 기존의 틀을 뜯어고쳐 6개 중대, 3개 대대 편성이던 연대를 4개 중대, 4개 대대로 개편했다. 혼란의 극치를 더하려는 듯, 그렇게 해서 늘어난 대대에는 제대로 훈련받은 고급 장교들이 배치되지 않았다. 전쟁을 코앞에 두고 시도된 이 같은 변화는 마크가 얼마나 비현실적인 인물인지를 잘 보여준다.

프랑스 혁명 전쟁이 시작될 무렵, 오스트리아 기병대는 상대인 프랑스 기병을 완전히 압도했었다. 그러나 전쟁이 장기화되자, 그 같은 우위는 자취를 감추기 시작했다. 그들은 1801년까지도 자신들이 유럽 최고의 기병이라고 자부했지만, 불과 4년 뒤 큰 충격을 맛보게 된다. 오스트리아군은 전술과 훈련이 정체되어 있던 반면, 상대인 프랑스군은 집단으로 운용할 기병을 양성하고 있었다. 오스트리아 기병은 대부분이 각 보병제대에 소규모로 할당된 탓에 번번이 수적으로 우세한 적에게 앞장서 달려들어야 했다. 흉갑기병, 용기병, 경기병Chevau-léger, 울란Uhlan(창기병)은 개별적으로 보면 여전히 우수했지만, 이들을 통합적으로 운용하는 것은 전혀 고려되지 않았다.

오스트리아군은 병참 및 전술적 요구를 충족시키는 데는 상당한 역량을 쏟아 부은 반면, 전략적 교리에는 별다른 신경을 쓰지 않았다. 오스트리아군에게 전쟁이란 여전히 이론상의 요충지를 배경으로 펼쳐지는 적과의 일전이었다. 섬멸전의 개념은 비싸게 키워낸 이들의 군대에게 너무도 낯설었다. 그러나 프랑스 혁명과 그 부산물들로 인해 전쟁 수행 방식은 이전과 달라져 있었다. 그런데도 변화에 적응하지 못한 오스트리아인들은 요충지의 요새를 중심으로 한 거점 방어를 과신하고 있었다. 바위처럼 버티고 선 요새들이 적의 돌격을 막아내는 동안 결정적 일격을 가할 야전군을 집결시킬 셈이었던 것이다. 그런 다음 역으로 오스트리아군이 적의 거점들을 함락시키면 '외통수'가 될 게 틀림없었다. 그러나 이러한 발상의 문제는 이전에도 이 수가 나폴레옹에게는 전혀 먹히지 않았다는 데 있었다. 그런데도 마크는 칼 대공의 진영에서 재기된 신중론을 포용하려 들지 않았다.

마지막으로 또 한 가지 정치적 고려가 오스트리아인들의 발목을 잡았다. 러시아인들은 자신들의 군대를 오스트리아 지휘관의 휘하에 두는 조건으로 그 자리에 적합한 왕족을 임명할 것을 고집했다. 군대는 명목상 프란츠의 또 다른 동생인 페르디난트Ferdinand의 휘하에 배속되었다. 페르디난트는 전쟁이 끝날 때까지도 자신의 상징적인 위치를 깨닫지 못한 채 둘로 나뉜 지휘권을 놓고 종종 알력을 일으켰다.

러시아

나폴레옹 전쟁 당시의 러시아군은 표트르Pyotr 대제 시절에 그 원형이 형성되었다. 엘리자베타Elizaveta 여제 치세에 성장 및 성숙기를 거친 러시아군은 7년 전쟁에서 프로이센의 프리드리히 대왕의 군대를 괴멸 직전까지 몰고 가기도 했다. 에카테리나Ekaterina 대제(예카테리나 2세)와 그 아들 파벨

시대에는 정국에 따라 몇 차례의 개혁과 반개혁이 실시되었다. 그런데도 러시아군의 승승장구는 멈출 줄 몰랐다. 러시아군은 프랑스 혁명 전쟁 말기에 이르러서야 심각한 실패라 할 만한 것을 경험했다. 러시아 황제와 그의 귀족들이 보기에 그 책임은 연합국인 영국과 오스트리아에 있었고, 이러한 평가는 대체로 타당했다.

러시아군은 전형적인 구체제 군대로, 연대체제를 바탕으로 조직되었다. 연대 이상의 제대는 고정 편성되는 경우가 없었고, 연대는 즉흥적인 지시에 따라 여단에서 여단으로 소속을 바꿨다. 연대의 소유자inhaber, 즉 지휘관이 전장에 나서는 일은 거의 없었다. 지휘관 몫의 고충은 그의 수하들에게 떠넘겨졌다.

일반적인 러시아 병사들의 삶은 당시 기준으로 봐도 처절했다. 이들에게 상습적으로 가해진 구타는 구체제 군대라면 흔히 볼 수 있는 광경이었지만, 너무 지나치게 마음 내키는 대로 행해졌다. 하급 장교들은 부하들 대다수를 짐승 보듯이 했다. 일상적인 식사는 주로 보리와 양배추로 만든 야채수프였다. 흑빵은 마치 돌덩이처럼 단단하게 구워져 나왔다. 이것은 갈아서 죽이나 쒀 먹을 물건이었지만 이가 성한 대담한 이들이라면 감히 한번 베어 물어 볼 수도 있었다.

러시아군은 징병제를 실시했다. 지주들은 일정수의 장정들을 입영시키라는 통지를 받으면, 자신의 농노들 가운데서 군대에 보내야 할 장정들을 추려냈다. 징집 기간이 너무 긴 나머지 마을 사람들이 떠나는 이들의 장례식을 미리 치르는 경우도 드물지 않았다. 이 같은 상황을 고려하면, 극도의 체념이 군대의 사기를 얼마나 떨어뜨렸을지 쉽게 짐작할 수 있다. 러시아 병사들은 프랑스 병사들에 비해 별다른 불평불만이 없었고, 엄청난 사상자를 무덤덤하게 받아들이기로 정평이 나 있었다. 러시아 병사들이 용맹스러운 것은 사실이었지만, 많은 기록에 따르면 이는 전의에 불타서라기보다는 지휘관에 대한 양떼 같은 복종심 때문이었다.

러시아 포병은 유럽 전역에서 상당한 찬사를 받았다. 이들은 수적으로 충분한 데다가 위력도 양호했다. 포병대원들은 포대의 방어에 필사적이었다. 적에게 넘겨준 채 물러서기보다는 죽을 때까지 저항했다. 이들은 용맹스러웠지만, 자신들의 포를 최대한 활용하는 기술은 부족했다. 프랑스 포병은 빈번히 2 대 1이 넘는 수적 열세에서도 러시아 포병을 압도하곤 했다.

부실한 훈련은 만성적인 문제를 일으켰다. 고위 장교 집단은 상트페테르부르크St Petersburg와 모스크바Moskva 출신의 상류 귀족들로 이뤄졌다. 그러나 일선 장교들 가운데는 교육 수준이 낮고, 훈련이 부족한 이들이 감당할 수 없는 지휘관직을 맡는 경우가 빈번했다. 최고로 잘 훈련된 부대들만이 프랑스군에 대적할 수 있는 전투력을 발휘할 수 있었다. 따라서 우수한 부대들은 쉴 틈 없이 전투에 동원되었다. 표트르 이바노비치 바그라티온Pyotr Ivanovich Bagration *의 군대는 일반적인 전열보병사단에 비해 훨씬 많은 전투를 치러야 했다. 그들은 언제나 기대에 보답했지만, 사상자 문제로 시달려야 했다. 미하일 일라리오노비치 쿠투조프Mikhail Illarionovich Kutuzov **가 전장에 이끌고 온 군대는 이처럼 용감하기는 했지만, 결함이

---

* 표트르 이바노비치 바그라티온 1765년~1812년. 나폴레옹 전쟁 때 활약한 러시아의 장군. 그가 명성을 얻은 것은 1799년 알렉산드르 수보로프 장군이 이탈리아와 스위스에서 나폴레옹과 싸울 때 이탈리아의 브레시아를 점령한 덕분이었다. 1805년 홀라브룬에서 6,000명의 부하를 이끌고 3만 명의 프랑스군을 저지하여 러시아 주력부대가 모라비아로 안전하게 후퇴할 수 있도록 함으로써 그의 명성은 더욱 높아졌다. 그 후 아우스터리츠 전투, 아일라우 전투, 하일스부르크 전투, 프리트란트 전투에 참가했지만 모두 패배했다. 1812년 9월 7일 모스크바 근처 보로디노에서 벌어진 전투에서 러시아군의 좌익을 지휘하다가 치명상을 입고 죽었다. 황제 니콜라이 1세는 그를 기념하여 보로디노 전지에 기념비를 세웠다.
** 미하일 일라리오노비치 쿠투조프 1745년~1813년. 러시아의 장군. 러시아-오스트리아 연합군의 지휘관으로 아우스터리츠 전투에 종군했고, 나폴레옹 전쟁의 총지휘관으로 모스크바 퇴각을 추격해 승리했다. 그 후 러시아군을 이끌고 유럽 각지 전전하며 나폴레옹 지배하의 유럽 여러 나라를 해방시켰다.

많은 군대였다.

프로이센

나폴레옹 전쟁 당시의 프로이센군은 프리드리히 대왕의 적자라 할 수 있었다. 역사상 이들만큼 부당한 악평에 시달린 군대도 없을 것이다. 이런 종류의 악평은 그 동기와 관점을 신중하게 살펴볼 필요가 있다.

일반적으로 프로이센 장군들은 아주 고리타분한 것으로 그려진다. 고위 지휘부와 참모진이 고령자들이었던 것은 사실이지만, 이는 이들이 쟁쟁한 경력자였음을 뜻한다. 국왕에 이어 지휘를 책임진 이는 브라운슈바이크Braunschweig 공작이었다. 그는 프랑스를 상대로 수차례 대승을 거둔 바 있는 7년 전쟁의 노장이었다. 1792년~1795년에 프랑스 혁명 전쟁에 개입한 프로이센군의 지휘를 맡은 그는 발미Valmy 전투*를 제외하곤 좋은 활약을 보여주었다. 발미 전투의 패배는 어쩌면 그의 군사적 판단력의 부족때문이 아니라, 절묘하게 제공된 뇌물 때문일 수도 있었다. 왜냐하면 공작 사후에 유산을 파악하는 과정에서 프랑스 왕가의 보석이 많이 발견되었기 때문이다. 공작이 부딪힌 가장 큰 문제는 자신의 신중한 노선을 반대하는 '주전파War Party'와 국왕 사이에 자신이 놓여 있다는 사실이었다.

프로이센군은 프로이센 전역에 분산된 채 전쟁을 맞이했다. 그들의 집결 속도는 더디기만 했고, 1806년에 청천벽력같이 들이닥친 프랑스군의 공격을 앞두고도 여전히 집결 중이었다. 이들 20만 군대는 잘 훈련된

---

* **발미 전투** 1792년 9월 프랑스 발미에서 프로이센-오스트리아 연합군과 프랑스가 벌인 전투. 프랑스군이 그해 4월 혁명에 반대하는 양국에 대해 선전포고한 이후 최초로 승리를 거둔 전투이자, 농민군이 귀족 군대를 격파한 최초의 전투다.

효율적인 전력이었다. 이들의 훈련 수준을 능가한 것은 프랑스의 대육군뿐이었다. 군 조직은 다른 모든 구체제 군대에 비해 소규모로 유지되었다. 연대 이상의 고정적인 조직은 없었다. 부대들은 수석 지휘관의 희망에 따라 여단으로 통합되는 게 상례였다.

프로이센 기병은 많은 사람들에게 유럽 최고로 평가받았다. 그들의 말은 최상품에 속했고, 기마병 역시 용맹스러운 데다가 저마다 훌륭

▪▪▪▪▪ 브라운슈바이크 공작. 1806년 당시 명목상의 프로이센군 사령관이었던 그는 자신이 반대하던 전쟁에 나서야만 했다. 아우어슈테트에서 치명상을 입은 그는 1806년 11월 10일에 오텐센Ottensen에서 숨을 거뒀다. (Hulton Getty)

한 전투력을 갖추고 있었다. 그들에게 모자란 것이 있었다면, 동시에 다수의 대대로 효과적인 돌격을 펼칠 수 있는 능력이었다.

프리드리히 대왕의 초기 전투에서 명성을 떨친 바 있는 프로이센 보병은 선대의 인상적인 사격 훈련 수준을 계속 유지하고 있었다. 프로이센 대대들은 무시무시한 화력을 퍼부을 뿐만 아니라 탄환이 떨어질 때까지 그 속도를 늦추지 않았다. 이는 역사가 보여주듯이 프랑스군과 프로이센군이 정면충돌할 때, 쌍방의 사상자가 엄청나리라는 것을 의미했다.

그러나 프로이센군에게는 산병전에서 프랑스군의 맞수가 되지 못한다는 커다란 약점이 있었다. 이 같은 전술 교리상의 결함은 개방 지형에 전개한 프로이센 전열보병대대가 산병전에서 엄폐의 이점을 가진 프랑스

■■■■■ 루드비히|Ludwig 왕자. 프로이센 귀족사회의 자랑이었던 그는 잘펠트 전투를 이끌었지만, 살아서 그 결과를 볼 수는 없었다. (Roger-Viollet)

군과 포화를 주고받을 때 여실히 드러났다. 프로이센 수발총병들fusilier도 클뢰스비츠Clöswitz와 이서슈테트Isserstedt를 둘러싼 숲과 같은 엄폐물을 이용했을 때는 프랑스 전초병들을 고전케 했다. 그러나 프로이센 지휘관들은 숲이나 마을을 방어 수단으로 활용하기보다는 프로이센 보병의 명성을 낳은 속사 실력을 발휘할 수 있는 평지를 고집했다.

또 한 가지 문제는 프로이센 포병이 보유한 포 대부분이 낙후되었다는 점이다. 이들의 포는 프랑스제에 비해 위력이 떨어지면서도 무게는 더나가 기동성에 있어서도 제약이 심했다. 프랑스 포병이 번번이 프로이센 포병을 제압하자, 강고한 프로이센 보병은 소중한 화력 지원을 받을 수 없었다.

끝으로 그토록 악명을 떨친 프로이센 총참모부의 문제를 언급하지 않을 수 없다. 프로이센군에게 현대적인 참모본부가 없었던 것은 사실이지만, 이는 다른 구체제 국가인 러시아, 오스트리아, 영국도 마찬가지였다.

오직 프랑스만이 7년 전쟁 이후 지휘통제체계가 현저한 발전을 이루었다. 전쟁이 지속되면서 다른 국가들이 기본적으로 나폴레옹 방식을 도입한 것은 결코 우연이 아니었다. 19세기와 20세기에 그토록 위세를 떨친 프로이센식 참모제도는 1806년의 패배에서 비롯된 산물로, 후대의 비스마르크Bismarck와 카이저Kaiser 군대는 그 원류를 거슬러 올라가보면, 프리드리히보다는 나폴레옹 쪽에 더 가깝다고 할 수 있다.

전투
울름 전투에서 틸지트 조약까지

오스트리아의 마크 장군은 라인 강 전선 유지의 관건이 1796년~ 1797년, 1799년, 그리고 1800년 전투의 무대가 되었던 독일 남서부 산악 지대인 슈바르츠발트Schwarzwald의 간극을 메우는 것이라고 믿었다. 그는 독일 중부를 전쟁과 상관없는, 사실상의 중립지대로 간주했다. 그의 계획 에서 구심점 역할을 한 것은 바이에른과 뷔르템베르크Württemberg의 접경지 대에 자리한 도시 울름Ulm이었다. 울름을 장악하고 고수함으로써 쿠투조 프 장군의 러시아군 지원대가 도착할 때까지 전선을 유지하기로 한 그는 군대가 합류하는 대로 저 꼴사나운 코르시카 촌놈을 격멸할 생각이었다. 울름에는 시가지 뒤로 솟은 요새화된 고지대 미헬스베르크Michelsberg가 있 었고, 마크는 이를 난공불락의 진지라 여겼다. 이렇게 그는 사방이 훤히 내려다보이는 지형에 의존해 방어할 수 있을 것이라고 철석같이 믿었다.

울름 전투

마크가 짠 계획의 첫 단계는 바이에른 국경을 넘어 오스트리아와 바이에른 연합군을 결성한 뒤 울름 일대를 장악하는 것이었다. 프란츠는 바이에른의 선제후에게 사신을 보내 약속과 협박을 함께 사용하며 그를 포섭하고자 했다. 합스부르크가를 옹호한 선제후 부인의 활약에도 불구하고 오스트리아 측의 실수와 대중의 정서, 나폴레옹의 원조 약속에 끌린 바이에른인들은 뷔르츠부르크Würzburg로 물러나 프랑스의 편에 섰다.

오스트리아군이 바이에른 국경을 넘음과 거의 동시에 나폴레옹 역시 자신의 군대를 움직였다. 마크의 전략을 정확하게 간파한 그는 마크의 예상을 저버리지 않는 행동을 취했다. 마크가 울름에 진을 치는 동안 정면에서 기만작전을 펼치기로 한 대육군은 큰 우회 기동을 실시해 그의 북쪽 측면을 칠 계획이었다. 그렇게 될 경우 프랑스군 일부는 오스트리아군과 뮌헨München을 지나는 그들의 보급선 사이를 가로막을 수 있었다.

1805년 9월 25일, 제3군단과 제6군단이 라인 강을 건너 슈투트가르트Stuttgart로 향했다. 마크의 군대는 울름과 아우그스부르크Augsburg 사이에 전개한 채 조여들어오는 함정을 전혀 눈치채지 못하고 있었다. 마크는 이윽고 10월 3일에야 적이 자신의 측면으로 돌아 들어왔음을 깨달았다. 그는 도나우Donau 강을 따라 경계부대를 배치하도록 명령하고는 주력부대와 함께 울름에서 대기했다.

나폴레옹의 맹공은 10월 8일을 기해 시작되었다. 전날 도나우 강을 건넌 제5군단의 일부와 뮈라의 기병 예비대가 북쪽 기슭으로 건너올 프랑스군을 저지하기 위해 황급히 달려온 프란츠 아우펜베르크Franz Auffenberg 장군의 대열과 조우한 것이었다. 오스트리아군은 너무 늦게, 그것도 불리한 상황에서 전투에 발을 들여놓았고, 이러한 양상은 이번 전쟁에서 번번

이 반복되었다. 접전을 치른 아우펜베르크의 부대는 베르팅엔^{Wertingen} 전
투에서 괴멸되었다.

이튿날에는 네의 군단이 결연히 저항한 군츠부르크^{Gunzburg} 다리의 수
비대에게 쇄도했다. 오스트리아군은 훌륭히 싸웠지만, 또다시 패퇴했다.
나폴레옹은 마크가 탈출을 꾀하리라고 짐작했다. 그는 오스트리아군이
가장 합리적인 진로인 남쪽을 택해서 그곳에서 요한^{Johann} 대공의 소규모
티롤^{Tyrol} 주둔군과 합류할

것이라고 생각했다. 나폴레
옹은 휘하의 거의 모든 군대
를 남쪽으로 돌려 그들을 뒤
쫓기로 했다. 그는 뮈라 원
수를 뒤에 남겨 울름 주변의
적 후위대를 소탕하도록 했
다. 하지만 네 원수에게는
강 북쪽의 적이 활발한 움직
임을 보인다는 보고가 계속
해서 날아들고 있었다. 휘하
사단 가운데 하나인 피에르
뒤퐁^{Pierre Dupont} 장군의 부대
는 바로 그곳에서 북쪽 기슭
을 따라 전진하며 고립된 적
부대를 소탕하라는 명령을
실행 중이었다. 10일, 하루
내내 뮈라와 설전을 벌인 네
는 제6군단 전체를 북쪽 기

슭으로 이동시켜 고립되어가는 뒤퐁의 사단을 지원하도록 설득했다. 아무런 결론이 내려지지 않는 가운데 뒤퐁의 진격은 계속되었다.

이튿날 아침 일찍, 울름 교외에 당도한 뒤퐁은 소름끼치는 광경과 마주쳤다. 마크와 그의 군대가 아직까지도 울름에 진을 친 채 자신을 맞이하려 움직이고 있었던 것이다. 이후 전개된 사건은 대육군의 병사들이 상대 합스부르크군보다 얼마나 월등했는지를 극명하게 보여줬다. 하루 종

■■■■■ 엘힝엔 전투. 언덕 정상의 성당을 향한 돌격이 펼쳐지는 가운데 아래쪽의 들판에서도 격렬한 전투가 펼쳐지고 있다. (Roger-Viollet)

■■■■■ 뒤퐁 장군. 그는 융잉엔과 프리틀란트에서 보여준 탁월하고 공격적인 지휘로 프랑스 육군의 유망주가 되었지만, 1808년에 바일렌Bailen에서 겪은 졸렬한 패배로 인해 나폴레옹 전쟁의 그 어떤 프랑스 장군도 겪어보지 못한 불명예의 주인공이 되었다. (Roger-Viollet)

일 이어진 이 절박한 전투에서 시가전에 능한 프랑스군의 장점을 살려 융잉엔Jungingen 시가지를 장악한 뒤퐁은 달려드는 오스트리아군에게 능숙하게 반격을 가했다. 뒤퐁의 남은 보병 전력은 지지부진한 오스트리아군을 상대로 간신히 왼쪽 측면을 지켜냈다. 그의 기병대는 오스트리아 기병에게 졌지만, 프랑스군 우익의 붕괴를 막아내며 상대의 시선이 별 가치 없는 보급 대열의 공격에 쏠리도록 했다.

결과적으로 뒤퐁은 4 대 1이란 수적 열세를 이겨냈을 뿐만 아니라, 적에게 자신의 전 병력과 맞먹는 피해를 입히기까지 했다. 프랑스군도 지친 건 마찬가지였지만, 그들이 보여준 전투력은 경이로운 수준이었다. 그날 밤 뒤퐁은 엄청난 수의 오스트리아군과 맞선 데다가 얼마든지 적의 추가 병력이 몰려들 수 있는 상황이었기 때문에 서둘러 후퇴했다. 그로서는 제 아무리 용맹한 부하들을 거느렸다 해도 두 번씩이나 모든 것을 운에 맡길 생각은 없었던 것이다.

10월 12일, 나폴레옹의 시야를 가리던 장막이 걷혔다. 마크는 여전히 울름에 있었고, 여전히 함정을 빠져나가려 들지 않았다. 마크는 나름대로 자신의 진영이 완벽하다고 여긴 나머지 도나우 강 북쪽의 취약한 프랑스군 보급선을 붕괴시킬 기회를 노리고 있었던 것이다. 갈피를 못 잡고 몇

번이고 마음을 바꾸던 그
는 이윽고 13일 오후에
울름 밖으로 2개 부대를
출격시켰다. 요한 리쉬
Johann Riesch 장군이 이끈
1개 부대는 그곳의 다리
를 장악해 프랑스군이 강
을 되건너오지 못하게 하
고자 엘힝엔Elchingen으로
향했다. 베르넥Werneck의
또 다른 1개 부대는 중포
대부분을 가지고 북쪽으
로 이동했다. 엘힝엔 시
가지에서 소규모 파견대
를 몰아낸 리슈는 방어
태세를 갖췄다. 마크의

■■■■■ 미셸 네 원수. 네는 황제 앞에서 보란 듯이 자신의 가
치를 과시하고 싶었지만, 불행히도 그가 엘힝엔에서 보여준 활
약은 나폴레옹의 눈에 띄지 않았고, 예나와 아일라우에서는 도
리어 실패의 희생양이 되고 말았다. 그는 이윽고 프리틀란트에
서 나폴레옹이 지켜보는 가운데 전공을 세울 수 있었다. (Ann
Ronan Picture Library)

계산대로라면 엘힝엔 일대에는 프랑스군이 있을 이유가 없었다. 한마디
로 '거기 뭔 볼일이?'였던 것이다.

나폴레옹과 네는 고립된 뒤퐁과의 연결을 서두르고 있었다. 이 목표
에 부합하는 최단 경로는 엘힝엔의 다리들을 지나고 있었다. 1805년 10월
14일, 휘하 병력을 이끈 네가 엘힝엔과 마주보는 도나우 강 남쪽의 위치
로 이동했다. 이제까지 남쪽 기슭의 군츠부르크로 돌격했던 네는 뒤로 돌
아 엘힝엔을 제압해야 했다. 엘힝엔은 일부가 숲으로 덮인 범람 평원으
로, 이를 한눈에 내려다보는 마을이 있는 언덕에 이르러 급경사를 이루고
있었다. 포병을 동원해 오스트리아군의 경계 병력을 몰아낸 네의 군단은

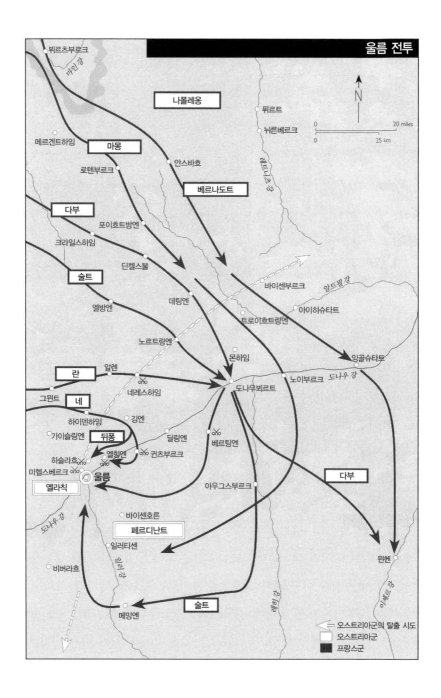

울름 전투

뒤르츠부르크
마인 강
나폴레옹
퓌르트
뉘른베르크
0   20 miles
0   25 km
N

메르겐트하임
마몽
안스바흐
로텐부르크
베르나도트

다부
포이흐트방엔
레츠니츠 강

크라일스하임
딘켈스뷜
바이센부르크
알트뮐 강

술트
데팅엔
아이히슈타트

엘방엔
트로이흐트링엔
노르트링엔
몬하임
잉골슈타트

란
알렌
노이부르크 도나우 강

그뮌트 네
네레스하임
도나우뵈르트

하이덴하임
깅엔
딜링엔
베르팅엔

가이슬링엔 뒤퐁
엘힝엔
귄츠부르크
다부

히슬라흐
미헬스베르크
울름
아우그스부르크

옐라칙
바이센호른
페르디난트

도나우 강
일러티센

비버라흐
뮌헨

술트
메밍엔

오스트리아군의 탈출 시도
오스트리아군
프랑스군

다리 너머로 진군했다. 1개 연대가 시가지를 뚫고 나가 총검 돌격으로 언덕 꼭대기의 사원을 손에 넣었다. 사단의 나머지 병력은 평야를 가로질러 나갔다. 그들은 오스트리아 기병과 격돌했고, 리슈의 보병대를 사분오열 시켰다. 네는 불리한 지형에도 불구하고 적을 격멸한 공덕으로 엘힝엔 공작 작위를 받았다. 14일 저녁 무렵 연락이 재개된 가운데 네는 10킬로미터 떨어진 울름을 향해 전진했다.

이 마지막 패배는 페르디난트 대공에게 감당키 어려운 것이었다. 그는 남아 있던 오스트리아 기병 대부분을 거느린 채 북쪽으로 향했고, 베르넥도 그 뒤를 이었다. 그는 아둔한 마크가 따르든 말든 탈출에 나설 작정이었다. 밤을 새다시피 말을 달린 그는 빈에 보고하기 위해 전쟁의 이 국면에서 중도하차를 택했다.

나폴레옹은 엘힝엔 승전 이후 뮈라를 투입해 베르넥을 뒤쫓았다. 이윽고 16일에 네레스하임Neresheim에서 베르넥을 따라잡은 그는 이틀 동안이나 계속된 접전 끝에 그를 죽였다. 한편, 나폴레옹은 적의 숨통을 끊으라는 명령을 내렸다. 네와 그를 뒤따른 란 휘하 군단의 일부가 15일 오후 미헬스베르크의 오스트리아군 진지 앞에 당도하자, 30분간의 준비 포격 후 돌격에 나서라는 나폴레옹의 명령이 떨어졌다. 전날 중포들을 잃어버린 오스트리아군은 적절한 대응을 펼칠 수 없었고, 강화 진지마저도 게으름과 비 때문에 아직 완성되지 않은 상태였다. 말레Malher 장군이 이끄는 네의 제3사단이 진흙 밭 경사면 위로 무거운 발걸음을 옮겼다. 그들은 강화 진지를 40미터 앞두고 질주를 시작했다. 놀랍게도 '공략 불가능'이라던 미헬스베르크 진지는 첫 시도에 함락되고 말았다. 참혹한 백병전으로 진지 주위에는 수백 구의 시신이 나뒹굴었다. 해질 무렵 마크의 나머지 군대 역시 성벽으로 둘러싸인 울름 시가지에 갇힌 신세가 되었다. 그들의 처지는 미헬스베르크의 함락과 함께 절망의 나락으로 떨어졌다. 나폴레

옹은 고지에 자리 잡은 채 마음껏 포격을 퍼부을 수 있었다.

교섭은 10월 17일부터 시작되었다. 러시아군의 지원이 제때 이뤄질 수 없음을 확인하고, 베르넥의 운명을 전해들은 마크는 20일 아침을 기해 항복에 동의했다. 살아남은 그의 군대가 도시 밖으로 나온 10월 20일 아

침, 역사는 나폴레옹의 가장 완벽한 승리 가운데 하나를 지켜보았다. 마크는 바이에른 진공 당시 거느리고 있던 7만 2,00명 중에서 6만 명이 넘는 병력을 잃었다. 그는 속도에서 나폴레옹의 적수가 되지 못했고, 어떤 진지도 난공불락이란 없다는 사실을 너무나 늦게 깨달았다. 이제 나폴레옹은 마음 놓고 러시아군을 상대할 수 있게 되었다.

아우스터리츠 전투

마크의 군대가 투항한 1805년 10월 20일 이후, 전리품을 거두며 군대를 추스르는 데 수일을 보낸 나폴레옹은 쿠투조프의 러시아군에 대비했다. 쿠투조프의 군대는 오스트리아와 바이에른의 경계인 인Inn 강에 이르자, 곧 행군을 멈췄다. 행군은 끔찍한 시련이었다. 낙오와 질병으로 병력의 3분의 1이 사라진 것이었다. 지난 전쟁에서 러시아와 오스트리아가 제각기 율리우스력Julian calendar *과 그레고리력Gregorian calendar **을 사용한 탓에 날짜 계산에서 11일이나 오차가 발생했다. 그러나 그들의 진짜 난관은 두 군대가 결합하기 전까지 나폴레옹이 군대를 배치하지 못하리라는 그릇된 추측에서 비롯되었다.

쿠투조프는 울름의 비보를 접하고는 전쟁의 양상이 변했음을 깨달았다. 그는 보급선을 따라 후퇴한다는 뻔한 수를 썼다. 인 강을 등진 쿠투조프는 고속 행군에 들어간 프랑스군을 간신히 따돌리며 후퇴를 계속했다. 그는 연이은 전초전으로 프랑스군을 저지할 후위대를 뒤에 남겨두었다. 암슈테텐Amstetten에서 지나치게 지원대를 앞서나간 뮈라는 거의 사지에 발을 들여놓을 뻔했다. 마리아첼Mariazell에서는 다부가 메르펠트Merveldt 장군 휘하의 마지막 오스트리아 군대를 격파했다.

러시아군의 문제는 자신들의 보급선이 브륀Brünn에서 남쪽으로 이어진다는 데 있었다. 이는 퇴각 가능한 경로가 도나우 강 북쪽뿐임을 뜻했다. 하지만 그럴 경우 오스트리아 수도 빈은 무방비 상태가 될 터였다. 당연히 자신들의 수도가 방어되기를 바란 합스부르크가의 뜻과는 상관없이 잠시 사수하는 듯했던 쿠투조프는 강 북쪽으로 병력을 이동시킨 뒤 크렘스Krems 인근에 진을 쳤다.

한편, 추격에 열을 올리던 뮈라는 빈이 무방비 상태임을 알게 되었다. 11월 11일, 그는 기병들과 함께 도시에 입성했다. 뮈라가 적의 왕궁 점령

---

* **율리우스력** 태양력의 하나. 로마의 집정관 율리우스 카이사르가 BC 46년에 이집트의 천문학자 소시게네스Sosigenes의 의견에 따라 개정한 세력歲曆이다. 365일 6시를 1년으로 하고 4년마다 하루의 윤일閏日을 두었다. 후에 수차례 개정을 거쳐 현행의 태양력이 되었다.
** **그레고리력** 1582년에 로마 교황 그레고리우스 13세가 종래의 율리우스력을 고쳐서 만든 태양력. 율리우스력에서는 400년 동안 윤년을 100회 둔 것과 달리 97회의 윤년을 두어서 태양의 위치와 책력을 훨씬 잘 맞게 했으며, 우리나라를 비롯하여 많은 나라에서 채용하고 있다.

이라는 영광을 쫓아 내달린 사이 도나우 강 북쪽에서는 극적인 사태가 펼쳐지고 있었다. 러시아군의 도강을 저지하려던 나폴레옹은 새로 편성된 모르티에 원수의 군단을 폰툰pontoon 부교浮橋로 건너보내 적의 퇴로를 차단하기로 했다. 모르티에까지 동행한 오노레 테오도르 막심 가장Honoré Théodore Maxime Gazan 장군의 첫 번째 사단이 강의 왼쪽 기슭을 따라 전진했다. 뒤퐁의 또 다른 사단이 그 뒤

■■■■■ 마하일 쿠투조프 대공. 톨스토이의 『전쟁과 평화』를 통해 이상적인 러시아 장군으로 각인된 그의 실체는 소설과 상당한 차이를 보였다. 전투에서 입은 상처로 한쪽 눈을 잃었고, 상당 수준의 교양인이자 난봉꾼이기도 했던 그는 대단한 후퇴 실력에 반해 그 이상의 임무 앞에서는 허둥대는 빛이 역력했다. (Hulton Getty)

를 쫓았다. 척후를 맡을 기병대가 없었던 모르티에는 자신이 함정에 발을 들여놓고 있음을 모르고 있었다. 그가 뒤렌슈타인Dürrenstein 인근에 머무는 사이 상대의 위치를 훤히 파악한 쿠투조프는 수개 종대를 북쪽으로 보내 모르티에 원수의 배후를 노리며 동시에 정면 공격을 계획했던 것이다.

계책은 적중했지만, 뼈에 사무치는 추위 속에서 야간 행군은 예상한 것보다 시간이 더 걸렸다. 가장의 부하들은 엄청난 열세인 상황에서도 하루 종일 맹렬히 저항했다. 이들이 언덕 기슭의 포도밭을 능수능란하게 활용하며 정면의 적을 뚫고 나가려던 순간, 늑장을 부리던 러시아군의 대열이 배후에서 모습을 드러내기 시작했다. 모르티에는 방진을 짜며 빠져나갈 길을 모색했다. 전투는 주로 뒤렌슈타인 시가지를 중심으로 펼쳐지고 있었다. 탄약은 다 떨어져갔고, 병사들 역시 완전히 지쳐 있었다. 서쪽에

서 포격이 시작되었다는 보고가 들리자, 항복은 불가피한 듯 보였다. 뒤퐁의 사단이 강행군 끝에 저녁 어둠 속에서 총검 돌격에 나선 것이었다. 이제 자신들이 포위될까 봐 두려워진 러시아군은 전장을 이탈해 언덕으로 후퇴했다. 프랑스군은 울름 전투의 선전 효과를 무색하게 만들 뻔한 재앙에서 가까스로 벗어났다. 5 대 1이라는 열세에서도 프랑스 병사들이 발휘한 용기만이 그 같은 재앙을 막아낼 수 있었다.

안도의 한숨을 내쉰 나폴레옹은 자신의 주력을 도나우 강 북쪽으로 이동시킬 방법을 검토했다. 그는 마몽과 네의 제2·6군단에게 티롤과 빈의 남쪽 접근로를 경계하도록 함으로써 자신의 배후가 이탈리아와 헝가리에 있던 칼과 요한 대공의 군대에게 노출되지 않도록 했다. 이처럼 제2·6군단을 빼고도 그는 여전히 제1·3·4·5군단과 기병 대부분, 그리고 모르티에의 급조된 군단으로 러시아군을 상대할 여력이 있었다. 나폴레옹은 란과 뮈라에게 현혹된 빈 다리의 초병들이 휴전이 성립되었다는 거짓말에 넘

성 안톤Sankt Anton 교회의 나폴레옹. 붕괴되는 연합군의 좌익을 지켜보던 그는 이곳에서 적시에 자신의 예비대를 투입했다. (Roger-Viollet)

어가준 덕분에 이 문제의 돌파구를 찾을 수 있었다. 오스트리아 초병들이 휘황찬란한 프랑스 원수들에게 넋을 뺏긴 사이 소수의 프랑스 척탄병들이 신속하게 다리를 장악했던 것이다. 이제, 이 과감한 활극으로 달아나는 러시아군을 순식간에 따라잡을 길이 열렸다. 뮈라는 홀라브뢴HollaBrünn에서 이들과 격돌했다.

이번에는 러시아인들이 그들을 농락할 차례였다. 항구적인 평화의 사전 단계로 시한부 휴전이 성립되었다는 바그라티온의 계략에 뮈라가 걸려들었다. 란의 반발에도 불구하고 양측은 전투 재개 4시간 전에 이를 사전 통보하기로 합의했다. 나폴레옹은 이 소식을 듣자 펄쩍 뛰며 전쟁의

■■■■■ 조아생 뮈라. 저돌적인 이 기병 지휘관은 나폴레옹의 여동생 카롤린과 결혼함으로써 제국의 대공이 되었다. 기병대를 이끄는 데 있어서는 아주 뛰어났지만, 그의 독자적인 지휘 능력에는 문제가 있었다. (Ann Ronan Picture Library)

■■■■■ 표트르 바그라티온 왕자. 러시아군의 선봉을 이끈 두려움 없는 지도자였던 그는 어떤 러시아인보다도 프랑스군을 애먹였다. (Roger-Viollet)

재개를 명령했다. 이 휴지기로 교활한 쿠투조프는 병력의 대부분을 탈출시킬 시간을 벌었다. 약속된 4시간이 지나자, 어둠을 뚫고 프랑스군이 공격을 시작했다. 포도넝쿨 투성이 벌판을 헤치며 전방의 러시아군 진지로 향하던 병사들의 앞길을 밝힌 것은 불타오르는 쉰그라베른Schöngrabern 마을의 불길뿐이었다. 그들은 접근로를 굽어보는 러시아 포병대의 산탄 사격으로 인해 생긴 대열의 큰 공백에도 아랑곳없이 진격을 계속했다. 그들이 진지에 이르자, 많은 러시아군은 싸움을 포기하고 포로가 되었다. 그러나 후위대 지휘관 바그라티온 왕자로서는 이미 임무를 완수한 셈이었다. 그는 압도적인 적을 상대로 전장 이탈에 성공한 데다가 휘하의 병력 대다수를 구해냈고, 주력부대를 탈출시켰다.

쿠투조프는 브륀을 거쳐 올뮈츠Olmütz까지 계속해 철수해, 11월 24일에는 러시아 황제와 동행한 북스게브덴 장군의 증원군과 합류할 수 있었다.

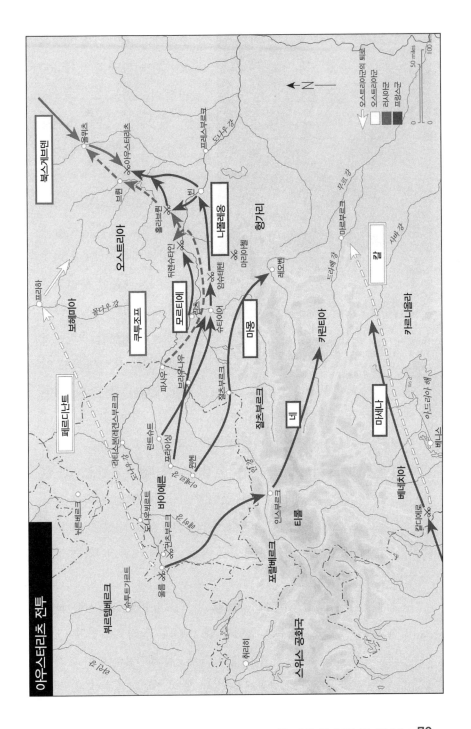

오스트리아군 1만5,000명이 포함된 연합군은 7만2,000명에 이르렀다.

연합군은 이후의 작전을 결정하기 위해 회의에 들어갔다. 쿠투조프는 프랑스군이 병참 조직으로부터 더욱 멀어지도록 후퇴를 주장했다. 뒤에 밝혀지겠지만 이것만큼 나폴레옹이 두려워한 전략도 없었다. 이 전략의 큰 장점은 당분간 전장에서 프랑스군과 맞닥뜨리지 않아도 된다는 것이었다. 게다

■■■■■ 북스게브덴 중장. 군대의 전술보다도 술과 매춘부들에게 빠져 있던 그는 역사에 남을 재앙이 될 아우어슈테트 전투를 이끄는 와중에도 대부분의 시간을 술을 마시며 보냈다. (Roger-Viollet)

가 프로이센이 연합군과 한배에 탈 확률도 점점 높아지고 있었다. 또 다른 선택은 전투를 시작하는 것이었다. 여기에는 굶주림과 피로, 추위로 인해 엄청난 피해가 발생할 수도 있는 동절기의 지난한 후퇴전을 피할 수 있다는 매력이 있었다. 또한 전력이 분산된 나폴레옹을 칠 기회를 얻을 가능성도 있었다. 연합군 지휘부는 승리욕에 사로잡혔다. 궁극적으로는 러시아 황제는 프랑스 혁명의 수괴를 무찌른 군대의 지휘관이라는 영예를 얻기를 원했다.

나폴레옹은 연합군을 결전으로 끌어들이기를 바랐다. 보급선은 늘어졌고, 정보계통마저 프로이센의 참전이 임박했음을 알려오고 있었다. 마지막으로 가장 큰 불안 요소는 트라팔가르 해전의 패전보와 함께 파리에 떠돌고 있는 프랑스 육군의 상황에 대한 안 좋은 소문으로 인해 또 다른

금융 공황이 발생했다는 것이었다. 황제는 단 한 번의 패배가 자신을 왕좌에서 끌어내릴 쿠데타로 이어질 수도 있다는 것을 잘 알고 있었다. 그래서 나폴레옹은 연합군이 전투에 뛰어들 만한 미끼를 던지기로 했다. 그는 휴전을 요청하고 그답지 않은 공손함으로 사절들을 대함으로써 약점을 가장했다. 그 사이 그는 베르나도트에게 브륀을 향해 진군할 것을 명령했고, 빈에 있던 다부를 불러들였다.

12월 1일에 이르자, 나폴레옹은 적을 끌어들이기 위한 미끼를 던졌다. 나폴레옹은 더욱더 약점을 가장하기 위해 강력한 진지인 프라첸^{Pratzen} 언덕을 포기하고 의도적으로 자신의 우익을 약화시킴으로써 러시아군이 그곳을 공격하도록 유도했다. 흔쾌히 언덕을 점령한 연합군은 프랑스군의 우익으로 돌아들어가 나폴레옹의 군대와 그들의 연락선 사이에 자신들의 병력을 밀어넣는다는 계획을 세웠다. 러시아 황제와 그의 자문관들이 미처 깨닫지 못한 것은 2개 사단을 이끈 다부가 빈으로부터 150킬로미터를 진군해와 프랑스군의 우익으로부터 쇄도하리라는 사실이었다. 나폴레옹 군의 전력은 다부의 병력으로 연합군과 대등해졌다.

프랑스군이 곤경에 빠졌다고 여긴 것은 연합군만이 아니었다. 11월 28일 밤, 나폴레옹의 귀환을 기다리는 몇몇 원수들이 나폴레옹의 지휘소로 모여들었다. 술트와 뮈라는 상황의 험난함을 확신하며 나폴레옹에게 후퇴를 설득하기로 했다. 그러나 자신들에게는 란 원수만큼 황제의 주의를 끌 수 있는 재간이 없음을 인정한 그들은 란을 설득해 나폴레옹에게 그 같은 의견을 전달하도록 했다. 나폴레옹이 돌아오자 그의 곁으로 다가간 란이 후퇴를 제안했다.

지금까지 전쟁터에서 원수에게 그 같은 말을 들은 적이 없던 나폴레옹은 그게 도대체 누구의 발상인지를 추궁했다. 란은 "저희들 모두의 소견입니다"라고만 점잖게 둘러댔다. 술트가 발뺌하려고 "제 군단은 폐하와 함께할 것입니다. 남들의 몫까지 다해서라도 말입니다"라고 말하자, 칼을 뽑아든 란이 결투를 요청했다. 며칠 동안 란은 헛물만 들이켰다. 전투 당일 아침, 결투를 요청받은 술트는 오늘 같은 날은 결투 말고도 힘든 일이 널렸다며 이를 받아넘겼다. 이 사건은 두 원수 사이에서 빚어진 불화의 원인이 되었다.

나폴레옹의 계획은 연합군이 대부분의 병력을 프라첸 언덕 아래로 내려 보내 자신의 빈약한 우익을 찌르게 만드는 것이었다. 그는 그 순간 중앙을 공격해 적을 둘로 분단시킨 뒤 그로부터 양 측면을 감쌀 생각이었다. 연합군은 나폴레옹의 계책에 그대로 말려들었다. 그들은 3개 종대로 언덕을 내려가 프랑스군의 우익을 궤멸시킨 뒤, 방향을 틀어 모라비아Moravia의 구릉 지대로 나폴레옹을 몰아붙이기로 했다.

아우스터리츠 전투가 벌어지기 전날 밤, 나폴레옹은 부대 순시에 나섰다. 병사들은 그를 알아보고는 잠자리의 지푸라기를 묶어 급조한 횃불로 그가 지나는 길을 밝혔다. 숙영지는 곧 자신들의 황제를 보기 위해 몰려든 병사들로 온통 환한 빛에 싸였다. 나폴레옹은 이후 그 밤을 생애 최고의 밤으로 회고했다.

오전 6시, 러시아군과 오스트리아군의 대열이 행군을 시작했다. 러시아 황제 알렉산드르 1세의 참모총장으로 오스트리아 출신인 프란츠 폰 바이로터Franz von Weyrother는 전날 밤 쿠투조프가 잠든 사이, 세밀한 전체 계획을 짜놓았다. 그러나 바이로터의 전체 계획은 군대의 능력을 벗어난 데다가 수많은 대열의 진로가 교차하면서 발생할 혼란도 고려하지 않은 것이었다. 랑제론Langeron 백작은 자신들에게 지정된 지점을 통해 알로이스 리히텐슈타인Alois Liechtenstein 장군의 기병대를 통과시키느라 행군을 멈춰야만 했다. 공교롭게도 이러한 지연 때문에 나폴레옹의 계략은 거의 어긋날 뻔했다.

연합군이 텔니츠^{Telnitz}와 조콜니츠^{Sokolnitz} 마을의 반대쪽에서 다가올 무렵, 프라첸 언덕 기슭으로 집결한 도미니크 조제프 반담^{Dominique Joseph Vandamme}과 생일레르^{St Hilaires} 사단은 진격 신호를 기다리고 있었다. 이들의 진형은 저지대에 드리워진 짙은 안개에 휩싸여 눈에 띄지 않았다.

오전 8시경, 연합군의 첫 번째 종대가 텔니츠 마을을 공격했다. 마을을 방어한 것

■■■■■ 니콜라–장 드 듀 술트. 유럽 최고의 기동전 전문가로 불린 그는 군대를 훈련시키고 전장까지 이동시키는 데 통달한 인물이었다. 일단 그 뒤부터 그가 맡은 역할은 그리 크지 않았다. (Ann Ronan Picture Library)

은 제3전열연대였다. 수차례 반복된 돌격 끝에 마을에서 밀려난 프랑스군은 골드바흐^{Goldbach} 강 쪽으로 퇴각했다. 조금 뒤, 다부의 도착과 함께 등장한 프랑스군 1개 여단이 서둘러 전장에 병력을 쏟아 붓기 시작했다. 역습에 나선 그들은 텔니츠를 탈환했다. 그들은 마을 반대편까지 밀고나가다가 역으로 오스트리아 후사르의 공격을 받아 격퇴되었다. 연합군은 또다시 마을을 장악했지만, 마을 입구를 집중 사격한 프랑스 포병 때문에 그 이상은 전진할 수 없었다.

그곳으로부터 조금 북쪽에는 조콜니츠라는 마을이 있었다. 텔니츠에서 전투가 시작된 지 얼마 안 되어 연합군의 두 번째 종대가 성곽과 축사의 돌담으로 둘러싸인 조콜니츠 마을로 첫 번째 돌격을 개시했다. 이곳은 제26경보병연대와 코르시카^{Trailleurs Corses} 및 이탈리아^{Tirailleurs du Po} 저격대

대가 지키고 있었다. 이들은 대육군을 통틀어서도 최정예에 속했다. 이 대대들의 사격은 다가오는 대열에 큰 피해를 입혔다. 대열을 지휘한 랑제론 장군은 이들을 마을에서 몰아내기로 단단히 마음먹고 있었다. 그는 포병대를 전개시켜 무시무시한 포화를 퍼부었다. 그 사이 세 번째 종대가 도착해 성곽을 공격했다. 위협적인 포화를 뒤집어쓰기는 했지만 수적 우세가 힘을 발휘하기 시작한 연합군은 서서히 프랑스 경보병들을 밀어내기 시작했다. 후퇴한 프랑스군은 전열을 추스르고는 역습에 나섰다. 이번에는 러시아군이 밀려날 차례였다. 러시아군 역시 태세를 정비한 뒤, 다시 한 번 프랑스군을 몰아냈다. 이어서 등장한 프랑스군 사단이 또다시 러시아군을 몰아냈다.

남은 전투 기간 내내 조콜니츠에서는 밀고 당기는 전투가 이어졌다. 루이 프리앙Louis Friant의 공격 이후 프랑스군은 두 번 다시 마을에서 완전히 밀려나지 않았다. 골드바흐의 전황이 팽팽해질수록 연합군 지휘관들이 더 많은 예비대를 투입해 다른 곳의 전력은 약화될 수밖에 없었고, 나폴레옹의 계략은 바라던 대로 풀려나갔다.

전쟁 막바지 2주 동안은 구름이 자욱한 하늘 아래 전투가 치러졌다. 1805년 12월 2일 아침은 구름 사이로 삐져나온 햇살이 전장을 감싼 옅은 안개를 증발시키는 동안 밝아왔다. 8시 30분, 나폴레옹이 술트를 돌아보며 그의 부하들이 프라첸 언덕 꼭대기까지 닿는 데 얼마나 걸릴지 물었다.

"20분만 주십쇼, 폐하."

"좋아. 15분 안에 부하들을 출격시키게."

나폴레옹이 대답했다.

'아우스터리츠의 태양'은 이렇게 언덕으로 향한 생일레르의 사단을 비추었다. 이를 지켜보던 러시아 황제는 도대체 어찌된 영문인지 이해할 수가 없었다. 어떻게 이런 일이 벌어질 수 있단 말인가! 쿠투조프에게 병력을 증원해 프랑스군의 프라첸 점령과 연합군의 분단을 막으라는 명령이 떨어졌다. 연합군은 네 번째 종대를 전진시켰지만, 한꺼번에 투입할 수 있는 병력이라고는 2, 3개 대대가 고작이었다. 이들은 대육군에서 가장 뛰어난 전열보병사단의 적수가 되지는 못했지만, 병력 수만큼은 생일레르 사단의 두 배에 가까웠다. 나폴레옹 전쟁을 통틀어서 손꼽히는 이 혈투에서 양측은 서로를 난타했다. 러시아 대대 하나가 쓸려나가면 또 다른 대대가 그 자리를 메웠다. 돌격과 연이은 역습이 육탄전으로 이어진 가운데 포로들은 목숨을 부지하지 못했고, 부상자들은 총검 세례를 받았다. 1시간을 끈 잔혹하기 그지없는 전투가 끝나자, 연합군의 네 번째 종대는 자취를 감췄다.

연합군에게 모든 것이 끝난 것처럼 보이던 그 순간에 뒤처져 있던 두 번째 종대의 일부가 전장에 모습을 드러냈다. 이들은 행군 계획상의 착오로 본대에서 낙오된 자들이었다. 이 오스트리아 병사들은 미숙했지만, 주저 없이 싸움에 뛰어들어 탈진한 프랑스군을 공격했다. 이윽고 수적 우세가 위력을 발휘해 프랑스군을 언덕에서 밀어내기 시작했다. 탄약이 바닥을 드러내자, 후퇴 외에는 별 수가 없는 듯했다. 뜻밖에도 프랑스 병사들은 총검을 꽂은 채 돌격에 나섰다. 전세는 팽팽했지만, 프랑스군의 전의가 승패를 갈랐다. 오스트리아군은 반대쪽 사면으로 쫓겨 내려갔고, 프랑스군은 적의 중앙을 돌파했다.

그보다 북쪽에서는 술트의 두 번째 사단을 이끈 반담이 프라첸 고지대의 북쪽에 솟은 슈타레 비노흐라디Staré Vinohrady를 공략했다. 고립된 두 부대가 그곳을 지탱하고 있었다. 첫 번째 부대는 코앞에 방렬한 야포들로부터 산탄 사격을 뒤집어쓰고 세 배에 달하는 병력의 공격을 받자, 무너져내렸다.

두 번째 부대인 5개 대대 병력은 슈타레 비노흐라디 일대를 방어하고 있었다. 이들은 프랑스군의 경보병 전술을 시작으로 반담의 고참병들이 짧은 거리에서 연달아 퍼부은 가공할 일제사격에 시달렸다. 오스트리아 군은 패주했다. 프라첸 언덕 전체가 프랑스군의 손아귀에 들어왔다. 러시아 황제에게는 소중한 황실근위대 외에 더 이상 이렇다 할 예비대가 남아 있지 않았다. 부하들이 프라첸 언덕 양편을 온전하게 장악했음을 확인한 나폴레옹은 근위대와 함께 아침에 설치한 지휘소를 갓 점령한 능선으로 옮겼다. 이와 함께 베르나도트의 제1군단에게 전진해서 반담의 병사들을 지원하라는 명령이 내려졌다.

프라첸 언덕이 함락되자 러시아 황제의 동생이자 황실근위대 지휘관 콘스탄틴Constantine 대공이 전세를 뒤집기 위한 반격에 나섰다. 반담의 병사들은 슈타레 비노흐라디 바로 아래쪽의 포도

■■■■■■ 맘루크 기병들은 나폴레옹이 슈타레 비노흐라디에 투입한 황제근위대 소속 기병대의 일부였다. 그들 중 상당수는 이집트에서 나폴레옹을 따라온 이들이었지만, 시간이 지남에 따라 파리의 '깡패' 같은 부류들이 섞이기도 했다. (Musee de l'armée, Paris)

밭에 진을 치고 있었다. 콘스탄틴 대공의 근위수발총병들은 황소처럼 맞선 반담의 첫 번째 대대를 밀어냈지만, 곧 두 번째 프랑스 대대의 매서운

일제사격에 격퇴했다. 수발총병들이 언덕 아래로 밀려나자, 콘스탄틴 대공의 근위중장기병대가 출격했다. 그들은 포도넝쿨 사이를 가로지르며 탈진한 보병들에게 쇄도했다. 짧은 전투 끝에 제4전열보병연대 1대대는 궤멸되었고, 대대기를 탈취당했다.

새로운 지휘소에서 이를 지켜본 나폴레옹은 적의 근위대에 응수해 자신의 근위기병대를 출격시켰다. 근위기마엽병과 기마척탄병 대대가 웅장한 러시아 기병의 무리를 향해 돌진했다. 러시아 기병들은 너무도 강렬한 프랑스군의 기세에 밀려 재편성이 한창이던 아군 수발총병들 사이로 퇴각했다. 이들이 붕괴될 수도 있음을 깨달은 콘스탄틴은 수중의 마지막 예비대인 근위코사크기병대Guard Cossacks와 중장기병대Chevalier Guard를 투입했다. 그들은 전세를 러시아군 쪽으로 돌려놓았다. 나폴레옹은 이에 맞서 근위기병대 가운데서도 자신의 신변 경호를 맡은 경호대대를 투입했다. 이들이 이 소용돌이치는 난전 속으로 뛰어들었음에도 러시아군의 수적 우세는 여전했다.

전투의 향배가 저울 위에 놓인 그 순간, 마침내 베르나도트 군단 가운데 장-밥티스트 드루에Jean-Baptiste Drouet 장군이 이끈 제2사단이 전장에 나타났다. 러시아군의 측면을 향해 전진한 그들은 밀집대형으로 마치 체스판의 말들처럼 반듯하게 대대 단위로 전개했다. 새로이 등장한 원군은 열세에 놓인 프랑스 기병이 아군 보병의 엄호 뒤로 물러나 숨 돌릴 기회를 주었고, 쉴 새 없는 견제 사격으로 러시아군을 압박했다. 뒤쫓아온 러시아군은 무시무시한 십자포화에 걸려 격퇴당했다. 이로써 전황은 프랑스군에게 유리하게 기울기 시작했다. 급파된 근위기마포병대가 포의 방렬을 마치고 러시아 기병들에게 산탄을 퍼부어댈 무렵에는 승리가 확정된 것이나 다름없었다. 보병들 사이로 퇴각한 러시아 기병대는 하필이면 프랑스 근위기병대의 전 전력이 그들에게 밀려들 시점에 근위수발총병들을 혼란에 빠뜨리고 말았다. 그 결과 학살이 벌어졌다. 달아나는 러시아 기병을 기병도로 내리친 근위기병대는 러시아 기병들이 지친 말 때문에 추격을 단념할 때까지 400미터를 내달렸다. 승부는 결정되었고, 남은 것은 연합군의 탈출 가능성 여부였다.

반담이 슈타레 비노흐라디로 돌진할 무렵, 전장의 북쪽 역시 뜨겁게 달아오르고 있었다. 리히텐슈타인 대공이 이끈 러시아 기병의 대열이 프랑스 제5군단의 측면으로 달려들었다. 그들의 상대는 프랑수아 에티엔 드 켈레르망François Étienne de Kellermann 장군의 경기병 사단이었다. 켈레르망의 부대는 뮈라 휘하 기병 예비대의 일부였다. 그들의 배후에는 마리 프랑수아 오귀스트 카파렐리Marie François Auguste Caffarelli 장군이 이끈 보병사단이 있었다. 켈레르망은 압도적으로 우월한 적을 상대로 1시간 반에 걸쳐 수차례의 선전을 펼친 뒤, 아군 보병의 배후로 물러나 재편성을 시도했으며, 그 사이 동료 보병들은 동요하는 적의 대열에 일제사격을 퍼부었다. 이윽고 전세에 쐐기를 박을 뮈라의 2개 흉갑기병사단이 출격했다. 번쩍이는 강철 흉갑과 철모가 강렬한 인상을 주는 이들 중장기병대는 살아남은 적 기병대를 덮쳐 패주시켰다.

러시아 기병대의 패주로 란은 바그라티온 왕자의 러시아군 전위대를 패배시키는 데 주의를 집중할 수 있게 되었다. 이 용감하고 공격적인 러시아 왕자는 오전 내내 전의에 불타 있었지만, 아무런 명령도 받지 못했다. 전선 중앙의 전황이 걷잡을 수 없게 되자, 마침내 부대를 출격시킨 바그라티온은 고지대 북쪽의 작지만 두드러진 산톤Santon 언덕을 점령하라고 명령했다. 북쪽에서 란의 전선을 감싸기로 한 바그라티온은 엽병연대에게 측면 우회를 명령했다. 그들은 그곳에서 정예 제17경보병연대와 이전에 산톤에 배치되었다가 빼앗긴 오스트리아군 경포 포대가 쏟아낸 살인적인 포화에 부딪혔다. 후퇴에 들어간 연대는 아군 포병대의 배후까지 물러났다.

란은 역습을 가하며 전진을 시도했지만, 러시아 포병의 화력에 저지
당했다. 그는 포병대에게 러시아 포대의 제압을 명령했고, 프랑스군의 군
단 포병은 큰 손실 끝에 이들을 격퇴했다. 이 성과를 이용해 진격을 재개
한 란은 마침내 기병대의 지원 아래 바그라티온의 병사들을 전장에서 몰
아냈다. 란은 러시아군을 추격하려 했지만, 이 구역의 책임자인 뮈라가
그를 멈춰 세웠다. 란이 추격을 포기한 덕분에 러시아군은 며칠 뒤 소집
한 핵심 병력이 살아남을 수 있었다.

가장 성과가 컸던 곳은 전선의 남쪽이었다. 이제 나폴레옹은 전투에 투입하지 않은 병력을 남쪽으로 돌려 연합군의 3개 선행 종대를 격파하기로 했다. 이번에도 생일레르와 반담이 이끈 술트의 두 사단이 전투의 선봉에 섰다. 프라첸 언덕의 경사지를 내려간 이들은 세 번째 종대의 잔존 병력에게 쇄도했다. 이와 동시에 다부도 자신의 마지막 예비대로 조콜니츠와 텔니츠 점령에 나섰다. 조콜니츠 성곽을 장악하고 있던 러시아군은 이제 서쪽의 다부와 북쪽의 생일레르로부터 양동 공격을 받는 처지가 되었다. 영웅적인 싸움을 펼친 러시아군 대다수는 포기보다 죽음을 택했다.

두 번째 종대의 지휘관 랑제론 백작은 그야말로 모든 것이 끝났음을 깨닫고는 구할 수 있는 모든 것을 건지고자 했다. 첫 번째 종대의 전위대를 지휘한 미하엘 폰 킨마이어Michael von Kienmayer 장군 역시 같은 조치를 취했다. 전선의 책임자인 북스게브덴은 만취 상태에서 도주했고, 부하들에게 별다른 지시조차 내리지 않았다.

킨마이어는 후퇴를 엄호하기 위해 자신의 최정예 기병연

▪▪▪▪▪ 아우스터리츠, 제라르Gerard 작. 나폴레옹 앞에 선 러시아 근위병 포로들. (AKG, London)

대인 오라일리 경기병대O'Reilly chevau-legers를 전개시켰다. 이들에 맞서 6개 연대로 이뤄진 보몽Beaumont 장군의 용기병 사단이 다가왔다. 오라일리 기병대는 극적인 돌격으로 이들 중 5개 연대를 돌파했다. 가까스로 여섯 번째 연대가 이들을 저지했다. 재편성을 마친 오라일리 기병들은 말에서 내린 용기병들의 진형에 거듭 돌격을 감행했다. 프랑스 기병들은 이들의 길을 터주며 당황한 오스트리아 기병들을 향해 폭발적인 화력을 퍼부은 근위포병대의 사계를 열어줬다. 용감한 기병들도 그 이상은 감당하지 못한 채 무너져 내리기 시작했다. 이로써 연합군 진영은 공황에 휩싸였다. 많은 병사들이 무기를 내던지며 살길을 찾아 달아났다. 그들 중 대다수는 남쪽으로 뻗은 길에 가로놓인 얼어붙은 호수를 건넜다. 병사들이 호수 위를 달려가자, 이들의 체중과 프랑스군의 포격으로 얼음이 꺼지면서 많은 이들이 차디찬 물 속으로 빨려 들어갔다. 호수의 수심이 깊지 않았는데도 상당수가 쇼크 상태에 빠져 목숨을 잃었다. 얼음이 꺼지자, 여전히 호수 북쪽에 남아 있던 부대의 병사들은 무기를 버린 채 자비를 빌며 항복했다.

연합군은 병력 2만 5,000명과 야포 182문, 군기 45개를 잃었다. 프랑스군의 손실은 병력 8,500명과 군기 1개뿐이었다. 전투에 참여한 병력은 거의 대등했지만, 나폴레옹이 병력의 3분의 2만으로 대부분의 전투를 치러냈다는 사실에 주목할 필요가 있다. 우디노의 척탄병 사단과 제1군단 전체, 술트의 제4군단 소속 르그랑의 사단 및 근위보병대를 포함한 전력이 거의 전투에 참가하지 않은 반면, 연합군은 거의 모든 병력을 남김없이 투입했다. 날이 저물 무렵, 나폴레옹에게는 풍부한 선택지가 남아 있었고, 알렉산드르 1세에게는 전무했다. 전투는 나폴레옹이 자신의 바람대로 연합군을 싸움에 끌어들인 그 순간 승리한 것이나 다름없었다.

나폴레옹은 다음날 한 연설에서 병사들에게 그들을 바라보는 자신의 뿌듯한 마음을 내비쳤다. 불로뉴 평원에서 한 고생은 충분히 보상을 받았다. 그들은 기량과 훈련 면에서 상대를 압도했다. 여기에 덧붙여 나폴레옹이라는 존재를 꼽지 않을 수 없다. 장수로서 적의 움직임을 예측하고 실제로 그런 움직임을 유도해내는 경우는 흔치 않다. "우리는 거인의 손바닥 위에서 놀아난 젖먹이들이다"라는 러시아 황제의 말처럼 이것을 잘 표현한 것은 없을 것이다.

1805년 12월 4일, 오스트리아는 휴전협정에 서명했고, 27일의 프레스부르크 조약Treaty of Pressburg*을 맺고 전쟁에서 물러났다. 러시아군은 귀국을 허락받았고, 프랑스군은 모라비아의 전장을 정리하고 이윽고 남부 독일의 주둔지에 자리 잡았다. 나폴레옹은 정복 영웅에게 걸맞은 개선행진곡이 울려퍼지는 가운데 파리로 돌아왔다.

라인 동맹의 결성과 더불어 신성로마제국 황제의 역할도 막을 내렸다. 이를 기정 사실로 받아들인 프란츠 2세는 자신의 칭호를 버린 뒤, 오스트리아-헝가리 제국의 황제 프란츠 1세로 거듭났다. 전해지는 바에 따르면, 아우스터리츠 전투의 소식은 나폴레옹의 천적인 영국 수상 윌리엄 피트를 죽게 만들었다고 한다. 아우스터리츠의 태양은 나폴레옹의 제국을 비췄다.

1806년 프로이센의 참전

1806년이 밝을 무렵, 프랑스 궁정은 프로이센과의 전쟁에 별다른 신경을 쓰지 않고 있었다. 전쟁은 고사하고 프로이센-프랑스 동맹 교섭이 공식적

---

* **프레스부르크 조약** 1805년에 프레스부르크에서 프랑스와 오스트리아가 맺은 협정. 이로써 제3회 대프랑스 동맹은 깨어지고 신성로마제국도 해체되었다.

■■■■■ 아우스터리츠 전투 후, 프란츠 1세와 만난 나폴레옹. 프란츠 1세는 대패에도 불구하고 가벼운 응징만을 받은 것에 안도했지만, 나폴레옹의 심중에는 또 다른 적들이 자리 잡고 있었다. (Hulton Getty)

으로 진행 중이었다. 나폴레옹은 후한 대가가 될 하노버를 클레베Kleve, 베르크Berg, 그리고 뇌샤텔Neuchâtel 지방과 교환할 생각이었다. 더불어 바이에른의 안스바흐Ansbach와 바이로이트Bayreuth의 일부를 맞바꾸려고도 했다. 이러한 영토 교환으로 프랑스가 노린 것은 두 가지였다. 프랑스는 이를 통해 중요한 두 세력권의 영토를 확실히 소유하고, 영국을 잠재적인 동맹국으로부터 떼어놓으려 했다. 영국은 실제로 프로이센이 하노버를 점령하자, 심각한 교전은 없었어도 프로이센에게 선전포고를 단행했다.

나폴레옹은 영국 및 그 연합국들과 전쟁을 계속했다. 그 과정에서 거둔 가장 큰 성과는 나폴리Napoli의 부르봉 왕조를 몰아낸 뒤, 형 조제프를 왕좌에 앉힌 것이었다. 그러나 하늘 저편에서는 보다 짙은 먹구름이 몰려들고 있었다. 아우스터리츠 전투에 앞서 프로이센 왕실을 방문한 러시아 황제는 아름다운 프랑스 혐오자 루이제Louise von Mecklenburg 왕비에게 매료되고 말았다. 그들은 프리드리히 대왕의 납골당에서 펼쳐진 한편의 신파극 같은 의식으로 상호원조를 맹세하며 협력 방안을 모색했다. 그 결과, 프로이센은 나폴레옹이 아우스터리츠 전투에서 가장 전력을 다해야 하는 시점에 그들의 입지를 이용하여 연합국 편에 서서 전쟁에 참가하겠다고 뒤늦게 결단을 내렸다.

전투 직전, 황제의 지휘소를 찾아온 프로이센 외상 크리스티안 그라프 폰 하우크비츠Christian Graf von Haugwitz는 프로이센을 전쟁으로 이끌 최후통첩을 전달하려던 참이었다. 나폴레옹은 한참 동안 하우크비츠를 몰아세우고는 정식으로 최후통첩이 전달되기 전에 그를 돌려세웠다. 나폴레옹이 하우크비츠와 다시 만난 12월 15일에는 상황이 완전히 뒤바뀌어 있었다. 하우크비츠는 막 떠오른 승자에게 정중히 프로이센 왕실의 축하를 전달했다. 나폴레옹의 반응은 신랄했다.

"아무리 봐도 미리 써놨다가 주소만 바꾼 축하 메시지로군."

프로이센은 곤경에 빠졌다. 나폴레옹은 그런 프로이센의 처지를 이용해 동맹 결성과 영국과의 단교를 요구했다. 프로이센이 자신의 행실로 곤욕을 톡톡히 치르는 동안 루이제 왕비를 비롯한 '주전파'는 빈사 상태에 빠졌다. 나폴레옹은 보란 듯이 그들의 허를 찔렀다.

그는 프로이센 국왕과 하우크비츠, 그리고 브라운슈바이크 공작을 필두로 한 '화평파Peace Party'의 도움도 적지 않게 받았다. 이들은 프로이센의

국익에 가장 유익한 방안을 모색하며 함부로 군대를 동원하려 하지 않았다. 이와 같은 신중론은 자신들의 군대가 여전히 세계 최고라고 여기던 다혈질적인 프로이센 귀족들의 성향과는 어울리지 않았다. 루이제 왕비는 프랑스 혁명과 그 선동자들을 극도로 혐오했고, '찬탈자'에 대항한 새로운 전쟁을 수행하기 위해 동맹국들을 모으기에 여념이 없었다. '주전파'는 호헨로헤Hohenlohe와 게프하르트 레버에흐트 폰 블뤼허 Gebhard Leberecht von Blücher를 비롯한 참모본부의 다수파와 젊고 거침없는 루드비히 왕자로 이뤄져 있었다. 그들은 하나같이 호시탐탐 프랑스를 공격해 파멸시킬 기회를 엿봤다.

■■■■■ 루이제 폰 메클렌부르크 왕비. 프로이센 왕비인 그녀는 프랑스와의 일전을 갈망하던 이들의 구심점이었다. 나폴레옹을 타도하기 위해 그녀가 쓸 수 있는 모든 무기를 동원했다. 그녀는 독일이 재기하기 전인 1810년에 숨을 거두고 말았다. (Ann Ronan Picture Library)

나폴레옹은 지난해의 성과를 정리하느라 여념 없는 가운데 프랑스의 보호하에 있는 독일계 국가들로 라인 동맹을 결성시켰다. 이러한 움직임은 북부 독일을 대상으로 이와 똑같은 정책을 권장한 나폴레옹의 태도에도 불구하고 프로이센인들에게 위협으로 받아들여졌다. 나폴레옹은 그의 치세를 통틀어서도 이 시기만큼은 진심으로 평화를 원했고, 1806년 봄에

■■■■■■ 프로이센의 특권층으로 이뤄진 기마헌병연대 대원들이 프랑스 대사관의 계단에 칼을 갈며 도발하고 있다. 미르바흐Myrbach 작.

는 영국과 러시아에게도 강력하게 이를 암시했다. 러시아 대사는 러시아가 이오니아Ionia의 섬들로부터 철수하는 조건으로 프랑스가 독일에서 철군하기로 한 조약을 성사시켰다. 이와 같은 움직임을 통해 평화 정착의 실현 가능성이 커졌지만, 루이제 왕비는 새로운 적대관계 형성을 목표로 러시아와 교섭하라고 남편을 몰아붙였다.

나폴레옹이 영국에게 하노버 반환을 제안했다는 소식이 러시아인들을 통해 베를린에 닿기 전까지만 해도 프로이센인들은 전쟁과 평화 사이에서 갈피를 잡지 못하고 있었다. 나폴레옹이 이를 구상한 것은 사실이지만, 프로이센을 위해 적절한 보상 조항을 덧붙이려 했다는 점에서 그 소식이 전부 사실이라고는 할 수 없었다. 이런 보상 조항이 프로이센인들에게 전해졌는지 알 수 없지만, 이로 인해 여론은 진실과 상관없이 주전파 쪽으로 기울고 말았다. 러시아와 프로이센은 조약을 맺고 전쟁 준비에 돌입했다. 나폴레옹과 러시아 대사 사이에 체결된 조약은 파기되었고, 러시아는 또다시 동원체계를 발동시켰다.

여름이 다 지나도록 나폴레옹은 평화가 유지되리라는 확신을 버리지 않았다. 예비군의 동원은 1806년 9월 6일까지로 늦춰졌다. 그는 프로이센이 또다시 전쟁을 도발하는 '우행'을 저지르지 않으리라 믿었지만, 모든 가능성에 대비해 나름대로 준비에 착수했다. 러시아와 프로이센이 프랑스를 상대로 전쟁을 결심한 지 한 달이 지난 9월 10일까지도 베르티에에게 보낸 그의 편지에서는 평화에 대한 기대감을 읽을 수 있었다. 러시아가 조약을 파기한 이후, 나폴레옹은 신속히 군대를 집결시킬 대책을 세우기 시작했다. 그처럼 관대한 조건이 포함된 조약이 거부되었다는 것은 단한 가지만을 뜻할 뿐이었다. 어떤 경우에도 작센인들을 강제로 동맹에 가입시켜서는 안 된다는 서신이 프로이센에 전달되었다. 실제로 프로이센은 그 서신이 전달될 무렵, 비협조적인 작센의 선제후를 상대로 그 같은 일을 벌이던 참이었다. 작센인들은 침공 위협하에 프로이센군을 따라 프랑스로 진군할 군대를 대기시키라는 지시를 받았다. 나폴레옹보다 한 달이나 앞서 준비에 나선 프로이센인들은 전쟁 수행 방식 결정을 놓고 문제에 부딪혔다. 참모본부 내부에서 한 달이 넘도록 논쟁이 계속되었지만, 결국 아무것도 결정된 것이 없었다. 이것은 설사 최악일망정 제시된 안가운데 하나를 선택해 우유부단함과 분쟁에 종지부를 찍을 수 있었던 국왕의 전적인 책임이라고 할 수 있었다.

9월 18일에 이르자, 외교관과 밀정을 통해 들어온 수많은 보고를 종합한 나폴레옹은 전쟁이 불가피하다는 결론에 이르렀다. 그는 독일 각지에 분산되어 있는 각 군단에게 명령을 내렸다. 군대는 며칠 만에 행군을 개시했다. 그는 주교의 저택을 사령부 삼아 전쟁의 최종 계획을 입안할 뷔르츠부르크를 향해 행군했다. 적군의 소재를 보고받은 그는 숲과 언덕으로 덮인 튀링어발트Thüringerwald 지역을 통해 잘레Saale 협곡의 고지대로 진입함으로써 자신의 군대를 프로이센군 주력과 베를린 사이에 배치한다는 계획을 짰다. 이와 더불어 그는 러시아 지원군이 도착하기 전에 프로이센군을 격파하기 위해 예의 강행군 실력을 발휘하기로 했다.

■■■■■ 프로이센 국왕 프리드리히 빌헬름 3세. 1797년에 즉위한 그는 왕비와 군내 주전파들에게 이끌려 전쟁을 시작하기 전까지만 해도 프랑스에 대한 중립정책을 선호했다. (Ann Ronan Picture Library)

프로이센군은 11월 초면 베닉센Bennigsen 장군이 이끈 러시아군이 자신들과 합류하리라 내다봤다. 프로이센군은 나폴레옹의 대응 속도를 예상치 못한 채 전쟁을 야기할 최후통첩을 보냈다. 나폴레옹은 10월 8일까지 이에 답해야 했다. 그는 제국의 전망 좋은 지점마다 깃발이나 빛으로 전갈을 전하는 신호소를 미리 설치해놓았고, 이 수기 신호 체계 덕분에 이 최후통첩의 내용을 즉시 알 수 있었다. 그러나 파리의 황제 앞으로 보내진 공식 최후통첩장은 야전사령부에 자리 잡은 그가 프로이센을 겨냥한 청천벽력 같은 일격을 준비할 때까지도 전달되지 않았다. 사자는 마침내 10월 7일에야 파리를 거쳐 그를 따라잡을 수 있었다. 나폴레옹은 10월 8일 아침까지 자신의 선봉 군단을 프로이센 국경에 진출시킴으로써 이에 답했다.

서전의 흐름

대육군은 진격 과정에서 세 갈래로 나뉘었고, 서로 하루치 행군 거리만큼 떨어져 있었다. 좌익의 종대는 란의 제5군단과 오제로의 제7군단으로 이뤄졌다. 중앙 종대는 베르나도트의 제1군단에 이어 다부의 제3군단이 뒤따르는 형태로, 두 군단 모두 기병의 지원을 받았다. 우익 종대는 술트의 제4군단과 네의 제6군단, 그리고 바이에른군으로 구성되었다.

최초의 충돌은 호프Hof와 잘부르크Saalburg에서 벌어졌다. 두 곳에서 모두 프랑스 기병대가 프로이센군의 경계선을 밀어냈다. 이튿날인 10월 9일에는 베르나도트의 경기병대와 함께 자신의 선봉 보병사단을 이끈 뮈라가 슐라이츠Schleiz 시가지에서 프로이센군의 후위대를 공격했다. 전장을 지켜보는 나폴레옹 앞에서 수차례 저돌적인 돌격을 이끈 뮈라는 휘하의 보병대를 투입하고서야 간신히 전투에서 헤어날 수 있었다. 이윽고 예비대가 도착해 프로이센군을 전장에서 몰아냈다. 이튿날에는 란 원수가 부대를 이끌고 잘펠트Saalfeld 시가지로 이어진 경사지를 내려갔다. 그곳에는 루드비히 왕자가 거느린 상당수의 적병이 도사리고 있었다. 이어진 전투에서는 이번 전쟁에서 프랑스군이 누릴 전술적 우위가 극명하게 드러났다.

전투는 제17경보병연대가 적 혼성부대의 완강한 저항에 맞서 산병전 대형으로 산개하면서 시작되었다. 프랑스 경보병들은 프로이센군을 제압하지 못했지만, 지형지물을 활용하는 기술로 전세를 유리하게 이끌었다.

란은 이런 식으로 울창한 숲을 가로지른 또 다른 부대를 0.8킬로미터 정도 진출시켜 전선을 확장할 시간을 벌었다. 속속 도착하는 휘하 병력을 맞이한 란은 응집된 전력으로 제대로 조율된 공격을 펼칠 수 있었다. 지형의 이점을 활용한 데다가 주목표를 공략하기 위해 신속한 병력 집결이 가능했던 란의 부대는 수적 열세에 빠진 프로이센군과 작센군을 격퇴시켰다. 프랑스군은 이 치열한 전투에서 상대를 압도했고, 그 과정에서 루드비히 왕자가 전사했다. 프랑스군은 적으로부터 야포 34문과 군기 4개를 노획하고 적군 1,700명을 죽이거나 부상을 입힌 데 반해, 그들의 피해는 채 200명이 안 되었다. 프랑스군의 승리는 프로이센 왕실에 큰 충격을 안겨주었다. 프로이센의 자랑인 루드비히 왕자가 전사했을 뿐만 아니라, 프랑스군이 프로이센군마저 오스트리아군과 러시아군처럼 다룰 수 있다는 것이 분명하게 드러났기 때문이다. 나폴레옹의 군대는 잘레 강의 우안을 향해 나아갔고, 예나Jena와 게라Gera 시가지를 함락했다. 10월 13일, 다부의 제3군단 병력 일부가 나움부르크Naumburg로 입성해 잘레 강에 놓인 폰툰 부교들을 점령했다. 프로이센군은 바이마르Weimar를 중심으로 황급히 강의 서쪽 기슭에 병력을 집결시켰다. 두 번의 산발적인 전투에서 패배를 맛본 브라운슈바이크 공작은 전력을 규합해 프랑스군의 위협에 맞서기로 했다.

란의 제5군단은 13일에 예나로 입성한 뒤, 곧바로 강을 건너 배후의 고지에 자리한 코스페다Cospeda 마을 아래의 차폐된 구릉지에 집결했다. 여기서 그는 척후병들에게 그들이 대적하고 있는 프로이센군이 4만~5만 명에 이른다는 보고를 받았다. 란은 이 사실을 황제에게 보고한 뒤, 예상되는 모든 공격에 대비해 병력을 배치했다. 란은 부하들을 신뢰하며 후퇴를 고려하지 않는 듯 보였다. 13일 저녁, 프로이센의 왕자 호헨로헤가 병력을 전진시키면서 공격이 시작되는 듯했지만, 누군가 그에게 그의 역

할이 공격이 아닌 후위 임무임을 주지시켰는지 공격은 돌연 취소되었다.

　　나폴레옹은 자신의 베를린 진격을 예상한 프로이센군이 프랑스군의 연락선을 끊기 위해 예나를 굽어보는 고지대에 집결하리라고 예측했다.

이는 논리적으로 완벽한 예측으로, 그와 같은 상황에서는 자신도 같은 행동을 취하리라는 생각에서 비롯된 것이었다. 나폴레옹은 지나치게 오래 끌 경우 베닉센 장군이 이끄는 러시아군이 전선에 도착하는 사태가 벌어질 수도 있었기 때문에, 서둘러 프로이센군을 전투에 끌어들여야 한다고 생각했다. 그는 란에게 현 위치 고수를 명령하며 술트와 네, 그리고 근위보병대 및 중장기병 2개 사단을 파견해 그를 지원하도록 했다. 그는 이들이 집결하는 동시에 전투를 시작할 계획이었다.

베르나도트 원수는 다부 원수와 연계해 도른부르크Dornburg로 이동한 뒤 그곳에서 아폴다Apolda로 향하라는 명령을 받았다. 두 원수가 앙숙이었던 터라 베르나도트는 명령의 한 구절만 따르고 나머지는 무시하기로 했다. 그는 황제의 의도가 무엇이건 자기보다 낮은 장교의 지휘를 받을 필요가 없다고 여겼다. 그러나 다부의 군단을 전에 없는 곤경에 빠뜨려놓은 이 행동은 결국 엉뚱하게도 자신이 증오하는 이에게 불멸의 영예를 선사한 꼴이 되고 만다.

밤 사이, 나폴레옹은 잘레 강을 건너 예나를 통과하는 병사들을 독려해가며 배후의 란트그라펜베르크^{Landgrafenberg} 구릉지에 놓인 가파른 사면으로 올려 보냈다. 야포를 추진하기 위해서는 견인용 말의 수를 두 배, 심지어 세 배까지 늘려야 했다. 근위대는 도로 폭을 넓힐 수 있는 모든 곳에서 나무들을 베어냈다. 나폴레옹까지 발 벗고 나서 최대한의 병력을 진지에 투입하기 위한 작업을 감독했다. 속속 도착한 병사들은 갈수록 비좁아지는 들판을 메우며 일부는 문자 그대로 어깨를 맞댄 채 잠을 청했다. 절박한 수적 열세에 놓였던 란이 궤멸 위기에서 벗어났기 때문에, 나폴레옹은 내일이면 충분한 병력으로 전투에 임할 수 있게 되었다.

프로이센군이 잘펠트 전투 이후 생기를 되찾은 가운데, 브라운슈바이크 공작은 나폴레옹의 행군 속도를 앞질러 프랑스군과 베를린 사이에 군대를 배치함으로써 전세를 역전시키고자 했다. 그는 할레^{Halle}의 뷔르템베르크 공작 휘하 병력과 합류 가능한 막데부르크^{Magdeburg}까지 강행군을 하기로 결정했다. 계획은 호헨로헤 장군의 부대가 적을 저지하는 동안 이들 후위대의 뒤를 돌아 아우어슈테트^{Auerstädt}에 닿은 뒤, 강을 따라 할레와 함께 막데부르크로 이동하는 것이었다. 계획은 호헨로헤의 공격적인 태도와 다부 휘하 제3군단의 영웅적인 활약, 이 두 가지 문제만 아니었어도 틀림없이 성공할 수 있었다.

예나

1806년 10월 14일 아침은 짙디짙은 안개와 함께 밝아왔다. 증언자들이 전

■■■■■ 호헨로헤–인엘핑엔Hohenlohe-Ingelfingen 왕자. 예나에서 쓴 맛을 본 그는 그 뒤 프렌츨라우Prenzlau에
서 굴욕스런 항복을 해야 했다. (Roger-Viollet)

하는 가시거리는 채 10미터도 되지 않았다. 나폴레옹은 전날 저녁의 정찰
로 프로이센군의 진지를 파악했지만, 그들의 정확한 배치 상황은 알 수
없었다. 가장 중요한 것은 하루 종일 집결을 서두른 군대의 배치 공간을
확보하는 것이었다. 이를 해결할 방법은 루체로다Lutzeroda와 클뢰스비츠
인근의 진지에서 적을 몰아내는 것뿐이었다. 나폴레옹이 작성한 전투 계
획의 핵심은 잘레 강의 가파른 기슭에 자리 잡은 프로이센군을 분단시키
는 것이었다. 이곳에서 프로이센군을 몰아낸다면 프랑스군의 탁월한 장
기인 지형 활용이 가능했다.

　나폴레옹은 이를 위해 오전 7시 30분경, 란의 제5군단 소속 제17경보
병연대에게 전진을 명령했다. 이들은 안개를 헤치고 나아가며 보이지 않

는 코앞의 적에게 사격을 가했다. 전진 과정에서 진로가 휜 이들은 폰 제츠슈비츠von Zezschwitz가 이끈 작센 사단의 가공할 사격에 대열의 측면을 노출시키고 말았다. 다행히 이들 경보병을 지원하는 경포들이 단거리 산탄의 사정거리까지 추진되어 있었던 덕분에 지체 없이 무시무시한 일제사격을 가했다. 작센군이 퇴각하자, 압박도 누그러들었다.

전투가 급격히 확대되자, 타우엔치엔Tauentzien 장군은 이를 상관인 호헨로헤 장군에게 보고했다. 애초에 타우엔치엔 장군의 우려를 기우로 여긴 호헨로헤는 갈수록 격렬해진 전장의 소음을 통해 그것이 프랑스군의 위력 수색Reconnaissance in Force * 정도가 아님을 확신했다. 그 순간 그는 중요한 결정을 내렸다. 호헨로헤는 자신의 후위대에게 맡겨진 대로 전투를 접은 채 퇴각하기보다는 란트그라펜베르크의 구릉지대에서 프랑스군을 밀어내기로 작정했던 것이다.

오전 8시 30분, 안개는 여전히 짙었지만 프로이센군의 진영이 보일 만큼은 가라앉아 있었다. 이 지역을 맡은 것은 타우엔치엔의 전위대였다. 이들은 프로이센군이 보유한 최강의 경보병대였다. 란의 공격이 시작되자, 조금씩 클뢰스비츠 숲에서 밀려나던 프로이센군 전선의 측면이 흔들리기 시작했다. 호헨로헤는 병력을 동원해 수차례 반격을 펼쳤지만, 란역시 새로운 병력을 투입해 이를 격퇴했다. 시가지를 버팀목으로 활용하는 진지전 교리에 회의적이던 프로이센군이 측면 돌파를 피할 방법은 후퇴와 함께 남북으로 전선을 재정비하는 것뿐이었다.

첫 번째 총성과 동시에 홀첸도르프Holtzendorff 장군은 도른부르크 북쪽에 주둔 중인 군대와 함께 프로이센군을 지원하라는 전갈을 받았다. 그

---

* **위력 수색** 적의 배치 및 병력 상황, 진지 강도 등을 파악하기 위해 실시하는 제한된 공격 작전.

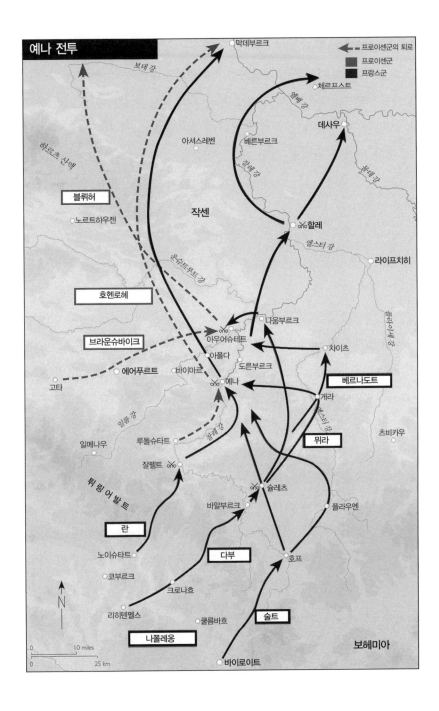

예나 전투

프로이센군의 퇴로
프로이센군
프랑스군

막데부르크
보데 강
체르프스트
알베 강
데사우
아셔스레벤
베른부르크
잘레 강
하르츠 산맥
블뤼허
작센
할레
노르트하우젠
엘스터 강
라이프치히
운슈트루트 강
호헨로헤
브라운슈바이크
다움부르크
차이츠
에어푸르트
아폴다
베르나도트
고타
바이마르
도른부르크
에나
게라
뮈라
츠비카우
일메나우
루돌슈타트
잘레 강
엘스터 강
일름 강
잘멜트
플라우엔
란
바알부르크
슐레츠
노이슈타트
다부
코부르크
호프
크로나흐
술트
리히텐펠스
쿨름바흐
나폴레옹
보헤미아
바이로이트

N

0   10 miles
0   25 km

튀링어발트

는 이 지시에 따랐을 뿐만 아니라 프랑스군의 승리를 거의 앗아갈 뻔하기도 했다. 프로이센군과 작센군이 피어첸하일리겐Vierzehnheiligen과 크리펜도르프Krippendorf 뒤쪽의 새 진지로 물러나자, 술트 원수에게는 란의 우익을 지나 선봉 사단을 진출시킬 기회가 찾아왔다. 그의 사단은 클뢰스비츠 숲의 뒤편에 펼쳐진 평원으로 들어섰다. 바로 여기서 홀첸도르프가 모습을 드러냈다. 그는 세계 최고의 기병들이 포함된 혼성 전력을 거느리고 있었다.

안개가 걷히자, 본대를 노린 홀첸도르프의 돌격이 개시되었다. 불행히도 그가 달려든 상대는 세계 최고의 전열보병이라 할 수 있는 생일레르 사단이었다. 기병들이 돌격해오자, 생일레르 사단은 표준 전술대로 기병 돌격에 맞선 방진을 이루기보다는 양 측면을 두 곳의 마을로 강화시킨 채 보병의 일제사격 태세를 유지했다. 프랑스군의 전선을 감쌀 길이 막막해진 기병들은 공격을 중단했다. 작센군과 프로이센군은 전열을 정비해 또다시 공격에 나섰지만, 비슷한 결과만이 되풀이되었다. 술트는 그 순간 자신의 기병대를 투입해 전열이 흐트러지고 지칠 대로 지친 적의 기병을 물리쳤다. 뒤이어 프랑스 보병이 진격에 나서 이들을 지원하던 프로이센 보병을 패주시켰다. 임무를 완수한 생일레르 사단은 전열을 정비한 뒤, 오전 11시 30분부터 주전선으로 이동했다.

오전 10시쯤에 피어첸하일리겐 일대의 전황이 안정을 찾았다. 프랑스군이 예비대의 도착을 기다리는 가운데 프로이센군은 새로 증원된 기병의 엄호 아래 숨을 돌렸다. 네 원수는 이 전투를 놓칠세라 지난 밤 내내 휘하 군단의 선두부대를 독려해왔다. 네는 아우스터리츠에서 활약할 기회를 놓친 데다가 그 동안 나폴레옹 앞에서 자신의 진가를 발휘하지 못했다. 그는 이번 전투에서 그 같은 약점을 털어내고 극적인 전기를 마련하고자 조바심이 난 상태였다. 제6군단의 선봉은 친히 선두에 선 붉은 머리 원수에 이끌려 전선의 간극을 빠져나갔다. 그는 선두 보병연대와 2개 경기병연대만으로 맹렬한 공격을 펼쳤다. 선두에 선 제10기마엽병연대가 숲을 박차고 개활지로 뛰어들어 포 30문으로 이뤄진 적의 포대를 유린했다. 이들은 이내 흉갑기병과 용기병으로 이뤄진 2개 프로이센 기병연대의 역공을 받았다.

네의 두 번째 기병대인 제3후사르연대가 이들 프로이센 기병대의 측면을 들이받았다. 격렬한 육박전 끝에 프랑스군이 밀리기 시작했다. 작센 용기병 수개 대대가 전투에 가세하자, 전열이 무너진 프랑스군은 후방으로 줄행랑을 쳤다. 독일 연합군은 곧바로 추격에 나서 불운한 프랑스 보병들을 궤멸시켰다. 나폴레옹의 전선 한가운데에 커다란 틈이 생겼고, 프랑스군에게 위기가 찾아왔다. 나폴레옹은 네의 무모한 판단에 말문을 잃었지만, 냉철히 상황에 대처했다. 프로이센 기병대는 전선의 중앙으로 난입해 왼쪽으로 이를 감싸 프랑스군을 무너뜨릴 기세였다. 살아남은 네의 기병들은 전열을 재정비했지만, 란의 군단 기병이 이 난전에 뛰어들어 프로이센군을 서서히 되밀어낼 때까지도 고전을 면치 못했다.

프랑스군은 기민한 판단으로 재앙을 막아냈지만, 나폴레옹에게는 남은 기병 예비대가 얼마 되지 않았다. 이는 기병이 증원되거나 포병이 돌파구를 트기 전까지는 프로이센군을 밀어낼 수 없음을 뜻했다. 이에 나폴레옹은 근위포병대의 대규모 포대와 란의 포병대 일부를 집결시켜 호헨로헤의 전선에 돌파구를 뚫기로 했다.

오전 11시, 호헨로헤가 피어첸하일리겐 탈환을 명령했다. 그라베르트 Grawert 장군이 보병을 앞세워 마을을 공략했다. 프랑스 제21경보병연대의 전초병들은 이들의 밀집대형에 위협적인 사격을 퍼부었지만, 측면 공격을 펼친 그라베르트의 기병대에게 포위될 위기에 놓이자 결국 진지를 포기했다. 마을을 장악한 뒤, 반대편 개활지로 나서려던 프로이센군은 운집

■■■■■ 예나의 전장에 선 나폴레옹, 베르네 작. 전투 참가를 갈망한 근위대는 나폴레옹에게 이를 간청했지만, 그날만큼은 그도 그들이 필요 없었다. [AKG, London]

한 나폴레옹의 포병대를 목격했다. 그들은 전진이 불가능함을 깨달은 데다가 마을을 고수할 생각도 없었기 때문에 불을 놓고 그곳을 빠져나왔다.

프랑스군은 란의 제5군단 소속 가장의 여단을 마을 북쪽으로 이동시켰다. 이들은 프로이센 및 작센 기병대와 맞닥뜨리자 허둥지둥 퇴각했다. 이번에도 프로이센군의 추격은 막 도착한 도풀d'Hautpoul 장군 휘하 중장기병대의 지원포대에 가로막혔다.

피어첸하일리겐 남쪽에는 이서슈테트 마을이 있었고, 마을 동쪽으로는 커다란 삼림이 펼쳐져 있었다. 프랑스군은 오전 10시 이래, 오제로의 제7군단 소속 드샤르댕Desjardin 사단으로 이곳을 점령하려 했다. 마을은 세 번이나 주인이 바뀌었다. 프랑스군은 자신들의 장기인 뛰어난 전초전 능력 덕분에 그때마다 숲에 작은 거점을 마련할 수 있었다. 그러나 공략 자체는 작센군 2개 여단 및 이서슈테트의 남쪽과 서쪽에 진을 친 지원 기병대에게 번번이 저지당했다.

소강상태가 이어졌지만, 12시 30분 무렵의 전황은 프로이센군에게는 암울하게 보였다. 프랑스군은 새로운 병력을 대거 전장에 투입하고 있었다. 제7군단 소속 우들레Heudelet 사단이 남쪽에서 조여들어왔다. 술트의 제4군단 소속 제2·3사단은 프랑스군 진영 한복판의 예비 진지로 이동했고, 프랑스군의 전선을 북쪽으로 연장시키는 기동에 나선 생일레르 사단이 왼쪽으로부터 프로이센군을 감싸려 들었다. 나폴레옹은 포병의 화력을 피어첸하일리겐 맞은편의 프로이센군 전선 중앙에 집중시켰다.

호헨로헤에게는 선택의 여지가 많지 않았다. 그는 주전선 중앙과 좌익 사이의 예비 진지에 배치 중인 타우엔치엔의 부대를 빼고는 자신의 전 병력을 쏟아 부은 상태였다. 그날 아침, 바이마르에서 병력을 이끌고 달려오도록 전갈을 보낸 루헬Ruchel 장군은 아직까지 감감무소식이었다. 전선 전체를 압박하던 나폴레옹은 중앙으로 공격을 집중했다. 이윽고 압력을 이기지 못한 지친 대대들이 조직적으로 후퇴하기 시작했다. 나폴레옹은 바로 그 순간 뮈라 원수에게 기병 예비대를 투입하라고 명령했다. 11개 기병연대가 피어첸하일리겐과 이서슈테트 숲에 놓인 간극을 가로질러 퇴각하는 적에게 달려들었다. 더 이상 버티지 못한 프로이센군은 마른 가지 꺾이듯 붕괴되기 시작했다.

전 전선에 걸쳐 프랑스군의 총진격 명령이 떨어지자, 연합군에게 닥친 재앙을 미처 깨닫지 못한 우익의 작센군 진영을 빼고는 같은 결과가 나타났다. 중앙과 좌익에서 살아남은 기병들이 프랑스군의 성난 물결에 맞서보려 했지만, 퇴각하는 아군 보병들에게 휩쓸리고 말았다. 여전히 건재한 것은 타우엔치엔의 병력뿐이었다. 그의 부대는 방파제 노릇을 하며 패주하는 동료들이 후방에서 전열을 추스르도록 했다. 그러나 용감한 그들도 오래 버틸 재간은 없었다. 절망적인 수적 열세 아래서 프랑스 포병의 무시무시한 포화를 뒤집어쓴 그들은 동료들의 뒤를 이었다. 전열을 유지한 잔여 기병대가 후퇴전을 펼치며 퇴각을 엄호했다.

남쪽에서는 작센군 2개 여단의 절망적인 저항이 이어졌다. 그들은 지원 기병대를 거의 잃은 채 오제로 군단의 전 병력에게 공격받았다. 상황은 북쪽에서 추격전을 펼치던 수개 연대의 프랑스 용기병들이 절망에 빠진 이 영웅들을 교란하면서 더욱 암울해졌다. 프랑스 기병을 맞아 방진을 형성할 수밖에 없었던 그들은 제7군단 포병대에게 체계적으로 도륙당했다. 거의 1시간 동안이나 자신들의 전열 속에 드리워지던 무시무시한 공백을 지켜본 그들은 이윽고 이성을 되찾고는 무기를 버렸다. 몇몇 대대는 지형을 이용해 탈출했지만, 기껏해야 그날 밤 늦게 포로로 잡혔다.

이 와중에 마침내 루헬이 카펠렌도르프Kappelendorf에 모습을 드러냈다. 그는 그곳에서 휘하 병력 1만5,000명의 전열을 갖춘 뒤 진격에 나섰다. 카펠렌도르프에는 프랑스군의 추격을 저지할 만한 요새화된 대저택이 있었지만, 이번에도 자신들의 군사 교리에 얽매인 프로이센군은 이를 장악하려 들지 않았다. 패퇴하는 아군을 지나 언덕을 오른 루헬이 맨 먼저 부딪친 것은 추격에 열이 오른 프랑스 기병대였다. 루헬의 부하들은 프랑스 기병대의 돌격을 격퇴시켰지만, 그 사이 오히려 더 많은 프랑스군이 이들에게 다가오게 되었다. 기병대의 퇴각과 동시에 프랑스군 6개 포대가 루헬의 병사들을 포격했다. 란과 네의 병사들이 앞장선 프랑스 보병대가 전진했다. 나폴레옹의 병사들을 막을 것은 아무것도 없었다. 대거 운집한 군악대가 〈승리는 우리 것〉을 연주하는 가운데 함성과 함께 프랑스군의 돌격이 개시되었다. 모든 것이 눈 깜짝할 사이에 끝나고 말았다. 프로이센군은 한계에 달해 궤멸했고, 패주하기 시작했다. 뮈라는 이번에도 자신의 기병들을 무자비한 추격전에 투입했다.

음울한 10월의 해질 무렵, 프랑스군의 전위대는 마지막 남은 체계적인 저항을 분쇄했다. 호헨로헤와 루헬은 전투 시작 당시 거느렸던 5만 4,000명 가운데 2만 명이 넘는 병력과 더불어 군기 30개와 포 300문을 잃었다. 이에 비해 프랑스군의 피해는 6,000명 정도밖에 되지 않았다. 이 같은 격차가 승리의 규모를 대변해주고 있기는 하지만, 프로이센군의 손실 가운데 거의 1만4,000명이 포로라는 사실은 양측이 전 사상자 수에서는 별 차이가 없음을 보여준다. 이는 프로이센군의 강력한 화력을 보여주는 증거다. 프로이센군의 주력을 궤멸시켰다고 여긴 나폴레옹은 승리에 도취되었다. 다부 원수의 전갈이 도착한 것은 저녁 늦은 시각에 이르러서였다. 전갈을 읽어내려가던 나폴레옹이 그 자리에 모인 장군들에게 말했다.

"다부가 곤경에 빠졌군. 베르나도트는 말썽이고."

아우어슈테트

1806년 10월 13일 밤, 다부 원수는 나움부르크에 자리한 자신의 지휘소에서 다음날을 위한 명령서를 받았다. 그는 재량껏 길을 택해 아폴다까지 진격해야 했다. 베르나도트 원수 역시 이와 비슷한 명령을 받았다. 나폴레옹의 의도대로라면 이로써 2개 군단이 프로이센군의 배후로 들이닥칠 터였다. 다부는 모랑Morand 사단에게 밤새 자신을 따라잡도록 명령함으로써 프리앙과 귀댕Gudin이 이끈 자신의 제3군단 소속 사단들을 지원하도록 했다. 베르나도트는 다부의 지원이 걸린 이 두 번째 명령을 무시하기로 하고는 자신의 군단을 이탈시켜 도른부르크로 향했다. 베르나도트는 1799년 이래로 나폴레옹의 지시에 따라 자신을 염탐하고 보나파르트 축출 음모 적발을 도운 다부를 증오하고 있었다. 나폴레옹은 결정적인 증거가 없어 베르나도트를 사면했지만, 이 가식적인 인물은 결코 다부를 용서하지 않았다. 게다가 지금의 베르나도트로서는 자신보다 계급이 낮은 손아래 인물에게 복종할 이유가 없었다.

14일 오전 4시, 제3군단 소속 척후병들이 포르펠Poppel 마을에서 대규모 프로이센 기병대와 마주쳤다. 기겁한 그들은 귀댕의 선두 보병사단이 서둘러 짠 방진 뒤편으로 물러났다. 프랑스군은 잘레 강변에서 가파르게 솟은 경사지를 오르던 참이었다. 그들이 하센하우젠Hassenhausen 마을로 접근하자, 블뤼허 장군의 기병대가 이들과 마을 사이에 전개했다. 바로 그 순간, 간발의 차로 블뤼허보다 먼저 하센하우젠에 입성한 프랑스 전초대의 일부가 나타나 블뤼허의 지원 포대를 쫓아내고는 야포의 절반을 노획했다. 블뤼허는 지원 포대를 잃은 채 프랑스군의 방진에 수차례 맹렬한 공격을 가했다. 짙은 안개 때문에 혼란이 가중된 상황에서도 전열을 지탱한 정예 프랑스군은 머스킷과 함께 방진의 모서리마다 배치한 야포로 무시무시한 일제사격을 퍼부었다. 블뤼허는 증원 기병과 더불어 슈필부르크Spielburg 인근에 배치해둔 또 다른 포대를 불러들였다.

전쟁 시작 이래 줄곧 전장을 지켜온 다부 원수는 방진 사이를 누비며 부하들을 독려했다. 거듭된 공격을 펼치던 프로이센 기병대는 넌더리를 내며 전장에서 물러났다. 블뤼허는 타고 있던 말이 총에 맞은 데다가 연무까지 기승을 부리는 바람에 휘하 기병대의 재편성에 애를 먹었다. 이러한 소강상태 덕분에 귀댕 사단의 잔여 병력은 전장에 도착해 전개할 수 있었다. 프리앙의 보병 선견대가 그 뒤를 이었다.

안개가 걷히자, 다부는 자신을 공격한 것이 고립된 분견대가 아님을 알게 되었다. 코앞에 전개한 것은 다름 아닌 프로이센군의 주력이었다. 그 중 가장 큰 전력은 포르펠 마을 양쪽의 들판에 자리 잡고 있었다. 슈메타우Schmettau의 사단과 동행한 국왕과 브라운슈바이크 공작은 이 사단을 포르펠 북쪽에 배치한 채 양동공격에 합세할 바르텐스레벤Wartensleben의 사단이 마을 남쪽에 전개하기만을 기다렸다. 이 공격의 목적은 고립된 적을 격파한 뒤, 계획대로 막

■■■■■ 원수 블뤼허 대공. 아우어슈테트 전투 당시 장군으로 참전한 그는 프랑스군을 상대로 영웅적이지만 어리석은 돌격을 펼쳤다. '주전파'의 열렬한 일원이었던 그는 뤼벡 인근에서 프랑스군에게 투항했던 쓰라린 기억 탓에 더욱더 프랑스를 혐오하게 되었다. 그는 1814년과 1815년 전투로 복수에 성공했다. (Hulton Getty)

데부르크까지 후퇴하는 것이었다.

이들의 지연 덕분에 전장에 도착할 여유를 얻은 프리앙은 전개를 마치자마자 슈필부르크로 진격해 북쪽으로부터 프로이센군 전선의 측면을 노렸다. 그들은 귀댕의 방진을 빈사지경으로 몰던 포대를 유린한 뒤, 방향을 돌려 남쪽으로 향했다. 이와 동시에 귀댕 휘하 보병대의 방진을 푼 다부는 슈메타우의 위협에 맞서 하센하우젠 북쪽까지 전선을 연장했다. 양측이 거리를 좁히자, 처절한 전투가 펼쳐졌다. 슈메타우가 두 곳에 부상을 입고 쓰러지자, 그의 전선은 붕괴되었다.

남쪽에서는 브라운슈바이크가 몸소 이끈 프로이센군이 비교적 선전

을 펼치고 있었다. 하센하우젠 마을 남쪽으로 이동한 그들은 당장이라도 측면으로 뚫고 들어올 기세였다. 그들과 이 중요 거점 사이를 막고 선 것은 제85전열보병연대가 전부였다. 가차 없는 포화가 수적으로 열세한 프랑스 병사들을 흔들었고, 기병 돌격이 펼쳐지자 전선은 붕괴되었다.

제85전열보병연대가 얼마 지탱하지 못하리라 예측한 다부는 또 다른 연대로 이들을 지원했다. 제12전열보병연대는 후퇴하는 제85전열보병연대를 스치고 나아가 추격해온 기병들에게 일제사격을 퍼부었다. 이로써 적 기병은 격퇴되었다. 전열을 추스른 제85전열보병연대는 방진을 짰다. 브라운슈바이크는 당장이라도 프랑스군 진형이 무너질 듯하자 최정예 척탄병 2개 대대를 급파해 이를 유린하고자 했다. 바로 그 순간, 한 발의 총알이 그의 두 눈을 관통해 그를 전열에서 이탈시켰다. 브라운슈바이크는 결국 이 상처로 인해 11월 10일에 숨을 거뒀다.

프랑스군의 이 같은 사격술에 놀란 프로이센군 지휘부는 완전히 마비되었다. 슈메타우는 전사했고, 브라운슈바이크 공작은 치명상을 입었으며, 바르텐스레벤마저 타고 있던 말이 총에 맞는 바람에 의식을 잃었다. 국왕에게 지휘권이 넘어갔지만, 그에게 명령을 내릴 만한 능력이 있는 것 같지는 않았다. 군대의 지휘권은 스스로 포로가 되고만 고령의 몰렌도르프^{Mollendorf} 장군에게까지 내려갔다. 그 결과, 확실한 지휘계통을 세우지 못한 프로이센군은 더 이상 손발을 맞춘 공격에 나설 수 없게 되었고, 반면에 다부가 이끄는 프랑스군은 느리게 전개되는 프로이센군의 위협에 신속하게 대응할 수 있었다. 행운의 급반전에도 불구하고 하센하우젠의 프랑스군에게 가해지던 프로이센군의 엄청난 압력은 여전했다. 북쪽에서 프리앙이 저돌적인 공격을 펼쳤지만, 그가 슈메타우의 우익을 밀어내는 동안 오라네^{Oranje} 공의 새로운 사단이 몰려들었다. 양측은 또다시 무시무시한 일제사격을 주고받았다. 오전 10시, 모랑과 그의 사단이 전장에 나타났다. 전선에 투입된 이들은 하센하우젠에서 잘레 강의 가파른 경사지까지 전선의 좌익을 연장시켰다.

오전 10시 30분, 블뤼허의 잔여 병력이 포함된 프로이센군 기병 예비대가 모랑의 보병들 앞에 정렬했다. 지휘를 맡은 빌헬름^{Wilhelm} 왕자는 프로이센 최강의 기병들과 함께 모랑의 부하들을 향해서 경사지를 질주했다. 근거리에서 산탄을 퍼부어대는 야포와 함께 방진을 이룬 보병대는 빌헬름 왕자를 비롯한 수많은 이들의 안장을 임자 없는 것으로 만들었다. 미리 정해진 신호라도 받은 듯 프로이센군의 전선이 무너져내리기 시작했다. 기병들이 꼬리를 물고 아우어슈테트를 향해 퇴각하자, 보병들마저 지원 포대를 운명에 맡긴 채 후퇴했으나, 대부분은 포로로 잡혔다.

척탄병 수개 대대를 이끈 하인리히^{Heinrich} 왕자가 마지막 반격을 펼쳤다. 왕자는 영웅적인 돌격으로 포르펠 마을을 탈환했지만, 공격의 성공이 정점에 이를 무렵 치명상을 입었다. 또다시 공격의 주축을 이끌던 지휘관이 쓰러진 것이었다. 지휘관도 없이 재기 넘치는 지휘관 모랑 장군에게 맞선 프로이센 척탄병들은 동요 속에서도 전열을 수습했지만, 격렬한 전투 끝에 격퇴당하고 말았다. 국왕은 근위대에게 퇴로를 엄호하며 본대의 전장 이탈을 지원하도록 명령했다. 이에 후위대의 일부가 존넨베르크^{Sonnenberg}에 진을 쳤고, 나머지 일부는 에카르츠베르크^{Eckartsberg}로 향하는 퇴로를 탈환하러 나섰다.

프랑스의 드빌리^{Debilly} 장군은 휘하 여단을 이끌고 존넨베르크로 돌격해 적진을 궤멸시키며 많은 포로를 획득했다. 이 공격에서 드빌리가 전사함에 따라 프랑스군의 유일한 장성급 전사자가 발생했다. 이는 프로이센군 지휘부에서 발생한 엄청난 사상자 수와 큰 대조를 이뤘고, 그 공의 일부는 역시 프랑스군의 탁월한 산병전 기량 덕분이었다.

그로부터 북쪽에서는 지친 병사들을 이끈 프리앙이 에카르츠베르크

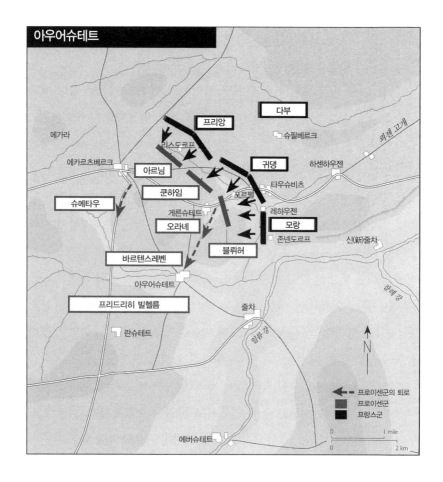

아우어슈테트

메가라

프리앙

다부

리스도르프

슈필베르크

쾨첸 고개

에카르츠베르크

아르님

귀댕

하센하우젠

쿤하임

타우슈비츠

포르펜

슈메타우

게른슈테트

레하우젠

오라녜

모랑

블뤼허

존넨도르프

신(新)줄차

바르텐스레벤

아우어슈테트

프리드리히 빌헬름

줄차

란슈테트

임루강

N

에버슈테트

프로이센군의 퇴로
프로이센군
프랑스군

0   1 mile
0   2 km

언덕으로 돌진했다. 잘 훈련된 프로이센 보병들은 열심히 방어에 임하며 가공할 일제사격을 퍼부었다. 프랑스군은 이에 맞서 선두 대대를 산병전 대형으로 전개시킨 뒤, 숲을 통해 진격했고, 엄폐물을 활용해가며 훤히 노출된 독일 병사들을 이윽고 궤멸 지경까지 소모시켰다. 아우어슈테트로 향하던 프랑스군은 프로이센 정예군의 말로를 보여주는 공황상태의 패잔병 집단과 우연히 마주쳤다. 에카르츠베르크로 향하던 이들 프로이센군은 북쪽 측면을 우회해 그들의 퇴로를 차단한 프랑스 경기병들에게 사로잡혔다.

■■■■■■ 무력화된 프로이센군 수뇌부, 크노텔 작. 치명상을 입은 브라운슈바이크 공이 전장에서 빠져나오고 있다. (AKG, London)

　그때까지 전열을 유지하고 있던 프로이센군은 척탄병 수개 대대와 근위대가 전부였다. 이들은 서서히 퇴각했고, 이윽고 본대의 잔존 병력과 합류했다. 다부의 병사들은 승리가 굳어질 때까지 추격을 계속하다가 이내 탈진해서 그 자리에 쓰러졌다. 다부는 그날 저녁 아우어슈테트 성에서 묵으며 바로 얼마 전까지 프로이센 국왕과 그의 최고 지휘부가 사용하던 식탁에서 저녁식사를 들었다. 다부가 병력의 3분의 1을 잃은 반면, 상대는 재기 불능의 피해를 입었다. 프로이센 왕은 100문이 넘는 포와 1만~1만5,000명의 병력을 잃었다.

전투의 파장

이중 전투가 막을 내린 밤, 나폴레옹은 상황을 가늠했다. 다부는 승리에 취해 의기양양했지만, 지칠 대로 지쳐 있었다. 휘하의 선견대는 바이마르까지 진출했다. 베르나도트는 아폴다에 머물고 있었다. 베르나도트는 전갈을 보내 자신이 아폴다로 진격한 덕분에 다부를 구했다는 사실무근에 가까운 주장을 늘어놓았다. 베르나도트, 이자를 어찌할 것인가? 나폴레옹은 그를 체포해 군사재판을 준비하라는 명령을 내렸다가 이와 동시에 이 명령을 취소했다. 무엇보다 베르나도트는 형수의 동생인 자신의 옛 약혼자와 결혼한 사이였다. 그 같은 명령은 황제의 가족사에 끝없는 분쟁의 씨앗이 될 소지가 있었다. 나폴레옹 입장에서는 당분간 베르나도트에게 기회를 주며 선택의 여지를 남겨놓는 편이 더 바람직했다.

이날의 전투 소식을 접한 베르나도트는 자신의 허영이 자초한 상황을 되돌아봤다. 그는 이전에도 수차례나 나폴레옹에 대한 반역을 공모했었고, 그때마다 발각과 동시에 사면받았다. 그러나 누구라도 인내심에는 한계가 있는 법. 그는 자신의 평판을 회복해야 함을 깨닫고는 기회를 노리기로 했다.

정보를 입수한 나폴레옹은 이튿날 아침부터 추격을 개시하라고 명령했다. 그러나 명령은 휘하 병력 대부분이 전장까지 강행군해온 데다가 쏟아져 들어오던 암호문의 해독에 시간이 걸리면서 실행이 늦어졌다. 이 같은 지연에도 불구하고 예나-아우어슈테트 전투에 이은 추격전은 이에 버금갈 선례를 찾기 위해 몽골 침략사를 들춰내야 할 만큼 파괴적이었다.

사냥에 앞장선 것은 허욕을 쫓는 대공이자 원수였던 뮈라였다. 그는 당시 물 만난 고기와 같았다. 그의 기병대는 가차 없이 프로이센군을 추격했다. 이어진 한 주간 그의 부대가 잡아들인 적병만 해도 앞선 이중 전투에서 프로이센이 잃은 병력을 넘어

■■■■■ 장-밥티스트 베르나도트. 나폴레옹 황제에게 봉사하는 동안 드러난 배은망덕함과 전반적인 무능함에도 불구하고 스웨덴의 황태자가 된 그는 스웨덴의 왕위를 계승했다. (Ann Ronan Picture Library)

설 정도였다. 패퇴하는 군대를 거둬들이는 데는 뮈라를 당할 자가 없었다. 한편 보병 군단들 역시 잘레에서 베를린까지 이어진 진격에서 나름대로 제 몫을 해냈다. 그들과 수도 사이에는 할레 일대에 진을 친 뷔르템베르크 공작의 군대가 있었다.

예나 전투 직후, 나폴레옹은 작센인들을 프로이센 진영에서 빼내는 데 착수했다. 그는 작센의 선제후에게 친서를 보냈고, 공식 교섭에 앞서 충성 서약을 한 작센 포로들을 석방했다. 작센인들은 이내 진영을 바꿔 이듬해부터 나폴레옹의 편에 서서 싸웠다.

10월 17일 아침, 베르나도트의 제1군단 소속 선견대가 할레 외곽에서 뷔르템베르크 공작 휘하의 용기병들을 공격했다. 잘레 강 위에 차례로 놓

인 세 다리 너머로 프로이센군을 격퇴시킨 뒤 시가지로 진입하려던 프랑스군은 다리를 장악한 적 보병들과 마주쳤다. 융잉엔과 뒤렌슈타인의 영웅, 뒤퐁 장군이 이끈 프랑스 병사들은 최외곽 다리의 유일한 접근로를 제압하는 습지 위 제방의 적에게 십자포화를 퍼부었다. 제32전열보병연대와 유명한 제9경보병연대 소속의 1개 대대가 격렬한 사격을 뚫고 다리들로 쇄도해 안쪽의 두 곳을 점령했다. 도시 안이 공황상태가 되자, 저항하던 프로이센군은 도주하거나 항복했다.

이들을 추격한 뒤퐁은 프로이센군 주력이 시가지 남쪽의 고지에 도사리고 있음을 발견했다. 증원 병력이 올 때까지 적진을 제압할 수 없었던 제9경보병연대는 산병전 대형으로 전진하며 적을 교란했다. 뷔르템베르크는 할레로 입성하는 베르나도트의 병력이 불어나자, 이들이 도시의 동쪽으로 진격할 경우 자신의 퇴로가 차단될 수 있음을 깨닫고는 고지에 있던 병력을 시가지 북쪽과 접한 전선으로 이동시켰다.

병사들을 이끌고 중세시대의 성

■■■■■ 프로이센군 포로들, 미르바흐 작. 프로이센의 전군이 송두리째 포로가 된 사건은 한 세기가 넘도록 프로이센인들의 뇌리에서 지워지지 않았다. (저자 소장품)

문을 박차고 나온 베르나도트는 몸소 프로이센군 전선으로 뛰어들어 전투의 한복판에 섰다. 프로이센군을 둘로 나눈 뒤 기세가 오른 프랑스군은 달아나는 적에게 달려들었다. 프로이센군은 약 2시간 반 동안 이어진 이 교전에서 병력의 절반에 이르는 사상자가 발생했지만, 상대에게는 미미한 피해밖에 입히지 못했다. 베르나도트는 잘펠트의 규모에 버금가는 승

리를 올렸을 뿐만 아니라 결정적으로 나폴레옹의 용서까지 얻어냈다. 이 날은 프랑스 황제를 위해 싸운 그의 최고의 날이었다.

이때부터 11월 초까지 프로이센 야전군과 수비대들이 포착되어 포위되자, 줄줄이 항복했다. 호헨로헤는 본대를 슈테틴Stettin으로 이동시키려 애쓰고 있었다. 그는 그곳에서 군량을 확보한 뒤 동쪽으로 나아가 다가오는 러시아군과 합류하기를 바랐다. 10월 24일, 포츠담으로 입성한 나폴레옹은 프리드리히 대왕의 묘를 참배했다. 몇몇 원수와 장군들을 이끌고 납골당으로 들어선 나폴레옹이 말했다.

"모자를 벗게, 제군들. 이분이 살아 계셨다면 우린 여기 서 있지도 못할 테니까."

10월 25일, 다부의 병사들은 아우어슈테트에서 보여준 활약에 대한 보상으로 베를린을 지나는 개선행진을 할 수 있는 영광이 주어졌다. 27일에는 막데부르크의 대규모 요새가 불과 10일 간의 포위전 끝에 무릎을 꿇었다.

이제 나폴레옹은 자비로운 정복자로서 행동할 때를 맞이했고, 본인 역시 그 요령을 잘 알고 있었다. 베를린에 사령부를 둔 나폴레옹은 베를린 총독 하츠펠트Hatzfeld 대공이 스스로 간첩 혐의에 연루되었음을 털어놓은 편지를 가로챈 뒤 그를 체포했다. 남편의 죽음을 눈앞에 둔 대공의 부인은 나폴레옹에게 무죄를 호소했다. 그녀는 남편이 그 같은 혐의에 연루될 인물이 못 된다며 황제를 설득하려 했다. 나폴레옹은 편지를 보여주며 정말로 남편의 글씨가 아닌지를 물었다. 혼란스런 마음에 얼핏 본 것만으로 남편의 유죄를 확신한 그녀는 울음을 터뜨렸다. 나폴레옹은 혐의의 증거인 편지를 곁에 있는 불 속에 던진다면 남편의 유죄를 입증할 만한 증거가 아무것도 남지 않는다고 부인에게 넌지시 일러줬다. 부인은 그대로 실행했고, 그녀의 남편은 목숨을 건졌다.

■■■■■ 프리드리히 대왕의 묘 앞에 선 나폴레옹, 카뮈Camus 작. 무덤 안에서 프리드리히 대왕의 검을 챙긴 나폴레옹은 "전리품 20만 개보다 이것 하나만 있으면 돼"라고 말했다. (Roger-Viollet)

호헨로헤가 이끈 프로이센군 본대는 뮈라와 란의 맹렬한 추격을 받으며 북쪽으로 후퇴를 계속했다. 프로이센군을 추격한 란과 뮈라 두 사람은 나폴레옹에게 전갈을 보내 상대가 너무 비협조적이며 굼뜨다는 악평을 늘어놓았다. 두 사람의 해묵은 다툼은 그들의 부하들로 하여금 초인적인 행군 기술을 선보이게 만들었다. 10월 27일, 라살 장군과 그루쉬Grouchy 장군의 기병대가 체데닉Zehdenick에서 호헨로헤의 후위대를 격파하며 루이제 왕비 연대의 군기를 노획했다. 28일에는 시가지를 포위한 뮈라와 라살이 호헨로헤의 항복을 받아냈다.

라살은 슈테틴까지 내쳐 나아간 뒤, 책략을 발휘해 수비대를 투항시켰다. 그는 도시 주위를 돌면서 프로이센군이 당장 항복하지 않으면 접근 중인 보병 군단이 일말의 자비도 베풀지 않을 것이라고 허세를 부렸다.

이 허세에 속아넘어간 프로이센군은 도시를 빠져나왔고, 나중에 자신들이 고작 500명의 기병들에게 항복했음을 알게 되었다.

뮈라 원수는 프렌츨라우를 항복시킨 뒤, 방향을 틀어 블뤼허를 뒤쫓는 베르나도트와 술트의 군단에 합류했다. 이윽고 그들은 뤼벡Lübeck에서 블뤼허를 따라잡았다. 이보다 하루 전에는 베르나도트가 블뤼허의 스웨덴 원군 600명을 쓰러뜨리는 사건이 벌어졌다. 어이없게도 스웨덴 포로

■■■■■■ 퇴각하는 프로이센군. (AKG, London)

들은 베르나도트의 관대함에 반해 그를 우러러봤고, 그 덕분에 그는 수년 뒤 스웨덴 왕관을 머리에 쓰게 된다. 블뤼허는 전쟁을 이어나가려는 바람으로 자치시 뤼벡에 진을 쳤다. 프랑스 기병대는 이에 아랑곳하지 않고 두 곳의 주요 성문으로 들이닥쳤다. 블뤼허는 병력 절반을 이끈 채 탈출했고, 남은 병력은 항복하기 전까지 필사적인 시가전을 펼쳤다. 모든 희망을 잃은 블뤼허는 이튿날 라트가우Ratgau 마을에서 나머지 군대와 함께 항복했다.

폴란드 내 점령지와 동프로이센에 주둔함으로써 전화를 모면한 수비대를 제외하면 프로이센군 전체가 굴복한 셈이었다. 레스토크Lestoq 장군은 이후 전투에서 유일한 프로이센 야전군을 지휘했다. 그단스크 Gdańsk, 콜베르크Colberg, 슈트랄준트 Stralsund는 이듬해 대부분의 전투 동안 저항을 계속했다.

11월 21일, 나폴레옹은 베를린 칙령을 발표했다. 이로써 점령지의 모든 항구가 영국 선박들에게 폐쇄되었고, 영국산 제품은 모두 압류 및 몰수되었다. 이것은 대륙체제의 시작으로, 전쟁을 경제적 측면으로 확대시킨 이 조치는 몇 번이고 성공을 눈앞에 둔 듯했지만, 결과적으로 나폴레옹 정권을 약화시키는 계기

■■■■■ 베를린을 가로지르는 프랑스군의 전승 행진. 이 행진은 다음 세기까지 이어질 전승 행진의 양식을 확립시켰다. (Hulton Getty)

가 되고 말았다.

그 밖의 전장

프랑스군의 주력이 황제의 지휘 아래 전쟁에 나설 무렵, 세계 곳곳에서는 여러 가지 사건이 벌어지고 있었다. 나폴레옹이 울름을 향해 진군할 때, 칼 대공 휘하의 오스트리아군 주력은 마세나 원수와 대치 중이었다. 마세나의 임무는 나폴레옹이 마크를 궤멸시키며 빈을 점령하는 동안 칼을 견제하는 것이었다. 10월 한 달 내내, 양측 군대는 유리한 위치를 점하기 위해 술래잡기를 했다. 이윽고 그들은 나폴레옹이 자신의 첫 번째 이탈리아원정 당시 유일한 패배를 맛본 칼디에로Caldiero에서 마주쳤다. 마세나는 공격적으로 나가지 않을 경우 자신을 따돌린 칼 대공이 독일 남부의 균형을 위협할 가능성이 있다고 꿰뚫고 있었다. 따라서 그가 먼저 공격의 칼을 뽑아들었다. 프랑스군은 선전을 펼쳤지만, 병력에서 거의 두 배나 우세했던 칼 대공은 이들의 주공을 격퇴시켰다.

칼디에로에서의 패배를 구원한 것은 나폴레옹으로, 마크의 항복 소식을 접한 칼 대공이 공세적인 행동을 단념함에 따라 극적인 반전이 펼쳐졌다. 나폴레옹의 빈 입성을 저지하고자 군대를 물린 칼 대공은 계속해서 후퇴전을 강요당했고, 알프스에 겨울이 다가오고 있었기 때문에 행군이 지연되었다. 결국 그는 아우스터리츠의 전장에서 연합군이 궤멸될 무렵에도 너무 멀리 떨어져 있어서 이들을 도울 수 없었다. 베네치아를 포위한 마세나는 오스트리아와 강화조약(프레스부르크 조약)이 체결되자, 이 '아드리아 해의 보석'을 나폴레옹의 북부 이탈리아 왕국에 편입시켰다.

마세나는 이제 부르봉가의 나폴리 왕국을 정복하고자 남쪽으로 향했다. 카롤린Caroline 여왕은 나폴레옹과 중립조약을 맺고 있었지만, 그가 빈을 떠나 북으로 행군하기 무섭게 이를 번복했다. 라시Lacy 장군이 이끈 러시아군 1만3,000명이 영국군 7,000명과 더불어 나폴리 왕국의 북부 이탈리아 정복을 지원하고자 상륙했다. 아우스터리츠의 패전보가 전해지자, 러시아군과 영국군은 철수했고, 여왕에게 남은 선택은 남부 이탈리아의 영토를 포기한 채 영국 함대의 보호를 받으며 시칠리아Sicilia로 도피하는 것뿐이었다. 여왕의 도피로 나폴레옹은 자기 형 조제프를 나폴리 왕국의 왕좌에 앉힐 수 있었다. 1806년 2월 15일, 조제프는 나폴리 땅을 밟았다.

이에 도시국가 가에타^{Gaëta}가 반기를 들었고, 마세나는 그들을 포위하고 제압하는 데 다섯 달이 걸렸다.

최남단 지방인 칼라브리아^{Calabria}에서는 반란을 유도하기 위해 영국의 스튜어트^{Stuart} 장군이 병력 5,000명을 이끌고 상륙했다. 조제프는 이들을 공격하기 위해 대등한 병력을 거느린 레이니에^{Reynier} 장군을 파견했다. 1806년 7월 4일, 프랑스군은 마이다^{Maida}에서 영국군에게 패퇴당했다. 스튜어트는 추격에 나서지 않았고, 가에타를 함락한 마세나가 자신을 향해 병력을 돌리려 하자 안전한 시칠리아로 철수했다. 칼라브리아의 반란은 수그러들 줄 모르며 훗날 스페인에서 목격하게 될 잔혹한 게릴라전을 예고했다.

1807년 7월, 나폴레옹이 알렉산드르 1세와 틸지트 조약을 체결하자, 영국은 덴마크가 프랑스 편에 서리라고 확신했다. 덴마크가 엄격한 중립 원칙을 고수했음에도 불구하고 영국은 일방적인 공격을 감행했다. 코페하겐^{Copenhagen}이 함락되었지만, 나포된 덴마크 함대는 그리 쓸 만한 상태가 아니었다. 덴마크인들은 나폴레옹의 동맹이 되었고, 거의 마지막까지 그의 곁을 지켰다. 영국은 자신들의 해적 같은 행실 탓에 형편없는 국가로 낙인찍히고 말았다. 그해에는 그 같은 평판이 곳곳에서 나돌았다. 아르헨티나에서 부에노스아이레스^{Buenos Aires}를 장악하려던 영국 원정대는 치욕스러운 항복을 해야만 했다. 이집트에서는 또 다른 소규모 영국 상륙군이 점령을 시도했다. 그들은 알렉산드리아^{Alexandria}를 점령했지만, 로제타^{Rosetta}에서 매복에 걸려들어 이집트에서 축출되고 말았다. 같은 시기에 더크워스^{Duckworth} 제독의 영국 함대가 콘스탄티노플^{Constantinople}의 성벽에서 격퇴당했다. 이 시기 영국의 군사정책은 그야말로 재앙의 연속이었다. 영국의 위신과 행운이 회복되기까지는 웰링턴의 스페인 및 포르투갈 전투가 필요했다.

1807년은 나폴레옹이 포르투갈에게 전면적인 대영 통상 중지를 요구하며 쥐노 장군의 원정군을 보내 그곳을 점령한 뒤 대륙체제를 강요한 해이기도 했다. 나폴레옹은 스페인에 영토 분할을 제안했고, 그 결과 그해 후반기까지 양국 군대가 공동으로 포르투갈을 점령했다. 쥐노는 1807년 11월 30일 리스본에 입성했다. 가장 큰 전리품인 포르투갈 함대는 영국 해군의 호위 아래 브라질로 피신했다. 실망한 쥐노는 그래도 여전히 정권을 수립하며 한동안 영국과의 통상을 중단시키는 성과를 거둘 수 있었다. 나폴레옹은 프랑스군의 전력을 상당히 소모시킨 이베리아 전쟁에 이미 첫발을 들여놓은 것이었다.

폴란드 전역 전투

마침내 블뤼허와 호헨로헤의 항복을 받아낸 나폴레옹은 러시아로 시선을 돌렸다. 프랑스와 더불어 연합국들로부터 새로운 병력이 소집되었다. 그는 언제라도 등을 돌릴 속셈인 스페인이 프로이센에서 날아올 프랑스의 패전 소식에 목을 빼고 있음을 눈치 챘다. 그러나 그러한 일은 일어나지 않았고, 나폴레옹은 스페인에 델 라 로마나de la Romana가 이끈 정예부대 1만5,000명을 북부 독일 작전의 지원에 파견할 것을 요구했다. 이들은 명목상 증원 병력이지만 사실상 인질이나 다름없었다.

나폴레옹은 셀림 3세Selim III *가 러시아와 전쟁을 하도록 부추기고자

---

* **셀림 3세** 1761년~1808년. 오스만 제국의 29대 술탄으로 오스만 제국의 서구화 정책을 추진하고 가장 큰 문젯거리였던 예니체리 군단을 폐지하려 했으나 발각되어 처형당했다. 셀림 3세는 1787년~1792년에 일어났던 러시아와 오스트리아 전쟁 와중에 왕위에 올라 오스트리아 제국과 1791년 시스토바 조약(스비슈토프)을, 1792년 러시아와 지시 조약을 체결

오라스 세바스티아니^{Horace Sebastiani} 장군을 터키로 파견했다. 세바스티아니
는 임무를 완수했고, 이로 인해 러시아 황제는 2개 전선의 전쟁을 감당해
야만 했다. 러시아 황제는 프로이센의 이번 전쟁에서 자신이 맡은 역할은
부차적이라고 여긴 나머지 이때까지도 동원체제를 느긋하게 가동하고 있
었다. 프로이센 야전군 2만 명에 더해 약간의 요새 수비대, 보잘것없는 스
웨덴과 영국의 제2전선을 제외하면 알렉산드르 1세의 군대는 혼자서 프
랑스를 상대해야만 했다.

양측은 이제 겨울을 나며 봄에 벌어질 전투를 준비할 최적의 입지를
차지하기 위해 경쟁에 돌입했다. 가장 먼저 주목받은 곳은 바르샤바
^{Warszawa}였다. 폴란드인들은 봉기를 일으키며 해방자로 여긴 프랑스군의
입성을 환영했다. 나폴레옹 자신도 폴란드인들의 대의에 공감했지만, 이
에 대한 공개적인 지지는 오스트리아를 또 다시 전장으로 불러들이고 러
시아와의 화평 가능성을 사라지게 할 수 있었기 때문에 절묘한 줄타기가
필요했다. 그는 단기적 해결책으로 프로이센이 점유한 폴란드 땅을 몰수
해 폴란드의 위성국가를 수립했다.

나폴레옹은 전진에 나서면서 두 가지 상충되는 요구들을 조정해야 했
다. 첫 번째는 비스와^{Vistula} 강의 좌안을 장악하는 것이었고, 두 번째는 자
신의 후방에 널린 저항거점들을 소탕하는 것이었다. 그는 이 같은 과제를
축차적인 추월 진격으로 해결했다. 진격은 해빙으로 인한 진창 탓에 지연
되었다. 뮈라가 다부와 란, 술트의 군단에 앞서 진격을 개시했다.

베닉센은 자신이 틸지트를 거쳐 접근 중인 북스게브덴의 지원군과 단

했다. 1798년 나폴레옹이 이집트를 침공하자 셀림 3세는 영국, 러시아와 동맹을 맺었고,
1798년 7월 21일 오스만 제국군과 맘루크 군단이 이집트 피라미드 전투에서 나폴레옹의
프랑스군에게 크게 패했다. 1801년 프랑스가 이집트에서 철수하자, 1804년 셀림 3세는 나
폴레옹을 황제로 인정하고 1806년 러시아와 영국에게 전쟁을 선포했다.

절될 위기에 놓였다고 판단했다. 바르샤바를 포기한 그는 비스와 강의 오른쪽 기슭을 따라 후퇴했다.

1806년 11월 28일 저녁, 뮈라는 해방자로서 바르샤바에 입성했다. 그는 란과 다부의 지원대가 도착하기 전까지 바르샤바에 머물렀다. 프랑스군은 바르샤바 맞은편에 자리한 프라가Praga를 점령했고, 이로써 비스와 도하 지점을 확보하게 된 셈이었다. 그보다 하류에서는 각자의 군단을 인솔한 술트, 베시에, 오제로, 네가 강을 건넜다.

러시아군은 그때까지도 부크Bug 강을 비롯해 훌륭한 방어선인 브크라Wkra 강과 나레프Narew 강을 장악하고 있었다. 이들을 향해 진격에 나선 나폴레옹은 뮈라에게 부크 강 전선을 돌파하라고 명령했다. 12월 10일, 1개 사단을 도하시킨 다부가 브크라 강과 부크 강이 만나는 지점의 서쪽에 교두보를 구축했다.

남북으로 흐르는 브크라 강은 여전히 강력한 방어선이었다. 12월 20일, 다부는 부크 강과 브크라 강이 합류하는 섬을 점령했다. 12월 21일 밤, 푸투스크Pułtusk에 도착해 러시아군의 지휘권을 인수한 카멘스키Kamenski 원수는 강을 따라 배치된 프랑스군을 공격하라고 명령했다. 카멘스키는 러시아군의 진격이 번번이 격퇴되자, 잠시 전투를 중단하고 다음 수를 궁리했다.

다부는 러시아군 진영 강습을 노렸다. 24일 밤, 나폴레옹이 지켜보는 가운데 야음을 틈타 도하 작전이 실시되었다. 기막히게 입안된 이 공격으로 러시아군은 격퇴되었다. 나폴레옹은 급조된 가교 너머로 진격을 명령했고, 러시아군은 골뤼민Golymin과 푸투스크 시가지로 퇴각했다. 이 무렵에는 오제로와 뮈라의 병력 역시 브크라 강 건너편에 자리를 잡고 있었다. 열악한 진창길이 포병의 이동을 거의 불가능하게 만들었다. 프랑스군의 선두부대는 러시아군의 포 몇 문을 거둬들였다.

■■■■■ 아일라우와 프리틀란트 전투에서 러시아군을 이끈 베닉센 장군. 성명서 작성의 달인이었던 그는 언제나 패배를 승리처럼 꾸밀 수 있었다. (Hulton Getty)

성탄절 밤, 후퇴 명령을 내린 카멘스키 원수는 신경쇠약 기미가 역력했다. 지휘권을 돌려받은 베닉센은 푸투스크를 고수하기로 결심했다. 1806년 12월 26일 오전 10시, 란의 군단이 푸투스크 주변의 고지에 자리한 러시아군 진지로 접근했다. 포병이 뒤처져 있었는데도 란은 덮어놓고 공격을 명령했다. 란은 지형에 가린 나머지 4만5,000명의 러시아군을 상대한 자신이 심각한 열세에 놓여 있음을 깨닫지 못했다. 전초진지로부터 러시아군을 몰아낸 란은 주력부대를 진출시켰다. 러시아군의 좌익으로 뛰어든 클라파레드Claparede의 사단이 서서히 제1선을 밀어냈다.

이 무렵부터 눈발이 날리더니 점차 시계가 나빠지기 시작했다. 전선의 중앙을 맡고 있던 웨델Wedell의 선봉 여단은 클라파레드와 대치 중인 적을 공격하기 위해 오른쪽으로 우회했다. 그들은 그 과정에서 눈발을 헤치며 달려든 러시아 기병대에게 측면을 찔리고 말았다. 육탄전이 펼쳐지는 가운데 웨델의 두 번째 대열이 기병들의 측면을 덮칠 때까지 러시아군이 우세했다. 그들은 이윽고 기병도에 베인 수많은 프랑스 병사들을 남긴 채 전장에서 물러났다.

이때 란의 기병대가 투입되었지만, 상대 기병의 퇴각과 함께 느닷없이 등장해 궤멸적인 산탄 사격을 퍼붓는 대규모 포대에게 허를 찔리고 말았다. 프랑스 기병대가 재편성을 위해 아군 전선으로 물러난 사이에도 클라파레드의 병사들은 정면의 제1선을 밀어내며 적의 야포를 노획하는 데 성공했다. 그들은 러시아 예비대 앞에 패인 깊숙한 협곡에 이르러 이를 건너려 했지만, 번번이 격퇴당했다. 베닉센은 그 순간에 예비대를 투입했고, 프랑스군의 우익은 엄청난 압박 아래 서서히 밀려나기 시작했다.

그 사이 란은 미하일 안드레아스 바실리 데 톨리Mikhail Andreas Barclay de Tolly 장군의 대열과 대치한 루이 쥐셰Louis Suchet 장군의 사단을 이끌고 있었다. 러시아 진영 오른편 숲에 배치된 바실리의 병력은 전장의 이 지역에서 두 배 이상 란을 압도하고 있었다. 프랑스군은 전초전 대형으로 산개해 수목을 엄폐물로 활용했지만, 바실리의 병사들은 모든 면에서 호적수였다. 란의 격려와 선두에서 부하들을 이끈 쥐셰의 지휘마저도 러시아 엽병과 전열병들의 투지를 꺾지는 못했다.

계절도 계절인 데다가 수그러들 줄 모르는 폭설로 날이 어두워지는 가운데 전투는 종국으로 치달았다. 프랑스군은 전 병력을 투입한 데다가 4시간에 걸친 전투로 탄약이 바닥난 참이었다. 전령들을 동원해 탄약을 보급했지만, 전선 전체가 압박을 받고 있었고, 진창길 탓에 주력 보급대가 전선에 접근할 수 없었다. 전선 중앙은 마침내 도착해 자신들의 세 배에 달하는 러시아 포대에 맞서 격렬한 대포병전을 펼친 란의 포병들이 지탱했다.

정오 무렵, 다부의 군단에 임시 귀속된 귀댕 사단을 지휘하던 돌탄d'Aultanne 장군에게 3~4킬로미터 떨어진 곳에서 벌어지는 본격적인 포격전의 소음이 들려왔다. 그는 숙영지를 조성하려던 계획을 포기한 채 포성을 쫓아 진군했다. 오후 2시 30분경, 그의 부대가 바실리의 측면을 엄습했다.

바실리의 부대는 베닉센의 중앙으로 퇴각한 뒤, 전열을 추슬러 다시 전장으로 뛰어들었다. 탄약이 고갈된 제34전열보병연대는 후퇴를 시작했다. 이로 인해 란과 돌탄 사이에 생긴 간극으로 20개 대대의 러시아 기병이 침입했다. 그들은 눈 속에서 거의 발각되지 않은 채 두 사단을 우회할 수 있었다. 운 좋게도 프랑스군은 러시아군을 돌파하는 데 일조한 눈이 중앙의 러시아 포대가 가하는 심각한 타격까지 막아주었다. 러시아 황제의 기병대는 방진을 이룬 프랑스군을 향해 몇 차례 돌진을 거듭한 끝에 전선 후방으로 되돌아갔다.

이후 숲 주위에서 벌어진 몇 시간 동안 이어진 산발적인 전투를 제외하면 전투는 사실상 막을 내린 것이나 다름없었다. 란은 병력의 3분의 1을 잃으며 상대에게 그에 약간 못 미치는 피해를 안겼다. 이튿날, 베닉센은 후퇴를 재개했고, 완전히 탈진한 란의 제5군단은 추격에 나서지 못했다.

푸투스크에서 처절한 전투가 벌어질 무렵, 그로부터 몇 킬로미터 떨어진 골뤼민에서는 란 못지않게 곤경에 빠진 갈리첸Gallitzen 장군이 영웅적인 후위 전투를 펼치고 있었다. 후퇴하는 러시아군 우익의 엄호를 맡아 뒤에 남은 그는 지원 기병이 딸린 3개 사단에 맞서 소규모 부대를 지휘했다. 갈리첸은 상급자 독토로프Doctorov 장군의 지시대로 마을 주위에 병력을 배치했다. 운 좋게도 그 지역은 울창한 수목과 습지에 둘러싸여 있었다. 기병과 포병이 사용할 수 있는 길이라고는 마을로 이어진 도로 몇 개가 전부였다. 아침이 밝자 라살의 기병대와 오제로 군단의 2개 사단이 갈리첸의 진영을 공격했다. 프랑스 기병은 러시아 흉갑기병 3개 대대의 돌격에 부딪혀 전장에서 밀려났다. 포가 부족한 2개 사단은 그들의 첫 번째 공격이 격퇴당한 뒤, 정오 무렵에 산병전을 재개했다.

이 무렵, 뮈라와 다부가 전장에 도착했다. 다부는 모랑의 사단을 공격에 투입했다. 그는 러시아군을 밀어붙이는 데 성공했지만, 시가지의 가옥을 방패 삼은 러시아군은 갈수록 완강하게 저항했다. 돌격의 장애물인 러시아 기병대를 몰아내고자 황제의 부관 라프Rapp 장군이 용기병들과 함께 시가지로 뻗은 길로 돌진했다. 러시아 기병대는 질주해오는 프랑스군을 마주보기만 했다. 돌연, 도로 양쪽의 갈대밭에서 모습을 드러낸 러시아 보병들이 무시무시한 일제사격을 퍼부었다. 수많은 안장이 임자를 잃었고, 기수 없는 말들은 패주하는 나머지 용기병들을 쫓아 꽁무니를 뺐다. 대지에 어둠이 드리워지면서 갈리첸에게 부하들을 이탈시켜 후퇴하는 아군을 따라잡을 기회가 찾아왔다.

골뤼민의 소식을 접한 나폴레옹은 나레프 강으로 러시아군을 처넣을 기회가 사라졌다는 사실에 실망을 금치 못했다. 나폴레옹은 러시아군이 함정을 빠져나간 것이 확실해지자, 이튿날부터 군대의 겨울나기를 명령했다.

양측은 모두 자신들의 현 위치에 만족했다. 베닉센은 러시아 황제에게 자신이 푸투스크에서 나폴레옹과 프랑스군 6만 명을 패배시킨 양 보고를 올렸다. 그 결과, 그에게 휘하 병력과 북스게브덴의 병력 모두를 지휘할 권한이 주어졌다. 네 원수의 공격적인 자세만 아니었어도 한동안은 그대로 현상 유지를 할 수 있는 상황이었다. 식량 조달 구역을 넓히고 자신의 군단이 가장 먼저 쾨니히스베르크Königsberg에 입성하기 위한 지점을 점하려던 네는 전선을 돌출시키기 시작했다. 이를 눈치 챈 베닉센은 고립된 프랑스군 군단을 궤멸시킬 완벽한 기회가 왔다고 확신했다. 그는 1807년 1월 10일 부로 동계 전투를 개시했다. 18일, 최초로 네의 병력과 충돌했다. 기병 간의 이 전초전 덕분에 나폴레옹은 러시아군의 움직임을 파악할 수 있게 되었다. 나폴레옹은 남쪽으로부터 제3·4·7군단을 동원해 러시아군을 해안선과 제1·6군단 쪽으로 몰아붙일 계획을 세웠다.

나폴레옹의 작전계획을 가로챈 베닉센이 자신의 위기를 깨달았을 무렵에는 이미 작전이 본격적인 궤도에 올라 있었다. 그는 후퇴 명령을 내려 일단 알렌슈타인Allenstein 부근까지 퇴각한 뒤, 이윽고 아일라우Eylau에 도착했다. 그동안 모룽엔Mohrungen, 베르크프리트Bergfried, 호프에서 격전이 펼쳐졌으나 세 곳 어디에서도 승부는 가려지지 않았고, 러시아군은 후퇴를 계속했다. 2월 7일, 발길을 돌린 러시아군이 술트의 군단에 맞서 아일라우 방어전에 돌입했다. 양측 모두 혹독한 추위를 피해 빈약하나마 바람막이가 되어줄 마을에서 밤을 넘기길 바랐다. 격렬한 전투 끝에 이윽고 술트의 병사들이 하늘을 가려줄 보금자리를 차지했다. 첫날 전투는 다분히 우발적으로 일어났다.

아일라우

2월 8일 아침이 밝을 무렵, 나폴레옹은 베닉센의 6만7,000명에 맞서 4만4,500명의 병력을 거느리고 있었다. 나폴레옹은 빠르게 전진 중인 네의 병력 1만 명과 더불어 다부의 5,500명까지 계산에 넣고 있었다. 그가 가장 바란 것은 적을 고착시켜 아군의 증원대가 양 측면을 공격하는 광경을 보는 것이었다. 러시아인들이라고 멀뚱히 선 채 패배를 맞이할 생각은 없었다. 그들은 100문이 넘는 포로 편성된 거대한 포대로 무시무시한 탄막을 펼치며 선수를 쳤다. 이 포격에 프랑스군 전선의 중앙이 초토화되었다. 프랑스군은 채 절반도 안 되는 수의 포병으로 이에 맞섰지만, 정면에서 휘몰아치는 폭설에 고전을 면치 못했다.

　나폴레옹은 적의 북쪽 측면을 찌르는 술트의 공격으로 다부의 공격이 예정된 남쪽에서 적의 전력을 끌어낼 속셈이었다. 러시아군은 술트의 전진에 빈틈없이 대응했다. 진이 빠진 술트는 이내 주전선의 안전지대까지

■■■■■ 아일라우 전투, 보비네Bovinet 작. 러시아군의 진격이 멎은 지점에 위치한 아일라우의 교회는 지금도 그곳에 있는데, 불경스런 러시아인들은 1960년대에 이를 공장으로 둔갑시켰다. [AKG, London]

되밀렸다. 바로 이 무렵, 프리앙이 이끈 다부의 첫 번째 사단이 전장에 전개했다. 러시아군은 대규모 기병대를 투입해 이들을 공격했다. 이 때문에 프랑스군은 적의 돌격에 저항할 밀집대형을 갖춰야만 했고, 회심의 일격은 기세가 꺾이고 말았다.

나폴레옹은 적의 압력을 덜고자 오제로의 군단에게 러시아군 중앙을 공격하라고 명령했다. 병사들은 휘몰아치는 눈발을 뚫고 60센티미터까지 쌓인 눈을 헤치며 나아갔다. 전진 과정에서 진로를 벗어난 이들은 러시아군의 집중포화에 측면을 드러내고 말았다. 이에 질세라 아군의 포격마저 큰 피해를 불러왔다. 소용돌이치는 폭설에 시야가 가린 포수들은 마지막으로 파악된 러시아군 진영에 사격을 가했고, 오제로의 부하들은 아무것도 모른 채 그곳에 발을 들여놓았던 것이었다. 병사들은 사방에서 가해지는 사격으로 혼란에 휩싸였다. 베닉센은 기회를 놓칠세라 이 불운한 병사

들을 향해 1개 기병사단을 풀었다. 난
데없이 눈 속에서 튀어나온 러시아
기병들은 오제로의 부하들이 미처 방
진을 이루며 대응하기도 전에 이들을
덮쳤다. 이들을 뒤쫓아 초록색 외투
를 걸친 2개 종대의 러시아 보병들이
다가왔다.

첫 번째 패잔병이 주전선으로 도
망쳐온 순간, 나폴레옹은 위기가 닥

▩▩▩▩▩ 아일라우 전투 당시의 기병 돌격. 나폴레옹은 우세한
휘하 기병을 대규모로 투입함으로써 전세를 뒤집었다. (Roger-
Viollet)

아일라우에서 펼쳐진 기마척탄병들의 돌격. 자신의 근위대 가운데서도 가장 뛰어난 연대를 투입했다는 사실은 전투의 흐름을 뒤바꾸려는 나폴레옹의 결의가 어느 정도였는지를 보여준다. (Roger-Viollet)

쳤음을 직감했다. 그는 전세를 되돌리고자 뮈라에게 기병대를 투입하라고 명령했다. 전령이 달려가는 동안, 러시아 보병대가 아일라우 시가지로 들이닥쳤다. 경호를 맡은 기병대대가 적을 향해 돌격할 무렵, 나폴레옹은 포로 신세를 눈앞에 두고 있었다. 프랑스군은 도저히 빠져나갈 수 없는

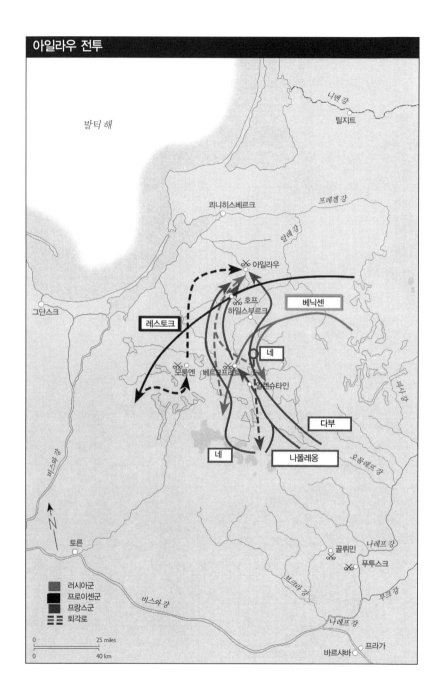

아일라우 전투

발틱 해

니멘 강

틸지트

쾨니히스베르크

프레겔 강

알레 강

아일라우

호프
하일스부르크

베닉센

그단스크

레스토크

네

모룽엔   베르프리트

알렌슈타인

다부

네

나폴레옹

오를레프 강

비스와 강

토른

골뤼민

나레프 강

무투스크

브크라 강

무크 강

나레프 강

	러시아군
	프로이센군
	프랑스군
	퇴각로

0   25 miles
0   40 km

파사 강

비스와 강

바르샤바   프라가

■■■■■■ 아일라우 전투. 전투가 끝난 후 나폴레옹이 전장을 둘러보고 있다. 프랑스군은 일찍이 이런 극심한 추위와 살육은 경험해본 적이 없었다. (AKG, London)

절망적 열세에도 불구하고 근위보병대가 도착해 러시아군을 패퇴시킬 때까지 이 공격을 막아냈다.

뒤이어 사상 최대의 기병 돌격이 펼쳐졌다. 80여 개의 전열 및 근위대 대로 편성된 뮈라의 기병 1만7,000기가 제파공격에 나섰다. 제1파는 러시아 보병을 강타하며 적의 중앙을 갈랐다. 그들은 여기서 수개소의 포대를 유린한 뒤, 제2선에 가로막혔다. 러시아군의 제1선에서 살아남은 병사들은 프랑스 기병대가 지나칠 때까지 그 자리에 드러누웠다. 이들이 통과하자 자리에서 일어난 그들은 기병들의 등 뒤에서 사격을 가했다. 이 같은 행위 때문에 프랑스군은 종종 포로를 잡는 것을 거부했다. 이참에 단단히 복수를 벼른 프랑스군은 러시아 병사들이 자리를 털고 일어나기 무섭게 뮈라의 두 번째 기병 제대로 이들을 타격했다. 이번에는 근위기병대의 차례였다. 배후에서 적을 강타한 그들은 대열 사이를 핏빛으로 수놓았다.

이제 러시아군은 전황을 안정시키기 위해 또 다른 기병대를 투입했다. 이들은 프랑스 기병의 마지막 돌격에 밀려났다. 그러나 러시아 기병대를 패주시킨 뒤 스스로도 적 보병의 방진에 둘러싸이고 있음을 깨달은 뮈라는 적진에서 물러났다. 그의 임무는 완수되었고, 전투는 위기를 넘겼다.

뮈라의 역사적인 돌격으로 기세가 떨어진 다부의 공격이 활로를 찾자, 주도권이 프랑스군에게 넘어왔다. 1시경부터 술트의 제4군단에게서 생일레르 사단을 지원받은 다부가 공격에 나섰다. 공격은 계획대로 진전되어 러시아군의 좌익이 밀리기 시작했다. 아우어슈테트의 영웅들은 또다시 말도 안 되는 승전보를 써내려가는 듯했다. 나폴레옹은 이들의 활약에 따른 후속 조치를 취하면서도 아직까지 네가 전장에 나타나지 않는다는 사실이 꺼림칙했다. 더불어 네의 추격을 받아온 레스토크 휘하의 프로이센군 역시 예측 밖의 변수였다. 밤으로 접어들자 나폴레옹이 우려한 최악의 가능성은 현실로 돌변했다. 난데없이 들이닥친 레스토크의 병력이 다부의 무방비 상태인 측면을 공격했던 것이다. 지친 백전노장들은 몇 곳의 마을로 물러나 시가지를 방패로 삼았다. 프로이센군의 이 같은 공격만 없었더라도 러시아군의 퇴로에 자리 잡은 다부의 진형은 온전히 유지되었을 터였다. 러시아군은 긍지 넘치던 프로이센 육군의 마지막 생존자들 덕에 사지에서 벗어날 수 있었다.

네는 며칠 전부터 레스토크를 추격하고 있었지만, 실상 그가 쫓던 것은 자신을 아일라우의 전장에서 떨어뜨리려 한 후위대에 불과했다. 나폴레옹이 그에게 보낸 명령은 중간에서 사라져버렸다. 행군 도중, 저 멀리서 전투가 벌어지고 있다는 한 하사관의 말이 원수의 주목을 끌었다. 현장으로 행군하기로 결심한 그는 오후 7시 무렵 마침내 전장에 도착했다.

네는 선두부대를 이끌고 공격에 나섰다. 그는 슐로디텐chloditten 마을을 점령했지만, 겨울밤이 깊어가는 가운데 휘하 병력의 소재마저 온전히 파악할 수 없게 되자 이내 마을을 포기했다.

아일라우 전투는 최악의 유혈극이었다. 나폴레옹의 사상자는 2만 5,000명에 달했고, 러시아군의 피해도 이와 엇비슷했다. 이튿날, 탄약과 보급품이 바닥난 베닉센은 자신의 보급선을 따라 후퇴했다. 나폴레옹은 기꺼운 마음으로 그가 사라지는 것을 지켜보았다. 그는 자신의 군대가 겪은 살육에 경악하며 또다시 러시아군과 대적하기 위해서는 재편성이 필요하다는 것을 깨달았다. 그는 동계 주둔지로 물러나 더 많은 증원부대를 전선으로 불러들였다.

양측은 아일라우 전투의 결과를 긍정적으로 활용하고자 했다. 오스트리아는 이에 솔깃해져 또다시 참전을 고려했다. 그러나 칼 대공이 이끈 '화평파' 때문에 그 같은 움직임은 실현되지 않았다. 프란츠 황제는 일단 다음번 대결을 지켜보기로 했다. 나폴레옹은 엘베Elbe 강 동쪽의 모든 영토를 돌려주는 조건으로 프로이센과 단독 강화를 체결하고자 했다. 프로이센의 왕은 당초 이 제안에 마음이 끌렸지만, 이에 반대한 외무상 하르덴베르크Hardenberg가 국왕의 뜻을 꺾었다. 파멸로 가는 전쟁만이 유일한 해결책인 듯했다. 유럽은 초조함 속에서 전투 재개를 고대했다.

양군은 겨울 내내 재편성과 휴식에 전념했다. 1807년 봄에는 작전 2개가 펼쳐졌다. 모르티에 원수는 스웨덴령 포메른Pommern에서 스웨덴군을 포위했다. 그가 병력의 절반을 이끌고 콜베르크를 향해 행군하자, 스웨덴군이 공격에 나서 남은 병력을 격퇴했다. 모르티에는 전열을 재정비하고는 수차례 접전을 펼쳐 스웨덴군을 슈트랄준트까지 밀어붙였다. 마침 영국의 지원마저 끊긴 스웨덴 국왕은 할 만큼 했다는 판단 아래 4월 29일 휴전조약에 서명했다.

3월에는 르페브르가 그단스크를 공략했다. 스페인 밖에서 펼쳐진 것 가운데 가장 치열했다고 할 수 있는 포위전을 겪은 도시는 4월 27일에 백기를 들었다. 남은 것은 이제 콜베르크뿐이었다. 이 도시는 다른 두 곳에 비해 훨씬 효율적으로 공략할 수 있었고, 포위부대도 대부분 2선급 전력이었다.

전선 후방이 정리되자, 나폴레옹은 다음번 공세를 계획할 수 있게 되었다. 공격을 엿새 앞둔 무렵, 휴전을 파기한 스웨덴이 6월 4일을 기해 슈트랄준트 일대에서 적대행위를 재개했다. 이어서 5일에는 베닉센이 먼저 베르나도트의 부대를 공격해 베르나도트에게 부상을 입혔다. 베닉센은 이후 네의 군단에게 시선을 집중했다. 사태를 파악한 후위 전투의 달인, 네는 서서히 러시아군을 끌어들였다. 그 사이 나폴레옹은 다부에게 명령을 내려 남쪽에서 러시아군을 공격하도록 했다. 러시아군이 교묘히 피하는 네에게 피해를 입자, 다부는 공격을 시작했다. 두 손을 든 베닉센은 바그라티온을 후위대로 남겨둔 채 퇴각했다. 영민한 왕자는 다시 한 번 부하들의 능력을 최대한 끌어내며 아군의 주력부대가 이틀에 걸쳐 하일스베르크Heilsberg의 진지까지 퇴각할 수 있도록 기회를 마련했다.

하일스베르크

6월 10일, 나폴레옹 군의 선두를 맡은 뮈라의 부대가 하일스베르크 남쪽 촌락에 도착해 공격에 나섰다. 첫 번째 마을은 점령했지만, 베페어닉Bevernick 마을은 만만치 않았다. 술트의 군단이 전투에 가세했다. 그들은 1개 포대의 야포 36문으로 러시아군의 전위대를 타격하며 바그라티온의 병사들을 후퇴하게 만들었다. 러시아 병사들은 한 뙈기 땅조차 순순히 내주려 하지 않았지만, 이윽고 패퇴해 주전선 후방으로 물러났다. 그곳에는 기병의 지원하에 참호 속에 자리를 튼 러시아군 2개 사단이 버티고 있었다.

프랑스군은 재편성을 마친 뒤, 러시아군의 좌익을 향해 돌진했다. 러시아군의 주진지는 총검 돌격 앞에 굴복했다. 그러나 러시아군은 지원대가 도착하기도 전에 6개 대대를 동원한 반격으로 프랑스군을 되밀어냈다. 같은 시각, 러시아 보병대의 우익으로 향한 프로이센 기병대가 연무를 뚫고 돌격에 나서면서 방심하고 있던 에스파뉴Espagne의 흉갑기병들을 덮쳤다. 기세충천한 프로이센군은 예나에서 진 빚을 고스란히 되갚았다. 상당수 프랑스 기병들은 도망치기도 전에 목숨을 잃었다.

프랑스군은 또다시 진지를 빼앗기 위해 시도했지만, 이번에도 실패했다. 안전한 참호 속에 자리 잡은 러시아 포병대는 전선 전체에 걸쳐 프랑스군을 통타했다. 이윽고 프랑스군은 포대의 사거리 밖으로 피신했다.

해질 무렵, 란은 마지막으로 한번 러시아군의 진형을 무너뜨려보기로 했다. 휘하 사단 가운데 하나인 베르디에Verdier의 부대가 숲의 엄폐물을 벗어나 구보로 러시아군의 전선을 향해 쇄도했다. 처절한 육탄전을 펼친 베르디에의 병사들마저도 전투 초기의 성과를 뒷받침할 지원 병력이 오지 않자, 퇴각을 선택해야만 했다.

하일스베르크 전투는 프랑스군 입장에서 사상자만 8,000명에 달한 무의미한 살육전이었고, 러시아군의 피해는 이보다 조금 적었다. 그러나 이튿날 전선의 다른 측면을 위협받자 참호를 비워주고만 러시아군도 이 전투가 무의미하기는 마찬가지였다. 이 전투는 며칠 뒤 벌어진 사건만 아니었더라도 심각한 정치적 파장을 일으킬 수도 있었다.

6월 11일 정오, 베닉센은 진지를 포기한 채 동쪽으로 퇴각했다. 상대가 마지막 남은 프로이센의 도시 쾨니히스베르크의 사수에 매달릴 것이라고 예상한 나폴레옹은 쾨니히스베르크를 향해 진군했다. 란과 그루쉬

■■■■■■ 하일스베르크 전투. 프로이센 제5후사르연대의 기병들이 제55전열보병연대의 군기를 탈취하고 있다. 크노텔 작. (저자 소장품)

휘하의 기병대를 프리틀란트Friedland로 급파한 그는 6월 13일, 해당 지역에 러시아군의 대병력이 존재한다는 보고를 받았다. 그는 모르티에와 네, 그리고 근위군단에게 란을 지원하라고 명령하며 본대가 도착할 때까지 란이 버텨주기를 빌었다.

프리틀란트

6월 14일, 나폴레옹의 마렝고 전투 승리를 기념하는 이날은 새벽부터 전투가 벌어졌다. 베닉센은 병력 대부분을 알레Alle 강 서쪽 기슭으로 이동시키고 있었다. 그는 나폴레옹의 1개 군단이 고립된 것으로 판단하고는 오스트리아를 전쟁에 끌어들일 승리의 기회가 왔다고 믿었다. 오전 2시, 전선의 양익에서 전투가 시작되었다. 바그라티온은 조르틀락Sortlack 숲에서 우디노의 척탄병 사단 일부를 몰아내고자 했다. 이들 정예 부대는 바그라티온의 강인한 백전노장들에게도 만만한 상대가 아니었다.

전선 북익에서는 우바로프Uvarov 장군 및 근위기병대와 더불어 추가로 지원된 경기병대가 그루쉬 장군의 흉갑병 및 용기병 사단을 공격했다. 사상 최고의 기병 전투 중 하나인 이 전투에서 용맹스런 프랑스 기병대는 오전 내내 두 배에 달하는 상대를 물리쳤다. 러시아군은 지원 보병대를 앞세워 요충지인 하인리히스도르프Heinrichsdorf를 점령했다. 그루쉬는 러시아 보병의 허를 완벽하게 찌른 낭수티Nansouty 휘하 흉갑기병대를 적시에 투입하여 이에 맞섰다. 프랑스 기병들은 바람같이 적진을 갈랐고, 러시아 병사들은 대다수가 제자리에 선 채 칼에 베였다. 란은 자신의 예비 여단을 투입해 피로 물든 하인리히스도르프 시가를 점령했다.

오전 7시가 되자 모르티에의 병력이 도착했다. 전 전선에서 가장 고전 중인 지역에 투입된 그들은 러시아군이 거둔 모든 전과를 무위로 돌려놓았다. 조르틀락 숲은 다섯 번이나 주인이 바뀌었지만, 11시에 이르자 완전히 프랑스군의 손에 넘어갔다. 전투는 9시간째에 접어들었고, 란은 자신의 세 배나 되는 병력을 상대로 전선을 지탱하고 있었다. 베닉센은 온 힘을 다해 프랑스군을 붕괴시키려 했지만, 보다 격렬한 반격에 부딪힐 뿐이었다. 베닉센은 인명피해가 늘어나자, 공격을 중지시켰다. 일부 기록에 따르면, 베닉센은 당시 담석중에 시달리고 있었고, 이로 인해 무기력해진 상태였다. 프랑스군이 전장으로 쏟아져 들어온다는 보고가 꼬리를 물고 러시아군 사령부에 전달되었지만, 변변한 대응은 이뤄지지 않았다.

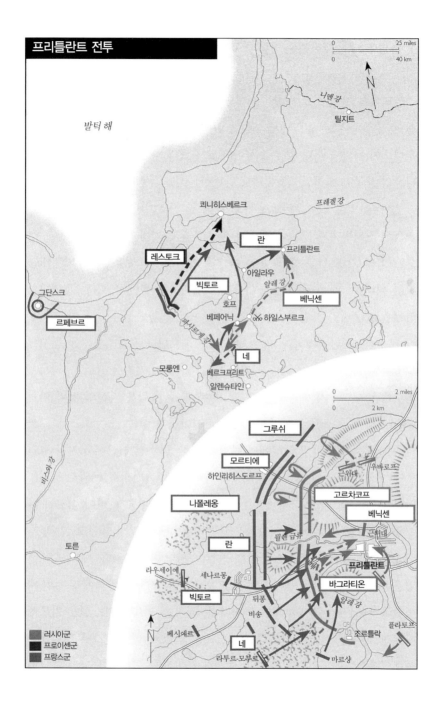

프리틀란트 전투

발틱 해

니멘 강

틸지트

쾨니히스베르크

프레겔 강

란

레스토크

프리틀란트

빅토르

아일라우

알레 강

그단스크

베닝센

르페브르

호프

베페어닉

하일스부르크

네

모룽엔

베르크프리트

알렌슈타인

그루쉬

모르티에

하인리히스도르프

고르차코프

나폴레옹

베닝센

근위대

란

뮐렌 급류

프리틀란트

토른

바그라티온

라운세이에

세나르몽

알레 강

빅토르

뒤퐁

비송

조르틀락

플라토프

러시아군

프로이센군

프랑스군

베시에르

네

마르상

라투르-모부르

나폴레옹은 12시경 전장에 도착해 란과 만났다. 란 원수는 러시아군의 진영이 뮐렌 급류Mülen Fluss라 불린 물살 사나운 개천에 의해 둘로 나뉘어 있음을 보고했다. 더군다나 그들의 퇴로라고는 세 곳의 허술한 다리가 전부였다. 나폴레옹은 눈앞의 행운이 믿기지 않았다. 면밀히 적의 움직임을 살핀 그는 네의 제6군단과 클로드 빅토르Claude Victor의 제1군단, 그리고 근위대 병력을 이동시켜 결정타를 날릴 지점에 배치했다. 오후 5시를 코앞에 두고 나폴레옹의 공격 신호가 떨어졌다. 조르틀락 숲에서 쏟아져 나온 네의 병사들이 바그라티온의 부하들에게 들이닥쳤다. 이 쇠망치질 같은 공격에 강타당한 러시아군은 프리틀란트 시가지로 밀려들어갔다. 바그라티온은 진형을 안정시키려고 마르샹Marchand 사단을 향해 기병대를 출격시켰지만, 이를 내다보고 대기 중이던 라투르-모부르Latour-Maubourg 장군이 이들의 측면을 타격했다.

네의 병사들은 기세를 늦출 줄 몰랐지만, 곧 정면의 프리틀란트와 강 건너편에서 날아오는 십자포화 속에 그만 발을 들여놓고 말았다. 이 타격으로 주춤해진 그들을 향해 이번에는 러시아군의 기병 예비대가 달려들었다. 대다수 연대가 전열을 무너뜨린 채 줄행랑을 쳤다. 러시아 기병들은 급격히 좁아지던 전선 중앙의 후방으로 되돌아갔다. 네는 말 위에 올라 전장을 누비며 부하들을 불러 모은 뒤, 최후의 일격을 벼르며 전열을 재정비했다.

이 같은 일이 벌어지는 사이, 빅토르 군단의 제1사단을 이끌고 나간 뒤퐁은 밀집한 러시아 병사들에게 매서운 포화를 퍼붓고 있었다. 빅토르의 포병 담당관이자 30문의 포와 동행한 세나르몽Senarmont 장군이 그를 지원했다. 밀집대형의 러시아 보병대에게 산탄 사정거리까지 다가간 세나르몽은 이 불운한 병사들에게 숨 돌릴 틈 없이 일제사격을 가했다. 연무와 혼란 속에서 너무도 용의주도하게 도살당한 병사들은 이 시련의 원인

조차 파악할 수 없었다. 수천 명이 그 자리에서 목숨을 잃었다.

　나폴레옹은 이제 곡사포 포대를 집결시켜 프리틀란트의 다리와 시가지로 포탄을 쏘아 올렸다. 모든 것이 이내 불길에 휩싸이며 다양한 강도의 파괴를 경험했다. 베닉센은 이곳으로 자신의 마지막 예비대인 황실근위대를 투입했다. 세나르몽은 포신을 돌려 삽시간에 근위기병대를 격퇴시켰다. 근위보병대는 이에 아랑곳하지 않고 전진을 계속하며 지척에서 뒤퐁의 병사들이 선사한 일제사격의 화염 세례를 받았다. 러시아 황제의 거구들도 이에 질세라 사격을 가했지만, 이보다 더한 역경도 이겨낸 뒤퐁의 부하들은 총격전으로 상대를 소모시키자마자 총검을 들이민 채 돌격에 나섰다. 자신들의 명성에도 전혀 기죽거나 겁먹은 기색 없이 달려드는 이들의 모습에 동요한 근위대는 전열을 무너뜨린 채 병력

■■■■■ 프리틀란트 전투에서 돌격에 나선 제4후사르연대. 후사르들은 어느 나라 군대에서나 자신들이 최정예 기병 대접을 받는 이유로 자신감 넘치는 당당한 자세를 꼽았다. 비평자들은 그러한 자세가 전장 밖에서나 빛났지 막상 전장에서는 신통치 않았다며 그들을 깎아내렸다. (Roger-Viollet)

으로 가득한 시가지를 향해 내달렸다.

그 순간 진격을 재개한 네의 부하들이 알레 강을 등지고 선 러시아 황제의 병사들에게 들이닥쳤다. 많은 러시아 병사들이 적개심에 가득 찬 프랑스 병사들을 피하고자 강물로 뛰어들었다. 공포에 질린 베닉센의 병사들을 가운데 항복하지 않은 이들의 상당수가 학살당하거나 물에 빠져 죽었다.

북쪽에서는 러시아군의 잔존 병력을 노린 란과 모르티에의 진격이 시작되었다. 강을 등진 고르차코프Gortschakoff 장군의 병사들은 절박함이 극에 달해 광적으로 저항을 멈추지 않았다. 여울목을 우연히 발견하고 그루쉬의 기병대가 탈진해 무기력하지 않았더라면 그 결과는 프리틀란트에서와 다를 바 없었을 것이다. 결국 절반에 조금 못 미치는 고르차코프의 병력은 이튿날 재집결에 성공할 수 있었다.

프리틀란트 전투의 승리는 나폴레옹의 승리를 통틀어서 가장 완벽한 승리였

■■■■■ 프리틀란트 전장에 선 나폴레옹, 베르네 작. 이번에는 아일라우 때와 달리 나폴레옹이 벼르던 결정적인 승부가 펼쳐졌다. (AKG, London)

다. 나폴레옹의 피해는 1만 명이었던 데 반해, 러시아군의 피해는 거의 4만 명에 이르렀다. 베닉센에게 남겨진 알렉산드르 1세의 군대는 잔해에 불과했다. 닷새 뒤, 알렉산드르 1세는 최종적인 강화조약 체결에 앞서 휴전을 요청했다.

1807년 틸지트 조약

6월 25일, 러시아 황제는 틸지트에서 나폴레옹을 만나 강화조약과 유럽의 분할을 논의했다. 프로이센은 초기 교섭에서 제외되었다.

회담은 니멘Niemen 강 위의 수상 구조물에서 진행되었다. 나폴레옹은 개인적으로 알렉산드르 1세에게 헤아릴 수 없이 깊은 인상을 심어줬다. 그는 패배한 적에게 관대했고, 조약 또한 프리틀란트에서처럼 치명적 패배를 겪은 뒤라고는 보기 힘들 만큼 기대 이상의 것들을 허락했다. 강화조약의 조항은 프랑스와 그 동맹이 획득한 모든 영토의 인정, 작센 왕의 보호하에 있는 바르샤바 공국의 형태로 폴란드 재건, 프랑스와 러시아의 동맹 결성, 구프로이센 영토인 비알리스톡Bialystock을 러시아에 할양 등으로 이루어져 있었다. 나폴레옹은 터키를 저버리고 러시아가 자신의 옛 동맹으로부터 도나우 강 연안 지역을 빼앗을 권리를 인정했다. 강화조약은 러시아와 프로이센을 상대로 각각 7월 9일과 7월 12일에 체결되었다.

수많은 책들이 터키에 대한 나폴레옹의 야박한 태도를 비판하고 있지만, 이러한 비판은 그보다 한 달 앞서 허수아비 통치자 무스타파Mustapha를 앞세워 권력 찬탈을 노린 자니사리Janissary 경호대가 술탄 셀림 3세를 살해한 사실을 간과하고 있다. 셀림 3세는 나폴레옹의 친구였고, 그의 죽음 역시 그가 프랑스 고문관들의 권고에 따라 추진하던 근대화 개혁에 기인한

■■■■■■ 틸지트를 지나는 니멘 강의 수상 구조물 위에서 만난 두 황제는 이제 공인된 동맹으로서 세계 지배에 관한 문제들을 협의했다. [Hulton Getty]

바가 컸던 만큼 나폴레옹이 무스타파를 신뢰할 이유는 거의 없었다.

프로이센은 수모를 겪었다. 그들은 엘베 강 동쪽의 모든 영토와 자신들이 점유한 폴란드 지방들을 잃고 말았다. 나아가 자유도시로 선포된 그단스크에는 프랑스군이 주둔하게 되었다. 아름다운 루이제 왕비는 나폴레옹을 상대로 자신의 매력을 이용해 이러한 조건들을 완화시켜보려 했지만, 헛수고였다.

스웨덴은 영국으로부터 지원을 보장받고 있었다. 그러나 막상 지원이

■■■■■■ 틸지트에서 러시아 근위대를 사열하는 나폴레옹, 드브레Debret 작. 새로운 동맹관계는 심지어 옛 적들
에게도 포상하는 장면까지 연출했지만, 새로운 우호관계의 수명은 그리 길지 못했다. (AKG, London)

라고 그들에게 주어진 것은 프리틀란트 전투의 승리로 넘쳐나는 적의 전력을 상대하기에는 너무도 보잘것없는 수준이었다. 다른 곳에 꿍꿍이가 있던 영국은 스웨덴에서 발을 빼며 이 불운한 왕국이 홀로 막강한 프랑스를 상대하도록 방치했다. 러시아 황제 알렉산드르 1세가 스웨덴을 포기하자, 나폴레옹은 그가 스웨덴에게서 핀란드를 뺏는 것을 허락했다. 알렉산드르 1세는 이것을 흔쾌히 받아들였다.

어느 군인의 초상
프랑스 원수 장 란

장 란은 정서불안에 투박하고 무뚝뚝한 데다가 무모한 면이 없지 않았지만, 나폴레옹의 원수들 중에서 가장 위대한 원수라고 할 수 있었다.

초년기

장 란은 프랑스 렉투르^{Lectoure}에서 1769년 4월 10일 나폴레옹보다 네 달 먼저 세상에 태어났다. 농부 집안의 아들인 란의 기초 교육을 맡은 것은 성직자인 형이었다. 염색업자의 도제가 된 그는 1792년에 기꺼운 마음으로 그 지방의 의용 연대에 입대했다.

그는 군생활의 초년기를 피레네^{Pyrenees} 전선에서 스페인군에 맞서 싸우며 보냈다. 그곳에서 고속 승진을 거듭한 그는 불과 1년 만에 대령의 자리에 오르게 되었다. 이 같은 그의 초기 군 경력에서 주목해야 할 것은 그의 끊임없는 용감한 행동이었다. 1795년, 스페인과의 전쟁이 진정 기미를 보이자, 란은 훗날 원수가 될 피에르 오제로 장군 휘하로 전속되었다. 그는 이번에도 탁월한 활약을 펼치며 상관의 주목을 받았다. 이리하여 둘 사이에는 우정이 싹텄고, 이 관계는 란의 일생 동안 지속되었다.

▪▪▪▪▪ 장 란. 세련된 전술적 기량에 경이로운 용기까지 갖춘 그는 전장에서 보여준 무용을 바탕으로 나폴레옹과 허물없이 대할 수 있었던 흔치 않은 인물이었다. (Ann Ronan Picture Library)

　오제로의 사단이 이탈리아로 전출되자, 란은 1796년 3월부터 이탈리아 전선을 맡게 된 나폴레옹의 휘하에 있게 되었다. 나폴레옹은 데고Dego 전투* 당시 란이 결정적인 총검 돌격을 이끈 것을 계기로 그를 주목하기 시작했다. 정예 척탄병 부대의 지휘관으로 승진한 란은 로디Lodi 전투**에서 나폴레옹의 명성을 한층 불멸에 가깝게 만든 교량 강습을 이끌며 다시

---

* 데고 전투 프랑스 혁명 전쟁 중 1796년 4월 14일~15일 동안 북부 이탈리아 작은 마을 데고 근처에서 프랑스군과 오스트리아-사르데냐 연합군이 맞붙은 전투로, 전투 결과 프랑스군의 승리로 끝났다.
** 로디 전투 1796년 5월 10일 나폴레옹이 이끄는 프랑스군이 이탈리아의 밀라노Milano 남동쪽 31킬로미터 지점에 있는 아다 강의 로디 다리에서 장 피에르 볼리외가 이끄는 오스트리아군 일부와 싸운 전투다. 나폴레옹의 제1차 이탈리아 원정 때 벌어진 세 번째 전투이기도 하다. 전투의 규모는 작았으나, 이 전투에서 나폴레옹이 보여준 행동에 병사들은 그에게 '꼬마하사관'이라는 별명을 지어주었다.

한 번 자신의 용기를 과시했다.

그가 바사노^{Bassano}에서 이에 못지않은 활약을 펼치다 부상을 당하자, 나폴레옹은 그를 장군으로 승진시켰다. 요양 중이던 그는 칼디에로에서의 패전 소식을 듣자, 전선으로 이동했다. 아르콜라^{Arcola}에서 측면 공격을 위해 재편성 중이던 나폴레옹을 찾아낸 란은 또다시 지휘에 임했다. 이번에도 두 번이나 부상을 당한 그는 아군의 패전보가 꼬리를 물자, 후송용 마차에서 뛰어내렸다. 그가 전선에 도착했을 때는 아르콜라 다리 강습의 실패로 빚어진 혼란 속에서 나폴레옹마저 가파른 강둑 아래로 내동댕이쳐지려던 찰나였다. 전열을 수습한 란은 마을을 점령하는 돌격을 이끎으로써 포로가 되거나 목숨을 잃을 뻔한 나폴레옹을 구해냈다. 그는 이 같은 활약으로 미래의 황제로부터 끝없는 총애를 받았다.

이탈리아 전투의 남은 기간 내내 란은 제노바와 교황령으로 파견되어 외교 업무를 수행했다. 두 곳 모두에서 특유의 퉁명함으로 상대 외교관들을 충격에 몰아넣기도 했지만, 그가 가져온 결과만큼은 기대에 부응했다.

나폴레옹이 이집트 원정을 이끌었을 때, 란은 그를 따라갔다. 알렉산드리아에서의 승전 이후, 카이로^{Cairo} 입성이 실현되었다. 뮈라는 군대의 처지와 나폴레옹의 실수를 놓고 통렬히 불만을 터뜨렸다. 이 같은 불평이 나폴레옹의 귀에까지 들어가자, 그는 란을 모함했다. 이로 인해 두 사람은 죽을 때까지 서로 반목하게 된다.

란은 이집트 원정 기간 내내 영광의 길을 걸었다. 그는 성벽을 향한 돌격을 이끈 아크레에서 유일한 실패를 경험했다. 목에 관통상을 입은 그는 거의 목숨을 잃을 뻔했다. 다행히도 부하 장교 한 사람이 그를 안전지대까지 끌고 나왔다. 그는 회복 속도가 더뎠던 탓에 아부키르 전투에서 터키군 진영을 점령하기 전까지는 아무런 활약을 보여주지 못했다. 그가 아내의 사생아 출산 소식을 접한 것은 그러한 승리를 거둔 직후였다. 이 일로 인해 그렇잖아도 정서불안이던 그의 마음은 더욱더 울적해졌다.

　나폴레옹의 최측근 중 하나가 된 만큼 그가 나폴레옹을 따라 프랑스로 되돌아간 소수에 속했다는 사실은 그리 놀라운 일이 아니었다. 그는 나폴레옹이 프랑스 정부를 장악하게 된 브뤼메르 쿠데타에서 작지만 중요한 역할을 했다. 이 사건에 이어 란은 아내와 이혼한 뒤 군대로 돌아갈 채비를 마쳤다. 나폴레옹은 1800년의 전투에서 전쟁 종식과 이탈리아 탈환에 총력을 기울였다. 란에게는 선봉부대의 지휘라는 요직이 맡겨졌다. 생베르나르St. Bernard 고개에서 알프스를 넘은 란의 부대는 아오스타Aosta 계곡으로 밀고 들어갔다. 몇 차례 성공적인 전초전을 치른 란은 대담하게도 어둠을 틈타 부하들을 이끌고 철저히 봉쇄된 바르드Bard 요새의 전면을 통과했다. 란은 치우셀라Chiusella의 요충지를 공략할 때 몸소 돌격대를 인솔하기도 했다. 이로써 연락선이 개통되어 부하들에게 보급을 다시 할 수 있게 되었다. 부대는 그의 지휘 아래 고속 행군을 거듭해 파비아Pavia 시가지를 점령했다. 남쪽으로 방향을 튼 그는 스트라델라Stradella에서 오스트리아군을 격퇴했다.

　이제 그는 오스트리아군을 우회해 서쪽으로 돌아섬으로써 또다시 본대와 합류하고자 했다. 카스테지오Casteggio 시가로 접근하던 그는 배후의 고지대에 자신의 두 배나 되는 적군이 도사리고 있음을 발견했다. 부하들을 신뢰한 란은 언덕을 향해 공격을 감행했다. 필사적인 격투로 오스트리아군이 밀려났지만, 이들의 전력은 몬테벨로Montebello에서 달려온 증원 병력에 의해 곱절로 불어나 있었다. 전황이 위태로워지자, 란은 전장을 누비며 부하들을 격려함으로써 어떻게든 전선을 지탱해보고자 했다. 궤멸을 눈앞에 둔 란은 행군 일정을 앞당겨 서둘러 달려온 빅토르의 사단에게 구조되었다. 그들은 하얀 군복의 오스트리아 보병들을 몬테벨로 시가지까지 격퇴했다.

1시간 동안 숨을 돌린 그는 부하들을 전진시키며 다시 한 번 양쪽에서 마을을 포위하기로 했다. 몬테벨로가 갖는 감제고지로서의 이점에도 불구하고 프랑스군을 멈춰 세울 것은 아무것도 없었다. 깎아지른 경사지로 이뤄진 지형 탓에 퇴각하는 오스트리아군은 온전한 퇴로도 없이 덜미를 잡히고 말았다. 란은 두 배에 달하는 적을 상대로 자신을 대표할 승리를 일궈냈다. 이 공로로 1808년에 그에게 몬테벨로 공작의 작위가 내려졌다.

그는 그로부터 5일 뒤 마렝고 평원에서 펼쳐진 생사를 건 전투로 인해 충분한 휴식을 취할 수 없었다. 당시 그의 부대는 근 하루 동안이나 완강히 저항했지만, 결국에는 진지를 포기해야 했다. 이윽고 새로운 병력이 전장에 나타나자, 나폴레옹은 총반격을 명령했고, 이로써 전투의 승기와 이탈리아의 지배권을 그의 손아귀에 쥘 수 있었다.

나폴레옹은 이탈리아 전투의 종결과 함께 그를 근위대장에 임명함으로써 란의 공로를 치하했다. 란은 근위대 예산 가운데 30만 프랑을 부하들의 처우 개선에 유용함으로써 취임 직후부터 화를 자초했다. 베시에르 장군이 이를 눈치 채고 자신과 가까운 뮈라에게 말했던 것이다. 란에게 앙심을 품고 있던 뮈라는 수석 집정관 나폴레옹에게 이를 보고했다. 단단히 화가 난 나폴레옹은 자기 친구인 란에게 사재를 털어 공금을 채워넣지 않으면 군사 재판정에 서야 할 것이라고 말했다. 란이 그 같은 곤경에서 헤어나도록 돈을 꿔준 사람은 그의 오랜 친구인 오제로였다. 란은 근위대 장직에서 밀려났지만, 곧 포르투갈을 무대로 중요한 외교 임무를 맡게 되었다. 재혼한 란은 파리를 떠나 남쪽으로 향했다.

란은 포르투갈에서 수많은 무역 특혜를 얻어내는 한편, 뇌물이나 선물을 통해 오제로에게 빌린 돈을 갚기에 충분한 재산을 모았다. 란은 성공을 구가한 자신의 군 경력 덕분에 1804년에 임명된 18인의 제국 원수* 가운데 한 명이 되었다. 파리로 불려온 그는 불로뉴의 주둔지에서 새로

창설된 제5군단의 지휘권을 인수하기에 앞서 나폴레옹의 대관식에 참석했다.

나폴레옹 전쟁 시기의 란

지금까지 우리는 1805년부터 1807년까지 이어진 전쟁의 서장에 앞서 란이 걸어온 길을 살펴보았다. 란의 제5군단은 거의 언제나 대육군의 선봉을 전담하다시피 했다.

란은 말을 가릴 줄 모르는 성격인 데다가 부당한 대우를 받았다고 여길 경우 이성을 잃곤 했지만, 필요하다면 이를 극복할 줄도 아는 인물이었다. 뮈라와는 그토록 앙숙이었지만, 그가 베르팅엔에서 오스트리아군을 함정으로 몰아넣자 최선을 다해 그를 지원한 바 있었다. 빈을 목전에둔 뮈라가 엉뚱한 길로 접어든 탓에 도나우 강의 다리를 탈취해야 했을때도 란은 그와 함께 다리 위의 오스트리아 초병들을 압도하며 교묘한 속임수를 구사했다. 초병들이 속임수를 깨달았을 무렵에는 이미 프랑스 척탄병들이 진지의 코앞에 들이닥친 뒤였다. 그와 같은 고위직에 있는 장교들이 최전선에서 특공작전을 지휘하는 경우는 좀처럼 찾아보기 힘든 일이었다. 역으로 뮈라가 거짓 휴전 소식에 농락당하자, 란은 쇤그라베른에서 바그라티온의 후위대를 궤멸시킬 수 있는 일조 시간을 놓치고 말았다.

란은 아우스터리츠 전투에 앞서 자신으로 하여금 나폴레옹의 계획에이의를 제기하도록 하곤 막상 싸늘한 반응이 돌아오자 뒤로 숨어버린 술트와도 사이가 틀어졌다. 전선의 북익에서 달갑지 않은 뮈라의 통제하에

---

* **제국 원수** 당시의 원수는 계급이 아닌 별 7개짜리 명예 칭호였다.

격전을 치른 란은 승전보에 묘사된 자신의 전공이 혐오스런 술트만도 못하게 과소평가되었다고 여겼다. 란은 군대를 뛰쳐나갔고, 누구도 선뜻 그를 다독여 복귀시킬 엄두를 내지 못했다.

'올빼미^{AWOL}*' 원수는 1806년 10월 7일, 전쟁이 선포된 그 날짜로 프로이센 국경에 있는 자신의 군단과 합류했다. 사흘 뒤, 잘펠트에서 루드비히 왕자의 군단을 격파한 그는 프랑스군의 연승 행진을 이끌었다. 프랑스군은 불과 172명의 사상자가 발생한 반면, 적은 지휘관을 비롯한 900명의 프로이센군 및 작센군이 죽고 1,800명이 포로로 잡혔으며, 뛰어난 병사 6,000명이 전열을 이탈했던 것이다. 승패를 가른 것은 지휘부의 역량과 훈련이었다.

란은 가장 먼저 예나의 가파른 언덕을 올랐고, 10월 13일 전투에서 프랑스 육군이 또 한 번의 대승을 거둘 때까지 하루 종일 전장의 최일선을 지켜냈다. 그의 군단은 수면과 휴식조차 잊은 채 달아나는 프로이센 패잔병들을 소탕했다. 실제로 란의 추격은 다가오는 겨울과 진창, 추위 탓에 진군 속도가 떨어진 제5군단의 상태에도 불구하고 폴란드 영토까지 이어졌다. 결국, 그를 멈춰 세우기 위해 러시아군은 푸투스크에서 전 병력을 동원했지만, 이 혈투에서조차 어떻게든 적진을 뚫고 나가려는 그의 고집은 꺾을 수 없었다. 이윽고 감당할 수 없는 지경까지 자신을 혹사시킨 그는 병가를 얻어 바르샤바로 물러난 뒤, 건강을 되찾을 때까지 아내의 보살핌을 받았다. 앙숙들의 음해에 대한 자신의 편집증이 낳은 우울증에도 불구하고 아내의 지극한 간병 덕분에 봄이 되자 그의 상태도 최상으로 돌아왔다. 프리틀란트에서 계획대로 노련하게 러시아군을 고착시킨 그는

---

* 'absent without leave', 즉 무단이탈의 약어 'AWOL'이 올빼미, 'owl'과 비슷하게 발음되는 데서 유래한 표현이다.

나폴레옹이 충분한 병력을 이동시켜 결정적인 일격을 가할 수 있도록 했다. 란은 결정적인 순간에 앞장서서 자신의 군단을 이끌었고, 전투는 또 한 번의 영광스런 승리로 막을 내렸다.

이번에는 란도 자신의 몫으로 돌려진 찬사와 포상에 만족했으며, 몇 달 동안 프랑스에서 가족과 단란한 시간을 보낼 수 있었다. 수준 낮은 장군들이 초래한 스페인 전선의 피해 복구에 최고의 장수가 필요해지면서 그는 또다시 전장으로 불려 나갔다. 란은 짐을 챙길 시간조차 없이 문자 그대로 프랑스에서 자신의 새 사령부까지 한달음에 말을 달려야만 했다. 1808년 11월 23일, 그는 도착한 지 며칠 만에 부대를 이끌고 투델라^{Tudela} 전투를 개시했다. 전열을 정비하지 못한 채 지나치게 분산되어 있던 스페인군을 덮친 그는 당황한 한쪽이 지켜만 보는 사이 다른 한쪽을 공격할 수 있었다. 란이 남은 한쪽에게 주의를 돌리자, 그들은 줄행랑을 쳤다. 사라고사^{Zaragoza}로 이동한 란은 광적인 저항과 사기 낮은 병사들로 인해 큰 대가를 치르며 어설프게 치러진 수차례의 공성전을 지휘해야만 했다. 란은 여러 악조건에도 불구하고 힘겹기 그지없는 결연한 적과의 시가전에서 공격의 활력을 불어넣었다.

승리는 거머쥐었지만, 지키는 자나 공격하는 자 모두 끔찍한 대가를 치러야 했다. 그는 어려운 임무를 훌륭히 완수했지만, 그 무렵 그는 전쟁에 지친 우울한 상태였다고 그를 본 사람들은 말했다. 그는 도나우 강 전선에서 들려온 소식에 또다시 고무되었다. 경애하는 사령관 나폴레옹을 모실 기회가 사라질세라 또다시 유럽의 끝에서 끝으로 말을 달린 란은 때를 놓치지 않으려 했다. 그는 스페인에서 명성을 드높이고 떠난 몇 안 되는 지휘관 중 한 명이었다.

1809년, 그는 또다시 오스트리아인들을 상대로 싸우면서 영웅적 행위와 또 다른 승리로 자신의 군 경력을 전설의 경지에 올려놓았다. 라티스

■■■■■■ 1809년 레겐스부르크 전장에서 활약한 란. 란은 레겐스부르크의 성벽을 장악하려던 수차례의 시도가 실패로 돌아가자 스스로 사다리를 움켜쥐었다. 그는 부하들을 향해 "이 몸도 원수이기 이전에는 일개 척탄병이 었노라"고 외치며 성벽을 향해 돌진했다. 부하들은 그를 따라 달려 나왔고, 도시는 곧 함락되었다. [Ann Rona Picture Library]

본Ratisbon(오늘날의 레겐스부르크Regensburg)의 성벽에 막혀 머뭇거리던 부하들을 본 그는 사다리를 거머쥔 채 몸소 장벽을 타올랐다. 진두지휘는 군인인 그의 미덕 가운데 하나였다. 5월, 에슬링Essling 주변에서 집요한 방어전을 이끌던 란은 치명상으로 그 같은 미덕의 대가를 치렀다.

　　란은 나폴레옹에게 허물없이 의견을 얘기할 수 있는 몇 안 되는 인물 가운데 하나였으며, 나폴레옹에 대한 자신의 존경심도 정직한 비판을 막을 수는 없다고 여겼다. 나폴레옹은 끝내 그를 대신할 인물을 찾지 못했다. 란은 단 한 번의 패배도 없이 기대 이상의 승리를 기록한 채 죽음을 맞이했다. 그의 전공은 홀로 개선문을 장식하기에도 모자라지 않을 정도였다. 그는 용감하지만 무식한 척탄병에서 인품과 군사적 재능 모두 높이

평가되는 인물로 발돋음했다. 그의 성장은 나폴레옹이 "처음 봤을 때는
난쟁이였는데 죽을 때는 거인이 되어 있었다"라는 말로 그를 기릴 정도
로 눈부신 것이었다.

어느 종군 악사의 초상
필립-르네 지롤

초년기

필립-르네 지롤^{Philippe-René Girault}은 1805년에 대육군이 동쪽으로 진군할 무렵, 이미 어엿한 고참병이었다. 1791년, 그는 15세로 추정되는 나이에 군악대원으로 입대했다. 발미와 라인 강 일대의 전투에 참전한 그는 곤궁함을 이겨내며 모험을 즐겼다. 그는 호헨린덴 전투 당시 손꼽히는 제5후사르연대의 군악대에 속해 있었지만, 곧 새로운 규정이 등장해 기병대에서 군악대가 사라지고 말았다. 악사들은 군악대에 대한 지휘관과 장교들의 호응도에 따라 연대를 옮겨 다녔으며, 개별 계약자들처럼 어느 정도 자유를 누렸다. 후사르연대의 주둔지에서 쫓겨난 지롤은 제93전열보병연대로 불리게 될 연대로 흘러 들어갔다.

제93전열보병연대는 주목받는 부대가 아니었지만, 주둔지의 지역민들에게 좋은 인상을 주고자 훌륭한 악대를 찾고 있었다. 프랑스 남서부의 라로셸La Rochelle과 일드레Île de Ré에 주둔한 제93전열보병연대는 많은 이들이 열병으로 죽어나간 탓에 기피되던 근무지인 산도밍고San Domingo로 보낼 징집병을 모으고 있었다. 일드레도 열병 환자가 많이 발생했기 때문에 사정이 더 낫다고 할 수는 없었다. 지롤 역시 목숨을 잃을 뻔했지만, 자신을 돌봐주다가 결혼하게 된 소녀 덕분에 고비를 넘길 수 있었다.

나폴레옹 전쟁기

지롤과 아내 뤼실Lucile, 그리고 제93전열보병연대는 1805년에 접어들자, 마세나의 증원대로 이탈리아 전선에 파견되었다. 미숙한 제93전열보병연대는 전투에 동원된 적이 없었지만, 어찌 되었든 나폴레옹에게는 아우스터리츠 전투와 예나 전투 이후 전력의 공백을 메우는 데 그들이 필요했다. 1806년 11월, 제93전열보병연대에게 티롤 지방의 산들을 넘어 독일로 이동하라는 명령이 내려졌다. 눈이 너무 깊게 쌓인 나머지 다부지지만 아담했던 지롤의 아내는 허벅지까지 눈에 빠져 걷지 못하자, 어느 장교 부인의 마차를 얻어 타야 했다. 부부는 붐비는 산중 여관으로 비집고 들어갔지만, 저녁식사에 마실 와인을 살 돈이 없었다. 마침 그곳에 나타난 여단장 한 사람이 부부와 저녁식사를 나눠먹는 조건으로 흔쾌히 와인 문제를 해결해주었다. 지롤은 쾌재를 불렀다. 그의 계산에 따르면, 고작 12수sou짜리 식사로 6프랑도 넘는 와인을 마실 수 있었던 것이다.

곧이어 바이에른에 닿은 그들은 그곳에서 아우그스부르크에 동계 주둔지를 마련했다. 지롤이 시내에 머물던 연대장에게 도착을 보고할 무렵, 전령이 들어와 칸티니에르의 마차를 타고 연대를 따라오던 그의 아내가 놀란 말이 강물로 뛰어들면서 도나우 강에 빠졌음을 알렸다. 현장으로 내달리던 그는 도시의 성문으로 실려 오는 아내의 모습을 보고 안도했다. 용감하게도 대열의 후위를 맡은 곡예병(산병전에 특화된 경보병의 일종) 가운데 하나가 물 속으로 뛰어들어 그녀를 건져냈던 것이다.

비방디에르라고도 불린 칸티니에르는 병사의 부인이나 애인들로서, 연대가 승인한 상인이었다. 특히 외상 기간을 늘려주거나 전장에 있는 연대에게 용감하게 브랜디를 전해줄 정도로 용감한 칸티니에르는 아주 인기가 있었다. 대포와 머스킷의 탄환이 빗발치는 속에서 다치거나 목숨을 잃는 칸티니에르들이 있는가 하면, 전장에서 자신들의 의무라고 여기며 전투 중에 술을 공짜로 돌리는 이들도 있었다. 그러나 뤼실과 같은 마차에 타고 있던 칸티니에르는 인기가 별로 없었던 것으로 보아 그런 부류가 아니었던 것이 분명했다. 아마 외상 기간을 늘려주지 않았거나, 외상 단골들을 닦달했거나, 아니면 그녀의 후견인이 너무 거칠었기 때문이었을 것이다. 이유야 어찌 되었든 병사들 가운데 누구도 구하려 나서지 않는 가운데 그녀를 건져 올린 것은 어느 바이에른 사람이었다.

병사들에게는 바이에른이나 오스트리아에서 전쟁을 할 때만큼 행복할 때가 없었다. 그곳은 군량이 넉넉하게 지급될 때조차도 약탈이 용납된 비옥한 전원지대였다. 한 장교의 추산에 따르면, 부대가 숙영지를 뜰 때마다 보름은 버틸 만큼의 식량이 남아돌 정도였다. 병사들은 자신들이 그 지역을 '깡그리' 비울 때쯤 보급부대가 도착하리라고 예상했다. 징발된 숙소의 민간인들은 오래지 않아 자신들의 손님인 병사들에게 최선을 다하지 않으면 그들이 필요한 것을 챙기는 정도를 넘어 그 10배에 해당하는 물품을 낭비하고 폐를 끼친다는 사실을 깨달았다. 당연히 이 같은 행동은 지역민들과의 우호관계 형성을 가로막았다. 약탈 행위는 동프로이센이나 폴란드처럼 보다 궁핍한 동쪽 나라들로 갈수록 재미가 떨어졌다.

군대는 행군이 끝날 때면 불을 지피고 야전취사용 솥에 물을 끓이고 임시변통으로 거처를 마련했다. 천막은 군대의 행군 속도를 늦추는 물건이었기 때문에, 이들은 천막을 가지고 다니지 않았다. 나폴레옹 군대는 고된 행군으로 유명했는데, 지휘관들을 신뢰한 병사들은 결과적으로 사상자를 줄이게 될 고된 행군을 묵묵히 받아들였다. 백전노장 마세나 원수는 나뭇가지, 지푸라기, 잎사귀, 그리고 그 밖에 무엇으로든 마술처럼 쉼터를 만들어내는 재주로 존경을 받기도 했다. 한편에서는 약탈조가 동료들을 위한 음식과 땔감을 마련해 돌아왔다.

그러나 신병들은 너무 지친 나머지 숙영지에 닿자마자 그 자리에 쓰러지기 일쑤였고, 누군가 돌봐주는 이가 없는 경우에는 따뜻한 보살핌과 음식, 그리고 제대로 된 거처 없이 이튿날 일어나 또다시 행군에 나서야 한다는 사실을 깨닫곤 했다. 이런 상태가 며칠 동안 이어진 신병들은 건강을 해치거나 탈진해 낙오자가 되었고, 그 중 많은 이들이 뒤에 남겨진 채 영영 종적을 감추기도 했다. 이처럼 신속하되 거친 전행 수행 방식은 지금까지 겪은 것 가운데 최악인 폴란드의 추위와 진창 탓에 그 한계를 드러내고야 말았다. 병사들의 사기가 떨어졌고, 비전투 손실이 급증했다. 그러나 아일라우 전투 후, 나폴레옹은 병사들을 동계 진지로 후퇴시키며 군대의 재건에 나섰다.

손실을 메우고 대육군의 전력을 증강시키기 위해 후방 부대들을 동원했다. 이 와중에 제93전열보병연대 같은 2선급 부대들도 전선으로 파견되었다. 1807년 봄, 베를린으로 행군한 제93전열보병연대는 반년이나 지났는데도 여전히 참혹한 모습을 간직하고 있는 예나의 전장에 충격을 받았다. 당분간 베를린에 주둔하기로 한 제93전열보병연대는 편안한 숙소에 묵으며 관광까지 다니는 여유를 누렸다. 지롤은 프리드리히 대왕의 왕궁을 보러 갔다. 이어서 슈테틴의 동계 주둔지로 이동한 그들은 이번에도 훌륭한 숙소를 마련했다.

일반적으로 전쟁 중 이만한 쾌적함을 누릴 수 있었던 부대는 거의 없었지만, 프랑스 병사들은 여유만 주어진다면 언제나 편안한 안식처를 꾸미는 능력으로 정평이 나 있었다. 그보다 동쪽에서는 대육군이 틸지트 인근의 황야에 목재와 지푸라기, 그리고 캔버스 천으로 건설한 군사 도시들이 생겨났다. 이러한 마을의 거리들은 안락한 정도를 넘어 근사하기까지 했다. 어떤 연대는 이웃 연대들보다 돋보이고자 시가지를 따라 가구당 한

그루 꼴로 전나무를 심어놓기도 했다. 그들은 뒤이어 더 많은 나무를 사용해 단정하게 구획 지은 연병장을 조성했다. 다른 연대들도 경쟁에 나섰지만, 얼마 안 가 가까운 주위에서 더 이상 나무를 찾아볼 수 없게 되고 말았다. 심한 경우, 병사들의 배를 채우느라 곳간과 가축이 거덜 난 마을들이 오두막에 쓸 목재를 공급하기 위해 헐리기까지 했다.

한 프랑스 군인은 농촌 경제에 있어 "전쟁, 홍수, 폭우, 화제 따위는 적국의 병사들이 머무는 것에 비하면 덜 위험한 편에 속한다"고 기록했

다. 얼마 뒤 이 기록의 주인공, 엘지아르 블라즈Elzear Blaze 대위는 러시아 황제와 프로이센 왕을 동반한 나폴레옹이 자신의 연대를 사열하는 광경을 목격했다. 프로이센 왕은 주둔지에 크게 감탄했다. 그는 "이보다 훌륭한 주둔지 건설은 불가능할 겁니다"라고 하면서 "그렇지만 그 덕분에 마을 여럿이 폐허로 변한 것도 사실이죠"라고 꼬집었다.

아무리 허술한 연대라 할지라도 나름대로 할 일은 있

■■■■■ 불로뉴 주둔지, 벨랑제Bellanger 작. 그림처럼 수많은 행사가 벌어지기는 했지만, 일반적으로 주둔지의 기능은 적군을 능가하는 수준에 이를 때까지 병사들을 부단히 훈련시키는 것이었다. (Hulton Getty)

기 마련이었다. 제93전열보병연대는 전진해 콜베르크 요새와 대치하고 있던 브륀 원수와 합류하라는 명령을 받았다. 지롤은 아내와 이제 막 태어난 아들을 남겨둔 채 전장으로 향해야 했다. 이 프로이센 요새는 포위된 지 꽤 되었지만, 항구이기도 한 그곳에서는 프랑스군의 봉쇄가 힘을 발휘하지 못했다. 마지못한 공격은 수비대에게 1806년의 참패 이후에도 지탱한 몇 안 되는 프로이센 군대 가운데 하나라는 영웅 심리를 심어준 게 전부였다. 그렇다고 맥없이 앉아 있을 수 없었던 브륀은 공격을 명령했다. 제93전열보병연대는 숲을 나서 의욕적으로 공격을 펼쳤으나 저지당했다. 그들은 붉은 요새의 화력에 정면을 노출시킨 채 해안선을 맴돌던 영국 프리깃함들에게 왼쪽 측면을 공격당했다. 악사들은 현명하게도 군의관들이 쏟아져 들어오는 부상자들과 씨름하던 사구 뒤편으로 몸을 숨겼다.

군악대는 부상병 후송에 동원되는 게 관례였다. 팔다리를 절단해야 할 경우에는 군의관들이 나섰고, 그 밖의 부상자들은 후송을 위해 마차에 실었다. 지롤은 이때까지 사지 절단을 목격한 적이 없었지만, 그 뒤로는 질릴 만큼 이를 지켜봐야만 했다. 그는 이내 머리에서 발끝까지 피투성이가 된 채 그의 말처럼 '백정'의 몰골이 되었다. 당시의 의료 수준으로 봤을 때 군의관들이 훼손된 팔다리에 할 수 있었던 처치란 절단이 전부였다. 노련한 군의관을 만날 경우, 부상자들은 수술과 감염을 이겨낼 수 있었다. 포탄을 머리나 몸에 맞으면 잘해야 치명상이었고, 총알에 맞으면 내장을 비켜가거나 상처가 너무 깊지만 않으면 목숨을 건질 수 있었으며, 칼에 맞으면 횡재수나 다름없었다.

이윽고 연대가 퇴각하자, 뒤에 남겨진 지롤은 잘린 팔다리의 매장 작업에 징용된 농부들을 감독했다. 지롤은 짚더미 속에서 비어져 나온 팔을 치우려다 그것이 아직 살아 있는 사람에게 붙어 있음을 발견했다. 팔이

■ ■ ■ ■ ■ ■ 1799년경의 전열보병 : 척탄병연대의 북치기. 모리스 오랑주Maurice Orange 작품의 인쇄판. (Philip Haythornthwaite)

만신창이가 된 가련한 병사 하나가 군의관을 찾아 여기까지 와서는 짚더미 위에서 의식을 잃었던 것이다. 그는 그 위로 짚더미와 다른 부상자들의 팔다리가 차곡차곡 쌓인 채 지롤에게 발견할 때까지 그렇게 있었다. 군의관이 불려와 그의 팔을 잘라냈다. 후송용 마차를 기다리지 않고 비틀거리면서 스스로 병원까지 걸어온 병사의 입에서는 외마디 비명조차 새 나오지 않았다. 지롤은 그가 보여준 강인함에 감탄했지만, 강한 자만이 살아남던 그 시절, 병사들은 지극히 강인했고 당연히 그래야만 했다.

이튿날, 제93전열보병연대는 안전지대에 남아 있을 수 있었다. 이탈리아 연대 하나가 그들의 전선을 인계받았다. 쇠고기가 배급되기는 했지만, 도축 담당과 웬만한 연줄이라도 있지 않으면 제대로 된 고기 조각을 기대할 수는 없었다. 규정에서 말하는 쇠고기 1파운드란 문자 그대로 거죽이나 뼈, 또는 내장까지 붙은 1파운드를 의미했다. 배급된 쇠고기는 병사 여럿의 몫이 한 덩이로 지급되곤 했는데, 대부분의 경우 고기의 질도 질이지만 약한 모닥불 위에서 이를 요리할 도구가 냄비뿐이었기 때문에 수프나 스튜로 만드는 게 고작이었다. 간혹 쌀이나 야채가 배급되면 한결 나은 식사가 가능했지만, 대개는 취사병들이 나서서 이를 긁어모으거나 돈을 주고 사야만 했다. 배급된 빵은 형편없는 경우가 대부분이어서 고기처럼 스튜에 넣어 먹어야 했다.

지롤과 동료들은 수프 재료가 있는데도 땔감이 없어 불을 피울 수 없었다. 그들은 전날 연대가 싸운 숲 속에서 땔감을 구했다. 요새는 여전히 경계태세에 있었다. 그들은 곧 포탄에 쫓겨 사구로 피했지만, 그곳에서조차 파편 때문에 줄행랑을 쳐야 했다. 동료 한 사람이 엄지손가락을 포함해 손가락 2개를 잃었는데도 지롤은 땔감과 수프가 날아간 것을 더 애석하게 여겼다.

굶주린 밤을 보낸 이튿날, 틸지트 조약이 병사들에게 발표되었다. 그러나 이 기쁜 소식은 브륀이 사흘 전부터 이를 알고 있었다는 소문에 빛이 바래고 말았다. 영광을 좇은 브륀은 막무가내로 공격을 감행했던 것이다. 나폴레옹은 1년도 안 되어 브륀을 해임했는데, 이는 당시 그의 무의미한 살육 때문이라기보다는 다분히 정치적인 이유 때문이었다. 어쨌든 그로 인해 사상자 400명이라는 불필요한 대가를 치렀고, 제93전열보병연대는 마침내 전쟁의 세계에 발을 들여놓았다. 이것이 바로 그 당시 병사들의 삶이었다.

나폴레옹 전쟁

근대 유럽의 탄생

구제국의 역습
1808~1812

러시아에서 벌어진 대육군의 파멸은 군사적으로나 정치적으로 나폴레옹이 권좌에 오른 이래 맞은 최악의 재앙이었다. 나폴레옹은 싸움을 끝낼 기색이 보이지 않는 적에 맞서 대항책을 찾아야만 했다. 그가 이 난제를 해결했다는 사실은 그의 결의와 프랑스 제국이 보유한 자원이 얼마나 대단했는지를 증명해준다.

전쟁의 배경
반란과 항쟁

나폴레옹의 인기는 나라 안에서 바닥을 치고 있었다. 1807년의 틸지트 조약으로 평화의 희망이 움튼 지 반년도 안 된 상황에서 스페인을 상대로 또 다른 전쟁이 시작된 것이었다. 탈레랑과 나폴레옹의 치안 담당자 푸셰는 나폴레옹을 끌어내리고 뮈라를 즉위시키려는 음모를 꾸몄다. 나폴레옹은 이를 간파하고 탈레랑을 해임시키고 푸셰에게는 경고만을 내렸다. 하지만 자신의 이런 관대함 때문에 나폴레옹은 훗날 곤욕을 치르게 된다.

이 같은 음모가 제압되는 동안 노르망디^{Normandy}와 브르타뉴^{Brittany}를 중심으로 왕당파의 테러 행위가 꼬리를 물고 일어났다. 이들 골수 가톨릭 지역은 불평분자들로 흘러넘쳤다. 나폴레옹과 교황 비오 7세의 관계는 1804년 대관식 이후 심각하게 악화되었다. 1809년, 나폴레옹은 교황령 합병으로 파문당했다. 그는 교황을 체포해 5년 동안 구금함으로써 이에 앙갚음했다.

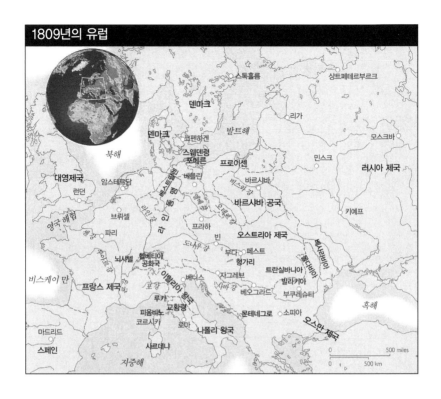

1809년의 유럽

스톡홀름 · 상트페테르부르크
덴마크
리가
발트해
덴마크 · 코펜하겐
스웨덴령 · 모스크바
쪼메른
북해 · 프로이센 · 민스크
대영제국 · 베를린 · 러시아 제국
암스테르담 · 비스와 강 · 바르샤바
런던 · 바르샤바 공국
브뤼셀 · 프라하 · 키예프
영국 해협 · 빈 · 오스트리아 제국
파리 · 도나우 강 · 부다 · 페스트
뇌샤텔 · 헬베티아 · 헝가리
공화국 · 트란실바니아
비스케이 만 · 베니스 · 자그레브 · 발라키아
프랑스 제국 · 부쿠레슈타
루카 · 교황령 · 베오그라드 · 흑해
피옴비노 · 몬테네그로 · 소피아
코르시카 · 로마 · 오스만 제국
마드리드 · 나폴리 왕국
스페인 · 사르데냐
지중해

500 miles
500 km

　　나폴레옹은 국내 문제뿐만 아니라 하이델베르크^Heidelberg를 중심으로 부활해 독일계 국가들에서 연이은 반프랑스 봉기를 불러올 정도로 강성 해진 감상적 민족주의라는 문제로 골머리를 앓았다. 1808년 가을, 오스트 리아 황제 프란츠는 젊은 세 번째 아내와 함께 자신의 영토를 순방했다. 가는 곳마다 열광적인 환영 인파가 그를 맞이했다. 주전파 진영이 강화되 는 가운데 합스부르크가의 명예 회복을 부르짖는 대프랑스 선전포고의 기운이 높아졌다. 이에 오스트리아는 넌지시 러시아와 프로이센에 다가 가 동맹 가능성을 타진했다. 러시아가 마침내 나폴레옹의 동맹국으로 남 되 오스트리아와 적대하지 않기로 합의하자, 프로이센도 8만 명을 지원 하는 데 동의했다.

복수의 칼을 간 오스트리아

합스부르크 군대의 총사령관은 황제 프란츠의 동생, 칼 대공이었다. 그는 화평파를 이끌었으며 그때까지도 나폴레옹과의 대결에 상당한 난색을 표하고 있었다. 칼 대공은 1805년 아우스터리츠 전투 패전 이후 군 개혁에 매달렸다. 많은 성과에도 불구하고 궁중 암투가 그의 노력에 상당한 걸림돌이 되었고, 본인 역시 프랑스에 맞서려면 아직 갈 길이 멀다고 느끼고 있었다. 그러나 너무도 강력해진 주전파에 눌린 칼 대공에게는 전쟁에 동조하거나 사임하는 길밖에 남아 있지 않았다. 그는 전자를 선택했다.

오스트리아인들이 러시아의 지원에 기댈 심산이었더라면 분명 실망이 컸을 것이다. 러시아는 1809년이 밝을 무렵, 터키와 스웨덴을 상대로 2개의 성공적인 전쟁을 치르고 있었다. 게다가 영국과는 서로 싸울 생각이 없었는데도 표면적으로는 교전상태에 놓여 있었다. 영국은 스웨덴을 지원한다며 육군 병력의 상당수를 예테보리Göteborg로 파병했지만, 전쟁은 핀란드 지역에 국한된 상태였고 아무런 교전도 벌어지지 않았다. 스웨덴은 분전했지만, 러시아의 저력에 눌려 협상에 응하며 평화의 대가로 핀란드를 내줘야 했다.

프로이센은 여전히 의지박약한 국왕 프리드리히 빌헬름 3세가 이끌고 있었다. 그는 애초 오스트리아에게 지원을 약속했지만, 마음이 약해져 전화가 치솟기 직전에 발을 뺐다. 영국만이 합스부르크가의 군대를 지원했다. 처음에는 영국도 망설였지만, 오스트리아인들의 열의를 확인한 뒤 자금과 더불어 모호하나마 북부 유럽 해안에 대한 상륙작전을 약속했다. 이제 프란츠에게 절실한 것은 이를 단호히 실행할 인물이었다. 프란츠의 재무대신은 군대의 동원이 계속될 경우 1809년 중반이면 재정이 바닥날 것이라고 보고했다. 그 결과, 이왕 있는 군대라면 쓰고 볼일이라는 논리가 생겨났다. 오스트리아 고위 지휘부 내의 누구도 동원 해제는 생각지 않는 듯했다. 심지어 전쟁 준비가 미비함을 경고해온 칼 대공마저도 자신이 공들여 개혁한 군대의 해산을 바라지 않았다.

오스트리아의 프랑스 주재 대사는 클레멘스 폰 메테르니히Clemens von Metternich였다. 그는 프랑스인들에게 진실되어 보이기 위해 온갖 공을 들이는 한편, 염탐질을 하며 나폴레옹을 전복하기 위해 탈레랑 등과 모의했다. 메테르니히는 나폴레옹이 대변한 모든 것을 증오해온 인물이었다. 구시대의 귀족인 그에게 나폴레옹은 혁명의 화신이자 자기 삶의 방식을 위협하는 존재였다. 그는 프랑스 궁정을 성공적으로 염탐하며 나폴레옹이 오스트리아의 동원령에 어떻게 대응하는지를 정확하게 빈에 보고했다. 그러나 그런 보고의 대부분은 별다른 고려 없이 간과되었다.

한편 나폴레옹은 격렬한 안개 속에서 길이라도 잃은 양, 한순간 명료한 시야를 확보한 듯하다가도 이내 완전한 어둠 속으로 빠져드는 모습을 보였다. 그는 연합국 러시아를 신뢰했고, 양 전선 동시 전쟁의 위험이 오스트리아로 하여금 적대행위를 꿈꾸지 못하게 하리라고 확신했다. 그러면서도 그는 동쪽의 위협에 맞설 새로운 군대의 동원에 착수했다. 그는 스페인으로부터 군대를 불러들이며 라인 동맹 소속 각국에게 전쟁에 대비한 파병 준비를 지시했다. 그리고 전열의 공백을 메우고자 1810년도 입영 대상자들을 소집했다. 오스트리아와 대치 중인 전역에는 총 40만 명에 이르는 병력이 배치되었다. 오스트리아인들은 그의 전력을 고작 그 절반으로 추산했다.

교전국
프랑스, 오스트리아, 러시아

프랑스 육군

나폴레옹은 영광스런 1805년~1807년 전쟁의 고참병 대다수를 이끌고 스페인을 침공했다. 오스트리아가 위협해온 1809년 당시 이에 맞서 그가 움직일 수 있었던 병력은 근위대와 소수의 예비대에 불과했다. 여기에 다부와 마몽의 고참 군단이 가세했다. 군의 나머지를 구성한 것은 새로 편성된 부대와 각지의 연합군들이었다.

프랑스 제국의 부담이 과부하 상태에 이르자, 나폴레옹은 점점 더 많은 인력을 자신의 위성국들에게 의존했다. 북부 이탈리아를 비롯해 바이에른, 작센, 베스트팔렌Westfalen, 뷔르템베르크, 네덜란드, 바르샤바 공국(폴란드)이 각각 1개 군단을 제공하는 가운데 그보다 작은 국가들은 소규모 군대를 파병했다. 이들 군대 가운데 상당수가 전쟁 기간 중 격렬한 전투를 경험하게 된다. 그 밖의 전력은 앞당겨 징집된 입영 대상자들로 이뤄졌다. 전반적으로 군대는 이전에 비해 수준이 떨어져 있었다.

군 구조 자체에는 본질적인 변화가 없었다. 군단 체제는 여전했고, 우수한 야전 지휘관들이 이를 이끌었다. 나폴레옹의 보병연대는 전열보병연대와 경보병연대, 두 종류로 나뉘어 있었다. 이들은 경보병대가 보다 활발히 산병전 임무에 투입되었음을 감안해도 사실상 동일한 전력이었다. 연대는 2개 혹은 3개 야전대대로 편성되었으며, 새로운 부대를 편성할 때 소집되는 네 번째 보충대대를 거느렸다. 대대는 9개 중대에서 6개 중대 체제로 개편되어 중앙중대 4개와 경보병중대 1개, 척탄병중대 1개로 줄어들었다. 이러한 편제로 야전 기동에 요구되는 훈련량을 줄일 수 있었다.

보병과 달리 나폴레옹의 기병대는 1809년에 절정기를 맞았다. 1806년~1807년 전투 당시 포획한 우수한 말들을 군에 편입시킴으로써 조직의 확대와 개선이 이뤄졌다. 무엇보다도 초보 수준에서 강력한 전력으로 탈바꿈한 30개 용기병연대가 돋보였다. 흉갑기병 역시 조직 확대와 강도 높은 훈련을 통해 막강한 돌파 전력으로 성장했다. 이들은 상대인 오스트리아 기병에 비해 수적으로 우세했을 뿐만 아니라, 오스트리아 기병이 전면에만 장갑판을 단 갑옷을 착용한 데 반해, 앞뒤로 장갑판을 단 갑옷을 착용함으로써 장비 면에서도 우위를 누렸다.

프랑스 경기병과 후사르, 그리고 기마엽병은 전장에서 용맹하기로 정평이 나 있었지만, 척후병으로서는 기량이 떨어졌기 때문에 적의 소재를 파악하는 데 있어 심심찮게 나폴레옹을 장님으로 만들곤 했다.

포병대는 1804년 이래 개혁을 거쳤다. 그리보발Gribeauval* 체제가 혁명

---

* **그리보발** 1715년~1789년. 프랑스군 장교이자 공병. 프랑스 대포를 개선해 18세기 말과

력 11년 체제로 교체됨으로써 기존 체제의 12파운드, 8파운드, 4파운드 포를 12파운드와 6파운드(포탄의 무게를 뜻한다) 포가 대체했다. 새로운 포가는 경량에 기동성도 높았고, 야포와 곡사포 모두에 사용할 수 있도록 표준화되어 있었다. 이로써 포병은 그 전력이 한층 향상되었다. 모든 구형 포들이 교체된 것은 아니었지만, 교체 작업은 잘 이루어졌다. 전쟁 진행 과정에서 노획한 오스트리아군의 포는 예비 전력으로 비축되었다. 포병은 나폴레옹이 소싯적에 몸담았던 병과였던 만큼 재능 있는 수많은 젊은 장교들이 이 병과로 몰려들었다. 그 결과, 프랑스 포병은 두말할 나위 없는 유럽의 최강자로 군림했다.

근위군단은 앞의 세 병과 모두를 포괄했다. 보병에는 새로이 청년근위대Young Guard와 중견근위대Middle Guard가 보태졌다. 이들 새 연대는 노장근위대Old Guard에 버금가는 명성을 누리지는 못했지만, 전쟁 기간 동안 훌륭한 활약을 펼쳤다.

근위기병대에는 폴란드 경기병대가 더해졌다. 이들 폴란드 기병은 바그람Wagram 전투*에서 오스트리아 창기병연대와 격돌한 뒤, 전리품으로 챙긴 투창을 장비 목록에 추가했다. 그 밖의 기병연대인 기마엽병과 기마척탄병, 그리고 황후용기병대에 더해 맘루크와 헌병대Gendarmes** 예하의

19세기 초 나폴레옹 군대가 큰 승리를 거두는 데 기여했다. 그는 당시 크기가 여러 가지였던 야포野砲의 탄환을 각각 12 · 8 · 4파운드 무게로 통일했다. 야포의 길이와 무게도 줄었고 지름이 정확한 구형 탄환을 사용해 화약을 조금 넣고도 사정거리가 늘어나게 했다. 그가 이끈 프랑스 포병대는 탄환에 탄약을 대충 채워넣는 종래의 방법을 개선해 탄환에 일정한 비율의 탄약을 손쉽게 집어넣을 수 있는 새로운 방법을 쓰기 시작했다.

* 바그람 전투 바그람 전투는 1809년 7월 5일~6일에 나폴레옹이 오스트리아 빈 근교 바그람에서 오스트리아군을 무찌르고 대승을 거둔 전투다. 오스트리아는 결국 1809년 10월 14일에 쇤브룬 조약을 맺어 제5차 대프랑스 동맹의 끝을 알렸다.

** 기사knight를 뜻하는 영어 단어 man-at-arms와 완전히 일치하는 hommes d'armes가 변형된 프랑스어. 훗날 헌병을 뜻하게 된 것은 중세 프랑스 기사들에게 사법권이 있었던 데서 기인한다.

기병대 역시 세상에서 가장 두려운 기병대를 구성했다. 이들은 자주 쓰이지는 않았지만, 그 효과만큼은 대단했다.

근위포병대에는 나폴레옹의 '어여쁜 딸들'이라고 불린 기마포병대와 중장도보포병대, 두 종류가 있었다. 기마포병대는 신속한 포 방렬로 결정적인 시점에 무시무시한 화력을 뿜어낼 수 있었고, 중포병은 어떤 적 포대라도 압도하며 상대 진영을 초토화시킬 수 있었다.

라인 동맹 소속 병력은 프랑스나 독일식으로 편제되었지만, 점차 프랑스식 6개 연대 편제로 일원화되었다. 부대의 수준은 제각각이었지만, 전반적으로 괜찮은 정도였다. 기병은 대단히 우수한 작센군을 제외하면 대부분 초보 수준이었다. 포병은 프랑스군과 대등한 수준은 아니었지만, 대체로 적과 견줄 만했다.

1809년의 나폴레옹 군대는 훌륭한 편이었지만, 1805년의 아우스터리츠 전투를 치른 프랑스 육군과는 질적으로 견줄 바가 못 되었다. 나폴레옹은 러시아 침공 준비 과정에서 끌어 모을 수 있는 모든 병력을 소집했다. 1809년에는 라인 동맹과 이탈리아, 폴란드에 더해 나폴리 왕국과 스페인 군대까지 총동원되었다. 더 나아가 무늬뿐인 연합국 프로이센과 오스트리아 역시 각각 1개 군단을 전선으로 내보냈다.

나폴레옹이 거느린 1809년의 군대와 1812년의 군대는 1812년의 군대가 규모가 늘어났다는 점을 제외하면 별 차이가 없었다. 연대들은 네 번째와 다섯 번째, 심지어는 여섯 번째 야전대대까지 필요로 했고, 대다수 기병연대는 6개 대대로 확대되었으며, 창기병이란 새로운 경기병대가 도입되었다. 이들은 용기병연대를 전환한 것이었다. 포병대는 포대의 정수가 채워진 것을 제외하면 아무런 변화가 없었다. 전체적으로 1812년 전쟁에 나선 군대는 이제껏 나폴레옹이 모은 군대 가운데서도 가장 대규모였으며, 그처럼 모든 가용 인력을 끌어 모아 편성된 군대에게서 예상할 수 있듯이 질적으로 다양한 편차를 보였다.

오스트리아 육군

오스트리아군은 아우스터리츠 전투와 뒤이은 프레스부르크 조약으로 전면적인 개혁의 필요성을 새삼 느꼈다. 이 임무의 적임자는 두말할 나위 없이 프란츠 황제의 동생이자 그 분야에서 단연 최고의 장군으로 꼽히던 칼 대공이었다. 그러나 프란츠는 아우스터리츠 전투 직후 나폴레옹에게서 오스트리아 왕좌를 제안받은 동생을 못 미더워했다. 칼 대공이 신의를 지키며 이를 고사했지만, 이미 불신의 씨앗은 뿌려진 셈이었다. 프란츠는 최고군사회의를 통해 최고사령관인 동생의 움직임을 감독하려 들었다. 이로 인해 불신감이 팽배해지면서 서로 간의 정탐이 궁중 암투로 비화되었다. 그 결과, 가뜩이나 합스부르크 왕조의 보수성 때문에 발목 잡혀 있던 개혁은 더욱더 지지부진해지고 말았다.

1806년과 1808년 사이에 합스부르크 제국은 참전을 부르짖는 주전파와 칼 대공을 필두로 군 개혁 완수에 시간이 필요함을 주장한 화평파 양쪽으로 번갈아 기울었다. 1808년 말에 이르자, 나폴레옹의 스페인 원정을 복수의 기회로 여긴 주전파가 우위를 점하면서 오스트리아는 전쟁 준비에 나섰다.

1806년, 칼 대공은 새로운 군사 지침과 단위부대 전술을 발표했다. 변화는 조금씩 점진적으로 이루어졌으나, 그마저도 오스트리아인들의 보수적인 사고방식을 고려하면 상당히 진보한 것이었다. 전술 면에서 주된 개혁 내용은 '밀집'이었다. 이는 기병에 맞서 간격을 좁힌 대형을 뜻했다. 이처럼 기초적인 전술 개혁조차 칼 대공의 영향권을 벗어나자마자 등한

■■■■■■ 헝가리 및 오스트리아 보병. [Ottenfeld]

시되었다는 사실은 새로운 시도라면 뭐든지 탐탁지 않게 여기던 당시 장군들의 태도가 어떠했는지를 잘 보여준다.

칼 대공은 울름 전투와 아우스터리츠 전투 패전으로 마크의 '개혁'이 현실적으로 실패로 돌아가자, 4개 중대 편성 체제를 포기하고 1805년 전쟁 이전의 6개 중대 체제로 되돌아갔다. 육군은 전열, 그렌츠, 척탄병, 엽병, 국토방위대^{Landwehr}, 이 다섯 가지로 분류되었다.

전열보병은 61개 연대(46개 독일 연대와 15개 헝가리 연대)가 있었다. 각 연대는 3개 대대로 이뤄져 있었다.

크로아티아 출신들로 편성된 17개 그렌츠 연대에는 각각 2개 야전대대와 1개 보충대대가 소속되어 있었다. 이 산악부대들은 산병전 능력이 점점 떨어지더니 1809년에 이르러서는 전열보병연대와 별다른 차이가 없게 되었다.

척탄병대대는 공식적으로 전열보병연대 소속 중대들을 규합한 것이었지만, 1809년 무렵에는 사실상 독립 부대나 다름없었다. 이들은 육군의 최정예였으며, 자체적으로 여단을 구성하는 타격 전력이었다.

엽병(소총으로 무장한 정예부대)은 군대의 전초전 임무를 전담했고, 전쟁 내내 견실한 활약을 펼쳤다. 고작 9개 대대에 불과했던 그들은 전초전에서 오스트리아군이 프랑스군의 상대가 되기에는 한심할 정도로 적었다.

국토방위대는 지원병과 민병으로 세분되었다. 이 제도는 오래 전부터 고려되었지만, 일반 민중의 무장에 대한 우려로 인해 항상 유보되어왔다. 그러나 1809년이 되자 전쟁을 치르기 위해 새 인력원을 찾아야 했고, 이 새로운 제도마저도 수요의 일부밖에는 충족시킬 수 없었다. 오로지 지원병 부대만이 이렇다 할 전투력을 보여줬다.

칼 대공의 기병은 거의 변화가 없었다. 기병대의 규모와 전투력을 배가시키려던 노력은 경제 사정을 이유로 축소되었다. 전반적으로 이 같은 사정 때문에 오스트리아군의 비수^{ㄴㅂ}인 기병은 수적으로나 질적으로 열세에 놓였다. 기병의 분투는 이들을 군대 전체에 소규모로 배속시키는 관행 탓에 더욱더 빛을 잃었다. 이로 인해 유용한 대규모 타격 전력으로 남은 것이라고는 흉갑기병이 전부였다. 그러나 8개 연대로 이뤄진 이들 흉갑기병조차 전투에 결정적인 영향을 미치기에는 규모가 너무 작은 것으

로 드러났다.

한때 세계 최고였던 오스트리아 포병은 시대에 뒤처져 있었다. 칼 대
공은 이들의 개혁에 나서 보다 효율적인 포대 단위로 야포를 재편성했다.
그는 야포의 수송체계를 군의 통제 아래 두는 등 유용한 개선책을 폈지
만, 승부처에서 야포를 집중 운용하는 교리는 여전히 실제에 적용되기보
다는 이론에 머물고 있었다. 오스트리아 포병대는 아스페른-에슬링Aspern-
Essling 전투*에서 전쟁을 통틀어 최고의 순간을 맛보았지만, 당시의 포병

집중 전술도 교리에 의한 것은 아니었다. 오스트리아군의 포탄은 프랑스군의 포탄보다 무게가 덜 나갔고, 그만큼 파괴력도 떨어졌다. 마지막으로 포병에 지원할 만한 매력적인 동기가 없었던 탓에 뛰어난 장교들은 다른 병과로 흡수되었다.

칼 대공은 훌륭한 프랑스식 군단체계를 모방했지만, 지휘관들에게는 이것을 어떻게 활용하고 그 잠재력을 끌어낼지 파악할 시간이 없었다. 오스트리아 군단장들은 꼼꼼한 계획과 장황한 명령서로 대변되기 일쑤인 경직된 지휘체계에 길든 나머지, 가용 전력으로 상황을 헤쳐나가기보다는 지휘소에 틀어박힌 채 명령서만 기다리려 들었다.

참모본부는 끊임없이 개혁 대상이 되었지만, 변화는 달팽이 걸음처럼 더디기만 했다. 장성급 야전 지휘관들의 연령은 평균 60대로 젊은 프랑스 지휘관들과 대조를 이뤘다. 장군들은 나이가 들수록 진두지휘를 꺼리기 마련이었다. 이 때문에 생존 확률이 높아지기는 했지만, 그만큼 전황의 대처 능력은 떨어졌다. 또 다른 문제는 군이나 군단급 참모진의 수가 적다는 것이었는데, 이로 인해 명령을 변경해야 할 때 언제나 그것이 제시간에 이뤄지지 않았다.

러시아 육군

1805년~1807년 전쟁 당시의 러시아군은 굼뜨지만 사나운 적수였다. 그들

---

* **아스페른-에슬링 전투** 1809년 5월 21일~22일에 벌어진 전투로, 빈 근처에서 나폴레옹이 도나우 강을 건너기 위해 시도한 전투다. 그러나 프랑스와 그 동맹군은 칼 대공 휘하의 오스트리아군의 공격에 의해 물러나야만 했다. 이 전투는 10년 동안 진 적이 없던 나폴레옹이 친히 지휘한 프랑스군이 최초로 패배한 전투로 기록되어 있다.

은 방어에 임할 때는 훌륭했지만, 기동전에서는 프랑스군의 상대가 되지 못했다. 틸지트 조약 이후 7년 전쟁의 유산인 군 조직에 대한 대대적인 개편이 필요함이 분명해졌다.

애초에 이를 책임진 이는 가학적 교관 스타일에 자신의 병과인 포병을 제외하면 개혁에 별 관심도 없는 알렉세이 아락체예프Aleksey Arakcheyev였다. 그는 구형에 기동성이 떨어지는 야포를 가볍게 개선된 12파운드 및 6파운드 포로 교체했으며, 곡사포에 대한 러시아의 대항마 리코른Licorne* 을 개량했다. 이러한 신형 포들은 아직 프랑스제에 견줄 만큼 기동성과 파괴력을 갖추지는 못했지만, 주목할 만한 개량 무기라고 할 수 있었다.

아락체예프는 주위 사람들을 기죽이고, 측근들을 요직에 앉히려던 것 외에 군 개혁을 위해 한 일이 별로 없었다. 거의 모든 사안에서 있어서 보수적이고 외국인 기피 경향을 보인 그가 러시아 황제에게 한 가장 큰 봉사는 권력 투쟁 문제로 1810년에 사임한 것이었다. 그의 후임자는 군 조직을 개편하고, 프랑스군을 따라 군단체제를 도입한 바실리 데 톨리였다. 그는 나폴레옹의 참모체계를 본뜬 참모체계도 도입했지만, 그에 버금갈 성공을 거두지는 못했다.

육군이 보유한 100만 명에 가까운 병력은 방대한 러시아 제국 각지에 흩어져 있었다. 상당수는 보충대에 있었고, 그 밖의 징집 대상자들은 소집에 대기했다. 1812년 초의 일선 병력은 나폴레옹의 총 병력과 대등한 60여 만 명이었으며, 추가로 50만 명이 소집을 기다리고 있었다. 그러나 이 같은 군대를 동원하기까지는 과정이 지난했기 때문에, 전쟁 초기에 나폴레옹과 맞설 수 있었던 러시아군은 전체의 3분의 1에 지나지 않았다.

---

* **리코른** 프랑스어로 유니콘을 뜻하며, 곡사포를 개조한 10~20파운드급 직사포로, 사정거리와 정확도에서 곡사포를 압도했다.

러시아 보병은 고분고분하면서도 강인했다. 거친 삶에 익숙한 농촌 출신 병사들은 창의력이 떨어지고 지휘가 서툰 장교들 아래 있었지만, 가혹한 군 생활에 불평하지 않고 전투에 투입되면 맹렬하게 싸웠다. 보병들은 무엇보다 참호를 판 방어전에서 끈질긴 저항력과 우세한 프랑스 포병의 맹공에 대한 내성을 살려 진가를 발휘했다.

보병은 전열보병, 저격병, 척탄병, 이 세 가지 종류로 나뉘었다. 전열보병과 엽병은 실질적으로 동일한 경보병 역할을 수행했지만, 이를 위한 훈

■■■■■ "돌격 앞으로! 우라Urrah! 우라", V. 베레쉬차긴Vereshchagin 작. 공격에 나선 러시아 척탄병들의 모습을 형상화한 그림.

련은 미흡했다(그런데도 보로디노에서는 거의 모든 엽병이 산병전 대형으로 산개해 운용되었다). 척탄병은 척탄병연대와 통합척탄병대대, 이 두 가지로 세분화되었다. 척탄병연대는 진정한 정예 부대로 전장에서 그 이름을 얻은 뒤, 꾸준히 그 명성을 입증했다. 통합척탄병대대란 전열연대 소속 중대들을 끌어 모아 정예부대로 승격시킨 것이었다. 이들은 우수하고 듬직했지만, 전열보병연대에 비해 그다지 뛰어난 것은 아니었다.

기병은 러시아 육군 안에서도 가장 귀족적인 병과로, 개혁의 필요성이 가장 적은 편이었다. 이들은 고정 편성된 사단에 소속되어 있었고, 전

쟁 발발 무렵에는 대규모 부대 단위의 기동을 익히던 참이었다. 기병대는 괄목할 정도는 아니어도 고른 활약을 펼쳤다. 그들은 여러 프랑스 연합군을 상대로 선전했지만, 대등한 프랑스 기병과 만날 경우에는 전장에서 물러나기 일쑤였고, 이 같은 교전이 벌어질 때마다 대대 규모 이상의 훈련이 미흡했던 대가를 치러야 했다.

기병으로서 전쟁에 상당한 영향을 미친 이들은 코사크 기병들이었다. 이 초원의 기마민족은 상대의 어떤 기병대와 견줘도 한수 위의 기량을 자랑했고, 러시아의 혹독한 기후와 지형을 이겨낼 수 있는 강인한 조랑말을 애용했다. 이들은 대등한 적 기병을 상대로 할 경우에는 거의 무용지물이었지만, 낙오병과 정찰병에게는 악몽과도 같은 존재였으며 심심찮게 고립된 소규모 부대의 숨통을 끊기도 했다. 그들은 전리품에 넋이 팔려 군기가 느슨했지만, 승산만 있다면 언제라도 전리품을 향해 돌진했다. 1812년, 코사크들은 대규모로 그 모습을 드러냈다.

포병은 육군의 대들보였다. 러시아군은 전장에서 포병의 달라진 위상을 처음으로 인식하고 1807년 아일라우 전투에서 가용한 모든 야포를 집결해 러시아 포병에 의한 살육이 얼마나 소름끼치는가를 보여준 바 있었다. 러시아 장교들은 나폴레옹의 기량에 버금갈 만큼 대규모 포대를 신속히 전개하는 수준에는 이르지 못했지만, 상대를 붕괴 지경까지 난타한다는 건실한 원칙만은 잘 지켰다.

끝으로 러시아 근위대가 있었다. 이들 제병과 연합 부대는 나폴레옹의 근위대를 본뜬 것으로, 정예 부대들로 구성되어 있었다. 이들은 러시아가 베풀 수 있는 최고의 대접을 받으며, 러시아 황제의 돌격대 역할을 했다. 프랑스를 제외한다면 세계 어느 군대도 이들의 적수가 되지 못했다. 이들이 나폴레옹의 근위대보다 자주 전투에 투입될 수 있었던 것은 그렇게 해도 체제가 불안해지지 않은 덕분이었다.

러시아인들이 가장 서툴렀던 분야는 지휘통제였다. 경쟁과 반목 탓에 재앙과 다름없는 인사 조치가 꼬리를 물었다. 장군들은 군사적 기량보다는 정치적 감각으로 그 자리를 꿰찼다가 별다른 실패가 없어도 정치적으로 세력이 약화되면 교체되기 일쑤였다. 그 책임은 러시아 황제에게 있었지만, 그조차도 쿠데타가 두려워 부지런히 어깨 너머를 흘깃거려야 했다.

전투

대오스트리아 전쟁에서 모스크바 진공까지

오스트리아, 바이에른을 침공하다

전쟁이 결정되자, 칼 대공은 도나우 강 상류를 오스트리아군의 주진격로로 삼았다. 제1예비군단과 함께 제1~5군단이 보헤미아Bohemia를 떠나 강 북쪽으로 전진할 예정이었다. 제6군단과 제2예비군단은 바이에른 접경지대로부터 강을 따라 남진할 계획이었다. 칼 대공은 프랑스군이 아우그스부르크 일대에 집결 중이라는 보고를 받자, 프랑스군이 도나우 강 남안을 따라 급속 행군하여 무방비 상태의 빈을 함락할까 봐 걱정한 나머지 자신의 계획을 재고했다.

이에 따라 그는 자신의 주력을 도나우 강 남쪽의 바이에른 접경지대인 인 강 선으로 이동시켰다. 이로써 오스트리아군은 가상의 위협에 대응할 수 있었지만, 이로 인해 한 달이 넘는 소중한 시간을 잃고 말았다. 아무튼 1809년 4월 10일까지는 군대 배치가 끝났다.

그 밖의 전선에서는 제8군단 및 추가 병력을 이끈 페르디난트 대공이 나폴레옹의 폴란드 연합군과 갈리치아Galicia 지역을 놓고 대치 중이었고, 제8·9군단을 이끈 요한 대공은 북부 이탈리아에서 나폴레옹의 의붓아들 외젠 드 보아르네Eugène de Beauharnais가 이끈 프랑스군 및 북부 이탈리아군을 공격할 참이었다. 오스트리아군은 광범위하고 지속적인 압력이 프랑스군의 전력을 분산시키고 한계점으로 몰고 가리라고 믿었다.

나폴레옹은 4월 중순까지 병력을 모을 시간이 있을 것이라고 생각했지만, 공격이 조기에 닥칠 경우 연락선을 따라 후퇴해도 좋다는 지시를 베르티에에게 내린 상태였다. 탁월한 참모장인 베르티에도 막상 1개 군을 맡고는 상당한 곤욕을 치렀다. 베르티에의 혼란은 나폴레옹의 중요한 명령이 지연되면서 더욱 가중되었다.

4월 10일 이른 아침, 오스트리아군의 선봉대가 인 강을 건넜다. 대치하던 바이에른군의 경계부대를 밀어내기는 했지만, 열악한 도로와 차디찬 빗줄기가 첫 주 내내 오스트리아군의 진격을 늦췄다. 바이에른군은 또다시 후퇴에 들어가 강기슭의 요충지들을 내주기에 앞서 4월 16일에 이자르Isar 강의 란트슈트Landshut를 무대로 짧은 저항을 펼쳤다. 바이에른군의 뒤에는 레겐스부르크 인근에

■■■■■ 오스트리아의 칼 대공은 나폴레옹에게 대적할 유일한 장군으로 여겨졌지만, 가장 좋지 않은 상황에서 무기력한 상태에 빠지기 일쑤였다. [Roger-Viollet]

배치되어 도나우 강 남북을 잇는 중요 다리를 지키던 다부 원수의 제3군단이 전부였다.

4월 17일 저녁, 칼 대공은 진군을 멈추고 자신에게 전달된 정보를 검토했다. 칼 대공의 눈앞에는 도나우 강 북쪽에 병력을 집결시키고 남쪽에서 일격을 가함으로써 다부의 군대를 격퇴하는 동시에 수세에 놓인 프랑스군의 입지를 송두리째 뒤흔들 기회가 펼쳐지고 있었다. 칼 대공은 뷔르템부르크군의 양익에게 레겐스부르크로 집결할 것을 명령했지만, 도나우 강을 따라 남진하는 다부가 남쪽과 서쪽의 프랑스 지원대와 합류하려 한다는 소식이 전해진 이튿날 이 계획을 수정해야 했다. 불운에다 최악의 타이밍까지 겹친 다부가 곤경에 빠져드는 가운데, 칼 대공에게는 강기슭으로 몰린 '강철 원수'와 그의 제3군단을 분쇄할 기회가 찾아왔다.

나폴레옹의 등장

1809년 4월 17일, 나폴레옹은 프랑스군의 사령부가 자리한 도나우뵈르트Donauwörth에 도착했다. 그는 서둘러 자신의 군대가 맞은 파멸적인 상황을 검토했다. 이때까지 프랑스군은 수적으로 우세한 오스트리아 기병대에게 정찰 면에서 현저히 밀리고 있었다. 가장 믿을 만한 정보는 첩자의 보고나 다부의 부하들이 민간인에게서 얻어온 제보였다. 제3군단은 누가 봐도 절박한 위기에 놓여 있었고, 며칠간은 지원대와 합류할 방법마저 없었다. 다부가 할 수 있는 최선의 선택은 레겐스부르크 일대의 진지를 포기한 뒤, 서쪽의 바이에른군과 합류하는 것이었다. 불행히도 나폴레옹이 이러한 명령을 내렸을 때는 분산된 데다가 베르티에의 혼란스런 명령으로 제자리를 맴돈 행군에 지친 다부의 군단을 집결시키는 데만 며칠이 더 소요되었다. 다부는 4월 19일 아침 일찍 연합군과 합류하기 위해 행군에 나섰다.

레겐스부르크를 빠져나온 다부의 제3군단은 도나우 강을 따라 잉골슈타트Ingolstadt로 뻗은 도로를 타고 남쪽으로 이동했다. 이 기동의 초기 단계에서 2개 종대로 나란히 행군하기로 한 그의 군단은 서쪽에서 오스트리아군이 공격해올 경우 줄줄이 선 채 퇴로를 차단당할 위험이 있었다. 다부는 오스트리아군의 도나우 강 도하를 저지하고, 자신의 배후를 엄호하기 위해 1개 연대를 레겐스부르크 요새에 남겨놓았다. 칼의 공세 계획은 도나우 강을 따라 공격을 펼칠 제3군단을 전진시키는 가운데, 제4군단과 제1예비군단의 방향을 돌리는 것이었다.

토이겐-하우젠

4월 19일 아침, 프랑스군이 2시간 반을 앞선 상태에서 양군은 행동을 개시했다. 다부는 오전 8시 반 무렵 거의 함정에서 벗어나 있었다. 그는 휘하 4개 사단 가운데 2개 사단이 병목지대를 빠져나온 상황에서 강력한 적이 남쪽으로 접근 중이며 보급대가 여전히 요충지 토이겐Teugen 시가지에 있다는 보고를 받았다. 속속 전장에 도착한 호헨촐레른Hohenzollern 왕자의 오스트리아 제3군단이 이들을 고립시킬 태세였다. 그들은 바이에른군의 측면 공격을 염려한 나머지 1개 사단이 넘는 병력을 측면 엄호에 돌림으로써 전력이 다소 약화되어 있었다. 그렇게 떨어져나간 병력은 이날 전투에서 고스란히 제외되었다.

전투는 프랑스 전초병들이 오스트리아 제3군단의 선두부대에 쫓겨 토이겐으로 밀려들며 시작되었다. 측면이 위태롭다는 것을 깨달은 다부는 제103전열보병연대를 투입해 생일레르 사단의 나머지 병력이 전개할 시간을 벌었다. 산병전 대형으로 산개한 이들은 하우젠^{Hausen} 시가지까지 진출했고, 그곳에서 오스트리아군 6,000명과 맞닥뜨렸다. 이와 동시에 프리앙의 사단에게 생일레르의 좌익을 맡아 그들의 진격을 엄호하라는 명령이 떨어졌다. 프리앙에게도 나름대로 문제는 있었다. 오스트리아 제4군단의 일부 역시 공격에 나섰던 것이다. 하지만 프랑스군에게는 대열의 후미를 맡은 몽브룅^{Montbrun} 장군의 기병대가 거의 하루 종일 로젠베르크^{Rosenberg} 원수의 제4군단을 유인해내는 행운이 따랐다.

제103전열보병연대는 3 대 1로 수적으로 열세한 데다가 전장의 대포가 모조리 합스부르크 왕가의 것이었음을 고려하면 그런 대로 잘 싸운 편이었다. 이윽고 그들이 물러날 무렵에는 프랑스 육군의 최우수 전열연대라 할 '공포의 제57연대'가 전투에 뛰어들었다. 그들은 토이겐 시가지를 굽어보는 능선에 진을 치고 오스트리아군의 진격을 저지했다.

발목이 잡힌 오스트리아군은 제10경보병연대가 은밀히 숲을 빠져나가는 것을 눈치 채지 못했다. 이들 정예 부대는 오스트리아군의 포대를 습격해 전장에서 몰아냈다. 호헨촐레른은 예비대의 일부를 투입해 이 난국을 수습하려 시도했다. 하얀 군복을 입은 오스트리아 병사들은 전진하면서 이 난전을 자신들에게 유리하게 되돌려놓았다. 다부는 이에 대응하느라 가용한 전 병력을 투입해야만 했다.

승기를 감지한 오스트리아군은 더 많은 병력을 투입했고, 이때 고전 중인 제57연대에게 달려든 오스트리아 기병은 측면 대대로 방진을 짠 이들에게서 가차 없는 사격을 뒤집어썼다. 된통 당한 기병들은 전장을 벗어났고, 더 이상 이날 전투에서 변변한 역할을 하지 못했다. 이 기병 돌격을 틈타 전장에 투입된 새로운 연대가 프랑스군의 전선을 공격했다. 만프레디니^{Manfredini} 연대는 습지를 가로질러 제57연대의 측면으로 들이닥쳤다.

다부에게 운이 따랐는지 이를
예측한 콩팡Compans 장군이 새로
운 병력과 함께 전면으로 나섰
다. 두 대열은 정면으로 부딪쳤
고, 승리는 프랑스군에게로 돌
아갔다. 오스트리아군은 퇴각
하여 전열을 추스른 뒤, 저돌적
인 알로이스 리히텐슈타인 장
군의 지휘 아래 또 다른 공격을
펼쳤다. 탄약이 떨어진 제57연
대는 마침내 후퇴하기 시작했
다. 프랑스군은 능선을 내려와

■■■■■ 다부, 조브Job 작. 다부는 1806년의 아우어
슈테트 전투와 1809년의 에크뮐Eckmühl 전투에서 몇
배나 우세한 적을 상대로 승리를 올리며 강인함을 과시
했다. (Edimedia)

토이겐 시가지로 물러났다. 다부는 그곳에서 병사들을 격려하며 마지막
예비대로 능선 탈환에 나섰다. 오른쪽 측면으로 프리앙의 병사들이 들이
닥칠 무렵, 능선에 매달린 오스트리아군은 거의 탈진 지경이었다. 더 이
상 버틸 재간이 없어진 합스부르크 왕가의 전선은 뒷걸음질을 쳤다. 능선
에서 하우젠 시가지까지 밀린 그들은 호헨촐레른이 마지못해 전장에 투
입한 마지막 예비대의 배후에서 전열을 추슬렀다.

또 다른 공격을 이끈 리히텐슈타인 장군은 뷔르츠부르크 연대(제3보병
연대)의 군기를 들고 병사들을 고무시키며 숲을 향해 돌진했다. 그의 공격
으로 프랑스군의 전선이 밀려나기는 했지만, 프리앙의 증원 병력과 학수
고대하던 프랑스 포병이 도착하면서 전세는 다시 프랑스군 쪽으로 기울
었다. 리히텐슈타인 장군은 이 같은 고군분투 와중에 중상을 입었다. 오
스트리아군이 하우젠 전면에 전개한 포대의 보호권으로 퇴각할 무렵, 격
렬한 천둥번개가 시작되면서 전투는 막을 내렸다.

■■■■■ 나폴레옹의 부관 가운데 하나인 무통Mouton이 바리케이드나 건물과 같은 방어시설에도 아랑곳지 않고 란트슈트의 다리를 강습하고 있다. 이에 나폴레옹은 "우리 무통('Mouton'은 프랑스어로 양을 뜻한다)은 사자였어"라며 감탄을 금치 못했다. (Roger-Viollet)

다부는 자신의 두 배에 달하는 병력을 격퇴시키며 나폴레옹의 군대와 연락을 재개하는 데 성공했다. 칼 대공은 고작 3~4킬로미터 떨어진 곳에서 12개 대대의 정예 척탄병대대를 거느린 채 전투를 방관하고 있었다. 이 같은 전력을 동원하지 않은 것이 누구의 책임인지는 쉽게 단정 지을 수 없었다. 교신에도 분명 문제가 있었지만, 증원을 호소하지 않은 호헨촐레른이나 코앞에서 무슨 일이 펼쳐지는지 신경 쓰지 않은 칼 대공을 비롯한 모두가 비난의 대상이었다. 아무튼, 선전한 것과 상관없이 패배는 패배일 뿐이라는 것을 직시한 오스트리아군은 사기가 떨어지기 시작했다.

토이겐-하우젠 전투가 종결되자, 나폴레옹은 공세로 전환했다. 그는 마세나 원수의 제4군단에게 란트슈트로 진격할 것을 명령했다. 마세나는 중장기병대를 이끌고 잉골슈타트를 출발해 바이에른군 및 뷔르템베르크군과 합류하는 한편, 제2군단에게 서둘러 전선에 닿을 것을 명령했다. 그는 이튿날 오전 9시까지 목적지에 도착했다. 나폴레옹은 그가 보다 유연성을 발휘할 수 있도록 다부의 2개 사단으로 임시 군단을 편성해 막 스페인에서 달려온 장 란 원수의 휘하에 두었다. 다부와 그의 나머지 두 사단은 대치한 적을 압박하기로 했다.

나폴레옹은 오스트리아군을 그들의 연락선으로 추정된 란트슈트까지 되밀어낼 작정이었다. 그들은 그곳에서 남쪽으로부터 전진해온 마세나의 군단에게 발목이 잡힐 터였다.

1809년 4월 20일의 아벤스베르크^Abensberg 전투는 하루 종일 오스트리아군의 후퇴가 거듭된 난전이었다. 날이 저물 무렵, 오스트리아 제5·6군단과 제2예비군단은 란트슈트에 다가서고 있었다. 그들은 밤새 행군을 강행해 이튿날 아침 그곳에 닿았다. 이 지역의 오스트리아군 방어책임자인 힐러^Hiller 장군은 견고한 방어선을 짜는 데 전념하고 있었다.

나폴레옹은 이들의 뒤를 바짝 쫓았다. 4월 21일, 란트슈트로 병력을 집결시킨 나폴레옹은 시가지를 가로지르는 동시에 이자르 강에 놓인 두 곳의 다리를 통해서 공격을 펼쳤다. 이 과감한 돌격으로 마을에 고립된 오스트리아군 8,000명은 항복을 선택해야만 했다. 전략적으로 이 공격은 이미 오스트리아군의 진영이 프랑스 제4군단에게 측면을 위협당하고 있었기 때문에 별 의미가 없었다. 서둘러 강을 건넌 마세나의 병력이 남쪽에서 접근 중이었던 것이다. 그들은 간발의 차이로 열악한 도로와 주도권 장악에 서툰 늙은 원수, 그리고 격렬히 저항하는 적의 거점 등의 이유로 퇴각하는 오스트리아군을 따라잡는 데 실패했다. 프랑스군의 거센 공세에 휘말려 동쪽으로 격퇴당한 오스트리아군은 새 방어선으로 후퇴했다.

이튿날 아침 일찍, 나폴레옹은 다부의 절박한 마지막 전갈 가운데 몇 통을 손에 넣었다. 마침 이 소식을 가져온 이가 자신이 신뢰하던 피레^Piré

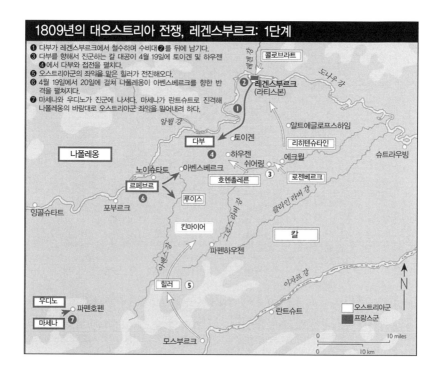

1809년의 대오스트리아 전쟁, 레겐스부르크: 1단계

❶ 다부가 레겐스부르크에서 철수하며 수비대❷를 뒤에 남기다.
❸ 다부를 향해서 진군하는 칼 대공이 4월 19일에 토이겐 및 하우젠 ❹에서 다부와 접전을 펼치다.
❺ 오스트리아군의 좌익을 맡은 힐러가 전진해오다.
❻ 4월 19일에서 20일에 걸쳐 나폴레옹이 아벤스베르크를 향한 반격을 펼치다.
❼ 마세나와 우디노가 진군에 나서다. 마세나가 란트슈트로 진격해 나폴레옹의 바람대로 오스트리아군 좌익을 밀어내려 하다.

장군이었던 터라 나폴레옹도 자신과 대치 중인 것이 합스부르크군의 주력이 아님을 인정하게 되었다. 나폴레옹은 이제 자신의 좌익이 커다란 위험에 처해 있음을 똑똑히 깨달았다.

4월 21일, 르페브르 원수 휘하 바이에른군 사단의 지원을 받은 다부는 하루 종일 퇴각하는 오스트리아군을 공격했다. 오스트리아군은 본대를 향해 퇴각 중이었기 때문에 후퇴를 거듭할수록 그들의 전선은 견고해졌다.

북쪽으로 파견된 몽브룅 장군의 기병대는 다부를 노리는 대규모 병력이 접근 중이라고 보고했다. 에크뮐 전투*로 알려질 이 싸움의 첫날은 우

---

* **에크뮐 전투** 1809년 4월 21일~22일에 벌어진 전투로, 제5차 대프랑스 동맹 전쟁으로도 알려진 1809년 전역의 전환점이 된 사건이다. 나폴레옹은 1809년 4월 10일 오스트리아의 칼 대공이 지휘하는 오스트리아군이 프랑스에 대해 적대행위를 하는 데 불쾌함을 느꼈다.

1809년의 대오스트리아 전쟁, 레겐스부르크: 2단계

① 콜로브라트가 레겐스부르크를 떠나 진군에 나서다.
② 오스트리아군 좌익이 나폴레옹의 진격에 직면하자, 란 휘하 임시 편성 군단의 추격을 받으며 퇴각❸을 개시하다.
④ 마세나가 란트슈트로 진격하다.
⑤ 힐러가 이끄는 오스트리아군 좌익이 란트슈트를 지나 퇴각하다.
⑥ 4월 22일, 에크뮐에서 나폴레옹과 칼 대공이 격돌하다.
⑦ 칼의 측면을 노린 란이 강행군에 나서는 가운데 마세나가 그 뒤를 따르다.
⑧ 오스트리아군이 레겐스부르크를 지나 퇴각하다.
⑨ 추격에 나선 나폴레옹이 알트에글로프스하임Alt Egglofsheim에서 기병 간 전투를 펼치다. 4월 23일, 레겐스부르크가 나폴레옹에게 함락되다.

열을 가릴 수 없는 격전이 벌어졌다. 그러나 다부에게는 그날 밤이 최악의 위기였다. 새로운 사단이 증원되었고, 아침이면 포병대가 도착할 게 분명했지만, 그의 보병은 탄약이 떨어지려 했던 것이다. 다부는 자신이 적어도 3개 오스트리아 군단과 대치 중인 것으로 알고 있었으나, 실상은 그의 생

또 나폴레옹은 프랑스의 황제로서 허세를 부리느라 행동이 늦어져 전략적 주도권을 상대에게 넘겨주었다. 그럼에도 불구하고 다부 원수가 지휘하는 제3군단과 르페브르 원수가 지휘하는 바이에른군 제7군단이 치열한 방어전을 전개하여 나폴레옹은 오스트리아군의 주력군을 격파하고 이후 전개된 전역의 주도권을 장악할 수 있었다.

각보다 더 절박했다. 레겐스부르크가 함락되는 통에 도나우 강을 건널 수 있었던 오스트리아군 2개 군단이 싸움에 가세할 태세였던 것이다.

칼 대공은 이 기회를 둘도 없는 기회로 여겼지만, 흩어진 군대를 배치하는 데만 반나절이 더 걸렸다. 상황을 잘못 읽은 것은 프랑스군만이 아니었다. 칼 대공 역시 다부를 프랑스군 주력의 전위대로 착각했던 것이다. 칼 대공의 병력은 남북 축으로 전개해 있었고, 증원 병력은 북쪽의 레겐스부르크를 거쳐 접근 중이었다. 계획대로라면 이 새로운 증원 병력이 프랑스군의 왼쪽 측면으로 들이닥칠 터였다. 칼 대공은 자신의 양익이 서로 협조하여 프랑스군으로 하여금 에크뮐 일대의 전선 전체에 병력을 분산시키게 만들기를 기대했고, 아군의 증원 병력이 자리 잡기 전까지는 공격에 나서지 않을 생각이었다.

에크뮐

4월 22일, 아침이 밝았지만 대치 중인 양군은 산발적인 전초전 외에는 좀처럼 공격에 나설 기미를 보이지 않았다. 아침이 지나 한낮으로 접어들도록 불길한 정적만이 전장을 감쌌다.

칼 대공이 두 군단의 도착 소식을 애타게 기다리는 동안, 다부는 좀더 명확하게 상황을 파악할 수 있었다. 나폴레옹은 피레를 통한 회신으로 황제인 자신이 친히 군대를 이끌고 전진 중임을 알렸다. 다부는 적을 붙든 채 오후 3시경으로 예정된 나폴레옹의 공격을 기다려야만 했다. 칼 대공이 조금씩 시간을 흘려보내는 사이 다부의 생존과 승리의 가능성은 더욱 높아져갔다.

오후 1시경, 공격에 나선 오스트리아군의 선봉대가 몽브륀의 기병대와 격돌했다. 경사진 데다가 숲으로 우거진 지형은 프랑스군이 적의 기세를 누그러뜨리는 데 큰 도움이 되었다. 프랑스 기병들이 밀려날 무렵, 오스트리아군의 측면을 맡은 로젠베르크 장군은 자신과 대치한 다부의 주력을 지켜보다가 문득 불길한 예감에 사로잡혔다. 칼 대공의 공격에 맞서 서둘러 이동했어야 할 적이 제자리에 머물며 자신을 노려보고 있었던 것이다! 로젠베르크는 그 의미가 오직 하나뿐임을 깨달았다. 그는 병력을 돌려 남쪽에서 닥쳐올 위협에 대비했다. 얼마 후 그의 예감은 그대로 들어맞았다. 측면 경계를 맡은 그의 진영은 쇄도하는 프랑스군의 대병력 앞에 깊숙이 밀려들어갔다.

나폴레옹은 유례없는 강행군을 성공시키며 군대의 방향 전환에 있어 둘도 없는 역사적 사례를 남겼다. 오전 2시까지 상황을 파악한 나폴레옹은 북쪽으로 군대를 돌려 30킬로미터를 행군시킴으로써 곤경에 빠진 다부 원수를 지원하라는 명령을 내렸다. 간략한 명령에 이어 계획이 실행되었다. 놀랍게도 나폴레옹의 도착은 예정보다도 빨랐다.

이 결정타의 선두에 선 것은 반담 장군과 그 휘하의 뷔르템베르크군이었다. 이들 독일 병사들은 상당한 전의를 보이며 돌격에 나섰다. 정예 경보병대대를 앞세운 그들은 성난 파도처럼 에크뮐 다리를 건너 시가지로 쇄도했다. 그들은 그곳에서 오스트리아군의 끈질긴 저항에도 아랑곳하지 않고 성채를 점령했다.

나폴레옹의 공격이 시작되자 다부 역시 로젠베르크 진영의 중앙인 운터라이힝Unterlaiching과 그 북쪽의 숲에 공격을 가했다. 다부는 제10경보병연대에게 이 임무를 맡겼다. 이 엘리트 부대는 마을 앞에서 잠시 멈칫했을 뿐 지체 없이 숲을 향해 나아갔다. 그곳에서 자신들보다 두세 배나 많은 적과 마주친 그들은 수목 사이로 격렬한 전투를 펼쳤다. 이윽고 다부가 드로이Deroy 장군의 바이에른군 경보병연대를 증원하면서 숲이 함락되

었다.

　운터라이힝 북쪽에서는 프리앙과 생일레르의 잔여 병력으로 이뤄진 다부의 부대가 오버라이힝^{Oberlaiching} 일대와 그 북쪽 숲에 자리 잡은 방어 병력을 서서히 밀어냈다. 헝가리 척탄병들이 장악하고 있던 보루를 함락

당한 뒤 전선 전체에서 밀리게 된 칼 대공은 후퇴 명령을 내렸다.

에크뮐과 운터라이힝 북쪽의 숲 사이에는 베텔베르크Bettelberg라 불리는 능선이 있었다. 이 능선에는 빈센트Vincent 경기병대 및 스팁식Stipsic 후사르와 함께 수개 포대로 이뤄진 오스트리아 제국 최강의 기병 전력이 버티고 있었다. 그 아래쪽의 넓은 습지대에 전개를 마친 바이에른과 뷔르템부르크 경기병대가 이 언덕을 향해 돌격을 개시했다. 잠시 포대 하나를 유린했던 그들은 후사르와 경기병, 두 정예 기병연대의 공격 앞에 격퇴당하고 말았다. 역공에 나선 오스트리아 기병대는 역으로 바이에른 보병들에게 저지당했다.

대치 상태가 이어졌다. 오스트리아군은 나머지 병력의 전장 이탈이 끝날 때까지 진지를 사수할 각오로 싸웠고, 나폴레옹 역시 이들을 뚫고 달아나는 적을 섬멸할 작정이었다. 이제 이를 위해 나폴레옹의 중장기병대가 투입되었다. 무른 대지 위로 생쉴피스St. Sulpice와 낭수티의 사단이 배치되었다. 이들의 대열은 베텔베르크의 중포들이 퍼붓는 집요한 사격으로 인해 이동 과정 내내 큰 피해를 입었다. 서서히 앞으로 나아간 웅장한 기병 대열은 조금씩 속도를 올렸다. 능선에 이르자 고지로 다가가는 이들의 걸음도 속보로 변했다. 이윽고 마지막 수백 미터를 남기고 본격적인 질주가 펼쳐졌다. 지친 데다가 수적으로 열세했던 오스트리아 기병들은 진지에서 밀려났고, 중포들은 적의 손에 떨어졌다. 보다 가벼운 포들을 포가에 실어 내빼는 사이 상당수 포병이 칼에 베였다. 이제 능선을 장악한 흉갑기병들은 고삐를 늦추며 숨을 돌렸다. 일부는 숨 돌릴 사이도 없이 추격에 나서야만 했다.

늦은 오후 무렵 프랑스군의 승리가 굳어졌다. 하지만 칼 대공은 사로잡힌 소수의 병력을 제외한 그의 보병 전력을 전장에서 빼낼 수 있었다. 프랑스군의 추격이 있었지만, 오스트리아군에게는 시간을 벌어줄 도로 위의 병목지점이 있었다. 나폴레옹은 부대를 독려해가며 중장기병대를 앞세워 적을 고착시키려 했다. 그들은 레겐스부르크에서 수 킬로미터 떨어진 알트에글로프스하임에서 칼 대공의 후위대를 따라잡았다.

곧이어 대규모 기병 간 격돌이 벌어졌다. 칼 대공은 프랑스군을 지연시키기 위해서 흉갑기병과 지친 경기병대에게 뒤를 맡겼다. 나폴레옹은 바이에른과 뷔르템베르크 경기병대가 지원하는 흉갑기병 3개 사단을 내보냈다. 밀러드는 프랑스 기병의 물결에도 불구하고 새로 전장에 투입된 오스트리아 중장기병대는 교묘하게 프랑스군 진영을 돌파했다. 전투가 완전히 난전으로 돌변한 가운데, 양측은 더 많은 기병을 쏟아 부었다. 오스트리아군은 눈부신 전투를 펼치며 한동안 지친 프랑스군을 가볍게 막아냈지만, 결국 프랑스군의 수적 우위가 힘을 발휘하기 시작했다. 프랑스군이 속속 증원됨에 따라 상황이 급격하게 암울해짐을 깨달은 오스트리아군은 전장 이탈을 꾀했다. 바로 그 순간 프랑스군의 2파가 밀려들어 기진맥진한 오스트리아군을 휩쓸었다. 당황하여 평정심을 잃은 기병들은 레겐스부르크와 그 방벽이 제공하는 피신처로 줄행랑을 쳤다. 프랑스군 역시 어둠 속에서 혼란에 빠져 있었던 탓에 추격은 별 성과가 없었다. 패주의 물결에 휘말려든 칼 대공에게는 천만다행한 일이었다.

나폴레옹 피격되다

다음날인 4월 23일에는 도나우 강과 그 왼쪽 기슭의 방어진지를 향해 퇴각하려 안간힘을 쓰는 오스트리아군의 모습이 목격되었다. 상당수의 후위대 병력이 레겐스부르크의 성벽을 지키기 위해 남아 있었다. 나폴레옹은 프랑스 수비대의 항복 소식을 듣고는 실망감을 감추지 못했다. 오스트리아군을 강기슭에서 사지로 몰아넣을 생각이었던 것이다. 그는 이를 대신해 대규모 돌격을 강행해 되도록 많은 수의 패잔병을 챙기기로 했다. 중세시대의 요새는 지속적인 포격만으로도 쉽사리 굴복시킬 수 있었지만, 시간이 넉넉지 않았다. 나폴레옹의 보병들이 돌격에 나서 사다리로 성벽을 기어올랐다. 오스트리아군의 사격은 그때마다 이들을 격퇴시켰다. 전투 도중에 탄환 한 발이 나폴레옹의 뒤꿈치로 날아들었다. 삽시간에 프랑스 병사들 사이로 그가 중상이라는 소문이 퍼져나갔다. 공황을 잠재우기 위해 그는 서둘러 상처를 붕대로 감게 한 뒤 말을 타고 전선을 가로지르며 자신의 건재함을 과시했다. 이로써 위기는 진정되었다.

공황은 가라앉았지만, 돌격은 번번이 격퇴당하고 있었다. 마침내 거침없는 란 원수가 사다리를 거머쥐고 외쳤다.

■■■■■ 자신이 부상당한 사실을 알리지 않으려고 나폴레옹이 레겐스부르크를 바라보는 병사들 사이로 말을 달리고 있다. 그 뒤편으로 도시의 성벽으로 돌격을 준비하는 프랑스군의 모습이 보인다. 미르바흐 작. (Ann Ronan Picture Library)

"이 몸은 원수이기에 앞서 척탄병이었으며 여전히 그러하다!"

이 말에 부끄러워 어쩔 줄을 모르던 부하들은 다시 한 번 용기를 내 사다리를 들고 마지막 돌격에 나섰다. 이번 돌격은 성공을 거뒀고, 프랑스군은 요새 안으로 돌입했다. 오스트리아군은 칼 대공의 공병대가 도나우 강의 석조 다리를 파괴하기 전에 프랑스군이 이곳에 닿는 것을 막고자 처절한 전투를 펼쳤다. 시가전과 육탄전이 이어졌다. 오스트리아군 5개 대대가 전멸하거나 항복했지만, 이들의 희생은 헛되지 않았다. 프랑스군은 강변으로 뚫고 나온 순간 폭약이 폭파되는 광경을 목격해야 했다. 칼 대공과 그의 주력부대가 손아귀에서 빠져나감으로써 나폴레옹은 초전에 결정타를 가할 기회를 잃고 말았다. 이튿날 나폴레옹의 관심사는 도나우 강 남쪽에 여전히 남아 있는 적군을 고립시켜 궤멸하는 것으로 바뀌었다.

바이에른에서는 오스트리아군의 주공세가 좌절되는 양상이었지만, 그 밖의 전선에서는 합스부르크가 쪽으로 전황이 기울고 있었다. 참담한 아우스터리츠-울름 패전 이후 바이에른에 넘어간 티롤 지방에서는 1만 명의 군대를 이끌고 그곳을 침공한 카슈텔러Chasteler 장군에 대응해 지역 전체가 들고 일어났다. 그의 진군은 이탈리아 및 달마티아Dalmatia를 노린 요한 대공의 침공과 때를 맞춘 것이었다. 카슈텔러는 인스브루크Innsburg로 진격하는 과정에서 안드레아스 호퍼Andreas Hofer가 중심이 된 애국적인 티롤 반군의 도움에 힘입어 대항하는 거의 모든 군대를 사로잡았다. 사흘 만에 거의 모든 티롤 지방이 다시 오스트리아의 손에 들어왔다. 이에 대한 대응이 시작된 것은 5월에 이르러서였다.

이탈리아 전투

요한 대공의 군대는 나폴레옹의 의붓아들이자 이탈리아의 섭정인 외젠 드 보아르네를 향해 진격했다. 프랑스와 이탈리아 연합군은 수적으로 요한 대공의 군대를 압도했지만, 북부 이탈리아 곳곳에 흩어진 상태였다. 이것은 설령 오스트리아의 공격이 있다 해도 당분간은 아닐 것이며 미리 군대를 집결시키는 것 자체가 전쟁을 촉발시킬 도발로 받아들여질 것이라고 여긴 나폴레옹의 실책이었다. 이로 인해 요한 대공의 진격에 이어 1809년 4월 14일과 15일 사이에 벌어진 사칠레Sacile 전투에서 외젠이 동원할 수 있었던 병력은 원래 병력의 절반에 지나지 않았다. 전공에 굶주린 외젠은 싸움이 필요했다. 나아가 카슈텔러의 승리로 북익을 위협받던 그는 요한 대공만 패퇴시킨다면 티롤의 위기도 여유롭게 처리할 수 있으리라고 생각했다.

전투 첫날, 요한 대공은 포르데노네Pordenone에서 외젠의 전위대를 궤멸시켰다. 이튿날 외젠이 시도한 우회 공격은 진흙투성이의 거친 지형에 막혀 좌절되고 말았다. 요한 대공은 프랑스군이 포르치아Porcia 마을을 점령하느라 진을 빼는 광경을 담담하게 지켜봤다. 프랑스군이 마침내 수차례의 시도 끝에 마을을 점령하자, 프랑스군 좌익을 노린 오스트리아군은 공격을 실시해 이들을 리벤차Livenza 강으로 몰아붙였다. 외젠은 자신의 퇴로가 위협받자, 전투를 중지시켰다. 밤새 비에 흠뻑 젖어가며 후퇴를 감행한 프랑스군은 활기를 잃은 오스트리아군의 추격을 뿌리쳤다.

몇 차례 후위 전투로 퇴로를 유지한 외젠은 베로나Verona와 아디제Adige 강 전선까지 물러났다. 외젠은 1796년에는 나폴레옹이, 1805년에는 마세나가 이끈 프랑스군이 지켜낸 이 낯익은 땅에서 병력을 모으며 공세로 전환할 시기를 엿봤다.

그 밖의 전장

달마티아에서는 명목상 외젠의 휘하에 놓인 마몽에게 전면의 적을 공격하라는 명령이 떨어졌다. 4월 30일, 산악지대를 무대로 펼쳐진 공세는 슈토이헤비히Stoichewich 장군에게 격퇴되었고, 심각한 피해의 대부분은 숙련된 산악전 요원인 그렌츠병에게 입은 것이었다. 프랑스군은 이어지는 퇴각 과정에서도 지역민들의 느닷없는 매복 공격에 시달렸다.

북쪽에서도 나폴레옹의 연합군은 이에 못지않은 난관을 맞고 있었다. 포니아토프스키 대공은 바르샤바로 진격해오는 페르디난트 대공의 군대를 저지하기 위해 나섰다. 도시 바로 남쪽에서 방어전을 편 폴란드군은 4월 19일 라쉰Raszyn 전투에서 오스트리아군에게 패했다. 포니아토프스키의 군대는 영웅적인 분투에도 불구하고 바르샤바를 포기한 채 페르디난트 대공의 추격권 밖으로 퇴각해야 했다.

이 같은 사태에 뒤질세라 불길한 전조를 드리우려는 듯 프로이센 후사르를 이끈 선동가, 쉴Schill 소령이 주위의 부하들을 규합해 독일 북부를 휩쓸고 다니며 프랑스에 맞선 봉기를 호소했다. 나폴레옹에게는 다행스럽게도 그는 별다른 호응을 얻지 못했고, 그의 행동은 프로이센 왕에게도 외면당했다. 하지만 그는 제롬 보나파르트Jérome Bonaparte의 베스트팔렌 왕국을 혼란 상태로 몰아넣어 봉기 직전의 상황까지 가게 만들었다. 이 모든 사태들은 나폴레옹의 승리를 더욱더 중요한 것으로 만들었다. 만약 에크뮐 전투가 벌어지지 않은 상황에서 그러한 일들이 일어났더라면, 프로이센의 참전을 촉발했을 수도 있었기 때문이다.

쫓기는 오스트리아군

애초에 도나우 강 남안의 오스트리아군을 추격하는 임무는 베시에르 원수의 책임이었다. 그는 기병과 바이에른군으로 편성된 혼성군을 이끌었다. 지나치게 무모한 추격을 펼친 그의 병력 가운데 일부는 4월 24일에 노이마르크트Neumarkt에서 큰 타격을 입었다.

베시에르는 진격을 멈췄고, 란 원수가 도착한 이후에야 간신히 진격을 재개할 수 있었다. 마세나 원수가 이끈 또 다른 병력은 힐러의 군대를 따라잡아 5월 3일부터 에벨스베르크Ebelsberg에 접한 트라운Traun 강을 사이에 둔 채 이들과 대치했다.

마세나는 달아나는 오스트리아군을 덮쳐 전공을 세우고 싶은 나머지 강 위에 길게 놓인 다리로 성급하게 돌격을 명령했다. 프랑스군은 무모하

■■■■■■ 에벨스베르크 전투를 앞둔 나폴레옹의 숙영지. 많은 이들이 대가만 컸던 이 소규모 전투의 가치에 의구심을 품었다. 앙투안 피에르 몽쟁Antoine Pierre Mongin 작. (Edimedia)

게 다리로 뛰어든 자신들에게 최대한 피해를 입히도록 배치된 오스트리아군 포대에게 난타당했다. 그런데도 나폴레옹 군대의 정예인 이들은 돌진을 멈추지 않았다. 시가지로 돌입한 이들은 힐러의 병력 대다수가 시야 밖에서 도사리고 있음을 발견했다. 맹렬한 사격 속에서 옴짝달싹할 수 없게 된 마세나의 부하들은 필사적으로 교두보에 매달렸다. 프랑스군은 아군 포대가 오스트리아군 포병을 향해 포문을 열자, 증원 병력을 건너보냈다. 마을은 엄청난 포화로 인해 불길에 휩싸였고, 가장 단련된 고참병조차 몸서리치게 만든 살육전은 그 공포를 더해갔다. 연기와 불길을 헤치며 전진한 프랑스 병사들은 이윽고 마을 뒤편 언덕에 자리한 성채에 이르렀다. 처절하고 영웅적인 전투 끝에 마침내 성채와 시가지의 지배권이 프랑스군에게 넘어왔다. 힐러는 전투를 접고 후퇴에 들어갔다. 마세나가 값비싼 대가를 치르며 얻은 승리는 란이 이미 힐러의 방어선 측면을 포위한 상태에서 두세 시간 후면 싸우지 않고도 이들을 몰아낼 수 있었기 때문에 그 빛을 발할 수 없었다. 마세나의 부대는 제대로 된 추격전을 펼치기에 출혈이 너무 컸고, 힐러는 별다른 피해 없이 도나우 강 너머로 퇴각할 수 있었다.

칼 대공의 군대는 탈출에 성공했지만, 이번에는 빈이 무방비 상태로 남고 말았다. 나폴레옹과 그의 군대는 5월 12일, 국토방위대가 펼친 최소한의 상징적 저항 이후에 함락된 합스부르크 왕가의 수도에 입성했다. 빈 시민들은 도나우 강의 다리들을 파괴하는 성과를 올렸다. 이로써 그들은 적어도 1805년과 달리 멀쩡한 다리들을 그냥 내주지는 않았노라고 자위할 수 있었다.

나폴레옹의 군대가 빈을 향해 도나우 강을 거슬러 갈 무렵에는 남쪽의 상황도 유리하게 전개되고 있었다. 칼디에로에서 외젠과 요한 대공의 가벼운 접전이 벌어진 4월 30일, 수적 열세에 놓인 요한 대공은 자신의 전선에 가해진 압박 이외에도 북부 전선의 붕괴라는 상황에 몰려 후퇴를 선택해야만 했다.

이 당시의 오스트리아군은 여전히 전진과 후퇴에 걸림돌이 된 방대한 병참선에 의존하고 있었다. 오스트리아 지휘관들은 번번이 패배당할 게 뻔한 상황에서 보급 대열을 보호하기 위해 싸움에 말려들어야 했다. 1주일 뒤 요한 대공 역시 이 같은 상황을 맞이해야 했다. 요한 대공이 피아베 Piave 강의 진지를 고수하자, 건너편의 외젠은 자신의 병력을 집결시켰다. 5월 8일 아침, 외젠은 두 곳의 여울목에서 도하를 강행했다. 교두보를 구축한 선봉대는 뒤이은 지원대를 기다렸다. 요한 대공에게는 부하들을 전진시켜 북쪽 기슭의 프랑스군을 몰아내는 것 외에는 별다른 수가 없었다. 이를 노리고 있던 외젠은 오스트리아군의 공격을 격퇴하자마자 역공을 펼쳐 수개소에서 요한 대공의 전선을 돌파했다. 저녁 무렵 승리가 굳어졌고, 외젠은 사칠레의 패배를 설욕할 수 있었다. 외젠은 유리한 전황을 살린 신속한 진격으로 요한 대공의 군대를 이탈리아에서 몰아낸 뒤 헝가리로 향했다. 외젠은 요한 대공의 후위대를 연거푸 궤멸시킨 수차례의 소규모 교전 끝에 5월 20일 무렵 클라겐푸르트^{Klagenfurt}에 도착했고, 이로써 나폴레옹과 합류하거나 요한 대공을 추격할 수 있는 위치에 서게 되었다.

외젠이 요한 대공의 패잔병들을 추격하는 동안, 르페브르 원수는 자신의 바이에른 군단을 재편해 티롤 탈환에 나섰다. 인스부르크^{Innsbruck}로 이어진 길은 총칼이 오간 몇 차례의 소규모 접전 끝에 평정되었다. 사면 초가의 궤멸적인 상황에 처한 카슈텔러가 퇴각하자, 티롤인들의 운명은 하늘에 맡겨졌다. 바이에른군은 감당키 어려운 상대였고, 인스부르크는 5월 19일에 함락되었다. 티롤 지역은 평화를 되찾은 듯 보였다.

린츠 전투

나폴레옹은 도나우 강을 거슬러 진격하면서 요소요소의 도하 지점에 군단 규모의 경계 병력을 남겨두었다. 린츠^{Linz}에서 반담 장군이 이끈 뷔르템베르크 군단에게 이러한 임무가 맡겨졌다. 반담은 도나우 강을 건너 강화된 교두보까지 구축할 수 있었다. 이는 보헤미아에 있는 칼 대공의 군대 입장에서는 심장을 겨눈 비수와도 같았다. 이에 대응하기로 한 칼 대공은 콜로브라트^{Kolowrat} 장군과 제3군단을 파견해 침입자들을 강 건너편으로 밀어버리도록 했다. 오스트리아 지휘관은 세 갈래로 나뉜 병력으로 협공을 펼치고자 했다.

린츠 전투는 3개의 합스부르크군 대열이 순차적으로 전장에 도착해 각개격파당해버림으로써 지리멸렬한 작전이 되고 말았다. 게다가 콜로브라트의 계획을 뒤엎기 위해 베르나도트 원수 휘하 작센 군단의 부대마저 속속 전장에 도착했다. 결과는 콜로브라트의 완패였고, 퇴각한 그의 부대는 상처가 아물기를 기다렸다. 나폴레옹의 독일계 연합군들은 다시 한 번 큰 활약을 펼쳤고, 나폴레옹은 보급선에 관해 당분간 걱정을 덜게 되었다.

쇤브룬Schönbrunn 궁에 자리 잡은 나폴레옹은 차후 작전을 계획했다. 보급선은 지나치게 늘어져 있었고, 베르나도트와 반담, 다부의 군단이 도나우 강 전선을 장악했는데도 좀처럼 화평이 제안될 기미가 보이지 않았다. 영국이 침공하리라는 소문이 횡행하는가 하면 언제라도 요한 대공의 병력이 들이닥칠 수도 있었고, 러시아(조약으로 맺어진 프랑스 연합국)마저 프랑스를 안심시키기보다는 오히려 위협하는 것처럼 보였다. 강 주위에서 대규모 적병에 관한 소식을 접할 수 없었던 나폴레옹은 칼 대공과 그의 군대가 브룬 어딘가에 있으리라 짐작했다. 당시 프랑스군의 정보계통은 그 기능을 완전히 상실한 상태였다. 실제로 칼 대공은 바그람에서 몇 킬로미터 떨어지지 않은 곳에 있었다.

아스페른–에슬링

나폴레옹은 도나우 강 도하를 계획한 뒤, 강 폭의 4분의 3을 차지하고 있어서 좁은 물줄기 너머의 북쪽(왼쪽) 기슭까지 가교를 쉽게 놓을 수 있는 로바우Lobau 섬에서 이를 실행에 옮겼다. 그는 몇 곳에서 양동작전을 펼쳤지만, 칼 대공은 그 속셈을 훤히 꿰뚫고 있었다. 5월 18일 밤부터 5월 20일 오후까지 프랑스 공병대는 첫 번째 폰툰 부교 설치에 매달렸다. 이들의 작업은 알프스의 눈이 녹아내리며 불어난 수위로 인해 큰 난관에 부딪혔다. 그런데도 그들은 임무를 완료했고, 그 즉시 마세나 군단 소속의 2개 사단이 로바우 섬으로 이동했다. 몰리토^{Molitor}의 사단은 내처 나머지 물줄기까지 건너 아스페른과 에슬링 시가지를 점령했다. 라살의 경기병대가 몰리토와 합류해 두 마을 사이에 진을 쳤다.

마세나는 아스페른 성당의 첨탑에 올라 주위를 살피며 오스트리아군의 흔적을 찾았다. 소규모 예비 군단의 숙영지에 피어오른 모닥불이 눈에 들어왔지만, 그게 다인 듯했다. 상황이 순조롭게 전개되고 있다고 믿은 마세나는 5월 21일 이른 아침, 부데^{Boudet}와 르그랑의 사단에게 북쪽 기슭으로 이동해 몰리토를 지원하도록 명령했다. 베시에르 원수의 기병대도 이들에 이어 강을 건넌 뒤, 교두보 확장에 앞서 제4군단의 나머지 병력을 기다렸다. 카라 생시르^{Carra St. Cyr}의 사단과 란의 군단이 이어 강을 건널 예정이었지만, 대형 바지선이 다리를 들이받아 끊어놓는 통에 도하는 중단되고 말았다.

한눈에 강이 내려다보이는 언덕 위에서는 합스부르크군이 이 모든 상황을 지켜보고 있었다. 칼 대공에게는 둘도 없는 기회가 찾아온 셈이었다. 강의 북쪽 기슭으로 유입되는 병력만 차단하면 눈앞의 적 정도는 자신의 대병력으로 섬멸할 수 있었다. 이를 위해 불 붙인 바지선과 통나무, 무너뜨린 풍차를 도나우 강에 띄웠다. 이 급조된 교량 공격 수단은 불어난 격류를 타고 내려와 이틀 동안 수차례나 가교를 들이받았다. 프랑스 공병대가 이를 수리할 때마다 오스트리아군은 어김없이 또 다른 불덩이를 떠내려 보냈다.

이제 나폴레옹 군대의 유입을 저지한 칼 대공은 10만 명의 병력을 이끌고 아스페른과 에슬링을 향해 진군했다. 오전 10시경, 당황한 전령이 나폴레옹에게 달려와 하얀 군복의 대군이 프랑스군 진지로 다가오고 있다고 보고했다. 나폴레옹은 이를 확인하기 위해 부관을 파견했고, 적의 규모는 최소 8만 명에 이르는 것으로 밝혀졌다. 그는 후퇴 여부를 놓고 고

■■■■■■ 아스페른 전투 당시의 칼 대공을 묘사한 판화. (Roger-Viollet)

민했다. 계획보다 일찍 칼 대공과 맞닥뜨린 프랑스군은 사태의 흐름을 따라잡을 수 없었다.

가장 먼저 칼 대공의 맹공에 노출된 것은 아스페른에 진을 친 몰리토의 사단이었다. 오스트리아군의 공격은 마을의 서쪽 끝에 자리한 성당과 공동묘지로 집중되었다. 힐러의 부대는 2개 지원 군단이 준비를 마치기도 전에 전진을 시작했다가 성당 벽을 향한 진격 과정에서 맹렬한 포화에 부딪혀 격퇴당했다. 오후 3시가 다 되어 시도된 두 번째 공격은 성당을 거쳐 시가지 돌입으로 이어졌지만, 투입된 몰리토의 마지막 예비대에게 또

다시 격퇴되었다. 힐러는 부대 재편성에 나섰다. 이 무렵 제1·2군단이 전장에 도착해 마을 전체를 감쌌다. 이들은 포 방렬을 마치자마자 프랑스군 진지를 두드리기 시작했고, 베시에르의 기병대 일부가 포격을 교란하려 들자 칼 대공 역시 휘하 기병으로 이에 맞섰다. 소용돌이치는 난전 속에서 칼 대공은 프랑스 기병들이 꼬리를 내릴 때까지 연거푸 기병 연대들을 투입했다.

오후 4시 30분, 아스페른을 겨냥한 합스부르크군 3개 종대의 돌격이 재개되었다. 이번 공격 역시 성당을 중심으로 펼쳐졌고, 심한 출혈에 시달리던 프랑스 보병들은 처절한 백병전 끝에 진지에서 밀려났다. 시가지의 대부분이 함락되면서 나폴레옹의 좌익은 심각한 붕괴 위기에 놓였다. 나폴레옹은 기진맥진한 몰리토의 병사들을 지원하고자 마세나에게 르그랑 사단을 이끌고 전진하라고 명령했다. 오스트리아군은 총검 돌격 앞에 되밀려났다.

나폴레옹이 보유한 소수의 포대가 에슬링 일대의 요충지를 지탱하며 두 마을 사이의 전선 중앙을 엄호하자, 오스트리아 기병대가 투입되어 또다시 좌익을 두드렸다. 오스트리아 기병대는 상당수 프랑스 포대를 괴멸시켰지만, 포대의 배후에서 밀집대형으로 전진한 프랑스 지원 보병대에게 저지당했다. 프랑스군의 진형을 와해시킬 수 없었던 오스트리아군은 헛되이 보병들의 주위를 맴돌다가 머스킷 사격을 받고 격퇴되었다. 그들의 희생은 소중한 시간을 벌어준 것 외에는 별다른 의미가 없었다.

오후 6시, 시가지를 노린 또 다른 공격이 시작되었으나 격퇴되었다. 칼 대공은 퇴각하는 병사들을 몸소 추스르며 이들을 재차 공격에 투입했다. 이번에는 화염에 싸인 마을이 이들의 손아귀에 들어왔다. 이곳을 잃는다는 것은 나폴레옹 군대에게 패배를 의미했기 때문에, 나폴레옹은 아스페른을 탈환하기 위해 이제 막 도착한 생시르 사단과 서전에서 대량 출

■■■■■■ 오스트리아군의 집요한 공격에 맞서 필사적으로 에슬링을 사수하고 있는 프랑스 보병들, 미르바흐 작.
(Ann Ronan Picture Library)

혈한 두 사단의 잔존 병력을 보냈다. 지친 오스트리아군은 뒤로 밀려났다
가 전열을 재정비한 후 반격에 나섰지만, 시가지를 채 절반도 지나기 전
에 기세가 떨어지면서 프랑스군의 역습에 서서히 되밀렸다. 그들은 성당
을 요새로 삼아 완강하게 저항했다.

아스페른 일대에서 쉴 새 없이 공방전이 펼쳐지는 동안 2개 종대로 나
뉜 로젠베르크의 제4군단이 전장에 나타났다. 나머지 지원대의 도착을
기다리지 않기로 한 로젠베르크는 병력의 절반만으로 공격에 나섰다. 그
들을 기다린 것은 란 원수가 몸소 지휘한 부데의 사단이었다. 부데는 에
슬링 시가지에 널린 정원과 건물 곳곳에 부하들을 배치했다. 이 가운데
가장 강력한 방어시설은 벽 두께만도 1미터에 가까운 거대한 곡물창고였
다. 지난 세기말, 기근으로 인한 폭동 이후 이 건물은 방어시설로 쓰일 것
을 염두에 두고 건설되었다. 부데와 200여 명의 부하들은 이 건물을 오스
트리아군의 돌격을 막아내는 방파제로 활용했다.

■■■■■■ 보병들에게는 포격하에서도 대열을 유지하는 것 외에는 별다른 선택의 여지가 없었다. (Sergent)

이 전략은 합스부르크군의 제1파에 맞서 완벽한 효과를 거두었다. 이들을 가볍게 격퇴한 란은 에스파뉴의 중장기병을 투입해 퇴각하는 적을 추격하여 많은 적을 사로잡았다. 장갑으로 무장한 기병들은 제때 추격을 중지시킨 덕분에 리히텐슈타인 장군이 이끄는 기병대의 역습에 대응할 수가 있었다. 양군이 다가서던 중 에스파뉴 장군이 산탄에 맞아 전사했다. 지휘관을 잃은 흉갑기병들은 전투를 계속했지만, 전투 내내 반복되었듯이 오스트리아군의 수적 우세가 승부를 결정지었다. 그러나 이들을 추격한 오스트리아 기병대는 나폴레옹이 이 같은 고비를 예측하고 집결시킨 대규모 포대에게 난타당했다.

어둠이 마을을 감쌀 무렵, 마침내 로젠베르크의 두 번째 종대가 전장에 나타나 전투에 가세했다. 이들은 에슬링의 '긴 정원'과 더불어 시가지 외곽의 건물 몇 채를 점령했다. 란에게는 이를 받아칠 여력이 있었기 때문에, 곧 에슬링 전역은 다시 프랑스군의 손에 넘어왔다. 이어서 란 원수

■■■■■ 에스파뉴 장군은 휘하의 흉갑기병들을 이끌고 자기희생적인 돌격을 펼치다 전사했다.

는 베시에르 원수와 회동을 가졌다. 두 사람은 1798년 이집트 원정 이래 앙숙일 뿐만 아니라, 베시에르 입장에서는 자신의 기병대에게 돌격 명령을 내린 란 때문에 하루 종일 화가 난 상황이었다. 부하들과 뒷짐만 지고 있지 않았었느냐는 비아냥은 베시에르에게 충분한 결투 신청 사유가 되었다. 다혈질의 가스코뉴인인 란 역시 기꺼이 이에 응했지만, 곁에 있던 마세나 원수가 나서 두 사람 모두 칼을 거두도록 했다.

밤까지 산발적으로 이어진 사격이 이날 전투의 전부였다. 에슬링은 여전히 프랑스군이 장악하고 있었고, 아스페른의 대부분 지역도 마찬가지였다. 나폴레옹은 제2군단과 근위대를 도하시키는 한편, 다부 원수에게도 부대의 도하 준비를 명령했다. 주도권 탈환을 노리고 있던 나폴레옹은 이제 막 도착한 란의 군단을 동원하여 베시에르의 기병 지원하에 오스트리아군의 중앙을 공격해 붕괴시킬 계획이었다. 다부의 병력은 전과 확대에 동원될 예정이었으며, 최후의 일격은 근위대의 몫이었다.

가장 먼저 할 일은 아스페른 탈환이었다. 생시르의 부하들을 진두지휘한 마세나가 오전 4시부터 공격에 나섰다. 기습으로 정면의 오스트리아군을 몰아낸 그는 그 뒤 새로 투입된 오스트리아 예비대에게 막혀 물러났다. 격전은 계속되었고, 프랑스군은 오전 7시경 마을을 되찾는 데 성공했다.

아스페른을 둘러싼 전투가 펼쳐지는 동안, 나폴레옹은 라살의 경기병대로 에슬링 남부를 공략해 병력의 전개 공간을 넓히고, 그 방향에서 가해지는 압력을 완화시키고자 했다. 처음에는 사나운 기병들 앞에서 적 기병대가 패퇴하는 듯했지만, 오스트리아 보병의 밀집대형이 이들을 가로막았다. 로젠베르크가 보유한 많은 대포의 목표가 되기를 꺼린 라살은 다리를 향해 에슬링 뒤편으로 퇴각해 마을을 무방비 상태로 만들었다. 로젠베르크는 이를 요충지 탈환의 새로운 기회로 받아들였다. 그의 부하들이 앞으로 뛰어나갔지만, 이번에도 두 대열의 손발이 맞지 않아 격퇴당하고 말았다.

그 순간, 나폴레옹은 중장기병의 지원하에 란을 전선에 투입했다. 란은 전선의 중앙을 돌파한 뒤, 배후에서 양 측면을 감싸 4년 전 아우스터리츠에서 거둔 승리를 되풀이할 기회를 맞았다. 그러나 지금 그의 지휘 아래 있는 병사들은 불로뉴의 훈련지에서 양성된 정예병들도 아닌 데다가 생일레르의 부하들을 빼고는 모두가 새파란 징집병들이었다. 그런데도 공격은 순조롭게 시작되었다. 이번에도 격전의 단골 '공포의 제57연대'가 선봉에 선 프랑스군은 프론Froon 연대(제54보병연대)를 강타해 1개 대대를 포로로 잡고 나머지 2개 대대를 후방으로 패주시켰다.

진격에 나선 프랑스군의 대열에는 오스트리아군의 포격으로 인해 커다란 공백이 생겼다. 오스트리아군의 포격을 막아야 했던 프랑스군은 오스트리아군 야포를 향해 기병대를 풀었다. 현란하게 등장한 기병대는 순식간에 상대의 포대를 잠재웠다. 그들은 적진을 가르며 전선 중앙으로 나

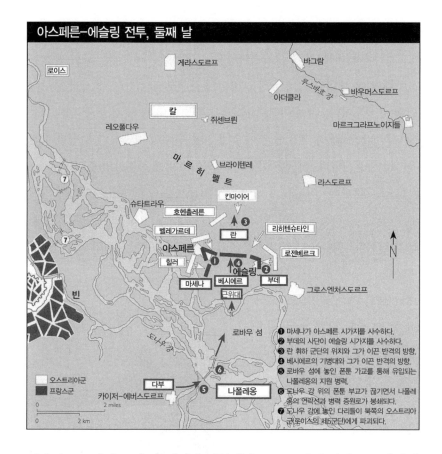

아스페른-에슬링 전투, 둘째 날

로이스
게라스도르프
바그람
아더클라
바우머스도르프
칼
쥐센브륀
마르크그라프노이지들
레오폴다우
마르히펠트
브라이텐레
라스도르프
슈타트라우
킨마이어
호헨촐레른
벨레가르데
란
리히텐슈타인
아스페른
로젠베르크
힐러
에슬링
마세나
베시에르
부데
그위대
그로스엔처스도르프
빈
로바우 섬
나폴레옹
다부
카이저-에버스도르프

오스트리아군
프랑스군

0 ____ 2 miles
0 ____ 2 km

❶ 마세나가 아스페른 시가지를 사수하다.
❷ 부데의 사단이 에슬링 시가지를 사수하다.
❸ 란 휘하 군단의 위치와 그가 이끈 반격의 방향.
❹ 베시에르의 기병대와 그가 이끈 반격의 방향.
❺ 로바우 섬에 놓인 폰툰 가교를 통해 유입되는 나폴레옹의 지원 병력.
❻ 도나우 강 위의 폰툰 부교가 끊기면서 나폴레옹의 연락선과 병력 증원로가 봉쇄되다.
❼ 도나우 강에 놓인 다리들이 북쪽의 오스트리아군(로이스의 제5군단)에게 파괴되다.

아가 오스트리아 보병 및 기병과 격돌했다. 오스트리아 기병은 물러났지만, 보병은 완강히 저항했기 때문에 프랑스 기병은 퇴각할 수밖에 없었다. 이들이 물러나는 동안 란의 보병대가 다가왔다.

전황을 지켜보던 칼 대공은 자신의 마지막 예비대인 정예 척탄병 군단을 이 지역에 투입했다. 그들은 흔들리는 전선 중앙의 간극을 메우기 위해 행군을 서둘렀지만, 도착하기까지는 아직 결정적인 몇 분이 더 필요했다. 칼 대공은 차흐^{Zach} 연대(제15보병연대)의 군기를 움켜쥔 채 퇴각하는 병사들 앞으로 뛰어나가 다시 프랑스군에게 맞서도록 이들을 독려했다. 이 무렵 1킬로미터 이상을 진격한 란은 난데없이 공격을 취소하라는 명령을 받았다.

집요하게 폰툰 부교를 파괴하려 든 오스트리아군이 또 다시 불붙은 풍차를 띄어 보내 이에 성공하는 바람에 부교를 수리하는 데 꼬박 하루가 필요했던 것이다. 더 심각한 것은 다부의 병력이 미처 강을 건너지 못함에 따라 나폴레옹의 파멸을 막아줄 온전한 병력이라고는 란의 병력이 전부라는 사실이었다. 이들은 어떤 일이 있어도 온존시켜야만 했다.

란의 병사들은 자신들의 생명선이 서둘러 복구되기를 기다리며 진지에 머물렀다. 재앙을 확인한 나폴레옹은 제2군단에게 서서히 후퇴할 것을 명령했다. 후퇴에 나선 병사들은 무시무시한 포격을 뒤집어썼다. 프랑스군을 통틀어 최고의 사단장으로 꼽힐 만한 생일레르 장군이 이 포격에 왼쪽 발을 잃고 말았다. 2개 징집병 사단의 병사들이 전열에서 벗어나 떼를 지어 후방으로 달아나기 시작했지만, 란은 평정심을 잃지 않았고, 전선은 지탱되었다. 이윽고 그들은 출격 진지로 되돌아왔다.

전선 중앙이 위기를 모면하자, 칼 대공은 다시 한 번 두 마

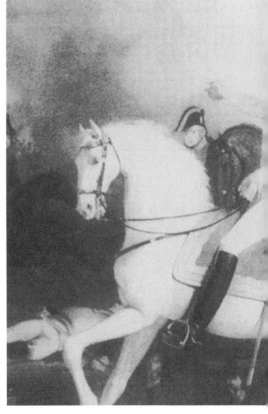

■■■■■ 참모진을 거느리고 있는 1809년 당시의 칼 대공. 그는 수년 뒤, 자크 보병연대의 분전을 이끌었던 사건을 회고한 자리에서 "나같이 작은 덩치가 그 무거운 군기를 들고 다닐 수 있을 거라곤 생각도 못했겠지. 안 그래?"라고 말했다. (Ian Castle)

을을 향한 공격에 나섰다. 란이 공격하는 동안 이미 두 번이나 주인이 바뀐 아스페른을 향해 합스부르크군이 공격을 재개했다. 칼 대공은 가지고 있는 곡사포들을 단일 포대로 묶어 아스페른 초토화에 나섰다. 또 다시 시가지가 불길에 휩싸이며 한 차례의 돌격에 마을이 점령되었지만, 이번에도 밀고 밀리기가 반복되었다. 돌격이 거듭되는 가운데 오후 1시가 되자, 오스트리아군의 아스페른 점령이 확실해졌다. 패퇴한 프랑스군은 시가지로부터 적이 쏟아져 나오는 것을 막고자 사방에 불을 놓았지만, 이 시점에 에슬링까지 함락된다면 진출한 포병에게 난타당한 나폴레옹이 굴복을 선택해야만 할 가능성마저 있었다. 칼 대공은 그 같은 일이 벌어지

도록 할 작정이었다.

　재개된 공격을 받은 부데의 부하들은 곡물창고를 제외한 에슬링 전역에서 밀려났다. 몇몇 정예 중대와 함께 그곳에 남게 된 부데는 자신을 몰아내려는 모든 공격을 격퇴했다. 곡물창고가 함락된다면 프랑스군의 희망은 완전히 사라지는 것이나 다름없었다. 칼 대공이 정예 척탄병들을 투입했는데도 부데는 끈질기게 이들을 막아냈다. 나폴레옹은 무통이 지휘한 청년근위대 2개 대대와 중견근위대 1개 대대를 투입해 에슬링을 탈환하기로 했다. 앞으로 나간 근위대는 오스트리아군을 몰아냈다. 로젠베르크는 추가로 병력을 투입해 마을을 포위하며 항복을 강요했다. 나폴레옹은 이에 맞서 라프 장군과 중견근위대 2개 대대를 추가로 보냄으로써 고전 중인 근위대의 고립을 풀려 했다. 전황을 파악하고 있던 라프는 나폴레옹의 명령을 거역한 채 병력을 돌려 다가오는 적을 격퇴하는 데 집중했다. 가망이 없음을 깨달은 칼 대공은 에슬링 공략을 중지했다.

　나폴레옹을 에슬링에 옭아맨 오스트리아군은 압도적으로 많은 야포로 프랑스군을 섬멸하려 들었다. 150문에 달하는 포가 프랑스군의 중앙을 난타했다. 이 포격에 가장 큰 피해를 입은 것은 제2군단이었다. 대열의 최후미에서 무시무시한 포화에 휘말린 노장근위대 소속 대대들은 대열째 무더기로 쓸려나갔다. 달리 피할 곳조차 없던 부대는 제자리에 선 채로 피해를 감수해야 했다. 이윽고 퇴각하던 제2군단 병사들 일부가 베시에르 원수의 지휘하에 태세를 추스르고 산병전 대형으로 전진하며 오스트리아군 포병에게 사격을 개시했다. 베시에르 원수의 침착한 태도는 병사들의 동요를 가라앉혔고, 그들의 사격은 상대에게 상당한 피해를 안겼다. 하지만 오후 4시경, 로바우 섬으로 물러난 나폴레옹은 피할 수 없는 현실을 받아들이며 전투를 중지시키고 패배를 인정했다. 그가 란 원수에게 지휘를 맡긴 채 후퇴 조정에 나선 지 얼마 안 되어 란의 오른쪽 무릎에 포탄이 명중해 그의 다리를 만신창이로 만들고 말았다. 그는 황제의 곁을 지나 후방으로 실려 갔고, 한손으로도 채 못 꼽을 친구들 중 하나인 이 상처 입은 영웅의 모습을 본 황제는 주저 없이 눈물을 훔쳤다.

칼 대공은 기꺼운 마음으로 나폴레옹의 퇴각을 허용했다. 탄약은 바닥이 난 데다가 병력 피해도 만만치 않았다. 프랑스군은 야음을 틈타 로바우 섬으로 퇴각했고, 그곳에서 비참한 밤을 보냈다.

상처 입은 맹수 나폴레옹

아스페른-에슬링 전투는 전술적인 관점에서 볼 때 양측이 엇비슷한 사상자(2만2,000명)를 냈다는 점에서 무승부였지만, 전략적인 관점에서 볼 때는 의심할 여지없이 프랑스군의 패배였다. 나폴레옹은 이를 감추고자 안간힘을 썼지만, 이 소식은 유럽 전역으로 퍼져나갔고, 반프랑스 연합국들은 '괴물'의 몰락이 임박했는지도 모른다는 희망에 부풀었다.

전투가 끝나자, 나폴레옹은 로바우 섬을 거대한 요새로 만들었다. 그는 보급품과 증원대를 들여오기 위한 견고한 다리들을 건설하는 한편, 군대를 강화할 보충 병력을 소집했다. 베르나도트가 작센군을 이끌고 도착했고, 마몽의 달마티아 군단을 포함한 이탈리아 전선의 병력도 그와 합류하기 위해 행군에 들어갔다.

나폴레옹은 외젠에게 자신의 남쪽(오른쪽) 측면을 맡길 심산으로 아스페른-에슬링 전투에 앞서 목적지 도착을 완료하도록 명령해놓은 바 있었다. 패배로 인해 그러한 기동의 중요성은 더욱 커졌다. 외젠은 군대를 거느리고 북상하던 중 헝가리에 있는 요한 대공과 합류하기 위해 티롤에서 퇴각하는 옐라칙Jellačić 장군의 군대를 포착했다. 5월 25일에 벌어진 생미하엘St. Michael 전투에서 수적으로 상대가 안 되는 오스트리아군은 괴멸했고, 옐라칙의 병력 가운데 극히 일부만이 헝가리로 탈출했다.

이 승리로 나폴레옹의 우익에 대한 전략적 위협이 당분간 사라지자, 이제 외젠에게는 요한 대공이 도나우 강 이북의 칼 대공과 합류하기 전에 안심하고 그를 추격해 섬멸할 수 있는 기회가 찾아왔다. 요한 대공은 피아베 강에서 패한 이래 군대를 둘로 나눴다. 그 중 하나는 그가 직접 지휘했고, 나머지 하나는 귤라이Gyulai에게 맡겨졌다. 그가 지휘한 군대는 그 무렵 단독 작전 중이던 외젠 군대의 한쪽 날개를 맡은 막도날Macdonald에 맞서 합스부르크령 카린티아Carinthia, Kärnten를 방어했다. 당시 막도날을 지원한 것은 마몽이었다.

마몽은 4월 15일의 패배 이후 아드리아 해를 따라 차라Zara까지 퇴각한 뒤 반격에 필요한 전력을 모았다. 5월 13일, 키타Kitta 산에서 공세에 나선 그는 일련의 전투로 슈토이헤비히의 사단을 괴멸시켰다. 여기에는 그가 끌어 모은 78문이나 되는 야포가 적잖은 역할을 했다. 마몽은 나폴레옹과 같은 포병 출신으로, 프랑스 황제가 거느린 최고의 포병 전문가로 평가받고 있었다.

슈토이헤비히를 패퇴시킨 마몽은 빈을 향해 출발했다. 그의 첫 목표는 그라츠Gratz 요새를 포위 중인 막도날의 사단 중 하나와 합류하는 것이었다. 마몽은 귤라이가 요새를 구하려 나서자 양쪽에서 전투를 치르기 꺼린 프랑스군이 후퇴했다는 사실을 까맣게 모르고 있었다. 이로 인해 마몽의 선두부대는 마을이 더 이상 프랑스군의 차지가 아니라는 사실도 모른 채 그라츠로 행진해 들어갔다. 2개 대대 규모의 제84전열연대는 난데없이 쏟아진 사격의 충격을 이겨내며 귤라이의 전위대를 격퇴시켰다. 교회와 그에 딸린 묘지를 장악한 그들은 탄약이 바닥난 채 완전히 퇴로를 차단당할 때까지 1개 사단의 거듭된 총공세를 막아냈다.

얼마 뒤, 마몽의 주력이 등장해 지친 수비대에게서 그라츠를 빼앗았다. 제84전열연대는 이 전설적인 방어전을 통해 '일당열Un contre dix'이라는 구호를 만들어냈고, 나중에 이를 연대의 깃발에 새겨넣었다. 마몽과 막도날은 그라츠 전투에 이어 로바우 섬에 있는 나폴레옹 군대와 합류하기 위해 행군에 들어갔다.

마몽이 북으로 향한 사이, 랍Raab 인근에서는 외젠이 요한 대공을 따라잡았다. 헝가리 민병들의 봉기 덕분에 요한 대공의 전력은 보강되었지만, 여전히 질과 양 모두에서 열세했다. 그래도 그에게는 강력한 방어진지와 든든한 퇴로가 있었다. 6월 14일에 펼쳐진 랍 전투는 초전에 지형의 이점을 살린 합스부르크군이 외젠의 부하들에게 큰 피해를 입힌, 작지만 치열한 전투였다. 이후 전세가 역전되면서 오스트리아군의 패색이 짙어졌다. 요한 대공은 키스마이어Kis-Meyer 농장의 진지를 함락당한 뒤, 승산이 사라지자 후퇴를 명령했다. 요한 대공의 군대는 외젠 보다 곱절에 이르는 피해를 입었지만, 본격적인 추격전을 단념시킬 만큼 선전을 펼쳤다. 그의 군대는 도나우 강의 북쪽 기슭으로 후퇴해 칼 대공의 군대와 만났다. 외젠과 그의 부하들은 나폴레옹에게 합류했다.

북쪽에서는 포니아토프스키 대공이 폴란드군을 이끌며 승리를 일궈냈다. 바르샤바를 함락당한 뒤, 농촌지대로 뿔뿔이 흩어지는 듯했던 그의 군대는 페르디난트의 연락선이 닿는 거리 밖에서 재편성을 하며 오스트리아령 갈리치아(옛 폴란드 땅)의 봉기를 유도했다. 오스트리아군의 처지는 악화일로였지만, 포니아토프스키의 병력 중 상당수가 '연합국' 러시아의 작전 지역에서 빈발했던 '우방국'의 만행으로부터 동포들을 보호하는 데 동원된 덕분에 잠시 숨을 돌릴 수 있었다. 그런데도 이 시기에 칼 대공은 자신의 남익뿐만 아니라 북익까지 신경 써야 했다.

이제 나폴레옹에게는 칼 대공을 노린 또 한 번의 공격을 펼칠 기회가

찾아왔다. 그는 브레데Wrede의 바이에른 사단을 불러들였지만, 티롤인들의 반란이 재발하는 통에 더 이상 바이에른군을 이동시킬 수 없게 되었다. 인스부르크는 또다시 티롤 반군의 손에 들어갔고, 도나우 강 계곡을 따라서 나폴레옹의 연락선을 끊기 위한 시도가 잇달아 일어났다. 이 같은 문제는 오스트리아가 이 전쟁에서 떨어져 나가기 전까지 해결되지 않았다.

칼 대공은 스스로도 조만간에 닥치리라 예상한 나폴레옹의 결정타를 기다리며 서쪽에서 도움을 모색했다. 영국은 합스부르크가에게 독일 지역에서 대규모 습격을 펼치기로 약속한 바 있었다. 이 같은 작전 계획은 당시 프랑스의 주요 군항으로서 런던 당국에게 매력적인 목표였던 안트

베르펜Antwerpen 공략으로 발전했다. 이러한 목표를 달성하고자 거대한 함대가 집결하고, 막대한 물자가 집적되었다. 웰링턴의 부러움을 사고도 남을 전력이었다.

하지만 어느덧 5월이 6월이 되고, 6월이 7월로 접어들어도 영국인들은 좀처럼 나타날 기미를 보이지 않았다. 정보대로라면 침공작전의 실시는 의심할 여지가 없었지만, 그게 언제인지는 영국 의회에조차 알려지지 않았다. 나폴레옹은 이 공격을 격퇴할 방책을 고안하는 한편, 칼 대공을 겨냥한 자신의 계획을 실행에 옮겼다.

바그람

로바우는 거대한 병참기지가 되었다. 군대는 전투 당일까지 19만 명으로 불어났다. 이에 맞선 칼 대공의 병력은 14만 명에 불과했다. 나폴레옹은 북쪽 기슭의 교두보를 되찾은 상태였고, 칼 대공은 그곳으로부터 공격이 있으리라 예상했다. 그러나 나폴레옹은 섬의 동쪽에 다리를 놓아 남쪽과 동쪽으로부터 오스트리아군 진영을 휘감는다는 계책을 세워놓고 있었다. 거대한 우회 기동으로 도나우 강 기슭의 오스트리아군을 몰아낸 뒤 방치 상태인 지금의 교두보를 통해 나머지 군대를 진격시킬 예정이었던 것이다. 그는 계획의 실행 시점을 1809년 7월 5일로 정했다.

프랑스군은 격렬한 뇌우를 틈타 다부와 마세나, 우디노의 군단을 건너보낼 가교들을 건설했다. 오스트리아군의 전초진지들이 포기 또는 점령되자 가벼운 저항 아래 도하가 이뤄졌다. 베르티에 원수는 각 군단에 명령을 하달하는 과정에서 2개 군단에게 동일한 도하 지점을 배정하는 실수를 저질렀다. 이로 인해 교통 혼잡을 푸는 데 수 시간이 지체되기는

했지만, 마침내 3개 군단 모두가 도하를 마쳤다. 동서 축으로 전개한 프랑스군은 전면에서 적을 일소했다. 나폴레옹은 이 작전을 지원하기 위해 로바우 섬에 미리 마련된 포병 진지로부터 무시무시한 포격을 퍼부었다.

나폴레옹의 입장에서는 모든 것이 순조롭게 진행되었다. 아스페른-에슬링 일대에서는 오스트리아군의 주력이 아니라 경계를 맡은 노르트만 Nordmann 및 클레나우Klenau의 사단과 마주친 게 전부였다. 합스부르크군의 본대는 그로부터 8킬로미터 떨어진 바그람 시가지를 중심으로 배치되어 있었다. 프랑스군의 맹공에 맞서던 소수의 지친 병력은 정오 무렵 로바우 섬 반대편에서 자취를 감췄다. 이 무렵, 베르나도트의 작센 군단이 앞선 세 군단에 합류해 오스트리아군 주력이 진을 친 마르히펠트Marchfeld*로 진격했고, 더 많은 프랑스 및 연합국 군대가 로바우 섬의 가교들을 건너 평원으로 밀려들었다.

칼 대공은 동생 요한 대공에게 프레스부르크 인근의 진영을 정리하고 서둘러 전장으로 달려오도록 전갈을 보냈지만, 도나우 강을 따라 병력이 흩어져 있던 요한 대공은 칼 대공의 요청이 얼마나 시급한지를 파악하지 못했다. 요한 대공은 다음날 이른 아침에야 병력을 이끌고 행군에 나섰다. 그가 허송세월하는 동안 칼 대공과 프란츠 황제는 커져가는 불안감 속에서 프랑스군의 진격을 바라보았다.

선봉의 4개 군단이 마르히펠트에 부채꼴로 늘어설 무렵, 오스트리아 군 우익의 중장기병대가 출격해 대치한 작센 기병대의 전열을 무너뜨리려 했다. 이들은 초반에 잠시 전과를 올렸지만, 이내 더 민첩한 작센 기병들에게 격퇴당했다. 오스트리아군의 시도는 과감했지만, 불행히도 그들이 고른 상대는 세계 최고 수준의 기병들이었다. 이후 더 이상은 나폴레옹군의 전개를 방해하려는 움직임은 없었다.

저녁이 되자, 나폴레옹은 낮 동안의 성과를 활용하기로 결심했다. 이번에도 밤 사이 적이 달아나지 않을까 불안해진 그는 전 전선에 진격 명령을 내렸다. 그러나 그는 군단 간의 호흡을 맞추는 데 이렇다 할 조치를 취하지 않는 우를 범했다.

오후 7시경, 베르나도트의 군단에서 파견된 뒤파Dupas 휘하 소규모 사단의 지원하에 우디노의 군단이 적 전선의 중앙을 공격했다. 방어선의 핵심은 바우머스도르프Baumersdorf였다. 돌격의 선봉은 근위대를 제외하고 육군에서 최정예 부대인 그랑장Grandjean 사단이 맡았다. '공포의 제57전열연

---

* **마르히펠트** 모라비아의 주요 하천인 모라바Morava 강의 독일 이름인 마르히March 강과 빈 사이의 지역을 뜻함.

대'가 마을 남단에서 공격을 펼쳐 대치한 두 연대를 패퇴시키며 수많은 오스트리아군을 사로잡았다. 이들은 작은 하천인 루스바흐^{Russbach} 강을 건넌 뒤, 내처 시가지의 북쪽 절반으로 돌입했다. 이들의 맹렬한 공격은 그곳의 참호에 틀어박힌 채 물러설 줄 모르던 하르데크^{Hardegg}의 병사들에게 막혀 기세가 꺾였다. 오스트리아군은 마을이 함락될 경우 아군의 입지가 돌이킬 수 없을 만큼 약화된다는 사실을 잘 알고 있었다. 양측이 무시무시한 포화를 주고받는 가운데 사상자가 늘어났다.

이 전투가 벌어지는 동안, 제10경보병연대가 습지의 개울을 건너 배후의 경사면을 기어올랐다. 마침 그 자리에 있던 칼 대공은 고지가 점령된다면 바우머스도르프가 순식간에 포위되어 함락될 것이라고 생각했다. 그는 1개 기병연대의 투입을 명령했고, 곧바로 빈센트 경기병대가 돌격을 개시했다. 이로써 합스부르크군의 최정예 기병연대와 프랑스군이 손꼽는 최정예 보병연대가 격돌했다. 초전에는 프랑스군이 기병들을 격퇴해 승리했다. 칼 대공은 이들을 재편해 다시 돌격을 시도했지만, 똑같은 결과가 되풀이될 뿐이었다. 제10경보병연대는 이 돌격을 저지하느라 잠시 진격을 멈춰야 했다. 그들은 우디노 군단에서 증원될 2개 사단이 자신들의 측면에 당도하기를 기다렸다. 이 두 사단은 제4대대(보충대대) 소속의 징집병들로 편성된 부대였다. 이들에게는 머리 위로 쏟아지는 살인적인 포격을 버텨낼 대담함이라는 게 없었다. 그들은 잠시 앞으로 나아가는 듯하더니 진격을 멈추고 후퇴했다.

우디노의 2개 사단이 퇴각하면서 그랑장의 병사들은 고립 상태에 빠지고 말았다. 바로 그 순간, 칼 대공은 두 번씩이나 후퇴를 거듭한 빈센트 경기병대들을 향해 "제군들은 더 이상 라투르의 용기병이 아니다"라고 말했다. 이것은 그들의 빛나는 과거를 떠올리게 하는 일침이었다. 호통에 정신이 든 연대는 군단장 호헨촐레른의 뒤를 이어 다시 돌격에 나섰다.

제10경보병연대는 더 이상 버틸 재간이 없었다. 퇴각을 시작한 그들은 사격을 늦추지 않으며 개울 너머로 후퇴했다. 제10경보병연대가 퇴각하자, 측면이 노출된 제57전열연대 역시 후퇴의 물결에 휩쓸렸다. 중앙을 노린 프랑스군의 돌격은 이렇다 할 전과 없이 그 막을 내렸다.

이 무렵, 그 왼쪽에서는 이탈리아 주둔군의 일부가 루스바흐 고지를 향해 돌격하고 있었다. 막도날 장군 휘하의 3개 사단이 개울을 건너 공격에 나섰다. 오스트리아군의 포열을 노리며 언덕을 오르던 그들은 돌파를 눈앞에 두고 합스부르크 예비대의 반격에 허를 찔리고 말았다. 막도날의 병사들은 언덕에서 밀려 내려와 전열을 추스르며 또 다른 공격을 준비하다가 빈센트 경기병대에게 오른쪽 측면을 공격당했다. 이 저돌적인 기병들은 제10경보병연대를 엄습하고 태세를 정비하다가 기회를 엿보고 돌격에 나선 것이었다. 세라Seras의 사단이 전선에서 밀려나 후방으로 패주했다. 막도날의 우익이 붕괴되는 동안, 좌익 역시 상황이 더 나을 것은 없었다. 뒤파 장군의 사단은 루스바흐 강을 건넌 뒤, 습지대에 발목이 잡혔다. 이윽고 습지대를 벗어난 그들은 언덕을 향해 첫 번째 돌격을 실시했으나, 오스트리아군의 화력에 밀려 퇴각했다. 이때 막도날의 예비대가 뒤파 사단에 속한 하얀 제복을 입은 작센군을 오스트리아군이라고 착각하여 사격을 가하기 시작했다. 사격을 시작한 것은 하얀 제복을 입은 이탈리아군이었기 때문에 작센군의 응사가 이어졌다. 장군들이 나서 상황을 진정시키기 전까지 이탈리아군은 심각한 혼란에 빠졌고, 불운한 작센군은 대책없이 분산되고 말았다. 우익의 위기가 낳은 공황이 전선을 따라 번지자, 이탈리아군 전부가 전열을 무너뜨린 채 줄행랑을 쳤다. 막도날은 참담함에 빠진 외젠에게 애초에 공격 계획부터 문제였으며 나폴레옹 역시 곧 이를 깨달을 것이라고 위로했다. 틀린 말도 말이었다.

뒤파는 자신이 지휘하던 소규모 사단의 절반이 쓸려나갔기 때문에 더 이상 버틸 여력이 없었다. 이내 병사들이 후방을 향해 내달렸다. 떼 지어 후방으로 달아나던 그들은 바그람으로 전진 중인 작센 여단을 스쳐지나 갔다. 오후 8시가 다 되어 베르나도트가 남겨두었던 3개 보병여단이 순차 적으로 진격을 시작한 것이었다. 작센군의 공격이 승산이 있으려면 포병 지원이 필요하다는 것을 깨달은 나폴레옹은 근위대 소속 기마 포병대와 작센군 및 바이에른군의 포대를 동원해 바그람을 초토화하기로 했다. 포 격은 무시무시한 효과를 발휘했고, 작센 여단 하나만으로 시가지의 거점 을 확보했다. 치열한 공방전에 말려든 수적으로 열세한 작센군은 후속 여 단이 도착할 때까지 거점을 지탱했다. 그들은 바그람 시가지의 반대편까 지 뚫고 나갔지만, 반격에 부딪쳐 되밀렸다. 어둠과 포연 속에서 퇴각하 던 그들은 마침내 전장에 투입된 베르나도트의 세 번째이자 마지막 여단 과 마주쳤다. 또다시 작센군을 오스트리아군으로 오인하면서 아군의 사 격이 시작되었다. 적과 아군을 가릴 것 없이 쏘아대는 사격에 사기가 떨 어진 작센군은 줄행랑을 쳤다. 이를 시작으로 총체적인 공황이 발생하자, 지금까지 어렵게 쌓은 전과가 순식간에 무너져내렸다. 겁에 질린 보병들 은 기병과 포대의 엄호를 받으며 아더클라Aderklaa로 물러났다. 공격은 다 른 곳과 다를 바 없이 참담한 실패로 돌아갔다.

　베르나도트의 병사들이 공격을 단념할 무렵, 프랑스군 최우익의 다부 는 루스바흐 강 건너편에서 격렬한 저항에 부딪쳤다. 어두워지면 공격을 통제할 방법이 없음을 안 다부는 현명하게도 공격을 중지시킨 뒤, 출격진 지로 철수했다.

　전투 첫날은 프랑스군이 자신들의 피해에 동요하는 가운데 막을 내렸 다. 그렇지만 그들에게는 마르히펠트의 든든한 거점들이 남아 있었고, 여 전히 나폴레옹이 곁에 있었다. 칼 대공은 밤 사이 전황을 따져보았다. 모 든 것이 순조롭기는 했지만, 내일의 명령을 바꿀 만한 시간은 없었다. 명령의 골자는 프랑스군을 양쪽에서 포위하는 것이었다. 가지고 있는 병력으로는 오른쪽 공격에 기대를 걸 수 있었지만, 요한 대공이 도착하지 않는다면 왼쪽은 승산이 없는 것이나 다름없었다. 나폴레옹은 우익의 다부를 주공으로 내세운 뒤, 다부의 진격에 맞춰 나머지 군단들을 투입한다는 계획을 세웠다.

나폴레옹은 아더클라를 장악한 데다가 전투 중 필히 발생할 빈틈을 메워줄 예비 군단들까지 준비한 만큼 계획의 성공을 확신했다. 그가 미처 모른 것은 오전 3시를 기해 아더클라에서 철수한 베르나도트가 1킬로미터 정도 뒤로 물러나 앉았다는 사실이었다. 작센 군단의 수난을 고려한다 해도 그 같은 요충지의 포기는 재난을 초래할 수 있는 행위였다. 베르나도트는 자신의 부대가 혹사당하고 있으며 당연히 받아야 할 증원 병력마저 오지 않았다고 여겼다. 그는 누구라도 관심만 보이면 자신의 '결정적인 기동'에 오스트리아군 진영이 무너질 수 있었노라고 떠벌리다가 나폴레옹의 귀에 이 말이 들어간 이튿날 아침부로 나폴레옹의 눈 밖에 나고 말았다.

1809년 7월 6일 아침은 무더운 날씨로 시작되었다. 칼 대공의 군단 가운데 몇몇은 새벽부터 행군을 하고 있었다. 칼 대공이 세운 공격 계획의 핵심은 프랑스군의 양 측면으로 파고들어 로바우 다리를 노리는 것이었다. 그곳에서 프랑스군의 퇴로를 끊는다면 적을 공황 상태에 몰아넣는 것도 가능했다. 프랑스군의 좌익은 콜로브라트 휘하 제3군단의 지원을 받는 클레나우의 제6군단이 공격할 예정이었다. 칼 대공은 이와 더불어 프랑스군의 오른쪽으로 들이닥칠 요한 대공이 그곳에서 올가미를 죄어주길 내심 기대했다. 그는 이를 지원할 목적으로 로젠베르크의 제4군단에게 다부의 제3군단을 공격하도록 명령했다. 요한 대공이 도착해 다부의 측면을 치는 순간 승부가 결정될 터였다.

오전 4시경, 클레나우의 포격을 시작으로 아침의 정적이 깨졌다. 이때 이들과 맞선 것은 마네나의 제4군단에 속한 부대의 1개 사단이었다. 공격이 시작되었음을 안 마세나는 르그랑 사단으로 부대를 지원했다. 이들에게 콜로브라트의 전 병력이 쇄도했다. 수적으로 상대가 안 된 르그랑 사단은 잠시 전선을 지탱하다가 궤멸되었고, 이로 인해 프랑스군의 전선에는 수 킬로미터에 이르는 간극이 생겼다.

그 사이 부대의 병사들은 잿더미가 된 아스페른의 폐허를 끈질기게 사수하고 있었다. 이들의 방어전에 가세한 2개 포대의 야포가 거세게 밀려드는 하얀 제복의 오스트리아군을 향해 불을 뿜었다. 르그랑 사단이 밀려나면서 프랑스군의 전선이 갈라지자, 간극으로 쇄도한 오스트리아 기병대가 부데의 전면을 우회해 측면과 후방을 강타했다. 피할 곳 없는 포병들은 칼에 맞아 쓰러졌고, 포병대를 구하기 위해 평원으로 진입한 보병연대 역시 궤멸하고 말았다. 이와 동시에 부대의 왼쪽 측면이 돌파당하자, 이내 그의 사단 전체가 공황에 휩싸여 후방으로 내달리기 시작했다. 에슬링에서 잠시 저항이 있었지만, 두 달 전의 그 치열했던 공방전은 재연되지 않았다. 프랑스군은 곧 에슬링에서 자취를 감췄다.

교두보까지 추격해온 클레나우의 병사들을 막을 수 있었던 것은 순전히 섬에 남겨진 대규모 포대 덕분이었다. 칼 대공의 작전은 반쯤 성공한 상태였지만, 콜로브라트가 진격을 멈춘 데다가 아더클라 주변에서 전개된 군

■■■■■ 바그람 전투의 막간을 이용해 휴식을 취하는 나폴레옹과 그의 주위에서 업무 중인 참모진과 수행원들. [Edimedia]

사행동에 대해 미온적이었기 때문에, 클레나우는 지원을 받지 못했다. 게다가 오른쪽 측면 공격을 맡은 병력에게서는 아무런 소식이 없었다.

로젠베르크의 출발은 순조로웠다. 그의 공격에 허를 찔린 다부의 병사들은 공황에 빠져 전초진지를 버리고 후방으로 몰려들었다. 그러나 일단 프랑스군이 전열을 가다듬자, 공격 기세는 수그러들었고, 전장은 소강상태에 빠졌다.

애초에 나폴레옹은 다부에게 결정적인 일격을 맡길 참이었다. 오스트리아군의 공격은 다부를 진지에서 밀어내지는 못했지만, 이로 인해 그 지역의 프랑스군은 탄약을 소진하고 말았다. 프랑스군은 탄약을 보급받으며 예정된 공격을 준비하는 데만 수 시간이 필요했다. 그러나 그보다 더 중요한 것은 로젠베르크의 공격을 받은 나폴레옹이 예비대를 프랑스군의 우익으로 돌림으로써 이후 가장 필요로 하는 장소로부터 그들을 떼어놓았다는 사실일 것이다.

아더클라 시가지는 전장의 핵심이었고, 양측 지휘관 모두 이를 잘 인식하고 있었다. 칼 대공은 벨레가르데Bellegarde의 제1군단에게 시가지 공략 및 점령을 명령했다. 나폴레옹은 아더클라가 여전히 베르나도트 휘하 작센 군단의 수중에 있으리라 믿고서 마세나의 군단을 지원했지만, 정작 베르나도트가 그 지역을 노린 엄청난 포격에 지나치게 노출되었다고 여긴 나머지 자신의 소모된 병력을 철수시킨 뒤였다. 그러한 위험은 거짓이 아니었지만, 이 요충지의 상실은 더 큰 위협을 불러오고 말았다.

벨레가르데의 병사들은 경미한 피해만 입은 채 시가지를 장악한 뒤, 참호를 구축하기 시작했다. 다부의 진영에서 돌아온 나폴레옹은 베르나도트의 부대에게 아더클라 탈환을 명령했다. 작센군이 진격에 나섰지만, 전날 밤 베르나도트가 그토록 두려워했던 합스부르크군의 포대에게 괴멸되고 말았다. 동요된 병사들은 진격을 멈추고 달아났다. 이들을 이끈 베르나도트는 필사적으로 전열을 추스르려 했지만, 나폴레옹과 맞닥뜨린 순간까지도 별다른 효과를 거두지는 못했다. 나폴레옹은 머리를 가로저으며 그가 떠벌리던 '결정적인 기동'이 이런 것이냐고 힐문했다. 베르나도트는 한동안 계속된 작센 병사들의 패주로 인해 이 같은 치욕을 받아들일 여유조차 없었다.

사실상 프랑스군 좌익의 대부분이 사라져버렸다. 대오를 유지하고 있는 병력이라고는 약간의 기

■■■■■ 프랑스가 낳은 명장 가운데 한 명인 앙드레 마세나. 자신의 마지막 승리를 거둔 바그람 전투에서 그는 앞선 전투에서 부상을 당해 자신의 마차를 떠나지 못하는 상태에서도 승리에 크게 기여했다. (Ann Ronan Picture Library)

병과 마세나의 제4군단 소속 2개 사단이 전부였다. 이제 이들에게 아더클라 공략이 맡겨질 차례였다. "저 후레자식들을 몰아내자"는 마세나의 외침에 이어 카라 생시르의 사단이 공격에 나섰다. 탄막을 헤치고 나아간 병사들은 총검을 앞세워 시가지 구석구석에서 오스트리아군을 몰아냈다. 생시르의 부하들은 이 승리에 이어 내처 시가지 밖까지 진격했다. 엄호를 벗어난 그들은 '성스러운' 독수리기 2기를 잃을 만큼 성공적인 반격에 부딪쳤다. 현장에 있던 칼 대공은 후퇴하는 부하들을 추슬러 아더클라 탈환에 앞장섰다. 칼 대공은 이 교전에서 어깨에 총상을 입었다.

마세나는 생시르의 부대가 격퇴당하자, 수중의 마지막 예비대인 몰리토의 사단을 투입했다. 이들은 지난 5월에 있었던 아스페른 공방전에서 온갖 역경을 이겨낸 병사들이었다. 먼저 매서운 기병 공격을 격퇴한 그들은 불길에 싸인 시가지의 수비 병력에게 달려들었다. 몇 번이고 이를 되찾으려 든 합스부르크군의 분투에도 불구하고 아더클라는 조금씩 몰리토의 손아귀에 들어왔다. 시간은 이제 겨우 오전 9시를 지났고, 전투는 결정적인 국면으로 접어들고 있었다.

칼 대공은 우익으로 급파된 나폴레옹의 예비대가 돌아간 틈을 노려 아더클라에 대한 대규모 돌격을 명령했다. 그는 휘하의 제1예비군단 소속 정예 척탄병들에게 각각 남쪽과 북쪽에서 콜로브라트와 벨레가르데의 공격을 지원하도록 했다. 이 공격은 100문에 달하는 오스트리아군의 야포가 2시간에 걸쳐 포격을 퍼부은 뒤 개시되었다. 금방이라도 퇴로가 끊기게 생긴 데다가 병력마저 절반으로 줄어든 몰리토의 부대는 사격을 늦추지 않으면서 시가지를 탈출했다. 그들은 작센군과 달리 대오를 유지했다.

이제 나폴레옹은 시간을 벌어야만 했다. 나폴레옹에게는 마침내 시작된 다부의 공격에 맞춰 그가 전투를 승리로 이끌 때까지 전선의 정면을 지탱할 필요가 있었다. 그는 가장 신경 쓰이는 배후의 위협인 클레나우를 상대하기 위해 마세나 군단의 잔여 병력을 남쪽으로 투입했다. 이어서 그는 전선 중앙의 병력 대부분을 서쪽으로 재배치해 콜로브라트와 리히텐슈타인의 지휘하에 진격 중인 예비 척탄병 부대에 맞서도록 했다. 이 같은 병력 이동에는 1시간 이상이 소요되었다. 나폴레옹은 그 시간을 벌고자 낭수티가 이끄는 중장기병대를 보냈다. 4,000명에 이르는 흉갑기병과 기마기병총병들이 탁 트인 평원을 질주했다. 사방에서 흙먼지를 일으키며 자신들의 대열에 공백을 만들던 오스트리아군의 포탄에도 아랑곳하지 않고 질주를 계속한 기병들은 1개 대대를 궤멸시키며 척탄병들의 방진을

바그람 전투, 둘째 날

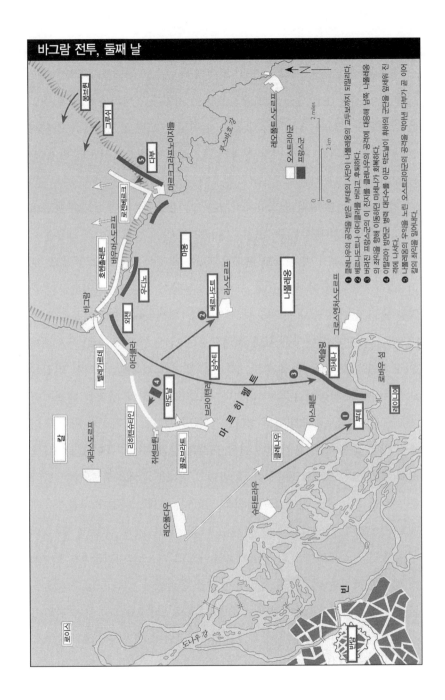

향해 달려들었다. 방진 앞에서는 그들도 별 신통력이 없었다. 그들은 방진 주위를 맴돌다가 오스트리아군 포대의 측면으로 쇄도했다. 그러나 이렇다 할 전과를 올리기도 전에 오스트리아 기병대가 달려와 이들의 측면을 공격했다. 혈투는 곧 막을 내렸고, 살아남은 프랑스 기병들은 전선의 안전지대로 대피했다. 돌격의 성과는 오스트리아군을 잠시 주춤하게 만든 것이 전부였다.

기병대가 이토록 값비싼 양동작전을 펼치는 사이, 나폴레옹의 명령대로 로젠베르크의 병사들을 겨냥한 대규모 포대가 형성되었다. 대부분이 근위포병대 소속인 이 대규모 포대는 112문의 포를 보유하고 있었고, 로리스통Lauriston 장군이 지휘했다. 그들은 소용돌이치는 오스트리아군의 탄막을 뚫고 달려와 발사 준비를 한 뒤 불운한 제3군단을 향해 포문을 열었다. 이는 야전에서 형성한 포병 전력으로는 당대 최대 규모로, 무시무시한 효과를 발휘했다. 먼저 콜로브라트의 포대가 침묵한 데 이어 밀집한 오스트리아 보병들이 표적이 되었다. 오스트리아군의 대열을 헤집어댄 포탄은 단 한 발로 1개 대열의 병사들을 전멸시켰다. 이 가공할 위력과 더불어 마른 풀에 불이 옮겨 붙으면서 수많은 양측 부상병들이 산 채로 불길에 휩싸였다. 오스트리아군은 몇 번이고 포대를 분쇄하려 했지만, 별다른 성과를 거두기도 전에 도륙당하고 말았다. 전세는 마침내 나폴레옹에게로 기울었다.

다부는 오스트리아군 좌익의 거점인 마르크그라프노이지들Markgrafneusiedl에 맹렬한 포격을 퍼부으며 자신의 공격을 준비했다. 그는 상당수 건물을 불길에 휩싸이게 해 시가지 대부분을 폐허로 만든 포격에 이어 휘하의 4개 사단을 전진시켰다. 모랑과 프리앙의 사단이 시가지의 오른쪽으로 돌아 들어가는 사이, 퓌토Puthod와 귀댕의 나머지 두 사단이 정면 공격을 펼쳤다. 모랑과 프리앙은 오른쪽으로 우회해 배후에서 시가지를 타격했다. 이들은 선두부대가 저지당하는 바람에 오스트리아 장군 노르트만에게 모랑의 측면을 칠 기회를 내주고 말았다. 공격에 나서 1개 연대를 격퇴시킨 노르트만은 역으로 프리앙의 병사들에게 자신의 측면을 공격당했다. 접전의 와중에 노르트만이 전사하자, 이내 그의 부하들은 전장을 등진 채 달아났다. 그러나 그때까지도 마르크그라프노이지들은 오스트리아군의 수중에 남아 있었고, 뛰토와 귀댕의 진격은 지지부진했다. 필사적인 시가전 끝에 마침내 다부의 부하들이 로젠베르크의 병사들을 몰아냈다. 싸움은 시가지를 지나 언덕 위에 자리한 중세시대의 탑까지 이어졌다. 이 탑은 프랑스군의 차지가 될 때까지 몇 번이나 주인이 바뀌었다.

정오 무렵, 칼 대공이 부상당한 몸을 이끌고 프랑스군의 기세를 꺾을 증원 병력과 함께 나타났다. 그의 기병들은 돌격의 제1파를 물리쳤지만, 결국 물량에서 눌리고 말았다. 루스바흐 고지의 오스트리아군 전선 전체가 동요하기 시작하며 서쪽으로 밀려났다.

나폴레옹은 마르크그라프노이지들의 점령을 보고받은 순간, 적의 예비대 전부가 다부를 저지하기 위해 그 방면으로 투입될 것임을 정확하게 예측했다. 그는 합스부르크군의 전선이 한계 지경까지 늘어났음을 확인한 뒤, 막도날 장군의 소규모 3개 사단을 오스트리아군 전선의 중앙으로 출격시켰다. 막도날은 자신의 병력을 거대한 방진으로 배열한 채 진격에 나섰다. 이 거대한 밀집대형은 브레데의 바이에른 사단에게 우익을 엄호받으며 거침없이 앞으로 나아갔다. 남아 있던 오스트리아군 포대의 모든 화력이 이들에게 집중되었다. 밀집대형이 거대해 빗나가는 포탄이 없을 정도였기 때문에, 막도날의 병사들은 끔찍한 대가를 치러야 했다. 그런데도 그들은 진격을 멈추지 않았다. 곧 허술해진 오스트리아군의 전선이 무너지기 시작했다. 돌파구 하나가 뚫렸지만, 전과를 확대할 기병들이 없었기 때문에 곧 메워지고 말았다. 근위기병대 지휘관인 베시에르 원수가 앞

선 낭수티의 돌격에서 부상당한 탓에 근위기병대 투입 명령이 실행되지 못했던 것이다. 고립된 막도날의 병사들은 결국 진격을 포기한 채 온 길을 되돌아가야만 했다. 결정적인 순간은 흘러가버렸고, 완벽한 승리는 사라졌다.

남쪽에서는 마세나가 에슬링과 아스페른에서 클레나우의 병력을 몰아냈고, 승리를 눈앞에 두고도 지원을 받지 못한 클레나우는 이제 본격적인 후퇴에 들어갔다.

승리를 자기 것으로 만든 유능한 다부는 이를 유감없이 활용했다. 루스바흐 고지의 오스트리아군 병력은 차례차례 방향을 돌려 다부의 측면 공격에 대응해야 했고, 그 와중에 전면의 프랑스군까지 이 일방적인 싸움에 가세했다. 그들은 우디노의 제2군단과 마몽의 군단이었다. 칼 대공은 두 곳에서 가해진 압력을 배길 재간이 없게 되자, 보헤미아로 퇴각을 명령했다. 프랑스군은 오후 2시에 이르러 전장을 장악했지만, 소모된 프랑스 및 연합국 군대는 추격 의지를 보이지 않았다. 대다수 병사들은 승리가 확실해지자, 그 자리에 주저앉아 숨을 돌렸다.

요한 대공의 선봉대가 전장에 도착한 것은 오후 4시경이었다. 기겁할 이유가 충분했던 작센군을 겁준 것 외에 그가 거둔 성과는 전무했다. 상황을 파악한 그는 마찬가지로 보헤미아를 향해 후퇴할 것을 명령했다.

전투의 대가

양측은 전사자와 부상자, 그리고 실종자를 모두 합쳐 각각 약 4만 명에 달하는 엄청난 피해를 입었다. 고급 장교들의 피해도 이에 못지않게 극심했다. 프랑스군은 장군 5명을 잃었고, 38명이 부상당했다. 진두지휘를 덜 선호하는 오스트리아군조차 장군 4명이 전사하고, 13명이 부상당했다. 나폴레옹은 전투를 결산하며 그 자리에서 장군 3명에게 영예를 수여했다. 우디노와 마몽, 막도날은 원수로 진급했다. 베르나도트는 이번 전투의 전공 상당 부분을 작센군에게 돌리는 축사를 읽은 뒤 지휘권을 잃게 되었다. 이것은 황제의 권한인데, 베르나도트가 또다시 월권행위를 저지르고 만 것이었다. 이러한 행위는 그가 아더클라를 포기함으로써 프랑스군이 치른 혹독한 대가를 생각하면 아주 가증스러운 행위일 뿐만 아니라, 일전의 호언장담 역시 황제의 뇌리에서 지워지지 않은 상태였다.

이튿날, 프랑스군은 칼 대공이 츠나임Znaim으로 후퇴하는 동안 병력을 재정비했다. 마몽의 군단은 7월 10일 저녁에 오스트리아군을 따라잡은 뒤, 합스부르크군이 타야Thaya 강을 건너기 전에 그들의 발목을 잡으려 했다. 마몽은 큰 피해를 입으면서도 나폴레옹이 증원대를 이끌고 나타날 때까지 대다수의 적 병력을 고착시키는 데 성공했다. 전투는 이튿날 전장 한복판으로 뛰어든 오스트리아의 사자가 휴전 요청을 전달할 무렵 본격적인 국면으로 접어들고 있었다. 수많은 프랑스 고참병들은 자신들의 숙적이 또다시 징벌 수준의 평화조약을 빌미로 빠져 나간다는 생각에 눈물을 감추지 못했다.

나폴레옹과 리히텐슈타인이 만나 한 달간의 휴전을 체결했다. 나폴레옹 역시 오스트리아군 못지않게 출혈이 큰 이번 전쟁에서 기운을 회복할 시간이 필요했다. 그러나 오스트리아인들은 이제 곧 펼쳐질 게 분명한 영국군의 네덜란드 상륙을 계기로 어느 정도 기세를 되찾으려는 꿍꿍이가 있었다.

영국군은 몇 달 동안의 망설임 끝에 마침내 1809년 7월의 마지막 주, 출항을 개시했다. 목표는 안트베르펜과 그곳의 군항이었지만, 우선은 발헤렌Walcheren 섬을 점령해야만 했다. 스헬데Schelde 강 하구에 위치한 이 섬은 안트베르펜 공략의 발판으로서 꼭 필요했다. 채텀 백작이 거느린 군대는 영국이 모을 수 있는 최강의 전력이었으며, 해군의 지원은 어마어마한 수준이었다.

2만 명이 넘는 병력이 섬에 상륙해 플루싱Flushing으로 진격했다. 요새화된 이 마을을 지킨 것은 모네Monnet 장군이 이끈 급조된 수비대였다. 그동안의 지연으로 프랑스군 역시 병력을 증원할 수 있었지만, 궁극적인 결과는 이미 정해진 것이나 다름없었다. 모네는 대부분의 지역이 해수면보다 낮은 섬을 침수시켜 영국군의 진격을 지연시켰지만, 대함대가 스헬데 강 하구의 요새를 엄습한 순간, 영국군의 포격이 모든 것을 끝냈다. 8월 15일, 프랑스군은 항복 교섭을 요청했다. 채텀의 승리는 그가 스헬데 강과 안트베르펜으로 진격하려고 병력을 재편하는 데 너무 뜸을 들이는 바람에 헛된 것이 되고 말았다. 여러 경로로 탐색전이 벌어지기는 했지만, 어디로 진격할지 확실한 결정이 내려지지 않았다. 한편 베르나도트가 이 지역 방어 책임을 맡게 되었다. 이번이 자신의 명성을 회복할 마지막 기회임을 깨달은 베르나도트는 적극적으로 그의 군대를 조직하여 모든 영국군의 시도를 좌절시켰다.

프랑스 방어선의 취약점을 찾아내려는 노력이 계속되는 와중에 영국

군 진영에서 심각한 열병이 창궐했다. 발헤렌 섬의 습지대는 모기가 서식하기에 최적의 장소였기 때문에 하루에만 100명에 달하는 병사들이 죽어나가기 시작했다. 한 달이 넘도록 이처럼 끔찍한 손실에 시달린 영국군은 두 손을 든 채 본국으로 귀항했다. 작전에 참여한 모든 지휘관들 앞에는 고약한 추문이 기다리고 있었다.

티롤에서는 그 결과를 의심할 수 없을 만한 규모의 나폴레옹 군대가 투입되었다. 반란 세력들은 차례대로 한 무리씩 진압되었다. 이윽고 안드레아스 호퍼가 잡혀 심판대를 거쳐 순교자의 길을 걸었다. 이후 모든 반란은 진정되었다.

나폴레옹은 몇 달이 지나도록 빈의 쇤브룬 궁에 눌러앉아 전쟁을 종결시킬 협상을 기다렸다. 그는 그곳에서 열병식을 펼치거나 오스트리아 대표들에게 여흥을 제공했다. 심지어 자신의 가장 위대한 승리를 일궈낸 아우스터리츠의 전장을 방문하기도 했다. 발헤렌 원정 실패 이후 남은 문제는 약속한 평화를 깨고 증오의 대상 영국과 손잡은 합스부르크가에게 가할 징벌의 구체적인 내용뿐이었다.

라프 장군이 한 젊은이에게서 수상한 낌새를 챈 것은 수많은 열병식 가운데 하나가 이뤄지던 와중이었다. 그의 몸을 수색한 결과 커다란 칼 한 자루가 나왔다. 젊은 작센인 프리드리히 슈타프스Friedrich Stapps는 나폴레옹을 암살할 계획이었음을 순순히 실토했다. 나폴레옹 앞으로 끌려온 그는 자신의 동기가 복속된 조국의 해방이라고 밝혔다. 나폴레옹이 사과를 조건으로 선처를 제안했지만, 슈타프스는 이를 거절했다. 이러한 암살 시도와 뒤이은 사형 집행은 나폴레옹을 깊은 곤경에 빠뜨리는 계기가 되었다. 이 사건은 자라나는 독일 민족주의의 징후이자 빙산의 일각에 불과했던 것이다. 프랑스 대혁명이 근대적 자유 이념을 전파한 것은 사실이지만, 유럽 젊은이들은 그것이 반드시 프랑스 지배하에서만 실현되리라고는 믿지 않았다. 하지만 이 사건은 그때까지만 해도 다가올 미래의 망령에 지나지 않았고, 당분간은 새로운 평화가 눈앞에 놓여 있었다.

프란츠를 대리해 협상을 이끈 것은 메테르니히 대공이었다. 그 역시 칼 대공처럼 합스부르크 제국의 보존을 목표로 했다. 그는 평화와 우호를 약속하며 나폴레옹을 꾀는 데 성공함으로써 그가 내걸 수 있었던 것보다 훨씬 가벼운 강화 조건을 이끌어냈다. 나폴레옹은 카린티아와 카르니올라Carniola, 그리고 아드리아 해 연안의 항구들을 챙겼고, 갈리치아의 일부는 폴란드로 넘어갔다. 티롤의 잘츠부르크Salzburg 지역은 바이에른인들의 차지가 되었고, 타르노폴Tarnopol의 작은 영토는 배신을 일삼는 러시아인들의 차지가 되었다. 그러나 대대로 물려 내려온 영토의 대부분은 프란츠의 지배하에 남았다.

나폴레옹은 유럽 열강의 군주들과 항구적인 평화를 누릴 수 있으리라고 믿는 치명적인 실수를 저질렀다. 오스트리아, 러시아, 프로이센은 잃어버린 힘을 되찾기 위해 화평을 이뤄야 한다고 믿기는 했지만, 궁극적으로 그들의 목표는 '코르시카인 찬탈자'의 제거였다. 나폴레옹에게는 합스부르크 영토를 산산이 쪼개 이를테면 보헤미아를 바이에른이나 작센에 넘기고, 헝가리를 독립시켜 합스부르크 제국에 오스트리아만 남겨두는 편이 훨씬 바람직했을 것이다. 이 같은 조치는 오스트리아로 하여금 그로부터 4년 뒤에 한 것과 같은 도발은 꿈도 꾸지 못하게 할 터였다. 메테르니히는 이 모든 것을 꿰뚫어 보며 협상의 방향을 한층 우호적인 쪽으로 유도했다.

거짓 평화

1809년은 황제 나폴레옹에게 험난한 해였다. 그는 사방의 위협과 맞섰다. 1809년 10월 14일 마침내 쇤브룬 궁에서 화평이 성립될 무렵, 나폴레옹은 이미 오스트리아 공주 마리-루이즈^{Marie-Louise}를 새 아내로 맞이할 생각이었다. 조제핀은 더 이상 아이를 가질 수 없었고, 나폴레옹은 권력을 유지하기 위해서라도 아들이자 후계자가 필요하다고 믿었다. 애초에 나폴레옹은 러시아 황제 알렉산드르 1세에게 접근해 그의 여동생 예카테리나^{Ekaterina}와 결혼하려 했지만, 미래의 황후인 그녀가 이교도 프랑스인과 혈연 맺기를 거부했는지, 또는 여동생과의 근친관계 때문이었는지, 알렉산드르 1세는 이 제안을 일축했다. 알렉산드르 1세는 서둘러 예카테리나를 올덴부르크^{Oldenburg} 공에게 시집보낸 뒤 가까이에 두고 지켜보았다. 동생 안나^{Anna}를 맞이하겠다는 제안은 그녀가 어른이 될 때까지로 미뤄졌다.

나폴레옹은 바보가 아니었고, 자신이 두 번씩이나 거절당했음을 깨달았다. 그리하여 그는 오스트리아와 화평을 이루면서 동맹을 맺는 쪽으로

시선을 돌렸다.

　메테르니히는 이런 희생이 나폴레옹의 시선을 합스부르크가로부터 멀어지도록 할 게 분명했기 때문에 기쁨을 주체할 수 없었다. 정략결혼을 하게 된 루이즈 공주는 프랑스로 보내져 콩피에뉴 근교에서 나폴레옹의 영접을 받았고, 루브르Louvre에서 펼쳐질 정식 혼례에 앞서 신부를 위한 연회에 참석했다. 세간은 이 결혼을 유럽 평화의 밝은 전조라며 흥분했지만, 나폴레옹의 측근들 상당수는 혁명의 이상과 함께 자신들의 사랑스런 행운의 마스코트인 조제핀이 버림받았다고 느꼈다.

조제핀은 말메종Malmaison으로 이주해 그곳에서 여생의 대부분을 보냈다. 나폴레옹과 조제핀의 친분이 이어지기를 원치 않은 마리-루이즈 때문에 나폴레옹은 그녀를 거의 찾아오지 않았다. 나폴레옹이 새 부인을 사랑했음은 의심할 여지가 없었고, 그녀 역시 그를 사랑했다. 훨씬 더 가정적으로 변해 가족의 곁을 떠나려 하지 않게 된 그는 지난날의 열정적인 기세를 잃어갔다. 그는 스페인의 전황이 예상 외로 꼬여가고 있었는데도 스페인 전선의 지휘를 맡을 만큼 긴 시간 동안 아내의 곁을 떠나려 들지 않았다.

새 황후는 곧 임신에 성공함으로써 이 정략결혼이 자신에게 맡긴 소임을 다했다. 1811년 3월 19일 로마 왕, 나폴레옹 2세가 탄생했다.

1812년 러시아 원정

발단

나폴레옹이 1810년에서 1811년에 걸쳐 새 신부와 함께 제국 각지를 순방하는 동안 러시아와의 관계는 악화일로를 걷고 있었다. 러시아 황제 알렉산드르 1세는 1807년의 틸지트 조약 이후 그로 인한 무역 제한을 중단하라는 압력에 시달리고 있었다. 그는 우선 공공연한 밀무역의 묵인으로 이를 무마하려 했지만, 프랑스의 항의를 받고 다른 해결책을 찾아야만 했다.

나폴레옹은 알렉산드르 1세가 얼마나 표리부동한지를 너무나 잘 알고 있었다. 자신의 청혼을 거절한 데다가 1809년 내내 미온적인 행동으로 일관한 러시아의 태도는 독일과 발칸 지역의 상당 부분을 프랑스 제국에 병합시켜 이에 앙갚음할 만큼 나폴레옹의 신경을 긁어놓았다. 병합된 지역 가운데는 이제 막 러시아 황제 가문과 인연을 맺은 올덴부르크 공국도 포함되어 있었다.

알렉산드르 1세는 이 같은 행위에 큰 앙심을 품었다. 나폴레옹과 오스트리아 공주의 결혼은 그를 더욱 불쾌하게 만들었다. 1810년 12월, 그는 더 이상 중립국과의 무역을 금지시키지 않겠다고 선언했다.

나폴레옹은 알렉산드르 1세가 전쟁을 원한다고는 믿기 힘들었지만, 군대를 폴란드로 집결시킬 준비를 함으로써 이 불량한 연합국을 견제했다. 나폴레옹은 전쟁을 지원할 경우 핀란드를 되돌려주겠다는 조건으로 스웨덴에게 접근했다. 스웨덴 황태자로서 실질적인 통치자였던 베르나도트는 이 같은 제안에 적극적인 관심을 보였지만, 스웨덴이 여전히 중립국들과 무역하고 있다는 사실에 격분한 스톡홀름의 프랑스 대사가 국교를 단절시키고 말았다. 베르나도트는 러시아 황제를 찾아가 더 나은 흥정을 시도했다. 그는 협력의 대가로 덴마크령인 노르웨이를 제안받았다. 베르나도트는 이를 수락하며 자신의 조국에 등을 돌렸다. 알렉산드르 1세는 1812년에야 비로소 동맹인 베르나도트가 나폴레옹 휘하의 원수 시절만큼이나 못 믿을 존재임을 깨닫게 되었다.

러시아인들은 1811년 초부터 전쟁을 원해 폴란드 침공 계획을 세우기도 했다. 이것이 불발로 그친 건 순전히 부실한 재정 때문이었다. 터키에게서 거둔 결정적인 승리가 강화로 이어지자, 남쪽의 러시아군 병력을 나폴레옹에게 쓸 여유가 생겼다. 1812년경 알렉산드르 1세가 거느린 군대의 병력은 100만 명에 이르렀지만, 방대한 러시아 영토 전역에 분산된 상태였다. 이들을 동원하는 데 엄청난 시간이 걸렸지만, 여기에는 러시아 황제에게 유익한 점도 몇 가지 있었다.

파리에서는 누구보다도 나폴레옹을 당혹스럽게 만든 스파이 조직이 적발되었다. 조직의 핵심 인물 중 하나인 알렉산드르 체르니셰프^{Aleksandr} Tchernishev는 나폴레옹과 친분을 쌓아온 러시아군 대령이었다. 나폴레옹은 체르니셰프가 모스크바로 송환된 뒤 밝혀진 대로 그 동안 프랑스 전쟁성 직원 하나가 스파이인 체르니셰프에게 부대들의 귀환을 속속들이 보고해 왔다는 사실에 더할 나위 없는 씁쓸함을 느꼈다. 이 사건은 러시아의 불량한 속내를 보여주는 확실한 증거가 되었다.

나폴레옹은 나름대로 성공을 거두었다. 프랑스 외무대신 샹피니 Champigny는 러시아 황제가 가까운 장래에 프로이센 제거를 꾀하고 있음을 시사하는 위조 문서를 프로이센 왕에게 올렸다. 이 때문에 프로이센 왕은 프랑스로 기울었고, 러시아를 향한 군사행동에 1개 군단을 지원했다. 오스트리아 역시 우호적인 태도를 보였다. 오스트리아는 병력 3만 명을 제공할 경우 기존 영토를 보장해주겠다는 제안에 흔쾌히 응했다.

나폴레옹은 당시 상트페테르부르크 대사였던 아르망 드 콜랭쿠르 Armand de Caulaincourt를 필두로 러시아 침공이 재앙이 될 수 있음을 계속해서 경고받았다. 그러나 콜랭쿠르는 일찍이 알렉산드르 1세의 항의로 체면을 구긴 일이 있었다. 나폴레옹은 국경을 침범당할 경우 국운을 건 싸움까지 불사하겠다는 러시아의 엄포를 허세로 받아들였다. 나폴레옹으로서는 정신이 오락가락하는 러시아 황제가 스스로를 반기독교 세력인 나폴레옹에 맞설 신의 방패로 여기게 된 계시를 받았음을 알 턱이 없었다. 이를 통해 반미치광이 러시아 황제의 결의는 더욱 굳어졌다.

1811년 8월에 이르자, 나폴레옹은 전쟁의 불가피함을 받아들였다. 그는 이듬해의 전쟁을 계획하며 60만 병력을 러시아 국경으로 이동시켰다. 그들 중 자신의 운명을 내다볼 수 있었던 이는 극소수에 불과했다.

나폴레옹 러시아를 침공하다

원정을 위한 프랑스 연합군의 침공부대는 5개 군으로 나뉘었다. 중앙의 3개 군은 나폴레옹과 베스트팔렌 왕인 그의 동생 제롬, 그리고 이탈리아 총독이던 양자 외젠이 지휘했다. 측면의 2개 군 가운데 남쪽을 맡은 군대는 오스트리아 왕자 슈바르첸베르크Schwarzenberg의 지휘하에 있었고, 막도날 원수는 프랑스-프로이센 혼성 군단을 지휘했다. 나폴레옹 군대의 주력은 근위대, 다부의 제1군단, 네의 제3군단, 그리고 몽브륀과 낭수티가 이끄는 2개 예비 기병 군단이었다. 오른쪽의 제롬은 포니아토프스키의 (폴란드) 제5군단과 반담의 (베스트팔렌) 제8군단, 레이니에의 (작센) 제7군단에 더해 라투르-모부르의 기병군단을 거느렸다. 외젠은 직접 지휘를 맡은 제4군단과 함께 생시르의 제6군단, 그리고 그루쉬의 기병 군단을 이끌었다. 이를 모두 합하면 중앙군만 32만 명에 이르렀다. 중앙군은 1812년 6월 24일 아침 일찍 니멘 강을 건너기 시작했다. 그 밖의 병력 11만 5,000명으로 이뤄진 측면의 2개 군 역시 전진을 개시했다. 프랑스군은 나폴레옹이 이끈 군대의 절반도 채 되지 않았다.

러시아군은 3개 군으로 나뉘어

■■■■■ 전쟁을 개시한 나폴레옹이 당시 러시아의 국경이었던 니멘 강을 건너고 있다. (Musee de l'armée)

있었다. 서부를 맡은 제1 · 2 · 3군이 넓은 전선에 배치되었다. 이 가운데 가장 규모가 큰 것은 바실리 데 톨리가 이끄는 제1군이었다. 그가 거느린 12만6,000명의 병력은 본대로부터 160킬로미터 떨어진 곳에 자리한 비트 겐슈타인^{Wittgenstein}의 제1군단과 그보다 더 멀리서 바그라티온의 제2군과 본대의 연결고리 역할을 하는 플라토프^{Platov}의 코사크 기병대로 나뉘었다. 바그라티온은 2개 군단 4만7,000명을 지휘했다. 토르마소프^{Tormasov}가 지휘하는 약 4만5,000명 규모의 제3군은 너무 심하게 분산되어 있어 집결하는 데만 몇 주가 걸렸다. 추가로 전쟁 중에 치차고프^{Chichagov} 제독의 예비 병력 3만 명이 크림 반도로부터 소환되었다. 결론적으로 러시아가 보유한 야전군은 2 대 1로 열세에 놓여 있었다.

나폴레옹의 전략은 바실리를 향해 진격하다가 예상대로 바그라티온

이 폴란드로 침입해 사정권 안에 들어오는 순간 그에게 칼날을 돌려 궤멸시킨다는 것이었다. 공교롭게도 이는 풀Phull 장군이 러시아 황제에게 상신한 계획과 일치했다. 프로이센 이민인 풀은 드리사Drissa의 요새화된 주둔지가 바그라티온의 공세를 위한 모루 역할을 하리라고 러시아 황제를 설득했다. 그러나 나폴레옹의 침공에 앞서 입수된 새로운 정보를 통해 나폴레옹의 군세가 예상보다 강하다는 것을 파악한 러시아 최고사령부의 일부는 러시아 황제에게 전쟁 초기에 필요한 전략이 방어임을 설득했다. 이리하여 바그라티온의 공세는 취소되었다. 바실리가 드리사의 주둔지로 물러나자, 바그라티온 역시 후퇴를 개시했다.

프랑스가 1812년의 전쟁을 그르친 원인으로는 몇 가지를 꼽을 수 있다. 첫 번째로 프랑스와 그 연합국의 군대는 갓 징집된 자들로 구성되어 있었다. 이 병사들은 나폴레옹이 요구하는 기나긴 행군 강도에 아직 적응하지 못한 상태였다. 두 번째로 보급체계의 붕괴를 들 수 있다. 나폴레옹이 조직한 병참선은 사상 최대 규모였지만, 열악한 도로와 마초의 부족 탓에 보급마차들이 본대를 따라잡을 수 없었다. 병참 조직이 무너지자, 군기 역시 흐트러지고 말았다. 병사들은 부대를 이탈해 식량과 쉼터를 찾아 헤맸고, 상당수가 돌아오지 못했다. 기나긴 행군에 몸이 상한 병사들은 갖가지 질병으로 초라한 죽음을 맞이했다.

그해 겨울의 끔찍한 후퇴전은 신화가 되었지만, 숨 막히는 열기와 번갈아 엄습해온 엄청난 폭우는 러시아 영토를 빠져나올 때보다 더 많은 병사들의 목숨을 진군 과정에서 앗아갔다. 마지막으로 프랑스군은 전쟁 내내 정찰 분야에서 뒤처져 있었다. 러시아군은 지형에 훤했고, 프랑스군이 가진 믿을 만한 정보는 얼마 되지 않았다. 나폴리의 왕이자 연합군 기병뿐만 아니라 코사크 기병들의 선망의 대상인 저돌적인 뮈라 원수는 휘하의 기병대를 무리하게 운용했다. 프랑스 기병들은 좀처럼 말에서 안장을

■■■■■ 러시아로 진격 중인 대육군이 강을 건너고 있다. 상당수의 말과 인적 손실은 바로 이 힘겨운 진군 과정에서 발생했다.

내릴 기회가 없음을 불평했고, 양질의 군마 대부분을 잃었다. 이런 상황은 이후에 나폴레옹 군대가 치른 대부분의 전투에서 불리하게 작용하게 되었고, 나폴레옹 시대의 종말까지 그들을 곤욕스럽게 만들었다.

이 모든 요소들이 결합되어 나폴레옹의 모험을 실패로 만들었다. 손실의 대부분은 느긋하게 진격하고 자주 멈춰 휴식을 취하고 보급품을 제대로 공급했더라면 막을 수 있는 것들이었다. 그러나 그런 식으로는 러시아군을 나폴레옹이 벼르던 결전으로 끌어들일 기회를 날릴 게 뻔했다. 얘기가 좀 앞서간 감이 있지만, 이러한 대육군 몰락의 원인들은 침공 첫날부터 감지되었다. 실제로 군대의 탈진 징후는 이미 폴란드를 가로지르며 국경으로 향할 때부터 나타나기 시작했다.

더디게 보고되는 데다가 그다지 신뢰할 수 없었던 정보에도 불구하고 나폴레옹은 신속한 승리의 기회가 바그라티온의 군대를 프리페트Pripet 습지로 몰아붙이는 데 있음을 곧 깨달았다. 그는 좌익의 다부 휘하 제1군단

■■■■■ 제롬 나폴레옹. 그림 속에서 자신의 궁전 중 한 곳을 배경으로 자세를 취한 그에게는 바람둥이 왕자라는 평판이 따라다녔다. 그러나 그는 베스트팔렌 왕에 만족하지 못한 채 군인으로서 형 나폴레옹에게 경쟁의식을 가지고 있었다. 그가 제 역할을 다하지 못한 것은 나폴레옹이 러시아에서 실패한 중요한 이유 가운데 하나였다. [Roger-Viollet]

과 우익의 제롬 군대로 러시아군을 협격하는 양익 포위기동을 계획했다. 그는 러시아 황제와 러시아군의 주지휘소가 떠난 지 얼마 되지 않은 빌나Vilna에 도착하자, 다부와 기병 지원이 딸린 2개 사단을 민스크Minsk로 진격시켰다. 이와 동시에 제롬에게는 바그라티온의 군대와 접촉을 유지하면서 2개 프랑스군 사이에 이들을 몰아넣어 섬멸할 임무를 맡겼다. 그러나 제롬은 좀처럼 진격을 서두르지 않았고, 그의 병사들이 진격에 나설 무렵에는 격렬한 폭우로 도로가 거의 통행 불능 상태가 되고 말았다. 그는 더욱더 일정에 뒤처졌고, 나폴레옹에게 진격 상황을 꾸준히 보고하지 않음으로써 자신의 실패를 더 악화시키고 말았다. 제롬은 휘하의 군단장인 반담과 언쟁을 벌인 뒤 그를 해임시켰다. 이것이 프랑스 황제인 나폴레옹에게 보고된 유일한 내용이었다. 나폴레옹은 이에 격한 어조의 답신을 보내 엄청난 기회를 흘려버린 제롬을 꾸짖었다. 그리고 이와 동시에 다부에게 보낸 밀서를 통해 바그라티온과의 전투가 임박해질 경우 그가 지휘권을 인수하도록 했다. 제롬은 바그라티온을 밀어붙이라는 지시에도 불구하고 사령부와 연락을 취할 노력은 거의 하지 않은 채 1주일 동안 그로드노Grodno에 주저앉아 명령만을 기다렸다.

나폴레옹은 2주일이 넘도록 빌나에 머물며 새로운 공세를 계획하는 데 필요한 정보를 수집했다. 그는 토르마소프의 제3군을 견제하기 위해 레이니에의 소규모 군단만을 남기고, 슈바르첸베르크에게는 그의 부대를 이동시켜 제롬을 지원하라고 명령했다. 토르마소프의 제3군은 부실한 정보 탓에 상당히 과소평가되고 있었다. 이 같은 명령들이 실행되는 동안 나폴레옹에게는 기다는 것 외에는 달리 할 수 있는 일이 없었다. 비는 계속 내렸고, 보급은 타격을 입었다.

북쪽에서는 막도날이 리가Riga를 향해 서서히 진격하고 있었다. 코사크 기병들을 제외하고는 이렇다 할 저항이 없었지만, 이번에도 프랑스군과 프로이센군은 취약한 정찰 능력을 드러냈다. 막도날의 남쪽에서는 우디노가 드리나Drina 강을 향해 진격했다. 네는 우디노를 지원하라는 명령을 받았지만, 숲이 우거진 이 지역에서는 동료 원수와 접촉을 유지할 수 있는 방법이 없었다.

7월 4일, 나폴레옹은 여전히 빌나에 있었고, 바실리는 풀의 부관 폰 클라우제비츠와 함께 요새화된 주둔지 드리사를 눈앞에 두고 있었다. 이윽고 목적지에 도착한 그들은 경악을 금할 수 없었다. 주둔지는 그들이 세운 목표에 전혀 쓸모가 없었으며, 이를 지키려 들다가는 러시아의 재앙을 초래할 게 뻔했다. 바실리의 군대는 프랑스군과 마찬가지로 낙오병이 속출했고, 그 같은 출혈을 멈추기 위해 며칠간의 휴식이 필요했다.

알렉산드르 1세는 신경이 곤두선 채 여기저기서 쏟아지는 상반되는 진언에 갈피를 잡지 못했다. 바실리가 보급선을 따라 후퇴할 것을 제안한 반면, 바그라티온과 그 밖의 인물들은 더 이상 한 뼘의 러시아 영토도 내줄 생각이 없었다. 2개의 정치적 파벌이 형성되었다. 하나는 바실리를 비롯한 러시아 황제 주위의 다양한 '외국인' 고문들을 주축으로 형성된 파벌이었고, 또 하나는 아락체예프와 바그라티온을 따르는 국수주의자들로 형성된 파벌이었다. 이 두 파벌은 평화를 유지하려 애쓴 나머지 우유부단해진 러시아 황제에게 저마다 진언과 중상모략이 담긴 상서를 올려댔다.

알렉산드르 1세의 정책이 얼마나 중심이 잡히지 않았는지는 지휘권 통합 문제에서 가장 여실히 드러났다. 바실리와 바그라티온이 이끈 두 주력군이 어떻게든 침공군을 저지하기 위해서는 공동작전이 필요한데도 총사령관이 존재하지 않았던 것이다. 이론상으로는 전쟁대신이라는 직위에 있는 바실리가 바그라티온을 지휘하게 되어 있었지만, 바그라티온은 연공서열에서 앞선 데다가 이전의 전쟁에서 바실리의 상급자이기도 했다. 알렉산드르 1세는 바실리에게 통합된 지휘를 맡기기를 원하는 듯했지만,

국수주의자들의 원성을 사지 않으려는 탓에 결코 이를 공식화하지는 않았다. 상황은 바실리가 자신을 음해하고 제2군이 궤멸되게 놔두려 든다는 바그라티온의 믿음으로 인해 더욱 꼬이고 말았다. 뒷받침할 근거가 없었는데도 바그라티온은 그 같은 생각에 집착했다.

확실한 사실 한 가지는 알렉산드르 1세가 지도력을 제대로 발휘하지 못하면서 전선에 계속 머무는 한 러시아군의 앞날은 암울할 수밖에 없다는 것이었다. 아락체예프가 이끄는 일단의 장군들과 외무대신 쉬쉬코프Shishkov로 대표되는 정치인들이 러시아 황제를 설득하여 전선을 떠나 온 나라에 전쟁 참여를 호소하도록 했다. 7월 19일에 전선을 출발한 러시아 황제는 더 많은 민병대를 소집하기 위해 모스크바를 향해 발길을 재촉했다.

7월 9일에 이르자, 나폴레옹은 바그라티온과 바실리 사이에 병력을 집결시킨다는 새로운 명령을 내렸다. 이 무렵 다부는 민스크를 점령하고 보리소프Borisov로 진격을 준비하던 참이었다. 7월 12일, 마침내 제롬과 다부 사이의 연락이 재개되었고, 2개 군은 바그라티온을 공격하기 좋은 위치에 섰다. 이를 기회로 여긴 다부는 자신에게 해당 전선의 총지휘를 맡긴 나폴레옹의 밀서를 제롬에게 내밀었다. 다부가 세련되지 못한 방식으로 전달했을 게 뻔한 이 소식에 굴욕감을 느낀 제롬은 마르샹에게 지휘를 맡긴 채 군대를 떠났다. 마르샹은 아무런 지시도 받은 게 없었기 때문에, 이 소동을 수습하는 데만 며칠을 허비하고 말았다. 그 사이 기회는 멀어져만 갔다.

7월 23일, 바그라티온은 살타노프카Saltanovka에서 다부의 선봉대에게 소규모 전투를 걸었지만, 프랑스군을 돌파할 수 없었다. 그는 후퇴해서 다부의 남쪽 측면으로 돌아나가려 했다.

알렉산드르 1세가 떠난 뒤, 바실리의 첫 번째 목표는 바그라티온과 연계해 나폴레옹과 모스크바 사이를 가로막는 것이었다. 그는 그러한 연계가 가능할 것 같은 남동쪽의 비텝스크Vitebsk로 향했다. 그리고 상트페테르부르크로 통하는 길목을 지키고자 비트겐슈타인 장군을 뒤에 남겨 리가의 에센 장군을 지원하도록 했다.

나폴레옹은 드리사에서 일격을 가할 의도로 군대를 이동시키고 있었다. 그의 정찰대가 그 같은 일격이 허사가 될 것이라고 보고하기까지 적잖은 시간이 걸렸다. 이윽고 바실리의 행선지가 비텝스크였음을 깨달은 그는 군대를 되돌려 비텝스크로 진격했다. 그는 우디노에게 연락선의 방어를 맡겼다. 우디노가 철수를 시작하자, 비트겐슈타인은 적극적으로 교란작전에 나서 수차례 결과가 모호한 전투를 펼쳤다. 이 같은 행동은 우디노의 병력을 묶어놓으며 본대와의 긴밀한 공조를 막는 효과가 있었다. 수적으로 우세한 러시아군이 우디노를 공격해 발목을 잡은 8월 18일의 제1차 폴로츠크Polotsk 전투 이후로 양측은 참호 구축에 들어갔고, 전선은 소강상태에 놓였다.

바실리는 간발의 차로 프랑스군보다 먼저 비텝스크에 입성했다. 7월 25일, 오스트로브노Ostrovno에서 후위 기병대를 패퇴시킨 뒤라 원수는 포로들을 통해 바실리의 종착지가 스몰렌스크Smolensk라는 사실을 알아냈다. 나폴레옹은 군의 태세가 흐트러지고 탈진 상태가 엿보이자, 7월 29일부로 진군을 멈추고 아군의 합류와 뒤처진 보급부대의 도착을 기다렸다. 1주일 동안의 소강기 덕분에 바그라티온은 다부의 병력을 우회해 바실리와 합류할 스몰렌스크로 향할 수 있었다.

바로 이 무렵 토르마소프가 코브린Kobrin에서 레니에 군단의 일부인 작센군을 패퇴시켰다는 전갈이 도착하자, 나폴레옹은 슈바르첸베르크를 되돌려 보내며 이 예상치 못한 위협에 맞서 레니에를 지원하도록 명령했다. 주도권은 잠시나마 러시아군에게로 넘어갔다. 일단 바그라티온과 합류하자 바실리의 마음은 공세로 기울었다. 그는 상트페테르부르크 사교계의 독설가들이 조국 러시아의 상당 부분을 내팽개친 '이방인'을 비난하고 나섰다는 사실을 잘 알고 있었다. 이 시점에서 그가 성공적으로 일격을 가할 수 있었다면, 그를 비난하는 자들을 침묵시킬 수 있었겠지만, 바그라티온의 협력이 여전히 신통치 않은 데다가 바실리 자신의 결의 역시 약해, 계획은 물거품이 되고 말았다. 한편, 나폴레옹은 성스런 도시 스몰렌스크에 다가서고 있었다. 네베로프스키Neverovsky 장군의 사단이 8월 14일 크라스노이Krasnoi에서 펼친 영웅적 저항만이 러시아군이 두 쪽으로 나뉘어 궤멸되는 것을 막았다.

스몰렌스크

네베로프스키는 고대의 거대한 성벽에 감싸인 스몰렌스크로 퇴각해 절박하게 도움을 호소했다. 바실리는 독투로프Docturov 장군의 기병대를 구원 병력으로 급파했고, 프랑스군은 돌격을 구상하기 위해 멈춰 섰다.

공격은 8월 17일 정오가 지난 직후 시작되었다. 진두지휘에 나선 네 원수는 시가지를 둘러싼 교외에서 러시아군을 몰아냈고, 몇 차례나 드네프르Dnepr 강 다리의 함락을 눈앞에 두는 듯했다. 나폴레옹은 4시 30분에 공격을 중지시키며 다음날 공격을 속개하기 위해 추가로 병력을 동원했다.

그날 밤 러시아 전쟁협의회에서는 바실리, 콘스탄틴 대공, 그리고 바그라티온 사이에 격렬한 논쟁이 벌어졌다. 전세가 불리해지고 있는데도 러시아 황제의 아둔한 동생과 다혈질적인 바그라티온은 또 다른 주도가 함락된다는 사실에만 집착했다. 바실리는 반대에 아랑곳하지 않고 후퇴를 명령했다. 스몰렌스크는 포기되었다. 바그라티온은 서쪽에 있던 휘하 제2군의 이동을 시작하면서 중요한 여울을 무방비 상태로 남겨두었다.

바실리는 바그라티온이 후퇴한 뒤, 네가 휘하 병력 상당수를 강 건너편으로 이동시켰음을 알고 경악을 금치 못했다. 러시아군은 역습으로 네의 병력을 흩어놓는 데 실패하자, 제1군의 보급물자 대부분을 포기해야만 했다. 8월 18일 밤, 바실리 자신도 황급히 후퇴에 나섰고, 그의 부대는 곧 진로를 벗어나고 말았다.

8월 19일 아침이 밝자, 돌연 네의 병력이 스몰렌스크에서 5킬로미터 남짓 벗어난 바실리의 후위대를 덮쳤다. 거친 지형을 조심스럽게 전진하던 네는 자신이 바실리의 본대를 따라잡아 그 후위로 파고들고 있다는 사실을 전혀 깨닫지 못했다. 발루티노Valutino 전투*는 더 많은 프랑스군이 몰려드는 가운데 하루 종일 밀고 당기기를 거듭했다. 오후 4시경, 나폴레옹이 전장에 도착해 다부 군단 소속 귀댕 사단에게 공격을 명령했다. 그들은 이 공격으로 러시아군의 전선을 돌파했다. 그들은 보다 동쪽으로 물러나 새로운 진지를 구축했고, 네는 사전 포격을 개시하며 이튿날 있을 돌격에 대비했다.

쥐노의 제8군단이 전장에 도착해 바실리의 측면 및 후방과 대치했다. 쥐노는 보다 하류에서 드네프르 강을 건넌 뒤, 나머지 군대의 도하를 지원하라는 명령을 받았다. 나폴레옹이 벼르던 기회가 바로 코앞에서 펼쳐지고 있었다. 전쟁의 모든 것을 결정지을 상황이 온 것이었다. 쥐노에게 진격 명령만 내려진다면, 승리는 따놓은 당상이요 오로지 그 규모가 문제일 터였다. 쥐노와 동행하던 뮈라가 공격을 독촉했지만, 쥐노의 대답은 명령을 받지 못했다는 것뿐이었다. 스스로도 기회를 확신하지 못한 뮈라

---

* **발루티노 전투** 1812년 8월 18일 네 원수가 지휘하는 프랑스 군단 약 3만 명과 바실리가 직접 지휘한 러시아 후위부대 4만 명 사이에 벌어진 전투다. 러시아군은 작은 여울에 둘러싸인 습지를 견고히 지키고 있었다. 이런 러시아군에게 프랑스군은 격렬한 공격을 감행했고, 지형의 불리함에도 불구하고 러시아군을 물러나게 하는 데 성공했다.

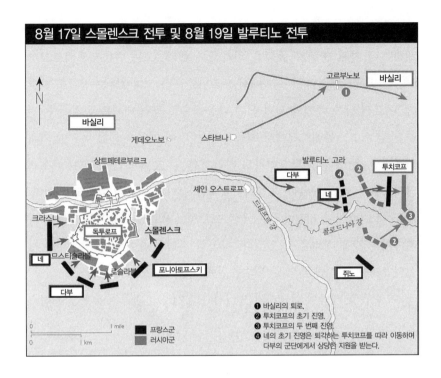

8월 17일 스몰렌스크 전투 및 8월 19일 발루티노 전투

① 바실리의 퇴로.
② 투치코프의 초기 진영.
③ 투치코프의 두 번째 진영.
④ 네의 초기 진영은 퇴각하는 투치코프를 따라 이동하며 다부의 군단에게서 상당한 지원을 받는다.

프랑스군
러시아군

는 휘하 기병대의 기동에 적합한 지형을 물색하려 말을 몰고 나갔다. 몇 곳에서 쥐노의 기병대가 독자적으로 펼친 국지적인 공격은 모두 성공을 거뒀다. 그런데도 쥐노는 꿈쩍하려 들지 않았다.

1.6킬로미터 저편에서는 황혼과 함께 시작된 네의 공격이 또다시 러시아군을 흔들어놓았다. 전투는 프랑스군이 자신들이 이 전쟁을 거의 끝낼 뻔했음을 전혀 깨닫지 못하는 가운데 어둠과 더불어 막을 내렸다. 프랑스군에게 닥친 또 하나의 비극은 최후의 돌격에서 귀댕 장군이 치명적인 부상을 입은 것이었다. 귀댕은 프랑스군이 보유한 가장 뛰어난 사단 지휘관 가운데 한 사람이자, 1806년과 1809년 전쟁의 영웅으로서 일찍부터 다부의 충직한 오른팔이었다.

두 러시아군은 동쪽으로 빠져나갔고, 닷새에 걸친 폭우 덕분에 적을 뿌리칠 수 있었다. 나폴레옹은 8월 24일부로 모스크바를 향한 진격을 재개하기에 앞서 군대가 휴식을 취하도록 했다. 그는 슈바르첸베르크가 8월 12일 고로데쉬나^{Gorodeczna}에서 토르마소프를 격퇴했다는 전갈을 받았다. 이로써 남쪽 측면의 위협을 던 나폴레옹은 공격 태세를 유지했다. 진격을 멈추고 스몰렌스크에서 겨울을 나는 것이 재앙을 피할 마지막 기회였겠지만, 항상 적을 당장이라도 따라잡을 수 있을 것만 같았다. 아우스터리츠나 프리틀란트에서와 같은 위대한 승리가 그를 기다리고 있었다. 그는 세 번씩이나 러시아군을 구석으로 몰아넣고서도 망연히 그들이 빠져나가는 것을 지켜본 바 있었다. 아군의 전력이 줄어들고 있는 것은 사실이었지만, 러시아군 역시 병력 손실에 시달리고 있지 않는가?

이 같은 딜레마에 시달리기는 러시아 황제도 마찬가지였다. 스몰렌스

■■■■■ 스몰렌스크로 진군하는 과정에서 벌어진 비텝스크 전투. (Roger-Viollet)

크 방어가 실패로 돌아가자, 군대를 이끌 '러시아인 적임자'를 부르짖는 여론은 무시할 수 없는 수준이 되었다. 상트페테르부르크는 결전을 주장하는 이들로 들끓어 변화를 요구했고, 알렉산드르 1세의 뇌리에는 귀족들의 지지를 잃었던 선왕의 암살 사건이 너무도 생생하게 떠올랐다. 총사령관 선임에 나선 그는 마침내, 그러나 내키지 않으나마 쿠투조프를 선택했다. 쿠투조프는 대터키전의 영웅이자 품위 있는 귀족이었지만, 알렉산드르 1세의 눈에는 음험하고 도덕적으로 해이한 인물로 비쳤으며, 어쩌면 이것이 전부 사실인지도 몰랐다. 그래도 새롭게 대공의 지위에 오른 그는 병사들을 비롯해 외국인 공포증에 걸린 귀족층으로부터 두터운 신망을 얻고 있었다. 바실리와 바그라티온은 제1군과 제2군 사령관이라는 각자의 직위를 유지하고 있었다.

1812년 8월 29일, 쿠투조프는 러시아군 진영에 도착했다. 그는 수차례 회의를 열어 모스크바까지 밀리기 전에 일전을 치른다는 자신의 결의를 피력하는 한편, 전투를 벌일 적절한 장소를 찾을 때까지는 당분간 후퇴를 계속한다는 방침을 내놓았다. 바그라티온의 제안에 따라 보로디노가 결전의 무대로 결정되었다. 쿠투조프는 경사지에 군대를 배치하며 몇 곳의 언덕에 보루를 구축했다.

보로디노

9월 5일, 프랑스군의 선두부대는 전장에 모습을 드러냈다. 그들은 셰바르디노Shevardino 마을 인근에서 러시아군 포대와 이를 엄호하는 사단 규모의 보병대가 경보병과 기병의 든든한 지원을 받으며 지키고 있는 보루에 부딪쳤다. 정오가 지나자 보루에서 2.5킬로미터 뒤쪽에 도사린 러시아군에

맞서 병력을 배치해야 했던 나폴레옹은 그곳을 점령할 필요를 느꼈다. 그
는 다부의 제1군단 소속으로 2개 기병군단의 지원을 받는 콩팡의 제5사
단에게 명령을 내렸다. 이와 동시에 포니아토프스키의 폴란드 군단에게

도 남쪽으로 우회해 측면에서 목표를 공략하라고 명령했다. 산병전 대형으로 접근한 프랑스군은 러시아군에게 매서운 사격을 퍼부었다. 러시아군은 온 힘을 다해 응사했고, 주로 포격으로 상대에게 피해를 입혔다. 콩팡은 보루의 함락이 눈앞에 보이자, 자신이 보유한 최강의 부대를 출격시켰다. 총검을 앞세운 공포의 제57연대는 측면에서 수비 병력을 몰아내며 보루로 돌입했다. 그들 앞에는 그들에 맞서는 단 한 명의 살아 있는 적도 보이지 않았다. 해가 기울 무렵, 바그라티온이 이 피에 젖은 진지의 탈환에 나섰다. 그의 기병대는 프랑스군과 혈전을 벌여 승리를 거머쥐었지만, 어둠을 뚫고 추격에 나서지는 못했다. 바그라티온은 보루의 탈환을 주장하며 퇴각했지만, 그가 입은 비교적 가벼운 손실로 비춰보건대 그가 전초전보다 더 큰 규모의 전투를 치렀을 리는 없었다. 확실한 것은 러시아군이 그다지 유용하지도 않은 진지를 놓고 격전에 말려들었다는 사실이었다.

춥고 습한 밤이 깊어가는 가운데 주변에 변변한 땔감이 없었던 프랑스군은 러시아군 숙영지에서 솟아오르는 모닥불을 부러움의 눈길로 바라봐야만 했다. 나폴레옹은 밤을 지새다시피하며 후속 군단들을 이동시켜 적절한 전투 위치에 배치하는 작업에 몰두했다.

이튿날에는 양군 모두 상대의 진영을 정찰하며 전투 계획을 세웠다. 쿠투조프는 자신의 병력을 남북 축으로 전개해 북쪽으로 바실리의 제1군을 콜로차Kolocha 강 후방에 배치하고, 견고하게 축성된 일련의 보루들이 있는 남쪽으로는 바그라티온의 제2군을 배치했다. 바그라티온의 전선에는 사실상 러시아군 전선 전체의 구심점인 대보루가 있었다. 이곳에서는 보로디노 시가지 북쪽의 도하 지점이 훤히 내려다보였다. 퇴각하는 쿠투조프의 발목을 잡으려면 반드시 이곳을 점령해야만 했다. 보루의 남쪽 측면은 그로부터 좌측 수백 미터 지점에 있는 '첨탑'이라 불리는 소규모 보루 3개가 막고 있었다.

전선을 따라 말을 달리며 녹색으로 물든 적진을 관측한 나폴레옹은 이번에도 그들이 빠져나갈 조짐이 보이는지 살폈다. 퇴각의 기미가 보이지 않자, 그는 몸 상태가 좋지 않다며 숙소로 돌아가 쉬었다. 숙소에 도착한 그는 아들의 초상화를 근위대에게 전달했다. 그는 잠시 후 초상화를 치우며 자기 아들이 "전장의 살육을 목격하기에는 아직 너무 어리다"고 말했다. 그것은 일종의 예언이었다. 바로 그 무렵, 달갑지 않은 전조가 보고되었다. 나폴레옹은 스페인 살라망카Salamanca 전투에서 웰링턴이 마몽 원수를 패퇴시켰다는 소식을 받았다.

쿠투조프는 자신의 사령부에서 참모들과 어울려 술과 담소로 시간을 보내고 있었다. 최종적인 세부사항을 결정하는 것은 대부분 참모장 베닉센의 몫이었다. 이는 베닉센이 쿠투조프의 의도를 제대로 파악할 수 없었기 때문에 결코 바람직한 조치라 할 수 없었다. 그는 상관의 계획을 망친 줄도 모르고 자신의 독자적인 구상대로 몇 곳의 병력을 재배치했다. 그 중에서도 가장 위험했던 것은 투치코프의 군단을 은폐된 예비 진지에서 끌어내 우티차 Utitsa 마을 인근의 개활지로 옮긴

■■■■■■ 휘하 장군들과 회의 중인 쿠투조프. 애국심이 낳은 신화는 빠른 속도로 1812년 전투의 실상을 왜곡시켰다. 보로디노 전투 당시 실제 쿠투조프의 활약으로 꼽을 만한 것은 거의 없었다. A. V. 키브첸코Kivchenko 작. (Roger-Viollet)

것이었다. 이는 다음날 펼쳐질 포니아토프스키 휘하 폴란드군의 공격 앞에 투치코프의 군단이 훤히 노출됨을 뜻했다.

밤 사이 나폴레옹은 포병 예비대를 전장에 투입해 이미 상당한 규모였던 자신의 포대를 강화했다. 그는 그 대부분을 전투 시작과 동시에 포문을 열 수 있는 위치에 배치했다. 9월 7일 아침 6시, 프랑스 진영의 야포들이 포문을 열자 대지가 요동치기 시작했다. 러시아군 역시 자신들의 야포로 이에 맞섰고, 전장은 이내 짙은 청회색 연기로 덮였다. 수천 발의 포탄이 지면을 쓸며 앞에 놓인 모든 것을 강타했다.

나폴레옹은 외젠의 제4군단으로 보로디노 시가지를 공격하며 전투의

막을 올렸다. 포연을 헤치고 나간 프랑스군은 러시아 근위엽병들에게 쇄도했다. 이들 엽병들은 이미 포격으로 만신창이가 되었던 터라 순순히 자리를 내줬다. 그러나 무모하리만치 깊숙한 추격전을 펼친 프랑스군 역시 격퇴 당하고 말았다. 그래도 외젠은 시가지를 장악한 채 이를 거점으로 포대를 전개했고, 측면에서 대보루를 포격했다.

이제 나폴레옹은 주공격을 명령했다. 그는 러시아군의 좌익을 송두리

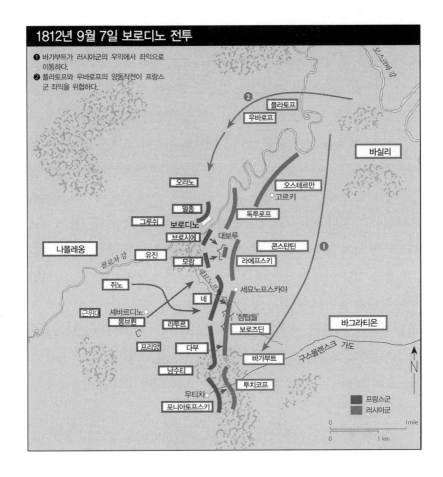

1812년 9월 7일 보로디노 전투

❶ 바가부트가 러시아군의 우익에서 좌익으로 이동하다.
❷ 플라토프와 우바로프의 양동작전이 프랑스군 좌익을 위협하다.

모스크바 강

플라토프
우바로프

바실리

오라노

오스테르만
고르키

뗼종
그루쉬
보로디노
독투로프

브로시에
대보루

나폴레옹
콜로차 강
유진
모랑
콘스탄틴
라에프스키

쥐노
세묘놉스카야
네

근위대
세바르디노
몽브륀
'첨탑들'
라투르
보로즈딘
바그라티온

프리앙
다부
바가부트
구스몰렌스크 가도

낭수티
우티차
투치코프

포니아토프스키

N

프랑스군
러시아군

0   1 mile
0   1 km

째 공략할 생각이었다. 이 돌격을 위해 다부의 제1군단 소속 3개 사단을 3개의 '첨탑'으로 출격시킨 그는 포니아토프스키 대공의 제5군단에게 그 남쪽의 우티차 주위를 공략하도록 명령했다. 이 두 공격을 쥐노의 제8베스트팔렌군단이 지원했다.

지금까지 이렇다 할 전투를 치르지 못한 포니아토프스키는 중오하는 러시아군을 향해 너무 성급하게 덤벼들었다. 자제력을 잃은 그는 병력을 막다른 길로 이끌었고, 적을 찾아 지나온 길을 되밟아야만 했다. 그러는 바람에 약 2시간 정도 지연되고 말았다. 나폴레옹은 포연과 지형 탓에 이 같은 지연 사태를 파악하지 못하고 있었다. 투치코프는 당분간 전면의 위협이 사라지자, 휘하 사단 중 하나를 북쪽으로 돌려 첨탑을 지키던 보로즈딘Borozdin의 제8군단을 지원했다. 자신의 병력이 이 공세에 휘말린 바그라티온은 전선을 누비며 예비대의 신속한 증원에 온 힘을 쏟았다.

다부의 선봉을 맡은 콩팡 사단은 대규모 러시아 포대가 펼친 무시무시한 탄막 속으로 뛰어들었다. 그런데도 콩팡의 정예 제57연대는 첫 번째 첨탑을 점령할 수 있었고, 재편성을 마친 다음 드새Dessaix 사단의 증원을 기다렸다. 그러나 이들 지원병은 드새 사단이 투치코프가 파견한 병력에 가로막힌 탓에 도착할 수가 없었다. 드새가 우티차 숲 경계의 격전에서 치명상을 입고 이에 동요한 병사들이 퇴각하면서 콩팡의 병사들은 고립무원 상태에 놓이고 말았다. 콩팡이 부상으로 쓰러지자, 다부가 직접 지휘를 맡았다. 자신 역시 가벼운 부상을 입은 다부와 휘하의 프랑스군은 바그라티온의 척탄병 예비대에 의해 진지 밖으로 내몰렸다. 눈앞에서 프랑스군이 퇴각하는 것을 지켜본 바그라티온은 자신의 지원 기병대를 추격에 투입했다.

위풍당당한 기병대는 경사지를 질주해 내려가며 도망치는 보병들을 베었다. 이들의 돌격은 다부의 예비대로 남은 프리앙 사단의 방진까지 이르렀다. 격렬한 난전이 펼쳐졌지만, 서둘러 구원에 나선 뮈라의 기병대가 이를 조기에 진화할 수 있었다. 프랑스 기병들은 흐트러진 러시아군의 대열에 구멍을 내며 그들을 러시아군 전선으로 몰아냈다.

나폴레옹은 이제 네의 제3군단으로 다시 공격에 나섰다. 네는 다부의 북쪽 측면을 돌아 다부의 제1파에게 그토록 큰 피해를 입힌 탄막 속으로 진격했다. 이 공격은 유럽에서도 가장 저돌적인 두 인물인 네와 바그라티온의 대결로 이어졌다. 빨간 머리 네는 검을 움켜쥔 채 선두에 서서 병사들과 함께 돌진하며 눈앞의 모든 것을 유린했다. 이번에는 첨탑 셋을 모두 점령했고, 지원 포대 역시 제압했다. 바그라티온은 대규모 흉갑기병대를 풀어 역습에 나섰다. 돌격에 나선 러시아 기병대의 자존심은 어렵게 차지한 진지에서 네의 병사들을 몰아냈다. 기병대와 함께 전방으로 진출해 있던 뮈라 원수는 예상치 못한 러시아 중장기병대의 성난 돌격에 퇴로를 차단당하고 말았다. 우군인 뷔르템베르크 보병대대의 대열로 뛰어든 그는 동요하는 독일 병사들을 추슬러 모든 공격을 격퇴하며 무사히 그곳을 빠져나오는 데 성공했다.

이 무렵 포니아토프스키와 폴란드군은 우티차 교외를 지척에 두고 있었다. 그들은 조국을 유린한 자들과 맞붙는다는 기대에 투지가 불타오르고 있었다. 투치코프는 이들에 맞설 정예 척탄병사단을 대기시켜놓고 있었다. 지근거리까지 다가선 폴란드군은 사격을 개시했다. 러시아군은 결연히 진지를 고수했다. 포니아토프스키가 수적으로 우세한 그의 병력을 동원하여 척탄병사단의 측면을 포위하자, 투치코프는 그의 병력에게 우티차에 불을 놓은 뒤 배후의 숲까지 퇴각하라고 명령했다. 잔인한 혈투가 벌어졌고, 폴란드군은 재편성을 위해 전투를 중단해야 했다.

일찌감치 잠자리에서 일어난 바실리는 전장을 누비고 있었다. 그는 좌익의 프랑스군 병력에 불안감을 느꼈다. 포격이 시작되기 무섭게 바그라티온의 지원 요청이 쏟아졌다. 여기에 응한 바실리는 바가부트^{Bagavout}의 제2군단을 이동시켜 바그라티온을 지원했다. 그는 이와 더불어 더 많은 휘하 병력을 중앙으로 이동시켰다. 바그라티온과 바실리 사이의 적개심도 바실리가 자신의 의무를 다하는 것을 막지는 못했다.

바가부트의 제2군단이 이동하기까지는 2시간이 걸렸고, 유효한 위치를 잡는 데 또다시 1시간이 걸렸다. 이는 아침에 있었던 포니아토프스키의 지연 사태를 더욱더 안타깝게 만들었다. 그가 공격을 재개했을 때는 이미 바가부트가 전장에 들어서고 있었던 것이다.

포니아토프스키는 휘하 군단의 야포를 집결시켜 우티차 뒤편의 언덕에 자리 잡은 진지들을 포격하기 시작했다. 투치코프의 포병대는 새로 가세한 포대가 바가부트의 등장을 알릴 무렵 거의 궤멸되기 직전이었다. 이 포대가 싸움을 이어받아 잠시나마 돌격이 저지되었다. 그러나 폴란드군은 곧바로 보병대를 전진시켰고, 러시아군 포대는 뒤로 물러나야만 했다. 2개 사단이 전진해왔다. 그들이 숲의 경계에 다다르기 무섭게 그곳에 도사리고 있던 정예 척탄병과 전열을 갖춘 상당수의 바가부트 휘하 병력이 매서운 사격을 가했다. 결사적인 전투는 교전 당사자 양측에게 그 대가가 얼마나 혹독한지를 새삼 일깨워주었다. 투치코프는 파블로프^{Pavlov} 척탄병들의 선두에 서서 돌격을 감행했다. 러시아 최고라 할 수 있는 이 병사들은 파죽지세로 폴란드군을 향해 달려들었다. 용맹함에 있어서 포니아토프스키의 부하들 못지않던 파블로프 연대는 막을 수가 없었다. 곧 폴란드 군단 전체가 우티차 너머로 되밀려났다. 바로 그 순간, 머리로 날아든 한 발의 총탄에 투치코프가 치명상을 입고 쓰러졌다. 러시아군의 역습은 차츰 기세를 잃기 시작했다.

나폴레옹은 포니아토프스키를 지원하기 위해 쥐노의 베스트팔렌 병사들을 투입했다. 진격에 나선 북부 독일 출신 병사들은 숲으로 진입했다. 그들은 그곳에서 포니아토프스키와 다부 군단의 측면을 가격하던 엽병들과 마주쳤다. 쥐노의 병사들이 서서히 이들을 몰아낸 덕분에 압박을 던 폴란드군이 공격 태세를 재정비할 수 있었다.

숲에서의 전투가 성과를 올리는 동안 공격을 재개한 네와 다부는 다시 한 번 첨탑들을 장악했다. 바그라티온은 역습에 나서 마지막으로 이 첨탑들을 탈환했다. 첨탑들을 둘러싼 이 마지막 결전에서 바그라티온의 다리에 포탄 파편이 박혔다. 그는 전장에 머물며 러시아군이 자신의 전선에서 거둔 마지막 성공을 지켜보고서야 후송 길에 올랐다. 그는 이 상처 때문에 7일 뒤 숨을 거두고 말았다.

네는 전투의 열기에 취해 또다시 병사들의 앞으로 나아갔다. 다부 역시 이에 지지 않았고, 이번에는 피로 물든 첨탑들을 완전히 점령했다. 오전 11시 30분의 일이었다.

북쪽에서는 전력을 정비한 외젠이 대보루 앞을 흐르는 하천을 강습도하하려 하고 있었다. 그는 앞서 오전 9시경부터 브로시에^{Brossier} 사단으로 탐색전을 펼친 바 있었다. 이 공격은 러시아군에게 별 효과가 없었지만, 보다 본격적인 공략에 필요한 정보를 제공해주었다. 이 본격적인 돌격을 맡은 것은 모랑 사단이었다. 이들은 언덕을 밀고 올라가 야포 18문에 매달린 포병들을 덮쳤다. 처절한 육박전 끝에 포병들 대부분이 전사했고, 프랑스군은 이 요충지를 장악했다.

바실리의 참모장 예르몰로프^{Yermolov} 장군은 모랑이 공격해올 무렵, 남쪽의 위기에 대응할 병력을 이끌고 있었다. 달아나는 병사들을 되돌려 세운 그는 모든 인접 부대에게 지원을 호소하며 보루를 향해 돌진했다. 위기감을 느낀 러시아 병사들은 광적인 투지로 공격에 임했고, 더 많은 지원병들이 도착해 전과를 굳히기 전에 프랑스군을 제압했다. 이 공격에서

바실리의 포병 예비대 지휘관인 쿠타이조프Kutaisov 장군은 부대기를 움켜쥔 채 1개 보병연대를 이끄는 영웅적인 활약을 펼쳤다. 잠시 후 그는 전사했고, 이후 전투에서 제1군 포병의 상당수는 그의 부재로 무용지물이 되었다.

이제 외젠은 앞서보다 세 배나 강력한 돌격 준비에 나섰지만, 러시아의 대군이 북쪽에서 밀려 내려온다는 외침에 온 진영이 들썩이기 시작했다. 그것은 플라토프의 코사크 기병대와 우바로프의 전열 기병들이었다. 전투 초기에 돈 코사크의 수장인 플라토프는 쿠투조프를 찾아가 자신과 대치한 병력이 전무함을 알렸다.

■■■■■ 생각지도 못한 많은 코사크인들의 등장은 프랑스군의 작전계획에 혼선을 초래했다. 보로디노 전투 당시 이들을 동원해서 프랑스군의 측면을 공격한 우바로프는 프랑스군이 결정적인 전과를 달성하는 데 필요했던 시간을 빼앗았다. (Roger-Viollet)

"탐색전을 펼쳐보고 프랑스군의 측면을 공격하는 것도 괜찮지 않겠습니까?"

쿠투조프는 이 제안에 동의했고, 플라토프는 자신의 진영으로 되돌아가 진군을 준비했다. 이 결정은 이 전투에서 쿠투조프의 몫으로 돌릴 수 있는 유일한 공적이었다. 두 러시아 기병부대는 콜로차 강을 건너 서서히 보로디노에 있는 외젠의 군대를 향해 다가갔다. 이들의 공격으로 프랑스군이 입은 피해는 경미했지만, 엄청난 공황에 빠진 그들은 시간을 낭비했다. 나폴레옹은 이 위협에 대응하기 위해 예비대의 일부를 투입했다. 외젠은 위협이 사라진 것이 확인될 때까지 대보루에 대한 일체의 추가 공격 계획을 취소했다. '우바로프의 교란 작전'은 2시간 가까이 프랑스군의 발목을 묶었다.

이로써 러시아군에게는 전선을 재정비하며 대치한 프랑스군에게 가차 없는 포격을 가할 시간이 주어졌다. 이 화력은 대보루에 대한 예정된 공격을 위해 집결한 기병대가 고스란히 뒤집어썼다. 이 포격 속에서 병력을 통제하던 제2예비기병군단 지휘관 몽브륀 장군은 배에 포탄이 관통했다. 상처를 내려다본 그는 "제법인걸"이란 말을 남기며 안장에서 떨어져 숨졌다. 이와 비슷한 비극이 속수무책으로 피해를 감내해야만 했던 라투르-모부르의 제4예비기병군단에게도 닥쳤다.

쿠투조프의 군대는 요충지인 대보루를 장악하고 있었지만, 남쪽의 전황에 위협을 느끼고 있었다. 첨탑의 최종 점령은 측면이 노출된 바가부트를 위태롭게 만들었고, 설상가상으로 포니아토프스키와 쥐노의 새로운 공격마저 그를 노렸다. 지친 러시아군은 진격하려는 프랑스군에게 값비싼 대가를 치르게 만들었지만, 프랑스군의 압박을 이겨낼 수 없는 지경에 이르렀다. 마침내 방패로 삼던 숲에서 밀려난 바가부트의 병사들은 후퇴 속도를 높이며 구스몰렌스크 도로에 접한 1.6킬로미터 후방의 전선으로 퇴각했다.

대보루를 제외한 러시아군의 마지막 거점은 작은 마을 세묘노프스카야Semyonovskaya였다. 앞서 첨탑의 최종 점령에 성공한 네가 이 마을을 점령하려다 격퇴당한 바 있었다. 이번에는 뮈라의 기병대가 나섰다. 낭수티와 라투르-모부르의 기병들이 마을을 향해 투입되었다. 낭수티는 마을의 남쪽을 공략하면서 지형이 기병대에게 불리함을 깨달았다. 그의 부하들은 잘 자리 잡은 보병대에게 돌진해 최선을 다했지만, 그들을 무찌르지는 못했다. 세묘노프스카야의 북쪽에서는 라투르-모부르의 부대가 선전을 펼

■■■■■ 마침내 대보루로 돌입한 프랑스와 동맹군 기병들이 전투에 종지부를 찍었다. 샤르팡티에Charpentier 작. (Roger-Viollet)

쳤다. 그들은 개활지에서 마주친 무방비 상태의 척탄병연대들을 유린하던 중 러시아 기병대에게 흐트러진 진형을 강타당해 진격을 멈췄다. 그러나 그들의 뒤에는 다부 군단의 프리앙 사단이 바짝 따라붙고 있었다. 뮈라는 러시아 야포들의 무시무시한 응징에도 아랑곳하지 않고 진격을 독려했다. 프리앙은 고전 중인 기병들의 구원을 서둘렀고, 마을은 그들의 손아귀에 들어왔다.

바실리는 이제 세묘노프스카야를 탈환하기 위해 자신의 제4군단을 투입했다. 나폴레옹이 친히 모습을 드러내 근위기마포병대에게 제4군단을 향한 짙은 탄막을 펼치도록 명령했다. 최초의 포격으로 러시아군의 진격이 저지되었고, 계속되는 세계 최고 포병의 사격은 예상대로 엄청난 결과를 낳았다. 실제로 나폴레옹은 이때 거의 500문의 포로 세묘노프스카야와 대보루 사이의 지역을 불바다로 만들고 있었다. 쿠투조프에게 남은 온전한 병력은 사실 상 전부 이 지역에 모여 있었다. 이곳으로 발사된 포탄에 뭔가가 명중되지 않을 가능성은 거의 없었다.

오후 2시를 눈앞에 두고 대보루를 차지하기 위한 프랑스군의 대공세

가 시작되었다. 브로시에와 모랑, 제라르^{Gérard}의 3개 보병사단이 정면 공격을 펼치자, 그 무렵 콜랭쿠르 장군* 지휘 아래 있던 몽브륀의 기병대와 함께 라투르-모부르의 기병대가 측면을 타격했다. 대보루에 첫발을 디딘 영예는 라투르-모부르 군단 소속인 작센의 차슈트로브^{Zastrow} 흉갑기병들에게 돌아간 것으로 보인다. 이 우수한 부대는 지원을 맡은 프랑스군의

---

* **콜랭쿠르 장군** 앞에서 소개된 러시아 대사, 아르망 오귀스탱 루이 드 콜랭쿠르의 동생 가브리엘을 뜻한다.

신속한 증원이 이뤄지는 가운데 포병들을 도륙했다. 저항하던 러시아군 병력은 궤멸되었다. 콜랭쿠르는 보루의 배후로 돌아 들어가 포위망을 완성하기에 앞서 전방의 러시아 지원 기병들을 추격했다. 불행히도 그는 이 성공의 대가로 목숨을 내놓아야 했다.

프랑스군의 이 공격에 뒤이은 그루쉬의 기병대는 러시아군의 잔존 병력에게 쇄도했다. 바실리는 이들을 저지하고자 근위기병대를 투입했다.

러시아군 전선은 이제 총체적인 붕괴 상태에 빠졌다. 바실리는 약 800미터 후방의 능선에서 남은 병력을 재편성했다. 그는 그 자리에서 나폴레옹의 다음 수를 기다렸다. 몇몇 프랑스 원수가 근위대의 투입으로 승기를 굳힐 것을 나폴레옹에게 간청했다. 머뭇거리던 나폴레옹은 이를 거절했다. 그가 생각하기에 본국에서 멀리 떨어진 자신에게는 근위대야말로 생존의 보증수표였다. 게다가 러시아군을 완전히 패배시킬 수 있을지 확신할 수 없었다. 나폴레옹은 지친 데다가 몸도 안 좋았고, 이겼다는 사실 자체에 만족하고 있었다. 오늘은 그것이면 충분했다.

그날 밤 쿠투조프는 러시아 황제에게 대승을 알리는 전갈을 보냈다. 그는 휘하 장군들로부터 후퇴를 요청받고는 처음에는 노여움을 내비쳤다. 하지만 어둠이 짙어질수록 쿠투조프의 군대가 끔찍한 타격을 입었다는 사실은 분명해졌다. 쿠투조프는 12만 명의 병력 가운데 4만 5,000명을 잃었다. 나폴레옹의 손실(약 3만 명)을 알 수는 없었지만, 프랑스군이 내일 있을 전투에 대비 중임은 분명했다. 러시아군에게는 포탄마저 얼마 남아 있지 않았다. 내키지 않았으나, 쿠투조프는 퇴각을 명령했다.

다음날 9월 8일, 나폴레옹은 잠자리에서 일어나는 데 애를 먹었다. 그는 병에다가 전투의 끔찍한 살육 탓에 기운을 잃고 의기소침해졌다. 그가 다시 군대에게 모스크바를 향한 진군 준비를 명하기까지는 상당한 시간이 걸렸다.

1812년 러시아 원정, 프랑스군의 모스크바 입성까지

❶ 나폴레옹이 니멘 강을 건너 진군하다.
❷ 드리사로 후퇴한 바실리가 방어를 포기한 채 비트겐슈타인을 파견한 뒤 스몰렌스크로 후퇴를 계속하다.
❸ 다부와 제롬❹이 바그라티온의 퇴로 차단을 노리다.
❺ 바그라티온이 스몰렌스크로 후퇴하다.
❻ 레이니에❼와 슈바르첸베르크가 후퇴 중인 토르마소프를 고착시키다.
❽ 나폴레옹의 좌익을 맡은 막도날이 리가의 러시아군 요새를 향해 진군하다.
❾ 바실리와 바그라티온이 스몰렌스크에서 합류하다. 8월 17일, 프랑스군의 공격이 시작되다.
❿ 8월 19일, 비트겐슈타인이 폴로츠크에서 우디노를 공격하다.
⓫ 쿠투조프의 지휘 아래 보로디노까지 후퇴한 러시아군이 9월 7일에 그곳에서 일전을 벌이다.
⓬ 9월 14일부로 나폴레옹에게 모스크바를 양보한 쿠투조프가 수도의 남쪽에서 진영을 정비하다.

최종적인 검토 결과, 새로운 지원 병력으로 전력이 증강되기 전까지는 또다시 쿠투조프가 나폴레옹과 대결할 수 없음이 분명해졌다. 이에 따라 모스크바를 방어하지 않는다는 결정이 내려졌다. 9월 14일, 러시아군은 수도를 통과하며 가져갈 수 있는 모든 것을 챙겨 동쪽으로 이동했다. 그날 저녁, 프랑스군은 모스크바에 입성했다. 그토록 숱한 역경을 강요했던 목표는 이제 나폴레옹의 것이 되었다. 그런데 강화조약을 교섭할 러시아 황제의 사신은 도대체 어디로 간 것일까?

프랑스군 모스크바에 입성하다

그날 저녁, 나폴레옹은 그에 대한 대답이라고 할 수 있는 일을 겪었다. 도시 곳곳에서 불길이 솟아올랐던 것이다. 모스크바 지사인 페도르 로스토프친Fedor Rostopchin이 프랑스인들의 손에 내주느니 도시를 불태워버리라고 명령했던 것이다. 공교롭게도 죄책감으로 그를 미치게 만든 이 행위가 나폴레옹의 군대에게는 구원이 될 수도 있었다. 도시가 더 심하게 탔더라면, 나폴레옹이 분명히 서쪽을 향한 후퇴를 좀더 앞당겼을 테니까.

　　나폴레옹은 첫날을 넘기며 불길이 잡히는 듯하자, 말을 타고 도시로 입성해 크레믈린Kremlin으로 향했다. 그는 그곳에서 또 다른 장소에서 불길이 솟는 것을 목격했고, 러시아인들이 의도적으로 불을 놓고 있다는 보고를 받았다. 자신들의 소중한 도시에 그런 짓을 할 이들이 있다는 게 믿기지 않는 그는 불을 놓다 잡힌 자들을 모조리 총살하라고 명령했다. 그는 거의 늦을 때까지 상황 파악에 매달렸다. 그가 그 불지옥을 벗어나는 데 동의해 가까스로 자신을 조여오는 불길 속에서 빠져나올 수 있었던 것은 순전히 참모진의 거듭된 간언 덕분이었다.

　　불길은 나흘 동안이나 계속되며 도시의 4분의 3을 파괴했다. 프랑스인들은 일부 소중한 역사적 건물들을 구해낼 수 있었지만, 러시아가 자랑하던 고도는 더 이상 존재하지 않았다. 불에 타 뼈대만 앙상한 도시를 재점령한 프랑스군은 진을 친 채 확신을 품고 러시아인들의 항복을 기다렸다.

　　나폴레옹은 군대를 시 외곽에 원형으로 배치하며 전방위로 공격에 대비했다. 문제는 모스크바와 인접한 병력은 여전히 정기적인 식량 공급을 받은 반면, 외곽 부대들은 그렇지 못하다는 점이었다. 이 때문에 절박하게 먹을 것을 찾아 흩어진 이들은 적의 공격에 취약해졌다.

쿠투조프는 모스크바의 소개에 이어 자신의 군대를 남쪽으로 완만한 원을 그리도록 배치했다. 이로써 그는 오렐Orel 지역에서 북상하는 원군과 합류할 수 있는 위치에 서게 되었다. 또한 그에게는 나폴레옹의 보급선을 노릴 수 있는 기동의 여지도 남아 있었다.

나폴레옹은 수차례나 화평을 촉구하는 사자들을 파견했지만, 아무런 회신을 받지 못했다. 마지막으로 그는 로리스통 장군을 쿠투조프에게 보냈다. 연로한 쿠투조프 장군을 만나고 온 로리스통이 러시아 황제에게 연락이 갔다고 알리자, 나폴레옹은 기뻐했다. 이로써 바람직한 전쟁 종식을 확신한 나폴레옹은 회신이 도착할 때까지 아예 후퇴에 관한 생각을 접어놓기로 마음먹었다. 그러나 이 같은 지연은 결국 치명적인 것이 되고 말았다.

크레믈린에 눌러앉은 나폴레옹이 칙서를 보내며 자신의 방대한 영토를 통치하는 사이, 그의 병사들은 비공식적인 휴전 상태에서 러시아인들과 어울리기 시작했다. 이처럼 프랑스군이 방심하는 사이에 빈코보Vinkovo에서는 세바스티아니의 기병대가 기습공격을 당했다. 이곳의 일부 병력은 자급자족해야만 했기 때문에 분산된 상황에서 기습을 당하고 말았다. 대패를 막을 수 있었던 것은 오로지 뮈라의 기민한 판단 덕분이었다. 저돌적인 나폴리의 군주는 기마기병총병들의 선두에 서서 적에게 달려들었다. 이 공격으로 러시아군은 되밀려났고, 이들이 태세를 추스를 무렵에는 프랑스군도 질서를 되찾았다. 이를 본 러시아군은 공격을 중단했다.

빈코보의 패배로 화평의 희망이 사라졌음을 확신한 나폴레옹은 모스크바 철수를 계획했다. 선택지를 검토한 결과, 파괴를 면한 지역을 지나 서쪽으로 갈 수 있는 길이자 아직 프랑스군의 전투력이 남아 있을 때 쿠투조프를 결전으로 끌어들일 수 있는 남서쪽이 가장 유망한 행군 방향으

■■■■■■ 모스크바를 집어삼킨 화마는 나폴레옹마저 도망치게 만들었다.

로 떠올랐다. 며칠 동안 출발을 준비한 나폴레옹은 10월 19일에 모스크바를 빠져나왔다. 그러나 때는 이미 너무 늦은 상태였다.

후퇴의 시작

나폴레옹이 모스크바에서 철수하는 동안 러시아군은 공격 태세로 전환했다. 쿠투조프가 나폴레옹의 본대를 주시하는 사이, 나머지 군대가 그의 전략적 남북 측면을 공략하기로 했다. 치차고프 제독이 토르마소프와 합류해 통합된 병력의 지휘를 맡았다. 그는 프리페트 습지를 끼고 서쪽으로 돌아 슈바르첸베르크의 배후를 노렸다. 치차고프는 이 오스트리아 장군이 한발 물러난 위치에서 바르샤바 방어에 임하자, 병력 2만5,000명을 거느린 자켄Sacken에게 추격을 맡기는 한편, 남은 병력 3만8,000명을 이끌고 습지의 북쪽을 돌아 나폴레옹의 후방으로 이동했다. 슈바르첸베르크는 자켄을 물리치고 치차고프를 향한 추격에 나서며 응수했지만, 이 오스트리아인의 마음은 이 전쟁에서 떠난 빛이 역력했다.

북쪽에서는 대규모 증원을 받은 러시아 지휘관 비트겐슈타인이 생시르를 향해 진격했지만, 병력이 둘로 나뉜 상태였다. 비트겐슈타인 본인은 폴로츠크에서 고배를 마셨고, 슈타인겔Steingell이 이끄는 또 다른 부대는 바이에른 장군 브레데에게 패배했다. 그러나 비트겐슈타인은 나폴레옹을 지원해야 할 빅토르 원수의 군단이 한동안 이곳에 매달리게 하는 성과를 거뒀다.

나폴레옹은 남쪽 경로를 통해 스몰렌스크까지 물러난다는 계획을 세웠다. 모스크바를 행군해 나온 그는 루차Lutza 강의 도하 지점을 경계하는 요충지 말로야로슬라베츠Maloyaroslavets를 향해 남하했다. 10월 23일 저녁, 프랑스군 선견대를 이끌고 마을에 도착한 외젠 왕자는 적을 찾지 못했다. 그는 강 남쪽의 말로야로슬라베츠에 2개 대대를 배치했고, 나머지 병력은 강 북쪽의 보다 양호한 숙영지에 머물도록 했다. 외젠과 나폴레옹은 자신들의 움직임이 독투로프 장군에게 탐지되었으며 그가 그 동안 평행한 경로로 프랑스군을 추격하고 있었음을 미처 깨닫지 못했다. 그리고 설상가상으로 그가 쿠투조프에게 보낸 경고로 나머지 러시아군이 급거 추격에 나섰다.

독투로프는 이튿날 동이 트기 전에 고립된 2개 대대를 공격했다. 그의 부대는 허를 찔린 프랑스군을 패퇴시킨 뒤, 루차 강의 교두보로 향했다. 외젠은 델존Delzons 사단의 역습으로 이에 대응했다. 이들은 시가지로 밀고 들어갔지만, 반대편으로 진출하려다가 격퇴당했다. 러시아군은 속속 전장에 나타나 마을 위쪽 능선의 유리한 위치에 자리 잡았다. 전투는 이렇다

할 성과 없이 하루 종일 이어졌다. 이윽고 나폴레옹이 전장에 등장하여 군대의 도하가 가능할 만큼 교두보를 넓히기에 충분한 병력을 투입했다. 전투는 땅거미와 함께 잦아들며 막을 내렸다. 이튿날, 나폴레옹은 전장을 관찰하고 자신의 계획을 검토하기 위해 말을 타고 달렸다. 일단의 코사크 기병들이 튀어나와 그의 소규모 경호대를 급습했다. 수적 열세에 놓인 근위 기병대는 이 공격을 격퇴하는 데 성공했지만, 적병 서넛이 나폴레옹의 코 앞까지 달려드는 것을 막지는 못했다. 나폴레옹은 이 사건으로 충격을 받은 빛이 역력했다. 사로잡힐지도 모른다는 생각에 동요된 그는 주치의에게 이런 일이 재발할 경우에 쓸 독약 주머니를 준비하도록 명령했다.

그날 밤, 그는 전쟁 회의를 열어 휘하의 원수들과 제반 가능성들을 검토했다. 이 지극히 보기 드문 일은 당시 그가 얼마나 흔들렸는지를 보여준다. 그는 확신을 잃고 있었다. 오직 뮈라만이 또다시 공격에 나설 것을 주장했다. 나머지는 저마다 다른 후퇴로를 제안했다. 나폴레옹은 후퇴를 명령했다. 공교롭게도 자신의 미숙한 군대로는 또 다른 결전을 감당할 수 없다고 생각한 쿠투조프 역시 철수를 명령했다.

양군은 서로에게서 멀어져 쿠투조프는 서쪽, 나폴레옹은 북서쪽의 모자이스크Mozhaisk로 발길을 돌렸다. 이 퇴로는 모스크바 진공 당시 나폴레옹이 밟았던 바로 그 황폐해진 길이었다.

쿠투조프는 자신의 군대를 나눠 한 축은 프랑스군과 나란히 이동하다가 기회를 봐서 공격에 나서도록 하는 한편, 주력은 이와 비슷한 경로를 유지하되 공격권 밖에 머물도록 했다. 그는 또한 기병대를 전방으로 파견해 프랑스군의 초소와 물자 집적소를 습격했다.

프랑스군의 대열은 길을 따라 65킬로미터나 이어졌다. 초기만 해도 약탈품을 실은 마차 행렬이나 종군 민간인, 모스크바에서 구출한 프랑스 여배우 등이 병력과 뒤엉켜 있었다. 다부는 후미를 맡아 낙오자와 부상자

■■■■■ 모스크바에서 귀로에 오른 프랑스 육군, 판화. (Roger-Viollet)

를 남김없이 챙기려 했다. 쿠투조프는 일찍이 나폴레옹에게 보낸 서신을 통해 조국의 침략자들에 대한 러시아인들의 증오로 인해 포로들에게 자비의 여지가 없을 것임을 분명히 해둔 바 있었다. 이는 대열에서 낙오된 프랑스 병사에게 죽음을 피할 길이 없다는 뜻이었다.

자신의 군대를 추월해 중요한 물자 집적소를 파괴하려는 쿠투조프의 의도를 파악한 나폴레옹은 행군 속도를 높이며 뱌즈마^{Vyazma}로 근위대를 급파했다. 이로써 중요한 물자 집적소는 지켜냈지만, 군대의 대열이 더욱 더 길어지고 말았다. 러시아군은 10월 31일과 11월 3일에 대열의 후미를 공격했지만, 별다른 성과를 거두지 못했다.

11월 4일부터는 눈이 내리기 시작했다. 이후 수일 동안 날씨는 점점 더 험악해졌고, 프랑스군 보급체계는 그나마 유지해온 마지막 질서마저 무너져 내렸다. 매일 밤마다 수백 명이 얼어 죽었다. 있어 봐야 턱도 없이 부족한 안식처로 인해 병사들은 서로 얼싸안은 채 온기를 유지해야 했다.

조금이라도 추위를 덜고자 마을을 불태우는 일이 다반사였다.

보급체계가 붕괴되자, 병사들은 먹을 것을 찾아 떠돌기 시작했다. 대부분은 추위나 코사크 기병들의 희생물이 되어 돌아오지 못했다. 프랑스 군에게 남은 체계적인 기병 전력은 극소수에 불과했기 때문에, 작은 무리의 병력들은 추위에 떠는 적을 엄습해 학살하고 그 시신을 약탈하는 대규모 코사크 기병들의 만만한 먹잇감이 되었다. 한번은 바라과이 딜리에르Baraguay d'Hilliers 장군 휘하의 여단이 포위되어 섬멸당하기도 했다. 약탈자 코사크 기병의 이미지는 나폴레옹의 병사들을 공포로 몰아넣었다. 후퇴 길의 발병은 확정된 사형선고와 다를 바 없었고, 갈수록 심해진 병사들의 영양 결핍은 질병을 창궐시켰다. 잘 먹어 건강한 인간이라면 추위를 견뎌 낼 수 있었지만, 대육군의 병사들은 굶주리고 아픈 데다가 강행군 중이었다. 일선 병사들과 프랑스 최고지휘부는 며칠 전만 해도 '건강했던' 이들이 날마다 눈 속에서 시신으로 발견되는 상황 앞에서 체념에 빠졌다.

나폴레옹은 군대를 재정비하기 위해 스몰렌스크에서 멈췄다. 병사들은 군기가 흐트러진 나머지 비축한 식량과 피복을 약탈했다. 엄청난 양의 보급품이 그렇게 헛되이 사라졌다. 나폴레옹은 체계가 무너진 군대를 이끌고 또다시 후퇴에 나섬으로써 건질 수 있는 것들을 건지고자 했다. 이제 그의 병력은 모스크바에 머물렀을 때의 절반에 불과했으며 급속하게 줄어들고 있었다. 수개 군단이 이후 나흘 동안 스몰렌스크를 떠나 크라스노이로 향했다.

그곳에는 프랑스군을 노린 쿠투조프의 함정이 기다리고 있었다. 나폴레옹과 그의 근위대가 선두부대를 따라잡은 11월 15일, 러시아군은 프랑스군의 전후방과 측면을 공격함으로써 적을 양분시키고자 했다. 앞선 두 공격은 실패했지만, 세 번째 공격은 도로를 차단하는 데 성공했다.

군의 선봉에 있던 나폴레옹은 공격에 나섰다. 그가 내보낸 근위포병

1812년 러시아 원정, 모스크바 철수 이후

범례: 프랑스군 / 러시아군

(지도 내 지명)
상트페테르부르크
발트 해
리보니아
리가
드비나 강
드리사
폴로츠크
막도날
쿠를란트 ⑩
타우로겐 ⑪
쾨니히스베르크 ⑨
그단스크
프로이센
쿠보노
빌나
레이니에
슈바르첸베르크
바르샤바
바르샤바 공국
오스트리아
렘베르크
리투아니아
그로드노
민스크
부크 강
프리페트 습지
보리소프
우디노
빅토르
치차고프
비트겐슈타인
폴로츠크
오스트로브노 비텝스
크라스노예
스몰렌스크
베레지나 강
드네프르 강
말로야로슬라베츠
바지마
보로디노
모스크바
나폴레옹
빈코보
쿠투조프
모스크바 강
비츠보

범례 (거리): 0 100 miles / 0 200 km
N (나침반)

❶ 10월 18일, 쿠투조프가 빈코보에 위치한 나폴레옹의 경계 진지를 공격하다.
❷ 나폴레옹이 모스크바를 떠나 남쪽으로 전진하던 중 10월 24일에 말로야로슬라베츠에서 저지당하다.
❸ 나폴레옹이 후퇴하자, 추격에 나선 쿠투조프❹가 11월 15일에 크라스노예에서 접전❺을 펼치다.
❻ 치차고프가 베레지나에서 나폴레옹의 퇴로를 차단하기 위해 진군하다. 그를 저지하는 데 실패한 슈바르첸베르크와 레이니에❼가 곧 퇴각을 시작하다.
❽ 11월 25일, 나폴레옹이 베레지나 강에 도착하다. 빅토르와 우디노가 각각 치차고프와 비트겐슈타인을 저지하는 사이, 나폴레옹이 보리소프 바로 북쪽에서 강을 건너다.
❾ 후퇴를 계속한 나폴레옹의 군대가 12월 중순 칼리닌그라드에 도착하다. 나폴레옹 본인은 12월 5일에 스모르고니에서 군대에게 작별을 고하다.
❿ 막도날이 후퇴하다. 그리고
⓫ 요르크가 이끌던 막도날 휘하의 프로이센군이 12월 30일에 타우로겐에서 군대를 이탈하다.

대는 선전 이상의 성과를 거두며 러시아군을 크라스노이에서 몰아냈고, 전투는 진정되었다. 그날 밤, 나폴레옹은 휘하의 근위보병대를 동원해 러시아군 숙영지 수개소에 위험한 야간공격을 펼치며 자신의 절박함을 드러냈다. 뼈에 사무치는 추위로 적은 충분한 보초를 배치할 수 없었고, 영문도 모른 채 러시아군은 근위대의 가공할 복수극에 휘말렸다. 프랑스군이 성공을 거두자, 쿠투조프는 움츠러들어 나폴레옹이 퇴각 중일 때만 공격에 나섰다. 적어도 한동안은 프랑스군에게 길이 다시 열렸다.

크라스노이에서의 승리로 나폴레옹에게는 네의 군단을 제외한 휘하 병력을 재집결할 기회가 생겼다. 네는 낙오병들을 수습하느라 너무 오랫동안 스몰렌스크에 머무르다가 퇴로를 차단당하고 말았다. 항복을 권고받은 그는 이를 거부하며 강행돌파를 시도했으나, 실패했다. 그는 화재를 일으켜 러시아군의 주의를 끈 뒤, 야음을 틈타 러시아군의 북쪽 측면으로 빠져나왔다.

베레지나

네의 소규모 군단과 본대의 결합으로 잠시 기쁨의 순간이 찾아왔다. 네 원수는 "용자 중의 용자"라는 나폴레옹의 극찬을 받았다. 이 무렵 빅토르의 합류로 병력은 더욱 증강되었지만, 치차고프 제독에 의해 베레지나Berezina 강에서 군대의 퇴로가 끊기고 말았다. 치차고프는 보리소프 수비대를 급습한 뒤, 나폴레옹과 안전지대 사이에 버티고 섰다. 게다가 해빙

으로 강을 걸어서 건널 수도 없는 상황이었다. 생시르가 부상당한 뒤 지휘권을 인수한 우디노는 치차고프의 보리소프 수비대를 습격해 물자 집적소를 탈환했다. 러시아군은 다리를 불태웠고, 여전히 베레지나 강의 서쪽 기슭에는 그들의 주력부대가 버티고 있었다. 나폴레옹은 강에 다가갈수록 비트겐슈타인과 치차고프, 쿠투조프가 이끄는 3개 러시아군에게 포위되는 형세가 되었다. 모든 것이 시간에 달려 있었기 때문에, 슈바르첸베르크가 나타나 치차고프의 배후를 칠 가능성은 물 건너간 것이 확실했다. 도하 지점을 그것도 서둘러 찾아야만 했다. 11월 24일, 나폴레옹이 본대의 선두로 나섰다. 빅토르가 비트겐슈탄인을 지연시키기 위해 파견되고 우디노가 치차고프의 전면을 견제하는 사이, 나머지 병력은 보리소프를 향해 힘겹게 전진했다.

11월 25일 밤, 공병대가 보리소프 북쪽 16킬로미터 지점의 스투덴카 Studenka에서 베레지나 강을 가로지르는 3개의 다리를 건설하기 시작했다.

▰▰▰▰▰ 나폴레옹의 병사들 가운데 상당수는 심신이 탈진한 나머지 기회가 있었는데도 베레지나 강 다리를 건너지 않았다. 그들이 때를 놓쳤음을 깨달은 순간 다리 주위에서 벌어진 혼란은 야만의 극치였다. V. 아담Adam의 석판화. (Edimedia)

가슴팍까지 잠기는 차디찬 물 속에서 많은 이들이 이 작업을 위해 목숨을 바쳤다. 11월 26일 오후 늦게 다리가 완성되자, 병력의 도하가 시작되었다. 우디노와 네의 부대가 강 건너로 이동해 예상되는 치차고프의 공격에 대응하기 위해 진형을 갖췄다. 나폴레옹 군대의 얼마 남지 않는 병력은 선전을 펼쳤다.

도하 지점은 다리를 건너기 위해 몰려든 부상병과 낙오병들로 아수라장이 되었다. 빅토르의 군단은 후위를 맡아 만 하루가 넘도록 비트겐슈타인의 병력이 가하는 압박을 견뎌냈다. 11월 27일이 되자 빅토르도 더 이상 버틸 수 없게 되었다. 탄약은 바닥을 쳤고, 시시각각 새로운 러시아군이 모습을 드러냈다. 빅토르는 자정 직후 강의 동쪽 기슭을 버리고 반대편으로 이동했다. 그는 그곳에서 다리를 지키며 되도록 많은 낙오병들을

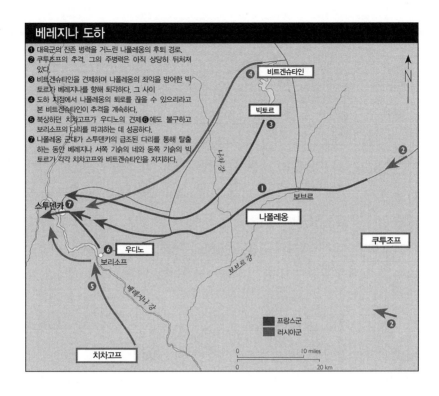

베레지나 도하

❶ 대육군의 잔존 병력을 거느린 나폴레옹의 후퇴 경로.
❷ 쿠투조프의 추격. 그의 주병력은 아직 상당히 뒤처져 있다.
❸ 비트겐슈타인을 견제하며 나폴레옹의 좌익을 방어한 빅토르가 베레지나를 향해 퇴각하다. 그 사이
❹ 도하 지점에서 나폴레옹의 퇴로를 끊을 수 있으리라고 본 비트겐슈타인이 추격을 계속하다.
❺ 북상하던 치차고프가 우디노의 견제 ❻에도 불구하고 보리소프의 다리를 파괴하는 데 성공하다.
❼ 나폴레옹 군대가 스투덴카의 급조된 다리를 통해 탈출하는 동안 베레지나 서쪽 기슭의 네와 동쪽 기슭의 빅토르가 각각 치차고프와 비트겐슈타인을 저지하다.

비트겐슈타인 ❹

빅토르

N

베레지나 강

❸

❷

스투덴카 ❼

보브르

나폴레옹 ❶

쿠투조프

우디노 ❻

보리소프

보브르 강

❺

베레지나 강

프랑스군
러시아군

치차고프

❷

| 0 | 10 miles |
| 0 | 20 km |

안전지대로 인도하려 했다. 많은 병사들이 극도로 탈진한 데다가 얼이 빠진 상태였다. 빅토르는 가능한 오랫동안 다리를 지탱했지만, 이윽고 불을 놓으며 상당수 병력을 운명의 손에 맡겼다.

나머지 프랑스군과 연합군은 빌나로 향했다. 기온이 급강하한 것이 바로 이 시점으로 생존자들 가운데 상당수가 이때 죽음을 맞았다. 도로를 벗어나 작전을 펼칠 수 있는 부대는 코사크 기병뿐이었고, 날마다 이들에 의해 더 많은 프랑스군 사상자가 발생했다.

나폴레옹은 파리에서 무모한 클로드 드 말레Claude de Malet 장군이 꾸민 쿠데타 시도가 있었다는 보고를 받았다. 체포되기 전까지 하루 동안 권력을 장악한 그는 나폴레옹이 러시아에서 죽었노라고 선포했다. 이 음모와 더불어 전쟁을 계속하려면 새로운 병력이 필요하다는 판단을 계기로

나폴레옹은 군대를 떠나 파리로 향했다. 12월 5일, 그는 스모르고니에
Smorgonie에서 자신의 군대를 뒤로 했다. 휘하 장군들이 이 결정에 동의한
반면, 많은 일선 병사들은 자신들이 버림받았다고 느꼈다. 나폴레옹은
전권을 뮈라에게 위임했다.

군대가 빌나에 발을 들인 순간 펼쳐진 것은 스몰렌스크의 재탕이었
다. 저장소는 약탈당했고, 식량과 보급품은 헛되이 쓰였다. 무질서가 기
승을 부리는 가운데 뮈라는 후퇴의 속계를 명령했다. 네는 몇 차례에 걸
쳐 후위 전투를 담당하며 러시아군의 추격을 견제했다. 군대가 니멘 강에
이르렀을 때, 12월 9일까지 뒤에 남아 마지막 물자를 소각한 것이 네였다.
그는 그 뒤에야 강을 건넜고, 그 과정에서 러시아 땅을 떠난 마지막 프랑
스인으로 남아 전설이 되었다.

프랑스군에게 전달된 마지막 비보는 다비트 폰 요크David von Yorck 백작
이 병력과 더불어 러시아인들에게 전향한 사건이었다. 막도날 휘하 병력
의 절반이나 되는 프로이센군을 이끈 그는 심지어 자신의 행동을 막도날
에게 경고조차 하지 않았다. 막도날은 마침내 후퇴가 끝난 12월 13일에야
쾨니히스베르크에서 자신의 잔존 병력 본대와 합류했다. 요크의 전향으
로 공황에 빠진 뮈라는 외젠에게 지휘권을 넘긴 채 군대를 떠났다. 평소
에도 종잡을 수 없던 그다운 행동이었다.

대육군은 그 명을 다했다. 프로이센은 공공연히 반기를 들기 시작했
고, 유럽은 나폴레옹이 허약해졌다고 여겼다. 1812년의 전쟁은 이렇게 막
을 내렸고, 1813년이 밝아왔다.

어느 군인의 초상
바실리 데 톨리와 야콥 발터

바실리 데 톨리

1812년 러시아 원정에 관한 대중의 역사는 톨스토이의 소설 『전쟁과 평화』를 바탕으로 하고 있다. 그 속에서 러시아의 위대한 전쟁 영웅으로 그려진 인물은 바로 쿠투조프 원수다. 이는 진정한 영웅, 미하일 안드레아스 바실리 데 톨리에게 아주 큰 결례가 아닐 수 없다.

　바실리 데 톨리는 1761년 12월 24일 폴란드령 리투아니아^{Lithuania}에서 태어났다. 그의 선조는 스코틀랜드의 작은 귀족 가문 출신으로 행운을 쫓아 발트 지방까지 흘러들어왔다. 바실리 가문은 독일계 루터파 지역에서 번영을 누렸고, 미하일의 아버지는 러시아 황제로부터 귀족 작위를 받기 전까지 러시아 육군에 복무했다.

　미하일은 숙모 손에 맡겨져 상트페테르부르크에서 성장했다. 당시의 독일계 신교도 젊은이들은 이런 식으로 발트 지역에서 누릴 수 없는 상류 사회를 체험하곤 했다. 바실리의 의붓아버지 역시 군에 몸담고 있었고, 여섯 살 나이의 어린 바실리를 기병연대에 적을 올렸다. 그의 여생은 군대와 뗄 수 없는 것이 되었다.

바실리의 교육은 기본적인 수준에 그쳤지만, 열렬한 독서광인 그는 흔히 기대되는 것 이상의 배움을 추구했다. 그는 태생적 언어인 독일어와 더불어 러시아어와 프랑스어가 유창했다. 그는 군사적인 견문을 넓힐 수 있다면 무엇이든 닥치는 대로 섭렵하기도 했다.

젊은 시절의 그는 독일계답게 차분하고 과묵한 성품을 키워나갔다. 주변 사람들은 그가 철두철미함, 용감함, 정직함, 겸손함, 명석함을 갖췄고, 유머 감각은 조금 떨어진다고 평했다.

바실리는 1787년에 엽병으로 입대했고, 그의 부대는 포템킨 마을*로 유명한 포템킨Potemkin 대공의 군대에 합류했다. 그곳에서 상관들의 주목을 받은 바실리 대위는 군단장 중 한 명인 안할트-베른부르크Anhalt-Bernburg 대공의 부관이 되었다. 터키군을 물리친 오차코프Ochakov 포위전에서 바실리는 미하일 쿠투조프를 비롯한 동료 장교 대다수가 쓰러진 절박한 출격에 참가했다.

바실리는 핀란드 전선으로 전출된 1789년까지 계속해서 탁월한 경력을 쌓았다. 러시아와 스웨덴의 적대관계는 예카테리나 여제가 터키와 전쟁을 벌인 틈을 타 자신의 핀란드 영토로 군대를 이동시킨 구스타프Gustav가 상트페테르부르크 점령을 꾀하면서 전쟁으로 격화되었다. 그러나 혼란스런 국왕 구스타브에게는 적절한 전쟁 수행 기구가 없었고, 러시아를

---

* 포템킨 마을 포템킨 마을이란 포템킨 대공이 예카테리나 2세에게 크림 반도 정복의 성과를 과장 보고하기 위해 건설한 가짜 정착촌을 뜻하며, 이후 냉전시대에는 소비에트 러시아의 체제 선전용 시설들을 빗대는 용어로 쓰이기도 했다.

지원하려 한 동맹국 덴마크가 스웨덴을 침공해 구스타브의 주의를 돌려 놓음으로써 예카테리나 여제는 충분한 병력을 이동시켜 스웨덴의 위협에 맞설 시간을 갖게 되었다. 전쟁은 참혹했고 누구에게 유리하다고 할 수 없는 가운데, 내정 문제에 직면한 구스타브가 종전을 결정하면서 모든 것이 전쟁 이전으로 돌아가며 막을 내렸다.

바실리는 그 이듬해 사촌과 결혼한 뒤 소령으로 진급했고, 상트페테르부르크 척탄병대대의 지휘관으로 임명되어 폴란드 분할에 투입되었다. 분할 전쟁은 1793년까지 계속되었고, 이듬해 코슈치우슈코Kosciuszko가 이끈 폴란드인들의 봉기로 다시 격화되었다. 빌나와 그로드노 전투에서 활약한 그는 바르샤바 교외의 프라가를 강습할 당시 수보로프Suvorov 장군 휘하에 있었다. 이 참혹한 사건으로 봉기가 막을 내린 데 이어 나머지 폴란드 영토의 최종적인 붕괴가 진행되었다. 바실리는 전공을 인정받아 중령으로 진급했고, 1796년에는 대령이 되었다. 러시아에 머물며 제3엽병연대를 지휘한 그는 이탈리아와 스위스에서 펼쳐진 수보로프의 원정에 참가할 수 없었지만, 탁월한 임무 수행 능력 덕분에 1799년 3월에 소장으로 진급했다.

1805년에 나폴레옹을 상대로 전쟁이 벌어지자, 바실리는 베닉센 휘하에 배속되었다. 베닉센의 부대는 운 좋게도 아우스터리츠 전투에 휘말리지 않았지만, 만약 참가했더라면 그 결과를 바꿔놓았을 수도 있었을 것이다. 영웅적 전공에 의한 진급은 없었지만, 어떠한 비난도 받지 않을 수 있었다.

전쟁은 러시아가 1806년에 동맹국 프로이센의 지원에 나서면서 또다시 본격화되었다. 불행히도 그들은 나폴레옹이 예나-아우어슈테트 전투와 뒤이은 추격전으로 프로이센군을 격멸할 때까지 전장에 도착할 수 없었다. 러시아군 선봉대는 바르샤바 주위에 진을 친 뒤, 프랑스와 그 지원

■■■■■■ 바실리 데 톨리. 개편되고 증강된 러시아 육군이 1812년 전쟁에서 승리할 수 있었던 것은 전적으로 그의 공이 컸다. (Roger-Viollet)

군들을 기다렸다. 나폴레옹은 신속하게 이들의 공략에 나섰고, 강습도하에 이어 푸투스크와 골뤼민에서 이중 전투를 치렀다. 당시 중장으로 진급한 바실리는 푸투스크 전투를 통해 장성급 지휘관으로서 자신의 첫 실전을 경험했다. 선봉대 중 하나였던 그의 부대는 불굴의 원수 란이 이끈 공격을 고스란히 받아내야 했다. 숲을 무대로 일진일퇴의 처절한 전투가 펼쳐졌다. 프랑스군의 상대가 후위부대가 아닌 본대임을 깨달은 란은 공격을 중지시켰다. 바실리는 침착하고 노련한 지휘로 찬사를 받았다.

셋으로 나뉘었던 선봉대는 바그라티온의 지휘하에 하나로 묶였다. 바실리는 이 가운데 가장 활발한 전투를 펼치던 병력을 이끌었다. 전쟁을 계속한 그는 몇 차례의 후위 전투로 자신의 위상을 드높였다. 그는 1807년 2월 7일 아일라우 전투에서 프랑스군의 결연한 돌격에 맞서 시가지를 방어했다. 바실리의 병사들은 마침내 노장근위대까지 나서 공격한 끝에야 비로소 시가지에서 밀려났다. 바실리는 재차 반격에 나섰다. 기병대를 이끈 바실리는 팔에 산탄을 맞았고, 부하 한 명이 끌어올려준 덕분에 간신히 질주하는 말들에게 짓밟히는 신세를 면했다.

바실리는 서둘러 쾨니히스베르크의 병원으로 후송되어 팔을 치료받을 수 있었다. 그러나 이 상처는 끝내 완치되지 않았고, 다시는 팔을 자유롭게 쓸 수 없었다. 그가 프리틀란트 전투 이후 틸지트에서 러시아군이 항복할 때까지도 현역에 복귀할 수 있을 만큼 회복되지 못했다는 사실은 심각한 일이 아닐 수 없었다. 회복 기간 중, 바실리는 러시아 황제와 친분을 쌓았다. 자신의 부상당한 장군을 보기 위해 병원에 들른 러시아 황제는 바실리의 겸손하면서도 솔직한 성품에 감명을 받았다. 그의 성품은 젊은 러시아 황제의 주위에 득실대던 허영 투성이에 겉멋만 든 소인배들에 비하면 너무나 대조되었다.

나폴레옹은 틸지트 조약으로 새로운 우방이 된 러시아에게 스웨덴 공격을 제안했다. 이는 두 가지 면에서 프랑스의 국익에 부합했다. 우선은 이를 통해 유럽에 남아 있는 영국의 가장 짭짤한 교역항 가운데 하나를 봉쇄할 수 있었고, 부차적으로 중부 유럽으로부터 러시아의 관심을 멀어지게 할 수 있었다. 게다가 자신들의 오래된 적에 대한 공격은 러시아 황제 알렉산드르 1세에게도 상당한 매력이 있었다. 바실리가 주력부대를 이끈 전쟁이 시작되었다. 전세는 초전의 성공 이후 핀란드 전역에서 게릴라가 봉기함에 따라 러시아군에게 불리해지기 시작했다. 바실리는 궤멸

직전에 놓인 부대를 구해내기 위해 직접 명령에 불복할 정도로 독자적인 판단력을 발휘했다. 군 상층부는 그를 군법회의에 세우려 했지만, 곧 바실리를 옹호하는 세력들이 들고일어났다. 결국 러시아 황제가 바실리의 손을 들어주면서 그는 핀란드 총독에 임명되었다.

전쟁이 두 번째 국면으로 접어들자, 얼어붙은 보트니아Bothnia 만을 건너야만 했다. 이 작전은 38킬로미터에 이르는 빙판을 건너 눈 덮인 작은 섬에서 잠시 숨을 돌린 뒤, 다시 58킬로미터나 되는 얼음 위를 행군해야 했기 때문에 미친 짓이나 다름없어 보였다. 그들은 행군 내내 극지방과 다름없는 겨울을 완전한 노출 상태에서 이겨내야만 했다. 바실리는 이처럼 헤아릴 수 없는 장애에도 불구하고 안전하게 자신의 병력을 스웨덴 쪽의 만으로 이동시켜 요새화된 도시 우메아Umea를 점령했다. 이 전설적인 위업은 그 무렵 쿠데타로 스웨덴 국왕이 축출되고 평화가 선언되는 통에 빛이 바래고 말았다.

바실리는 1809년이 저물 때까지 핀란드 총독 직에 머물렀다. 그는 신중하면서도 효과적인 임무 수행 방식으로 알렉산드르 1세의 신임을 얻어 1810년 1월 20일 부로 전쟁상에 임명되었다. 그는 곧바로 야전교범의 개혁에 착수했다. 이 대대적인 개혁은 표지 색깔을 따 '황서Yellow Book'로 알려진 문건으로 결실을 맺어 편찬 및 배포되었다. 이는 1700년대 초기의 표트르 대제 시절 이래 처음으로 등장한 개정판이었다.

이어서 그는 국경을 따라 일련의 방어시설을 구축하기 위한 로비에 들어갔다. 그는 이 계획을 가동시킬 수 있었지만, 1812년 전쟁 이전에 완료된 것은 얼마 되지 않았다. 그는 러시아의 전쟁 수행 방식이 수동적이어야 하며 효과적인 반격이 가능할 때까지는 연락선을 따라 후퇴해야 한다고 믿었다. 이는 그가 파비우스 전략Fabian strategy*을 선호했다기보다는 득실을 챙기며 공간을 내주는 것이 타당한 선택이라고 여겼음을 보여준다. 이 같은 정책은 러시아 땅 한 뙈기를 내주는 것조차 죄악으로 여긴 바그라티온과 반목하는 원인이 되었다.

전쟁이 시작되자, 우유부단한 러시아 황제의 직접 통제하에 놓인 그는 본분을 지켜 드리사의 주둔지로 물러났다. 그는 러시아 황제가 물러나고서야 비로소 자신의 계획을 구상할 수 있었다. 그는 스몰렌스크까지 퇴각한 뒤, 주도권을 장악하기로 했다. 휘하 병력과 함께 그에게 합류한 바그라티온은 순순히 바실리의 지휘 아래 들어갔다.

하필이면 그 무렵에 바실리는 마음이 약해진 듯했다. 그는

■■■■■■ 바실리의 경쟁자인 바그라티온 왕자. 그는 동료 장군인 바실리를 상당히 불신하면서도 마침내 스몰렌스크에서 그와 합류했다. 그는 보로디노에서 치명상을 입고 쓰러진 뒤 러시아의 순교자가 되었다. (Roger-Viollet)

공세와 계속된 후퇴 사이에서 갈팡질팡했다. 명령은 혼란스러웠고, 휘하 부대들은 원을 그리며 맴돌았다. 나폴레옹이 스몰렌스크까지 접근하자 그때서야 집중력을 되찾은 그는 확실하고 명확한 명령을 내렸다. 전투에

---

* **파비우스 전략** 맞서 싸우지 않고 싸움을 지연시키며 소모전을 통해 상대편을 지치게 하는 군사 전략이다. 지구전법으로도 불린다. 역사적으로 공화정 로마와 카르타고의 명장 한니발이 맞서 싸운 제2차 포에니 전쟁 당시 로마의 장군이던 파비우스Fabius의 전술에서 그 유래를 찾을 수 있다.

이어 또 다른 후퇴를 결심한 바실리는 주위 장군들을 펄쩍 뛰게 만들었다.

그는 이전부터 '이방인'을 바라보는 의혹 어린 시선들 속에 놓여 있었고, 그의 행동은 이러한 의혹을 키우고 말았다. 러시아 황제 알렉산드르 1세는 변화의 필요성을 절감하며 미하일 쿠투조프를 최고지휘관 자리에 앉혔다. 바실리는 이 같은 강등을 담담하게 받아들이며 이어지는 보로디노 전투에서 영웅적인 활약을 펼쳤다. 바그라티온은 이 전투에서 치명적인 부상을 입었다. 가장 유력한 경쟁자가 사라진 바실리는 제1군 지휘관 직을 이어나갔다. 모스크바가 함락되고 2주 뒤, 2개 야전군이 하나로 통합되었다. 바실리는 그로부터 얼마 안 되어 건강상의 이유로 쿠투조프와 군대를 떠나게 되는데, 사실 그가 군대를 떠나게 된 진짜 이유는 부대의 통합으로 자신의 역할이 사라졌기 때문이었다.

그는 1812년 전쟁에서 어떠한 역할도 맡지 않았는데도 1813년 2월에 러시아 제3군의 지휘관으로 임명되었다. 그는 능숙한 기동으로 황제의 신임을 회복했다. 뤼첸과 바우첸의 잇따른 전투 이후 바실리는 러시아 야전군 총사령관으로 떠올랐다. 그는 1813년 내내 황제의 곁에서 전장을 지켰고, 1814년에는 프랑스 침공작전에 참여했다. 그는 전공을 인정받아 원수로 진급했다.

1815년, 바실리는 나폴레옹의 재집권에 이은 제2차 프랑스 침공을 위해 군대를 조직했다. 그는 전투에 참여하지 않았지만, 러시아의 대공으로 임명되었다. 그는 건강 악화로 휴직을 신청할 때까지 이후 3년 동안 최고사령관 직을 유지했다. 러시아 황제는 그 누구보다 충실한 이 충복을 포상하고자 2년간의 휴가와 더불어 10만 루블을 하사했다. 보헤미아의 온천으로 향하던 중 리가 인근에 자리한 자신의 저택에서 쉬어가려던 바실리는 이러한 휴가를 즐길 수 없었다. 그는 1818년 5월 25일 밤에 심근경색으로 숨을 거뒀다.

돌이켜봤을 때 그가 러시아에 공헌한 더 값진 것은 그의 용기라기보다는 조직 운영 기술이었다. 그는 러시아군을 온존시킴으로써 나폴레옹으로 하여금 지나치게 러시아 깊숙이 전진해 너무 오래 머무는 치명적인 실수를 저지르게 만들었다. 그가 끼친 적지 않은 영향은 러시아의 항쟁에 있어 결정적인 변수였다고 할 수 있다.

야콥 발터

뷔르템베르크(오늘날의 독일 남서부 지역) 사람 야콥 발터Jacob Walter는 1806년 가을에 징집되었다. 그는 제4보병연대(또는 연대장의 이름을 딴 프랑케몽Franquemont 연대)에 배속되었고, 구폴란드 영토 안으로 옮아가는 전장을 쫓아 나폴레옹의 보급로를 지키는 임무에 투입되었다. 1809년 전쟁 당시에는 나폴레옹의 후방을 공격하던 포어알베르크Vorarlberg 반군과 싸웠다. 1812년 원정에서 그의 연대는 네의 군단에 배속되었다. 그에게는 스몰렌스크 전투 외에 대규모 전투에 참가할 기회가 없었다. 그는 후퇴의 전 과정을 군대와 함께 했으며, 1813년에 고향으로 돌아온 뒤에는 건강 악화를 이유로 제대했다.

발터는 비범한 인물도, 전쟁에 별 다른 기여를 한 인물도 아니었지만, 자신의 경험을 솔직하게 묘사하고 당시 독일 병사들의 보편적인 모습을 기록으로 남겼다. 그는 성직자의 형제로서 가톨릭교도로 자라났다. 덕분에 읽고 쓰기를 배울 수 있었다. 그는 스스로를 독실한 가톨릭교도로 여겼지만, 그의 윤리의식은 상대적이거나 상황에 따라 변했다. 그는 뭔가가 필요하지 않은 상황에서 도둑질을 하는 것은 잘못이고, 적지의 농부가 아닌 한 주위의 사람들에게는 항상 친절해야 한다고 생각했다. 1806년에

'젊음의 일부'라며 한때의 탈선에 발을 들여놓았던 발터가 모스크바 후퇴를 경험하며 종교에 귀의한 것은 흥미로운 일이 아닐 수 없다.

1807년, 발터가 후방 지역에서 보초를 서던 중 첩자 한 명이 끌려왔다. 명백한 증거가 있었기 때문에 첩자는 150번의 채찍질을 당한 뒤 총살당했다. 그 같은 태형은 장병들의 심심풀이용으로밖에 볼 수 없었지만, 발터는 아무런 거부감을 보이지 않았다. 그는 이 일이 있은 뒤, 현지 촌락에서 식량을 징발하는 임무에 투입되었다. 지도가 없던 그는 현지인의 안내에 의존했다. 자연스럽게 발터의 표적이 된 것은 사회적으로 가장 핍박받는 계층인 유대인이었다. 그는 몸을 숨기려다 발각된 유대인을 질질 끌고 2층이나 되는 계단을 내려왔다. 그는 유대인이 고통스러워하는 모습을 즐겼다. 발터의 이와 같은 행동은 그 당시에는 특이한 것도 아니었으며, 그의 동료 중 누군가가 그를 말렸다는 언급도 찾을 수 없다.

식량 조달 과정은 노골적인 도둑질과 구별할 수 없을 정도였다. 지푸라기로 지은 오두막에 살던 농부들은 노략질하는 병사들에게 무방비상태로 당할 수밖에 없었다. 재미 삼아 남의 개를 쏘아 죽인 발터는 곧 지역민들의 비협조적인 태도에 당황했다.

발터는 프로이센의 루터교를 비롯한 다른 신앙을 경멸했다. 그는 그들이 미신에 찌들었다고 비난했지만, 그 역시 심심찮게 미신에 물든 모습을 보였다. 계몽주의적 사고는 상류층이나 교육받은 계층 밖으로 전파되지 않고 있었다.

발터가 가장 좋아한 이야기는 자기 가족에 관한 것이었다. 전쟁을 통틀어 가장 중요한 사건은 그의 연대가 형제의 연대와 같은 장소에 주둔한 일이었다.

1809년, 발터의 연대는 티롤인들에게 동조해 반란을 일으킨 포어알베르크를 진압하는 데 동원되었다. 5월 29일, 그는 브레겐츠^{Bregenz} 인근에서 벌어진 전투에 참가해 산병전을 경험했다. 건물의 층계참에 자리 잡은 그는 거의 모든 탄약을 쏘며 후방을 향해 미친 듯이 달렸다. 이어진 시가전에서는 코앞에서 적병을 사살했다. 그가 실제로 적을 쏴 맞혔다고 이야기한 것은 그게 전부였다. 발터는 동료들이 황급히 퇴각한 브레겐츠 이야기를 통해 달리기 실력이 자신의 가장 큰 재능이라고 여겼음을 밝히고 있다.

고향과 다른 현지의 빵과 곡물은 당시 병사들의 공통된 불평거리였으며, 발터 역시 회고록 속에서 몇 번이나 똑같은 불평을 늘어놓았다.

1812년, 그의 연대는 러시아 국경으로 이동했다. 그는 행군 내내 자신의 궁극적인 목적지가 어딘지 알 수 없었다. 이 무렵 그는 딱 한 번 고위 지휘부를 목격한 일을 회고하기도 했다. 어느 휴일, 뷔르템부르크 황태자가 자신의 군대에게 기동을 명령했다. 뷔르템베르크군 하급 장성 중 한 명이 이에 토를 달자, 황태자는 그를 체포하겠다며 으름장을 놓았다. 자신의 군대가 네의 휘하로 들어간 데 기분이 상한 황태자는 애꿎은 부하에게 울분을 터뜨렸던 것이다.

러시아로의 진격 경험에서 발터가 기억하는 것은 더위와 숨막히게 하는 먼지, 계속되는 폭우가 전부였다. 그는 원정 기간 내내 식량을 찾아나서야 했다. 구할 수 있는 유일한 식량은 그토록 경멸하던 유대인들이 파는 것뿐이었다. 그는 이들의 마음먹기에 따라 자신의 생존이 좌우되는 얄궂은 운명 앞에서도 불편한 기색을 보이지 않았다.

스몰렌스크에서 야콥 발터는 군 생활을 통해 유일한 주요 전투에 참가했다. 그와 푸른 제복을 입은 전우들은 도시의 방어 병력을 분단시키기 위해 수개소의 거점을 향해 펼쳐진 돌격에 투입되었다. 시가지로 돌입하던 그는 전투 과정에서 일어난 화재의 엄청난 위력을 목격했다. 그가 받은 인상은 한마디로 혼란으로 요약할 수 있다. 야전 병원 근처에서 휴식을 취하던 그는 절단된 사지 무더기를 발견하고는 공포에 떨지 않을 수 없었다.

발터는 보로디노 전투의 상흔을 지나 행군했지만, 이에 관해 별다른 언급을 하지 않았다. 모스크바에 입성할 무렵, 그의 중대는 출발 당시의 175명에서 25명으로 줄어들어 있었다.

후퇴 과정에서 발터는 어느 소령의 당번병이 되었다. 그는 이로써 자신의 생존 확률이 더 높아질 거라고 기대했지만, 곧 자신보다도 소령이 더 그에게 기대고 있다는 것을 알게 되었다. 굶주림은 일상적인 문제였고, 이로 인한 체력 저하는 행군 내내 죽음과 질병을 퍼트렸다. 그의 몸은 이로 들끓었고, 그의 건강은 추위로 조금씩 악화되었다. 그는 훔친 말이 아니었더라면 자신은 살아남지 못했을 것이며 누군가가 자기 대신 죽었을 거라고 생각했다. 발터는 그 상황에서는 말 없이 누구도 살아남을 수 없었다고 주장했다. 이는 명백한 과장이지만, 병사들 사이에서 말을 훔치는 일이 끊이지 않았던 것을 보면 당시 말이 중요했다는 것을 알 수 있다.

발터는 보리소프 근처에서 뷔르템베르크인 동료 한 명과 마주쳤다. 그는 강을 걸어서 건넌 뒤라 몸이 젖은 채 추위에 떨고 있었다. 그는 발터에게 빵을 나눠주었고, 발터는 그에게 이 신세를 갚겠노라고 맹세했다. 두 사람은 식사를 마친 뒤 말을 타고 여정을 계속했지만, 이튿날 아침 이 너그러운 동료는 죽고 말았다.

끔찍한 베레지나 강 도하는 눈 속에 주저앉아 다시 일어날 엄두도 못 내며 넋이 나가버린 병사들의 모습으로 묘사되었다. 발터가 나폴레옹을 본 것은 바로 그때였다. 제대로 보일 만큼 가까이 다가갈 수 없었을 텐데도 그는 나폴레옹이 비정한 표정을 짓고 있었노라고 기록했다. 여기에는 아마도 나폴레옹에 대한 환멸이 투영되었을 가능성이 크다.

빌나에 닿을 무렵, 작은 무리에 섞여 있던 그는 코사크인들의 공격을 받았다. 그는 도망치려 했지만 칼에 맞아 말에서 떨어지고 말았다. 그가 눈밭에 쓰러진 채 미동조차 않는 동안 그의 동료들은 몰살당했다. 이윽고 코사크인들이 자리를 떠나길 기다리던 발터는 다시 군대에 합류했다.

그는 니멘에서 일단의 베스트팔렌 병사들과 만났다. 지역 농부들의 환대를 받은 그들은 후한 술대접을 받은 뒤, 준비된 함정에 빠져 살해당했다. 마지막 순간에 위험을 깨달은 발터는 간신히 화를 면했다.

크리스마스 이브에 그는 마침내 목욕과 함께 옷을 갈아입을 수 있는 곳에 도착했다. 때와 이가 서로 들러붙어 마치 나무껍질처럼 굳어 있었다. 곧이어 몇 달 만에 처음으로 제대로 된 식사를 마친 그는 보급 및 후송 대열에 끼어 귀향길에 올랐다. 뷔르템부르크로 돌아온 그는 악화된 건강을 이유로 제대했다. 그는 집으로 돌아간 지 두세 주 만에 완전히 예전의 건강한 몸으로 돌아왔다.

어느 민간인의 초상

루이즈 퓌질

모스크바에 입성한 나폴레옹의 군대는 번창하는 프랑스 이민사회를 발견했다. 이민자들 가운데는 프랑스 대혁명 당시의 정치적 박해를 피해 이곳으로 온 이들도 있었지만, 대다수가 모스크바 시장을 겨냥해 이곳으로 온 예술인과 무역상이었다. 러시아 귀족사회는 그때까지도 프랑스의 유행과 예술을 따르고 있었기 때문에, 야심 찬 프랑스인을 위한 기회는 그곳에 널려 있었다. 모스크바 지사인 페도르 로스토프친이 프랑스 극장의 지배인을 인질로 삼기는 했으나, 나머지 프랑스인들은 별 탈 없이 남아 있을 수 있었다. 프랑스군은 훌륭한 공연으로 자신들의 승리를 자축하기로 했다.

배우들은 모스크바 시민의 불신감에서 비롯된 적대적인 분위기에 곤욕을 치른 바 있었다. 이제 그들에게는 나폴레옹 황제와 그를 둘러싼 화려한 측근들을 위해 공연할 수 있는 영예가 주어졌다. 장교들 가운데는 공연 수준이 파리만 못하다고 투덜대는 이들도 있었지만, 배우들은 분명 스스로를 벼랑 끝에서 살아난 행운아로 생각했을 것이다. 서른여덟 살의 여배우 루이즈 퓌질Louise Fusil은 세련된 군인이자 외교관인 아르망 드 콜랭쿠르 장군을 새 보호자로 얻은 것 외에도 나폴레옹에게서 친히 앙코르를 요청받는 영예를 누렸다.

세상에서 가장 권세 높은 남자들에게 넋을 빼앗긴 루이즈에게는 군대가 모스크바를 떠날 것이라는 어느 프랑스 장교의 말이 청천벽력과도 같았다. 폐허가 된 모스크바를 본 러시아 병사들에게 어떤 일을 당할지 두려워진 루이즈는 짐을 싸는 것이 현명하다고 판단했다. 그녀는 민스크나 빌나쯤에서 피난처를 구한 뒤 평온이 찾아오기를 기다리면 무사히 모스크바로 돌아갈 수 있으리라고 기대했다. 다른 많은 배우들과 프랑스 및 동맹국의 시민들 역시 프랑스군과 함께하는 것이 안전하리라고 판단했다. 그녀는 나폴레옹의 참모인 콜랭쿠르의 조카가 쓰던 화려한 마차를 얻어 탄 자신에게 행운이 따른다고 여겼다. 날씨는 화창했지만, 잊지 않고 털옷을 챙겼다.

마차가 승객의 편안한 잠을 고려해 설계된 덕분에 루이즈의 초기 후퇴 길은 편안했다. 후퇴가 무자비한 속도로 이뤄지자 마차 밖에서는 부상자들이 버려졌고, 식량 배급이 끊기자 밤은 점점 추워져갔다. 말들이 쓰러지기 시작했고, 일부 말들은 굶주린 병사들이 아직 얼지 않은 살점을 베어내려 몰려들기도 전에 숨이 끊어졌다. 그 무렵까지만 해도 여자와 어린이에게는 여전히 도움을 주었지만, 동료의식은 급속히 퇴색하고 있었다.

지휘부와 밀접했던 루이즈는 이런 현실과 동떨어져 있었다. 그녀는 평소 같으면 콧수염을 기르고 곰 가죽 군모를 쓴 채 분홍색 새틴 모피를 두른 나이 든 척탄병의 몰골을 보고 이보다 더 우스꽝스런 광경은 없을 거라고 생각했을 것이다. 그러나 이 가련한 이들은 추위 속에서 죽어가고 있었다. 그녀 역시 부주의한 마부가 밤 사이 말 2마리를 얼어 죽게 만들면서 재앙에 가까운 상황에 처했으나 간신히 빠져나올 수 있었다. 남은 2마리만으로 마차를 움직일 수 없게 된 그녀가 어떻게 여정을 계속할지 절박한 고민에 빠져 있을 때, 마부가 훔친 게 분명한 말 2마리를 거느리고 나타났다.

그녀를 측은하게 여긴 어느 장군이 혼란스런 대열을 헤쳐나갈 수 있도록 헌병들을 붙여주기도 했다. 스몰렌스크 외곽에서는 근위대 대령이 그녀의 마차를 멈춰 세우더니 마차가 자기 연대의 진로를 막았다면서 높으신 분의 마차라는 하인들의 항변에도 아랑곳하지 않고 길 옆으로 밀어버리겠다고 으름장을 놓았다. 그는 루이즈를 보자 마음이 누그러져 "아, 이런 실례가, 숙녀 분께서 계신 걸 몰랐군요"라고 말했다.

루이즈는 그를 보고는 그의 면전에서 웃을 수밖에 없었다. 척탄병 대령이 온몸을 파란색 새틴 모피로 감싸고 있었던 것이다. 유머 감각을 잃지 않았던 그는 곧 그녀의 또 다른 보호자가 되었다. 그는 자신의 숙소에서 그녀와 저녁을 나눴지만, 추위 탓에 낭만적인 분위기는 찾아볼 수 없었다. 그녀는 결국 스몰렌스크의 관문에서 인파를 헤쳐 나가기 위해 마차를 포기해야 했다. 그런데 놀랍게도 코사크인들에게 약탈당했다던 마차가 다시 나타났던 것이다. 그것은 하인들의 소행이었던 게 틀림없었다. 당시 스몰렌스크에서 구할 수 있는 식량에는 기근 때나 통할 가격이 매겨져 있었고, 유력한 고관의 하인들조차 굶어죽을 위기에 놓여 있었다.

루이즈는 스몰렌스크에서 동료 여배우들과 길동무가 되었다. 그 가운데 한 사람은 이까지 부딪쳐가며 몸을 떨었다. 나폴레옹이 몸소 다가와 그녀에게 위안의 말을 건네려 했다. 하지만 가장자리에 모피를 두른 초록색 벨벳 보닛을 쓴 그의 모습은 평소와 달리 어색하고 불길하게만 보였다. 여배우들은 이번에도 스몰렌스크를 벗어나 크라스노이로 이동할 수 있었다. 러시아인들은 그곳의 도로를 봉쇄했다. 루이즈는 도로 위로 튀어오르는 포탄들을 보았다. 또다시 마차는 버려졌고, 말들은 여배우를 태우고 산야를 횡단하는 데 사용되었다. 그러나 말들이 지치고 눈이 너무 깊은 탓에 더 이상의 전진은 불가능했다. 루이즈는 걸어서 시가지에 닿았다. 그런데 놀랍게도 부주의하고 무식하게만 보이던 폴란드인 마부가 마차를 되찾아오는 신통한 재주를 발휘했다.

크라스노이는 악몽이었다. 인파 속에서 외톨이가 된 루이즈는 황제 사령부로 안내해줄

■■■■■■ 루이즈 동료 여배우 한 명은 나폴레옹이 그림처럼 자신의 트레이드마크인 모자도 쓰지 않은 채 전쟁의 피로가 역력한 모습을 보이자 사기가 꺾이고 말았다. V. 베레샤긴Vereschagin 작. (Roger-Viollet)

사람 한 명조차 찾을 수 없었다. 어느 장교가 그녀에게 사령부가 이미 떠났음을 알려주었다. 쫓아갈 방법도 없고 기력도 떨어진 루이즈는 자포자기한 채 죽음을 맞기로 했다. 그녀는 잠이 오는 것을 느꼈다. 얼어 죽는 것도 그리 나쁘지는 않은 듯했고, 자신을 흔드는 구원자의 손길마저 성가시기만 했다. 그녀는 의식을 잃었고, 깨어났을 때는 장교들로 둘러싸인 방 안에 누워 있었다. 황제의 어의 가운데 한 명이 모피로 그녀를 감싸 조용한 방 안 한구석에 눕혀준 덕분에 목숨을 구할 수 있었던 것이다. 몇몇 장교들은 그녀를 센 불 곁에 두려 했지만, 몸이 언 사람을 센 불 곁에 두는

것은 오히려 치명적인 결과를 불러올 수 있었다.

머리가 희끗희끗한 백전노장 르페브르 원수가 그녀를 돌봤다. 그는 거리의 눈밭에서 그녀를 구해낸 이들 가운데 한 명이었다. 그는 몸이 녹기 시작한 그녀에게 커피를 가져다주었다. 루이즈는 새로운 보호자를 얻었다. 그녀는 곧 원수의 마차에 올라 근위대 일부의 뒤를 따랐다. 길 뒤편에는 버려진 마차와 야포, 수많은 시신들이 널브러져 있었다. 네와 그의 군단은 한참 뒤처져 있어서 사람들은 그들이 전멸한 것으로 생각했다. 동료 여배우들 가운데 한 명이 얼마 남지 않은 대포 꼭대기에 걸터앉아 그 아수라장을 빠져나왔다. 리아디^{Liady}에서 황제 사령부의 고관들은 가난한 유대인 주민들의 보잘것없는 집 몇 채에 비집고 들어가야 했다. 보잘것없는 감자 몇 덩이를 얻기 위해 협박과 황금이 동원되었다. 루이즈는 "유대인이지만 그들도 엄연히 살아 있는 존재들이었다. 나는 기꺼이 그들을 감싸려 했다"고 할 만큼 대부분의 사람들에 비해 사려 깊은 모습을 보였다. 미어터질 듯한 보금자리 밖에서는 운이 따르지 않은 이들이 떼 지어 숨을 거뒀다.

베레지나 강에 닿을 무렵, 고령의 르페브르 원수는 하얗게 쇤 수염을 기른 채 조잡한 지팡이에 의지하고 있었다. 다리 앞에 친히 등장한 나폴레옹은 루이즈가 보기에 파리의 사열식 때처럼 차분한 모습이었다. "겁낼 것 없어. 가자고. 계속 가는 거야"라는 나폴레옹의 말은 거기에 있던 유일한 여성인 그녀에게 한 것인 듯했다.

예의 버릇이 발동한 뮈라는 어여쁜 여인과 시시덕거릴 기회를 놓치지 않았다. 그는 그녀가 탄 마차의 문에 기댄 채 담소를 나누려 했고, 마치 신파극의 주인공 같은 차림새로 그 사무치는 추위 속에서도 앞섶을 풀어헤치고 있었다. 특별대접을 받던 루이즈의 베레지나 강 도하를 대다수 사람들이 겪은 일에 견줄 수는 없겠지만, 그런 그녀에게도 다리가 무너지고 러시아군의 포격이 시작되는 순간, 강 건너편에 남겨진 수많은 이들이 질러댄 비명소리가 1마일 너머까지 들려오는 듯했다. 그 어느 군인보다도 강인했던 르페브르 원수조차 그 끔직한 소리에 창백해진 안색을 그녀에게 들킬 정도였다.

그녀의 동료 여배우들 가운데는 베레지나 강을 건너지 못한 이들도 있었다. 일부는 코사크인들에게 붙잡혔고, 상당수 장교들이 그랬듯이 목숨만은 건진 듯했다. 일반 병사들은 아무런 자비도 기대할 수 없었다. 모스크바를 떠나온 프랑스 시민의 상당수가 목숨을 잃은 빌나에서는 병목현상으로 도시의 관문을 지나 피난처에 닿을 수가 없었다. 르페브르와 뮈라의 도움으로 관문을 통과한 루이즈는 그곳에서 자신의 은인에게 보답하고자 르페브르의 병든 아들을 위해 간병과 보호를 자청했다. 그렇지 않아도 그녀 역시 병들고 지쳐 있었고, 나폴레옹에게 버림받은 프랑스군은 안식처를 향해 갈 길이 멀기만 했다. 게다가 그 과정에서 코사크인들에게 시달릴 게 분명했다.

프랑스인 2만 명이 빌나에서 러시아군의 수중에 들어갔는데, 그 중 3,000~4,000명은 장교였고, 일부는 군대의 보호 아래 모스크바를 떠나기로 한 실수를 저지른 가련한 민간인들이었다. 러시아군이 도착한 뒤에도 많은 이들이 굶주림과 발진티푸스의 창궐로 목숨을 잃었다. 루이즈는 살아남아 회고록을 남길 수 있었다. 모두가 아낀 여배우가 이 지경이었으니, 그보다 못한 불운한 이들의 처지는 어땠겠는가?

사태의 종결 과정
곤경에 빠진 나폴레옹

러시아에서 벌어진 대육군의 파멸은 군사적으로나 정치적으로 나폴레옹이 권좌에 오른 이래 맞은 최악의 재앙이었다. 나폴레옹은 싸움을 끝낼 기색이 보이지 않는 적에 맞서 대항책을 찾아야만 했다. 그가 이 난제를 해결했다는 사실은 그의 결의와 프랑스 제국이 보유한 자원이 얼마나 대단했는지를 증명해준다.

모스크바에서 시작된 후퇴는 쾨니히스베르크에서 끝이 났지만, 그곳은 방어가 불가능한 곳이었다. 뮈라는 군대를 떠나면서 외젠에게 지휘권을 넘기기 전에 자신의 가용 병력 대부분을 그단스크에 배치했고, 그 중 상당수 병력은 1813년 11월 29일부로 항복할 때까지 포위망 안에 갇힌 신세가 되었다. 그러는 바람에 나폴레옹은 이 병력을 야전에 투입할 기회를 잃고 말았다. 한편, 러시아군은 대육군의 잔존 병력에 대한 추격을 중단한 채 대대적으로 공세를 재개할 1813년 봄까지 대기 상태에 들어갔다.

그 덕분에 나폴레옹은 러시아군의 본격적인 진격을 자력으로 막을 수 없었던 독일 주둔군에 새로 모은 부대들을 증원할 수 있는 수개월이라는 소중한 시간을 얻게 되었다.

　나폴레옹의 곤경은 이 지역의 작전에 국한되지 않았다. 1807년 이후 스페인 왕가를 폐위시킨 뒤 1808년 6월부로 자신의 형 조제프를 스페인 왕으로 선포해 이베리아 반도를 장악하려 했던 반도 전쟁에도 갈수록 많은 프랑스군 병력이 투입되고 있었던 것이다. 이 같은 정책은 민심과 너무도 동떨어진 나머지 거의 모든 스페인 땅에서 봉기가 일어났다. 아서 웰즐리가 이끈 끈질기고도 성공적인 영국군에 힘입은 이 봉기로 인해 엄청난 자원이 지속적으로 소모된 프랑스의 점령정책은 나폴레옹이 일컫은 소위 '스페인 종양'으로 곪아터지게 되었다. 1812년 말에 이르자, 스페인 전쟁은 돌이킬 수 없을 만큼 프랑스에게 불리해졌고, 이듬해 말에는 프랑스군이 반도에서 축출되어 남부 프랑스가 위협받게 되었다(이 책의 제3부 이베리아 반도 전쟁을 참조 바람). 스페인의 고참 부대들을 빼내어 독일에서 벌어진 싸움에 동원하기로 한 그의 결정은 스페인 내 프랑스의 입지를 악화시켰고 2개의 멀리 떨어진 전장을 유지한다는 것이 얼마나 치명적인 난제인지를 확인시켜주었을 뿐이었다.

　나폴레옹은 새로운 군대의 나머지 빈자리를 위해 일부를 국내의 치안용 부대와 재소집한 퇴역군인들로 채웠지만, 대부분은 최근에 새로 징집된 장정들로 채웠다. 이어지는 몇 달 동안의 병력 수요로 인해 원래보다 몇 년씩이나 앞당겨 병사들을 징집하기에 이르렀고, 그 결과 연대들은 전에 없이 어린 신병들로 채워졌다. 경험 많은 장교와 부사관들이 이들을 훈련시켰지만, 이들의 경험이나 전투력은 러시아에서 잃은 백전연마의 병사들에 비할 바가 아니었다. 그러나 수적인 측면에서 봤을 때 1813년 봄에 시작된 전쟁에서 나폴레옹이 쏟아 부은 병력은 가장 손실 보충이 까다로운 기병을 제외하고 상당했다.

나폴레옹이 러시아에서 맞은 패배는 대육군에 가담했던 프로이센군의 지휘관 다비트 폰 요크가 1812년 12월 30일에 러시아인들과 맺은 중립 협정인 타우로겐 협정Convention of Tauroggen을 필두로 그 무엇보다 중대한 정치적 파장을 일으켰다. 이 협정은 명목상 나폴레옹의 연합국이던 프로이센 국왕 프리드리히 빌헬름 3세와의 상의도 없이 체결되었으며, 프로이센의 군과 반프랑스 성향이 강한 민간 세력 내의 요소들이 함께 작용하여 프로이센 국왕이 나폴레옹에 대한 강경책을 취하도록 강한 압력을 넣었다. 상황은 오스트리아가 중립을 표방하면서 러시아 진공 당시 대육군의 우익을 맡았던 슈바르첸베르크의 군대를 오스트리아 영토로 철수시키자 폴란드 내의 프랑스 및 동맹군의 잔존 병력이 보다 서쪽으로 후퇴하는 바람에 더욱더 악화되었다. 러시아에서 자국 군대의 상당수를 잃은 나폴레옹의 라인 동맹 소속 독일계 동맹국들은 이러한 조치로 인해 걱정하지 않을 수 없었다. 하지만 적어도 이 국가들의 나폴레옹에 대한 충성심은 1813년 전쟁 초기 단계까지 유지되었다. 단, 프로이센만은 예외였다. 1812년에 나폴레옹에게 재앙이 엄습하자, 한층 과감해진 그들은 1813년 2월 28일 칼리쉬 조약Treaty of Kalisch을 통해 비밀리에 러시아의 동맹이 되었고, 프랑스군이 재편성을 위해 서쪽으로 이동하자 1813년 3월 16일 나폴레옹에게 선전포고를 감행했다.

1813년 전쟁 초기까지만 해도 나폴레옹은 서로에 대한 의혹이 가시지 않은 채 공조체계가 미흡했던 적들과 달리, 모든 자원을 자신의 통제하에 둘 수 있었던 '통합된 지휘체계'라는 주목할 만한 이점을 누렸다. 그 덕분에 나폴레옹은 적대행위 재개 초기에 몇 번의 성공을 거둘 수 있었지만, 오스트리아가 그에게 반기를 들고 참전한 순간(1813년 8월 12일), 힘의 균형에 결정적인 변화가 생겼다. 대중의 열광적인 지지를 업고 시작한 독일 내의 '해방 전쟁'은 나폴레옹의 동맹국들이 속속 진영을 바꾸면서 라인 동맹의 붕괴를 초래했고, 이로써 프랑스는 침공 앞에 무방비 상태가 되고 말았다. 이 모든 것이 1812년에 러시아를 침공하기로 한 나폴레옹의 재앙과도 같은 결정이 낳은 결과였다.

나폴레옹 전쟁

근대 유럽의 탄생

3부
이베리아 반도 전쟁
1807~1814

이베리아 반도 전쟁
1807~1814

이제 프랑스는 그 운이 다해가고 있었고, 12월에는 나폴레옹 자신도 거의 20년 만에 처음으로 프랑스 본토가 침략당하는 것을 보고 사실상 반도 전쟁에서 거의 패배한 것이나 다름없음을 인정했다. "나는 스페인을 고집하고 싶지도, 포기하고 싶지도 않다. 더이상 그 나라에서 내가 할 수 있는 일은 없을 것이다." 그에게는 직접 나서서 해결해야 할 더 큰 걱정거리들이 있었다. 멀리 북동쪽에서는 러시아, 프로이센, 오스트리아, 스웨덴, 그리고 라이프치히 전투 이후 마침내 프랑스에게서 등을 돌린 독일계 동맹국들이 조직한 연합군이 라인 강을 넘어 대대적인 침공을 하기 위해 준비 중이었던 것이다.

전쟁의 배경
오래된 앙숙들: 영국, 프랑스, 스페인

반도 전쟁에 앞선 수세기간은 영국, 프랑스, 스페인이 끊임없이 상대를 바꿔가며 맺은 동맹과 신뢰관계에 바탕한 주기적인 적대관계로 점철되었다. 단, 영국과 프랑스의 적대관계만은 변함이 없었다. 이들 열강은 납득할 만한 이유를 근거로 당대 사람들에게 '대물림된' 앙숙으로 인식되었다. 다음은 반도 전쟁 이전 한 세기 동안 유럽의 가장 오래된 세 통일국가들이 벌인 분쟁을 정리한 것이다.

1702년~1808년 영국, 스페인, 프랑스 간의 중요 분쟁		
1702년~1714년	영국 대 프랑스와 스페인	스페인 왕위 계승 전쟁
1718년~1720년	영국과 프랑스 대 스페인	4국 동맹 전쟁
1739년~1748년	영국 대 스페인	젠킨스의 귀 전쟁*
1740년~1748년	영국 대 프랑스	오스트리아 왕위 계승 전쟁

1756년~1763년	영국 대 프랑스	7년 전쟁
1778년~1783년	영국 대 프랑스	미국 독립 전쟁
1779년~1793년	영국 대 스페인	미국 독립 전쟁
1793년~1802년	영국 대 프랑스	프랑스 혁명 전쟁
1793년~1795년	스페인 대 프랑스	프랑스 혁명 전쟁
1796년~1802년	영국 대 스페인	프랑스 혁명 전쟁
1803년~1814/1815년	영국 대 프랑스	나폴레옹 전쟁
1804년~1808년	영국 대 스페인	나폴레옹 전쟁

1792년까지만 해도 당연히 이러한 분쟁들은 국왕들 간의 전쟁이자 18세기의 전쟁 양상을 답습한 것이었다. 군주들은 제한된 목표를 추구했고, 상대의 지배 왕조(실제로 대부분이 고대로부터 이어져 내려온)를 전복시킬 의도 같은 것은 찾아볼 수 없었다. 1792년의 프랑스 대혁명은 이 같은 양태를 돌이킬 수 없이 변모시켰고, 그 결과 국가 간의 관계에도 급진적인 변화가 일어났다.

패권정책이라는 측면에서 18세기는 프랑스와 영국 간의 식민지 및 상업적 경쟁관계가 야기한 거의 끊임없는 대립의 시기였으며, 그러한 대립은 유럽 대륙에서 유일무이한 패권국가의 출현을 막겠다는 영국 외교정책의 기본 원칙으로 인해 더욱 가열되었다. 즉, 영국으로서는 프랑스, 오스트리아, 러시아, 프로이센 가운데 어떤 열강이라도 압도적인 우세를 점하는 힘의 불균형을 받아들일 수 없었던 것이다. 프랑스는 이 같은 균형을 끈질기게 흔들려 했고, 특히 루이 14세Louis XIV* 즉위 이후 영국과 프랑

---

* 젠킨스의 귀 전쟁 1739년, 영국 상선 선장 로버트 젠킨스Robert Jenkins가 스페인령 남아메리카 해안에서 스페인 경비대에게 귀를 잘렸다고 주장하면서 벌어진 영국과 스페인 간의 분쟁이다.

스 간의 적대관계는 부르봉 왕조의 야심이 낳은 당연한 결과였다.

당대의 영국인들 대다수는 프랑스 대혁명이 국제관계에 변화의 바람을 일으켜 이 전통적 경쟁국가들 간에 뿌리내린 불신을 제거해주리라고 믿었다. 그러나 근본적으로 상이한 정치 이념을 채택한데다 구태의연한 식민지 및 상업 분쟁, 무엇보다 프랑스 혁명세력의 영토확장 야욕으로 인해 상극이 돼버린 양국은 오히려 전에 없이 첨예한 대립관계에 놓이고 말았다. 이 모든 것들은 전통적으로 영국과 프랑스의 대립을 야기해온 요인들을 능가하는 가공할 조합이었다. 예를 들어, 프랑스 혁명 전쟁 중에 이뤄진 저지대 국가들Low Countries의 점령은 두 국가 간의 우호관계 형성을 가로막는 넘지 못할 장벽이 되었다. 즉, 영국은 강력한 해군을 보유한 열강이 저지대 국가들을 통제하는 상황을 영국의 존립 자체를 위협하는 것으로 받아들였던 것이다.

1793년에서 1802년까지 거의 10년을 끈 분쟁은 영국과 프랑스 사이에 맺어진 위태롭기 그지없는 아미앵 조약으로 일단 종지부를 찍었다. 그러나 스위스와 네덜란드, 독일, 이탈리아에서 계속된 나폴레옹의 진주와 프랑스의 지중해 확장에 항의한 영국의 몰타 철수 거부로 1803년 5월에 분쟁은 재개될 수밖에 없었다. 나폴레옹 전쟁의 초기 단계는 해군 작전에 한정되다시피 한 양군의 움직임으로 인해 1805년 봄까지는 영국과 프랑스 간의 충돌을 넘어서지 않았다. 반도 전쟁은 영국에게 바다를 통한 접근이 용이한 우호 세력의 영토에서 프랑스와 대결할 기회를 줌으로써 이러한 양상을 극적으로 변화시켰다.

---

* **루이 14세** 1638년~1715년. 프랑스 부르봉 왕조의 왕(재위 1643년~1715년). 절대왕정의 대표적인 전제군주다. 재상제를 폐지하고 파리고등법원을 격화시켰다. 베르사유 궁전을 지어 유럽 문화의 중심이 되게 했다. 그러나 신교도를 박해했고 화려한 궁정 생활로 프랑스 재정의 결핍을 초래했다.

그러나 역사적으로 스페인과 영국의 관계는 우호적이라고 할 수 없었다. 1790년, 영국과 스페인은 오늘날의 브리티시컬럼비아Britich Columbia주 연안에 자리한 누트카 하구Nootka Sound를 둘러싼 위기로 전쟁 직전까지 간 적이 있었다. 당시 프랑스는 스페인과 동맹관계에 있었지만, 국민공회*는 혁명 이전에 맺은 조약을 존중하지 않았다. 그때까지 왕좌에 있었으나 권력이 한정된 루이 16세의 불안한 처지는 루이와 같은 부르봉가 출신인 스페인의 통치자들에게 연민을 불러일으켰다. 하

▬▬▬▬▬ 1759년 9월 13일, 퀘벡Quebec에서 전사한 울프Wolfe 장군. 17세기 영국과 프랑스의 경쟁관계는 치열한 각축장이었던 프랑스령 캐나다와 북아메리카의 영국 식민지 13개 주를 필두로 전 세계적인 규모의 충돌을 낳았다. 1763년에 유럽, 북아메리카, 인도를 비롯해 전 세계의 대양을 둘러싸고 벌어졌던 7년 전쟁이 막을 내렸을 때는 프랑스에게서 캐나다와 인도의 일부를 얻어낸 영국이 승자로 떠올랐다. (Ann Ronan Picture Library)

지만 혁명으로 인해 프랑스와 스페인의 군주들은 더 이상 그들 간에 형성된 '가문 간의 결속'에 기댈 수 없게 되었다. 갈수록 심해지는 루이 16세의 굴욕과 피레네 산맥을 넘어 쏟아져 들어오는 프랑스 망명자들은 결국 스페인이 혁명 세력에게 등을 돌리도록 만들었다. 스페인은 프랑스 왕가에게 망명지를 제공할 의사를 밝혔지만, 혁명 세력은 두 차례나 이를 거

* **국민공회** 프랑스 혁명 때, 입법 의회에 이어 1792년부터 1795년까지 프랑스를 통치한 의회. 공화정 선언, 국왕 처형, 미터법 제정 따위의 업적을 남기고 해산했는데, 총재정부가 이에 대신하여 혁명의 위기를 타개했다.

부했고, 이윽고 1793년 3월 7일에는 스페인에 전쟁을 선포했다.

이어진 전쟁에서 초반에는 스페인이 우세했다. 1개 군이 서부 피레네에서 프랑스 침공군 전체를 상대하는 동안 다른 군이 루시용Roussillon과 서부 프로방스Provence를 침공했다. 그러나 스페인은 그해 말에 있었던 툴롱 포위전에서 졸전을 펼쳤고, 1794년에는 가장 뛰어난 장군 2명을 잃었다. 하반기에 이르자 우세한 병력을 앞세운 프랑스군이 공세에 나서 변경의 요새들을 함락시킨 뒤, 에브로Ebro 강 코앞까지 진격했다. 군사적 실패와 경제적 혼란에 직면한 스페인은 1795년 7월 22일에 바젤 조약Treaty of Basel을 맺고 정식으로 전쟁에서 발을 뺐다. 스페인은 프랑스군이 자국 영토에서 물러나는 대가로 산토도밍고Santo Domingo(지금의 도미니카 공화국)를 이양했다.

이듬해인 1796년, 스페인은 산일데폰소 조약Treaty of San Ildefonso을 맺음으로써 영국에 맞서는 프랑스의 동맹이 되었다. 이에 따라 전함 25척으로 프랑스의 전쟁체제를 지원하게 된 스페인은 1796년부터 1802년 아미앵 조약 때까지 계속된 영국과의 전 세계적 해상 대립 시기를 맞았다.

스페인과 프랑스의 유대는 1800년 10월 7일 산일데폰소 조약을 체결함으로써 더욱 강화되었다. 두 나라는 1801년 3월 21일 아랑후에스 조약Treaty of Aranjuez을 맺음으로써 이를 재확인했다. 영국의 국익은 스페인이 프랑스와 바다호스 조약Treaty of Badajoz을 맺음으로써 영국의 오랜 동맹인 포르투갈을 상대로 전쟁을 하기로 합의하면서 거듭 타격을 입었다. 일명 '오렌지 전쟁War of the Oranges *'은 곧 막을 내렸지만(1801년 5월에서 6월까지),

---

* **오렌지 전쟁** 1801년 프랑스와 스페인이 포르투갈을 상대로 짧은 기간 동안 벌인 전쟁. 이 전쟁은 포르투갈이 1800년 프랑스의 정치적·경제적 세력을 받아들이고 영토의 주요 부분을 할양하라는 나폴레옹의 요구를 거부함으로써 일어났다. 1801년 4월 프랑스 군대가 포르투갈에 도착했고, 5월 20일 마누엘 데 고도이가 이끄는 스페인 군대가 이에 가세했다. 포르투갈이 참패한 어느 전투에서 고도이는 스페인 국경 근처의 올리벤사라는 도시를 점

6월 6일에 체결된 평화조약에 따라 국경지대의 작은 영토 올리벤사^{Olivenza}가 스페인에 합병된 포르투갈은 영국 선박에게 항구를 폐쇄하며 프랑스에게 2,000만 프랑의 배상금을 지불해야 했다.

1796년~1802년에 영국과 스페인이 벌인 적대 행위들은 거의 전적으로 해상작전에 국한되었다. 스페인은 적어도 서류상으로는 만만찮은 상대로 보였다. 1793년 당시 스페인 제국은 미시시피^{Mississippi} 강 서쪽의 260만 제곱킬로미터에 이르는 지역을 포함해 아메리카 전역에 광대하게 펼쳐져 있었고, 카리브 해(주로 쿠바)와 태평양(주로 필리핀)의 식민지까지 이어져 있었다. 스페인이 보유한 세계 제3위의 해군은 주력함 76척(그 중 56척이 현역으로 운용됨)과 그보다 작은 함정 105척으로 이루어져 있었다.

그런데도 스페인 해군은 도저히 영국 해군의 상대가 되지 않는 것으로 드러났다. 사실상 스페인은 적선을 노획하기 위한 전투나 일대일 전투에서 함대 간 전투에 이르기까지 영해와 식민지 해역을 무대로 한 모든 해전에서 패배했다. 물론 1797년 푸에르토리코^{Puerto Rico}의 산후안^{San Juan} 공략 당시 영국군이 맛본 좌절이나 같은 해 카나리아 제도의 산타 쿠르스 데 테네리페^{Santa Cruz de Tenerife}에서 발생한 호레이쇼 넬슨의 참패*를 포함해 주목할 만한 예외가 있기는 했다. 그러나 영국은 1797년 2월에 세인트 빈센트^{St. Vincent} 곶 해전에서 쾌거를 거두었다. 실제로 세인트 빈센트 곶 해전의 여파는 스페인 함대가 남은 전쟁 기간 내내 카디스^{Cadiz}에 주저앉도록 만들 정도였다. 스페인 함대는 산타 쿠르스 데 테네리페에서 넬슨을 참혹하게 패퇴시켰음에도 불구하고 사실상 무력화되고 말았다. 이 같은 상황은

령했다. 전투에서 승리한 고도이는 근처의 엘바스에서 오렌지를 따 리스본으로 진군하겠다는 전갈과 함께 스페인 여왕에게 보냈다. 이를 계기로 이 전쟁을 '오렌지 전쟁'이라고 부르게 되었다.
* 넬슨은 자신의 한쪽 팔을 잃기도 한 이 전투를 생애에서 가장 끔찍했던 지옥으로 평했다.

■■■■■ 1781년, 요크타운Yorktown에서 항복한 영국군. 미국 독립 전쟁(1775년~1783년)은 프랑스에게 반항하는 아메리카 식민지 이주자들을 지원함으로써 7년 전쟁과 프랑스 대 인디언 전쟁(1756년~1763년)에서의 패배를 복수할 수 있도록 기회를 제공했다. 실제로 프랑스의 육군, 해군, 그리고 재정 지원은 특히 요크타운 전투에서 결정적인 역할을 했다. 요크타운 전투에서 영국의 콘월리스Cornwallis 장군은 7,000명의 병력을 아메리카인뿐만이 아니라, 프랑스 제독 드 그라스de Grasse가 이끄는 프랑스 함대의 지원하에 그들을 버지니아 해안에 고립시킨 수천 명의 프랑스군에게 넘겨주었다. (Ann Ronan Picture Library)

자국 식민지에 대한 스페인의 무역활동이나 행정을 심각하게 교란했을 뿐만 아니라, 함선 건조를 완전히 포기하기에 이르렀다. 스페인은 1798년을 끝으로 주력함을 진수시키지 않았고, 2년 후 마지막 프리깃함을 바다에 띄웠다. 1798년에는 국가적 난관의 절정을 장식하려는 듯 미노르카Minorca가 영국군에게 맥없이 함락되었다.

1802년 3월, 아미앵 조약으로 짧으나마 영국과 스페인 사이에 평화가 다시 찾아왔지만, 불과 14개월 만에 영국과 프랑스의 대결이 재개되었고, 스페인은 오래지 않아 또다시 이 분쟁에 휘말리게 되었다. 1803년 10월 9일, 위협하다시피 스페인을 동맹으로 끌어들인 프랑스는 스페인에게 다달이 600만 프랑의 전비를 지원하고 포르투갈의 중립을 감시하며 25~29척의 주력함을 제공할 것을 요구했다. 나폴레옹은 이 배들로 자신의 해협

횡단 침공군을 보호할 생각이었다.

그럼에도 불구하고 이 협약이 스페인에게 영국과의 적대 행위에 가담할 것을 강요하지는 않았기 때문에 런던 해군성은 아직 그 존재를 파악할 수 없었다. 그러나 영국과 프랑스 간의 분쟁에서 중립을 지키겠다는 스페인의 거듭된 주장은 시간이 갈수록 공허하게 들릴 뿐이었고, 영국으로서는 자신들에게 맞선 나폴레옹의 전쟁에 투입되는 스페인의 지원금을 더 이상 간과할 수가 없었다. 스페인과의 전쟁은 시간 문제였다. 페루의 보화를 실은 채 카디스 앞바다로 접근하는 선단을 둘러싸고 급격히 악화된 상황은 1804년 10월 5일을 기해 선전포고 없는 영국 해군 전대의 공격으로 이어졌다. 격분한 스페인은 12월 12일에 정식으로 전쟁을 선포했고, 이에 따라 나폴레옹은 오랜 숙원대로 노후화되었지만 규모만은 상당했던 스페인 함대를 사용할 기회를 맞게 되었다. 그는 이 배들을 자신의 함대에 통합해 영국의 해협 함대를 먼 바다로 유인해냄으로써 북부 프랑스의 불로뉴에 머물던 침공군이 수세기 동안 자신의 적수를 지켜준 좁은 물줄기 너머로 진격하는 데 필요한 작은 틈을 만들 생각이었다. 잘 알려진 바와 같이 나폴레옹의 계획은 1805년 10월 21일에 트라팔가르에서 호레이쇼 넬슨 제독에 의해 물거품이 되었고, 프랑스와 스페인의 연합 함대는 역사상 가장 위대한 해전의 하나로 꼽히는 이 대결에서 사실상 거의 전멸했다.

그러나 이것으로 영국과 스페인의 적대관계가 종지부를 찍은 것은 아니었다. 이듬해에 스페인령 아메리카를 노린 영국 원정군이 부에노스아이레스와 몬테비데오Montevideo(지금의 아르헨티나와 우루과이)를 점령하는 사건이 일어났다. 두 도시 모두 영국군에게 함락되었지만, 곧 압도적인 수의 식민지 민병과 스페인 정규군에게 포위되었음을 깨달은 점령군은 항복을 선택할 수밖에 없었다. 1807년 1월에는 구원부대가 도착해 몬테비데오를 탈환했지만, 부에노스아이레스에서 패배하면서 결국 이듬해에는 모든 영국군이 본국으로 철수했다. 이리하여 반도 전쟁을 코앞에 둔 1807년까지도 영국과 스페인은 여전히 교전상태에 놓여 있었다. 어떻게 해서 영국과 스페인의 관계가 1년 만에 그토록 급격한 전환을 맞을 수 있었는지는 조금 뒤에서 살펴보기로 하겠다.

교전국
각국 군대

영국 육군

영국은 18세기를 지나 나폴레옹 전쟁기에 이르기까지 줄곧 의심할 여지 없는 당대 최고의 해상 전력인 영국 해군을 국력의 주요 원천으로 삼는 홀로서기 국가의 성격이 강했다. 지정학적인 조건이나 막강한 해군력 덕분에 국토 방어에 필요한 육군은 소규모로 한정되었다. 그렇지 않아도 육군의 규모는 재정 문제, 무엇보다도 정치적 고려로 인한 제약이 따르고 있었다. 군대가 압제의 수단으로 악용된 크롬웰Cromwell의 공화정 시대 이후로 군부에 대한 의회와 국민의 불신이 이어지고 있었던 것이다. 이러한 불신이 왕정복고하에서도 계속되어 육군은 두려움의 대상이 되었고, 심지어는 자유의 적으로 간주되어 멸시당하기도 했다. 정규군은 식민지와 아일랜드에 치안 병력이나 공급하는 사회의 주변인 같은 존재였다. 새로운 부대는 전쟁과 함께 창설되어 평화와 함께 해체되었다. 본토 방어는 제1선의 해군과 제2선의 민병 조직에게 맡겨졌다.

영국 육군의 모병 방식과 사회 구성원별 비율은 18세기에 비해 실질적으로 변화된 게 없었기 때문에, 전문직과 상인 계층 출신의 장교가 매우 드물었고, 이로 인해 장교 직은 귀족(대부분이 근위대와 기병대

■■■■■ 중장 존 무어John Moore 경(1761년~1809년). 부하들의 신망이 두터웠던 그는 1808년에 이베리아 반도의 영국군을 지휘하기 전까지 경보병 부대의 훈련체계 개선에 큰 역할을 했다. 압도적인 프랑스군에 맞서 스페인으로 진격하던 그는 스페인 측의 부실한 지원 탓에 코루나Corunna까지 후퇴하는 재앙을 피할 수 없었고, 그곳에서 전사하고 만다. 그러나 영국군은 결국 그가 일궈낸 승리 덕분에 안전하게 탈출할 수 있었다. (Ann Ronan Picture Library)

로 몰렸다), 특히 젠트리gentry*의 전유물이 되었다. 장교가 되려는 신사라면 해당 연대에 부임하기 위해 두둑한 밑천이 필요했다. 당시의 매직제도는 이런 현상을 더욱 부채질했다. 부와 인맥의 독점 현상 역시 군 고위직이 사회 지배층에 의해 독식되는 구조를 고착시켰다. 이 점에서 영국은 프랑스와 크게 대조를 이루었다. 프랑스는 혁명에 이은 개혁으로 그 같은 형태의 특권을 일소시켰다. "모든 병사들의 배낭에 원수의 바통이 담겨 있다"는 당시의 속언은 능력에 따른 진급체계를 빗댄 말이었다.

---

* 젠트리 귀족 아래의 중산적中産的 토지 소유 계층으로, 『오만과 편견』의 주인공 가족을 떠올리면 된다.

영국 장교들은 대체로 용맹스러웠으며, 휘하의 병사들에게서 존경심과 복종심을 이끌어낼 만한 사회적 지위를 갖춘 자들이었다. 장교들에게는 진두지휘가 당연시되었던 만큼 사상자 발생률도 높았다. 영국 일반 병사들은 프랑스와 달리 보상에 이끌려 모여든 지원자들로서 사회에서 가장 궁핍한 계층이었으며, 자신들이 모시는 장교들과는 아무런 공통점을 찾을 수 없었다. 실제로 둘 사이를 이어준 것은 상사들과 부사관들뿐이었다.

영국 육군은 공식적으로 모병제 군대였지만, 일부는 비자발적으로 입대한 이들로 채워지기도 했다. 옥살이를 면할 유일한 방법으로 입대를 택한 범법자, 부랑자, 폭력배, 흉악범 등이 바로 그들이었다. 그런데 이 문제에 관해서는 널리 퍼진 오해를 바로잡는 것이 중요하다. 그것은 바로 웰링턴이 쓴 '인간쓰레기들'이란 표현이 영국 육군 전체가 아니라 비토리아^{Vitoria} 전투 직후 약탈에 가담했던 무리를 지칭한 것이라는 점이다. 대부분의 평범한 병사들은 그저 가난을 벗어나려 했거나 모험을 추구한 자들로 보는 편이 온당할 것이다. 웰링턴은 출신이 어찌되었든 이들을 차츰 일급 전투 집단으로 변모시켰고, 군대를 통해 변화된 부하들의 모습에 감탄했다. 그는 전쟁 중에 "저들을 지금과 같이 근사한 친구들로 키워냈다는 게 황홀할 따름이다"라는 기록을 남기기도 했다.

영국 육군에는 랠프 애버크롬비^{Ralph Abercromby} 경과 존 무어 경 같은 개혁가들이 있었지만, 그 누구도 이 시대에 웰링턴만한 족적을 남기지는 못했다. 웰링턴은 18세기의 안정을 상징한 인물이었으며, 제대로 작동하는 체계에 대해서는 근본적인 변화를 시도하지 않았다.

아무튼 결과를 아는 상황에서 1808년 포르투갈에 상륙한 영국군의 승리가 단지 시간 문제일 뿐이었다고 말하기란 쉬울 것이다. 이는 당시 상황에 대한 완전한 몰이해로, 1793년 이래 영국 육군이 보여준 모습은 완벽함과는 거리가 멀었다. 1801년의 이집트 원정과 1807년의 코펜하겐 공략을 제외한 수많은 원정은 제한된 성공에 그치거나 부에노스아이레스와 가깝게는 1807년 로제타에서처럼 완전한 실패로 돌아갔다. 미국 독립 전쟁으로 크게 빛바랜 영국의 위상은 애버크롬비와 무어 같은 인물의 등장에도 불구하고 충분히 회복되지 못하고 있었다.

그럼에도 불구하고 웰링턴은 자신이 물려받은 체계의 효율성을 극대화시켰다.

■■■■■ 아서 웰즐리 경(제1대 웰링턴 공, 1769년~182년). 영국계 아일랜드 귀족 가문 태생인 그는 위대한 말보로Marlborough 공작처럼 영국 육군을 통틀어서 가장 탁월한 기량을 갖춘 장군 가운데 한 명으로 기억되고 있다. 지성과 근면함을 겸비한 웰링턴은 반도 전쟁에서 영국군과 포르투갈군, 그리고 스페인군을 이끌기 전에 복무했던 인도에서부터 두각을 나타내기 시작했다. 토레스베드라스 선Line of Torres Vedras이라는 탁월한 방어체계를 고안해내기도 한 그는 공성전에 익숙하지 않았지만, 자신이 이끈 모든 전투에서 승리를 거뒀다. T. 로렌스Thomas Lawrence 경의 유화. (Edimedia)

반도 전쟁에서 총사령관을 맡은 웰링턴은 소수의 참모로 구성된 사령부를 운용하며 부지휘관을 두지 않음으로써 작전 문제에 관여하는 인원을 자신과 소수의 핵심 장교들, 특히 병참감Quartermaster-General과 군무국장 Adjutant-General*, 수석 급양 담당관head of the Commissariat**, 포병총감Chief of the Artillery, 공병총감Chief of the Engineer 같은 이들로 제한했다. 그는 정보망에 크게 의존해 프랑스군의 전력이나 계획, 배치에 관한 유용한 정보를 휘하의

---

* **군무국장** 군대의 행정 업무를 총괄하는 직위.
** **수석 급양 담당관** 보급 가운데서도 식량을 주로 담당함.

■■■■■ 1813년경의 웰링턴과 휘하 장군들. 반도 전쟁 당시 웰링턴 공작의 행적은 부하들에게 독자적인 지휘의 기회를 주지 않았다는 것 외에는 흠잡을 만한 점이 없었다. 최고사령관인 그는 부사령관을 두려하지도 않았고, 전쟁 말기까지 사단 규모 이상의 지휘권을 남에게 넘기지도 않았다. 베레스포드가 알부에라Albuera에서 맞은 재앙 직전의 상황은 이에 따른 결과라고 볼 수 있다. [히피Heaphy 작, National Army Museum]

탁월한 정보 장교들과 '통신원들', 이베리아 반도 전역의 감시원, 그리고 단순한 감시 활동을 하거나 프랑스군의 통신문을 가로챔으로써 보다 쓸 만한 정보를 제공하는 민간인과 게릴라를 통해 얻었다.

　웰링턴은 병참부가 군대에게 식량과 의복, 탄약 같은 전쟁 필수품들을 충분히 보급하는지 감독하는 데 세심한 주의를 기울였다. 이 점에 있어서 그는 총체적인 물자 부족에 시달린 데다가 약탈에 기대지 않고는 입에 풀칠조차 할 수 없었던 프랑스군에 비해 큰 우위에 서 있었다. 이베리아 반도에서는 독일이나 이탈리아에서처럼 비옥한 평원을 찾아볼 수 없었지만, 웰링턴은 아무런 제약 없이 접할 수 있는 바다를 통해 물자를 공급받았고, 이베리아 주민들은 가난하지만 그들에게 호의적이었다. 그는 효율적인 물자 집적소 체계를 정비해 무수한 병력과 말, 그리고 군대에 육류를 제공하는 가축을 공급했다.

　웰링턴이 군대의 행정 업무와 보급 및 훈련에 기울인 직접적인 관심은 근대사에서도 손꼽힐 만한 탁월한 전투부대를 탄생시켰다. 그가 1813년에 언급했듯이 "그들은 현존하는 유럽의 동급 조직 가운데 가장 완벽하다"고 할 수 있었다. 전장에서 작성된 그들의 기록은 웰링턴의 성취를 보여주는 확실한 증표로, 그들은 단 한 번도 패배한 적이 없었다. 그들의 지휘관은 "그들을 무수한 시련 속으로 몰아넣었지만, 그들이 단

■■■■■ 소장 에드워드 페이컨엄 경(1778년~1815년). 웰링턴의 매제이기도 한 페이컨엄은 몸소 프랑스군 행군 대열의 선두를 향해 돌진했던 살라망카 전투에서 뛰어난 활약상을 보여주었다. 그 뒤 총사령관은 그를 두고 "페이컨엄이 빛나는 천재는 아닐 테지만, 내가 그를 우리 군의 최고 중 한 명이라고 한다 해서 편애 때문에 공사를 그르치는 일은 없을 거야"라고 말했다. 그는 미국과 맞붙은 1815년 전쟁에 참전했다가 뉴올리언스New Orleans에서 전사했다. [National Army Museum]

한 번도 나를 실망시키지 않았다는 사실에 만족한다"며 이 사실을 자랑스럽게 인정했다.

프랑스 육군

전쟁 초기 이베리아 반도에 배치된 프랑스군은 규모는 컸지만, 병력의 대부분이 초년병들이었으며, 그 중 3분의 1 가량은 1808년과 1809년도 입영 대상자들이었다. 그 속에는 프랑스 제국에 흡수된 수많은 나라들의 국민들도 포함되어 있었다. 폴란드인, 스위스인, 라인 동맹 소속 국가의 독일인, 아일랜드인 지원병, 이탈리아인, 나폴리인에 이르기까지 반도 전쟁에

■■■■■ 스페인 왕 조제프 보나파르트(1768년~1844년). 1808년, 나폴레옹의 큰형인 그는 제국이 새롭게 정복한 왕좌와 맞바꿔 마지못해 나폴리 왕국을 떠나야만 했다. 자신의 지배를 받아들이지 않은 나라에서 대중의 지지를 얻지 못한 채 끊임없이 나폴레옹의 질책과 간섭에 시달린 그는 전장의 프랑스 장군들에게도 아무런 영향력을 발휘할 수 없었다. 이 때문에 그는 몇 번이고 하야를 시도했지만, 1813년에 비토리아에서 참패하기 전까지 번번이 황제의 거부에 부딪혔다. (Ann Ronan Picture Library)

참전한 이들은 저마다 열의와 기량에서 다양한 편차를 보였다. 이탈리아인만 5만여 명이 프랑스의 동맹으로 참전했다. 독일인들은 상당수가 기회를 엿봐 탈영해서는 영국 국왕의 독일 군단 King's German Legion(약칭 KGL)에 입대했다. 하노버 출신들로 편성된 이 우수한 부대는 프랑스가 조지 3세George III의 영지인 이 북부 독일의 국가를 점령한 1803년에 창설되었다.

프랑스군은 과거에 서부와 중부 유럽에서 승리를 거듭할 때 사용한 전술인 포병의 집중 운용과 보병의 밀집 종대에 의한 공격을 채택했다. 그들은 '현지 조달'에 익숙했기 때문에 웰즐리처럼 물자 집적소 체계를 구축하려 들지 않았다. 자신들을 감당하기에 턱없이 황량한 국토와 대다수가 생존 이하의 삶을 사는 주민들을 본 프랑스군은 심각한 수준으로 기동력이 떨어졌고, 더욱더 민간인에 대한 징발과 약탈에 의존했다. 반도를 총괄할 총사령관의 부재로 스페인 전역에 분산된 채 조악하거나 아예 없다시피 한 도로망에 매달려 필사적으로 접촉을 유지하려 한 각 부대들은 상호간의 연락이 끊기는 일이 빈번했다.

프랑스 장군들은 점령한 마을의 자원을 거덜 내며 가는 곳마다 예술품을 훔치고, 보화 찾기에 열중하면서도 부끄러운 줄을 몰랐다. 환멸에

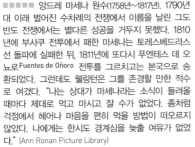

■■■■■ 앙드레 마세나 원수(1758년~1817년). 1790년대 이래 벌어진 수차례의 전쟁에서 이름을 날린 그도 반도 전쟁에서는 별다른 성공을 거두지 못했다. 1810년에 부사쿠 전투에서 패한 마세나는 토레스베드라스 선 돌파에 실패한 뒤, 1811년에 또다시 푸엔테스 데 오뇨로Fuentes de Oñoro 전투를 그르치고는 본국으로 송환되었다. 그런데도 웰링턴은 그를 존경할 만한 적수로 여겼다. "나는 상대가 마세나라는 소식이 들려올 때마다 제대로 먹고 마시고 잘 수가 없었다. 좀처럼 걱정에서 헤어나 마음을 편히 먹을 방법이 떠오르지 않았다. 나에게는 한시도 경계심을 늦출 여유가 없었다." (Ann Ronan Picture Library)

■■■■■ 니콜라 술트 원수(1769년~1815년). 무어를 코루나까지 몰아붙인 추격전의 마지막 단계를 지휘했던 술트는 1809년에 오포르투Oporto 전투에서 패한 뒤 포르투갈 밖으로 밀려났다. 그 후 그는 오카냐Ocaña를 비롯한 각지에서 스페인군을 상대로 대승을 거두지만, 1811년에는 알부에라에서 전투를 크게 그르치고 만다. 1813년에 독일 전선으로 불려간 그는 비토리아 전투 이후 총사령관을 맡아 스페인으로 돌아왔고, 웰링턴의 진격에 맞서 상당한 기량을 과시했다. (Ann Ronan Picture Library)

빠진 프랑스 병사들이 그저 배를 채우기만도 급급한 상황에 놓인 채 지휘관들의 탐욕에 개탄의 목소리를 높인 것은 놀라운 현상도 아니었다. 일반 병사들의 공통된 정서에 따르면 "이번 스페인 전쟁은 졸병들에게는 죽음을, 장교들에게는 폐허를, 장군들에게는 한몫을 의미했다."

스페인 육군

1808년 당시 스페인 육군의 규모는 10만 명이 약간 넘었고, 3만 명 정도의 민병대가 소집되어 있었다. 스페인 정규군은 반도 전쟁이 시작될 무렵만 해도 유럽 최악의 군대에 속했지만, 전쟁 말기에는 자신들의 한심한 평판을 개선시킬 수 있었다. 부패하고 무능한 관료들의 관리하에 있던 보병 병과는 심각한 장교 부족에 시달렸으며, 장교들 자체도 전혀 훈련이 되어 있지 않았다. 제95소총연대의 병사인 서티스Surtees는 이들을 "지금까지 접해본 가장 경멸스런 존재들"이라 일컬으며 "도무지 쓸모없고 부하들을 이끌 줄도 모른다"고 평했다. 또 다른 영국 군인 리스 헤이Leith Hay가 묘사한 스페인 군대는 "부실한 지휘와 인사, 그저 그런 군기에 아무리 좋게 봐도 신통찮은" 군대였다. 각 부대는 지원병들과 사회 최하층 출신의 징집병들로 채워졌다. 진급은 일반 군인이 이를 수 있는 한계가 사실상 대위인 체제하에서 불가능이나 다름없었다. 상위 계급은 군복무에 관한 지식이나 관심이 전혀 없는 귀족과 지주들의 차지였다. 장교들의 훈련 및 동기 부여 능력이 떨어지는 데다가 군대의 공식적인 훈련 교범조차 없었던 탓에 모든 부대의 지휘관들은 각자가 자신에게 적합하다고 판단하는 야전 교본을 고안해내야 했다. 부대의 효율은 부족한 병력과 장비, 식량으로 인해 더욱 저하되었으며, 기병의 경우 병력의 3분의 1만이 말을 지급받는 등 심각한 말 부족에 시달렸다.

스페인 육군에서 가장 괄목할 만한 부대는 나폴레옹의 군대를 지원하기 위해 북부 독일에 파견되어 있던 로마나 후작의 사단이었다. 마드리드 봉기 소식을 접한 로마나의 병사들은 반란을 일으켰고, 영국 해군의 도움으로 탈출해 스페인의 전장으로 돌아왔다. 비교적 제대로 된 지휘를 받으며 잘 무장했다는 이들조차도 어느 영국 병사의 묘사를 빌리면 "정규군은커녕 무엇 하나 제대로 된 게 없는 엄청난 농부 떼거리"에 불과했다. 코루나로 후퇴하던 서티스는 그들이 "(심지어) 최상의 조건에서도 잘 조직된 정규군 병사들이라기보다는 무기를 든 군중에 더 가까웠다"고 말했다.

병사들이 부실했다고 한다면, 그 지휘관들은 경멸할 가치조차 없었다. 그들은 극히 일부를 제외하고는 부하들뿐만 아니라 영국군에게조차도 짐스런 존재들이었다. 무어에게 그릇된 정보를 제공함으로써 재앙과도 같은 코루나 후퇴를 초래한 그들은 탈라베라^{Talavera} 전투를 치른 웰링턴을 지원하거나 보급해주지도 않았으며 부패한 관행으로 악명이 자자했다. 웰링턴은 이윽고 스페인군을 자신의 지휘체계하에 두게 됨으로써 그제서야 그들을 신뢰할 수 있게 되었다.

기병대는 너무도 활약이 저조했던 나머지 어쩌다 성공이라도 거둘라치면 오히려 경이롭게 여겨질 정도였다. 보병들은 공황에 빠져 달아나기 일쑤였고, 무기를 내팽개친 채 후방으로 앞 다퉈 달아났다. 영국군들 사이에 그런 병사들에 대한 경멸이 싹튼 것은 그들의 낮은 사기가 부실한 지도력과 불규칙한 급료 및 급식, 만성적인 장비 및 의복의 결핍에서 비롯되었음을 고려한다 해도 이상한 일은 아니었다. 적절한 지휘와 보급이 따를 경우에는 스페인군 역시 비토리아나 피레네 지역 전투에서처럼 양호한 활약을 펼쳤고, 전쟁 막바지에 이르러서는 소수의 스페인 병사들을 영국군 연대에 편입시킬 수 있을 만큼 향상된 기량을 보였다.

정규군을 개탄의 대상이라 한다면, 프랑스군에 맞서 엄청난 용기를 발휘하며 포위 상태에서도 영웅적인 저항을 펼치고 역경을 이겨낸 사라고사나 헤로나^{Gerona} 같은 도시의 민간 수비대는 전혀 다른 부류라 할 수 있었다. 교회나 지주들은 잔혹함으로 악명 높은 게릴라들과 더불어 그 같은 형태의 모든 저항을 지원했다. 프랑스군은 이에는 이라는 식으로 대규모 응징을 가했다. 이에 관한 이야기는 따로 다루기로 하겠다.

■■■■■ 스페인 게릴라. 그림에서도 보이듯이 게릴라의 복장과 무장은 조달 여건에 따라 스페인제나 영국제, 혹은 노획한 프랑스제 등 다양했는데, 여기에는 파르티잔 개개인의 취향도 빠지지 않고 반영되었다. 그림에서 왼쪽에 있는 인물은 완전한 민간인 복장에 골동품 나팔총을 갖춘 반면, 다른 두 사람은 어설픈 군복 차림을 하고 있다. 특히 오른쪽 인물은 기병 복장을 하고 있다. (Roger-Viollet)

포르투갈 육군

포르투갈 육군은 앙도쉬 쥐노 장군이 포르투갈을 점령한 기간 동안 해산되었고, 웰링턴의 명령을 받은 윌리엄 베레스포드 William Beresford 장군이 영국군 여단에 통합시킬 새로운 부대의 육성과 조직에 착수하면서 다시 부활했다. 스페인처럼 포르투갈 장교들 역시 열악한 급여와 진급 기회의 부재로 시달렸다. 장교들은 글자 그대로 수십 년간 대위라는 계급에 그대로 머물러 있을 수도 있었다. 1808년, 포르투갈 태생의 영국 장교 윌리엄 워

Willam Warre는 포르투갈인들에 대해 '자기 발꿈치에도 못 미치는 프랑스인 조차 무기만 들었다하면 싸우기를 꺼려할 겁쟁이들이지만 부상자는 약탈하고 죽이려 든다.'라고 썼다. 이듬해 그의 눈에 비친 그들은 "지극히 충직하고 열성적이며 인내심이 강하지만, 구질구질함을 타고난 데다가 서로를 돌보지 않았고 …… 장교들은 혐오스럽고 치사하며 무식했다."

베레스포드는 포르투갈군이 6만 명에 가까운 정원의 절반인 3만 명밖에 채워지지 않았음을 발견했다. 이 문제는 징병을 통해 해결했고, 그 사이 그는 무능하거나 나태한 장교들을 퇴역시키고, 연대 및 그 상급 지휘부에 영국 장교들을 증원하는 등 광범위하고도 효과적인 개혁을 실시했다. 이 영국 장교들이 포르투갈 장교들의 상급자나 하급자로 배치됨으로써 포르투갈 장교들은 영국군 상관과 부하를 갖게 되었다. 이로써 포르투갈 연대들은 영국인 대령의 지휘를 받게 되었고, 그 아래에는 포르투갈인 소령이 있었다. 부사관들과 병사들에게는 더 나은 급료와 훈련, 식량, 장비가 제공되었다. 그 덕분에 군의 사기가 고양되었고, 전장에서도 좋은 결과를 얻게 되었다. 워는 1809년 봄에 "영국 장교에게서 직접 지휘를 받는 포르투갈군은 매우 훌륭한 수준에 이르렀다. …… 잘 보살펴주기만 한다면 우리를 기쁘게 하기 위해 뭐든지 마다하지 않을 병사들이다"라는 글을 남겼다. 다른 이들도 조금씩 포르투갈군이 묵묵히 전쟁의 고단함과 궁핍함을 이겨내며 실전에서 놀라운 용기를 발휘했다고 언급하기 시작했다.

1812년 무렵 많은 영국인 관찰자들은 포르투갈 병사들이 훌륭한 군인이며 어떤 경우에는 동료인 영국군 못지않게 싸웠다고 평했고, 웰링턴 역시 그들을 '우리 군의 싸움닭'이라고 불렀다. 어거스트 쇼먼August Schaumann은 이미 1810년의 부사쿠Busaco 전투에서 "포르투갈군이 얼마나 정신적으로 용감하며, 영국군 못지않게 행동했는지"를 기록한 바 있었다. 전쟁터에는 정규군 병사들 말고도 노새몰이꾼이나 전투 뒤 프랑스 부상병들을 약탈하고 살해하는 것으로 악명이 자자했던 종군 민간인들이 있었다. 보병과 달리 포르투갈의 기병과 공성 전력은 아무런 개선이 이뤄지지 않았다. 기병의 경우는 말이 부족했고, 공성 전력의 경우는 장비가 낙후되어 있었다.

포르투갈군은 전쟁에 중요한 공헌을 했다. 우리는 웰링턴의 군대를 떠올릴 때마다 그들을 당연히 영국군으로 여기지만, 1810년이면 거의 절반의 병력이 포르투갈 병사들로 이뤄졌음을 알아둘 필요가 있다. 베레스포드는 자신의 과업을 훌륭하게 완수했으며, 그의 병사들은 연합군의 승리에 확고한 공헌을 했다.

전쟁의 발단
분쟁의 기원

1807년 6월, 나폴레옹은 자신의 최고 전성기를 맞고 있었다. 6월 14일 프리틀란트 전투로 러시아군을 궤멸시킨 나폴레옹은 25일에 틸지트를 지나는 니멘 강 위의 가건물에서 러시아 황제 알렉산드르 1세와 만나 평화를 일궈냈다. 러시아(프로이센과 더불어)는 평화에 합의하고 더 나아가 프랑스와 동맹을 맺어 영국에 맞섰다. 이를 통해 나폴레옹은 유럽의 최강자로 떠올랐다. 그는 세 차례에 걸쳐 탁월한 전쟁 수완을 발휘하여 오스트리아, 프로이센, 그리고 러시아라는 유럽 대륙의 세 열강을 굴복시켰다. 이제 그에게 대항할 남은 국가라고는 영국, 스웨덴, 그리고 포르투갈이 전부였다. 2년 전의 트라팔가르 해전은 영국을 임박한 침공으로부터 구원했을 뿐만 아니라 그들을 바다의 제왕으로 만듦으로써 프랑스가 대륙과의 무역을 끊어놓는 것 외에는 이 숙적을 건드릴 방법이 없도록 만들었다. 나폴레옹은 주저 없이 이 방법을 선택했고, 1806년에 프로이센을 굴복시키자마자 베를린 칙령을 발표해 프랑스의 영향력하에 있는 모든 영토에서 영국과 그 식민지 상품의 반입을 금지시켰다. 이로써 영국을 고립시켜 굴복할 때까지 옥죄인다는 기발한 발상인 '대륙체제'의 막이 올랐다. 영국은 프랑스의 대외무역을 근절시키기보다는 이를 조절하는 쪽에 초점을 맞춘 기발한 응수를 펼쳤다. 삼색기나 프랑스 위성국가들의 국기를 내건 배들은 영국 전함들의 정당한 표적으로 간주되었고, 프랑스와 무역을 원하는 중립국들은 심한 제약을 받았다.

영국의 해상정책은 영미관계에 심각한 결과를 초래해, 결국 1812년에 두 나라 간의 전쟁으로 이어졌다. 영국과 그 식민지의 상품에 대한 대륙 내의 수요가 컸기 때문에, 나폴레옹의 체제는 제국 전역, 심지어 프랑스에서조차 인기를 잃어 사실상 대륙의 모든 해안에서 밀수 열풍이 일었다. 이는 다시 나폴레옹으로 하여금 아직까지 정복되지 않은 극소수 국가들에 대한 통제력의 강화 및 확대에 매달리도록 만들었다. 그는 1806년에 별 어려움 없이 남부 이탈리아를 정복했고, 이로써 중립국 포르투갈만이 그의 정책에 대항하는 국가로 남게 되었다. 포르투갈을 지배한다는 것은 그 식민지, 특히 브라질의 무역을 장악한다는 것을 뜻했다. 특히 중남미 거의 전역에 펼쳐진 스페인 식민지의 지배권은 그보다 더 탐나는 것이었다.

대륙체제의 빈틈을 메울 기회는 나폴레옹과 알렉산드르 1세가 영국에게 대륙의 항구를 폐쇄하기로 합의한 틸지트 조약을 체결한 이후 찾아왔다. 이 조약의 범위는 서쪽으로 포르투갈까지 이어졌는데, 바로 여기서 반도 전쟁의 기원을 찾을 수 있다. 프랑스는 유일하게 포르투갈을 제외하고 이미 니멘 강 하구에서 아드리아 해에 이르는 해안선을 통제하고 있었다. 따라서 나폴레옹은 피레네 산맥 너머로 프랑스군을 이동시킬 때마다 동맹국 스페인의 통행 허가를 받아야 했다. 오로지 이것만이 포르투갈에게 대륙체제의 준수를 강요할 수 있는 방법이었다.

주요 전투 및 포위전

오르테스
1814년 2월 27일

툴루즈
1814년 4월 10일

프랑스

코루나
1809년 1월 16일

아스투리아스

에스피노사 데
로스몬테로스
1808년 11월 10일~11일

나바레
(하단 확대 지도 참조)

피레네 산맥

갈리시아

비토리아
1813년 6월 21일

투델라
1808년 11월 23일

헤로나
1808년 6월 18일~20일
1808년 7월 24일~8월 20일
1809년 5월 24일~12월 11일

카탈루니아

부르고스
1812년 9월 19일~10월 30일

오포르투
1809년 3월 23일
1809년 5월 12일

메디나 델 리오세코
1808년 7월 14일

살라망카
1812년 7월 22일

카베손
1808년 6월 12일

두에로 강

사라고사
1808년 6월 15일~8월 14일
1808년 12월 20일~1809년 2월 20일

아라곤

타라고나
1811년 5월 3일~6월 28일
1813년 6월 3일~12일

발렌시아

푸엔테스 데 오뇨로
1811년 5월 3일~5일

구카스티야

알바 데 토르메스
1809년 11월 28일

소모시에라
1808년 11월 30일

발렌시아
1808년 6월 28일
1811년 12월 25일~1812년 1월 9일

부사쿠
1810년 9월 27일

시우다드로드리고
1810년 4월 26일
1812년 1월 8일~19일

타마메스
1809년 10월 18일

마드리드

우클레스
1809년 1월 13일

포르투갈

톨로사
1808년 8월 17일

탈라베라 데 라레이나
1809년 7월 28일

오카냐
1808년 11월 19일

바다호스
1811년 1월 26일~3월 10일
1811년 4월 20일~6월 10일
1812년 3월 16일~4월 7일

에스트레마두라

신카스티야

과디아나 강

리스본

비미에루
1808년 8월 21일

메델린
1809년 3월 28일

알부에라
1811년 5월 16일

시우다드레알
1809년 3월 27일~28일

무르시아

바일렌
1808년 6월 19일

프랑스

생피에르
1813년 12월 13일

비스케이 만

비다소아
1813년 10월 7일

이브
1813년 12월 9일

니벨
1813년 11월 10일

니베
1813년 8월 31일

산세바스티안
1813년 6월 28일~9월 8일

산마르시알
1813년 8월 31일 베라

마야
1813년 7월 25일

비다소아 강

안달루시아

카디스
1810년 2월 5일~1812년 8월 24일

바로사
1811년 3월 5일

지중해

소라우렌
1813년 7월 28일~30일

론세스바예스
1813년 7월 25일

나바레

팜플로나
1813년 7월 1일~10월 31일

N

0 ——— 100 miles
0 ——— 200 km

0 — 25 miles
0 — 50 km

▪▪▪▪▪ 스페인과 포르투갈의 모든 지역에서 중대나 대대 규모의 소규모 교전부터 서로 수만 명의 병력을 동원한 대규모 전투와 포위전에 이르는 갖가지 전투가 벌어졌다. 위 지도는 반도 전쟁 당시의 주요 전투들을 망라하고 있다. 나폴레옹 전쟁 당시의 다른 전역들과 달리, 이베리아 반도에서는 영국-포르투갈 연합군과 프랑스군, 또는 프랑스군과 스페인인들 사이에서 종종 처절하기까지 했던 여러 차례의 대규모 포위전이 치러졌다. 대표적인 포위전이 치러진 곳으로는 카디스, 발렌시아, 헤로나, 산세바스티안San Sebastian, 사라고사, 타라고나Tarragona, 부르고스, 바다호스, 시우다드로드리고Ciudad Rodrigo 등을 들 수 있다. 이 중에서 마지막 두 곳은 포르투갈과 스페인을 잇는 요충지로서 전략적으로도 매우 중요했다.

　　강력한 이웃나라 스페인과 오랫동안 반목해온 포르투갈은 중세 이후 대서양에 접한 긴 해안선을 통해 영국과의 무역에 의존하고 있었고, 그 비중은 1807년 무렵 전체 무역량의 절반에 가까웠다. 포르투갈은 수세기에 걸쳐 영국과 견실한 유대를 맺어왔으며, 그러한 협력관계를 위협한 프랑스에 저항했다. 포르투갈은 분쟁이 시작된 1803년 이래 중립을 유지하고 있었지만, 영국 해군 함선들에게 테주Tejo 강(타구스Tagus 강이라고도 함)

하구를 피난과 물자 조달에 사용할 수 있도록 허가해줌으로써 프랑스 황제의 심기를 건드렸다. 대륙체제에 대한 완강한 저항과 맞물린 포르투갈의 이 같은 태도에 분노한 프랑스는 포르투갈을 점령 대상으로 삼았다. 프랑스가 그럴 수 있었던 것은 틸지트 조약으로 다른 지역의 전쟁이 막을 내리자 프랑스의 동맹국과 긴 국경이 접해 있는 이 약소국을 상대할 수 있을 만큼 프랑스군의 병력에 여유가 생긴 덕분이었다.

포르투갈의 지배자는 브라간사^{Braganza} 왕가의 왕자인 섭정 주앙^{João}으로, 그의 부모인 국왕 페드로 3세^{Pedro III}와 마리아 1세^{Maria I} 여왕은 1777년 1월부터 왕이 죽음을 맞이한 1786년까지 함께 포르투갈을 통치했다. 1792년부터는 이들의 아들이 프랑스 침공 당시까지 정신병에 별 차도가 없던 여왕의 섭정으로 군림했다. 주앙은 틸지트 조약이 체결되기 무섭게 무역선이나 군함을 가리지 않고 모든 영국 선박에게 포르투갈 항구를 폐쇄하도록 종용한 프랑스의 계속된 위협과 최후통첩에 시달렸다. 이를 받아들일 생각이 없었던 주앙은 미약하나마 일련의 양보를 미끼로 프랑스를 회유하고자 했다. 나폴레옹은 단호했고, 곧 쥐노에게 피레네 산맥을 넘어 포르투갈을 침공하라는 명령을 내렸다. 이를 위해서는 두말할 필요도 없이 10월 27일부로 퐁텐블로 조약을 체결한 스페인의 협력과 프랑스군의 스페인 영토 이동에 대한 그들의 승인이 필요했다.

포르투갈 정복은 지체 없이 실행되었다. 스페인이 퐁텐블로 조약보다 열흘이나 앞선 10월 17일에 프랑스군의 통과를 승인하자, 병력 2만4,000명을 거느린 쥐노는 피레네 산맥을 넘어 진군했다. 그들은 11월 19일에 알칸타라^{Alcantara}를 거쳐 포르투갈 영토로 진입했다. 포르투갈군의 저항은 미미했지만, 열악한 도로와 악몽 같은 지형이 침략군에게 엄청난 대가를 요구했다. 마침내 쥐노가 리스본에 무혈입성한 11월 30일, 그의 휘하에 남은 것은 초라한 몰골의 병사 2,000여 명이 전부였고, 낙오된 나머지 병력은 열악한 행군로 곳곳에 주저앉아 있었다. 승리는 허울뿐이었다. 그보다 하루 전, 섭정과 왕실 및 이들을 모신 수많은 수행원들이 수도를 버리고 항구에 대기 중인 영국 해군의 소함대로 피신했다. 이들은 곧 포르투갈의 식민지 브라질을 향해 출항했고, 포르투갈 함대와 국부의 대부분을 챙겨갔다.

이로써 나폴레옹은 자신의 모든 목표를 완수하지는 못했지만, 쥐노에 의해 군대가 해산되고 퐁텐블로 조약에 따라 나폴레옹과 스페인에게 영토가 분할된 포르투갈을 거의 피를 흘리지 않고 신속하게 정복한 데 만족했다. 그로서는 영국 해군의 테주 기항 저지와 영국과 포르투갈 본국 사이의 무역 근절이라는 목표를 달성한 셈이었다(물론 포르투갈 제국 내의 무역은 이에 해당하지 않지만).

포르투갈 침공은 앞에서도 봤듯이 영토 분할을 대가로 한 스페인의 협력에 의존하고 있었다. 그런데 퐁텐블로 조약의 이면에는 갈수록 염증을 느끼게 만들던 스페인에 대한 나폴레옹의 본심이 감춰져 있었다. 앞에서 살펴본 바와 같이 스페인은 1793년부터 1795년까지 프랑스 혁명 정부를 상대로 전쟁을 펼치다가 피레네 전선에서 졸전 끝에 제1차 반프랑스 동맹을 탈퇴한 뒤, 이듬해 프랑스와 동맹을 맺어 1802년에 평화조약이 체결될 때까지 영국에 맞선 바 있었다. 1801년에 스페인은 포르투갈을 침공해 그 영토의 일부를 병합했다. 그러나 그들은 프랑스와의 동맹이 가져다준 그 같은 이득을 얻는 한편, 트리니다드Trinidad를 영국에 빼앗기며 사실상 함대가 괴멸되는 대가를 치러야 했다. 스페인은 1797년 세인트 빈센트 해전에서 참패를 당했고, 1805년 트라팔가르 해전에서도 참패를 당했다. 이후 스페인의 태도에서는 일관성이 사라졌다. 1806년 2월, 수상 고도이는 나폴레옹에게 포르투갈 해체를 제안했지만, 아무런 성과도 거두지 못했다. 이를 계기로 프랑스와 스페인의 관계는 소원해졌고, 그해 가을 나폴레옹이 고도이의 설익은 확신에 따라 승자로 점쳐진 프로이센과의 전쟁에 몰입하면서부터 인기 없는 프랑스와의 동맹에서 발을 빼려는 스페인의 은밀한 움직임이 시작되었다.

나폴레옹은 스페인의 결속력도 시험할 겸 발틱 해안을 경계 중인 베르나도트의 군단을 지원하기 위해 로마나 후작이 이끄는 최정예 사단을 요구했다. 이후 스페인은 나폴레옹이 포르투갈 침공을 빌미로 바욘과 포르투갈 국경 사이의 스페인 주요 도시에 병력을 주둔시키고 연락선을 확보한다는 명목을 내세워 사실상 본격적인 스페인 점령에 들어감으로써 더욱 무방비 상태가 되었다.

국왕 카를로스 4세^{Carlos IV}는 1788년에 숨을 거둔 선친에게서 스페인의 왕좌를 이어받았다. 선왕 카를로스 3세는 전제 군주이기는 했어도 문화와 과학이 장려되고 경제가 번창한 계몽주의 시대를 이끌었다. 그 뒤 반도 전쟁에 이르기까지 20년 동안 드러난 카를로스 4세의 모습은 선량하지만 아둔하며 큰 나라의 지도자로서는 전혀 어울리지 않는 모습이었다. 그는 사냥에 몰두한 채 이름뿐인 스페인의 통치자로 지냈으며, 왕비 마리아 루이사^{Maria Louisa}의 강한 입김에 휘둘렸다.

권력의 실세는 왕비의 총애를 받은 재상(이자 애인)으로 1792년에 수상이 된 마누엘 데 고도이였다. 고도이는 정직하지 못한데다가 무능한 인물로 나라를 재정 파탄과 군사적 무기력증, 부패한 관료사회의 나락으로 이끌었다. 그는 교묘하게 자신의 추종자들을 심어 반대파를 투옥하거나 추방함으로써 서서히 궁중 안에 지지 기반을 구축했다. 그는 부정 행위와 공금 유용으로 자신의 배를 불렸다. 카를로스 4세를 설득해서 1795년에 바젤 조약을 체결하게 함으로써 스페인을 프랑스와의 전쟁에서 빼내 프랑스의 동맹으로 만든 것 역시 당시 수상이었던 고도이였다(그래서 그에게 '평화 대공'이란 칭호가 붙었다). 3명의 정치 지도자, 즉 국왕과 고도이이라

■■■■■■ 스페인 국왕 카를로스 4세(1748년~1819년)와 그의 가족. 1788년에 그의 치세가 시작되면서 선왕 카를로스 3세 시대의 계몽주의는 종지부를 찍었다. 대부분의 시간을 사냥을 하면서 보내고 크고 작은 정치적 사안을 등한시한 그가 재상 고도이와 반미치광이 왕비 마리아 루이사의 서툰 국정 운영을 방치한 탓에 정치적 공백기가 생기고 말았다. 카를로스 4세는 바욘 회담이 끝난 뒤 프랑스로 망명해 그곳에서 조용히 숨을 거뒀다. 고야 작.
(Prado Museum/Edimedia)

는 한축과 또 다른 한축인 유력한 왕위 계승자 페르난도 왕세자는 서로를 증오했다. 이들은 각각 자신의 독자적인 정파의 지지를 업은 채 정치 공백 상태를 만들었고, 나폴레옹에 맞설 통일된 세력의 형성은 고사하고 오히려 나폴레옹에게 스페인 내정에 개입할 빌미를 내주고 말았다.

1807년 겨울 내내 스페인 내의 프랑스 첩자들은 스페인 내정에 더욱 깊숙이 관여하며 국왕과 고도이, 그리고 페르난도 사이의 불화를 부채질함으로써 중재를 앞세운 프랑스가 정식 개입을 요구할 수 있는 혼란한 정국을 유도하고자 했다. 프랑스의 통제하에 놓인 스페인은 제국 안에서도 가장 듬직한 동반자가 되어 대서양과 지중해에 이르는 긴 해안선에서 영국의 무역을 봉쇄해줄 터였고, 그들의 남은 함대는 프랑스가 마음대로 쓸 수 있었다.

10월 29일, 페르난도가 부친을 폐위시키고 모친을 살해하려 한다고

■■■■■■ 평화 대공 마누엘 데 고도이(1767년~1851년).
부패하고 부도덕하며 지독한 모사꾼이었던 고도이는
스페인 여왕 마리아 루이사의 내연남인 동시에 그녀의
덜떨어진 남편 카를로스 4세의 총애받는 신하이기도
했다. 수석 총리였던 그는 1795년에 바젤 조약을 맺어
프랑스와의 전쟁에 종지부를 찍었다. 그는 1807년부터
1808년에 걸친 왕실 분쟁에서 황태자 페르난도에 맞
서 국왕 편을 듦으로써 프랑스에게 스페인의 내정에
간섭하는 빌미를 제공했다. 그림은 1808년 3월 아랑
후에스 봉기 당시 은신처에서 끌려나오는 그의 모습을
담고 있다. (Ann Ronan Picture Library)

주장한 고도이가 국왕에게 그의 체포를 종용하면서 스페인의 정치적 위기는 더욱 심각해졌다. 이어 12월 17일에는 나폴레옹이 밀라노 칙령Milan Decree*을 발표해 대륙 봉쇄에 관한 자신의 다른 원칙과 유럽 본토에 내려진 영국과의 전면적인 교역금지령을 재확인했다. 프랑스의 동맹인 스페인은 봉쇄령에 공식적인 지지를 보냈지만, 사실상 그들의 항구와 긴 해안선은 밀수의 천국이었고, 지역과 지방 관리들은 이를 무시하거나 심지어 용인하기 일쑤였다. 파리에서라고 이를 모를 리는 없었다.

1808년 2월 16일, 나폴레옹은 스페인의 동맹으로서 스페인 내정의 질서 회복과 왕실 내 정치세력들 간의 대립 중재에 나설 책임이 있음을 선언하며 자신의 계획을 공식적으로 실행에 옮겼다. 먼저 프랑스군 병력이 팜플로나Pamplona, 산세바스티안, 바르셀로나Barcelona, 피게라스Figueras 같은 북부 지방의 거점 도시들을 점령하기 위해 파견되었다. 이어서 뮈라 원수가 이끈 11만8,000명의 병력이 포르투갈에 주둔한 쥐노의 군대를 증원한다는 명목하에 스페인으로 진주했다. 그들은 지나가는 마을마다 따뜻한 환대를 받았다. 한편, 3월 17일에는 아랑후에스에서 카를로스 4세와 고도이에게 반기를 든 왕실 근위대가 앞장선 민중 봉기가 발생했다. 이는 스

---

* **밀라노 칙령** 1807년에 프랑스의 나폴레옹이 영국과 통상하는 상선의 나포拿捕를 명령한 칙령. 영국과의 해전에서 패배한 나폴레옹의 대륙 봉쇄를 강화하기 위한 수단이었다.

페인 역사상 최초의 군사 쿠데타 pronunciamento*로 기록되었다. 페르난도의 부추김을 받은 군중들은 고도이의 궁전을 약탈하고 불태웠다. 간신히 도망쳐 목숨을 건진 고도이는 체포되어 지위를 박탈당한 뒤 강제로 추방되었다. 국왕은 고도이와 연루된 탓에 입지가 약화되었다. 3월 20일에 국왕 카를로스 4세가 폐위되자, 그의 아들이 페르난도 7세로 즉위했다.

며칠 뒤인 3월 24일, 뮈라가 마드리드에 입성했다. 카를로스 4세는 그보다 며칠 앞서 카디스로 탈출하려 했지만, 성난 군중들에게 가로막히고 말았다. 올가

■■■■■ 스페인 국왕 페르난도 7세(1784년~1833년). 항상 사이가 좋지 않았던 아버지 카를로스 4세와 페르난도는 그가 1807년에 숙청을 시도하다 실패한 적이 있는 수석 총리 고도이의 영향력에 특히 반감이 심했다. 부자간의 음모와 상호비방, 그리고 불신이 계속되자, 나폴레옹의 중재를 요구하기에 이르렀다. 페르난도는 1808년에 잠시 왕좌에 올랐지만, 나폴레옹에게 하야를 강요당했다. 이로써 프랑스는 마침내 스페인을 장악할 수 있는 토대를 마련하게 되었다. 고야 작. (Roger-Viollet)

미의 끈을 조여들어간 나폴레옹은 중재회의라는 명목 하에 왕실 가족 내의 반목 세력들을 프랑스-스페인 국경 바로 너머에 자리한 바욘으로 불러들였다. 페르난도는 4월 1일 마드리드에서 발생한 반프랑스 폭동에도 불구하고 4월 10일에 나폴레옹을 만나러 수도를 떠났다. 회의는 5월 10일에 시작되었다. 나폴레옹은 불과 며칠 만에 카를로스 4세와 페르난도가 스

---

* 영어의 'proclamation'으로 정권을 무너뜨린다는 부정적이고 직설적인 의미의 쿠데타와 달리, 군사정권의 성립을 '선포'한다는 수사학적 미화의 의도가 강하다.

페인 왕권에 대한 주장을 철회하도록 만드는 한편, 6월 6일에는 스페인 내의 친프랑스 세력이 지지하는 자신의 형 조제프를 왕으로 옹립했다. 7월 7일에 바욘에서 대관식을 치른 조제프는 7월 20일 마드리드에 입성했다. 그 사이 카를로스 4세는 로마로 쫓겨났고, 페르난도는 1814년까지 머물게 될 발랑세^{Valnçay}에서 가택연금을 당하는 신세가 되었다. 조제프는 스페인의 부르봉가가 억류되기 무섭게 그 왕좌를 차지하려고 마드리드로 향했고, 모든 스페인인들의 눈에는 그의 왕위 계승이 불합리하게 비쳐졌다.

전투
극과 극의 전쟁

1808년의 전황

스페인에서 부르봉가의 지배체제를 전복시키기로 한 나폴레옹의 결정은 엄청난 오산인 것으로 밝혀졌다. 조국의 점령 음모에 대한 반발의 목소리는 국왕의 막내아들 돈 프란시스코^{Don Francisco}를 프랑스로 압송하려던 프랑스군의 시도로 극에 달해 1808년 5월 2일 마드리드 봉기로 이어졌다. 성난 군중으로 돌변한 마드리드 시민들은 칼과 몽둥이 등 닥치는 대로 무기를 집어 들고 나와 질서 회복에 나선 뮈라의 기병대가 수백 명의 죽음을 불러온 무자비한 진압을 펼치기 전까지 프랑스군 130명을 살해했다. 보복이 이어진 이튿날에는 봉기에 연루되었다고 여겨진 이들이 시외로 끌려가 총살당했다.

한편에서는 친프랑스 세력들이 나폴레옹의 형 조제프에게 '선출된'

■■■■■■ 1808년 5월 2일 마드리드 민중 봉기. 페르난도의 폐위 소식과 나머지 왕실 가족을 프랑스로 압송하려 한다는 소문이 마드리드에 퍼지자, 푸에르타 델 솔Puerta del Sol에 모여든 군중의 적대감이 점점 커지더니 주둔 중인 프랑스군에 대한 공격으로 표출되었다. 폭력 사태는 순식간에 도시 전체로 확산되었고, 이윽고 뮈라의 기병 대에 의해 진압되었다. 그림 속에서는 머스켓과 나팔총, 그리고 단검 등으로 무장한 시민들이 일단의 용기병들을 덮치고 있다. 라페Raffet의 석판화. (Roger-Viollet)

국왕이 되어줄 것을 요청했다는 소식이 들려왔다. 스페인인들은 이방인 괴뢰 왕조의 수립에 격분해 각지에서 반란의 깃발을 들었다. 그들은 5월 9일에 아스투리아스Asturias주의 수도 오비에도Oviedo를 시작으로 프랑스가 꾸민 정치적 음모의 순교자로 추앙된 페르난도를 연호하며 각지의 '훈타 Junta*'나 지방의회가 중심이 된 거병 운동을 일으켰다. 이 같은 운동은 오 비에도(5월 24일)와 사라고사(5월 25일), 갈리시아Galicia(5월 30일), 카탈루니 아Catalonia(6월 7일) 등의 타지역으로 들불처럼 번져나갔다. 운동은 맹렬한 속도로 확산되었지만, 각지의 훈타들은 스페인 땅에서 프랑스인들을 몰 아낸다는 것 이외에 공동의 목표를 세우지 못했다. 감정의 엄청난 위력에

* **훈타** 스페인어로 위원회committee를 뜻하며 반도 전쟁 초기, 프랑스에 의해 해체된 행정 기구를 대체하기 위해 생겨난 각 지방의 독자적인 통치 기구를 뜻한다.

휘말린 이 분쟁은 이내 독특한 고도의 감정적 호소력으로 무장한 채 해방 전쟁La Guerra de la Independencia이라고 불리게 되었다. 불과 몇 주 만에 난데없이 대규모 군대들이 생겨났다. 안달루시아Andalusia 한곳에서만 프란시스코 하비에르 카스타뇨스Francisco Xavier Castaños 장군 휘하에 3만 명이나 되는 병력이 모여들었다.

프랑스군이 주요 도시를 약탈하는 과정에서 취한 가혹한 태도로 인해 새로운 군대에 모여드는 지원자의 수는 늘어만 갔다. 전쟁은 영국의 지원을 호소하는 훈타들이 런던으로 파견한 토레뇨Toreño 공작의 사절단이 런던에 도착해 열렬한 환영을 받은 6월 8일을 기해 새로운 국면으로 접어들었다. 영국 외상 조지 캐닝George Canning은 무기, 탄약, 자금의 지원을 약속했다. 타지역들도 줄지어 특사들을 파견하기에 이르자, 바야흐로 개입의 시기가 무르익었다. 6월 14일, 아서 웰즐리 경이 9,500명 규모의 원정군 지휘관으로 임명되었다. 아이러니하게도 이들의 원래 목표는 남아메리카의 스페인 식민지였으며, 지난해 부에노스아이레스에서 당한 화이트로크Whitelocke 장군의 참패를 만회하는 게 임무였다.

앞서 언급했듯이, 1793년 이래 유럽 대륙에서 실시된 영국의 육상 개입은 동맹국들이 펼치던 전쟁의 전반적 양상에 별다른 영향을 미치지 못한 채 그저 그런 성과만을 얻었을 뿐이었다. 프랑스의 포르투갈 및 스페인 침공은 마침내 유럽 본토로 영국의 군사적 역량이 투입되는 시발점이 되었으며, 영국의 입장에서는 여러 가지 면에서 이것은 더할 나위 없는 좋은 기회였다. 첫 번째로 영국은 자신들의 완전한 해상 장악력을 유감없이 활용해 병력과 전쟁에 필요한 일체의 물자를 안전하게 수송할 수가 있었다. 두 번째로 이베리아 반도는 3면이 바다로 둘러싸여 있어 바다를 통한 접근이 용이한 반면, 프랑스군은 병력과 물자를 비롯해 필요한 거의 모든 것들을 피레네 산맥을 넘어 공급해야 했다. 마지막으로 영국 원정군에게는 우방국 영토에서 작전을 펼친다는 이점이 있었으니, 이는 대규모 군사작전에 부적합한 지역에서는 아주 중요한 요소였다. 우호적인 땅에서 펼치는 전쟁은 보급과 통신, 정보 수집에 있어서도 유리했다.

당시 영국이 이처럼 중대한 이점을 누리고 있었던 반면, 스페인은 군사적인 측면에서 볼 때 한심한 상태였다. 최정예 부대인 로마나의 병력 1만5,000명은 덴마크에 머물러 있었고, 나머지 군대는 앞에서도 언급했듯이 먹고 입는 것조차 부실한 데다가 급료도 형편없는 병사들이 무능한 장교들과 부패한 장군들의 지휘를 받고 있었다. 설상가상으로 그나마 결속력과 지도력을 발휘할 수 있었던 이들의 대다수는 조제프의 자유주의적 정책을 지지하며 그 명분이 어찌되었든 대중의 저항이 진정되기만을 기도했다.

그러나 스페인 정규군을 두려워할 이유가 없었던 프랑스군에게도 자연 장애라는 만만치 않은 난제가 남아 있었다. 실제로 이베리아 반도만큼 침략자에게 적대적인 지형과 기후를 갖춘 곳은 찾아보기 힘들었다. 높은 산에 난 좁은 길들은 최적의 매복 장소였고, 포장되지 않은 열악한 도로는 여름이면 먼지구름이 피어올랐고, 겨울이면 진창이 되었으며, 뼈에 사무치게 추운 밤과 찌는 듯이 더운 낮은 야지에서 행군하며 야영하는 병사들을 괴롭혔고, 눈 덮인 협로 탓에 병력과 말은 이동하는 데 애를 먹었다. 광대한 국토는 수분과 양분이 모두 빈약한 토양으로 덮여 있어, 대규모 외국 군대의 약탈을 감당하는 것은 고사하고 주민들조차 근근이 연명하는 처지였다. 프랑스군은 피레네 산맥까지 이어진 중요 연락선을 경비하는 데 수천 명이나 되는 병력을 투입할 수밖에 없었다. 이러한 연락선은 포르투갈, 특히 스페인에서 다양한 비정규군에게 취약함을 드러냈다. 이 비정규군 가운데 일부는 애국심에 불타는 게릴라들이었으며, 또 다른 일부는 단순한 무장 산적으로, 개개인이 소규모 집단을 거쳐 보다 큰 무리인 파르티다스partidas*로 뭉친 이들은 낙오병들을 살해하고 현지 물자 조달에 나선 병사들을 뒤쫓으며 괴롭히고 전령들을 습격했다.

한편, 확산되는 봉기와 난데없이 등장한 스페인 군대에 직면한 나폴레옹은 이 예상치 못한 저항의 물결에 신속히 대응했다. 바욘에 머물던 나폴레옹은 훈타와 그들의 군대를 섬멸하라는 명령을 내렸다. 카베손Cabezon에서는 메를Merle 장군이 돈 그레고리오 데 라 케스타Don Gregorio de la Cuesta 장군의 에스트레마두라군Army of Estremadura을 격파했지만, 봉 아드리안 드 몽시Bon Adrien de Moncey 원수가 이끈 9,000명의 병력이 발렌시아에서 축출되었고, 아라곤Aragon의 수도 사라고사를 공략한 르페브르 장군은 28세의 호세 팔라폭스Jose Palafox 장군이 이끄는 주민들이 소규모 정규군의 지원하에 펼친 유례없이 처절한 저항에 부딪쳤다. 팔라폭스는 프랑스군에게 항복 제안을 받고는 기개를 과시하듯이 "죽을 때까지 싸우겠노라"고 대답함으로써 처절한 항쟁을 어느 쪽에게도 자비를 기대할 수 없는 싸움으로 이끌었다. 수비대는 두 번이나 공격자들의 포위공격을 격퇴했고, 프랑스군 전사자는 3,500명에 이르렀다. 카탈루니아 동부의 또 다른 포위 도시 헤로나의 용감한 주민들은 7월에만 프랑스군 6,000명을 고착 상태에 빠뜨렸으며, 8월까지 그 수는 1만3,000명으로 늘어났다.

프랑스군을 기다리는 비보는 여기서 멈추지 않았다. 7월부터 케스타가 갈리시아군의 지휘를 맡은 스페인군은 7월 14일에 메디나 델 리오세코Medina del Rio Seco에서 당한 참패에도 불구하고 그로부터 불과 아흐레 만에 카스타뇨스가 안달루시아 내지의 바일렌에 고립된 피에르 뒤퐁 장군과 휘하 병력 1만7,500명으로부터 프랑스 송환을 전제로 한 전면적인 항복

---

* **파르티다스** 영어의 part로 직역되는 이 단어는 12세기부터 유격전 등을 수행한 '분견대' detachment를 뜻하기 시작했다. 파르티잔partisan은 바로 여기에 속한 이들을 뜻하는 말이었다.

을 받아내는 성과를 거뒀다. 그러나 비겁한 승자는 상당수 포로들을 살해했고, 나머지는 죽음이 예고된 카디스의 감옥선에 감금했다. 프랑스군의 사기에 엄청난 타격을 가한 뒤퐁의 항복은 그만큼 그 적들에게는 긍정적인 효과를 발휘했다. 프랑스군은 1801년에 이집트에서 메누^{Menou} 장군이 항복한 이래 무기를 내려놓은 적이 없었다. 프랑스의 위신, 무엇보다도 그들의 군대에 따라붙던 무적의 신화는 회복 불능의 타격을 입고 말았다. 이 프랑스군의 대다수가 아우스터리츠와 예나, 그리고 프리틀란트에서의 승리를 일궈낸 프랑스군과 다르다는 사실은 별 문제가 되지 않았다. 당시 사람들은 그들이 나폴레옹의 병사들이라는 것만으로도 프랑스군의 굴욕에 커다란 의미를 부여하기에 충분했다.

영국의 관심을 끈 것과는 별개로, 바일렌 사건과 스페인군의 급속한 재건은 프랑스군의 계획을 심각하게 뒤흔들었고, 당장 마드리드 방어에 투입할 증원 병력이 없었던 조제프 왕은 에브로 강 배후의 전략적 방어선까지 후퇴해야만 했다. 놀라운 순발력을 발휘한 스페인인들은 1808년 늦여름까지 침략자에게 사상자 4만 명이라는 피해를 입히며 대부분의 국토에서 그들을 몰아냈다. 조제프는 곧 스페인 통치라는 자신의 임무가 거의 불가능하다는 것을 깨달았다. 그는 나폴레옹 황제에게 보낸 다음과 같은 편지로 자신의 암담함을 토로했다.

스페인을 점령하려면 20만 명의 프랑스 병사들이 필요하고, 그들을 지배한다고 비난당하는 왕자를 곧추세우려면 1만 개의 단두대가 필요할 것입니다. 정말입니다. 당신은 모든 집들이 요새로 돌변하고, 모든 이들이 한뜻으로 뭉치는 이곳 백성들을 잘 모릅니다. …… 우리가 정복자로 행세하는 한 단 한 사람의 스페인인도 우리 편에 서지 않을 것입니다.

██████ 1808년 7월 21일에 바일렌에서 투항하는 프랑스군. 안달루시아를 평정하려던 뒤퐁과 1만7,000명의 병사들은 생각지도 못했던 압도적인 규모의 정규군과 비정규군을 만나 전 병력이 항복해야만 했다. 바일렌 사건의 정치적 중요성은 이베리아 반도 전체에 저항 의지를 심어줬다는 점뿐만 아니라 유럽 전역에 퍼져 있던 무적의 프랑스군이란 신화를 완전히 걷어냈다는 점에서도 피레네 산맥 너머까지 파급될 만큼 엄청난 것이었다. (Roger-Viollet)

우연치고는 얄궂게도 조제프는 스페인에 주둔하고 있는 프랑스군이 이미 20만 명을 넘어섰으며 그처럼 어마어마한 수조차 10월 무렵이면 나폴레옹이 친히 이끈 증원 병력의 도착과 함께 28만6,000명으로 불어나리라는 사실을 전혀 모르고 있었다.

영국군의 등장

프랑스군이 에브로 강 건너로 철수함에 따라 외딴 포르투갈 땅에 고립된 쥐노는 스페인에서처럼 조직적인 저항이 아닌 폭동에 대처하는 수준임에도 불구하고 누구도 탐내지 않을 임무를 떠안은 상태였다. 야전에는 상대할 포르투갈군이 없었지만, 나폴레옹 시대의 군대에는 불만에 찬 군중을 제압하는 임무를 위한 훈련은 전무했던 것이다. 8월 들어 상황은 더욱 악화되었다. 7월 13일, 웰즐리의 원정대가 코크^{Cork}를 출발했다. 전쟁 장관이 그에게 내린 명령에는 포르투갈인과 스페인인을 도와 "프랑스의 압제를 타도하고, 반도에서 프랑스군을 완전히 축출하라"는 내용이 담겨 있었다.

8월 1일에 리스본에서 북쪽으로 약 150킬로미터 떨어진 몬데구^{Mondego} 만에 상륙한 웰즐리는 나흘 뒤 카디스에서 이동해온 브렌트 스펜서^{Brent} ^{Spencer} 경의 병력 5,000명과 합류했다. 웰즐리는 10일부터 수도를 향한 진 군에 나섰고, 도중에 받은 전갈을 통해 병력 1만5,000명이 증원되겠지만 자신은 중장 휴 달림플^{Hew Dalrymple} 경과 중장 해리 버라드^{Harry Burrard} 경의 지휘 아래로 들어간다는 사실을 알게 되었다. 그러나 웰즐리는 이 조치가 발효되기 전인 8월 17일에 롤리차^{Roliça}에서 앙리 델라보르드^{Henri Delaborde} 장군과 맞붙어 사상자 479명이라는 대가를 치르며 프랑스군 병력 600명 과 야포 3문에 피해를 입혀 작으나마 최초의 승리를 거뒀다. 그의 군대는 리스본을 향한 진군을 계속했다. 사흘 뒤 버라드가 도착해 불만을 주체 못하는 웰즐리에게 정지 명령을 내렸다. 버라드는 여전히 선상에 머물러 있어서 아직 현장의 지휘권을 인수한 상태가 아니었기 때문에, 웰즐리는 쥐노가 남쪽에서 자신을 향해 다가오고 있다는 것을 알고는 쾌재를 불렀 다. 웰즐리는 마세이라^{Maceira} 강 하구에 자리한 비미에루^{Vimiero} 마을의 능 선과 언덕을 따라 방어선을 구축했다.

8월 21일 오전 9시, 모습을 드러낸 쥐노가 네 번에 걸쳐 비미에루 언덕 을 공략했지만, 횡대로 전개한 웰즐리의 보병들은 큰 피해를 입어가면서 도 이를 모조리 격퇴했다. 동쪽 능선에서 펼쳐진 두 번의 공격 역시 실패 로 돌아갔고, 정오에 전투가 중단될 무렵에는 프랑스군이 병사 1,000명과 야포 14문을 잃은 데 반해, 웰링턴의 피해는 병사 720명에 그쳤다. 영국군 은 사기가 치솟았으며, 이제 토레스베드라스^{Torres Vedras}와 수도로 이어지

는 길을 가로막을 자는 아무도 없
었다. 그러나 이때 버라드가 전장
에 나타나 승리의 기세를 이어가
려던 웰즐리를 제지함에 따라 진
군을 멈춘 군대는 중장 존 무어
경의 도착만을 기다려야 했다. 그
덕분에 쥐노는 상관의 우행에 신
물만 삼킬 수밖에 없었던 웰즐리
를 뒤로한 채 유유히 전장에서 물
러났다. 그럼에도 불구하고 이 승
리에는 여전히 중대한 의미가 있
었다. 웰링턴은 자연의 엄폐물을
최대한 활용해 자신의 보병대를

■■■■■ 1808년 8월 21일 비미에루 전투. 반도 전
쟁에서 펼쳐진 영국군과 프랑스군 간의 첫 번째 대규
모 교전인 비미에루 전투는 2열로 이뤄진 영국군의
전열이 그때까지 무적으로 알려져 있던 프랑스군의
종대보다 우월하다는 것을 보여주었다. 휘하의 경보
병으로 프랑스 산병전 요원들의 공격을 저지함으로
써 진형 자체가 산병전 요원들의 사격에 취약한 휘하
병력을 보호하는 데 성공한 웰링턴은 사전에 산병전
요원들의 사격으로 적을 약화시킨 뒤 일격에 무너뜨
린다는 프랑스군의 종대 전술의 가장 큰 이점을 무력
화시켰다. 나아가 웰링턴은 휘하 병력을 언덕의 반대
쪽 사면에 배치함으로써 포격을 효과적으로 막아내
는 동시에 자신의 위치와 전력을 은폐할 수 있었다.
매들리Madeley 작 [Philip Haythornthwaite]

언덕 정상의 뒤편에 배치함으로써 이들이 다가오는 프랑스군 종대column*
의 선두를 향해 잘 통제된 일제사격을 퍼붓기 전까지 위치를 숨기고 포격
을 피할 수 있도록 했던 것이다. 두 줄로 짜인 영국군의 전열은 제대로 운
용될 경우 그때까지 유럽 전역의 전장에서 그토록 성공적이었던 프랑스
군의 저돌적인 돌격을 격퇴시킬 수 있었다. 따라서 프랑스식 전술의 우월
성에는 의문이 제기되어왔다.

　이틀 뒤 달림플과 쥐노가 항복 교섭을 시작했다. 쥐노가 얼마나 궁지

---

* 7년 전쟁 이후 프랑스 군사 이론가들에게 선호된 종대는 기존의 전열line과 극단적으로
대비되는 전술 대형이다. 포격이나 일제사격에 의한 사상자가 더 많다는 반론에도 불구하
고 밀집된 병력이 발휘할 파괴력을 선호한 프랑스식 종대는 화력은 강한 반면 통제가 어
려웠던 기존의 3열 횡대 전열에 비해 이동이나 변형이 쉽고 타격력이 강한 일종의 '밀집
대열'이었다. 반도 전쟁은 이러한 프랑스식 종대와 3열에서 2열로 변형된 웰링턴식 전열
이 맞붙은 전쟁이었다.

에 몰렸는지 파악하지 못한 달림플은 8월 31일 어처구니없는 신트라 협정Convention of Cintra을 맺고 말았다. 이 협정은 전쟁 포로로 억류해 마땅한 쥐노 휘하 병력을 프랑스로 송환할 뿐만 아니라 이송 과정에서 그들의 무기와 전리품까지 몽땅 영국 함선으로 실어다 줄 것을 보장했다. 이로써 포르투갈에서 프랑스군이 일소되기는 했지만, 누가 봐도 저항 여력이 없는 군대에게 그처럼 관대한 조건을 허락했다는 사실에 영국 여론은 들끓었고, 전쟁성은 관련 장성 3명에 대한 진상 조사에 나섰다. 오직 웰즐리 한 사람만이 이 한심한 협상에 직결되지 않은 덕분에 자신의 평판을 유지하며 진상 조사 대상에서 제외되었다. 그럼에도 불구하고 귀국 후 새로운 지휘관직을 맡지 못한 채 정치가로서 더블린의 아일랜드 수상*에 임명된 그의 낙담은 클 수밖에 없었다.

그 무렵 포르투갈 파견 영국군 3만 명의 지휘권은 효율성과 전문성을 겸비한 데다가 보병 전술, 특히 경보병의 훈련에 창의적인 개혁을 도입하여 전쟁이 일어나기 몇 해 전부터 숀클리프Shornecliffe 주둔지에서 이를 연마하던 노련한 지휘관 중장 존 무어 경에게로 넘어갔다. 무어는 스페인으로 진군해 스페인군과 합동으로 프랑스군을 몰아내라는 명령을 받았다. 이에 따라 9월부터 그의 진격이 개시되었지만, 중장 데이비드 베어드David Baird 경이 이끈 또 다른 병력 1만5,000명의 지원을 감안한다 해도 영국 정부의 기대치는 터무니없이 컸다. 스페인의 훈타들이 8만 명에 이르는 병력을 거느렸다 해도 여러 개의 군(갈리시아, 카스티야Castilla, 레온Leon, 안달루시아, 아라곤, 에스트레메두라Estremedura)으로 나뉜 그들은 앞서 언급했듯이 부실한 지휘 아래 군기도 형편없었고, 빈약한 장비와 물자 부족에 시달리

---

* 영국 왕의 아일랜드 대리 통치자Lord Lieutenant of Ireland를 보좌하는 행정수반으로, 19세기 후반에 들어서면 사실상 입헌군주화되는 전자를 대신해 실질적인 수상 역할을 한다.

는 오합지졸에 불과했다. 엎친 데 덮친 격으로 양군 사이에는 협의된 계획도 없었을 뿐더러 무어와 협의하고 협력할 스페인 측 최고사령관도 임명되지 않은 상태였다. 제멋대로인 스페인 지휘관들 가운데 누구 하나 무어와 협조체계를 유지하거나 제대로 보급을 해주지 않으리라는 사실은 불을 보듯 뻔했다.

무어는 이처럼 심각한 악조건에도 불구하고 10월 18일을 기해 에브로강 건너편의 프랑스군을 감시하던 스페인군과 더불어 스페인 동북부의 코루나에서 수송될 베어드 휘하 1만 명의 병력과 합류하기로 한 부르고스로 진군을 개시했다. 무어의 군대는 기병대와 포병대를 떼놓은 채 열악하기 그지없는 길을 따라서 살라망카를 향해 강행군에 들어갔다. 시우다드로드리고를 지나는 북쪽 지름길로 야포가 이동할 수 없다는 스페인인들의 충고를 받아들인 무어는, 존 호프^{John Hope} 경이 인솔한 포병대를 바다호스와 마드리드를 따라 남쪽으로 난 엄청난 우회로로 이동시켜 살라망카에서 만나기로 했다. 설상가상으로 무어는 그때까지도 12만 5,000명에 이르는 병력을 이끈 나폴레옹이 영국군을 이베리아 반도에서 축출하고 스페인을 굴복시켜 전쟁의 종지부를 찍기 위해 11월 4일 친히 스페인에 나타났다는 사실을 까맣게 모르고 있었다.

스페인인들의 저항과 부하들의 서툰 일처리에 격분한 나폴레옹은 뒤마^{Dumas}에게 "짐이 돌아가 일을 정상으로 되돌려놓아야만 하겠군"이라고 외쳤다. 그는 10월 13일에 에어푸르트에서 다음과 같은 글을 남겼다.

"이 전쟁은 신중을 기한 일격으로 끝장을 봐야 한다. …… 나의 존재가 필수적이리라."

스페인인들의 저항에 재기 불능의 타격을 가하려면 자신이 직접 이끈 우세한 병력만으로도 충분하다는 게 나폴레옹의 생각이었다.

네, 란, 주르당^{Jourdan}, 술트를 비롯한 원수들과 그 밖에 내로라하는 장군들이 포함된 자신의 가장 뛰어난 지휘관들을 거느린 나폴레옹과 대육군은 11월 6일 공세에 나섰고, 가로 막는 모든 것을 쓸어버리며 부르고스의 방어선을 돌파한 뒤, 13일에 마드리드를 절반쯤 남긴 바야돌리드Valladolid에 도착했다. 그 무렵, 무어는 살라망카에 도착해 베어드와 호프가 합류하기를 기다리고 있었다. 바야돌리드에서 출발해 사실상 아무런 저항도 받지 않으면서 수도를 향해 진격의 고삐를 조이던 나폴레옹은 11월 30일에 소모시에라Somosierra의 좁은 산길이 9,000명의 스페인군과 소수의 야포로 봉쇄되었음을 발견했다. 상당한 지연을 각오하지 않는 한 이들을 우회할 방법은 없었다. "짐의 근위대는 농부들 앞에서 멈춰 서지 않는다"라고 단언한 황제는 부하들의 목숨에 아랑곳하지 않고 경호하던 폴란드 경기병 87명에게 자살행위와 다름없는 진격을 명령했다. 기병들은 겨우 4명의 기수가 나란히 통과할 수 있는 협로를 따라 곧장 포대로 달려들어 포수들을 베며 능선을 향해 질주해 보병들을 패주시켰다. 돌격은 다른 부대들의 후속 공격으로 성공을 거뒀지만, 용맹스런 폴란드 기병들이 치른 대가는 병력의 절반에 달했다. 대육군은 거침없는 진군을 계속해 12월 4일에 마드리드에 입성했다.

한편, 11월 26일 무어는 나폴레옹이 진격하기 전에 스페인군의 태반이 사라져버렸음을 보고받았다. 이로써 어설픈 연합군에게 버림받은 채 홀로 나폴레옹의 맹공을 맞게 된 무어는 부르고스 진군을 포기하고 후퇴 명령을 내려야만 한다는 결론

▰▰▰▰▰ 1808년 11월, 스페인에 입성하는 나폴레옹. 영국군을 격멸하지 못하는 휘하 원수들에게 진저리가 난 나폴레옹은 친히 이 문제에 결정적인 종지부를 찍기로 결심했다. 그는 앞선 이탈리아 원정이나 이집트 원정의 기억을 떠올리게 하는 현란한 어휘로 병사들에게 외쳤다. "사악한 표범이 반도에 나타나 스페인과 포르투갈을 더럽히고 있다. 승리의 상징인 우리의 독수리기와 함께 헤라클레스의 기둥(지브롤터)까지 나아가자." (Roger-Viollet)

에 이르렀다. 스페인인들은 물론 프랑스군과의 대결을 고대하던 그의 부하들과 병사들은 즉시 격렬하게 반대했다. 무어는 자신이 엄청난 곤경에 빠졌음을 알고 있었다. 12월 4일, 호프는 기병과 포병대와 함께 도착했지만, 비어드는 아직 아스토르가Astorga에도 닿지 못한 상태였다. 이틀 뒤, 부르고스로 진격해 프랑스군과 맞붙으라는 줄기찬 압력에 눌린 무어는 자신의 철수 명령을 철회하며 또다시 군대를 움직였다. 그는 "나 역시 아주 엄청난 위험이 따른다는 것을 알고 있지만, 군의 명예를 지키기 위해서라도, 그리고 스페인인들에게 우리가 여전히 그들이 오래 전에 포기한 대의에 매달리고 있음을 분명히 하기 위해서라도 위험을 감수하지 않을 수 없다"라는 글을 남겼다.

무어는 심각한 정보 부족으로 인해 자신의 파멸을 노린 나폴레옹이 8만 명의 군대를 거느리고 12월 4일에 마드리드로 입성한 사실을 모르고 있었다. 이에 따라 존 경은 11일을 기해 고작 2만 명의 병력과 함께 북진에 나섰고, 이윽고 20일에 마요르가Mayorga에서 베어드와 합류함으로써 병력을 3만 명으로 늘렸다. 이틀 뒤, 휘하 최정예 부대의 선두에 나서서 눈 덮인 과다라마Guadarrama의 산악지대에 이른 나폴레옹은 몰아치는 눈보라에도 아랑곳없이 고지대의 협로를 통과한 군대와 함께 아직 아무런 낌새도 채지 못한 자신의 먹잇감에게 다가갔다. 크리스마스 이브, 전 병력을 규합해 술트 원수가 거느린 겨우 1만 6,000명의 만만한 병력이 주둔한 카리온Carrion으로 향하던 무어에게는 모든 것이 순조로워 보였다. 그날 저녁, 무어는 노획한 통신문을 통해 나폴레옹의 진격을 알게 되었다. 이제 압도적인 병력이 자신을 노리고 있음을 깨달은 무어에게는 총퇴각 명령 외에 별다른 수가 없었다.

코루나 후퇴전

무어는 술트의 군대가 쥐노와 합류하기 전에 전투를 벌이려 했지만, 12월 4일에 마드리드가 함락되었다는 소식을 듣고는 스페인군이 지원하지 않으리라는 결론에 이르렀다. 나폴레옹에게 추격당하고 있는 무어는 크리스마스를 기해 코루나를 향한 절박한 동절기 후퇴작전에 돌입했다. 얼음과 눈으로 덮여 열악하기 그지없는 산길을 따라 이뤄진 행군은 군기가 해이해진 가운데 굶주림과 추위, 탈진으로 쓰러지는 병사들이 속출하면서 악몽으로 변했다. 병자나 부상자는 군대의 행군로 상에 있는 마을에 두고 가거나, 간혹 옮길 수단이나 여력이 없을 경우에는 길 옆에 그냥 방치해 굶주림과 추위로 죽음을 맞았다. 그 와중에도 후위를 맡은 정예 경여단은 '검은 밥Black Bob'으로 불린 로버트 크로퍼드Robert Craufurd 준장과 그의 후임 에드워드 패짓Edward Paget 소장의 지휘 아래, 프랑스군의 선봉과 부딪칠 때마다 눈부신 방어전을 펼치며 적을 고착시킴으로써 본대의 탈출을 도왔다. 헨리 패짓Henry Paget 경(에드워드 패짓의 형)이 이끈 기병대 역시 추격자들의 발목을 잡는 데 한 몫했다. 후퇴가 진행될수록 무어의 병력 상당수가 약탈을 일삼고 음주에 찌든 패거리로 변해갔다. 한 예로 벰비브레Bembibre에서는 술에 취해 대열에서 낙오된 1,000명의 병사들이 대부분 그 자리에 널브러진 채 프랑스 기병들에게 도륙당하는 일이 발생하기도 했다. 한 고위 급양 담당 장교는 다음과 같은 기록을 남겼다.

> 질서정연한 물자 배급은 끝장이 났다. 장교나 부사관을 대하는 존경심 따윈 찾아볼 수 없었다. …… 병사들은 하나같이 내키는 대로 뭐든 쓸어 담았고, 모든 것을 약탈하며 실어가거나 짓밟았다. …… 비야프랑카Villafranca는 작은 마을이 아니었지만, 골목마다 병사들로 넘쳐났다. …… 끊임없이 새로운

병력이 쏟아져 들어오는 가운데 물자 집적소마저 난동에 휩싸여 약탈당했다. …… 결국 비야프랑카는 문자 그대로 거덜이 났고, 그곳을 휩쓴 술기운은 …… 아주 민망한 사건들로 이어졌다.

그는 이후 후퇴 과정에 대해서 다음과 같이 덧붙였다.

길 위에는 죽은 말들, 피로 얼룩진 눈, 버려진 탄약 상자, 사용불능으로 만든 포spiked gun*, 죽은 노새와 당나귀와 개, 얼어 죽은 병사들과 여인네들(병사의 부인들)과 아이들이 널려 있었다. …… 군기는 전에 없이 해이해졌고 …… 매시간 병사들의 비참함은 더해만 갔다.

군대는 코루나를 향한 여정 내내 무릎까지 빠지는 눈과 진창 속에서 무거운 발걸음을 옮겼고, 이들의 퇴로를 표시하는 얼어붙은 시신들의 대열이 뒤를 이었다.

30일에 코루나에서 322킬로미터 떨어진 아스토르가에 도착한 영국군은 후퇴를 멈추고 싸울 기회를 맞았다. 그러나 무어는 승리해도 얻을 것이 없는 싸움에서 혹시 패하기라도 한다면 사기가 떨어진 아군의 파멸은 불을 보듯 뻔하다는 결론을 내렸다. 이리하여 싸움을 원한 휘하 장성들의 맹렬한 항의를 뿌리치고 후퇴의 속행을 결정한 그는 우선 병력을 나눠 경여단과 국왕의 독일 군단 소속 3,500명을 남쪽의 비고Vigo로 내려 보냈다. 그 무렵 나폴레옹은 술트에게 지휘권을 넘긴 채 파리에서 싹트던 정치적 음모를 진압하기 위해 귀국했다. 스페인으로 되돌아오겠다던 나폴레옹의 약속은 결코 지켜지지 않았고, 스페인 정복은 차차 드러날 원인들로 인해

* 포의 점화구touch hole에 못을 박아 장약을 점화할 수 없게 만드는 조치를 뜻한다.

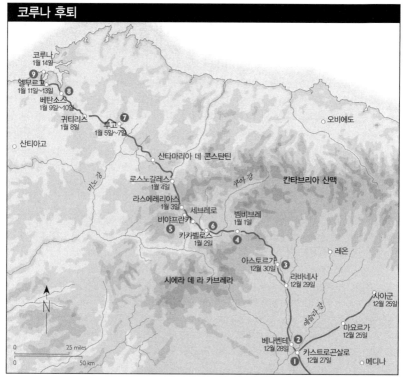

코루나 후퇴

코루나
1월 14일

❾ 엘브로가
1월 11일~13일

❽ 베탄소스
1월 9일~10일

귀티리스
1월 8일

❼ 루고
1월 5일~7일

산티아고

산타마리아 데 콘스탄틴

로스노갈레스
1월 4일

라스에레리아스
1월 3일

❺ 비아프랑카
카카벨로스
1월 2일

❻ 세브레로

벰비브레
1월 1일

❹

❸ 아스토르가
12월 30일

라바네사
12월 29일

오비에도

칸타브리아 산맥

미뇨 강

쿠아 강

레온

에슬라 강

시에라 데 라 카브레라

시아군
12월 25일

마요르가
12월 25일

❷ 베나벤테
12월 28일

❶ 카스트로곤살로
12월 27일

메디나

0   25 miles
0 50 km

❶ 카스트로곤살로, 에슬라 강을 건넌 존 무어 경이 뒤에 남겨진 다리를 폭파하다. 영국군이 갈리시아의 산지로 접어들다.
❷ 베나벤테. 프랑스군과의 전투보다는 후퇴 자체로 사기가 떨어진 영국군이 마을을 약탈하다. 12월 29일, 600명의 황제근위대 소속 기병들이 영국 기병에게 패해 200명에 달하는 사상자가 발생하다.
❸ 아스토르가, 존 무어 경이 저항선을 구축하려던 계획을 포기하다. 비고를 향해 두 갈래 길로 2개 여단을 파견하다.
❹ 벰비브레. 포도주 저장고를 습격해 과음으로 쓰러진 병사 1,000여 명이 프랑스 기병의 공격을 받아 대부분 전멸하다.
❺ 비아프랑카, 굶주린 선견대가 2주 분의 식량이 저장된 물자 집적소를 약탈하다.
❻ 카세벨로스, 존 무어 경의 후위대가 추격하는 술트의 선봉대를 맞아 완강한 저항을 펼치다.
❼ 루고. 후퇴를 멈춘 존 무어 경이 일전을 준비하나 술트가 이를 회피하다.
❽ 베탄소스, 영국군이 산악지대를 벗어나다.
❾ 코루나. 거의 500킬로미터를 행군한 영국군의 잔존 병력이 목적지에 도착하다. 1월 4일에는 영국 해군의 수송선단이 도착하다. 지체 없이 탈출 작업이 시작되다. 16일, 술트가 도시 외곽에서 패하나, 그 과정에서 존 무어 경이 전사하다.

이 버거운 임무를 완수할 수 없었던 부하들의 손에 맡겨졌다.

마침내 1809년 1월 11일, 초췌해지기는 했어도 단 하나의 야포나 군기도 잃지 않은 채 파국을 모면한 무어의 군대는 코루나에 도착했다. 그곳에서 쇼먼이 목격한 패잔병들은 "하나같이 누더기를 걸치고, 눈은 퀭한 데다가 피와 때 범벅이 되어 있었다. 그 몰골이 너무도 끔찍한 나머지 사람들은 그들이 지나갈 때마다 성호를 그어댔다." 약속된 수송선단은 아직

■■■■■■ 1809년 1월 16일 코루나 전투. 사아군Sahagun에서 시작된 끔찍한 후퇴를 마친 존 무어 경의 영국군은 프랑스군의 맹추격을 받으며 스페인 동북부 해안에 도착했다. 그러나 병력 집결 전까지 공격을 미루기로 한 술트의 어리석은 판단 덕분에 이틀이라는 시간을 번 존 무어 경은 휴식을 취하고 보급을 받아 해상으로 군대를 탈출시킬 수 있었다. 존 무어 경은 자신의 목숨을 바친 훌륭한 방어전으로 프랑스군을 격퇴시켰고, 그 덕분에 나머지 영국군은 무사귀환할 수 있었다. (Ann Ronan Picture Library)

항구에 없었지만, 다행히도 2만 명에 이르는 술트의 본대(같은 규모의 병력이 이동해오고 있었다)가 나타났을 무렵에는 이미 수송선이 도착해 병력 1만5,000명과 포 12문의 엄호 아래 질서정연한 철수 작업이 진행 중이었다. 1월 16일, 술트는 시 외곽에서 벌어진 격렬한 전투에서 공격을 시작했고, 이 과정에서 목숨을 걸고 싸운 무어는 공격자들을 격퇴한 뒤 수 킬로미터 밖까지 그들을 몰아냈다. 황혼이 질 무렵 막을 내린 이 전투에서 영국군은 총애받던 존 무어 경을 포함해 800명의 사상자가 발생했다. 이 전투에서 전사한 존 무어 경의 시신은 도시의 요새에 안치되었다. 철수는 꾸준히 이어져 잔여 병력이 영국으로 출발한 19일을 기해 완료되었다.

표면적으로 이 원정은 6,000명의 병력과 많은 무기 및 장비를 잃은 영국군에게는 완전한 재앙으로 끝난 듯했다. 프랑스군이 여전히 스페인과 포르투갈의 대부분을 장악하고 있는 상황에서 포틀랜드Portland 공작의 영국 정부는 당연히 더 이상의 공세작전에 소극적일 수밖에 없었다. 다른 한편으로 프랑스군은 맹렬한 추격을 펼치고도 무어의 군대를 격멸하는 데 실패했고, 영국군은 비록 끔찍한 작전을 치렀지만 진군과 이어진 후퇴를 바탕으로 향후의 전쟁 양상을 바꿔놓았다. 즉, 무어가 부르고스를 향해 진군을 계속한 덕분에 나폴레옹의 시선을 스페인군이 아닌 영국군에게로 쏠리게 만들었던 것이다. 이로 인해 영국은 포르투갈 내의 방어력을 결집시킬 귀중한 시간을 얻었고, 그들의 스페인 연합군에게는 다음번 전투를 위한 휴식과 준비의 기회가 주어졌다. 그 결과, 리스본에 마련된 영국군의 소중한 발판을 보존할 수 있었으며, 남부 스페인 정복은 프랑스군의 미결 과제로 남게 되었다. 따라서 무어의 군사행동은 1808년 말 프랑스군의 완전한 승리를 막았다 해도 과언이 아니다.

프랑스군은 비록 무어의 군대는 궤멸시킬 수 없었지만, 그 밖의 지역에서는 성공을 거둬 1월에는 우클레스Ucles에서, 3월에는 메델린Medellin에서 스페인군을 완파했다. 약하지만 간혹 상당한 규모로 나타나곤 하던 훈타들의 정규군을 야전에서 격파하기란 노련한 프랑스군에게는 그리 어려운 일이 아니었지만, 포위작전만큼은 이들에게 훨씬 더 처절하고 잔혹한 임무였다. 그 어느 곳보다도 이를 여실히 보여준 곳은 12월부터 드리워진 포위에 맞서 정규군 파견대와 수많은 지역 농민들의 지원을 받은 주민들이 단호하게 항쟁한 아라곤의 수도 사라고사를 들 수 있다. 마르보Marbot는 다음과 같이 회고했다.

도시는 견고하게 지어진 거대한 수도원들로 둘러싸여 있었다. 수도원들은 요새화되어 있었고, 내부에는 대포가 설치되어 있었다. 모든 가옥에는 총안(벽마다 소화기 사격을 위한 구멍이 뚫렸다)이 마련되어 있었고, 거리에는 바리케이드가 세워졌다. 장약과 포탄 및 총탄이 생산되고, 엄청난 양의 식량이 비축되었다. 주민들은 너나없이 입대를 자원했다. …… 포위된 이들은 하나의 공

■■■■■ '사라고사의 처녀' 마누엘라 산체스Manuela Sanchez. 프랑스군의 포화로 약혼자를 포함한 포대원 전체가 쓰러지는 것을 본 그녀는 프랑스군이 불과 몇 발짝 앞에 있는데도 과감하게 포의 심지에 불을 붙였다. 수많은 스페인 여성들이 사라고사나 헤로나로 대표되는 민중 항쟁에 적극적으로 뛰어들었다. 그들 대부분은 부상자를 돌보거나 요리를 하거나 탄약과 물을 운반하는 일을 했고, 일부는 남자들 옆에서 무기를 들기도 했다. (Ann Ronan Picture Library)

감대, 즉 죽을 때까지 스스로를 지키겠다는 의지로 뭉쳤다. …… 군은 신앙심과 경건한 조국애가 이들의 용기를 고취시켰고, 모든 것이 맹목적으로 신의 뜻에 맡겨졌다.

도시는 두 달 동안이나 조직적으로 지뢰를 매설하며 필사적인 돌격을 감행한 전투공병들에게 굴복했다. 란 원수는 황제에게 보낸 전갈에서 "여태껏 그처럼 굳은 결의는 본 적이 없습니다. …… 여인네들이 돌파구로 몰려와 죽임 당하는 것을 봤습니다. 가옥들은 일일이 돌격해 들어가 빼앗아야만 했습니다. ……"라고 아뢰었다. 마침내 2월 20일, 기아와 질병에도 아랑곳하지 않고 처절한 시가전을 펼친 시민들은 5만여 명의 희생자 가운데 군인은 채 절반도 안 되는 끔찍한 시련 끝에 도시의 항복을 선언했다. 전례를 찾아볼 수 없는 민간인들의 저항을 보여준 이 사건은 스페인 정규군의 무능함을 여실히 드러내며 새롭고도 가공할 전쟁사의 새 장을 열었다. 반도 전쟁 당시 스페인인들의 저항정신을 상징할 하나의 사건이 있다면 바로 사라고사 포위전일 것이다.

1809년의 전황

영국 정부는 무어의 군대가 축출되었음에도 불구하고 아직 1만6,000명의 영국군이 리스본 방어를 위해 남아 있던 포르투갈을 지원하기 위해 전쟁을 계속하기로 결정했다. 새로운 시도는 1809년 4월 웰즐리가 이끈 두 번째 원정군의 파견으로 구체화되었다. 다시 복귀한다는 기쁨에 들뜬 그는 향후 전쟁에서 자신의 행동 지침이 될 명확한 전략이 담긴 '현황 평가서'를 작성해 상관들에게 상신할 준비를 했다. 영국 정부가 파견할 수 있는 병력이 소규모에 지나지 않았기 때문에, 웰즐리로서는 재건된 포르투갈군과 연합한 2만 명의 영국군만으로 포르투갈의 방위가 가능함을 각료들에게 확신시킬 필요가 있었다. 그가 생각하기에 포르투갈 방위의 성패는 스페인이 끈질기게 점령에 저항하며 영국의 작전을 지원할 것인가에 달려 있었다. 나아가 그는 스페인의 방대함과 외세의 점령에 대한 국민들의 적개심이 프랑스의 완전한 승리를 가로막을 것이라고 지적했다.

또한 웰즐리의 전략은 영국의 지속적인 해상 지배, 그리고 결정적인 요소로서 그 성공을 장담할 수는 없지만 전투건 질병이건 간에 자신의 작은 군대를 패배나 심각한 피해로부터 보호하는 것에 달려 있었다. 웰즐리의 주장에 따르면, 이 지극히 불확실한 조건은 프랑스군이 압도적인 전력을 집중하는 것을 자신이 막을 수 있는지 여부에 어느 정도 달려 있었다.

마지막으로 그는 과부하가 걸린 병참선과 파르티잔의 집요한 공격으로 인해 더욱 극심해진 병참상의 애로사항들이 프랑스군의 발목을 잡을 것이며, 이는 포르투갈을 방어하고 궁극적으로는 스페인의 심장부에서 작전을 수행해야 할 자신의 전망을 밝게 만들 것이라고 결론지었다.

웰즐리는 무어의 군대가 코루나에서 철수한 지 채 3개월도 안 된 4월 22일에 리스본에 발을 내디뎠다. 영국군은 포르투갈 남부를 지배하고 있었지만, 북쪽에서는 병력 2만 명을 거느린 술트 원수가 중요한 해안 도시 오포르투가 포함되어 있는 코임브라Coimbra 이북 지역을 장악하고 있었다. 웰즐리는 기동성과 전투력을 끌어올릴 생각으로 신속하게 휘하 병력을 재편성했다. 그가 시도한 변화 가운데서도 가장 중요한 것은 각양각색의 휘하 여단들을 사단 단위로 통합함으로써 자체 지휘부와 참모진을 갖춘 그들이 이전에 비해 상당 수준의 독립 작전을 펼칠 수 있게 한 것이었다. 포르투갈군의 재건에도 손을 댄 그는 모든 지휘 단계에 영국 장교들을 배치하는 한편, 영국군으로만 구성되던 휘하 여단에 포르투갈 대대를 배속시켰다. 이리하여 이후 수년에 걸쳐 훈련과 지휘가 완비된 포르투갈군이 급속한 성장을 이뤄 연합군의 당당한 일원으로서 전쟁에 참여할 수 있는 과정이 시작된 것이었다.

웰즐리는 도착 2주 만에 모든 준비를 끝마쳤다. 그는 자신과 대치한 3개 군 가운데 하나를 노려 진격 태세를 갖췄다. 술트 원수는 북쪽에, 피에르 라피스Pierre Lapisse 장군은 시우다드로드리고 인근에, 빅토르 원수가 남쪽의 탈라베라에 버티고 있었다. 라피스와 빅토르의 군대는 포르투갈로 진주할 수 있는 위치에 있었으며, 이들 3개 군이 합류할 경우 웰즐리가 상대할 병력은 자신의 병력의 두 배에 이르렀다. 반면, 각각의 프랑스군 사이에 상당한 거리와 험한 지형이 놓여 있었던 만큼, 웰즐리에게는 프랑스군이 병력을 규합해 자신과 맞서기 전에 차례대로 그들을 격파할 수 있으리라는 확신이 있었다. 그는 남쪽의 빅토르와 부딪치기 전에 먼저 술트를 상대해 포르투갈에서 축출하기로 했다. 이에 따라 매켄지Mackenzie 장군 휘하의 병력 1만2,000명을 남겨 리스본을 방어하고, 윌리엄 베레스포드 장군 휘하의 병력 6,000명을 동쪽으로 파견해 술트의 퇴로를 차단하게 한 그는 5월 8일에 영국군 1만6,000명과 포르투갈군 2,400명, 야포 24문을 이끌고 진군에 나섰다. 그의 목표는 3월 29일에 술트에게 점령된 오포르투에서 도루Douro 강을 건너는 것이었다.

5월 12일 아침, 도우루 강에 도착한 웰즐리는 건너편에 진을 친 술트가 강에 놓인 유일한 다리를 파괴하고, 모든 배를 북쪽 기슭으로 옮겨놨다는 것을 알게 되었다. 술트는 강 건너편의 공격으로부터 안전하다고 확신한 바람에 주민들이 제공한 바지선(딱 충분할 만큼 있던 포도주 수송용 바지선)으로 수백 명의 병사들을 실어 나른 웰즐리의 과감한 작전에 완전히 허를 찔리고 말았다. 프랑스군이 영국군의 존재를 눈치 챘을 무렵에는 그들을 물속으로 몰아넣을 기회가 사라진 뒤였고, 모든 역습이 무위로 돌아갔다. 한편 그보다 상류의 아빈타스Avintas에 상륙한 더 많은 영국군은 술트와 그의 병력 1만1,000명이 그쪽으로 퇴각하는 것을 막았다. 최상의 탈출로인 동쪽은 베레스포드에게 가로막혀 있었다. 따라서 술트에게 남은 방법은 수송수단의 태반을 포기한 채 북쪽의 산악지대로 퇴각하는 것뿐이었다.

웰즐리는 도우루 강 도하와 오포르투 전투의 승리를 통해 자신이 과감하고 단호하게 행동하며 단시간의 준비로 계획을 입안하고 실행할 수 있는 능력이 있음을 과시했다. 그 결과, 프랑스군은 막대한 병력과 장비 손실을 입어가며 또다시 포르투갈을 포기해야만 했다. 이에 따라 프랑스군에게 불어 닥친 사기 저하는 연합군의 기세를 상승시켰고, 술트를 꺾은 웰즐리는 남쪽의 빅토르를 향해 마음 놓고 진격할 수 있게 되었다. 그 밖의 지역에서도 프랑스군은 게릴라들과 더불어 갈리시아에서 후퇴한 로마나의 정규군이 가한 집요한 공격에 시달리는 처지에 놓였다.

스페인을 무대로 펼쳐질 웰즐리의 작전은 이제 그에게 스페인 군대와의 협력이란 과제를 안겨주었다. 당시 통합된 지휘체계가 없던 스페인군에게는 통일된 전략이 없었던 탓에 여러 스페인 야전 지휘관들을 상대해야 하는 웰즐리가 작전을 조율할 방법이 없었고, 서로를 시기하며 제멋대로 작전을 펼치던 스페인 장군들은 웰즐리는 고사하고 자기 동료들을 지원하는 것조차 꺼려했다. 그럼에도 불구하고 영국군 총사령관은 스페인 영토 내에서 작전을 펼치기 위해 스페인 장군들, 특히 케스타와 협력할 수밖에 없었다. 웰즐리보다 서른 살이나 많은 데다가 성질 사납고 완고하며 지휘에 적합하지 않은 인물이었던 케스타는 웰즐리를 신뢰하거나 충고를 받아들이려 하지 않은 채 자신의 참모장을 통해서만 대화하려고 들었다. 소총연대 소속의 해리스는 그를 "추한 몰골의 자존심 덩어리, 무식하고 비열한 인간. …… 내가 본 사람 중 가장 살기어린 노인네"로 묘사했다. 케스타가 골칫거리였다면, 웰즐리에게 식량과 수송수단을 약속해놓고도 끝내 이를 지키지 않은 훈타는 최악이라고 할 수 있었다.

7월 10일, 웰즐리는 휘하 병력 2만 명과 함께 플라센시아Plasencia에서 3만 5,000명의 병력을 거느린 케스타와 만나 공동 전략을 논의했다. 두 사람의 껄끄러운 관계에도 불구하고 오로페사Oropesa에서 군대를 합쳐 5만 5,000명의 연합군으로 탈라베라에 있는 빅토르 휘하의 소규모 병력 2만 2,000명을 노린다는 합의가 이뤄졌다. 프랑스군에게는 마드리드와 수도 바로 남쪽에 배치된 또 다른 병력이 있었지만, 이들과 빅토르의 합류를 막는 조치를 따로 취해놓았다. 이리하여 7월 21일에는 합의 내용대로 영국과 스페인 군대의 합류가 이뤄졌고, 계획대로 케스타가 알베르체Alberche 강에 자리한 빅토르의 진영으로 향하는 동안 웰즐리의 병력이 예비대로 대기했다. 연합군의 두 장군은 23일을 기해 협공을 펼치기로 합의했지만, 해가 뜨고 웰즐리의 군대가 교전 준비를 마칠 때까지도 스페인군은 나타날 기미가 보이지 않았다. 웰즐리는 3시간이 지나서야 단잠에 빠진 케스타를 발견할 수 있었다. 잠에서 깬 케스타는 자기 병사들이 공격에 나설 수 없을 만큼 지쳐 있었노라 항변했다. 이 무성의하고 말도 안 되는 케스타의 태도로 인해 연합군은 목표를 실현할 절호의 기회를 놓치고 말았다. 단단히 화가 난 웰즐리는 약속된 스페인인들의 식량 지원이 이뤄지지 않는 바람에 이틀 동안 병사들을 제대로 먹이지 못하자 무력하게 빅토르의 퇴각을 방치했고, 빅토르는 그날 저녁 아무런 방해 없이 전장에서 물러났다.

케스타는 터무니없는 행동에 나서 홀로 프랑스군을 뒤쫓기로 결심하고는 24일에 수도로 진격했다가 이틀 만에 알카본^{Alcabon}에서 4만 6,000명의 프랑스군과 충돌해 궤멸당한 뒤, 알베르체 강까지 쫓겨왔다. 전황은 조제프 왕의 병력과 케스타를 격파하고자 불러들인 빅토르 원수의 병력이 연합한 프랑스군 쪽으로 급격히 기울었다. 설상가상으로 수적으로도 엄청난 열세에 놓인 웰즐리는 서둘러 방어태세를 갖춰야 할 처지에 놓였다. 이런 상황에 확실히 정통한 그는 곧 탈라베라 마을의 북쪽에 자리한 유리한 지형을 선택했다. 단단히 자리 잡은 그는 반드시 있을 공격에 대비했다.

웰즐리의 전력은 명목상 5만 5,000명에 달했지만, 이 가운데 그가 직접 통솔한 것은 병력 2만 명과 야포 36문에 지나지 않았으며, 나머지는 별 의지가 안 되는 케스타의 스페인군이었다. 조제프 왕의 군대는 병력 4만 6,000명과 야포 86문으로 구성된 데다가 영국군 및 영국 국왕의 독일 군단의 두 배에 이르렀다. 프랑스군은 27일 밤에 영국 연합군의 우익을 공격했지만, 격퇴당했다. 이튿날 그들이 공세를 재개하자, 전투의 시작과

■■■■■■ 탈라베라 전투에서 돌격에 나선 제48경보병연대. 셔브룩Sherbrook 사단이 붕괴되면서 전선 좌익에 생긴 커다란 구멍은 당장이라도 영국군 전체를 패배의 구렁텅이로 밀어넣을 만큼 위협적이었다. 세로 데 메델린 Cerro de Medellin의 1개 여단 전체를 빼낼 여유가 없었던 웰즐리는 제48경보병연대의 병력 800여 명과 경장용기병 2개 연대만으로 임기응변에 나섰다. 제48경보병연대의 피해는 전사자와 부상자를 합해 전력의 4분의 1에 달했는데, 이러한 경우는 나폴레옹 전쟁 당시의 전투치고 그리 드문 일도 아니었다. (Ann Ronan Picture Library)

동시에 수천 명의 스페인군이 줄행랑을 쳤다. 프랑스군은 여러 지점에서 웰즐리의 전열을 향해 돌격했지만, 파상 공격을 펼친 종대들이 영국군의 일제사격에 격퇴당하면서 결국 후퇴했다.

시몬스Simmons 소위는 살육이 끝난 탈라베라의 전장에 펼쳐진 끔찍한 광경을 다음과 같이 기록했다.

수천 명의 죽거나 죽어가는 이들이 말과 사람, 프랑스인과 영국인 할 것 없이 서로를 쓰러뜨리던 전선 곳곳에 사방으로 널려 있었다. 기회만 되면 부상당한 프랑스 병사들을 학살해 발가벗겨놓던 스페인인들을 언급하자니 씁쓸하다.

이튿날, 시몬스 소위의 여단은 "전사자들의 시신을 거둬 구더기가 들

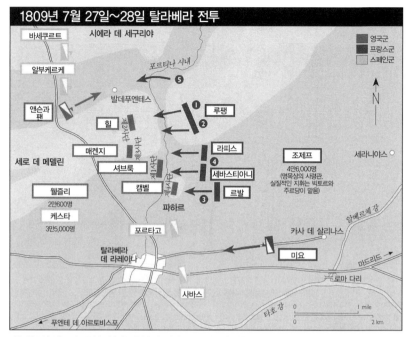

1809년 7월 27일~28일 탈라베라 전투

바세쿠르트

시에라 데 세구리야

알부케르케

포르티나 시내

❺

발데푸엔테스

■ 영국군
■ 프랑스군
□ 스페인군

앤슨과 패

❶

루팽

제2사단

❷

N

힐

매켄지

라피스

셔브룩

❹

세바스티아니

조제프

4만6,000명
(명목상의 사령관.
실질적인 지휘는 빅토르와
주르당이 맡음)

세라니아스

세로 데 메델린

캠벨

❸

르발

웰즐리

2만600명

파하르

케스타

3만5,000명

포르타고

카사 데 살리나스

알베르체 강

탈라베라
데 라레이나

미요

마드리드

로마 다리

사바스

타호 강

0   1 mile
0   2 km

푸엔테 데 아르토비스포

❶ 7월 27일 오후 9시, 28일에 펼쳐질 본격적인 전투의 전주곡으로 세로 데 메델린으로 불리는 능선에 가해진 루팽의 야습이 아슬아슬하게 실패로 돌아가다.

❷ 7월 28일 오전 5시, 53문의 야포가 퍼부어댄 맹렬한 포격이 걷히자 루팽이 이끄는 4,300명 규모의 사단이 메델린에 자리한 힐의 진지를 공격하다. 공격은 전선에 배치된 영국 보병의 머스켓 사격으로 극심한 피해를 입은 채 격퇴되다. 이후 몇 시간 동안 비공식 휴전이 이뤄지다.

❸ 오후 1시 15분, 메델린을 노린 주공격을 지원하기 위해 파하르에 위치한 캠벨의 제4사단에 가해진 르발의 양동공격이 격퇴되다.

❹ 오후 1시 30분, 야포 80문의 포격 이후 대대적인 진격에 나선 세바스티아니와 라피스가 격퇴당하다.

❺ 오후 2시 40분, 루팽이 또다시 공격을 시도하다. 이에 영국 기병대가 돌격에 나서다.

끓는 거대한 구덩이에 넣고 소각하는" 누구도 부러워하지 않을 임무에 투입되었다. "그토록 많은 시신들이 뿜어낸 악취는 엄청나게 찌는 날씨 속에서 이루 말할 수 없이 역하고 거슬렀다." 부상자들의 신음 소리 또한 끔찍했다. 영국군 급양장교 어거스트 쇼먼은 야전병원으로 사용된 마을의 수도원에서 다음과 같은 광경에 부딪쳤다.

창 밖으로 새어나오던 가슴 저미는 비명소리를 결코 잊을 수 없을 것이다. ……(한 창문을 통해) …… 절단된 팔과 다리들이 그 아래의 작은 광장으로 내던 져지고 있었다. 문 앞에는 도착하는 족족 그 자리에 방치된 채 자기 차례를 기다리는 부상자들이 뒹굴고 있었다. 그들 중 상당수는 이미 숨이 끊겨 있었다.

웰즐리가 탈라베라에서 사용한 방어 전술은 롤리차와 비미에루에서처럼 프랑스군의 밀집종대가 가한 공격에 맞서 커다란 효과를 발휘했다. 영국군 산병전 요원들은 자신들의 기량이 프랑스군 못지않음을 과시했다. 웰즐리는 이번에도 부하들을 언덕 꼭대기 뒤편에 배치해 우세한 프랑스군 포병으로부터 이들을 보호했다. 무엇보다도 중요한 것은 또 한 번의 치열한 전투를 통해 프랑스군 종대에 대한 영국식 전열의 우월함이 입증되었다는 점이다. 공격자들을 지근거리까지 끌어들이는 절제된 보병의 화력과 바로 그 뒤를 잇는 힘찬 총검 돌격은 가공할 효과를 보여주었다. 마지막으로 웰즐리는 포화 속에서도 병사들이 자신을 볼 수 있도록 부지런히 전선 곳곳을 누비며 병사들의 사기를 끌어 올렸고, 즉석에서 명령을 내리거나 자기 눈으로 전투의 진행 상황을 지켜봤다.

웰즐리는 이렇게 승리를 일궈냈지만, 이것은 자세히 들여다보면 전력의 5분의 1인 7,200명을 잃은 프랑스군에 비해 실제 전력의 4분의 1(사상자 5,300명)을 잃어가며 얻은 값비싼 승리였다. 절대적인 수치로 보면 프랑스군의 손실이 더 컸지만, 프랑스군은 그 무렵 특히 기병대 부족에 시달리고 있던 웰즐리보다 손실을 감당할 수 있는 여력이 있었다. 실제로 수적인 열세, 무엇보다도 기병과 포병의 부족은 반도 전쟁 내내 연합군을 괴롭혔다. 그러나 결국에 이러한 사실은 그 같은 부족을 이겨내기 위해 끊임없이 성공적인 방책과 전략을 고안해낸 웰즐리의 대단함을 반증하는 근거가 되었다. 승전보는 영국 본토에 일대 센세이션을 불러일으켰고, 그들의 영웅은 귀족 신분으로 상승해 웰링턴 자작이 되었다.

탈라베라에서의 승전에도 불구하고 웰링턴에게는 방심하고 있을 여유가 없었다. 8월 3일, 그는 병력 5만 명을 거느린 술트가 포르투갈로 이어지는 자신의 연락선을 끊고자 살라망카를 떠났다는 정보를 입수하고 타호Tajo 강*을 건너 후퇴에 들어갔다. 8월 20일, 그는 스페인과 포르투갈 접경 지역이자 리스본으로 이어진 남쪽 길을 방어할 수 있는 바다호스를 향해 더욱 깊숙이 후퇴했다. 코루나에 비할 정도는 아니었을 테지만, 극심한 식량 부족에 시달린 웰링턴의 병사들에게 후퇴는 끔찍한 경험이었다. 피난처로야 국경 바로 너머의 포르투갈 영토가 더 적합했지만, 영국과 스페인의 민감한 관계가 얼마나 중요한지를 잘 알고 있던 웰링턴은 스페인 영토 안에 남기로 했다.

웰링턴은 이 전쟁을 하루아침에 이길 방법은 없으며 전황에 대해 장기적인 안목을 가져야 함을 알고 있었다. 프랑스군은 세 번째 포르투갈 침공을 시도할 게 분명했고, 만약 그들이 충분한 전력을 갖추고 침공에 나선다면 아무런 도움 없이 연합군이 이를 저지할 방법은 없었다. 1809년 10월, 그는 자신의 수적 열세를 상쇄하기 위해 훗날 빛나는 방어 전략으로 입증될 묘수를 내놓았다. 같은 달에 휘하 공병대를 이끌고 스페인의 주둔지를 떠난 그는 리스본 일대의 지형을 연구했다. 세밀한 기획 작업을 거친 그들은 리스본의 서쪽과 북쪽을 따라 이어지는 세 겹의 단계적인 방어시설에 소규모 영국군 파견대와 오르데네사Ordeneza라 불린 포르투갈 민병대 수만 명을 배치할 방어 전략을 세웠다. 이 방어시설이 바로 그 유명한 토레스베드라스 선이었다. 작업은 지체 없이 시작되었고, 수만 명의 포르투갈 인부들이 공들여 구축한 방어선이 완공되기까지는 그로부터 12개월이 걸렸다. 이 계획을 둘러싼 비밀의 장벽이 얼마나 두터웠는지 프랑스인들은 이듬해 말 이 방어선에 부딪치기 전까지 그 존재를 전혀 눈치채지 못할 정도였다.

---

* **타호 강** 앞에서 나왔던 포르투갈의 테주 강. 스페인을 흐르는 동안은 타호 강이 된다.

바다호스 인근에 안전하게 자리 잡은 웰링턴은 그해 남은 기간 내내 한 건의 대규모 작전도 펼치지 않았으며, 스페인 연합군의 어이없는 행동에 분통이 터진 나머지 그들과의 공동작전을 단호하게 거절했다. 지난 7월에 프랑스군을 패배시킬 절호의 기회를 날린 장본인이 바로 스페인 연합군이었고, 며칠 뒤 홀로 탈라베라에 남은 웰링턴이 프랑스군의 공격을 이겨낸 것은 순전히 운이 좋아서였다. 설상가상으로 영국군이 격전에 휘말린 와중에 달아나던 스페인 병사들이 후방의 영국군 보급 대열을 약탈하는 일까지 벌어졌다. 게다가 스페인 연합군은 웰링턴에게 약속한 보급품과 식량마저 지원하지 않았다. 한마디로 웰링턴에게는 스페인인들이 연거푸 일을 망치고 기대를 저버리는 한, 자신의 군대를 위험에 처하게 내버려둘 생각이 추호도 없었다. 그는 격앙된 문체로 다음과 같은 기록을 남겼다.

"내게 불평의 원인을 제공한 병폐들이 고쳐지기 전까지는 …… 스페인 군대와 어떠한 협력체계도 맺지 않을 것이다."

그래도 어느 정도 인정해주어야 할 것은 비록 독자적인 행동이기는 해도 5월 23일 알카니스Alcaniz 전투에 이어 10월 18일 타마메스Tamames 전투에서 프랑스군을 패배시키는 등 스페인인들의 저항이 끊이지 않았다는 사실이다. 그러나 이 같은 성공은 이전에 거둔 소수의 성과들처럼 얼마 지나지 않아 빛이 바래고 말았다. 그들은 8월 10일 알모나시드Almonacid 전투에서 패했고, 11월 19일에는 아레이사고Areizago 장군이 이끄는 5만2,000명의 스페인군이 오카냐에서 참패를 거두며 병력 1만8,000명과 야포 50문, 그리고 군기 30개를 잃었다. 불과 열흘 뒤 알바 데 토르메스Alba de Tormes에서 또 다른 타격을 입은 그들은 프랑스군은 고작 300명의 사상자가 발생한 데 비해 3,000명에 달하는 사상자가 발생했다. 게다가 12월 11일에는 사라고사에 비해 규모는 작을망정 또 하나의 기념비적 항쟁을 펼치던 헤로나가 8개월에 걸친 포위전 끝에 무기를 내려놓았다. 이처럼 꼬리에 꼬리를 문 스페인군의 실패는 프랑스군의 입지를 더욱 강화시켜 포르투갈을 위태롭게 만들었을 뿐만 아니라, 웰링턴으로 하여금 12월 9일 다시 국경을 넘어 내년 봄의 새로운 전투를 기다릴 수밖에 없도록 만들었다.

스페인의 운은 다한 듯 보였지만, 웰링턴에게 1809년 작전의 결말은 꽤 만족스러웠다. 그는 휘하의 작은 군대로 오포르투 전투에서 승리함으로써 또다시 프랑스군을 포르투갈에서 몰아냈고, 스페인 전역에서는 성공을 거두지 못했지만 탈라베라에서 상대의 반격을 격퇴하는 성과를 거두었다. 그의 군대는 건재했으며, 사기와 숙련도, 그리고 효율도 부단히 개선되는 중이었고, 베레스포드가 개혁에 착수한 포르투갈군 역시 아직 실전에서 검증받지는 못했지만 서서히 그 효과를 드러내기 시작했다. 한편 스페인군은 계속된 패배로 타격을 입으면서도 언제나 전장으로 되돌아와 상당수의 프랑스군을 끌어냄으로써, 그들이 웰링턴을 겨냥한 작전을 펼치거나 게릴라를 제압하는 것을 막았고, 전투에서 프랑스군에게 피해를 입혔다.

1810년의 전황

1809년 7월 5일과 6일 바그람 전투로 절정을 장식한 나폴레옹의 대오스트리아 전쟁이 막을 내림에 따라 상당수의 프랑스군 병력을 이베리아 반도로 돌릴 수 있는 여유가 생겼다. 1810년 초까지 32만5,000명으로 늘어난 스페인 주둔군은 연합군을 크게 압도했다. 스페인을 제외한 나폴레옹 제국 전역이 평화를 누리게 되면서 조제프에게는 더 큰 성과가 요구되었지만, 적대적인 백성들을 통제하기 힘들었다. 그는 나폴레옹 황제에게 다음과 같이 불평했다.

"내 권위는 마드리드만 벗어나도 통하지 않습니다. 마드리드에서조차도 나의 하루하루는 좌절의 연속입니다. …… 내가 스페인 왕으로 버틸 수 있는 것은 오로지 황제의 군대 덕분입니다."

나폴레옹에게 자유주의적인 정책과 사회 개혁을 통해 스페인인들의 마음을 사는 것은 그에 대한 해답이 아니었다. 유일한 해답은 군사적 조치뿐이었다. "스페인에서 성공할 수 있는 길은 기세를 몰아 힘으로 밀어붙이는 것뿐이다. 지금까지 펼친 선의와 온정은 아무런 결실도 맺지 못했다."

웰링턴 역시 나름대로 문제에 직면해 있었다. 프랑스군은 수배에 달하는 병력으로 그를 압도했고, 그 같은 난관 앞에서 그가 할 수 있는 일은 방어에 매달리는 것뿐이었다. 그는 노골적으로 활동을 자제한 자신의 전략에 쏟아진 영국과 스페인 양 정부의 격렬한 비난에도 아랑곳하지 않고 그해 9개월 동안 제3차 침공에 대비해 자신의 군대와 포르투갈군의 태세를 정비하는 현명함을 발휘했다. 프랑스군의 침공이 예상되는 경로는 세 가지였다. 중앙으로 베레스포드의 포르투갈군이 배치된 테주 강을 따라 내려오는 길과 남쪽으로 롤랜드 힐Rowland Hill 경의 영국군 7,000명과 포르투갈군 1만3,000명이 버틴 바다호스를 경유하는 길, 그리고 북쪽으로 시우다드로드리고와 알메이다Almeida를 통과하는 길이 있었는데, 웰링턴이 예측한 가장 유력한 경로는 그 중 세 번째 길이었다. 그는 나머지 휘하 병력과 함께 이 길을 따라 행군에 나섰다. 그의 전방에는 경사단들이 배치되어 본대를 엄호하며 프랑스군의 동태에 관한 정보를 제공했다. 이 임무가 너무도 훌륭하게 수행된 덕분에 프랑스군은 웰링턴의 위치를 탐색하거나 그의 전력 및 배치를 파악할 수가 없었다.

웰링턴은 자신의 방어태세와 정보망을 강화하며 재편성과 훈련을 실시하는 데 대부분의 시간을 투자했다. 이와 동시에 베레스포드는 휘하 포르투갈군의 개선 및 확대 작업을 꾸준히 실시하여 그해 안에 모든 포르투갈 여단을 영국군과 독일 군단에 통합했다. 그는 또한 포르투갈 민병대의 강화 및 확장에도 힘을 쏟음으로써 정규군이 최전선 임무에 전념할 수 있도록 했다. 웰링턴은 포르투갈과 스페인 게릴라 및 민간인의 제보에 의존하는 것 외에도 적진 깊숙이 침투해 프랑스군의 전력과 배치 상태를 염탐한 휘하 정보장교들을 통해 정보를 입수했다. 그리고 그는 자신의 포르투갈 방위 전략의 일환으로 포르투갈 관료들을 설득해 오늘날 '초토작전'이라 일컬어지는 전략의 실행을 승인받았다. 즉, 예상대로 프랑스군이 침공할 경우 그들 앞에는 한 톨의 곡식, 장비 하나, 마차 한 량도 남아 있지 않을 터였다. 토레스베드라스 선의 건설은 이 무렵 공병 책임자인 중령 리처드 플레처Richard Fletcher 경의 감독하에 안정적으로 진행되고 있었고, 프랑스군은 이를 꿈에도 모르고 있었다.

프랑스군과의 대결이 곧 닥칠 것임을 파악한 웰링턴은 몇 년 뒤 워털루에서처럼 가장 강력한 방어 위치를 찾는 작업에 착수했다. 영국군 사령관은 당연히 적의 진격 방향을 알 수 없었지만, 프랑스군이 자신의 예측대로 움직여주기만 한다면 길이 18킬로미터에 고도 315미터의 깎아지른 듯 솟아오른 부사쿠 능선이 가장 적합한 방어 위치가 되리라고 생각했다. 이에 따라 그는 정상 반대편에 능선을 따라 난 도로를 건설함으로써 전장의 한 구역에서 다른 구역으로 병력을 이동시킬 때 적의 관측을 완전히 피할 수 있도록 했다.

프랑스군이라고 그 동안 손을 놓고 있었던 것은 아니었다. 1810년 4월, 나폴레옹은 포르투갈을 재점령하라는 명령과 함께 마세나 원수를 이베리아 반도로 파견했다. 이 단순명료한 목표에도 불구하고 스페인 주재 총사령관의 부재로 인해 파리의 지시에 의존해야만 했던 프랑스군 지휘체계는 여전히 제구실을 하지 못했다. 많은 시간이 소요되는 번거로운 절차로 인해 각종 명령과 보고를 받을 때쯤이면 상황은 이미 바뀌어 명령과 보고가 쓸모없게 되는 경우가 비일비재했다.

전투는 마세나가 스페인과 포르투갈의 북쪽 회랑을 통제하는 중요 국경 요새 시우다드로드리고의 포위공략에 나선 5월부터 시작되었다. 에라스티Herrasti 휘하의 스페인군 5,500명이 수비하던 요새는 7월 10일에 항복했다. 스페인 정부는 물론이고, 자기 부하들의 바람에도 아랑곳하지 않고 모험의 득실을 명확히 따진 웰링턴은 도시를 구하는 데 나서기를 거부했다. 그러나 영국군이 완전히 행동을 포기한 것은 아니었다. 2주 뒤, 병력 2만4,000명을 거느리고 진격해온 미셸 네 원수와 격돌한 경사단은 코아Coa 강의 바위투성이 기슭에서 가까스로 재앙을 모면했다. 시우다드로드리고와 마주한 포르투갈의 도시 알메이다 역시 강력한 요새였지만, 8월 26일에 탄약고로 날아든 프랑스군 포탄에 의해 폭약이 유폭되는 참극으로 500명이 목숨을 잃자, 결국 28일에 요새 지휘관이 백기를 들고 말았다. 시우다드로드리고와 알메이다를 함락시킨 프랑스군은 두 나라를 잇는 북쪽 침공로를 개척하는 데 성공했다. 그럼에도 불구하고 웰링턴은 9월 15일부터 시작된 마세나의 진격이 바로 자신이 바라던 그 길을 따라 부사쿠 능선으로 이어진다는 사실에 어느 정도 희망을 걸었다.

웰링턴은 즉시 수개월 전에 짜놓은 계획대로 병력을 배치하는 한편, 힐의 병력 2만 명을 불러들여 자신을 증원하도록 했다. 이 모든 것이 완료될 경우 웰링턴의 병력은 5만2,000명으로, 그 가운데 절반이 포르투갈군이었고, 이에 맞설 프랑스군은 6만5,000명이었다. 수적으로는 열세했지만, 웰링턴에게는 1년이 넘게 부대를 훈련시킬 여유가 있었고, 아직 검증되지는 않았지만 포르투갈군 역시 강도 높은 훈련을 마친 상태였다. 9월

■■■■■ 1810년 9월 27일 부사쿠 전투. 프랑스 보병들이 매서운 포격과 소화기 사격을 뚫고 힘겹게 언덕을 오르고 있다. 한순간 그들의 시야에 들어온 것은 경사단 지휘관 '검은 밥' 로버트 크로퍼드뿐이었는데, 사실 그의 뒤편에 난 낮은 길 위에는 제43연대와 제52연대의 경보병들이 도사리고 있었다. 공격자들이 정상으로 다가오자, 크로퍼드가 뒤를 돌아보며 외쳤다. "지금이다. 제52연대! 무어의 빚을 갚아주자!" "우와huzza" 하는 우렁찬 함성과 함께 제52연대의 총검돌격이 펼쳐졌고, 프랑스군은 정신없이 줄행랑을 쳤다. (Roger-Viollet)

27일, 능선을 향해 쏟아 부은 자신의 종대로 연거푸 파상공격을 펼친 마세나는 아무런 성과도 거두지 못했다. 프랑스군의 돌격은 모조리 격퇴되었고, 포르투갈군 역시 제 몫을 다하며 선전했다. 웰링턴은 격퇴당한 적을 추격하는 대신 이와 같은 경우에 대비해서 짜놓은 전략을 실행하기로 했다. 그것은 바로 토레스베드라스 선의 은신처로 후퇴하면서 그 과정에서 프랑스군에게 유용한 모든 것을 파괴하는 작전이었다. 영국군이 이 철수작전에서 겪은 고통은 1809년의 후퇴에 비할 바가 아니었지만, 이들과 동행한 민간인들은 끔찍한 고초를 치렀다. 쇼먼은 자신의 일기에 이렇게 기록했다.

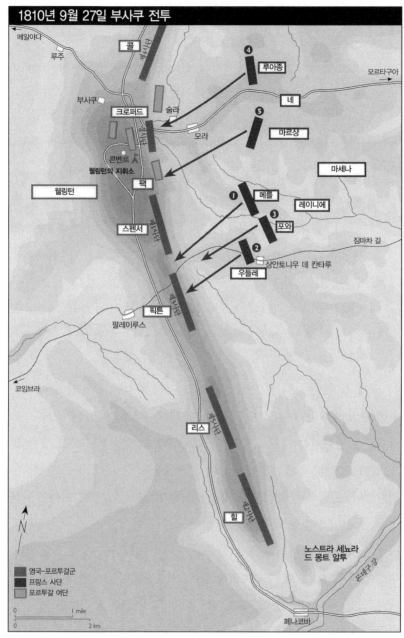

1810년 9월 27일 부사쿠 전투

메알야다
루주
골
④
루아종
모르타구아
부사쿠
술라
네
크로퍼드
⑤
모라
마르샹
마세나
콘벤트
웰링턴의 지휘소
팩
웰링턴
①
메를
레이니에
③
스펜서
포와
짐마차 길
제1사단
②
우들레
상안토니우 데 칸타루
픽튼
팔레이루스
제3사단
코임브라
리스
제5사단
힐
제2사단
노스트라 세뇨라
드 몽트 알투
모데구 강

영국-포르투갈군
프랑스 사단
포르투갈 여단

0 ————— 1 mile
0 ————— 2 km

페나코바

※ 부사쿠 전투는 프랑스군의 종대에 맞선 영국식 전열의 우수함을 뿐만 아니라 축성 작업 없이도 방어에 유리한 지형의 이점이 얼마나 큰지를 여실히 보여주었다.

❶ 오전 5시 45분, 메를의 사단(11대 대대 규모)이 종대 진형으로 공격을 펼치다가 격퇴된다.

❷ 오전 6시, 4개 대대로 공격에 나선 우들레 역시 제88경보병연대(코노트 레인저Connaught Rangers)의 힘찬 돌격에 저지되다.

❸ 오전 6시, 상안토니우 북쪽에서 제3사단의 7개 대대로 시작된 포와의 공격이 격퇴되다.

❹ 오전 8시 15분, 능선 뒤편에 은폐한 경사단(1,800명)의 존재를 모른 채 12개 대대(6,000명)를 이끌고 공격을 펼친 루아종이 1,200명을 잃고 격퇴당하다.

❺ 오전 9시, 11개 대대로 팩Pack의 여단을 공격한 마르샹이 격퇴되다.

코임브라에서 요새화된 방어선을 향해 시작된 철수는 서글픈 광경들을 연출했다. 도로에는 깨진 수납용기와 상자들, 부서진 마차와 손수레, 죽은 동물들과 탈진한 사람들이 널려 있었다. 사단들은 자신들의 규모와 맞먹는 피난민들을 거느리고 있었고, 부유한 자와 가난한 자를 가릴 것 없이 걷는 이나 말 또는 당나귀에 올라 탄 이들 모두가 뒤섞인 채, 남자와 여자, 젊은이와 늙은이, 아이의 손을 끌거나 등에 업은 어머니, 수도원을 떠난 수녀들이 누군가는 너무도 낯선 세상 앞에서 두려움에 넋이 나가 절망스레 헤매며 무기력하게 가족을 찾고, 또 다른 누군가는 갈수록 대담해져 병사들과 팔짱을 낀 채 그들의 배낭을 메어주고 있었다. 수도사와 사제, 장애인 모두가 역경을 겪었다. 행렬이 리스본으로 다가갈수록 피난민들이 끌고 온 많은 가축들이 과로나 허기에 지쳐 쓰러져 죽었고, 찢어진 비단신이나 맨발로 진흙 속을 헤쳐 나가는 숙녀들이 눈에 띄었다. 그들의 얼굴에는 하나같이 절망이 드리워져 있었다.

덫에 걸려든 마세나는 연합군의 뒤를 바짝 추격했고, 10월 10일 방어선이 눈앞에 나타나기 전까지 그것의 존재를 전혀 눈치 채지 못했다. 이 방어선은 방어하는 데만 2,500명의 영국군과 2만5,000명의 포르투갈 민병대, 8,000명의 스페인 정규군만이 필요했을 만큼 수준 높은 완성도를 자랑했다. 프랑스 원수는 그 위력을 직감하면서도 14일부터 시작된 탐색전을 통해 이 사실을 확인하고자 했다. 그러나 이러한 시도는 실패로 돌아갔고, 방어선 돌파의 희망을 잃은 마세나는 새로운 시도를 단념했다. 대신에 방어선 코앞에 주둔지를 건설한 그는 웰링턴을 유인해내는 데 희망을 걸었다. 그러나 용의주도한 웰링턴은 그 자리에 눌러앉은 채 영국 해군이 실어다준 풍부한 식량과 보급품을 즐길 뿐이었다. 이와 달리 보급품이 고갈된 데다가 후퇴하는 웰링턴 군대가 고의적으로 황폐화시킨 농촌지대와 마주친 마세나는 어쩔 수 없이 11월 15일에 산타렘Santarem으로 철수했다. 웰링턴은 방어선에서 나와 조금씩 전진했지만, 기회가 무르익기 전까지는 자신의 군대를 위험에 노출시킬 수 없었기 때문에 공격을 펼칠 정도로 접근하지는 않았다. 그의 전략은 성공해서 그해 겨울 프랑스군은 단 한 번의 격전을 치르지 않았는데도 기아와 질병으로 인해 2만5,000명을 잃었다. 이리하여 토레스베드라스 선은 그 소임을 눈부시게 완수하며 리스본 탈환이라는 프랑스군의 희망을 여지없이 좌절시켰고, 포르투갈 북부를 사실상의 주거불능 지대로 만들어버렸다.

1811년의 전황

마세나의 병사들이 산타렘의 보잘것없는 식량에 목을 매는 사이 모든 위협이 사라진 웰링턴의 군대는 토레스베드라스 선 뒤쪽의 주둔지에서 충분한 보급을 받았다. 술트는 여전히 바다호스를 포위하고 있었고, 그 동안 또 다른 프랑스군은 1월 22일에 올리벤사를 점령하며 2월 19일에는 헤보라Gebora 강에서 스페인군을 격파했다. 영국과 스페인 연합군에게 1811년은 바로사Barrosa(3월 5일), 푸엔테스 데 오뇨로(5월 3일~5일), 알부에라(5월 16일) 전투, 이 세 차례 격전(이 가운데 두 전투는 웰링턴의 부하들이 참가해 활약했다)을 치름으로써 1810년보다 더 활동적인 시기였다.

스페인 최남단에 자리한 최고 훈타의 근거지 카디스에서는 1810년 1월 이래로 영국과 스페인 연합군 2만6,000명이 포위되어 있었다. 1811년 2월, 이 지역 사령관은 이들 가운데 1만3,000명을 동원해 바다와 육지에서 적의 포위망을 타격하기로 결심했다. 그러나 작전은 스페인 측 책임자인 라페냐La Peña 장군에 의해 엉망이 되었고, 지원이 끊긴 토머스 그레이엄

■■■■■■ 토레스베드라스는 웰링턴의 명령에 따라 테주 강에서 대서양까지 포르투갈을 가로지르며 철벽같은 방어선이 건설된 핵심 지명이다. 토레스베드라스 선의 용도는 두 가지로, 프랑스군이 리스본의 중요 병참기지에 손대는 것을 막는 동시에 혹시 모를 불상사가 생겼을 경우 웰링턴이 포르투갈에서 철수하는 데 필요한 시간을 벌기 위한 것이었다. 방어선은 1810년에서 1811년 사이에 엄청난 성공작임이 입증되었다. 이 그림은 1810년 10월 14일에 아그라쿠Agraco 인근에서 별 성과 없는 탐색전을 벌이고 있는 프랑스군을 보여주고 있다. [Ann Ronan Picture Library]

Thomas Graham 경의 영국군 5,000명은 바로사에 고립된 채 3월 5일부터 빅토르 원수가 거느린 프랑스군 9,000의 공격을 받았다. 그레이엄은 수적 열세하에서도 모든 것을 건 과감한 역습에 나서 승리를 거머쥐었다.

같은 날, 웰링턴이 방어선 뒤편에 버티고 있는 한 아무것도 할 게 없었던 마세나는 연합군의 '초토작전'으로 황폐화된 산타렘에서 헐벗고 병든 병사들을 먹일 수 없었던 데다가 게릴라들마저 끊임없이 기승을 부리는 바람에 사기가 꺾인 부하들과 함께 스페인으로 철수했고, 4월 11일 살라망카에 도착했다. 이 과정에서 그는 대부분의 수송수단을 뒤에 남긴 채 작전 시작 당시 거느렸던 6만5,000명의 병력 가운데 2만5,000명을 잃었는데, 이 중에 전사자와 포로는 절반도 채 되지 않았다. 이로써 토레스베드라스 선은 연합군에게 가장 효율적인 방어수단임이 입증되었다. 마세나의 후퇴가 시작되자마자 산타렘에 입성한 연합군은 자신들을 기만해보겠다고 프랑스군이 만들어놓은 허수아비 보초을 보고 웃음을 금치 못했다. 알메이다의 수비대를 제외하면 프랑스군은 이제 세 번째로 포르투갈에서 쫓겨난 셈이었다.

그럼에도 불구하고 중요한 국경 도시 바다호스가 3월 10일에 술트에게 항복하면서 시우다드로드리고와 함께 이를 손에 넣은 프랑스군은 스페인과 포르투갈을 잇는 2개 경로를 장악할 수 있었다. 이리하여 웰링턴은 포르투갈을 지키기 위해 두 도시 모두를 경계하며 자신의 얼마 안 되는 병력 5만8,000명을 193킬로미터에 걸쳐 분산시켜야만 했다. 마세나와 술트가 합류할 경우 그들의 전력은 최소 7만 명에 이르렀다. 병력이 분산되고 연락선도 위태롭게 늘어난 웰링턴은 병력 3만8,000명과 함께 북쪽의 프레나다Frenada에 자리 잡았고, 베레스포드 장군이 이끄는 2만 명은 남쪽으로 행군했다. 3월 25일, 베레스포드는 캄포 마요르Campo Mayor의 소규모 교전에서 프랑스군을 격파했고, 그 다음 달에 바다호스를 포위했지만 공성 병기가 없는 포위전은 승산이 거의 없었다. 웰링턴은 베레스포드에게 술트가 공격해올 경우 바다호스 남서쪽 22킬로미터 지점의 알부에라에 방어선을 형성하는 것을 고려해보라고 조언했다.

5월이 시작되자 병력 4만8,000명을 이끈 마세나가 포르투갈에 남은 유일한 프랑스군 병력인 알메이나 수비대를 구하기 위해 서쪽으로 진격했다. 웰링턴이 이에 맞서 동원할 수 있는 병력은 3만8,000명에 불과했지만, 이번에도 그는 주어진 시간을 자신의 의도대로 프랑스군을 상대할 수 있는 유리한 방어 위치를 물색하는 데 사용했다. 그는 스페인 국경 바로 너머에 있는 푸엔테스 데 오뇨로 일대를 선택했다. 그곳은 부사쿠에서 재미를 본 것처럼 유리한 지형이 아니었지만, 그는 마세나가 이전처럼 고리타분한 전술인 단조로운 정면공격을 했으면 하고 바랐다.

■■■■■ 1811년 5월 3일~5일 푸엔테스 데 오뇨로 전투. 포르투갈 국경의 요새 도시 알메이다를 둘러싼 포위망을 풀고자 푸엔테스 데 오뇨로 마을에 대규모 정면공격을 명령한 마세나는 실패의 쓴맛을 봤다. 하루 동안의 소강상태를 거쳐 사흘째에 펼쳐진 두 번째 공격은 성공을 눈앞에 두는 듯했다. 웰링턴은 이 간발의 승리가 여태까지 치른 전투 중 가장 어려운 상황에서 커다란 열세를 이겨내며 거둔 것이라고 기록했다. [Roger-Viollet]

5월 3일, 마세나 원수는 정확히 그의 바람대로 움직였고, 웰링턴의 보병대는 반도의 다른 곳에서 써온 바로 그 방식대로 공격자들을 격퇴했다. 5월 4일은 전투가 소강상태로 접어들었지만, 그 이튿날 다시 공격에 나선 마세나는 남쪽을 노렸고, 거기서 연합군의 측면을 붕괴시키기 직전에 이르렀다.

영국군과 포르투갈군은 완강히 저항했다. 비록 밀려나기는 했어도 경사단의 활약이 돋보였고, 기병대는 눈이 부셨다. 이번에도 웰링턴 특유의 방어 전술, 전장과 밀착된 그의 지도력, 휘하 보병대의 끈질긴 저항이 또 한 번의 승리를 불러왔고, 프랑스군은 결국 퇴각했다. 좁은 거리와 골목길은 처절한 육탄전에서 쓰러진 이들의 시체 더미로 발 디딜 수 없을 지경이었다. 나폴레옹은 오래지 않아 마세나의 후임으로 보다 추진력 있는 오귀스트 드 마몽 원수를 파견했다.

웰링턴의 승리는 결정적인 것이었지만, 그 주 후반에 벌어진 두 건의 상서롭지 않은 사건들이 분위기를 다소 가라앉혔다. 5월 10일에서 11일 사이의 밤, 알메이다를 포위한 중장 윌리엄 어스킨William Erskine 경은 너무나 크게 작전을 그르친 나머지 앙투안-프랑수아 브레니에Antoine-François Brennier 장군이 요새를 폭파하고 봉쇄망을 돌파해 1,300명의 프랑스 수비대 중 900명을 탈출시키는 기회를 제공하고 말았다. 격노한 웰링턴은 "지금까지 그들 중 한 명이라도 탈출했다는 소식만큼 실망스런 군사 사건은 없었다"고 단언했다.

웰링턴은 푸엔테스 데 오뇨로 전투에서 훌륭한 적수를 잘 처리했지만, 그보다 남쪽에서는 술트 원수가 에스트레마두라Estremadura와 안달루시아의 정복에 나섰고, 그 과정에서 올리벤사와 바다호스를 함락했다. 이는 헤보라 전투의 승리로 인해 더욱 빛난 견실한 성과였다.

이튿날, 그보다 더 남쪽에서는 베레스포드가 고전 중인 프랑스 수비대를 구하기 위해 남쪽에서 다가오는 술트의 병력 2만5,000명과 야포 50문에 맞설 태세를 갖추기 위해 바다호스의 포위를 풀어야만 했다. 베레스포드는 웰링턴의 권고에 따라 휘하 병력 3만5,000명과 야포 38문을 알부에라 일대에 배치했다. 그러나 이번에는 프랑스군도 보다 참신한 전술을 택했다. 단순한 정면공격 대신 베레스포드의 우익을 노린 그들은 허술하기로 유명한 스페인군을 공격했다. 전투는 곧 일련의 파괴적인 근거리 총격전으로 격화되었다. 프랑스군은 영국군 제4사단장 갤브레이스 로우리 콜Galbraith Lowry Cole 경이 절체절명의 순간에 시도한 역습 앞에서 후퇴하지만 않았더라도 승리를 거머쥘 수 있었다.

재앙의 문턱까지 갔던 알부에라 전투로 베레스포드의 병력은 절반이 죽거나 부상당했다. 웰링턴은 이 같은 유혈극의 반복을 꿈꿀 처지가 못되었다. 그렇지만 극도의 피해를 입어가면서도 자신들의 위치를 사수한다는 영국 병사들의 명성은 알부에라 전투를 통해 더욱 굳건해졌다. 제2여단은 총 1,651명 가운데 1,054명을 잃었으며, 생존한 장교들 가운데 최선임자는 유일하게 남은 대위였다. 베레스포드에게는 곧 롤랜드 힐 경에게 지휘권을 넘기고 훈련 중인 포르투갈군의 지휘를 맡으라는 조치가 내려졌다. 이처럼 그에게는 조직가적인 수완을 요하는 임무가 야전군 지휘 임무보다 훨씬 더 적합했다. 그는 이 분야에서 큰 성공을 거둠으로써 자

■■■■■■ 1811년 5월 16일 알부에라 전투. 케스타와 블라케가 이끄는 스페인군의 지원을 받는 베레스포드 휘하 영국-포르투갈 연합군과 요충지인 요새 도시 바다호스의 포위를 풀기 위해 카디스에서 북상한 술트의 프랑스군이 맞붙으면서 최악의 유혈극이 벌어졌다. 베레스포드의 미숙한 지휘 탓에 엄청난 사상자가 발생하자, 베레스포드는 본래의 행정업무로 돌아가게 되었다. 그림은 폴란드 창기병을 붙잡아 안장에서 끌어내리려는 베레스포드의 모습을 담고 있다. 윌리엄 히스William Heath의 원작을 바탕으로 한 서덜랜드Sutherland의 판화. [Philip Haythornthwaite]

신의 능력을 입증해 보였다.

연합군은 알부에라 전투 결과 바다호스를 다시 포위할 수 있었지만, 술트와 마몽의 군대가 합류해 5만8,000명의 병력이 그곳으로 진군 중이라는 소식을 6월 19일에 접한 웰링턴은 곧바로 작전을 취소시킨 뒤 과디아나Guadiana 강을 건넜다. 쓰라린 기억 때문이었는지 프랑스군의 추격은 없었다. 그 달 말에 이르러 여전히 프랑스군이 바다호스를 단단히 장악하고 있는 상황에서 웰링턴은 시우다드로드리고로 시선을 돌렸다. 공성 병기조차 없었던 이 작전은 성공할 리가 없었고, 이번에도 술트와 마몽의 통합된 병력이 그에 대항해 움직이기 시작했다. 수적 열세에 굴한 웰링턴은 포위를 풀고 국경을 넘어 포르투갈로 물러남으로써 그해의 작전에 종지부를 찍었다.

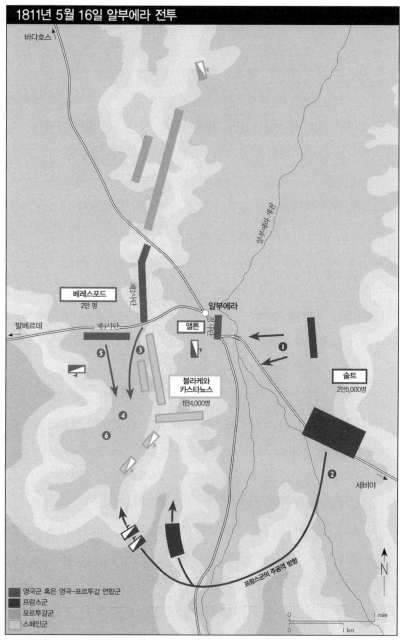

1811년 5월 16일 알부에라 전투

바다호스

베레스포드
2만 명

발베르데

제4사단

앨튼

알부에라

블라케와
카스타뇨스
1만4,000명

술트
2만5,000명

세비야

프랑스군의 주공격 방향

N

영국군 혹은 영국-포르투갈 연합군
프랑스군
포르투갈군
스페인군

0   1 mile

0   1 km

❶ 오전 8시, 프랑스군이 두 곳에서 위장 공격을 펼치다. 베레스포드가 전선의 중앙을 강화하다.

❷ 오전 9시, 제병과 연합 형태의 프랑스군 주공 1만2,000명이 개천을 건너 전선 우익의 스페인군을 위협하다. 이 위협에 맞서 병력을 재배치한 스페인군이 큰 피해에도 아랑곳하지 않고 전선을 고수하다.

❸ 오전 9시, 제2사단 일부가 스페인군을 지원하기 위해 이동하다.

❹ 오전 10시 30분, 갑작스런 뇌우가 머스켓 총을 무용지물로 만들기 전까지만 해도 선방하던 영국 보병들이 적 기병 3,500명을 맞아 절망적인 상태에 빠지다. 방진을 꾸릴 틈조차 없었던 1개 여단이 몇 분 사이에 총 1,600명 가운데 1,300명을 잃다. 제2사단에서 추가로 증원된 2개 여단이 방어선을 보강하다. 뇌우가 진정되면서 펼쳐진 치열한 근접 총격전으로 양측 모두가 끔찍한 피해를 입다.

❺ 제4사단(4,000명)이 전투에 가담하기 위해 전진하다.

❻ 오후 12시 15분, 프랑스군의 기병 돌격이 저지되다. 함께 공격에 나선 보병들도 격퇴당하다. 예비대 6,000명을 투입한 술트가 양 측면을 영국군에게 공격당한 뒤, 전장에서 물러나다. 연합군이 피로로 인해 추격을 단념하다.

두 얼굴의 전쟁: 신사와 게릴라

반도 전쟁은 적을 대하는 너무도 판이한 두 가지 태도가 공존한 극과 극의 분쟁이었다. 영국과 프랑스 병사들은 전장 밖에서, 심지어 가끔씩은 전투 중에도 서로 어울리는 일이 다반사였고, 상대 진영에서 저녁식사를 나누거나 식료품을 비롯한 주류와 담배, 의복 따위를 맞바꿀 정도였다. 양측은 빈번히 비공식 휴전협약을 맺었는데, 응급처치가 필요한 부상자를 후송하거나 전사자를 매장하기 위해 지휘관이나 대치 중인 보초들이 독자적으로 비공식 휴전협약을 맺는 경우가 적지 않았다. 비비언^{Vivian} 대령의 기록에 따르면, "서로 5미터도 채 안 되는 거리에서 말을 달리는 우리가 총에 맞을 위험은 고향에서 굴 짐승을 사냥할 때보다도 낮았다. 이는 신사라면 당연한 행동이다. 그들은 정말 지독할 정도로 예의바르고, 명예를 지킬 줄 아는 친구들이자 전쟁의 달인이다." 네이피어^{Napier} 대령의 경우에는 심지어 프랑스인들을 증오할 만한 이유조차 찾지 못한 듯 보일 정도였다. "개인적인 원한이나 복수심에 불타 싸우는 것은 싫지만, 재미삼아서나 영광을 쫓는 싸움은 마다할 이유가 없지!" 이 말도 안 될 것 같은 현실은 한 프랑스 장군이 상대 진영을 통해 입수한 런던 신문의 복사본으로 영국 정부 국채에 투자한 자기 자산의 변동 상황을 살필 수 있었다는 일화에 이르러 완전한 희극의 경지에 올라섰다.

이 같은 '신사들의 전쟁'과 비교해 언제 어디서건 기회를 틈타 프랑스군과 맞서던 게릴라 집단이 펼친, 보이지는 않지만 지극히 중대했던 '제2전선'만큼 이질적인 현상은 없을 것이다. 게릴라전의 기원은 고대로 거슬러 올라가지만, 오늘날의 우리가 알고 있는 양상을 띠게 된 것은 바로 반도 전쟁에서였다. 스페인어인 게릴라^{guerrilla}는 원래 '작은 전쟁'이라는 뜻으로 거기에 참가한 개개인을 가리키던 게릴레로^{guerrillero}가 훗날 게릴라로 와전된 것이다. 이들은 대게 거칠고 강인한 자들로, 한 영국 군인은 그들을 이렇게 묘사했다. "거무튀튀하고 야만스러워 보이는 스페인 사람이 …… 권총과 단검 …… 장총으로 요란스럽게 무장한 채 …… 진홍색 장식 띠를 두르고 건들거린다면 단번에 그가 게릴라임을 알아볼 수 있었다."

그들의 활동 방식과 느슨한 (또는 아예 존재하지 않는 경우가 비일비재한) 조직 때문에 한손에 꼽을 수 있는 정도에서 수천에 이르기도 한 게릴라의 전력을 정확한 수치로 추정하기란 불가능하다. 알려진 것이라고는 '엘엠페시아도El Empecinado*'나 '엘메디코El Medico**'같이 다채로운 별명을 즐겨 쓴 지도자들이 무수한 독자적인 파르티잔 집단partidas을 이끌었다는 것뿐이다. 게릴라 지도자들은 평범한 애국자에서 비적 떼의 우두머리, 심지어는 성직자까지 다양한 출신 배경을 갖고 있었지만, 이들의 목표와 표적, 그리고 행동방식은 대체로 통일성을 유지했다. 그들은 연락선을 차단하고, 소규모 파견대를 고립시키며, 보급부대를 습격하는가 하면 보초들을 처치하거나 특사와 전령들을 붙잡았다. 게릴라의 수는 전쟁이 진행될수록 눈덩이처럼 불어났고, 프랑스군의 지방 지배는 최상의 상황에서도 난관에 부딪쳤고, 최악의 상황에서는 불가능한 지경에 이르렀다. 즉, 프랑스의 통치는 항상 불안했고, 점령군은 어느 지역에서도 안심할 수가 없었다. 전원지대는 아예 게릴라로 들끓었다 해도 과언이 아니었다. 바위와 나무는 모두 잠재적인 은신처나 매복 장소로 안성맞춤이었고, 하나같이 무고해 보이는 농부들은 염탐이나 기습을 노리는 자들일지도 모르는 일이었다.

---

* **엘엠페시아도** 영어로 'the undaunted', 즉 '굴하지 않는 자'라는 뜻으로, 농부 출신의 게릴라 영웅 후안 마르틴 디에스Juan Martin Diez를 뜻한다.
** **엘메디코** 스페인어로 '의사'를 뜻하며, 이 밖에도 성직자, 도공, 할아버지 등 다양한 출신 배경이 게릴라 지도자의 별명으로 쓰였다.

어느 영국 군인은 게릴라전을 다음과 같이 정확하고 생생하게 묘사했다.

밤과 낮을 가릴 것 없이, 프랑스군은 영국군은 물론이고 끊임없는 경계 대상이자 적의에 가득 차 조금의 기회라도 닿으면 해를 가하려는 현지인들의 공격에 노출되어 있었다. 프랑스군이 아무리 탈진해도 본대에서 벗어나거나 낙오되지 않으려고 한 것은 그것이 바로 죽음과 직결되어 있었기 때문이다. 이 무렵의 스페인 게릴라들은 군복이 없어서 농부 복장을 했기 때문에 프랑스군은 적과 친구를 구분할 수 없었다. 게릴라와 농부들은 굶주린 늑대들처럼 기회를 엿보다가 자신들의 손아귀에 들어온 이들을 모조리 학살했다.

이에 맞선 프랑스군의 대항책은 게릴라들의 위력이 어느 정도였는지를 단적으로 보여준다. 전령 한 사람을 안전하게 호송하는 데만 200명의 기병이 동행하게 되었고, 군대와 떨어져 단독으로 이동하기를 원한 어느 장군을 호위하는 데만 1,000명의 병력이 필요했다. 1813년 여름에는 조제프 왕의 전갈을 안전하게 파리로 보내기 위해 1,500명의 병력이 프랑스 국경까지 호위해야 했다.

게릴라들이 보여준 잔인한 행위의 대부분은 프랑스군의 파괴 행위가 낳은 자연스런 결과로, 점령군의 약탈과 무분별한 파괴로 인해 도시와 촌락이 황폐화되는 일이 비일비재했다. 1809년에 포르투갈에서 어느 영국 장교가 목격하고 기록한 다음과 같은 현장은 반도 전역에서 무수히 자행되고 있던 다른 여러 사례들을 대변한 것이었다.

나는 프랑스군이 숙영지로 썼던 들판을 지나갔다. 온갖 가구부터 심지어 도자기류까지 가까운 마을의 집에서 들고 나온 물건들이 들판에 옮겨져 있었다. 진흙밭 위에 침대며 매트리스가 가지런히 놓여 있었다. 갖가지 기물과 가

■■■■■ 사제의 처형. 종종 일어났던 이러한 일들은 신앙심 깊은 스페인 사람들을 격분시키며 학살과 이에 맞선 또 다른 학살이라는 악순환을 낳았다. 많은 성직자들이 '이교도' 프랑스인에 대한 저항을 앞장서서 선동했고, 그 중에는 게릴라 활동에 가담하거나 사라고사와 헤로나 같은 도시의 시민들과 함께 싸운 이들도 적지 않았다. 고야 작. (Roger-Viollet)

구에서 빼낸 서랍은 여물통으로 쓰였다. 옷장은 침대틀이나 움막집의 지붕으로 변신했고, 도자기와 유리 제품은 모조리 산산 조각나 바닥에 널려 있었다. 의자나 나무계단, 창틀 따위의 일부는 취사에, 일부는 퇴각하는 프랑스군이 지펴놓은 커다란 모닥불을 피우는 데 쓰였다. …… 교회의 무덤들조차 그들의 손길을 피해가지는 못했다. …… 재단의 촛대 …… 찢어진 제의, 성배, 기도서 등이 한데 뒤섞여 지푸라기와 오물에 파묻혀 있었다.

프랑스군의 강압적인 징발과 약탈 행위가 농부들을 파르티잔 집단으로 몰려들게 만들기도 했지만, 본격적으로 게릴라 활동에 기름을 부은 것은 지역민들에 대한 가혹 행위로, 기록된 사례만도 산더미 같다. 한 예로 1811년 산타렘에 입성한 코스텔로Costello 일병rifleman*은 난도질당한 포르

---

* 소총연대의 일병이라는 뜻으로, 이처럼 영국 육군에서 일병 계급의 호칭은 소속된 병종

투갈인들의 시체로 더럽혀진 우물을 발견했다. 그가 마을 광장에서 마주친 광경은 다음과 같았다.

"…… 살해당하고 유린된 여인네들, 울부짖거나 죽어가는 아이들. 목숨이 붙어 있던 마을 안의 모든 것들은 땅에 널브러진 채 학살과 끔찍한 보복이 안긴 고통의 말미에서 가냘프게 몸을 떨고 있었다."

쇼먼의 일기에도 또 다른 예가 기록되어 있다.

전쟁 기간을 통틀어서 그토록 끔찍한 광경은 두 번 다시 볼 수 없었다.

에 따라 제각각이다. 예를 들어, 병사의 이름 앞에 붙는 guardsman은 그가 근위연대의 일병, gunner는 포병연대의 일병, Trooper는 기갑이나 기병연대 소속의 일병임을 뜻한다.

······ 적이 지나간 곳에서는 죽음과 파괴, 살인과 방화, 강탈과 강간이 자행되었다. ······ 불에 탄 마을과 부락, 그리고 숲을 통해 ······ 프랑스군이 지나갔음을 알 수 있었다. 사방에 살해당한 농부들이 쓰러져 있었다.

그러나 여기서 우리는 군인들 개개인뿐만 아니라 그들의 소지품을 실은 마차와 보급대열을 노린 약탈 행위를 저지르는 금전적인 동기가 그러한 학살 행위에 미치는 영향을 간과해서는 안 된다. 이제 막 살인 현장에서 돌아온 게릴라와 마주친 어느 영국 군인은 그가 직접 만들었다는 비단 주머니 속에 전투에서 해치운 이들에게서 잘라낸 귀와 금반지 낀 손가락들이 들어 있는 것을 보았다. 그 게릴라는 험악하게 웃으며 말했다.

"나폴레옹은 말이야, 자기 병사들을 사랑해. 그건 까마귀들도 마찬가지지. 그놈들은 우리 덕에 먹잇감이 넘치고 있다고. 프랑스인들이 에스파냐에 발붙이고 있는 한 절대로 놈들은 배곯는 일은 없을 거야."

프랑스군은 그처럼 소규모에 유동적이며 군복조차 갖추지 않고 싸우는 집단을 다룰 방법이 별로 없음을 깨달았다. 점령군은 게릴라를 제압하기 위해 갈수록 잔혹한 수단을 동원할 수밖에 없었고, 학살과 이에 맞선 학살이라는 악순환이 시작되었다. 분노는 분노를 낳아, 군대를 따라다니는 프랑스 민간인들이 학살당하면 지역민들을 총살하고 그들의 터전을 불태우는 보복이 이어졌다. 이는 18세기의 전쟁 방식과 극명한 대조를 이루었지만, 마치 20세기 전쟁의 예고편을 보는 것 같았다. 양측은 모두 추악한 고문과 살인 행위를 저질렀다. 프랑스인들이 정상적인 교전 수칙을 어긴 게릴라들을 이유로 '비적들'에 대한 일체의 대항책을 정당화했다면, 파르티잔들은 조국 해방이라는 미명하에 자신들의 떳떳치 못한 방법을 은폐했다. 그러나 상당수 게릴라들은 전리품이나 프랑스군의 전갈을 가로채 웰링턴의 포상금을 노리는 흉악범에 지나지 않았다. 양측의 동기

■■■■■■ 게릴라식 전투. 이 작품은 게릴라전의 조건이 이상적으로 갖춰진 풍경을 훌륭하게 묘사하고 있다. 자연 그대로의 산길, 우거진 삼림, 좁은 협곡, 가파른 고개, 까마득한 절벽 때문에 특히 수송행렬 같은 프랑스군의 대열은 매복에 취약할 수밖에 없었고, 때로는 수백 명, 드물게는 수천 명의 병력을 전멸시킬 수 있는 규모의 게릴라들에게 공격을 당하곤 했다. [Roger-Viollet]

가 무엇이었건 간에 게릴라의 전쟁은 급속히 피비린내 나는 폭력의 악순환에 빠져들었고, 전쟁 내내 하루 100명꼴로 프랑스군을 희생시키며 군대의 사기에 막대한 타격을 가했다.

　게릴라들에게 생포된 불운한 프랑스 병사들이 그 상태에서 얼마간이라도 연명하는 경우는 극히 드물었다. 쇼먼은 적개심이 극에 달했다고 기록했다.

　"포르투갈 산적들이 자신들의 손에 들어온 프랑스 병사들에게 가한

■■■■■■ 프랑스군의 부상병 후송 대열을 공격해 학살을 벌이는 게릴라들. 반도 전쟁의 추악한 이면에서 전투원과 비전투원을 가리지 않고 자행된 이 같은 만행은 활발한 파르티잔 활동의 커다란 수혜자인 웰링턴조차도 스페인인은 한번 흥분하면 '통제불능의 야만인'으로 돌변한다고 불평할 정도로 심각했다. 게릴라들이 빈번하게 그림과 같은 학살 행위의 주인공이 된 것은 사실이지만, 학살이라면 프랑스군 역시 그들 못지않았다. 필리포토 Philippoteaux 작. (Roger-Viollet)

잔혹 행위는 차마 말로 표현할 수 없는 것이었다."

그는 산 채로 헛간 문에 못 박힌 병사들을 목격했다. 어떤 우두머리는 남자 포로들을 모조리 목매달고 여자들의 배를 갈랐다고 한다. 프랑수아 François 대위는 다음과 같은 광경을 목격하기도 했다.

"프랑스 장교와 병사들, 심지어 여자들마저 배가 갈라져 있었다. ……어떤 이들은 두 장의 널빤지 위에 놓인 채 톱으로 두 쪽이 나 있었다. ……또 다른 이들은 산 채로 어깨까지 매장되거나 머리부터 타도록 불 위에 거꾸로 매달려 있었다."

한 프랑스 야전병원에서는 400구나 되는 환자들의 시신이 그곳을 점령한 게릴라들에게 학살당해 나뒹구는 역겨운 광경이 펼쳐지기도 했다. 그는 그 뒤에도 몸을 가눌 수 없는 상태에서 살해당한 1,200명 가운데 홀로 살아남아 정신이 나가버린 병사와 마주쳤다.

어떤 피해자들은 돌에 맞아 죽었고, 또 어떤 이들은 꼬챙이에 눈을 잃

■■■■■■ 1812년 4월 9일 나바레Navarre 지방의 살리나스 고개에서 프랑스군 이송 행렬을 공격하는 게릴라들. 유명한 게릴라 지도자 프란시스코 에스포스 이 미나Francisco Espoz y Mina의 가장 큰 성과 가운데 하나인 이 습격의 규모는 굉장하다고 해도 과언이 아니었다. 게릴라들은 러시아로 향하던 폴란드 제7연대의 보병 가운데 500명을 죽이고, 150명을 사로잡았으며, 스페인 포로 450명을 풀어주고 엄청난 약탈품을 손에 넣었다. 필리포토 작. (Roger-Viollet)

고 불구가 되어 작렬하는 태양 아래 죽도록 방치되거나 나무에 묶인 채 거세당해 출혈이 멎지 않아 죽기도 했다. 황제근위대 소속 기병대원인 슈마허Schumacher 대위는 사지가 절단된 200여 명의 환자들과 함께 불에 탄 야전병원의 폐허를 발견하기도 했다. 또 다른 일화에서는 르네Rene 장군이 고통스런 최후를 맞이하는데, 그를 생포한 이들은 끓는 물이 담긴 가마솥 위에 발부터 닿도록 그를 매단 뒤, 몇 시간에 걸쳐 조금씩 줄을 내려보냈다. 낙오병이나 전령, 소부대, 초병을 막론하고 누구라도 게릴라들에게 잡히면, 그들은 대개 끔찍하고도 고통스러운 죽음을 맞아야 했다. 이에 맞선 프랑스군의 보복은 가혹했다. 프랑수아 대위는 일단의 낙오병들이 고문 끝에 살해당한 것이 발견되자 용의자들의 마을이 불태워지고, 한 줄로 세워진 주민들이 자기 차례를 앞둔 뒷사람이 범인을 지목할 때까지 총살당한 사건을 기록으로 남겼다.

1812년의 전황

전쟁의 분수령이 된 중요한 해인 1812년에 나폴레옹은 러시아 침공이라는 일생일대의 작전을 준비 중이었고, 이는 23만 명에 이르는 5개 프랑스 야전군의 총지휘권이 조제프 왕에게 넘어간 스페인 전역의 작전에 큰 영향을 미쳤다. 나폴레옹은 이베리아 반도에서만 2만7,000명의 병력을 불러들여 전례가 없는 대규모 러시아 원정을 치를 예정이었다.

게다가 마몽은 쉬셰 원수의 작전을 지원하기 위해 휘하 병력 가운데 1만 명을 발렌시아로 파견해야 했다. 이제 웰링턴은 그가 오랫동안 기다려온 스페인을 향한 총공세의 기회를 맞게 되었다. 이전에도 그랬듯이 이를 위해서는 북쪽과 남쪽 회랑에 자리한 두 요새인 시우다드로드리고와 바다호스로 이어지는 길을 열어야 했다. 웰링턴은 프랑스군의 철수와 이동이 보고되자마자 두 프랑스 원수가 증원에 나서기 전에 시우다드로드리고를 함락시킬 준비에 들어갔다.

포위전은 겨울이 한창인 1월 8일에 시작되었다. 시몬스 소위는 14일 밤에 자신이 겪은 일을 다음과 같이 기록했다.

나는 망태기(고리버들로 만든 바구니)에 담은 흙을 암반으로 뒤덮어 땅을 팔 수 없었던 최전방의 참호선까지 운반하는 작업을 지휘했다. 적은 포도탄grape shot*을 퍼부었고, 그로 인해 (부하들) 몇 명은 땅에 쓰러져 다시는 일어나지 못하는 신세가 되었다. 나는 몇 번이나 이 사선을 넘나들며 망태기에 든 흙을 옮겼고, 그때마다 불쌍한 전우 몇 명을 뒤에 남겨둬야만 했다. 또 한 번의 운

---

* **포도탄** 산탄, canister shot처럼 비교적 지근거리에서 넓은 살상 범위를 얻기 위해 사용하는 확산탄, 산탄보다는 큰 9개의 작은 포탄을 하나로 묶어 발사한다.

■■■■■■ 1812년 1월 19일, 시우다드로드리고의 돌파구로 돌입하는 영국 병사들. 웰링턴의 주요 목표였던 이 요새는 포르투갈과 스페인 사이의 북쪽 침공 경로를 내려다보고 있었다. 돌격대를 이끈 네이피어 소령은 "모두가 돌파구로 달려들자, 우리를 향해 엄청난 화력이 쏟아졌다"고 회고했다. 그는 포도탄에 맞아 크게 다치고도 "총검으로 밀어붙여!"라며 부하들에게 외쳤고, 이를 실행한 부하들은 방어자들을 몰아냈다. 이안 플레처Ian Fletcher 작.

반을 위해 돌아와 "이제 충분합니다"라는 공병의 말을 들었을 때는 기쁘지 않을 수 없었다.

두 곳에서 돌입을 시도할 돌파구를 마련한 영국군은 19일 밤을 기해 돌격에 나섰고, 비교적 적은 대가(사상자 500명)를 치르며 요새를 함락했지만, 그 과정에서 카리스마 넘치며 유능한 경사단의 지휘관 크로퍼드 장군이 방벽에서 부하들의 공격을 독려하다가 치명상을 입었다. 그 밖에도 많은 병사들이 발 밑에 매설된 프랑스군의 지뢰가 폭파되는 바람에 목숨을 잃었다. 병사들은 전투가 끝난 뒤 불명예스런 행동을 일삼으며 도시를 약탈했다. 시몬스는 이 전투와 그 밖의 처절했던 포위전에서 적어도 한 번 이상 영국군의 평판에 오점을 남긴 충격적인 행위를 다음과 같이 전했다.

…… 시가지 돌격에 참가했던 병사들 대다수는 성벽 안으로 들어온 지 얼마 되지 않아 범죄와 군기 위반을 일삼았다. 온갖 것들을 걸친 병사들은 마치 떠돌이 넝마장수처럼 보였다. 일부는 배를 불리는 데만 관심을 보이며 고정시킨 검에 커다란 콘비프 덩어리나 햄, 돼지고기 따위를 겹겹이 꽂아 올렸다.

그로부터 채 1주일도 안 되어서 웰링턴은 폭우 속에서 바다호스마저 함락시킬 준비에 나섰다. 3월 16일을 기해 바다호스를 공략한 그는 24일의 돌격으로 외곽 방어망의 일부를 손에 넣었다. 적절한 공성 병기가 없었던 웰링턴의 작전은 서서히 한계에 부딪혔지만, 남쪽에서 술트가 진군에 나서고, 마몽 역시 시우다드로드리고를 향해 움직이고 있다는 보고를 들은 그에게는 사안의 시급함 외에는 다른 것을 돌볼 겨를이 없었다.

운명의 4월 6일, 산타마리아Santa Maria와 라트리니다드La Trinidad 보루들을 폭파해 돌파구 2개가 뚫리고 이 둘을 연결한 성벽 사이로 세 번째 돌파구가 뚫리기 무섭게 오헤어O'Hare 소령이 이끄는 결사대원들(주력부대의 돌격을 이끌기 위해 선봉에 서는 소부대)로 돌격조가 구성되었다. 이처럼 위험한 임무에 자원한 장교들은 살아남을 경우 특진을 보장받았기 때문에 출격을 앞둔 오헤어는 한 친구에게 이렇게 말했다.

"두어 시간 뒤면 중령님 아니면 싸늘한 고깃덩이 신세로군."

신호와 함께 급조된 돌파구의 장애물로 달려든 보병대의 물결은 높은 성벽에 걸친 사다리를 타 넘으며 요새를 삼키려 들었다. 적어도 40곳에서 요새 돌입이 시도되었다. 피해는 엄청났고, 수천 명의 공격자들이 쏟아지는 머스켓 탄환과 포도탄, 심지어는 끈질긴 방어자들이 던진 돌덩이나 벽돌에 맞아 쓰러졌다. 도시는 이윽고 후방에서 시가지 돌파에 성공한 양동 공격을 통해 함락되었지만, 프랑스군의 항복 시점에서 연합군이 입은 피해는 총 병력의 30퍼센트에 해당하는 5,000명에 달했다.

이튿날 아침에는 평소 냉엄한 표정으로 유명한 웰링턴조차도 그 많은 보병들의 주검 앞에서 울음을 터뜨리고 말았다. 끔찍한 승리의 대가 앞에서 너무 큰 충격에 휩싸인 영국 병사들은 이때부터 음주와 함락된 도시의 거리를 휩쓴 광란의 질주에 몸을 맡긴 채 폭도들을 진정시키려는 장교들의 제지에도 아랑곳하지 않았다. 프랑스 총독 아르망 필리퐁Armand

▨▨▨▨▨ 1812년 4월 6일, 바다호스를 공략하는 영국군. 뒤에 따로 소개되는 코스텔로 일병은 돌격 주력부대에 참가한 병사 중 한 명으로, 그 과정에서 간신히 살아남았다. "함께 사다리를 옮기던 다른 세 사람이 순식간에 총에 맞아 쓰러지며 …… 내 위로 엎어지는 통에 피에 흠뻑 젖고 말았다." 이 공격은 실패로 돌아갔지만, 이윽고 다른 두 곳에서 펼쳐진 공격은 성공을 거두었다. 그러나 돌격의 대가는 끔찍했다. 돌격 당시에만 총 3,350명의 사상자가 발생했고, 포위전 사상자는 총 5,000명에 육박했다. 캔턴 우드빌Canton Woodville 작. (National Army Museum)

Philippon과 그의 두 딸들은 검을 앞세워 그들을 호위한 영국 장교들 덕분에 살아남을 수 있었던 반면, 불행한 스페인 주민들은 무수하게 자행된 끔찍한 약탈과 강간, 그리고 살인을 고스란히 감내해야 했다. 도시의 수난은 이성을 잃은 병사들을 진정시키기 위해 새로운 병력이 도착하고 더 이상의 문란 행위에 대한 강력한 경고의 의미로 교수대가 세워질 때까지 사흘 동안이나 계속되었다.

스페인으로 통하는 두 곳의 경로를 장악한 웰링턴은 어느 쪽으로든 진격할 수 있었고, 스페인 중부를 공략해 마몽과 술트 사이의 연락선을 끊어놓음으로써 마드리드의 프랑스군을 위협하거나 프랑스까지 이어지는 연락선의 요충지인 부르고스를 점령할 수도 있었다. 이에 따라 힐 휘하의 1만8,000명을 파견해 남쪽의 술트를 감시하도록 한 웰링턴은 4만 8,000명의 병력을 거느리고 북상해 병력 4만 명을 거느린 마몽과 대치하기로 했다. 6월 17일, 웰링턴은 살라망카에 도착했지만, 어느 쪽도 확실한 수적 우위에 서지 못한 상황에서 양측 모두 상대방보다 유리한 위치를 점하는 데 몰두했다. 대치 중인 양측 군대의 자리싸움은 몇 주일간이나 계속되었다. 서로를 지척에 두고 수많은 행군과 역행군을 실시했지만, 어느 쪽도 좀처럼 공격에 유리한 위치를 점할 수 없었다. 마침내 7월 말, 첩보를 통해 마드리드의 조제프 왕이 보낸 1만3,000명의 병력이 곧 마몽에게 당도할 것이라는 사실을 안 웰링턴은 공격 준비를 했다. 이제 웰링턴의 성공은 프랑스군 증원 병력이 도착하기 전에 일전을 벌일 수 있느냐에 달려 있었다.

7월 22일, 그는 살라망카 남쪽 8.5킬로미터 지점에 위치한 작은 마을 로스아라필레스Los Arapiles를 결전 장소로 선택했다. 양군은 약 1.5킬로미터 거리를 둔 채 평행으로 행군하고 있었다. 이날 오후, 웰링턴은 마몽이 6.5킬로미터가 넘는 거리에 걸쳐 병력을 늘어놓아 각개 격파를 당할 위험에 노출되어 있음을 간파했다. 웰링턴은 즉시 프랑스군 측면에 공격을 가해 프랑스군에게 결정적인 패배를 안겼다. 그 과정에서 프랑스군은 1만 4,000명에 달하는 피해를 입은 반면, 웰링턴의 피해는 5,000명밖에 되지 않았다. 본인도 부상을 입은 마몽은 치욕스런 후퇴를 했으며, 그나마 토르메스Tormes 강의 다리를 지키던 스페인군이 무단으로 경계 임무를 포기해 패잔병들에게 유일한 퇴로를 열어준 덕분에 전 병력을 잃지 않을 수 있었다. 그럼에도 불구하고 살라망카 전투는 프랑스군에게 헤아릴 수 없이 큰 타격을 안겨주었고, 부당하게도 '방어만 하는 장군'이라는 별명이 붙었던 웰링턴의 평판을 영원히 뒤바꿔놓은 사건이 되었다. 이 전투는 단순히 제 위치를 고수하며 공격자를 물리친 것 때문이 아니라 기동전을 펼

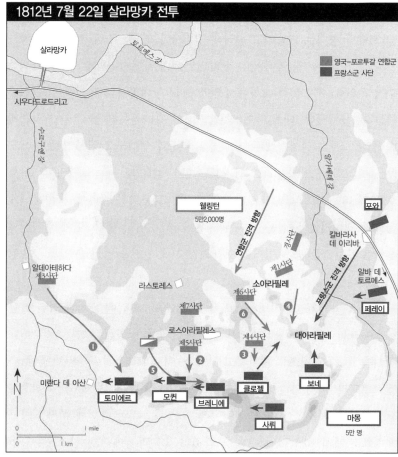

1812년 7월 22일 살라망카 전투

영국-포르투갈 연합군
프랑스군 사단

살라망카

토르메스 강

시우다드로드리고

수르구엔 강

웰링턴
5만 2,000명

연합군 진격 방향

프랑스군 진격 방향

포와

칼바라사
데 아리바

알바 데
토르메스

페레이

제3사단
알데아테하다

라스토레스

경사단

제1사단

소아라필레

제7사단

제6사단

대아라필레

로스아라필레스

제4사단

클로젤

제5사단

미란다 데 아산

보네

토미에르

모퀸

브레니에

사뤼

마몽
5만 명

N

0 ⎯⎯ 1 mile
0 ⎯⎯ 1 km

※ 웰링턴의 비판자들은 오포르투 전투를 보고도 인정하지 않았지만, 그가 방어에만 집착하는 전술가가 아님은 살라망카 전투를 통해 분명하게 밝혀졌다. 그는 연합군과 평행하게 진군하던 프랑스군의 선도 사단 사이에 1.6킬로미터 가량의 간극이 생기자, 이를 절묘한 공격의 기회로 활용했다. 이 같은 약점과 더불어 마몽의 다른 사단들 역시 수 킬로미터에 걸쳐 늘어서 있었다는 사실이 종일 연이어진 웰링턴의 성공적인 돌격이 국지적 우세를 확보할 수 있는 조건으로 작용했다.

❶ 오후 3시 30분, 제3사단(7,000명)이 공격을 펼치다.
❷ 오후 4시 15분, 제5사단(8,300명)이 공격에 나서다.
❸ 오후 4시 30분, 제4사단의 2개 여단(3,900명)이 공격에 나서다.
❹ 오후 4시 30분, 팩의 여단(2,500명)이 공격에 나서다.
❺ 오후 4시 45분, 2,000명의 영국군 및 국왕의 독일 군단KGL 소속 기병들이 공격을 펼치다.
❻ 오후 5시 30분, 증원 여단들의 지원하에 제6사단(5,500명)이 공격에 나서다.

친 덕분에 승리할 수 있었다. 8월 12일, 연합군 총사령관은 몇 주 동안 군대의 숨을 돌리며 제대로 된 보급을 기대할 수 있는 마드리드에 의기양양하게 입성했다.

■■■■■■ 1812년 7월 22일 살라망카 전투. 이 전투는 반도 전쟁을 통틀어 비토리아 전투의 뒤를 잇는 결정적인 전투로, 웰링턴과 마몽이 일전을 벌였다. 그림 속의 웰링턴이 프랑스군 증원 병력이 도착하기 이전에 상대를 격파하려 했던 반면, 마몽은 영국과 포르투갈 연합군을 포르투갈로 되밀어낼 때를 노려 그들을 상대할 생각이었다. 웰링턴은 프랑스군이 아주 취약한 행군로를 지날 때 그들을 급습해 패주시키고 마드리드를 점령했다. (AKG Berlin/British Library)

　　다음번 공략 목표는 수도의 북쪽에 자리한 부르고스의 성채였다. 웰링턴은 9월 19일부터 그곳을 공략했지만, 이후 5주 동안 이어진 전투 내내 부족한 중포와 기타 공성 병기의 결핍으로 고전을 면치 못했다. 그는 실시한 돌격이 죄다 참담한 실패로 돌아가고 프랑스군 6만 명이 도시를 구하기 위해 집결하자, 10월 21일을 기해 포위를 풀었다. 부르고스에서의 패배는 큰 실망을 안겨주었으며, 이 전쟁에서 웰링턴이 겪은 유일한 큰 패배였다. 이어진 후퇴는 스페인과 포르투갈 국경까지 이어진 기나긴 길을 따라 이어진 끔찍한 여정이었으며, 앞선 여러 차례의 후퇴전이 그랬듯이 지독한 날씨와 보급품 손실로 인해 열악한 상황에서 이루어졌다. 웰링턴은 자신의 병력 3만5,000명 가운데서 약 10퍼센트를 앗아간 이 행군을 "내가 저지른 최악의 실패"라고 평했다. 이 사건과 때를 맞추기라도 한 듯 모스크바에서 물러난 나폴레옹은 그보다 몇 배나 큰 재앙이 될 후퇴를 앞두고 있었다. 힐에게는 북쪽으로 퇴각하라는 명령이 내려졌고, 마드리드는 프랑스군에게 함락되었다. 그러나 영국군 본대는 이윽고 11월 20일 시우다드로드리고에 도착했고, 프랑스군의 추격은 그보다 한참 전에 중단되었다.

부르고스 포위전의 실패와 뒤이은 후퇴에도 불구하고 웰링턴의 작전은 몇몇 견실한 성과를 거두며 막을 내렸다. 그는 모든 프랑스군을 타호강 이북으로 밀어냈으며, 바다호스 점령 당시 비싼 대가를 치르기는 했지만, 시우다드로드리고와 바다호스라는 국경의 중요 요새 두 곳을 손에 넣은 데다가 살라망카에서 프랑스군을 참패시킴으로써 잠시나마 마드리드를 수복하고 포로 2만 명과 야포 300문을 노획하는 전과를 올렸던 것이다. 전투로 단련된 그의 군대는 더 큰 자심감을 안고 프랑스군과 맞서게 되었고, 반면에 사기가 떨어진 프랑스군은 완전히 승리의 전망을 잃고 말았다. 연합군의 행운은 여기서 그치지 않았다. 나폴레옹의 군대는 러시아에서 대재앙을 겪게 되었고, 이로 인해 전쟁의 흐름은 완전히 프랑스에게 불리한 쪽으로 바뀌었다. 이로써 웰링턴이 우려했던 프랑스 증원 병력의 스페인 투입 가능성은 완전히 사라지게 되었다. 예상과 달리 그 뒤의 실제 전투에서는 중부 유럽에서 다급히 필요했던 고참병들이 스페인으로 투입되었다. 웰링턴은 마침내 총 병력 16만 명에 달하는 스페인군의 총사령관에 임명되기도 했다. 사실 이 자리는 국토의 각지에 흩어진 스페인군과 여전히 구태의연한 조직상의 병폐로 인해 우대라기보다 부담 쪽에 가까웠다.

1813년의 전황

프랑스군이 수적으로 우세해서 5년 동안 전략적 방어를 취할 수밖에 없었던 웰링턴은 마침내 1813년에 공세를 시작할 수 있게 되었다. 연합군에 대한 프랑스군의 수적 우위는 여전했지만, 주도권은 확실히 웰링턴에게 넘어간 상태였고, 프랑스의 앞길에는 독일 내에서 일전을 벼르는 러시아군 및 프로이센군뿐만 아니라 갈 때까지 가보자는 결의로 무장한 적들과 싸워야 하는 2개 전선 동시 전쟁이라는 난관이 놓여 있었다.

웰링턴은 1812년 겨울 내내 본국에서 증파된 병력 5,000명이 가세하게 될 봄의 전투를 계획하는 데 매달렸다. 총 8만 1,000명에 이르는 연합군 가운데는 웰링턴이 직접 지휘할 수 있는 스페인군 2만 5,000명도 포함되어 있었다. 마침내 조제프 왕을 총사령관으로 내세운 프랑스군의 가용 병력은 20만 명에 이르렀으며, 대부분의 병력은 북부 스페인에서 웰링턴을 상대로 한 작전에 투입되었다. 웰링턴은 완만한 곡선을 그리며 북진해 사모라Zamora와 바야돌리드 사이의 두에로Douro 강에 진을 친 프랑스군의 측면을 노릴 계획이었다. 그는 이 전략을 뒷받침하기 위해 자신의 병참 근거지를 리스본에서 북부 스페인 연안의 산탄데르Santander로 옮기기로 했다. 그렇게 함으로써 그는 자신의 연락선을 단축시켰을 뿐만 아니라, 지금보다 훨씬 북쪽에서 프랑스군의 측면을 노릴 수 있는 위치에 설 수 있었다. 그는 이 작전을 지원하기 위해 프랑스군을 분산시키고 그들의 발목을 묶어놓을 수 있는 다수의 양동작전을 계획했다. 강도를 높인 게릴라 작전과 함께 존 머레이John Murray 경이 이끄는 상륙부대 1만 8,000명의 타라고나 상륙작전이 준비되었다.

새롭게 시작된 전투는 세 갈래로 나뉘어 빠르게 진군한 연합군이 프랑스군 주방어선의 측면을 허무는 것으로 막을 올렸고, 그 결과 힐은 5월 26일에 살라망카를 점령할 수 있었다. 이튿날에는 조제프 왕이 세 번째로 수도를 탈출해 피신했고, 6월 2일에는 그레이엄이 사모라를 점령했다. 완전하게 허를 찔린 데다가 끊임없이 오른쪽 측면을 위협당한 프랑스군은

■■■■■■ 1813년 6월 21일 비토리아 전투. 전쟁의 분수령이 된 이 전투는 웰링턴이 그해 5월에 시작한 대담한 공세의 정점을 이루며 연말까지 연합군이 피레네 산맥을 넘어 프랑스 본토로 진군하는 발판을 마련했다. 이 전투와 관련된 일화들 가운데 하나를 소개하면, 멘도사Mendoza 다리 공략에 나선 제3사단장 토머스 픽튼Thomas Picton 경은 부하들을 향해 "가자, 이놈들아! 어서 가자고, 이 상놈의 쌈꾼들아!"라고 외쳤다고 한다. 독일 판화.
[Edimedia]

부르고스로 퇴각했다. 웰링턴은 전처럼 희생이 큰 돌격을 거듭하기보다는 도시를 우회함으로써 또다시 조제프 왕이 후퇴하여 이번에는 에브로 전선까지 물러나게 만들었다. 그레이엄이 이 방어선을 위협하자, 더욱더 깊숙이 후퇴한 조제프 왕은 6월 19일에 비토리아에서 전열을 가다듬었다. 머지않아 조제프 왕의 병력이 증강되리라고 예측한 웰링턴은 추격의 고삐를 늦추지 않으며 21일을 기해 공격에 나서기로 했다.

공세를 예상한 조제프 왕과 주르당은 휘하 병력 6만6,000명으로 비토리아 인근에서 방어 태세를 갖췄다. 전선 정면의 공격만을 염두에 둔 프랑스군의 저항은 웰링턴이 7만9,000명의 병력을 이끌고 양쪽 측면을 돌파해 중앙으로 들이닥치자 맥없이 무너져 내리고 말았다. 일부 프랑스군이 완강하게 저항했지만, 오후 5시경부터는 패주가 시작되었고, 패잔병

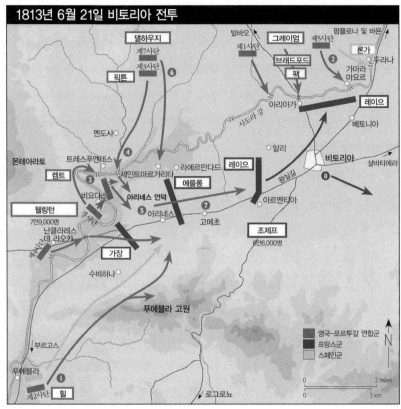

1813년 6월 21일 비토리아 전투

달하우지
제7사단
제3사단 ⑥

픽튼

몬테아라토

켐트
③

웰링턴
7만9,000명
난클라레스
데 라오카

가장

멘도사

트레스푸엔테스

비요다스

세인트마르가리타

아리네스 언덕
⑤ ○아리네스

수비하나○

④

에틀롱

라에르만다드

고메초

부르고스

푸에블라
제2사단 **힐** ❶

로그로뇨

빌바오

그레이엄
제1사단

브래드포드
팩

사도라 강

아리아가○

○알리

레이오

레이으

○아르멘티아

조제프
6만6,000명

푸에블라 고원

팜플로나 및 바욘

론가
❷
가마라
마요르

레이으

○베토니아

비토리아

○살바티에라

왕실길
⑧

■ 영국-포르투갈 연합군
■ 프랑스군
□ 스페인군

N

0   2 miles
0   3 km

❶ 오전 8시, 영국과 포르투갈, 스페인 사단으로 편성된 힐의 군단이 푸에블라 고원을 공격하다.
❷ 오전 10시, 언덕을 따라 전진에 나선 힐이 2시간 만에 프랑스군의 퇴로인 비토리아-바욘 가도를 차단하다.
❸ 오후 12시, 경사단에 속한 켐트의 여단이 방어 병력이 전무하다시피 한 트레스푸엔테스의 다리를 장악하다.
❹ 오후 2시, 무단으로 공격에 나선 픽튼의 제3사단이 멘도사 인근의 다리를 점령하다.
❺ 오후 3시, 세 방향에서 공격을 펼친 연합군이 아리네스 시가지와 언덕을 점령하다.
❻ 가오후 3시, 달하우지의 제7사단라 세인트마르가리타를 향해 진격하지만, 경사단이 먼저 그곳을 점령하다.
❼ 오후 4시, 세 방향에서 프랑스군을 압박한 연합군이 동쪽으로 진격하며 적진을 돌파하다.
❽ 오후 5시, 패주 상태에 놓인 프랑스군이 동쪽으로 후퇴를 개시하다.

들은 동쪽을 향해 떼 지어 달아났다. 연합군의 피해가 5,100명인 것과 비교하면, 프랑스군의 피해는 비교적 가벼워 8,000명 수준에 그쳤다. 이때 조제프 왕은 그가 타고 있던 마차 반대편 문으로 영국군 후사르가 들이닥치자, 앉아 있던 마차의 한쪽 문을 통해 튀어나가 간신히 위기를 모면했다. 그는 재물을 포함한 자신의 화물 전부를 버렸고, 그의 군대는 전투를 시작할 때 보유한 포 153문 가운데 소량만 제외하고는 전부 버렸다. 수천 명의 연합군 병사들이 버려진 화물을 약탈하며 그 가치만도 100만 파운드가 넘는 갖가지 재화와 화폐를 챙기면서 몇 시간을 허비하는 통에 결과적으로 맹렬한 추격전은 실패로 돌아가고 말았다. 전리품을 찾아 전장을 헤매는 병사들로 군기는 완전히 무너져 내렸다. 쇼먼은 당시 상황을 다음과 같이 회고했다.

"어떤 경우에는, 특히 전리품을 옮기는 마차를 약탈하는 과정에서 아군끼리 죽도록 싸우는 일조차 벌어졌다. 장교들도 누구 하나 이를 말릴 엄두를 못 냈다. 한마디로 이보다 지독하고 지저분한 약탈은 없었다. …… 병사들은 전리품을 한 가득씩 챙겼다."

쇼먼은 전투가 끝나고 즉석에서 벌어진 장터에서 촛대, 찻주전자, 은괴, 은쟁반, 은수저 따위를 헐값에 구입할 수 있었다.

연합군의 추격이 완전히 실패로 돌아갔지만, 비토리아 전투는 이 전쟁을 결정하는 중요 사건이었고, 이제 스페인 해방은 시간 문제나 다름없었다. 프랑스군은 남부 및 중부 스페인에서 자취를 감춘 채 고작 북부의 도시 산세바스티안과 팜플로나를 장악하고 있었다. 보다 넓은 관점에서 본 비토리아 전투의 정치적 의미는 더욱더 대단했다. 독일에서는 러시아 및 프로이센 연합군이 나폴레옹과 휴전협상을 한창 진행 중이었는데, 웰링턴의 승전보가 빈으로 날아들자 오스트리아가 연합군의 일원으로 참전을 선언하면서 협상은 결렬되었고, 심지어 웰링턴에게 중부 유럽 전투의 지휘관 직이 제안되기까지 했다. 따라서 비토리아 전투는 그저 반도 전쟁만이 아닌 보다 거시적인 나폴레옹 전쟁에 있어서도 결정적인 사건이었다고 할 수 있다.

피레네 산맥을 향해 진격하던 웰링턴은 우선 산세바스티안과 팜플로나의 국경 요새들을 장악하지 않고는 남부 프랑스 침공에 나설 수 없음을 깨달았다. 그에게는 지난 수년 동안 이베리아 반도에서 자행된 프랑스군의 학살에 대해 약탈이나 그 이상의 복수에 나설 게 뻔한 휘하의 스페인군 2만5,000명도 큰 부담이었다. 게릴라 작전의 위력을 잘 알고 있는 웰링턴은 프랑스 주민들이 자신에게 저항해 그와 같은 움직임에 나서지 않기를 바랐다. 그래서 그는 일부 소규모 부대를 제외하고는 휘하의 스페인군 전부를 뒤에 남겨두기로 결정했고, 프랑스 땅에서 약탈하다 걸리는 자는 국적을 가리지 않고 즉결처분하겠노라고 엄명을 내렸다. 쇼먼은 즉결처분 방법을 다음 사례를 언급하며 기록으로 남겼다.

"서슬 퍼런 호위대와 헌병대장을 거느린 페이컨험Pakenham 장군은 …… 성난 사자처럼 말을 달려 대열의 끝에서 끝으로 가더니 …… '저 불한당들을 당장 매달아라!'는 명령을 내렸고, 명령은 눈 깜짝할 사이에 집행되었다. 대부분이 스페인과 포르투갈 출신인 200여 명의 병사들이 이런 식으로 처형당했다."

한편, 스페인에 아직도 10여 만 명의 병력이 남아 있던 프랑스 주둔군의 최고사령관으로 복귀한 술트는 피레네 산맥 너머로 공세를 펼치거나, 뚫지 못하는 것은 아니지만 만만찮은 피레네 산맥에 기대 본토를 방어할 수 있는 이점을 안고 있었다. 피레네 산맥에는 수십 개의 좁은 회랑들이 있었지만, 오직 세 곳만이 대규모 병력의 이동에 적합했다. 이룬Irun의 해안도로나 마야Maya와 론세스바예스Roncesvalles의 고개는 모두가 스페인 쪽 국경에 자리 잡고 있었다. 웰링턴은 당장 가용 병력만 8만 명이던 술트에 맞서 6만 명의 병력만으로 80킬로미터에 달하는 전선을 방어해야 했다. 그는 휘하 병력을 모든 회랑에 분산시켜놓는 대신에 최소한의 병력만을 국경을 따라 배치한 채 프랑스군의 침입에 대응할 수 있는 예비 병력을 확보하는 데 중점을 뒀다. 그는 술트가 산세바스티안 인근의 북동쪽을 향해 선제공격을 하리라고 확신하고 그곳에 상당한 전력을 배치했다. 이는 한정된 병력으로 두 곳의 요새를 함락시키는 동시에 국경지대의 공격까지 막겠다는 야심 찬 전략에 근거한 것이었다.

웰링턴이 병력 배치에 몰두하는 사이, 그 동안 스페인에서 후퇴하거나 축출당한 프랑스의 4개 군(북부·남부·중부·포르투갈 주둔군)은 8만 명의 단일군으로 통합되어 술트의 지휘하에 놓였다. 연합군이 느슨하게 배치되어 있고 프랑스군이 산세비티안을 구하려고 공격에 대비하고 있음을 알게 된 술트는 그 무렵 고립 상태에 빠진 팜플로나를 구하기 위한 선행 조치로서 마야와 론세스바예스 회랑에 역공을 펼치기로 했다. 그는 이를 성공시킬 경우 북쪽으로 진군해 산세바스티안을 포위 중인 연합군을 격퇴하고, 그 과정에서 웰링턴의 주력과 그 밖의 북부 스페인 지역에 있는 소규모 병력들 사이로 파고들 계획이었다. 이에 따라 프랑스군은 7월 25일에 백작 에를롱Comte d'Erlon 장군이 이끄는 2만 1,000명의 병력으로 전격적인 공세에 나서 마야 회랑의 연합군을 타격했다. 그들은 결연한 자세로 공격에 나섰지만, 완강한 저항에 부딪혀 회랑을 돌파하지 못하고 회랑 한쪽을 장악하는 데 그쳤다. 같은 날, 32킬로미터 남쪽에서는 술트의 병력 4만 명이 전략상의 요충지인 론세스바예스 회랑을 엄습해 점령했다.

마야와 론세스바예스의 전황을 보고받은 웰링턴은 팜플로나 북쪽 8킬로미터 지점의 소라우렌Sorauren으로 달려가 7월 27일부로 프랑스군의 맹추격에 쫓기던 콜의 지휘권을 인수했다. 이튿날, 술트가 펼친 맹공이 실패로 돌아감으로써 팜플로나를 구한 뒤 주둔 병력에게 보급품을 전달한다는 그의 계획도 끝이 났다. 이제 스페인 땅에 발붙이기 위한 마지막 시도에 나선 술트는 휘하 3개 사단에게 힐을 향해 이동할 것을 명령했고, 에를롱은 7월 30일에 그를 리사소Lizaso로 밀어냈다. 그런데 바로 그날, 그 지역의 프랑스군이 웰링턴에게 쫓겨 피레네 산맥의 안전지대로 달아나고 말았다. 술트는 후퇴 외에 다른 선택의 여지가 없었다. 그러나 이 무렵 마야와 론세스바예스 회랑마저 연합군에게 봉쇄당한 프랑스군은 탈출을 위해 북쪽의 베라Vera까지 고된 행군을 감행해야만 했다. 7월말, 총 병력 6만 1,000명 가운데 1만3,500명을 잃은 프랑스군은 약화되고 사기가 떨어진 채 조국 땅을 밟았다.

비슷한 시기인 7월 25일, 연합군은 산세바스티안 공략에 나섰지만, 실패하고 말았다. 그럼에도 불구하고 8월 31일에 재도전에 나선 그레이엄은 산세바스티안을 점령했으나, 그 과정에서 2,300명에 이르는 병사들이 희생되었고, 성채는 불에 타 파괴되고 말았다. 또 같은 날, 술트는 프랑스와 스페인의 서쪽 국경을 이루는 비다소아Bidassoa 강을 건너 공격에 착수했다. 프랑스 침공을 저지하기 위한 그의 마지막 시도는 해안가의 이룬과 그보다 약간 내륙의 베라를 무대로 한 마지막 공격이 실패하면서 무위로 돌아가고 말았다. 9월 들어 오스트리아가 연합군의 대의에 동참함에 따라 독일 내에서의 프랑스의 전망은 급속히 암울해졌다.

10월 7일, 비다소아에서 역사적인 통과의례를 치른 웰링턴은 곧바로 산맥을 넘어 프랑스로 진군했다. 한편, 10월 16일부터 18일까지 사흘 동안 계속된 라이프치히 전투*에서는 오스트리아, 프로이센, 러시아 연합군이 프랑스군에게 사상자 10만 명과 야포 100문에 달하는 피해를 입히며 순식간에 잔존 병력을 라인 강까지 몰아냄으로써 나폴레옹에게 결정타를 날렸다.

마침내 10월 31일에 팜플로나가 백기를 들자, 프랑스로 전쟁의 무대를 넓힌 웰링턴은 스페인에서 프랑스군이 시달렸던 것과 같은 게릴라전

---

* **라이프치히 전투** 1813년 10월 16일부터 18일까지 독일의 라이프치히에서 프로이센, 러시아, 오스트리아, 스웨덴의 동맹군이 나폴레옹을 격파한 전투. 나폴레옹의 러시아 원정 실패를 계기로 하여 그해 5월부터 시작한 해방 전쟁 가운데 최대의 결전이었으며, 이 결과로 라인 강 동부의 프랑스 제국은 붕괴했다.

에 자신의 군대가 말려들지 않도록 하기 위해 프랑스 민간인들에게 정중하게 예의를 갖추었다. 연합군 병사들도 실제로 너무도 사려 깊게 처신해서 그들의 인기는 술트의 군대를 앞지를 정도였다. 누구라도 약탈하다가 붙들린 자는 교수형이나 총살형에 처해졌고, 프랑스인들에게서 물건을 구할 때는 즉석에서 대가를 지불해야 했다. 이런 식으로 자신의 진격에 걸림돌이 될 민간의 저항운동을 비켜간 웰링턴은 고정적인 주둔 임무에 병력을 파견할 필요가 거의 없었기 때문에 술트를 상대하는 데 병력을 집중할 수 있었다.

11월 10일, 니벨Nivelle 강을 따라 형성된 술트의 강력한 거점을 뚫은 그는 캉보레방Cambo-les-Bains에서 바욘을 거쳐 비스케이Biscay 만으로 흘러나가는 니브Nive 강의 새로운 방어선까지 거듭 술트를 밀어붙였다. 12월 9일, 쉼 없는 진격을 재개한 웰링턴은 함락을 목표로 바욘으로 향했다. 그러나 주도권을 뺏기지 않으려던 술트는 12월 10일에 해안지대를 무대로 호프에 맞서 기습공격을 펼쳐 호프의 부대를 수 킬로미터 뒤로 물러나게 만들었다. 사흘 뒤, 술트는 2 대 1로 수적으로 우세하게 되자, 또다시 공격에 나섰다. 이번 목표는 니브 강 동쪽의 생피에르St. Pierre에 자리 잡은 힐의 병력이었다. 힐은 결정적인 순간에 나타난 증원군이 술트를 철수시키게 만든 덕분에 간신히 참패를 모면할 수 있었다. 한편에서는 카탈루니아의 지배권을 포기한 쥐세가 고작 1만5,000명으로 줄어든 병력과 함께 피레네 산맥을 넘었다. 이제 프랑스는 그 운이 다해가고 있었고, 12월에는 나폴레옹 자신도 거의 20년 만에 처음으로 프랑스 본토가 침략당하는 것을 보고 사실상 반도 전쟁에서 거의 패배한 것이나 다름없음을 인정했다.

"나는 스페인을 고집하고 싶지도, 포기하고 싶지도 않다. 더 이상 그 나라에서 내가 할 수 있는 일은 없을 것이다."

그에게는 직접 나서서 해결해야 할 더 큰 걱정거리들이 있었다. 멀리 북동쪽에서는 러시아, 프로이센, 오스트리아, 스웨덴, 그리고 라이프치히 전투 이후 마침내 프랑스에게서 등을 돌린 독일계 동맹국들이 조직한 연합군이 라인 강을 넘어 대대적인 침공을 하기 위해 준비 중이었던 것이다.

웰링턴은 더할 나위 없이 성공적인 결말로 이 해를 마무리했다. 그의 군대는 포르투갈을 떠나 또다시 스페인 땅에 발을 들여놓았고, 북동쪽을 향한 진격을 재개하기에 앞서 비토리아에서 프랑스군에게 결정적인 패배를 안겼다. 남아 있는 마지막 요새들을 함락시킨 그는 피레네 산맥을 무대로 한 일련의 전투에서 술트를 패배시키고, 멀리 프랑스 본토 바욘까지 추격의 고삐를 늦추지 않았다.

어느 군인의 초상
영국군 제95소총연대
에드워드 코스텔로 일병

1788년 아일랜드에서 태어난 에드워드 '네드' 코스텔로Edward 'Ned' Costello
는 제화공으로 일하던 1808년에 제95소총연대의 일원이 되었다. 그의 연
대는 1809년 5월에 이베리아 반도를 향해 출항했다. 그곳에서 그는 5년
동안 역경과 모험, 구사일생의 위기, 부상, 처절한 전투를 경험했다. 그는
끊임없이 이어진 기나긴 종군 기간 내내 일병 계급에 머물렀고, 1841년에
는 자신의 경험을 책으로 펴내 웰링턴의 군대에 몸담았던 평범한 영국 병
사들의 삶을 이해할 수 있는 값진 자료를 제공했다.

제95소총연대는 당시 신설된 연대로, 브라운 베스Brown Bess 머스켓 대
신에 베이커Baker 소총을 들고 검은 가죽으로 장식한 독특한 초록색 군복
을 입었다. 코스텔로는 "날렵해 보이는 부대원들의 외모와 초록색 군복
이 너무도 마음에 들었다"고 기록했다. 제95소총연대(칙칙한 겉모습 때문
에 '굴뚝청소부Sweeps'라는 별명이 붙었다)는 전열연대들과 차별화된 복장뿐

만 아니라 명중률에 있어서 비교를 거부하던 자신들의 무기와 산병전이라는 산개대형 전술을 통해 이미 영국 육군 안에서 두각을 나타내던 경여단(나중에는 경사단으로 바뀌었다)으로 급부상했다. 이들 가운데서도 유명한 소총수 톰 플런켓Tom Plunkett 일병은 아스토르가 인근에서 패짓 장군이 내건 포상금에 혹해 콜베르Colbert 장군의 사살 임무에 나섰다. 그러나 콜베르 장군이 말을 탄 채 훤히 노출되어 있어도 형편없이 부정확한 무강선 머스켓으로 무장한 병사들로서는 교묘히 피하는 그를 맞힐 수가 없었다. 눈 위에 드러누운 채 소총 멜빵을 발에 건 그는 콜베르 장군을 말에서 떨어뜨렸고, 기병 10여 명의 추격을 받으며 아군 전선까지 도망쳤다.

코스텔로의 도착과 거의 동시에 역사상 가장 위대한 강행군으로 꼽히는 행군에 나선 경여단은 전투가 임박한 탈라베라의 웰링턴 군대의 본대를 향해 출발했다. "부대는 이 과정에서 주로 과로와 찌는 듯한 더위 탓에 끔찍한 고통을 겪었다. 일사병이 병사들 사이에서 기승을 부렸고, 많은 이들이 길가에 쓰러져 숨을 거뒀다." 경보병 부대라 해도 여전히 제95소총연대 병사들이 지고 다닌 장비, 생필품, 탄약, 소총 등의 무게는 35~40킬로그램에 달했고, 혹독한 7월의 열기는 엄청난 인명 피해를 낳았다. 경여단은 26시간 만에 100킬로미터를 행군했지만, 전투가 끝난 뒤에야 탈라베라에 도착할 수 있었다. 그러나 그것은 역사에 남을 만한 기록이었다.

앞으로 나아가자. …… 탈라베라의 고지대가 갑자기 시야에 들어왔다. 우리는 세 번 환호성을 지르며 그것을 반갑게 맞았다. …… 그러나 그 광경은 말문을 잃게 했다. …… 전장은 …… 방금 전의 전투가 남긴 잔해로 가득했다. 죽은 자와 죽어가는 자가 수천 명씩 이긴 편 진 편 할 것 없이 작은 둔덕을 이뤄 널브러진 채 포가에서 굴러 떨어진 포신과 박살난 탄약 마차 따위와 뒤엉켜 있었다. 부서진 마구와 피로 물든 샤코shako(보병의 모자)를 비롯해 그 밖에도 망가진 군대 장비들이 전장의 풍경을 채웠다.

6주 동안 심한 열병에 시달린 코스텔로는 1810년 3월에 바르바 델 푸에르코Barba del Puerco의 소속 연대로 복귀했다. 바람이 심하게 부는 같은 달 19일 밤, 거친 바위투성이의 깊은 협곡에 놓인 아구에다Agueda 강의 다리를 지키던 코스텔로와 43명의 소총병들은 보초들을 사로잡으며 잠입한 프랑스군의 기습을 받았다. 병사들은 바위로 덮인 거친 지형에 몸을 숨긴 채 고지로 올라오려는 적을 향해 쉴 새 없이 사격을 가했다. 코스텔로의 중대는 연대장이 이끄는 3개 중대의 증원 병력이 나타날 때까지 1시간 반 동안이나 프랑스군 600명을 저지했다.

1810년 7월, 시우다드로드리고를 함락한 프랑스군이 뒤이어 압도적인 병력을 내세워 경사단을 공격했고, 그 와중에 코스텔로와 소총병들 일부가 기병들에게 둘러싸였다. "전방의 프랑스 보병들과 접전을 펼치는 동안 그들의 후사르 1, 2개 중대가 …… 우리의 우익을 강타했다. …… '프랑스 기병이다'라고 외쳤지만 때는 이미 늦어 그들이 우리 진영 사이로 뛰어든 다음이었다. 무방비 상태에서 이렇다 할 저항도 못해본 우리는 사방에서 말에 밟히거나 기병도에 맞아 쓰러졌다." 어느 프랑스 용기병이 코스텔로의 멱살을 잡고 기병도를 치켜들어 그의 가슴을 노렸지만, 제52보병연대의 일제사격에 사살당하고 말았다.

이 사격에 나를 노린 자의 말이 쓰러졌고, 격하게 내동댕이쳐진 그는 나를 붙잡은 채 굴렀다. 말이 용기병의 다리를 깔고 앉아 있었다. 그의 손아귀에서 풀려나기 위해 잠시 안간힘을 쓴 나는 그를 떨쳐내자마자 소총의 개머리판으로 그의 머리를 후려친 뒤, 우리 제52보병연대를 향해 내달렸다.

그러나 코스텔로는 오른쪽 무릎에 총상을 입었고, 전우의 등에 업혀 후송되는 도중 그 동료마저 총에 맞는 바람에 코아 강의 다리까지 홀로 절룩이며 가야만 했다. 그는 행운이 따라서 목숨을 건질 수 있었고, 이와 같은 경우는 결코 흔하지 않았다.

예나 다름없는 끔찍한 후퇴 끝에 마침내 코스텔로는 리스본 인근에 자리한 벨렘Belem의 병원에 도착했다. 그곳과 도중 피구에라Figuera에서 겪은 투병 생활은 너무도 끔찍했다.

더운 열기는 엄청났고, 상처에 지독한 악영향을 끼쳤다. 군의관들은 거의 눈에 띄지 않았다. …… 환부와 붕대 속에는 구더기들이 꼬였고, 붕대를 풀면 썩은 살점과 함께 구더기들이 묻어 나왔다. 많은 이들이 후송 과정에서 죽거나 사지를 절단해야 할 만큼 상태가 악화되었지만, 주의 깊게 상처를 돌보며 상처에 올리브 기름을 뿌린 나는 구더기들을 없앨 수 있었다.

벨렘의 치료 수준이 개선된 덕분에 빠르게 회복된 그는 10월까지 그곳에서 요양하다가 토레스베드라스 선의 소속 부대로 복귀했다. 코스텔로는 그해의 나머지 기간 동안 수차례의 산병전과 소규모 전투를 치르며 프랑스군을 추격했고, 그들이 남긴 폐허와 고통의 흔적, 그리고 희생자들의 시신과 군대가 지나갔음을 보여주는 불에 탄 마을들을 통해 드러난 게릴라들의 끔찍한 보복을 목격했다. 코스텔로는 1811년 5월 푸엔테스 데 오뇨로 전투에 참가했고, 계속해서 스페인 내지로 진군했다. 그가 대다수 동료들처럼 행군과 전투 사이에 농부들을 상대로 권투와 레슬링을 즐기는 동안, 장교들은 사냥을 나가거나 스페인 전통 춤을 가르쳐주는 대신 영국과 아일랜드 전통 춤을 익히려는 마을 처녀들과 어울려 춤을 췄다.

1812년의 시작과 함께 영국군은 국경지대의 요새인 시우다드로드리고를 포위했다. 성벽 두 곳에 돌파구가 뚫리자, 결사대에 자원한 코스텔로는 작은 돌파구를 향한 본대의 돌격을 이끌 소부대의 일원이 되었다. 큰 돌파구는 두 번째 공격조의 몫이었다. "수많은 동료들이 이 목숨을 건 임무에 주저 없이 나섰다. 나는 같은 중대 소속의 장교 3명과 함께 당시로서는 행운이라고 여긴 선발의 기회를 잡았다. 그것은 병사의 삶에 한번 있을까 말까 한 기회였기 때문에, 우리는 이 임무를 중요하게 생각했다." 포탄과 파편이 머리 위를 가르는 가운데 그들은 모두 저마다 자신의 생존 가능성을 따져보았다. 그들은 서로 악수를 나누었고, 코스텔로는 한술 더 떠 자신이 살아 돌아오지 못할 경우에 대비해 한 동료에게 아버지의 주소를 알려주기까지 했다. "도시가 어둠에 휩싸이자, 우리의 상상력은 앞으로 닥칠 두려운 광경에 눈뜨기 시작했다"고 코스텔로는 기록했다.

음울해 보이지만 높이 칭송받던 경사단 지휘관 '검은 밥' 크로퍼드 장군은 친히 선두에 서서 돌파조를 이끌었다. 그는 맑고 선명한 목소리로 병사들에게 훈시했다.

제군들! 조국은 그대들을 지켜보고 있다. 침착하고 냉정하며 단호하게 돌진하라. 저 도시는 오늘밤 그대들의 것이 될 것이다. 일단 성벽을 장악하면 보루의 소탕이 첫 번째 임무이며 움직일 때는 항상 대오를 유지한다.

코스텔로의 기록에 따르면, 동료들과 초조히 돌격 신호를 기다리던 그의 심장이 방망이질 치는 동안, 후방에서는 같은 사단의 병사 수천 명이 돌파조에 뒤이어 돌입할 태세를 갖추고 있었다. 그는 "우리는 당장이라도 영원 속으로 뛰어들 참이었다. 병사들 사이에서는 엄숙한 기운이 감돌았고, 지금까지 본 것 중 가장 무거운 침묵이 흘렀다"라고 회고했다. 신호탄을 확인한 크로퍼드가 "지금이다, 제군들. 돌파구를 향하여!"

■■■■■ 제95소총연대의 신병들이 베이커 소총의 사용법을 교육받고 있다.

라고 외치자, 병사들이 목표물을 향해 질주하기 시작했다. "돌파구에 접근하자, 적의 사격이 전우들을 휩쓸었다. 불덩이들이 우리 위치를 비추는 가운데 산탄과 포도탄, 포탄, 유탄이 규칙적인 총탄의 폭우와 함께 우리를 향해 쏟아졌다." 크로퍼드가 치명상을 입고 쓰러졌지만, 공격의 기세는 꺾이지 않았다. 병사들은 해자^{垓子}에 놓인 사다리에 매달린 채 포화의 폭풍 속을 뚫고 올라갔다. 프랑스군의 지뢰가 터지는 바람에 많은 전사자가 발생하고 그 밖에도 다수가 화상을 입었지만, 이에 아랑곳하지 않고 병사들은 적을 밀어붙였다. 코스텔로 본인도 도움의 손길이 닿기 전까지 프랑스군 포수와 격투를 벌이다 죽을 뻔했지만, 이미 전장은 온통 처절한 육탄전의 장이 되어 있었다. 전투는 불과 30분 만에 막을 내렸다. 요새는 영국군의 손에 들어왔고, 코스텔로는 또 다른 싸움을 맞이하기는 하지만, 다시 한 번 목숨을 건질 수 있었다.

코스텔로는 4월에 펼쳐진 보다 대규모의 바다호스 요새 공략에도 참가했다. 또다시 결사대에 자원한 그는 지휘를 맡은 두 사람을 이렇게 평했다. "못생기기로 따지자면 누구도 그 둘을 따를 수 없었지만, 그보다 잘생긴 어떤 군인도 감히 프랑스군의 대포 앞에 나서려 들지 않았다." 돌파구에서 부상당한 코스텔로는 "참으로 오랜만에 처음으로 기도 같은 무언가를 뇌까렸다." 이윽고 총성이 잦아들자, 부상자들의 신음소리 너머로 시가지로부터 환호성이 들렸다. 코스텔로 자신은 오른쪽 다리에 부상을 입은 데다가 전투모에 총알구멍이 2개 나기는 했지만, 드디어 그들이 요새를 함락했던 것이다. 하지만 바다호스가 그의 마지막 전장은 아니었다. 그는 계속해서 경사단과 함께 행군하여 살라망카 전투와 부르고스 철수에 참가했고, 비토리아 전투에서는 버려진 마차에서 400파운드에 이르는 전리품을 챙기기도 했다. 그는 이에 대해 이렇게 기록했다. "모두들 기회만 되면 우리의 승리로부터 사리사욕을 채우는 데 정신이 없었다. 그래서 나는 점잔만 빼지 않기로 했다." 그 뒤로 피레네 산맥을 둘러싼 여러 전투들과 타르베스^{Tarbes} 전투, 그리고 마침내 툴루즈^{Toulouse} 전투가 이어졌다.

코스텔로는 워털루 전투에도 참가해 콰트르브라^{Quatre Bras}에서 머스켓 탄환에 손가락을 잃었고, 수년 동안 프랑스 점령 임무에 종사하기도 했다. 그는 1838년 런던 타워^{Tower of London}의 수문장이 되기 전까지 카를로스 전쟁^{Carlist War}* 기간 동안 영국군의 일원으로서 오랜 시간을 또다시 스페인의 전장에서 보냈다. 그는 부상을 당할 때 맞은 머스켓 탄환들 가운데 2발을 몸 속에 여전히 간직한 채 1869년에 숨을 거두었다. 1810년 코아 강에서 그의 다리에 박힌 탄환 1발은 그의 부탁에 따라 사후에 제거되었다. '네드' 코스텔로는 출판된 그의 회고록과 더불어 빅토리아 시대에 반도 전쟁을 전달한 인물이라고 해도 손색이 없을 것이다.

---

* **카를로스 전쟁** 1833년에 페르난도 7세가 죽자 절대왕정의 완화를 조건으로 그의 딸 이사벨라를 옹호한 자유주의자들과 그의 동생 카를로스를 옹호한 왕당파이자 가톨릭 세력 Carlist 사이에서 벌어진 내전. 1876년, 자유주의 정부의 승리로 끝날 때까지 세 차례에 걸쳐 진행된 전쟁은 표면상 왕위 계승 문제를 발단으로 시작되었지만, 실질적으로는 20세기의 스페인 내전까지 이어진 보수 세력과 혁신 세력 간의 대립이라 할 수 있었다. 이 전쟁은 특히 반도 전쟁의 유산이라 할 수 있는 비인도적인 전쟁 양상으로 인해 영국을 비롯한 강대국의 무력 중재를 불러오기까지 했다.

어느 민간인의 초상
영국 외무상 조지 캐닝

조지 캐닝(1770년~1827년)은 자신의 길었던 정치 인생의 막바지에 다음
과 같은 연설을 남겼다.

"바라건대, 고고히 박애주의를 외친 모든 이들처럼 지구상의 국가들
을 대하는 저의 생각 역시 우호적이었으면 합니다. 그러나 한 가지 고백
하자면 정치적인 사안에 있어 제 머릿속을 지배하는 가장 커다란 목표는
영국의 이익입니다."

이는 외교 분야에서 볼 수 있는 특별한 사례로, 1807년 3월 포틀랜드
공작의 정부에서 외무상을 지낸 캐닝의 기본 목표는 영국의 기존 동맹관
계를 유지하는 동시에 새로운 동맹을 찾는 것이었다.

캐닝이 취임할 당시, 영국은 4년 전 나폴레옹 전쟁이 시작된 이래로
가장 커다란 불운에 직면해 있었다. 그의 주임무인 영러 동맹의 유지는
러시아 황제의 군대가 2월에 아일라우 전투로 나폴레옹에게 상당한 타격

을 입은 데다가 6월에는 프리틀란트에서 프랑스가 승리를 거두고 틸지트 조약이 체결되자 러시아가 전쟁에서 떨어져나감으로써 약체 스웨덴과 포르투갈을 제외하고 남은 영국의 동맹이 더 이상 없게 되자 거의 불가능하게 되었다.

러시아는 조약의 비밀조항에 의거해 덴마크가 대륙체제에 따라 항구를 폐쇄하지 않을 경우 덴마크에 대한 프랑스의 적대행위를 지원하기로 합의했다. 프랑스의 숨겨진 의도를 파악한 캐닝은 전쟁 기간 중 함대를 보내 덴마크 함대의 인도를 요구함으로써 나폴레옹의 계획을 미연에 저지하도록 내각을 설득했다. 중립국이었던 덴마크는 당연히 영국의 통첩을 거부했다. 그해 9월, 코펜하겐은 무자비한 포격에 휩싸였고, 덴마크 함대는 나포당했다. 작전의 합법성에는 분명 문제가 있었지만, 아무튼 캐닝이 판단하기에 포르투갈 함대에 더해 덴마크 함대마저 프랑스의 손에 들어간다면 또다시 영국이 나폴레옹의 침공 위협에 직면할 수도 있었다. 2년 전 트라팔가르 해전으로 고비를 넘기기는 했지만, 외부의 침공으로부터 영국을 보호하는 것은 런던의 정책입안자들에게 최우선 사항으로 남아 있었다.

다음 달, 캐닝은 포르투갈 함대를 영국 해군에 이양하는 문제를 성공적으로 처리했다. 앞에서 살펴봤듯이 10월 말 리스본에 도착해 왕가를 대피시킨 제독 시드니 스미스Sidney Smith 경은 쥐노가 무방비 상태의 수도로 입성하는 찰나에 이들과 포르투갈 함대를 브라질로 호송했다. 불과 몇 개월 사이에 나폴레옹은 영국에 직접적인 위협을 가하고자 할 때 필요한 함선들을 가로채이고 말았던 것이다. 이것은 다 캐닝의 선견지명과 과감함 덕분이었다.

이 같은 방어 전략이 성공을 거두자, 이제는 보다 적극적인 조치를 취할 때가 되었다. 영국은 제한된 군사 자원을 지속적인 주요 지상전에 투입할 수 있는 대륙 내의 발판을 마련해야 했다. 이미 언급했듯이 그러한 기회는 스페인인들이 자발적으로 봉기를 일으키면서 찾아왔다. 1808년 6월 8일, 영국의 지원을 얻고자 아스투리아스 왕국*의 특사들이 런던에 왔을 때 외무상의 자격으로 그들을 맞은 사람이 바로 캐닝이었다. 그들의 뒤를 이어 갈리시아와 안달루시아의 특사들이 자금과 무기를 요청해오면서 캐닝은 이번에는 전의가 충만한 애국자들의 적극적인 항쟁을 통해 프랑스를 타격할 수 있는 절호의 기회를 얻게 되었다.

캐닝의 견해에 따르면, 국민적인 항쟁은 그 자체로 매우 고무적이었다. 영국은 일찍이 1795년에 자신의 군주제 동맹국들이 동맹을 체결한 국가들은 개별적으로 평화조약을 체결하는 것을 금지한다는 조항을 어겨가며 하나둘씩 동맹에서 떨어져나가는 경험을 한 바 있었다. 게다가 캐닝은 파병이나 원조를 통해 하노버, 덴마크, 스웨덴, 포르투갈, 나폴리 같은 유럽의 소국들을 지원하려던 시도가 모조리 참담한 실패로 돌아가는 것을 지켜본 바 있었다. 반면에 이베리아 반도에서 발생한 분쟁은 유일무이하고 전례가 없는 것이었다. 단지 국왕 한 사람만을 위해서가 아니라 조국을 위해 죽음마저 불사한 민중의 봉기는 나폴레옹의 패권에 맞선 기나긴 투쟁에 한층 더 커다란 가능성을 열어놓은 것처럼 보였다.

6월 15일, 캐닝의 친구이자 동료 의원인 리처드 셰리던^{Richard Sheridan}이 의회에서 스페인 지원 문제를 제기했다. 그는 다음과 같은 발언을 했다.

과거에 보나파르트는 권위 없는 군주들과 지혜롭지 못한 재상들을 상대했습니다. 그와 맞붙은 국가들은 그의 성공에 개의치 않는 국민들을 거느린 국가들이었습니다. 이제 그는 자신에 대항해 저항 의지로 결집된 민중들의 국

---

* **아스투리아스 왕국** 8세기 초부터 10세기 초에 스페인 북서부에 있던 그리스도교 왕국.

가를 상대하는 것이 어떤 일인지를 배워야 할 것입니다.

캐닝은 영국과 스페인이 공식적인 교전 상태에 있다 할지라도 가능한 모든 실질적 지원에 나설 것임을 선언했다. 그는 의회 활동 기간 동안 의사당에서 행한 자신의 수많은 명연설 가운데 하나를 통해 다음과 같이 말했다.

우리는 어떠한 유럽 국가든 평화를 가장하거나 공공연히 전쟁을 선포하는 모든 국가들의 공동의 적인 강대국에 맞선다면, 그 나라가 기존에 영국과 어떠한 정치적 관계에 있었건 간에 즉시 우리의 소중한 우방으로 삼는다는 원칙에 따라 행동해야 할 것입니다.

한마디로 이것은 스페인과의 적대관계가 즉시 해소될 것이며, 무엇보다도 영국은 나폴레옹의 압제에 저항하는 어떠한 국가 혹은 국민이라도 지원하겠다는 것을 나타낸 것이다.

캐닝은 자신의 말을 물질적인 지원으로 뒷받침했다. 그는 서둘러 영국과 스페인의 강화조약을 주선하며 훈타들에게 파견할 외교사절을 임명했다. 8월 5일, 그는 실제적인 필요에 부응해 미래의 외무상이자 당시 전쟁상을 맡고 있던 캐슬레이Castlereagh 경에게 아스투리아스와 갈리시아 특사들을 대신해서 포병과 기병을 요청했다. 그는 무기 공급을 위해 수차례 병기국Board of Ordnance의 채텀 경을 졸라서 11월까지 16만 정의 머스켓을 공급했고, 그 뒤 한 달 동안 3만~4만 정을 추가로 보냈다. 스페인이 요구한 상당한 액수의 자금은 영국 정부가 당장 해결해줄 수 있는 수준이 아니었지만, 특사가 도착한 지 한 달도 안 되어서 외교관이 갈리시아의 훈타에 보낼 스페인 돈 20만 파운드를 가지고 코루나로 급파되었다. 여름이 끝날 무렵 다섯 곳의 주요 훈타에 인도된 자금은 은화로 총 100만 파운드에 달했고, 최고 훈타가 설립될 경우에는 더 많은 자금이 인도될 예정이었다.

캐닝은 영국이 단순히 자금과 물자를 공급하는 것 이상의 기여를 해야 한다는 것을 알고 있었다. 즉, 영국도 자국의 군대를 파병해야만 했던 것이다. 덴마크와 포르투갈 함대가 무력화되고 침공 위협이 감소되면서 영국 본토 방어에 많은 병력을 집중할 필요가 없게 되자, 상황은 전에 없이 호전되었다. 이에 캐닝은 이들 병력 일부의 해외 파병 계획을 강력히 옹호하면서 앞에서 말한 것처럼 6월 초에 스페인(그리고 포르투갈)를 지원하기 위해 웰즐리의 원정군을 출항시켰다. 공교롭게도 이들은 스페인령 아메리카 공략에 할당되어 있던 병력이었다.

초기의 결과는 앞에서 이미 언급한 바 있다. 웰즐리는 8월에 포르투갈 상륙 직후, 비미에루에서 쥐노를 격파했다. 그는 자신의 상관인 달림플과 버라드 장군이 그를 가로막고, 수치스런 신트라 협정을 맺어 쥐노 휘하 군대가 영국 선박을 타고 프랑스로 돌아갈 수 있게 하지만 않았더라도 프랑스군을 추격해 섬멸할 수 있었을 것이다. 공식 보고가 런던에 도착하는 데는 11일이 걸렸고, 16일에 신트라 협정의 조항들이 신문에 실리자 예상한 반응이 돌아왔다. 이베리아 반도의 전쟁으로 한껏 고조된 여론은 지금까지 무적이던 프랑스군이 야전에서 굴복했지만 무기와 전리품 일체를 챙겨 본국으로 소환됨으로써 앞으로도 싸움에 나설 수 있는 자유를 얻게 되었다는 사실에 찬물을 끼얹은 듯 가라앉았다.

분노를 가눌 수 없었던 캐닝은 채텀에게 이 협정이 "더할 나위 없이 치욕스럽고, 재앙과도 같다"고 표현했다. 바트허스트^{Bathurst} 경은 협정에 대해 "너무도, 명백하게, 치욕스러울 만큼 부당해서 포르투갈 국민들이 들고 일어나기를 바라며, 그러리라고 믿는다"라고 말하기까지 했다. 프랑스군에게 영국의 동맹국에게서 빼앗은 약탈품의 소유권을 인정한 것은 부조리나 다름없었으며 앞으로도 '미래의 지휘관들에게는 일종의 지침으로, 우리의 동맹에게는 공포로, 적들에게는 부추김으로 작용할 터'였다. 캐닝의 격렬한 반대에도 불구하고 의회의 입장에서는 부득이하나마 협정을 존중할 수밖에 없었다. 그나마 외무상인 그는 달림플과 버라드, 그리고 웰즐리를 소환해 달림플과 버라드를 더 이상 현역에 발붙이지 못하게 할 수 있었다.

신트라 협정으로도 모자랐는지 영국군에게는 존 무어 경의 코루나 후퇴 사건이라는 두 번째 시련이 닥쳤고, 격노한 캐닝은 '꽁무니를 뺀' 무어 경과 그에게 물자와 프랑스군의 배

■■■■■ 조지 캐닝. 그는 영국과 스페인의 우호관계를 유지하기 위해 부단히 노력했지만, 거기에는 나름대로 애로사항이 있었다. 그는 1809년 8월에 다음과 같은 글을 남겼다. "이제 스페인 사람들은 우리에게 전적으로 기댈 수 있고, 자기들이 우리에게 당연히 요구할 권리를 갖고 있다고 생각하며, 우리의 모든 지원에 매번 감사하기보다는 조금이라도 우리 측의 지연이 있을 때마다 이를 신뢰관계의 손상이나 위반으로 받아들인다. 그들의 이런 경향은 불쾌할 뿐만 아니라 나를 진저리치게 만든다." (Roger-Viollet)

치에 대한 정보를 제공하지 못한 스페인인들 모두를 비난했다. 캐닝은 이미 포르투갈이 아닌 스페인 북서부로 후퇴한다는 무어 경의 결정이 있기 전부터 스페인 당국이 이를 영국의 본격적인 발빼기 정책으로 해석하지 않게끔 하기로 마음먹었다. 12월 9일, 그는 영국군이 반드시 돌아올 것이라는 내용을 담은 편지를 영국 사절을 통해 최고 훈타에 전달했지만, 이는 스페인 당국자들이 영국군에게 합당한 보급 물자와 정보를 제공할 때

만 가능했다. 캐닝은 영국군을 스페인군에 나눠 배속시키기보다는 영국 지휘관 휘하에 둘 것이며, 이들이 런던 당국의 명령을 받는 야전 지휘관들의 계획에 따라 움직일 것이라는 사실을 분명히 했다.

이어서 캐닝은 영국군은 "곤경과 위험 앞에서도 지휘관이 뭔가 궁극적인 목표를 찾았을 경우에는 그러한 곤경과 위험을 마다하거나 꺼리지 않을 것"이라고 밝혔다. 그는 무어의 보고서에서 성토된 문제점들을 지적하면서 스페인인들을 힐난했다. 즉, 앞으로는 절대로 영국군을 "스페인 한복판에, 그것도 흔해빠진 소문 외에는 주위에서 벌어지는 사건들에 관한 어떠한 정보도 없이 무어와 베어드처럼" 내팽개쳐서는 안 된다는 것이었다. 스페인인들은 존 무어 경이 동맹군을 지원하러 되돌아올 수 있을 때까지 자신들의 전략을 충분히 설명해야만 했다.

12월이 끝나갈 무렵, 캐닝은 존 무어 경의 실패한 원정에 대해 사적인 비난의 강도를 높였지만, 내각의 동료들은 그의 견해에 동조하지 않았다. 군대의 성공적인 철수와 존 무어 경의 전사 소식을 접한 포틀랜드 내각은 오히려 자신의 목숨을 바쳐 파멸로부터 군대를 구한 덕망 있는 장군을 공개적으로 옹호했다.

얼마 지나지 않아 정부는 의회에서 자신들의 정책을 변호할 기회를 갖게 되었다. 1809년 2월말에 야당은 '지난번 스페인 원정의 원인과 경위, 진상'에 관한 청문회를 요구했다. 당연히 그들은 신트라 협정과 코루나 사태로 정부를 공격했다. 캐닝의 동료는 개인적인 반감에도 불구하고 포틀랜드에 대한 신의를 지킨 캐닝의 답변에 대해 "지금까지 들어본 것 중에서 가장 훌륭하고 도도하며 청중을 사로잡는 연설이었습니다"라고 국왕에게 아뢰었다. 캐닝은 존 무어 경이 스페인인들의 조직적인 저항을 송두리째 분쇄하겠노라고 나폴레옹이 공언한 목표를 망쳐놓는 데 결정적으로 기여했다고 단언하면서 사아군까지 진군한 것은 실로 군인을 뛰어

넘는 정치인다운 조치라고 치켜세웠다.

캐닝은 그 덕분에 스페인인들의 저항 의지가 유지될 수 있었다고 강력히 주장하는 한편, 패배를 승리로 그려내는 영국인들의 위대한 전통에 따라 비록 존 무어 경의 군대가 스페인에서 밀려나기는 했어도 그가 코루나 전투에서 거둔 승리는 "우리의 머리 위에 씌워진 월계관"으로 남을 것이라고 역설했다. 그는 패배를 받아들이며 이베리아 반도 철군(당연히 포르투갈에는 여전히 영국군이 주둔 중이었다)을 논의하는 이들을 비난하는 한편, 기필코 나폴레옹을 이길 수 있을 것이라고 단언했다. 캐닝은 자신의 연설을 마무리하면서 최근의 사태를 통해 나폴레옹의 운이 트인 것은 부정할 수 없지만, "그것은 어디까지나 운일 뿐 운명이 아닌 만큼 불변의 고정된 사실이 아니다"라고 지적했다.

존 무어 경의 행동에 관한 캐닝의 개인적인 평가와 그의 공적인 발언 사이에서 드러나는 괴리는 위선적으로 보일 수 있다. 그러나 당시 상황은 영국 남부 해안에 도착한 초췌한 병사들의 말을 믿으면, 스페인인들이 그들을 홀대한 꼴이 되고 마는 복잡한 양상을 띠고 있었다. 항간에는 모든 이야기를 신뢰할 수 있었던 것은 아니지만, 전장에서 스페인인들이 비겁한 행위를 저지르고 압도적인 프랑스군을 피해 후퇴하던 영국군의 곤경을 무시했다는 이야기들이 나돌고 있었다. 이외에도 스페인인들이 존 무어 경의 절박한 군대에게 식량과 숙소를 제공하지 않았다는 충격적인 폭로까지 이어졌다. 이를 무기 삼은 많은 야당 의원들은 이베리아 반도에서 프랑스를 저지하려는 3차 원정이 가망이 없다고 주장했다. 캐닝은 이를 반박하며 개인적으로는 스페인 장군들과 최고 훈타의 우유부단함에 탄식을 금치 못하면서도 사석과 공석에서 영국이 스페인 민중들의 애국적 대의에 모든 실질적인 지원을 보내야 한다는 주장을 굽히지 않았다. 이로써 논쟁은 정부의 승리로 매듭지어졌고, 대중의 불안감은 수그러들었으며,

■■■■■■ 코루나의 전장에서 실려 나오는 존 무어 경. 왼쪽 어깨에 맞은 총알로 치명상을 입은 그가 그날 밤 늦게 숨을 거두자, 존경심을 넘어 그를 숭배하던 군대는 비탄에 잠기고 말았다. 조지 네이피어 경은 숨진 장군을 "충직한 군인이자 끈질기고 강인하며 다재다능한 장군, 굽힐 줄 모르는 진정한 애국자"라고 칭송하며 당시 사람들의 심정을 표현했다. [Ann Ronan Picture Library]

영국의 반도 전쟁 참전은 계속되었다.

캐닝은 중요한 동맹인 스페인을 유지하는 임무 때문에 의회의 반발 이상의 곤경을 겪었다. 스페인과 포르투갈이 끊임없이 무기와 자금을 요구하자, 1809년 7월에 그는 자신의 친구에게 "우리는 지금까지 거의 모든 유럽 대륙을 돌아가며 러시아, 프로이센, 스웨덴, 포르투갈, 시칠리아, 스페인 등에 무기를 대왔고, 그 와중에 우리 군대마저 이전의 여섯 배로 불어나버렸지"라며 볼멘소리를 하기에 이르렀다. 그해 9월, 포틀랜드 내각이 사임할 무렵, 캐닝은 서로의 책임과 혜택이 명시된 영국-스페인 동맹

조약을 아직 완전히 매듭짓지 못하고 있었다. 그럼에도 불구하고 결국에는 프랑스에 대한 공통된 적대의식이 전통적인 적대관계에 머물 뻔한 이 두 국가의 껄끄럽지만 극히 안정된 결속을 이끌어냈고, 머지않아 정식 동맹조약도 체결되었다.

짧은 기간 동안 포틀랜드 내각의 외무상을 지낸 캐닝의 행적은 적어도 반도 전쟁에 있어서는 상당한 결실을 맺었다. 영국과 스페인이 적대관계에서 우호관계로 급속히 전환된 것이 캐닝의 지침 덕분이었다면, 전쟁의 성공에 너무도 필수적인 세 가지 요소, 병력과 무기, 그리고 자금을 영국에게 제공받을 수 있었던 것은 스페인인들의 대의에 대한 캐닝의 강력한 지지 덕분이었다. 그는 반도 전쟁이 종결되기 훨씬 전에 자리에서 물러났지만, 외교, 특히 스페인과 캐닝의 인연이 거기서 끝난 것은 아니었다. 1822년, 또다시 외무상을 맡은 그는 오랫동안 그 자리에 머물면서 스페인의 정치 위기와 프랑스의 개입, 의회제도의 미래와 그에 관한 영국의 역할, 복잡하게 얽힌 그리스의 독립 문제 및 승인, 라틴 아메리카 신생 독립국들의 승인 및 무역 문제 같은 당대의 중대한 국제 문제에 자신의 역량을 집중했다. 이를 비롯해 다른 난제들을 처리한 그의 빼어난 수완 덕분에 마침내 그는 영국의 가장 뛰어난 외무상 가운데 한 명으로 자리매김했다.

사태의 종결 과정
조금은 허무한 결말: 1814년의 전황

1814년 전투를 시작할 무렵, 웰링턴의 휘하에는 스페인군을 포함해 6만3,000명의 병력이 있었다. 그는 이 병력으로 바욘에 있던 술트를 유인해 프랑스군을 갈라놓을 작정이었다. 그는 이를 실현하고자 지난해에 큰 성공을 거둔 바 있는 프랑스군 측면에 대한 우회기동을 계획했다. 술트는 5만4,500명의 병력을 보유하고 있었고, 그해 1월에 병력 1만 명과 야포 35문을 나폴레옹 황제에게 빼앗긴 상태였다. 이들 병력은 아두르^{Adour} 강 이북의 바욘과 지난해 12월 이후 연합군의 수중에 들어간 니브 강 동쪽 16킬로미터 지점의 주와이으^{Joyeuse} 강 일대를 방어하는 데 균등하게 배치되어 있었다.

3만1,000명의 병력으로 바욘을 포위한 호프에게는 기회를 봐서 아두르 강을 건너라는 명령이 내려져 있었다. 웰링턴이 4개 사단의 예비대와 함께 니브 강에 남아 있는 동안 병력 1만3,000명을 이끈 힐은 2월 14일에 주와이으를 건넜고, 사흘 뒤 생장피드포르St. Jean-Pied-de-Port에 도착했다. 술트는 이에 대응해 바욘에 있던 2개 사단을 불러들임으로써 바욘에는 고작 1만7,000명의 병력만이 남게 되었다. 웰링턴은 바로 이 같은 방어력의 저하를 노리고 있었다. 호프는 23일에 보트를 이용해서 도시 서쪽의 아두르 강을 건넌 뒤, 반대편 기슭에 교두보를 구축했다. 이어서 강을 가로지르는 교량의 건설에 착수한 그는 26일까지 1만5,000명을 건너편으로 이동시켜 바욘을 포위해 술트의 나머지 병력과 단절시켰다.

프랑스군은 힐과 그의 병력 1만3,000명의 진격에 직면해 오

■■■■■ 중장 롤랜드 힐 경(제1대 힐 자작, 1772년~1842년). 웰링턴이 거느린 가장 유능한 지휘관이라고 해도 손색이 없는 그는 단독으로 지휘를 맡았던 1811년 아로요 도스 몰리노스Aroyo dos Molinos 전투뿐만 아니라 비토리아·니벨·니브 전투를 필두로 한 모든 전투에서도 자신의 능력을 입증해 보였다. 그는 병사들의 복지나 필요한 물자를 세심하게 돌보았기 때문에 '힐 아빠'라는 애칭을 얻기도 했다. 1815년의 점묘판화. (Ann Ronan Picture Library)

르테스Orthez까지 후퇴했다. 이제 웰링턴은 3만1,000명의 병력으로 이들과 맞서게 되었다. 오르테스에 있던 술트는 휘하 병력 3만6,000명과 야포 48문을 강력한 방어거점인 시가지 서쪽 능선에 배치해두고 있었다. 2월 27일에 실시된 웰링턴의 첫 번째 돌격은 실패로 돌아갔지만, 동쪽에서 따로 펼쳐진 힐의 공격에 힘입어 두 번째 돌격이 성공을 거두자, 술트는 시가지 안에 군대가 갇히는 것을 꺼려 후퇴하기 시작했다. 그로부터 2주가 지난 3월 12일, 부르봉 왕가에 대한 지지를 선언한 보르도Bordeaux가 베레스

포드를 맞아 성문을 열었다. 술트는 그 무렵에도 계속해서 후퇴 중이었고, 그의 후위대는 3월 20일에 타르베스에서 의욕적인 전투를 펼쳤다. 4일 뒤 툴루즈에 입성한 그는 혈로血路를 개척하며 북상 중인 쥐셰와 합류할 수 있는 위치에 섰다.

열흘 뒤인 3월 30일에 북쪽의 연합군이 파리를 점령하자, 4월 6일에 나폴레옹은 무조건 폐위를 선언했다. 하지만 이 소식이 술트와 웰링턴에게 전달되는 데는 상당한 시간이 걸렸고, 웰링턴은 술트와 쥐셰의 합류를 절대로 용납하지 않을 생각이었다. 이에 따라 4월 10일 선제공격에 나선 그는 술트의 병력 4만2,000명이 서쪽과 동쪽으로 가론Garonne 강과 에르Ers 강의 보호를 받으며 참호 속에 도사리고 있는 툴루즈로 돌입했다. 2개 사단을 이끈 베레스포드가 능선의 남단을 공략하는 동안 북쪽과 서쪽에서도 양동공격이 실시되었다. 초전에 실패를 맛본 스페인군이 12시간의 격전 끝에 두 번째 시도를 성공시켰고, 진지에서 밀려난 프랑스군은 이튿날 도시를 비웠다. 4월 12일, 웰링턴은 영국 국가God save the king가 연주되는 가운데 정복자들의 입성을 환호로 맞이한 시민들이 월계관으로 장

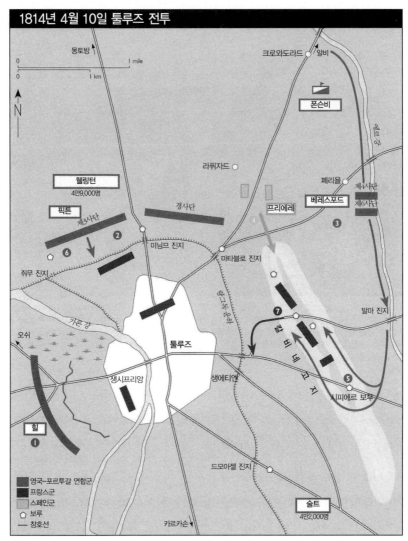

1814년 4월 10일 툴루즈 전투

몽토방

0 | 1 mile
0 | 1 km

N

크로와도라드 | 알비

폰슨비

라퓌자드

웰링턴
4만9,000명

경사단

페리올 | 제4사단

베레스포드 | 제6사단

픽튼

제3사단

프리에레

미넘므 진지

마타블로 진지

쉬무 진지

랑그독 운하

발마 진지

가론 강

툴루즈

칼 비 네 능 지

오쉬

생시프리앙

생에티엔

시피에르 보루

힐

드모아젤 진지

영국–포르투갈 연합군
프랑스군
스페인군
보루
참호선

술트
4만2,000명

카르카손

❶ 오전 5시, 가론 강 서쪽 기슭에 모습을 드러낸 힐이 생시프리앙St. Cyprien의 교회로 전진하다.

❷ 오전 5시, 명령을 받은 기만공격 대신 정면돌격을 펼친 픽튼이 수많은 사상자를 내며 격퇴당하다.

❸ 2개 사단을 이끈 베레스포드가 칼비네 능선과 에르 강 사이로 진격해 능선의 남쪽 사면에 가할 주공격을 준비하다. 에르 강 기슭의 진창과 미끄러운 바닥 때문에 진격에 심대한 차질이 발생하다.

❹ 베레스포드가 예정된 위치에 도착했다고 착각한 프리에레Friere가 계획대로 칼비네 능선 북쪽의 공략에 스페인군 2개 사단을 투입했다가 큰 피해를 입고 격퇴당하다.

❺ 시피에르Sypière 보루에 공격을 개시한 베레스포드가 2개 여단으로 반격에 나선 프랑스군을 저지하다. 맹렬한 저항에 맞서 베레스포드의 공격이 재개되다.

❻ 오후 2시, 스페인군의 지원하에 픽튼이 공격을 재개하나, 별다른 성과를 거두지 못하다. 베레스포드가 또다시 공격에 나서면서 다섯 번이나 주인이 바뀌는 처절한 보루 쟁탈전이 벌어지다.

❼ 오후 5시, 프랑스군이 칼비네 능선을 떠나 시가지 안으로 후퇴하다.

▪▪▪▪▪▪ 1814년 4월 10일 툴루즈 전투. 반도 전쟁의 마지막 대규모 전투는 어느 쪽도 나흘 전 나폴레옹이 무조건 폐위에 응했다는 사실을 모른 채 진행되었다. 치열한 접전 끝에 도시 외곽의 방어 진지 대부분에서 밀려나 방벽 안으로 후퇴한 술트는 연합군의 야포가 언덕 위로 추진된 것을 보고서야 자신의 상황이 절망적임을 깨달았다. 프랑스군은 11일 밤을 기해 남쪽으로 빠져나갔다. A. 듀프레이Dupray의 판화. (Philip Haythornthwaite)

식해놓은 극장과 마주쳤다. 그날 저녁, 나폴레옹의 폐위 소식이 웰링턴에게 날아들었다. 술트는 이 소식을 거짓이라 여기며 항복을 거부했지만, 웰링턴이 제안한 휴전은 받아들였다.

나폴레옹의 몰락 소식은 존 호프 경에게 포위된 바욘에는 아직 알려지지 않았다. 14일 밤, 연합군 포위망 돌파에 운을 건 투브노Thouvenot 장군이 절박한 출격에 나섰다가 실패하고 말았다. 그 과정에서 양측 모두 800여 명에 이르는 사상자를 냈다. 17일, 지난 12일의 소식대로 나폴레옹의 폐위가 사실임을 확인한 술트는 마침내 무기를 버렸다. 바욘도 26일에 그 뒤를 따랐다. 6년이 넘는 세월 끝에 이 분쟁 자체와는 무관한 이유로 마침내 반도 전쟁은 막을 내렸다.

웰링턴은 분쟁이 종결되자마자 프랑스 주재 영국 대사로 임명되었다.

그의 군대는 해체돼 일부는 본국으로 돌아가거나 해산됐고, 나머지는 보르도에서 배에 올라 1812년 6월 이래 영국과 교전 중이던 미국과의 전쟁에 동원되었다.

반도 전쟁이 프랑스의 패배에 중요한 역할을 했다 할지라도 이 전쟁이 아우스터리츠 전투와 예나 전투 혹은 프리틀란트 전투 같은 형태의 결전을 통해 종결된 것이 아님을 인식하는 것은 중요하다. 아니나 다를까 연합군이 파리를 점령하고 나폴레옹을 강제 퇴위시킬 무렵에도 프랑스 남부의 저항은 수그러들고는 있었을망정 여전히 활발하게 펼쳐지고 있었다. 따라서 웰링턴의 1814년 작전은 프랑스 항복의 직접적인 원인은 아니었지만, 술트를 남쪽에 묶어놓음으로써 이에 기여한 셈이었다.

나폴레옹 전쟁

근대 유럽의 탄생

4부
프랑스 제국의 몰락
1813~1815

프랑스 제국의 몰락
1813~1815

나폴레옹은 극장, 가구, 법률, 가톨릭 교회를 비롯한 모든 것에 자신의 자취를 남겼다. '나폴레옹 시대'는 군사적 신기원 못지않게 문화 양식과 상상력에까지 정복자의 힘이 미친 시기로 기억될 것이다.

전쟁의 배경
프로이센과 러시아의
프랑스에 대한 적대의식의 기원

1807년~1812년 격동의 독일 사회

프로이센이 1813년부터 1815년의 전쟁에 개입하게 된 배경은 1806년 가을로 거슬러 올라간다. 애초에 제3차 대프랑스 동맹과 거리를 두었던 프로이센은 1806년 가을에 작센과 너무 멀어서 겨울 이전에는 지원이 불가능했던 러시아군과 함께 어리석게도 나폴레옹에게 반기를 들었다. 프로이센은 독일 심장부에 세워진 나폴레옹의 라인 동맹에 분개하고 있었고, 약속과 달리 프랑스가 하노버(이전의 영국령)의 양도를 거부하자, 국왕 프리드리히 빌헬름 3세는 유럽 최강으로 꼽히던 자신의 군대를 동원할 때가 되었다고 확신했다. 10월 14일, 예나와 아우어슈테트 전투에서 프랑스군이 승리함으로써 프로이센군이 우월하다는 환상은 깨졌고, 불과 몇 주만에 사실상 프로이센군 전부는 야전에서 소탕당하거나 요새에 갇힌 채

■■■■■■ 1807년 7월에 열린 틸지트 회동. 타협점을 찾은 프랑스와 러시아가 중서부 유럽에서 나폴레옹의 패권을 인정하며 동맹관계를 맺은 데 반해, 프로이센은 국력을 잃고 굴욕을 당했다. 그들은 프랑스의 새로운 위성국 베스트팔렌에게 엘베 강 서쪽의 모든 영토를 흡수당했고, 점유하고 있던 폴란드 땅은 바르샤바 대공국을 건설하는 데 빼앗겼으며, 그단스크는 자유도시로 바뀌었다. 마지막으로 프로이센 땅에는 엄청난 액수의 전쟁 배상금이 완전히 걷힐 때까지 프랑스 점령군이 머무르게 되었다. (Ann Ronan Picture Library)

항복하고 말았다.

예나와 아우어슈테트에서 벌어진 막강 프로이센군의 괴멸은 당대 사람들에게는 너무 큰 충격이었다. 그러나 프로이센 국민에게 그보다 더 감당키 어려웠던 일은 이어진 몇 주 동안 이 잡듯이 실시된 잔존 병력의 소탕 과정과 왕국 곳곳의 요새들에서 펼쳐진 저항이 딱할 정도로 무기력하다는 것이었다. 그 후 수년간의 프랑스 점령기가 시작되었다. 1807년 7월에 체결된 틸지트 조약은 굴종을 강요했고, 그 과정에서 나폴레옹이 펼친 교묘하고도 일관된 정책은 프로이센의 긍지와 위신뿐만 아니라 군사·경제적 역량마저 약화시켰다. 나폴레옹에게서 프로이센이 점유한 폴란드 지역을 할양받은 작센처럼 독일계 군소국들의 지위가 격상됨에 따라 프로이센이 누리던 열강의 지위는 사실상 종말을 고했고, 이와 동시에 수억 프랑에 달하는 막대한 전쟁 배상금을 포함한 가혹한 제재가 프로이센에

가해졌다. 프로이센의 위대함
과 긍지를 상징하던 경애의 대
상 루이제 왕비는 나폴레옹으
로부터 '프로이센의 단 하나뿐
인 사내대장부'라는 소리를 들
으며 프랑스 점령하에서 갖은
개인적인 모욕을 참아내야 했
고, 프로이센 국민들은 그녀의
때 이른 죽음을 그 같은 굴욕 탓
으로 여겼다. 프랑스군이 오데
르 강변의 요새들과 발틱 해의
항구들을 점령하자, 대륙체제
가 왕국의 해상무역을 붕괴시
켰다. 프로이센은 영토의 상당
부분을 프랑스의 위성국 베스
트팔렌에 양보해야 했고, 그들
의 군대는 10년 동안 4만2,000

■■■■■ 프로이센의 루이제 왕비. 국가적 덕목의 정수
로서 국민들에게 추앙받은 루이제 왕비는 1806년 당시
공공연히 프랑스와의 전쟁을 옹호하며 나폴레옹을 '괴
물'이라고 불러댔다. 나폴레옹은 이런 도발에 맞서 자신
의 군대에게 다음과 같은 공문을 돌렸다. "아름다운 왕
비님께서는 전투가 보고 싶으신 듯하다. 그렇다면 우리
도 거리낄 것 없이 당장 진군하자.……" 두 사람은 마침
내 1807년 7월에 열린 틸지트 회동으로 얼굴을 마주치
게 되는데, 그 무렵 프로이센은 완전히 굴복한 채 점령
당한 상태였다. (Ann Ronan Picture Library)

명 규모로 제한되었다. 이러한 조치들과 그 밖의 다른 조치들로 인해 프
로이센의 국력은 회생불능까지는 아니지만 심각하게 위축되었으며, 자존
심에 커다란 상처를 입은 프로이센은 틸지트 조약 이후 잠재적인 위험을
안고 있는 시한폭탄이 되었다.

그 결과 개혁 운동과 애국의 열풍이 불기 시작했고, 일부는 그 모습을
드러내기도 했지만, 대부분은 프랑스의 주목과 탄압을 피하기 위해 비밀
에 부쳐졌다. 프로이센 젊은이들은 투겐트분데Tugendbunde(미덕회league of
virtue)라는 반프랑스 조직을 만드는가 하면, 단순한 프로이센 애국주의를

■■■■■ 아우구스투스 빌헬름 그라프 폰 그나이제나우. 프로이센 장군인 그나이제나우는 샤른호르스트와 함께 1807년~1813년에 대대적인 군 개혁을 추진했다. 이를 통해 새로운 장교 양성 방식을 확립하고 총참모본부를 개설한 데 이어 훈련을 마친 뒤 사회로 돌아간 민간인들을 단시간에 소집해 군대의 수를 배가시킬 수 있는 예비군 체제를 도입한 그는 1813년~1815년 전쟁 당시 블뤼허의 참모장으로 활약했다. [Philip Haythornthwaite]

넘어 외세, 무엇보다도 프랑스 지배의 철회를 요구하며 독일 민족의 대동단결을 부르짖는 다른 조직들을 만들기도 했다. 관료 차원에서는 슈타인Stein 남작*이 민간 분야를 책임졌고, 군 내부에서는 게르하르트 폰 샤른호르스트Gerhard von Scharnhorst **와 아우구스투스 폰 그나이제나우Augustus von Gneisenau ***가 새롭고 급진적이기까지 한 개혁을 실시했다. 나폴레옹은 이 같은 움직임을 상당 부분 파악하고 있었지만, 물러터진 프리드리히 빌헬름 3세가 프랑스의 위세에 맞설 리가 없다고 자신한 나머지 사회, 경제, 군사 면에서 이뤄지던 프로이센의 개혁을 그다지 두려워하지 않았다. 어찌되었든 프리드리히 빌헬름 3세의 프로이센 왕국에는 거국적인 항쟁을 일

---

* 슈타인 남작 1757년~1831년. 독일의 정치가. 수상을 지내며 프로이센의 개혁을 지도하고 근대화에 공헌했다.
** 게르하르트 폰 샤른호르스트 1755년~1813년. 프로이센의 군인. 프로이센의 군제 개혁에 막대한 영향을 끼쳤고, 참모본부의 초대 총장으로서 나폴레옹 전쟁 중에 프로이센군을 지도했다. 후임인 아우구스트 폰 그나이제나우와 함께 참모본부제도 탄생의 아버지로 일컬어지며 군사상에서도 특필할 만한 인물이다.
*** 아우구스투스 폰 그나이제나우 1760년~1831년. 프로이센의 장군. 예나 전투에서 패배한 후 군제 개혁에 힘써 프로이센 군대의 근대화에 성공했다. 해방 전쟁 때 블뤼허의 참모장으로 나폴레옹에게 대항했고, 워털루 전투에서 프랑스군을 추격해 승리했다.

으킬 만한 재정적·군사적 역량이 없었다.

프로이센은 5년 동안 나폴레옹의 군홧발 아래 신음했고, 프랑스를 향한 강렬한 증오와 복수심은 해가 갈수록 커졌다. 그것이 공공연한 반프랑스 의식이든 단순한 애국심이든 간에 이와 같은 정서는 임마누엘 칸트 Immanuel Kant*와 요한 피히테 Johann Fichte**의 철학에 의해 자라나 전파되었다. 이윽고 내부의 불화를 애국심의 고찰로 순화시키기 시작한 프로이센인들은 지금까지 프랑스 대혁명과 결부되었던 개념들, 그 중에서도 '국가', 특히 그것의 독일화된 형태인 '조국'에 눈을 돌렸다. 그런데 프로이센인들은 프랑스인들과 달리 그처럼 혁명적인 원칙과 군주제가 물과 기름의 관계라는 사실에 전혀 개의치 않았다.

사회 개혁과 나란히 진행된 대대적인 군 개혁 역시 1807년~ 1813년에 독일 민족주의를 고양하는 데 일조했다. 피히테는 1807년 겨울에 강연한 이후로 많은 이들이 답습한 〈독일 국민에게 고함〉***으로 거침없이 나폴레옹 지배에 대한 저항을 호소하며 점령자 프랑스에 도전했다.

우리가 밀려드는 이방인들의 위협으로부터 국가의 몰락을 막고, 자립적이

---

* **임마누엘 칸트** 1724년~1804년. 서유럽 근세철학의 전통을 집대성하고, 전통적 형이상학을 비판하며 비판철학을 탄생시켰다. 근대 계몽주의를 정점에 올려놓음과 동시에 피히테, 셸링, 헤겔로 이어지는 독일 관념철학의 기초를 놓은 프로이센의 철학자다.

** **요한 피히테** 1762년~1814년. 독일의 철학자, 독일 관념론의 대표자. 1791년에 칸트 철학을 알게 됨에 따라, 특히 그 실천이성의 자율과 자유 사상에서 결정적인 영향을 받았다. 시국時局 정치 문제에도 활발한 발언을 시도했고, 특히 나폴레옹 전쟁에서 패한 프로이센이 위기에 처하자, 〈독일 국민에게 고함〉(1807~1808)이라는 강연을 하기도 했다.

*** **〈독일 국민에게 고함〉** 1806년 나폴레옹과의 전쟁에서 패한 프로이센이 위기에 처하자, 철학자 피히테가 프랑스군의 점령하에 있는 베를린 학사원 강당에서 행한 우국 대강연. 1807년 12월에 시작하여 이듬해 3월까지 매주 일요일 오후에 있었다. 이 강연을 통해 피히테는 독일 재건의 길은 무엇보다도 국민 정신의 진작에 있다는 것을 강조하여 독일 국민의 분기奮起에 커다란 힘이 되었다.

고 절대로 남에게 의존하지 않는 주체성을 되찾을 수 있는 것은 오로지 독일인이라는 공통점을 통해서다. …… 도움의 손길이 필요하다면 그것은 우리의 손길이어야 한다. …… 우리는 새로운 교육(체계)을 통해 독일인을 하나의 공동체로 만들 필요가 있다. …… 독일인은 자신의 장점을 이용하기만 하면 언제든 이방인보다 우월할 수 있다. …… 독일인만큼 조국을 진정으로, 그리고 이성적으로 사랑할 수 있는 이들은 없을 것이다.

이러한 사상은 젊은 지식인들과 국민 모두에게 큰 반향을 불러일으켰을 뿐만 아니라, 훗날 『전쟁론』이라는 걸작을 쓴 칼 폰 클라우제비츠 등이 속한 장교 집단에도 큰 영향을 미쳤다. 프로이센 병사들은 전장에서 '국왕Der König' 대신 '조국Das Vaterland'을 외치게 되었고, 프리드리히 대왕의 군대가 채택한 낡은 체계를 버리고 특별위원회가 도입한 전혀 다른 방식과 전술에 따라 새롭게 훈련되었다. 이러한 변화는 나폴레옹의 군 개혁에 대한 세심한 연구를 바탕으로 제식훈련과 조직, 전술, 군사기술을 바꾸어놓았다. 개혁가들은 프랑스 대혁명이 그랬듯이 '국가'나 '조국'을 위해 싸우는 병사들에게 필요 없는 구타를 폐지함으로써 병사들이 두려움이 아닌 존경심에서 장교들을 따르도록 했다. 프랑스 혁명기에 이뤄진 개혁들처럼 젊은이들이 국가의 요직에 진출해 승진을 거듭하기 위해 요구되는 핵심적인 기준도 귀족 신분에서 재능으로 바뀌었다.

프로이센 육군은 나폴레옹의 지시에 따라 4만2,000명으로 엄격히 제한되어 있었다. 프로이센의 군 개혁가들은 이러한 제약을 우회할 기발한 방법을 고안해냄으로써 공식적인 군대의 규모보다 더 많은 병사들을 양산할 수 있었다. 군대에 소집되어 강도 높은 훈련을 받은 장정들이 제한된 기간 동안 병역을 마친 뒤 민간인으로 돌아가는 축소체계Krümpersystem를 도입한 것이었다. 이렇게 징집된 이들은 그 뒤에도 어느 정도 군생활에 단련되고 적응하기 위해 추가로 소집되기는 했지만, 일단 군대를 나오고부터는 일종의 은폐된 예비군이 되었으며, 1813년 초까지 상비군은 8만 명에 이르렀다. 이리하여 1813년 봄 전투가 시작될 무렵, 프로이센은 5년 동안 정신적 · 군사적 준비 기간을 거쳐 제법 충실한 상태에서 러시아를 앞세워 나폴레옹의 위세에 도전할 수 있는 상황이 되었다. 게다가 그해 겨울 프랑스군의 패퇴는 프랑스의 군사력에 괴멸적인 타격을 가했고, 만신창이가 된 대육군의 패잔병들이 프로이센 영토로 쓸려 들어오는 광경은 가뜩이나 점령에 저항하려던 이들을 더욱 대담해지게 만들었다.

그 동안 독일의 다른 지역에서도 저항의 불길은 솟아올랐다. 1809년, 오스트리아가 또다시 프랑스에 맞서자, 나폴레옹은 이번에도 그들을 굴복시켰다. 5월에 빈을 점령한 그는 아스퍼른-에슬링 전투에서 잠시 흔들렸지만, 이윽고 7월 5일 바그람 전투에서 승리를 거머쥐었다. 쇤브룬 조약(10월 14일)에 서명한 프란츠 1세는 라인 동맹과 작센, 이탈리아 왕국에 영토를 내주었다. 그 무렵 스웨덴에게서 핀란드를 빼앗은 러시아는 오스트리아가 점유하고 있던 갈리치아 지방의 폴란드 영토를 얻었다. 프란츠 1세는 군대와 파탄난 재정 양쪽을 복구하고 재정비할 시간을 벌기 위해, 그 무렵 조제핀 황비와 이혼

■■■■■ 오스트리아 황제 프란츠 1세. 프란츠 1세가 통치할 무렵의 오스트리아는 혁명기 및 나폴레옹 치세기의 프랑스와 빈번하게 대립했으며, 수차례의 전투(1792년~1797년, 1800년, 1805년, 1809년)에서 패해 이탈리아와 폴란드, 아드리아 해 연안에 있던 합스부르크 제국의 영토를 잃고 말았다. 프란츠 1세는 애초에 자기 딸 마리-루이즈를 나폴레옹에게 시집보내며 유화책을 폈지만, 1813년 8월부로 연합군에 가담했고, 파리가 함락될 때까지 자신의 군대와 동행했다. [Philip Haythornthwaite]

한 나폴레옹에게 자신의 딸 마리 루이즈 공주와의 혼인을 제안했다. 이 두 사람은 혼인하여 1811년 4월 20일에 '로마의 군주' 나폴레옹 2세*를 얻었다.

이때부터 커져만 가던 독일인의 저항 의식이 표출되기 시작했다. 오스트리아가 들고 일어났을 뿐만 아니라, 수많은 독일인 개개인이 중부 유럽의 정세를 좌지우지하는 프랑스의 정통성에 의문을 제기하기 시작했다. 프랑스인들은 일찍이 1806년에 반프랑스 문건을 인쇄했다는 이유로 뉘른베르크^{Nürnberg}의 서적상 요한 팔름^{Johann Palm}을 처형한 바 있었다. 1809년에는 튀링엔의 어느 청년이 한시라도 빨리 프랑스인들을 독일 땅에서 몰아내려는 마음에 나폴레옹 암살을 기도했다가 처형되기도 했다. 이듬해에는 1809년의 전쟁이 터지기 직전에 티롤 지방의 반란을 주동한 안드레아스 호퍼도 처형당했다. 또 프랑스는 반프랑스 음모 혐의를 이유로 외무상 슈타인의 신병 인도를 프로이센 정부에 요구했다. 슈타인은 러시아로 도피해 기나긴 투옥과 혹시 모를 죽음에서 벗어날 수 있었다. 이처럼 독일의 애국지사들에게 왜 프랑스인들이 자기들 땅에 있어야 하는지를 묻는 것만으로도 반역죄를 뒤집어씌우던 가혹한 정책은 독일인들의 태도에 커다란 변화를 일으키기 시작했다.

---

* **나폴레옹 2세** 1811년~1832년. 나폴레옹 1세의 유일한 아들. 1814년 나폴레옹 1세가 폐위되어 쫓겨나자 어머니 마리 루이즈와 함께 외가인 오스트리아에 머물렀다. 1815년 3월 왕위를 되찾은 아버지 나폴레옹 1세가 6월에 다시 폐위되어 유배길에 오르자, 그 뒤를 이을 황제로 임명되었다. 하지만 동맹군의 파리 점령으로 왕위는 루이 18세에게 넘어갔고 나폴레옹 2세는 프랑스에 돌아오지도 못한 채 폐위되었다(재위 1815년~1815년).

1805년~1812년 프랑스와 러시아의 관계

1805년에 러시아는 제3차 대프랑스 동맹(오스트리아, 영국, 스웨덴, 나폴리 등이 가담했다)을 결성하는 데 주도적인 역할을 했고, 그해 12월 2일 모라비아의 아우스터리츠에서 러시아 황제 알렉산드르 1세와 동맹국 오스트리아 군대에게 재앙으로 끝난 전쟁에 상당한 군사적 역량을 투입했다. 오스트리아가 곧 동맹에서 떨어져나간 반면, 보헤미아로 물러난 알렉산드르 1세의 군대는 호되게 당하기는 했지만 괴멸되지는 않았다.

1806년 가을에 프로이센이 프랑스에게 도전하자, 러시아는 이를 지원하기 위해 준비했지만, 1807년 초에 이르러서야 실질적인 군사적 개입에 나설 수 있었다. 그러나 그 무렵에는 이미 프로이센이 프랑스에게 완전히 패배당한 뒤였다. 알렉산드르 1세는 2월 7일 아일라우 전투에서 큰 피해를 입은 데 이어 마침내 6월 14일 프리틀란트 전투에서 결정적인 패배를 당하게 되자, 프로이센 왕과 합의해 나폴레옹과 교섭에 나섰다. 7월에 체결된 틸지트 조약은 프랑스와 러시아를 적대 관계에서 동맹관계로 바꿔놓은 외교 혁명을 촉발하여 두 나라가

■■■■■ 러시아 황제 알렉산드르 1세. 러시아 황제의 강력한 군대는 이윽고 나폴레옹이 러시아의 광활한 영토를 침략하기로 결정하기 전인 1805년과 1807년에도 프랑스군과 맞붙은 바 있었다. 알렉산드르 1세는 모스크바를 점령당한 뒤에도 협상을 거부했을 뿐만 아니라 러시아와 독일 땅을 가로지르며 쉴 틈 없이 프랑스군을 추격한 끝에 파리로 입성해 보나파르트 왕조를 무너뜨렸다. 승리에 크게 기여한 데다가 빈 회의의 과정에서 알렉산드르 1세의 영향력이 상당했던 러시아는 크림 전쟁 이전까지 유럽 대륙 최강의 국가로 군림했다. (Philip Haythornthwaite)

유럽을 나눠먹는 상황을 낳았고, 국력이 쇠퇴한 프로이센의 왕 프리드리히 빌헬름 3세를 억압했다. 프랑스는 조약의 비밀조항에 따라 러시아가 유럽 내 터키 영토의 대부분을 '해방'시킬 때 이를 지원하기로 약속했으며, 그에 대한 대가로 러시아는 영국이 러시아 황제의 중재를 거부할 경우 영국과 터키에 선전포고하는 데 동의했다.

프랑스와 러시아는 모든 유럽의 해안선에서 영국이 무역을 할 수 없도록 막음으로써 영국 경제를 고사시키려던 나폴레옹의 야심작, 대륙체제를 준수하도록 스웨덴, 덴마크, 포르투갈에게 압력을 가하기로 합의했다. 러시아는 성의는 없었지만 이에 공조했고, 11월에는 정식으로 영국에 전쟁을 선포했다(그리고 1808년에는 스웨덴 영토를 침공했다). 그러나 영국과의 전쟁은 고작 무역 단절 수준에 지나지 않았다. 나폴레옹과 알렉산드르 1세가 1808년 9월 에어푸르트 회담에서 서로의 합의 사항들을 재점검하는 동안, 프랑스 군대는 대륙과 영국 사이의 무역을 근절시킨다는 대륙체제 구상의 일환으로 스페인 정복에 여념이 없었다.

프랑스와 러시아의 관계가 결코 긴밀한 단계까지 발전하지 못한 것은 1809년 전쟁 동안 알렉산드르 1세가 이를 방관하기로 결정하고 그의 군대에게 오스트리아 국경 지역을 감시만 하게 했기 때문이라고 할 수 있다. 1792년 이래 벌써 네 번(1797년, 1800년, 1805년)에 걸쳐 대오스트리아전을 승리로 장식한 나폴레옹은 항상 그랬듯이 합스부르크가와 새로운 우호관계를 맺었다. 이는 러시아를 상당히 불편하게 만들었고, 1810년 무렵에는 러시아의 인내심도 영국과의 무역 단절로 인해 경제난에 허덕이면서 한계에 달했다. 상트페테르부르크 궁중에서는 친영파가 다시 득세한 가운데, 나폴레옹이 틸지트 조약이 정한 책임을 이행하지 않고 있다는 징후들이 나타나기 시작했다. 나폴레옹은 제후국 작센을 왕국으로 승격시키고, 동생 제롬을 위해 프로이센 영토를 떼어내 베스트팔렌 왕국을 만들면서, 정작 터키 분할을 앞당기기 위해서 아무것도 한 일이 없었고, 1806년부터 오스만 투르크와 전쟁을 벌여온 러시아를 전혀 돕지 않았다. 게다가 프랑스는 알렉산드르 1세의 친인척인 올덴부르크 공작의 영지를 사전 협의도 없이 병합시켜버렸다. 러시아인들의 불편한 심기는 1810년에 대륙체제 강화에 나선 나폴레옹이 네덜란드 합병을 넘어 발트 연안까지 세력을 넓히면서 더욱 악화되었다. 이 두 가지는 모두 틸지트 조약을 명백하게 위반한 것이었다.

알렉산드르 1세 역시 자신의 약속을 저버리기는 마찬가지였다. 그가 성실하게 영국 상선들에게 자신의 항구를 폐쇄한 것은 사실이었지만, 영국과 그 식민지의 상품들은 여전히 중립국 깃발을 휘날리는 배에 실려 영국 해군의 호위를 받으며 해안을 통해 유입되고 있었다. 중요한 사실은 1810년에 이르자 영국 상품을 배척한 러시아 경제에 심각한 피해가 발생했다는 것이다. 알렉산드르 1세는 이를 빌미로 해당 상품들에 대한 수입 관세를 징수함으로써 재정 상태를 개선시킬 수 있었다. 그는 그해 연말부터 육로로 수입되는 프랑스 상품들의 관세를 올렸고, 이는 또 다른 불만의 원인이 되었다. 그는 1790년대에 프로이센과 오스트리아에 분할된 폴란드 영토를 합병해 나폴레옹이 세운 폴란드의 국가, 즉 프랑스의 위성국인 바르샤바 대공국에 대해서도 적개심을 갖고 있었고, 나폴레옹의 휘하 원수였던 장-밥티스트 베르나도트(1763년~1844년)가 스웨덴의 왕좌에 오르게 된 것도 프랑스가 개입했기 때문이라고 의심했다. 이리하여 1807년에 성립된 프랑스와 러시아의 동맹은 서로간의 불신과 자기중심적인 이해관계가 낳은 수많은 원인들이 결합되어 사실상 1811년에 파국을 맞이했다. 이 무렵 나폴레옹은 영국과의 무역 금지에 협조하기를 거부한 러시아에 신물이 난 나머지 파국으로 치달을 침공을 계획하게 되는데, 1812년 2월 24일에는 형식적이나마 프로이센으로부터 병력 2만 명을 지원받았으며, 3월 12일에 체결된 조약을 통해 오스트리아로부터 병력 6만 명을 지원받았다. 나폴레옹은 충성심을 의심할 여지가 없는 자신의 대육군과 총병력 가운데 절반을 차지하는 프랑스 제국 밖에서 차출한 병사들까지 합쳐 봄까지 준비된 병력이 총 60만 명에 달했다. 알렉산드르 1세라고 손을 놓고 있었던 것은 아니었다. 대병력 집결에 나선 그는 베르나도트가 의외로 나폴레옹에게 적대적임을 눈치 채고는 4월 5일에 스웨덴과 공수 양면에서 동맹을 맺는 한편, 5월 28일에는 6년을 끈 터키와의 전쟁에 종지부를 찍었다.

3월 말에 프리드리히 빌헬름 3세에게 은밀히 접근한 그는 이번 침공에 요르크 폰 바르텐부르크Yorck von Wartenburg 중장이 이끄는 병력 2만 명의 예비 군단을 파병한 프로이센의 지원이 구색 맞추기에 지나지 않음을 알게 되었고, 4월 25일에는 오스트리아로부터 슈바르첸부르크 대공 휘하의 자국 군대가 본격적인 전투에 개입하지 않을 것이라는 언질을 받았다. 7월, 영국과 러시아는 기꺼운 마음으로 평화조약에 서명함으로써 틸지트 조약이 낳은 무늬뿐인 전쟁을 끝냈다. 1805년 4월 제3차 대프랑스 동맹 이후 처음으로 정식 동맹을 맺은 유럽 대륙의 주변국이되 강력한 이 두 나라는 영국이 보조금과 무기 지원을 보장하면 러시아가 무한한 인적 자원을 바탕으로 프랑스의 침공에 맞서기로 합의했다.

6월 22일, 나폴레옹의 러시아 침공은 시작되었고, 9월 7일에 보로디노에서 소모적인 격전을 치른 그는 같은 달 모스크바에 입성했다. 나폴레옹이 러시아 황제의 강화 조건을 기다리는 사이 몇 주가 지나갔다. 러시아 황제로부터 아무런 소식도 없는 데다가 태반이 화마에 파괴된 도시에 머물던 나폴레옹은 우리가 잘 알고 있듯이 파멸적인 결말을 맞이한 기나긴 동계 후퇴전에 돌입하게 된다.*

---

* 이 책의 제2부를 참조 바람.

교전국
각국 군대

대육군

대육군은 러시아 침공 과정에서 입은 괴멸적인 손실이 너무도 큰 데다가 그 여파가 곳곳에 미친 나머지 1813년의 전쟁을 치르기 위해 완전한 재건과 다름없는 과정을 거쳐야 했다. 1812년 6월에 나폴레옹과 함께 니멘 강을 건넌 병력 65만5,000여 명 가운데 약 10만 명은 반년도 채 지나지 않아서 헐벗고 기가 꺾여 동프로이센으로 흘러들었다. 군대를 따라 러시아로 들어간 야포 1,300문 가운데 남은 것은 불과 250문 정도였으며, 나머지 대부분은 단순히 이송수단을 구할 수 없어 버려지고 말았다.

이 같은 전대미문의 피해에도 아랑곳하지 않고 곧바로 만신창이가 된 군대의 재건 작업에 착수한 나폴레옹은 프랑스 제국을 가능케 한 이 조직을 키울 당시 가장 커다란 원동력이 되었던 조직가적인 수완을 발휘했다.

나폴레옹이 1812년의 잿더미에서 대육군의 부활에 쏟은 초인적인 노력은 분명 높이 평가할 만했다. 실제로 그는 65만6,000명을 징병한다는 야심 찬 목표를 갖고 있었고, 다양한 경로를 통한 병력 확보에 착수해 그해 4월 분쟁 재발 시점까지 전체 야전군의 절반에 이르는 40만 명을 긁어모았다. 새로 징집된 이들은 상당수가 새파란 젊은이들로, 1812년 원정 당시 부재 중인 황제를 대신해 이들의 소집을 명한 황후의 이름을 따서 '마리 루이즈들Marie-Louises'이라고 불렀다. 나폴레옹은 놀랄 만한 선견지명을 발휘해 러시아 원정에 앞서 1813년도 입영 대상자들을 소집한 바 있었다. 여기에는 훈련이 끝나가던 13만 명의 신병들과 정규군에 편입된 8만 명의 국민방위대National Guardsmen, 그리고 갖가지 사유로 1809년~1812년에 병역을 면했던 10만 명이 포함되었다. 여기에 더해 이들 없이는 해당 전역의 상황이 더욱 악화될 수밖에 없었던 스페인에서도 병력을 차출했다. 그리고 마지막으로 영국의 끈질긴 해상 봉쇄 탓에 해군 함선이 몇 년 동안이나 항구에 묶이는 바람에 해군 함선 승무원들은 무용지물이 되고 말았다. 갈 곳을 잃은 선원들과 그 밖에 해안 수비대, 특히 해병대는 당장 그들을 필요로 하는 동쪽으로 보내졌다.

장비와 물자의 경우에는 콜랭쿠르가 전하듯이 다음과 같은 국가적 차원의 열성적인 노력이 이루어졌다.

프랑스는 하나의 거대한 작업장이 되었다. 프랑스 국민 모두는 그의 패배를 너그럽게 봐주고 서로 경쟁하듯 열성을 다해 헌신했다. …… 그것은 놀라운 추진력으로 재주껏 모은 모든 자원을 위대한 국가적 대업을 준비하는 데 투입한 황제 개인의 승리였다. 모든 것이 마치 마술에 의해 생긴 것 같았다.

3,000만 명이 넘는 인구를 거느린 프랑스는 분명 풍요로운 국가였지

만, 말이라고 하는 필수품만큼은 그냥 만들어낼 방법이 없었다. 말의 부족은 1813년 봄 전투에 나선 나폴레옹 군대를 괴롭힌 가장 심각한 문제 가운데 하나였다. 보병부대라면 어리거나 나이 많은 이들을 동원하는 비상수단을 써서라도 채울 수 있었고, 야포는 병기고를 뒤지거나 새로 만들면 그만이었지만, 잃어버린 말들의 빈자리만큼은 완전히 메울 수 없었다.

러시아 원정 당시 말을 필요로 했던 포병과 각종 물자 수송대, 그리고 기병이 잃은 말의 수는 16만~20만 마리에 이르렀다. 이러한 피해는 단순히 엄청난 정도가 아니라 돌이킬 수 없는 것으로서, 나폴레옹은 통상적인 전투 및 추격 임무에 투입할 기병 외에도 제대로 된 정찰을 수행할 기마 수색대마저 확보할 수가 없었다. 러시아 원정 이후 새로 모은 말들은 나폴레옹이 요구한 수에 턱도 없이 못 미쳤고, 설령 충분한 말이 공급되었다 하더라도 일반 보병을 양성하는 것보다 세 배의 양성 기간이 필요했고, 전쟁 중에 급조할 수도 없었던 대체 기병들은 그 수나 질이 현격하게 떨어졌다. 따라서 기병의 부족 현상은 처음부터 주어진 시간 안에 해결될 수가 없었다. 물론 장교와 포대원들에게 포술을 익힐 시간이 필요했던 포병들도 이와 같은 문제를 겪고 있었다. 이들 역시 군대가 수천 대의 보급 마차와 함께 움직이듯 야포를 끌 말이 필요했다. 손쉬운 해결책은 제국의 다른 곳에서 기병대를 긁어모으는 것이었기 때문에, 나폴레옹은 스페인에 주둔하고 있는 기병의 대부분에게 이동을 명령했다. 그러나 이들이 이동하는 데는 시간이 걸렸다.

시간 역시 병력이나 말 못지않게 아쉬운 것 중 하나였다. 러시아군은 동쪽에서 다가오고 있었고, 프로이센군은 아직 전쟁에 뛰어들지 않은 상태였다. 프랑스 병사들이 앞으로의 전투에서도 용맹함을 과시하리라는 점은 의심할 수 없었지만, 그러한 열의조차도 부족한 훈련과 전 계급의 경험 부족 앞에서는 제 힘을 발휘하지 못하기 일쑤였고, 이는 곧 전투력 저하로 이어졌다. 페장삭^{Fezensac} 공 레이몽 드 몽테스키외^{Raymond de Montesquiou} 대령은 1813년에 프랑스가 패배한 이유로 병사들의 자질 저하를 꼽았다.

군대는 아무것도 모르는 어린 병사들과 그들보다 더 나을 것이 없는 부사관들로 이루어졌다. 부사관들보다 러시아에서 겪은 파국의 영향을 덜 받은 고참들로 이루어진 장교들은 그나마 나은 편이었다.

그러나 이러한 경향은 이미 1812년 이전에 시작되었다. 나폴레옹은 1809년부터 자신의 병사들이 1805년 때만도 못하다는 불평을 하기 시작했다. 바그람 전투 당시 그의 병사들은 아우스터리츠에서 싸운 이들 같지 않았던 것이다. 1813년에 이르자, 새로운 군대의 수준은 바그람 전투 때만도 못했다. 몽테스키외 대령은 이어서 다음과 같이 말했다.

물론 과감한 돌격과 모범적인 용맹을 보여준 순간들도 있었다. 장군들이 진두지휘에 나설 경우 병사들은 그들의 모습에서 힘을 얻었지만, 그러한 열의는 오래가지 못했고, 오늘의 영웅들은 다음날 침울하고 나약한 존재로 돌변했다. 병사들이 마주친 가장 큰 시련은 전장에 있지 않았다. 프랑스 젊은이들에게는 타고난 용기가 있었다. 그러나 군인이란 배고픔과 피로, 악천후와도 싸워야 하는 법이다. 낡은 신발로 밤낮 없이 행군해야 하고, 해진 군복으로 추위와 빗줄기를 견뎌야 하며, 이 모든 것을 불평 없이 웃음을 잃지 않고 받아들여야 한다. 우리에게는 한때 그런 병사들이 있었다. 하지만 그것은 우선 무엇보다도 군인 정신과 소속 부대에 대한 절대적인 충성심, 그리고 전투력을 배가시켜줄 정신적 에너지가 없는, 갓 편성된 부대에 속한 어린 전우들에게는 너무 지나친 요구였다.

그럼에도 불구하고 유럽의 다른 어떤 나라나 어떤 정치 지도자도 당시 주어진 자원과 시간만으로 그렇게 많은 일을 이룰 수는 없었을 것이다. 나폴레옹의 업적은 이러한 관점에서 평가되어야만 한다.

프랑스의 동맹국인 덴마크와 라인 동맹, 이탈리아 반도의 국가들은 적어도 표면적으로는 신의를 지키고 있었지만, 이 가운데 상당수, 특히 독일계 국가들은 러시아 원정 때 이류 군대 취급을 받자 불만을 품고 가을 전투 기간 동안에 편을 바꿔 반프랑스 동맹에 가담했다. 바르샤바 공국의 폴란드군은 지난 원정으로 사실상 궤멸된 상태였으며, 1813년 2월에 펼쳐진 러시아군의 진격 탓에 상징적인 수준의 재건밖에는 할 수 없었다.

러시아 육군

러시아 황제의 군대는 그 수와 투지 양면에서 괄목할 만했다. 영국의 군사 사절단으로 러시아 황제의 사령부에 파견된 중장 로버트 윌슨^{Robert Wilson} 경은 러시아 황제의 군대에 대해서 다음과 같이 말했다.

…… 엄청난 체력을 타고났으며 …… 전쟁에 적합한 냉정함이나 기질을 바탕으로 극단적인 기후와 역경, 밤낮으로 4시간 휴식에 6시간 전진으로 이뤄지는 행군에도 초연했고, 힘든 노역과 무거운 짐을 지는 데 익숙한 데다가 사나우면서도 절도 있는가 하면 고지식할 정도로 용감하며 열광적으로 고무되기 쉬웠고, 자신들의 군주와 상관, 조국에 헌신적이었다. 신앙심이 두터웠지만 미신에 빠져들지는 않았으며, 참을성과 온순함, 복종심 같은 야만인 특유의 강인한 성품에 문명이 접목된 장점을 지니고 있었다.

이 정도 군대라면 가로막을 자가 없었을 듯싶지만, 러시아 육군이 1812년의 전쟁으로 어림잡아 25만 명에 이르는 숙련된 장교와 병사들을 잃었다는 사실은 반드시 짚고 넘어가야 할 것이다. 독일인으로 태어났으나 러시아 참모본부의 고위 병참 장교였던 프리드리히 폰 슈베르트Friedrich von Schubert에 따르면, 1812년 무렵에 러시아군은 주로 손실과 미숙한 새로운 연대들의 창설로 인해 눈에 띄게 질이 떨어진 상태였다.

고참병들은 대다수가 계속된 전쟁으로 떨어져 나갔고, 젊은 병사들은 그들만한 기풍을 갖추지 못한 데다가 선배들처럼 자기 부대에 애착을 느끼지도 않았다.

러시아 육군을 좇아 독일의 전장을 누빈 영국인 존 스펜서 스탠호프 John Spencer Stanhope는 그들을 인상적인 병사들이었다고 평했다.

내가 본 그들은 훌륭하고 고통 따위는 거의 신경 쓰지 않는 강인한 집단이었다. 그들은 진정 강철 같은 사나이들이었다. 나는 군의관이 (머스켓) 탄환을 제거하려고 살을 째고 후비는 동안에도 덤덤하게 파이프를 피워 물던 어느 병사를 기억하고 있으며, 숱하게 많은 부상자들의 참상을 목격했지만 단 한 번도 신음소리를 내뱉는 이를 본 적이 없다. 그들은 정말이지 보통 사람들과는 다른 재질로 만들어진 듯했다. 그들의 기골과 근육은 분명 그들의 정신만큼이나 강인했다…….

연구자들은 당시 하급 장교들의 질이 개탄스런 지경이었으며 그 이유가 진급 길이 막혀 지도력을 발휘할 동기가 없었기 때문이라는 데 동의하는 듯하다. 코사크인들은 러시아 육군 안에서도 가장 흥미로운 구성원들

이었는데, 돈Don 강과 드네스테르Dniester 강 사이에 펼쳐진 초원 출신으로, 거칠고 규율을 무시하며 엄청난 적응력을 자랑한 이 기마병들은 정규 기병대가 수행하는 대규모 돌격이 아니라 정찰과 습격 임무에 특화되어 있었다. 윌슨은 그들을 다음과 같이 묘사했다.

아주 작고 상태도 좋지 않았지만, 1시간에 8킬로미터를 가뿐히 걷고 속도를 낼 때는 (박차가 없었기 때문에 손으로 허리를 찰싹 때렸다) 가장 날랜 종자들과도 당당히 겨룰 수 있는 혈통이 좋은 말을 탄 채, 투창과 허리띠에 꽂은 권총, 그리고 검으로 무장한 코사크 기병은 일대일 전투라면 어떤 상대도 두려위하지 않았다. …… 그들은 분산되어 활동했으며 재집결해 돌격에 나설 때는 체계적인 대형이 아닌 떼거리, 독일인의 표현대로 말하면 벌떼 공격을 펼쳤다. …… 고작 재갈 하나로 제어하는 말을 능숙하게 다룬 그들은 가장 까다로운 지형에서도 최고 속도를 유지한 채 말머리를 돌리고 방향을 바꿀 수 있었다.

오스트리아 육군

오스트리아는 프로이센처럼 이름뿐인 마지못한 동맹국으로 러시아 침공에 참가했지만, 사실상 아무런 전투도 치르지 않았다. 나폴레옹은 그런 그들이 1813년 봄 전투에 개입하지 않았지만 프란츠는 여전히 친구일 것이라는 환상은 갖지 않았다. 화평이 끝났을 때, 오스트리아는 총 42만 9,000명의 병력을 보유하고 있었고, 그 가운데 약 30만 명을 보헤미아군 Army of Bohemia의 실전에 동원할 수 있을 만큼 유럽 최대의 육군을 자랑하고 있었고, 그해 말에는 그 규모가 50만 명으로 불어났다. 그해 여름 영국이 건넨 지원금은 앞으로의 전투에 대비해야 할 합스부르크군이 장비나 재정 면의 결핍을 메우는 데 도움이 되었다. 장병들 가운데는 물론 1809년 전쟁에 참가한 고참들도 있었지만, 러시아 원정에서 아무런 전투 경험을 쌓지 못한 데다가 병력의 60퍼센트가 전투 경험이 없었던 오스트리아 육군은 실전으로 훈련을 마무리해야만 했다. 오스트리아군은 전반적으로 수준이 높았으며, 물론 8월 중순 프라하 인근에서 펼쳐진 사열식에 특별히 훈련된 부대를 내보내기는 했어도, 이들은 사열식에 참석한 찰스 스튜어트 Charles Stewart 경을 감탄시키기에 충분한 군대였다.

이 군대의 구성은 탁월했다. 신병들이 많이 눈에 띠긴 했지만, 여전히 빈틈없는 체계와 병사들에게서 풍기는 군인다운 면모는 나의 뇌리 속에 이들을 대륙 최강의 군대로 각인시켰다. …… 그들의 동작은 미적인 정확성을 갖췄고, 병사들의 대오는 견줄 데 없이 완벽한 듯 보였다.

그는 가장 인상적인 병과로 기병을 꼽았고, 포병의 경우는 러시아군만큼 우수한 장비를 갖추었다고 말하기 힘들었지만 과학적이고 전문적인 장교와 대원들에의해 운영되었다. 이처럼 포병이란 겉모습만으로는 판단하기 어려운 법이다.

■■■■■ 슈바르첸베르크 대공. 대터키전과 프랑스 혁명 전쟁에도 참전한 오스트리아의 백전노장. 슈바르첸베르크는 마크 장군이 군대를 이끌고 투항한 1805년의 울름 전투 당시 프랑스군의 포로가 되는 신세를 면했다. 1812년, 마지못해 대육군에 합류한 오스트리아 군단의 지휘를 맡은 그는 고의적으로 러시아 황제의 군대와 싸우는 것을 피했다. 그는 1813년 8월에 오스트리아가 제6차 대프랑스 동맹에 가담하면서 연합군 총사령관에 임명되었고, 라이프치히 전투와 프랑스 침공을 성공적으로 이끌었다. (Philip Haythornthwaite)

프로이센 육군

프로이센과 그 군대는 1806년~1807년에 벌어진 재앙과도 같은 사건들을 통해 많은 것을 깨달았다. 예나와 아우어슈테트 전투의 패배에 자극을 받아 실시된 철저한 개혁은 로툼Lottum 백작과 샤른호르스트 장군이 신설된 군 재편 위원회의 책임자로 임명되면서 시작되었다. 1807년, 이 군 재편

위원회는 귀족 계급이 장교 임관을 독식해온 관행을 폐지해 보편적인 병역체계를 도입하는 한편, 지금까지 지나치게 엄격했던 군기를 완화할 것을 제안했다. 이들의 제안은 곧 열매를 맺어 1808년 말에는 새로운 규정에 의거해 연공서열에만 의존하던 진급이 중지되었으며 병과를 막론하고 필요한 교육 자격을 갖춘 이들에게 기회가 돌아갔다. 구타가 사라지고 군 전체에 새로운 체계의 조직이 도입되었으며, 전열에만 집착하던 구식 전술은 프랑스군이 입증해 보인 효과적인 진격 대형에 뒤지지 않기 위해서 훨씬 더 효과적인 새로운 진법으로 바뀌었다.

이리하여 1813년 프로이센이 또다시 프랑스에 맞설 준비를 마친 무렵에는 샤른호르스트, 클라우제비츠, 요크 같은 이들이 모든 병과를 위해 새로운 전술들을 도입하여 진부한 18세기 식 군 관행의 대부분을 고치는 등 프로이센 육군의 근대화에 앞장서 큰 성과를 거두었다. 이들은 장교 선발에 있어서 보다 민주적인 새로운 규정들을 도입했다. 1808년에 국왕이 공표한 규정과 함께 다음과 같은 원칙들이 세워졌다.

…… 장교의 자격은 평시에는 오로지 지식과 교육만 요구되고, 전시에는 뛰어난 용맹성과 민첩한 판단력이 요구된다. 따라서 이 같은 자질을 갖춘 이 나라의 모든 이에게는 군의 가장 명예로운 직위에 오를 수 있는 자격이 주어진다. 지금까지 사회적 지위를 우대해온 군의 관행은 모두 사라질 것이고, 누구나 출신 배경과 상관없이 동등한 의무와 권리를 갖게 될 것이다.

프로이센 정규군과 민병대는 이 같은 열기에 힘입어 수많은 지원병들을 확보했고, 많은 부대들이 북치기나 나팔수를 지망하며 몰려든 어린 소년들을 감당하지 못해 상당수를 돌려보내야 할 정도였다. 그러나 쓸 만한 병사들의 공급이 끊임없는 군의 요구에 미치지 못하자, 고육책으로 강제 징집이라는 일괄적인 병역체계를 도입하게 되었다.

프로이센은 징병제를 통해 1806년~1807년 전쟁 당시만 해도 프리드리히 대왕 시대의 유물에 지나지 않았던 군대를 일신했다. 1813년에 많은 부대들은 어느 동프로이센 국토방위대 소속 대대장이 자신의 부하들에 대해 다음과 같이 기록한 것처럼 그 당시 사회의 전형적인 단면을 보여주었다.

■■■■■ 슐레지엔 지방의 브레스라우Breslau에 설치된 뤼초브Lützow의 자유군단Freikorps 모병 사무소. 1813년 3월, 아돌프 뤼초브Adolf Lützow 소령의 주도하에 독일 해방을 열망하는 애국적인 독일인들을 조직할 자유군단의 창설이 공식화되었다. 이들과 같은 독립 부대들은 주전장 대신 프랑스군의 통신과 후방 부대들을 교란하거나 나폴레옹의 군대에게 점령된 마을들의 봉기를 부추기는 임무에 투입되었다. 뤼초브의 군대는 군기와 장비가 강화되고 전투 경험이 쌓임에 따라, 1814년부터 프로이센 정규군에 편입되었다. [Philip Haythornthwaite]

백발이 성성한 병사 옆에 서 있는 17세 청년이 눈에 들어왔다. 민간인으로서 평온한 사회생활을 할 때만 해도 무기를 들 게 될 것이라고는 생각조차 못했을 유복한 집안의 청년은 쾌활한 모험가와 나란히 서 있었고, 명예와 의무라는 높은 이상을 안고 조국을 위한 싸움에 나서 둘도 없는 행복한 환경을 포기한 교육받은 젊은이는 일자무식의 젊은이와 어깨를 나란히 하고 있었다.

개혁은 병력의 상한선을 4만2,000명으로 못 박은 틸지트 조약을 교묘히 피해갈 수 있는 방법을 생각해내어 1813년 전투가 시작될 무렵에 8만 명의 병력을 공급함으로써 군대의 규모 면에서도 또 하나의 커다란 성과를 거두었다. 그러나 수년 동안 프랑스와 그 동맹국 군대의 점령을 겪은 프로이센은 병사들의 군복과 무기 및 장비를 마련할 자금이 부족했기 때문에 머스켓과 군복을 대량으로 제공해준 영국에 크게 의존했다. 게다가 국왕의 포고령으로 모여든 11만 명의 국토방위대에도 불구하고 부족한 훈련과 심각한 장비 부족에 따른 전투력 저하는 열의만으로 완전히 상쇄할 수 없었기 때문에, 많은 부대가 임시변통으로 도끼, 농기구, 창, 구식 총포 따위를 사용했다.

스웨덴

스웨덴은 1813년의 가을 전투 기간 동안에 러시아와 프로이센 파견대가 포함된 북부군의 일원으로 병력을 제공했다. 라이프치히 전투 당시 스웨덴군은 6만5,000명에 달했는데, 보병은 평균적인 수준이었고, 포병은 동시대의 다른 포병들보다 장비 면에서 낙후되어 있어서 황동이 아닌 강철로 된 포를 장비하고 있었으며, 기병은 변변찮은 말을 타고 있었다. 그들의 가장 큰 취약점은 바로 최고지휘부였는데, 프랑스 제국의 원수 출신인 최고사령관 베르나

■■■■■ 스웨덴 황태자 베르나도트. 북부군 사령관인 그는 바그람 전투로 나폴레옹의 신임을 잃기 전까지만 해도 나폴레옹의 원수로서 아우스터리츠와 예나 전투에서 활약한 과거가 있었다. 그는 이듬해에 스웨덴 황태자로 선발된 뒤 나폴레옹과 인연을 끊었다. 베르나도트가 조국의 병사들에 맞서 자신의 군대를 동원하는 데 소극적이라는 것은 연합군 사령부 안에서도 공공연하게 회자된 사실이었다. (Philip Haythornthwaite)

도트는 자신의 상당한 전투 경험에도 불구하고 군대를 전장으로 내보내는 데 소극적이었다. 그는 스웨덴 국민들이 엄청난 사상자 수에 놀라 분란을 일으키는 것도 바라지 않았고, 나폴레옹이 물러난 뒤 자신이 통치하고 싶었던 모국 프랑스의 병사들에게 피해를 주는 것도 바라지 않았기 때문에, 이 양자를 모두 만족시키기 위한 교묘한 줄타기를 하고 있었던 것이다.

영국

1,200만 명에 불과한 인구를 거느린 영국은 스페인에서 진행되던 전쟁에 소규모 군대를 파견해 20만 명에 달하는 프랑스군을 묶어놓았다. 그 밖에도 영국은 프랑스 항만에 대한 영국 해군의 대대적인 해상 봉쇄라는 중요한 임무를 수행했다. 영국은 이전의 혁명 전쟁이나 나폴레옹 전쟁에서도 항상 그랬듯이 막대한 양의 무기와 탄약, 그리고 보급품을 비롯해 1813년~1815년에만 2,600만 파운드가 넘는 전례 없는 액수의 지원금을 연합국에 제공했다. 가을 전투가 시작되면서 러시아군, 프로이센군, 오스트리아군, 스웨덴군에 전달된 물자나 기타 품목들의 양은 상당했다. 이동 수단과 탄약이 완비된 200여 문의 야포, 12만 정이 넘는 총기, 1,800만 발이 넘는 탄약, 2만3,000통의 화약, 3만 자루 이상의 검, 아래위 다 갖춘 15만 벌의 군복, 18만 킬로미터에 이르는 옷감, 700여 톤의 쇠고기와 비스킷 및 밀가루, 17만5,000켤레가 넘는 군화 및 신발, 12만7,000리터의 브랜디와 럼, 여기에다 배낭이나 의류, 안장, 반합 같은 무수한 품목들이 포함되었다.

발단
복수의 시간

제6차 대프랑스 동맹 전쟁의 기원은 1812년 6월에 영국과 러시아가 맺은 동맹조약으로 볼 수 있지만, 사실 나폴레옹의 모스크바 퇴각 이전까지만 해도 머나먼 두 동맹국 간의 이 같은 협력 관계가 프로이센을 포함한 동맹으로 발전할지는 불투명했으며, 오스트리아의 의중 역시 분명하지 않았다. 따라서 이 전쟁의 진원지는 역사적 선례와 신중론자들의 충고를 무시한 채 감행한 대육군의 파멸적인 후퇴가 유럽의 저항으로 확대되는 근거를 제공한 장소인 러시아의 설원이라 해도 틀린 말은 아닐 것이다. 끝도 없을 것 같이 이어진 나폴레옹의 후퇴 대열은 러시아군과 지역 파르티잔은 물론 신출귀몰하는 코사크인들의 추격에 시달린 채 피로, 굶주림, 추위, 그리고 여기에다가 11월 말의 참혹했던 베레지나 강 도하 사건으로 최고조에 달한 끊임없는 견제로 하루가 다르게 줄어들었다. 동상에 걸리고 허기에 찌들어 옛 모습을 찾아볼 수 없는 군대는 다리가 2만5,000

명이 넘는 병사들과 종군 민간인들의 통행량을 감당 못하고 무너지는 바람에 강 건너편에 갇히면서 큰 피해를 입었다. 이민자였던 로쉬슈아르 Rochechouart 백작은 그 끔찍한 광경을 자신의 회고록에 남겼다.

세상에 이보다 더 애처롭고 안타까운 광경이 있을 수 있을까! 거기에는 남녀는 물론 아이들까지 뒤섞인 시체 무더기에는 탈진하거나 러시아군의 포도탄에 당한 온갖 병종과 국적의 병사들과 말, 마차, 야포, 탄약운반차, 버려진 손수레 따위가 널려 있었다. 어느 누구도 무너진 두 다리와 밑바닥까지 얼어붙은 강물보다 더 끔찍한 광경을 떠올릴 수는 없을 것이다. …… 농부들과 코사크인들은 이 시체 산들을 배회하며 그 중에서 값나가는 것들은 뭐든 쓸어갔다. …… 다리를 지나던 나는 우두커니 앉아 있는 어느 불쌍한 아낙과 마주쳤다. 다리 밖으로 나온 그녀의 다리는 성애로 뒤덮여 있었다. 아낙은 24시간 동안이나 얼어붙은 아이를 품고 앉아 있었던 것이었다. 그녀는 아이를 구해달라며 내게 매달리면서도 자신이 내민 것이 이미 죽은 아이의 시체인 줄은 전혀 몰랐다! 아낙은 고통스러워하면서도 스스로 죽을 수 없었다. 하지만 어느 코사크인이 그녀의 심한 고통을 끝내주기 위해 그녀의 귀 속에 총을 쏘았다.

12월 5일, 만신창이가 된 자신의 군대를 포기한 채 썰매에 오른 나폴레옹은 복수심에 불타는 러시아와 이때까지도 마지못한 동맹국이었던 프로이센의 재기에 맞설 새로운 군대를 양성하기 위해 서둘러 파리로 향했다.

프랑스 본토의 상황도 암울하기는 매한가지였다. 클로드 드 말레 장군의 쿠데타 시도와 러시아 원정의 재앙은 지금까지 능수능란하게 선전을 펼쳐온 나폴레옹조차도 막을 수 없는 파장을 몰고 왔다. 그는 1812년 12월 17일에 발표된 역사적인 제29차 공보를 통해 반신반의하는 백성들에게 대육군의 궤멸 사실을 밝혔다. 공보가 벽에 나붙자, 이 소식을 접한 어떤 이들은 충격과 불신에 휩싸였고, 또 다른 어떤 이들은 공포에 휩싸였다. 18일 자정 직전, 앵발리드Invalides의 대포들이 포성을 울리며 황제의 파리 귀환을 알렸다. 그러나 러시아 원정의 재앙 소식은 그보다 먼저 도착해 있었고, 휴가차 파리에 머물던 베르티에 원수의 부관 페장삭 대령은 이 소식을 듣고 시간이 얼마 남지 않았군이라고 말했다.

　황제는 더 이상 무적이 아니었다. 우리가 러시아에서 죽어가는 동안 스페인에서는 또 다른 군대가 소멸되고 있었고, 파리에서는 영문을 알 수 없는 모반자가 나타나 정권을 장악하려 들었다. 1813년 전투가 코앞에 놓여 있었건만, 당시 상황이란! 프로이센의 이반은 더 이상 의심할 여지가 없었고, 오스트리아와의 동맹은 흔들리고 있었으며, 프랑스의 힘은 늘어나는 적국의 목록에 비례해 갈수록 고갈되어갔다. 후퇴전에서 살아 돌아온 장교들의 경험담은 사람들의 공포심을 부추겼다. 지난 15년 동안 승리의 노래에만 익숙해져 있던 파리는 하루하루 현실에 눈뜨며 집단이나 개인이 전하는 생생한 참상에 가슴 아파하며 경악을 금치 못했다. …… 사람들은 튈르리Tuileries 궁전에서 벌어진 황제의 연회를 보고 충격을 받았다. 그것은 애도하는 대중에 대한 모욕이자 희생자들에 대한 잔인한 무신경의 발로였다. 나는 남의 무덤 위에서 벌어진 춤판과도 같은 그 한심한 연회들 가운데 하나를 언제까지고 기억할 것이다.

　충격은 단순히 생존자들이 고국으로 보낸 소식을 통해 드러난 재앙의 규모 때문만이 아니라 프랑스가 오랫동안 연이은 승리에 길들여져 있던 탓에 더욱더 클 수밖에 없었다. 황제의 시종 와뤼 콩스탕Wairy Constant은 "파리는 그가 처음으로 군대가 쟁취한 영광의 산물인 새로운 평화를 얻지 못한 채 전쟁에서 돌아온 것을 보았다"며 당시 세간을 지배하던 허탈감을 전했다. 나라 전체에 널리 퍼진 뿌리 깊은 불길한 예감은 탈레랑의 표현처럼 "종말의 시작이라는 느낌, 그리고 …… 그 종말 자체가 그리 멀지 않았다는 것이었다." 나폴레옹은 제국 내의 지지를 결집하기 위한 첫 번째 수순으로 새로운 정교협약을 맺어 교황과의 화평을 추구했다. 한편, 멀리 동쪽에서는 서쪽으로의 진격을 계속한 러시아군은 곧 점령하게 될 폴란드 영토와 바르샤바 공국에 다가서고 있었다. 프랑스군은 2월 4일부터 8일에 걸쳐 폴란드의 수도를 비웠다.

앞에서도 언급했듯이 러시아 원정 당시 프로이센은 요르크가 이끄는 예비 군단을 제공했고, 이들은 막도날 원수 휘하에 배속되었다. 그러나 요르크는 12월 30일 타우로겐Tauroggen에서 러시아 장군 디비치Diebitsch와 만나 밀약을 맺음으로써 휘하의 프로이센군이 프랑스 동맹군에서 중립으로 돌아설 것을 약속하고 곧 러시아군의 편에 설 것임을 암묵적으로 동의했다. 프리드리히 빌헬름 3세는 나폴레옹 황제가 지금은 약해진 듯 보이지만 그래도 이 협약으로 또다시 그와 적대관계에 놓이게 되었다는 걱정 때문에 처음에는 이 협약을 부정하려 들었다. 하지만 제아무리 국왕이라 해도 프로이센 젊은이들(물론 다른 독일인들도 마찬가지였지만)의 주도 아래 밀물 같은 기세를 탄 나라 안의 민족주의를 억누를 수는 없었다. 요르크와 블뤼허, 그리고 프리드리히 폰 뷜로브Friedrich von Bülow 장군을 비롯한 많은 고급 장교들과 합세한 궁정 내의 강경파들은 그냥 놔두면 심약하고 우유부단하기만 한 군주에게 더욱 큰 압력을 가했다.

나라 전체에 폭동의 기운마저 감도는 상황에서 프로이센은 2월 28일 비밀리에 러시아와 칼리슈 조약을 맺어 몇 주 안에 참전할 것을 약속했다. 이는 러시아가 1806년 이전의 프로이센 국경을 보장하기로 한 데 대한 화답이기도 했다. 국왕은 프로이센 재상이었다가 추방당해 러시아 황제의 고문관이 된 슈타인 남작의 강한 입김 아래 놓여 있었다. 슈타인 남

작은 10여 년이 넘게 알렉산드르 1세와 일종의 후견인 관계를 맺어온 국왕에게 이미 반나폴레옹의 깃발을 든 요르크의 병사들은 물론, 동프로이센의 국민들을 속이려 들지 말 것이며 왕좌를 유지하려거든 국민들의 기대에 부응해 알렉산드르 1세의 군대에 합세하라는 노골적인 충고를 했다. 프리드리히 빌헬름 3세가 계속 주저하고 그 결과를 두려워했지만, 결국 3월 13일을 기해 프로이센은 정식으로 프랑스에 선전포고를 하고 20세기 분쟁으로까지 이어진 프랑스에 대한 억눌린 증오의 감정을 표출했다. 프로이센 국왕은 의혹을 떨쳐버리지 못했지만, 그 국민들은 그렇지 않았다. 어느 대대 지휘관은 이 시기의 분위기에 대한 자신의 생각을 집약해 비망록에 남겼다.

당시는 고귀한 열정이 지배한 영예로운 시기였다. …… 개개인은 물론 나라 전체가 엄청난 노력과 고결한 행위만으로도 운명을 개척할 수 있다는 신념에 고무되어 다함께 사내다운 행동을 다짐했고, 조국의 해방에 보탬이 될 어떤 희생도 마다하지 않았다.

오스트리아 역시 중립을 선언하면서 조용히 병력을 돌려 보헤미아와 바르샤바를 거쳐 철수함으로써 러시아가 나폴레옹의 제국 안까지 전쟁을 확대하고 싶다면 진격에 활용할 수 있도록 길을 훤히 열어주었다.

러시아는 칼리슈 조약으로 최소 15만 명의 병력을 전개하기로 약속했지만, 4월까지 겨우 12만 명을 모을 수 있었다. 이들을 이끈 것은 1812년 전투에 참가한 적이 있는 노장 쿠투조프 원수였는데, 그는 대부분의 다른 장군들처럼 위험을 감수해가면서까지 독일 내의 프랑스군을 쫓는 것에 대해서는 미온적이었다. 러시아군은 이미 1812년의 전투로 프랑스군에 맞먹는 어마어마한 손실을 입은 터였고, 이제는 수백 킬로미터에 달하는 보급선에 매달려 작전을 펼치고 있었다. 쿠투조프와 다른 장군들은 대체로 프랑스군을 러시아 밖으로 쫓아냈다는 사실에 만족했다. 그러나 러시아 황제만은 성전聖戰에 열

■■■■■ 프로이센 국왕 프리드리히 빌헬름 3세. 우유부단한 데다가 특출난 구석도 없었던 그는 1805년의 제3차 대프랑스 동맹 전쟁 당시 오스트리아와 러시아, 그리고 영국에 합류할 기회를 차버리더니 결국 1806년에는 러시아군이 도착하기도 전에 프랑스와 대결함으로써 자신의 왕국을 재앙으로 이끌었다. 그는 모스크바 후퇴라는 재난이 알려진 뒤에도 국내의 정치적 압력과 군부의 참전론에 밀려 제6차 대프랑스 동맹에 가담한 1813년까지 러시아와 한 배에 타기를 망설였다. [Ann Ronan Picture Library]

이 올라 파리를 점령해 파괴된 모스크바의 원한을 갚고 독일의 해방자로

비치기를 바랐다. 알렉산드르 1세는 쿠투조프에게 공세를 재개해 엘베 강을 건너라고 그의 단호한 뜻을 전했다.

전투
독일 해방 전쟁과 프랑스 본토 침공

나폴레옹은 대전략 차원에서 자신이 1813년 초에 얼마나 심각한 곤경에 빠졌는지를 잘 알고 있었음에도 불구하고 결코 앞날을 비관하지 않았다. 오스트리아는 중립을 지켰고, 적대적인 프로이센은 언제든 또다시 굴복시켜 그 수도를 점령할 수 있었으며, 이렇게 고립된 러시아는 그 다음에 격파할 수 있었기 때문이었다. 모스크바 진격 당시 좀처럼 싸움에 응하지 않던 러시아 황제의 군대가 이제야 승부를 걸어왔으니 응해주면 그만이었으니, 오히려 보로디노에서 나폴레옹을 피해간 결정타를 먹일 기회가 온 셈이었다. 영국이 스페인에서 승승장구하며 계속 유럽 해안을 봉쇄해 목줄을 조이고 있었지만, 대륙 내의 저항이 수그러들고 제국의 위협 요소들만 제거되면 영국도 얼마든지 상대가 가능했다.

1812년 12월에 러시아에서 빠져나온 대육군의 잔존 병력은 뮈라 원수의 한시적인 지휘 아래 폴란드와 동프로이센에 자리를 잡았다. 나폴레옹이 파리로 향하기에 앞서 뮈라에게 내린 명령은 4만 명도 안 되는 병력으로 비스와 강의 전선을 지켜내라는 비현실적이기 짝이 없는 것이었다. 프랑스군은 그단스크, 슈테틴, 글로가우-암-오데르Glogau-am-Order 등 각지의 분산된 요새를 장악하고 있었지만, 러시아군의 진격을 막기에는 역부족이었다. 쿠투조프는 사실상 강 건너편에서 진격을 멈춘 채 격렬했던 추격전의 피로를 풀면서 보급품과 증원대를 기다리고 있었다. 그러나 그는 얼마 쉬지 않아 1813년 1월 16일에 서쪽으로 진격을 재개해 2월 7일에 바르샤바에 무혈입성했다. 또다시 포젠Posen을 향해 후퇴에 들어간 뮈라는 장라프 장군이 이끄는 3만 명의 병력으로 그단스크의 항구를 사수하도록

■■■■■■ 러시아를 빠져나온 대육군의 잔존 병력들은 1813년 1월에 동프로이센(그림 속 풍경)이나 바르샤바 공국에 도착해 안식처를 찾았다. 러시아 육군에 연락장교로 파견된 영국군 장교의 1월 7일자 보고 내용에 따르면, 폴란드 국경에서 80킬로미터밖에 떨어지지 않은 빌나에서 러시아군이 발견한 시신만 1만6,000구에 달했고, 거리는 "거의 지나다닐 수가 없을 만큼 사람과 말의 시신, 부서진 수레 따위로 가득했다." (Peter Hofschröer)

하는 한편, 그보다 소규모 병력을 토른Thorn과 몰딘Moldin에 포진시켰다. 하지만 더 이상 전쟁에 관여하기 싫었던 뮈라는 나폴레옹의 의붓아들 외젠에게 지휘권을 넘기자마자 1808년 이래 자신이 통치하던 나폴리로 돌아가버렸다.

외젠은 포젠 방어가 절망적이라고 판단했다. 극도로 지친 그의 병사들은 반란의 기운으로 들끓는 현지인들 속에 파묻힌 채 얼어붙은 강으로 막힘없이 진격해오는 러시아군에 직면해 있었다. 그나마 다행스러운 것은 새로운 명령 덕분에 오데르 강에 방어선을 펼 수 있게 되었다는 것이었다. 이리하여 그는 서쪽으로 프랑크푸르트Frankfurt까지 물러나 구비용 생시르Gouvion St. Cyr 원수의 군단과 합류했다. 이제 프랑스군의 총 병력은 3만 명으로 불어났다. 그러나 그 순간 베를린을 시작으로 엘베 강 기슭의 비텐베르크Wittenberg를 노린 러시아군이 북쪽에서 오데르 강을 건넜다는 소식이 날아들었다. 프랑스군은 3월 6일에 오데르 강에 도착했지만, 방어하기에는 강이 너무도 길다는 것을 깨달았다. 한마디로 나폴레옹의 기대가 너무 지나쳤던 것이다. 프랑스군은 6일 뒤 함부르크를 빠져나갔다. 외젠은 현실적일 뿐이었고, 나폴레옹과 달리 자신의 부하들에게 너무 큰 것을 기대할 수 없으며 독일 전역의 민심이 적대적으로 돌아서고 있음을 인식하고 있었던 것이었다.

한 달 전 칼리슈 조약으로 러시아의 전격적인 원조를 약속받은 프리드리히 빌헬름 3세는 3월 13일 프랑스에게 선전포고를 했고, 여전히 파리에 머물고 있던 나폴레옹은 3월 말에 이 사실을 알게 되었다. 프로이센의 이반은 독일 주둔 프랑스군에게 치명적이라고 할 수는 없었지만, 화급한 위험으로 떠올랐다. 마린베어더Marienwerder를 출발해 서쪽으로 향한 비트겐슈타인 장군은 곧 요르크 및 뷜로브 장군과 합류해 총 병력을 4만 명으로 늘렸다. 병력 3만 명을 거느린 쿠투조프가 칼리슈 인근에 진을 친 가운

1813년 독일 전선의 주요 전장

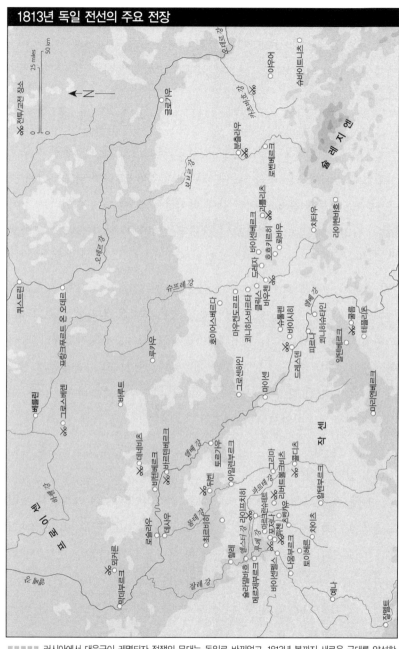

러시아에서 대육군이 궤멸되자 전쟁의 무대는 독일로 바뀌었고, 1813년 봄까지 새로운 군대를 양성한 나폴레옹은 독일에서 러시아와 프로이센군에 맞섰다. 나폴레옹은 갖가지 불리한 여건에도 불구하고 뤼첸(5월 2일)과 바우첸(5월 20일~21일) 전투에서 승리하고, 드레스덴(5월 7일~8일)을 점령하는 등 초전을 유리하게 이끌었다. 그러나 오스트리아가 연합군에 가세한 8월 이후에는 그로스베렌Grossbeeren(8월 23일)과 카츠바흐 Katzbach (8월 26일), 쿨름Kulm(8월 29일~30일), 데네비츠Dennewitz(9월 6일) 등지에서 나폴레옹의 부하들이 연달아 패배하며 전세가 뒤집히기 시작했다. 드레스덴(8월 26일~27일)에서 중요한 승리를 거뒀지만 라이프치히(10월 16일~18일)에서 대패한 나폴레옹은 프랑스를 향해 후퇴하는 과정에 하나우Hanau(10월 30일)에서 바이에른군을 격파했다.

데 작센 영토로 상당히 들어선 빈징거오데^{Winzingerode} 장군 휘하 1만3,000명의 러시아군 선발대는 그곳에서 블뤼허 장군의 프로이센군 2만5,000명과 합류했다. 이렇게 합류한 군대는 드레스덴으로 진군해 3월 27일에 그곳을 점령했다. 그 무렵 포메라니아에는 베르나도트의 병력 2만8,000명이 집결 중이었고, 영국과 하노버 연합군도 슈트랄준트 일대에 등장했다.

최초의 본격적인 충돌은 4월 3일 외젠이 뫼커른^{Mökern}에서 비트겐슈타인을 공격하면서 일어났다. 여기서 비트겐슈타인은 패배했지만, 드레스덴에서는 블뤼허와 합류하는 데 성공했다. 연합군의 병력 집중이 가속화되자, 외젠은 엘베 강 상류를 포기하고 든든한 방어선인 잘레 강까지 물러나 나폴레옹이 어느 정도의 승산이라도 기대할 수 있는 충분한 병력을 양성할 수 있도록 소중한 시간을 벌어주기로 했다.

나폴레옹은 지난 12월 파리로 돌아온 이래 새로운 군대를 양성하는 데 동분서주했다. 병역 기간을 연장하고, 스페인 주둔군을 소환하고, 국민방위대 대부분을 정규군으로 전환하는 등 갖가지 비상책을 강구했다. 이와 같은 과감한 대책들은 적어도 수적으로는 상당한 결실을 낳으며 4월 초까지 20만 명에 이르는 병력을 모아들였고, 이 와중에도 전쟁성은 황제가 요구한 또 다른 병력 45만 명의 일부라도 채우기 위해 멈추지 않고 고군분투했다. 나폴레옹은 마인^{Main} 강 일대에 4개 군단과 황제근위대로 이루어진 약 12만 명의 병력을 배치하기 시작했다. 그 밖에도 외젠이 이끄는 5만8,000명이 잘레 강에, 다부 원수가 이끄는 2만 명이 함부르크에, 그리고 오라스 세바스티아니가 이끄는 기병 1만4,000명이 엘베 강 하류에 진을 쳤다. 프랑스군은 기병이 많이 부족했지만, 그 수에서만큼은 그 지역에 있던 11만 명의 연합군을 압도하고 있었다.

봄 전투

그러나 나폴레옹의 병력은 그가 요구한 것보다 30만 명이나 모자랐는데, 이는 바이에른과 작센이 러시아에서 잃은 병력을 기대만큼 보충해주지 않은 탓도 적지 않았다. 나폴레옹은 이러한 문제점들에도 불구하고 베를린과 포위된 그단스크 및 토른, 몰딘을 향해 공세에 나서기로 결심했다. 이와 때를 맞춰 드레스덴에서 출발한 연합군 역시 잘레 강을 노린 공세를 개시했다. 이로 인해 나폴레옹은 당분간 계획을 연기해야만 했다.

나폴레옹이 연합군을 노리고 공격해올 것이라고 확신한 블뤼허와 비트겐슈타인은 조심스럽게 엘베 강 건너로 서진했고, 4월 9일에는 휘하의 정찰대가 잘펠트 일대에 도착했다. 이들은 수적인 열세에 놓여 있었지만, 자신들의 우월한 기동력을 믿고 나폴레옹의 군단들이 집결하기 전에 그 중 일부를 공격하기로 했다. 알렉산드르 1세와 프리드리히 빌헬름 3세의 승인을 얻은 이 전략은 4월 중순에 이르러 본격적인 궤도에 올랐고, 전선으로 향하던 이들과 합류한 증원 병력은 4월 24일까지 잘레 강 인근의 연합군 전력을 야포 500문과 기병 2만5,000명을 포

▪▪▪▪▪▪ 게프하르트 레버에흐트 폰 블뤼허 원수. 열렬한 프랑스 혐오주의자인 블뤼허는 1813년~1815년 전쟁 당시 프로이센군 총사령관을 지내며 지성보다는 행동으로 자신을 어필했다. 어느 동료 장교는 그를 두고 이렇게 말했다. "그는 언제나 힘이 넘쳤고 좀처럼 말 잔등에서 내려올 줄을 몰랐다. …… 그는 지형을 파악하는 눈썰미가 뛰어났고, 영웅적인 용기로 병사들을 고무시켰지만, …… 전략에 대해서는 거의 아는 게 없었던 데다가 지도 위에서 자기 위치를 찾을 줄도 몰랐고, 작전 계획을 세우거나 병력을 배치하는 능력도 없었다. (Philip Haythornthwaite)

함한 7만 5,000명으로 증강시켰다.

정찰에 필수적인 기병이 태부족이었던 나폴레옹은 외젠의 군대에게 우익을 맡긴 채 잘레 강으로 진군하는 자신의 본대로 러시아군의 진격을 저지하는 한편, 드레스덴을 향한 역습을 펼쳐 슐레지엔Schlesien과 베를린 사이에서 프로이센군의 연락선을 끊는다는 2중 전략을 세웠다. 5월 1일, 라이프치히로 진군을 개시한 프랑스군이 잘레 강을 건너 동쪽으로 향했다.

외젠이 슐라델바흐Schladelbach를 공격하는 동안 나폴레옹은 2개 종대, 즉 우디노 원수와 베르트랑Bertrand 장군이 이끄는 1개 종대, 그리고 네 원수와 마몽 원수가 이끄는 1대 종대를 각각 나움부르크와 뤼첸으로 진군시켰다. 그 사이 연합군 지휘부는 4월 말에 과로로 쓰러져 몇 주 뒤에 숨을 거둔 쿠투조프의 후임자 선정을 놓고 설전을 벌이고 있었다. 그들은 프랑스군의 진격 소식을 듣고는 견해 차이를 좁혀, 서열은 제법 낮았지만 뤼첸을 노린 프랑스군 우익의 공격에 맞서 병력을 집중하라고 명령한 유능한 장군인 비트겐슈타인에게 지휘를 맡기기로 했다. 전투 첫날의 중심이 연합군의 맹공이 펼쳐진 포저나Poserna였다면, 둘째 날의 중심은 비트겐슈타인의 강력한 병력이 네의 군단을 강타한 뤼첸이었다. 승리는 프랑스군에게 돌아갔지만, 기병이 빈약했던 그들은 전과 확대에 실패했다.

그렇다 해도 뤼첸 전투는 자신들의 사령관에 대한 프랑스군의 자신감을 되살렸고, 동쪽으로 물러나는 연합군에게는 나폴레옹이 쉬운 상대가 아님을 새삼 일깨웠다. 불완전한 승리에 만족할 수 없었던 나폴레옹은 5월 4일 자신의 본대를 둘로 나눠 그 중 더 큰 병력을 비트겐슈타인의 병력 일부가 있다고 보고된 드레스덴으로 보내는 한편, 네 휘하의 나머지 병력에게는 북동쪽으로 진군해 비텐베르크와 토르가우에 자리한 엘베 강의 도하 지점들을 방어하도록 했다. 또한 그는 작센 국왕의 동의가 있기 무섭게 작센 군대를 자신의 군대에 편입시켰다.

한편, 연합군 지휘부에서는 또 다른 논쟁이 펼쳐지고 있었다. 이번에는 네의 진격으로 자국 수도의 안위를 걱정하던 프로이센인들의 불안감이 문제였다. 최고지휘관들은 타협안을 마련해 아직 전투에 가담하지 않은 뷜로브의 군단으로 베를린을 방어하되, 프로이센의 주력부대는 바우첸에서 프랑스군과 맞서기 위해 엘베 강 너머까지 물러서기로 했다. 5월 5일, 콜디츠Colditz에서 외젠과 프로이센군이 격돌했고, 사흘 뒤에는 프로이센군이 배후에 놓인 드레스덴의 다리를 파괴하지 못함으로써 드레스덴 교외에 진출한 나폴레옹의 군대가 5월 9일 엘베 강 건너편에 교두보를 구축할 수 있었다.

연합군이 바우첸 부근에 집결 중임을 파악한 나폴레옹은 자신도 똑같은 조치를 취하며 북쪽에 있는 네를 불러들인 뒤, 5월 20일과 21일에 걸쳐 공격을 펼쳤다. 이번에도 그는 추격전에 투입할 기병이 부족한 데다가 네가 연합군의 퇴로 차단을 소홀히 하는 바람에 확실한 승리를 놓치고 말았

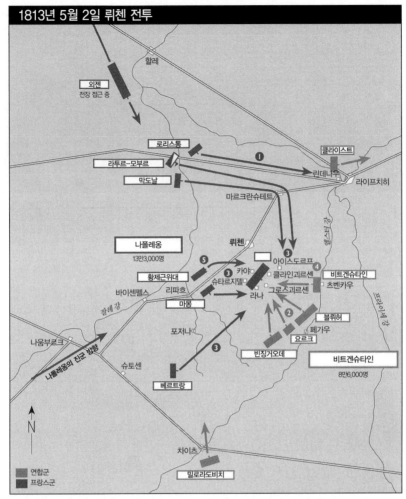

1813년 5월 2일 뤼첸 전투

할레

외젠
전장 접근 중

로리스통

클라이스트

라투르-모부르

린데나우

라이프치히

막도날

마르크란슈테트

나폴레옹
13만3,000명

뤼첸

아이스도르프

황제근위대

카야
슈타르지델

클라인괴르센

비트겐슈타인
츠벤카우

바이센펠스

리파흐

라나

그로스괴르센

마몽

블뤼허

포저나

페가우

나움부르크

나폴레옹의 진군 방향

요르크

슈토센

빈징거오데

비트겐슈타인
8만6,000명

잘레 강

베르트랑

N

차이츠

밀로라도비치

연합군
프랑스군

❶ 린데나우Lindenau 마을에 교두보를 구축한 클라이스트를 공격한 로리스통이 엘스터Elster 강을 건너 마을을 점령하다. 클라이스트가 퇴각하다.

❷ 오전 11시 30분, 네를 노린 연합군의 총공격이 개시되다. 블뤼허가 카야와 그로스괴르센을 향해 진격하고, 야포 45문을 동원한 연합군의 포격이 시작되다. 그로스괴르센으로 후퇴한 프랑스군이 곧이어 카야까지 물러나다.

❸ 오전 10시~오후 6시 30분, 나폴레옹이 네에게 카야와 인근 마을들의 사수를 명령하다. 그의 왼쪽에 자리한 막도날과 라투르-모부르, 그리고 오른쪽에 자리한 베르트랑과 마몽이 양익 포위전술로 연합군을 포위하려 들다. 네는 치열한 격전 끝에 간신히 카야를 사수하지만, 그로스괴르센과 클라인괴르센, 라나는 연합군에게 장악되다. 하루 종일 수많은 마을들의 주인이 바뀌기를 반복하다.

❹ 오후 6시, 비트겐슈타인의 마지막 예비대가 투입되다. 러시아군과 막도날의 사단 사이에서 격전이 펼쳐지다. 오후 9시, 외젠이 아이스도르프까지 행군해오다.

❺ 오후 6시 30분~7시, 청년근위대가 카야를 점령하지만, 그로스괴르센은 프로이센군의 수중에 남다. 오후 10시, 연합군이 전장을 떠나다.

■■■■■■ 바우첸 전투 당시 크레크비츠 Kreckwitz 고지를 향해 진격하는 프로이센 보병들. 연합군이 뤼첸에서 패배한 뒤, 엘베 강 동쪽 50킬로미터 지점의 바우첸에 새로운 방어 진지를 구축한 비트겐슈타인은 9만6,000명의 병력으로 나폴레옹의 병력 15만 명에 맞섰다. 연합군인 러시아군 곁에서 적잖은 활약을 펼친 프로이센군은 전투 둘째 날 2만 명의 보병으로 블뤼허의 강화 진지들을 공략한 슐트가 빈약한 포병 지원으로 인해 물러나기 전에 크레크비츠의 요새를 장악했을 때 가장 큰 고비를 맞이했다. [Peter Hofschröer]

다. 패배한 연합군 내부에서 새로운 논쟁이 벌어져 비트겐슈타인 대신 바실리 데 톨리를 러시아군 사령관으로 임명하고, 슐레지엔의 슈바이트니츠 Schweidnitz까지 후퇴해 오스트리아가 연합군으로 참전할 경우에 그들을 돕거나 그곳으로부터 프로이센군 지원에 나서기 유리한 위치를 점한다는 결정을 내렸다.

이튿날, 나폴레옹은 동쪽의 카츠바흐로 자신의 주력 병력을 이동시켰다. 그는 우디노에게 베를린 방향으로 진격하라고 명령하는 한편, 다부에게는 엘베 강 하류로부터 진격하라고 명령했다. 5월 28일, 다부가 함부르크에 입성하는 동안, 빌로브가 이끄는 프로이센군은 루카우 Luckau 인근에서 우디노를 격파했다. 나폴레옹은 연합군 후위대가 펼친 격렬한 저항에 막혀 진격 속도가 떨어지더니 6월 1일까지 브레스라우에 닿은 게 고작이었다.

이튿날, 양측은 36시간 휴전을 협의한 후 6월 4일부터 전면적인 휴전에 들어갔다. 나폴레옹은 드레스덴으로 물러났다. 일부에서는 이 같은 결정이 결국 나폴레옹의 몰락을 초래했다고 보기도 하지만, 그의 입장에서는 휴전에 동의할 충분한 이유들이 있었다. 그의 군대는 새로운 공세를 재개해 수백 마일을 행군했기 때문에 지쳐 있었고, 연합군에게 최후의 일격을 가하려던 끈질긴 노력은 결정타는 아니지만 두 차례나 상당한 피해를 안겼던 것이다. 그는 부족한 기병 탓에 이 승리들이 준 기회를 살릴 수 없었다. 나폴레옹의 군대는 수많은 약점에도 불구하고 놀랄 만큼 잘 싸웠지만, 보급선이 위태롭게 늘어난 데다가 야포의 탄약이 고갈되기 직전이었고, 상대 못지않게 극심한 병력 손실로 인해 그 시점에서 부대 재건과 재편성을 위한 휴식이 필요했다. 또한 정치적으로도 나폴레옹은 그 무렵 프랑스군의 오른쪽 측면에 상당한 규모의 군대를 포진시킨 프란츠 황제의 향후 행동에 영향력을 행사하고 싶었던 것이다.

양측은 8월 16일까지 휴전을 연장함으로써 전투를 치른 군대가 휴식을 취하고, 지휘관들이 피폐해진 부대를 재건할 시간을 벌었다. 이 같은 적대 행위 중지로 가장 큰 덕을 본 것은 연합군이었다. 8월 중순까지 나폴레옹이 독일의 주전장에 배치한 병력은 약 44만 명이었고, 인 강에 주둔한 브레데 장군(1767년~1838년) 휘하의 바이에른 파견대처럼 적이 점령한 지역에 고립된 병력만도 25만 명에 달했다. 나폴레옹은 야포 1,300문을 모아 러시아에서 발생한 피해를 상쇄시켰다. 반면에 연합군은 전선에 투입할 병력만 50만 명 가까이 모은 데다가 기병 전력에서 어마어마한 우위를 누렸고, 곧 또 다른 예비대 35만 명을 소집할 예정이었다.

사태는 외교적으로도 중대한 국면에 접어들고 있었다. 6월 24일, 오스트리아 외무상 클레멘스 폰 메테르니히는 라이헨바흐^{Reichenbach}에서 알렉산드르 1세와 프리드리히 빌헬름 3세를 만나 조약을 맺어 오스트리아가 이 통치자들과 나폴레옹 사이에서 무력 사용까지 감안한 중재자로 나서기로 했다. 프랑스 황제에게 전달된 네 가지 조건에는 이를 거부 시 오스트리아가 연합군 진영에 가담할 것이라는 단서가 달려 있었다. 그 구체적인 내용은 바르샤바 공국을 해체시키고 프로이센의 확장을 승인하는 한편, 오스트리아에게 아드리아 해 연안의 옛 영토 일리리아Illyria를 돌려주고, 함부르크와 뤼벡, 브레멘, 그단스크로 대표되는 한자동맹 소속 도시들의 연대를 복원시키라는 것이었다. 예상대로 나폴레옹이 이 같은 조건들을 거부하자, 7월 19일 부로 오스트리아마저 7월 7일에 스웨덴이 합류한 제6차 반프랑스 동맹의 일원이 되었다. 하지만 휴전의 효력은 다음달까지 지속되었다.

가을 전투

8월 12일, 오스트리아가 정식으로 선전포고를 함에 따라, 휴전은 예정보다 50일 앞당겨 막을 내렸다. 이튿날, 슐레지엔의 브레스라우에 있던 블뤼허는 진군을 개시했다. 휴전은 정식으로 8월 16일에 종료되었다. 그 동안 양측은 병력을 모아 훈련시켜 대규모 부대로 전환시키는 데 전념했다. 연합군의 병력은 크게 4개 군, 즉 브레스라우 남부에 있는 9만5,000명의 프로이센군과 러시아군으로 구성된 블뤼허 휘하의 슐레지엔군과 베를린에 있는 11만 명의 프로이센군과 스웨덴군으로 구성된 베르나도트 휘하의 북부군, 그리고 그 무렵 엘베 강 상류에 집결 중이던 슈바르첸베르크의 오스트리아군 23만 명으로 구성된 보헤미아군과 당시 후방에서 편성 중이던 베닉센 장군(1745년~1826년) 휘하의 러시아 병력 6만 명으로 구성된 폴란드(방면)군으로 편성되었다.

이들 병력은 슈바르첸베르크의 총지휘하에 있었다. 그러나 3명의 군주들과 그들의 참모진, 외국 사절들, 각국의 온갖 인물들이 사령부에 달라붙어 그의 권한에 제동을 걸며 간섭을 일삼았다. 알렉산드르 1세와 프란츠 1세, 그리고 프리드리히 빌헬름 3세는 마치 변덕이라도 부리듯이 슈바르첸베르크의 명령을 뒤집으며 일을 꼬아놓기 일쑤였다. 슈바르첸베르크는 프란츠 1세에게 다음과 같은 보고를 올렸다.

러시아의 황제께서는 사령부에서든 전장에서든 한시도 제 곁을 떠나려 들지 않으십니다. …… 그분께서는 거의 모든 (러시아) 장군들이 조언과 제안을 쏟아내도록 놔두십니다…….

그럼에도 불구하고 연합군은 나폴레옹의 주력은 회피하고 그의 수하들에게 집중하는 새로운 전략인 트라헨베르크Trachenberg 계획을 내놓았다. 이 전략의 효과는 당연히 제한적일 수밖에 없었지만, 이로 인해 나폴레옹의 전력은 서서히 내리막길을 걸었다. 연합군은 이 계획과 병행해 8월 17일에 세 방향에서 라이프치히를 노린 공격에 나섰다. 한편, 비토리아에 있던 웰링턴 공작의 승전보는 시기적절하게 연합군의 사기를 드높였다.

전부 합쳐 40만 병력을 독일에 전개한 나폴레옹은 외국의 병력이 섞이기는 했어도 이들을 국적별로 나누지 않은 군대를 통솔하고 있었기 때문에 슈바르첸베르크에게 닥친 지휘·행정상의 문제는 겪지 않았다. 나폴레옹은 군대를 둘로 나눠 자기 휘하의 병력 약 25만 명을 엘베 강과 드레스덴 양쪽에 집결시키는 한편, 루카우 인근에 있는 우디노에게 병력 12만 명을 맡겨 다시 베를린 공략을 시도했다. 많은 이들은 병력을 분산해가며 부차적인 목표를 짜기로 한 나폴레옹의 결정을 비판해왔는데, 이 같은 비판은 며칠이라는 짧은 기간 동안에 나폴레옹이 그의 계획을 몇 번이나 바꾼 것에서 기인한 바 크다. 애초에 블뤼허를 공격하기 위해 동쪽으로 진격하려고 준비하던 그는 슈바르첸베르크의 배후를 위협하기 위해

8월 18일 남쪽으로 방향을 돌려 치타우^{Zittau}로 향했다. 이틀 뒤, 그가 원래의 행군 방향으로 되돌아섰을 무렵, 블뤼허는 트라헨베르크 계획에 따라 퇴각 중이었다.

이튿날인 8월 21일, 나폴레옹은 드레스덴에서 슈바르첸베르크와 맞선 생시르가 보낸 구원 요청을 받고는 자신의 주목표를 라이프치히에서 드레스덴으로 변경했다. 나폴레옹은 막도날 원수를 보내 블뤼허를 견제하게 한 뒤, 드레스덴으로 향했다. 그러나 그는 8월 23일에 생시르를 직접 지원하기보다는 쾨니히슈타인^{Königstein}과 피르나^{Pirna}에 포진한 슈바르첸베르크 군대의 배후를 위협하는 것이 우선이라는 결정을 내리게 되었다. 한편, 같은 날 그로스베렌 전투에서는 우디노가 고배를 마셨다. 이틀 뒤 이 소식과 함께 드레스덴의 방어선이 궤멸 직전이라는 보고를 받은 나폴레옹은 또다시 계획을 바꿔 1개 군단으로 피르나를 공격하게 한 뒤, 나머지 병력을 이끌고 생시르를 구원하러 나섰다.

그 무렵, 드레스덴에서 생시르는 끈질긴 방어전을 펼치며 수차례 반격을 실시했다. 8월 26일, 나폴레옹은 7만 병력과 함께 드레스덴에 도착해 연합군의 공략을 격퇴했다. 바로 이때 피르나를 공략한 반담 장군이 연합군 예비대의 발목을 붙잡았고, 그 사이 나폴레옹은 드레스덴에 병력을 집결시켰다. 반담의 교란작전과 더불어 밤 사이 추가로 도착한 프랑스군 5만 명 덕분에 나폴레옹은 이틀째 드레스덴 전투에서 큰 승리를 거두었다. 그러나 이 승리는 같은 날 카츠바흐 전투에서 막도날 군대가 패해 8만 명 가운데 전사자와 익사자가 1만3,000명, 포로로 잡힌 병사가 1만 7,000~2만 명에 달하고, 야포 150문과 군기 2기를 빼앗기면서 그 빛이 바래고 말았다. 당시 격렬한 빗줄기 속을 행군 중이었던 바그람 전투와 러시아 원정의 고참병들은 불어난 강을 건너는 와중에 숲에서 튀어나온 프로이센군의 습격을 받았고, 비 때문에 무용지물이 된 머스켓 대신 맨몸으로 싸웠다. 검과 창, 총검에 의해 엄청난 피해가 발생하는 가운데 야포의 집중 사격과 함께 출격한 블뤼허의 기병 2만 명이 경사지의 프랑스군을 강물 속으로 몰아넣으면서 수많은 익사자가 생겼고, 생존자들은 좀처럼 자비를 기대할 수 없었다. 프랑스군의 패배는 곳곳에서 반복되었다. 우디노는 그로스베렌에서 패해 후퇴했고, 8월 30일 쿨름 전투에서 대승한 연합군은 반담의 부대를 전멸시키며 그를 사로잡았을 뿐만 아니라, 후퇴 중인 슈바르첸베르크의 탈출구를 여는 데도 성공

■■■■■ 도미니크 조제프 반담 장군. 혁명 전쟁의 노장이자 스페인을 뺀 이후의 모든 전장에서 활약한 반담은 부패와 약탈로 유명했다. 그러나 그는 성공한 야전 지휘관에게 필요한 적극성과 활기도 겸비한 인물이기도 했다. 독일 전투 당시 피르나에서 작은 승리를 거둔 그는 이후 쿨름 전투에서 병력의 절반을 잃으며 포로가 되었다. 그는 워털루 전투에도 참가해 리니Ligny와 와브르Wavre에서 1개 군단을 이끌었다. [Philip Haythornthwaite]

했다. 이렇게 나폴레옹의 부하 3명이 불과 며칠 사이에 겪은 세 번의 패배는 나폴레옹이 두 배 반에 달하는 규모의 적을 격파하며 얻어낸 드레스덴 전투의 성과까지 무위로 돌려놓고 말았다.

세 방향으로의 진격을 고집하던 프랑스군은 설상가상으로 통신 및 보급선을 노린 적의 습격에 쉴 새 없이 시달렸고, 사기마저 곤두박질쳤다. 어느 프랑스 장교는 9월 8일에 다음과 같은 편지를 아내에게 보냈다.

우리가 저 많은 연합군을 이길 수는 없을 것이오. 우리 병사들 대부분이 그들을 이길 수 있는 충분한 자질을 갖추고 있다고 큰소리치지만, 안타깝게도

■■■■■ 1813년 8월 23일, 프랑스와 프로이센 보병들이 그로스베렌의 공동묘지를 차지하기 위해 접전을 벌이고 있다. 병력 2만7,000명의 군단을 이끌고 프로이센군 주력의 측면을 향해 진격한 레이니에 장군은 오후 늦게까지 그로스베렌 마을과 배후의 고지를 점령했다. 하지만 병력 3만8,000명을 이끌고 나타난 뷜로브가 작센군에게 돌진해 마을을 탈환하고, 이를 받아치는 데 실패한 레이니에가 부득불 후퇴에 나서면서 전세는 곧 역전되고 말았다. (AKG, Berlin)

우리 병사들의 열의는 아주 약하기 그지없다는 것을 나는 알고 있소. 게다가 우리 병사들은 너무 왜소하고, 육체적으로 허약한 데다가 어리고 경험이 없어서 그들 대다수가 희망을 주기보다는 또 다른 근심거리를 안겨주는 원인이라오.

미비한 훈련과 실전 경험, 그리고 기병 전력의 심각한 부족으로 인해 나폴레옹의 군대는 적의 위치를 파악하거나 그들을 향해 병력을 집중할 수 없었고, 그 속에서 나폴레옹은 자신의 수하들이 끊임없는 위협과 공격에 시달리는 것을 대책 없이 지켜봐야만 했다. 게다가 늘어만 가는 연합군의 병력이 가한 중압감 탓에 한시도 마음이 편치 못했던 나폴레옹은 우울증과 무기력증으로 건강을 잃으며 그 어느 때보다 집중력이 필요했던

■■■■■ 1813년 8월 30일 쿨름 전투. 트라헨베르크 계획의 일환으로 나폴레옹의 부하들을 노린 연합군이 승리한 전투 가운데 하나. 베르나도트가 우디노 원수에 비해 두 배나 많은 병력을 거느렸음에도 불구하고 베를린을 포기하려 들자, 스웨덴군이 멋대로 굴든 말든 프로이센군은 공격에 나설 것임을 선언한 뷜로브는 그를 노골적으로 비난했다. 실제로 의욕적인 공격을 펼친 프로이센군은 반담과 함께 수많은 병력을 사로잡았다. (AKG, Berlin)

절체절명의 시기에 자신의 능력을 제대로 발휘하지 못했다. 전장에서 나폴레옹의 존재가 그 무엇보다 중요한 결정적인 요소였음은 나폴레옹의 군대에 배속된 뷔르템베르크군의 사단장이 자신의 국왕에게 보낸 보고서에도 잘 나타나 있다.

프랑스 장군들과 장교들은 전쟁에 신물이 난 듯 보였으며, 오직 황제의 존재만이 장병들에게 활력을 불어넣는 것 같았습니다. …… 막도날(카츠바흐)과 반담(쿨름), 그리고 네(데네비츠)가 패배당한 이후, 그들은 코사크인들을 막아낼 수 있는 유일한 방어선은 라인 강뿐이라고 믿고 있습니다.

보헤미아의 산지에 막혀 슈바르첸베르크를 칠 수 없었던 나폴레옹은

9월 2일 베를린을 노린 또 다른 진격을 계획했고, 네가 그 지휘를 맡았다. 하지만 막도날에 대한 블뤼허의 추격이 멈추지 않자, 이튿날 네의 작전에 쓸 병력의 일부를 거둬들여야 했다. 나폴레옹은 드레스덴에서 막도날의 군대가 있는 동쪽으로 향했지만, 또다시 동쪽의 바우첸으로 물러난 블뤼허가 프랑스군 주력을 현혹하기 시작했다. 베를린에 대한 새로운 공세를 계획 중이던 나폴레옹은 이번에는 엘베 강을 되건너와 바실리 데 톨리의 부대를 드레스덴으로 파견한 슈바르첸베르크가 가한 위협에 주의를 뺏기고 말았다. 이에 대응하는 것 말고 별다른 수가 없었던 나폴레옹은 자신의 주력부대를 바실리의 배후인 쿨름으로 이동시켰지만, 슈바르첸베르크는 싸움을 회피하며 엘베 강 건너편으로 재빠르게 퇴각해버렸다. 9월 10일, 프랑스군은 추격을 포기했고, 그 사이 북쪽에 있던 네는 데네비츠로 퇴각해야만 했다.

그 뒤로 2주 동안 발생한 잇단 위협은 나폴레옹의 주도권을 계속 갉아먹었다. 그로서는 드레스덴을 향한 슈바르첸베르크의 새로운 양동작전을 무시할 수가 없었고, 이 위협을 처리하기 전까지는 네의 베를린 진격에 힘을 보탤 수가 없었다. 문제는 북쪽에서도 발생했다. 병력 8만 명을 거느린 베르나도트가 곧 엘베 강에 모습을 드러내려 하는 동안 또다시 블뤼허가 막도날의 피폐한 병사들을 공격했던 것이다.

9월 말에 접어들자, 프랑스군의 소모는 심각한 지경에 이르렀다. 병력은 지난 8월 중순 이래 20만 명으로 줄어든 데다가 보급품 부족은 위기 상황으로까지 치달았다. 가용 병력으로 감당할 수 없을 만큼 연합군으로부터 계속 이곳저곳을 위협받던 프랑스군은 적의 수적 우세를 상쇄해보고자 부질없는 행군을 거듭하며 갈팡질팡했다. 이처럼 심각한 지경에 놓인 나폴레옹은 휘하의 모든 야전군을 엘베 강 서쪽으로 후퇴시켰고, 멀리 동쪽에 남겨진 프랑스 수비대들은 9월 24일을 기해 시작된 병력 이동과 함께 황제의 구원군에 대한 희망이 완전히 사라졌음을 절감하며 어떻게든 스스로를 지켜나가야 할 처지에 놓이게 되었다.

나폴레옹이 서쪽으로 이동하는 동안 북쪽에서는 엘베 강에 다다른 베르나도트가 반대편 기슭에 교두보를 구축하기 시작했다. 이튿날, 블뤼허는 그를 지원하기 위해 행군을 시작했고, 그의 위치는 막 도착한 베닉센이 맡았다. 베르나도트와 블뤼허가 거느린 병력은 모두 합쳐 14만 명에 달했으며, 이들은 이제 슈바르첸베르크와 베닉센의 병력 18만 명과 함께 라인 강 및 그 배후의 프랑스와 연결된 교통 중추로서 전략적으로 아주 중요한 도시인 라이프치히를 향한 행군을 앞두고 있었다. 베르나도트와 합류하기 위한 행군 과정에서 수차례 소규모 전투를 치른 블뤼허의 병력 6만 명은 10월 3일 엘베 강 인근의 바르텐베르크Wartenberg에 닿았다. 10월 4일의 도강에 앞서 베르트랑의 약체 군단을 몰아낸 블뤼허는 베르나도트와 평행하게 행군하면서 라이프치히 북쪽 30킬로미터 지점에 있는 델리치Delitsch로 향했다.

이 무렵, 나폴레옹은 약 25만 명의 병력과 함께 라이프치히에 단단한 거점을 구축했고, 자신을 향해 다가오는 각각의 연합군을 간단히 압도할 수 있는 위치에 서 있었다. 이제 주도권은 나폴레옹의 것이었다. 나폴레옹은 병력 4만3,000명을 이끈 뮈라에게 남쪽에서 가해질 공격에 대비하게 하는 한편, 무통과 생시르의 2개 군단에게는 드레스덴을 지키게 한 후, 10월 7일 병력 15만 명과 함께 북쪽으로 진격해 뒤벤Düben에 있는 블뤼허를 공격했다. 그러나 나폴레옹의 기습 시도가 실패하는 바람에 블뤼허는 잘레까지 용케 후퇴할 수 있었다. 기병 부족으로 연합군의 움직임을 감시할 수 없다는 사실에 좌절한 나폴레옹은 베르나도트가 버티고 있는 북쪽의 드레스덴을 향해 조심스럽게 전진했다.

이렇게 한쪽에서 나폴레옹이 거북이걸음으로 천천히 진군하고 있는

■■■■■ 1813년 9월 6일, 데네비츠에서 돌격을 펼치는 프로이센 국토방위대 소속 기병대. 병력 5만5,000명을 이끌고 베를린을 향해 진군하던 네는 베르나도트의 병력 3만 명을 예비대로 둔 뷜로브 휘하의 프로이센군 8만 명을 공격했다. 전투의 결정적인 시점에서 작센군의 이탈로 생긴 전선의 커다란 공백에 대규모 프로이센 기병이 난입해 부대가 분단되자, 네는 부득이 토르가우로 후퇴해야만 했다. [AKG, Berlin]

동안, 또 한쪽에서는 증원군이 도착한 뒤 24만 명으로 불어난 슈바르첸베르크의 군대가 그보다 더 더딘 속도로 라이프치히를 향해 진군하고 있었다. 10월 10일, 뮈라는 보르나Borna에서 슈바르첸베르크의 진격을 지연시켰고, 이틀 뒤에는 네가 데사우Dessau 인근의 물데Mulde 강을 건너려던 베르나도트의 병력 일부를 저지했다. 그럼에도 불구하고 연합군의 각 부대들은 라이프치히에 대한 협공이 가능할 만큼 서로 근접해 있었다. 프랑스군의 앞날은 절망적으로 보였다. 용기병 연대의 어느 상사는 이제 이 전쟁의 목표가 제국의 방어라기보다는 연합군의 프랑스 침공 저지임을 인정했다. 10월 12일, 그는 다음과 같이 적었다.

우리는 한 달 안에 라인 강 기슭까지 밀려날 것이다. 우리의 군홧발 아래 짓밟히고 약탈당했던 나라들의 원한은 프랑스 침공으로 이어져 이 나라를 황야로 만들어버리겠지. 이런 일을 막겠다는 생각이 바로 제 정신 박힌 프랑스인이 무기를 드는 유일한 이유일 것이다.

10월 13일, 비트겐슈타인이 정찰하기 위해 남쪽으로부터 진군해오는 가운데, 이튿날 나폴레옹은 북쪽에서 다가오는 연합군을 저지하는 데 실패했음을 깨닫고 자신의 전 병력에게 라이프치히로 집결할 것을 명령했다. 당시 그의 군대는 10월 15일에 노장근위대의 어느 대령이 남긴 다음 기록처럼 극악한 여건 아래 놓여 있었다.

연대가 10월 6일에 주둔지를 출발한 이래 단 한 덩어리의 빵도 병사들에게 전달되지 않았다. 열악한 도로와 험한 날씨로 인해 비참해진 행군 길에서 배급된 식사는 소량의 쌀과 고기가 전부였다. 이 정도면 누구라도 당시 우리 군의 상태라던가, 무엇 하나 부족하지 않은 부대와 아사를 모면할 정도의 식량만을 구할 수 있는 부대의 차이를 머릿속에 쉽게 그릴 수 있을 것이다. 군량과 더불어 신발마저 부족했다. 너무도 많은 병사들이 맨발로 진창과 웅덩이를 밟고 다녀 째진 발과 다리에서 피가 나는 것을 볼 수 있었다. 이런 상황에서는 어떤 장교도 인간에 대한 연민을 모조리 상실하지 않은 이상 눈물을 흘리지 않을 수 없었다.

10월 14일, 리버트볼크비츠Liebertwolkwitz에서 대규모 기병 전투가 벌어졌지만, 승부를 가릴 수 없었다. 그 뒤 16일부터 18일까지 사흘에 걸쳐 중요한 전투가 벌어졌다. 뫼커른 시가지를 둘러싼 공방전은 이 전투의 처절함을 단적으로 보여주었다. 그곳에서 프로이센군에 맞선 마몽의 부하들은 전투 첫날에만 몇 번이나 시가지의 주인이 바뀐 사투를 펼쳤다. 요르크의 부하들은 건물 한 채, 거리 한 귀퉁이를 일일이 빼앗는 쟁탈전을 치르고도 참혹한 육탄전에 휘말려 궤멸되었다. 해질 무렵, 죽은 자와 죽어가는 자로 발 디딜 틈이 없는 도시는 프로이센군의 차지가 되었다. 이 전투에서 요르크는 병력 2만1,000명 가운데 8,000명을 잃고, 프랑스군 역시 이와 비슷한 피해를 입었다. 이처럼 이 전투는 나폴레옹 전쟁 당시 그 어떤 전투보다도 참가한 병력에 대한 피해 비율이 커서 '전투 중의 전투'로 불리게 되었다. 이 모든 일이 벌어지는 동안 네의 병력 1만5,000명이 전장을 동분서주하며 각 구역을 지원하려고 했지만, 어느 한 곳에도 도움이 되지 못했다. 전투 기간 동안 뫼커른 시가전만 특별하다고 할 수 없을 만큼 처절한 시가전은 어디에서나 흔히 볼 수 있었다. 도시의 많은 구역들과 주변 마을의 지배권은 한쪽으로 넘어갔다가 다른 쪽으로 넘어가기를 반복했으며, 이 과정에서 어느 쪽도 상대에게 자비를 베풀지 않았다. 프랑스 출신의 망명객으로 러시아 편에 서서 싸운 랑제론 장군은 이 전투의 셋째 날에 두 번씩이나 쉐네펠트Schönefeld 마을을 빼앗았다.

거점을 확보했다고 여긴 나는 경계선을 구축하기 위해 마을 밖으로 나섰다. 바로 그 순간, 네가 …… 예상치도 못한 공격을 펼쳤고, 그 기세와 절묘한 지휘에 휘둘린 나는 이를 막아낼 수가 없었다. 5개 종대가 총검 돌격에 나서 재편성으로 인해 아직 분산되어 있던 나의 부대와 시가지를 향해 달려들었다. 병사들은 진지에서 밀려나 서둘러 퇴각해야만 했다. 나는 도망치는 병사들에게 떠밀렸지만, 지탱 불가능한 상황에서 물러나는 그들을 비난할 수는 없었다. 솔직히 그들이나 나나 전속력으로 도망치고 있었던 것이다.

…… 다행히도 아직 상당수의 예비 병력을 거느리고 있었던 나는 쉐네펠트에서 밀려난 연대들을 이들 사이의 간극으로 후퇴시킨 뒤, 아군 전열이 질서

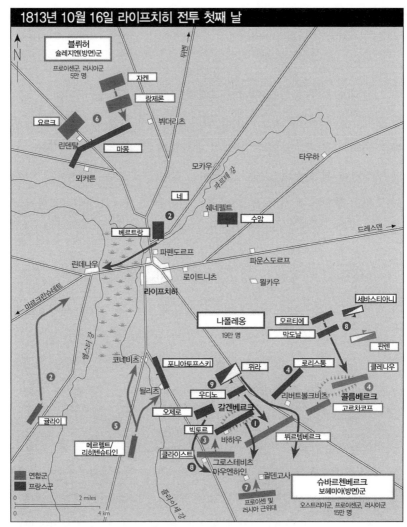

1813년 10월 16일 라이프치히 전투 첫째 날

블뤼허
슐레지엔(방면)군

프로이센군, 러시아군
5만 명

자켄

랑제론

요르크 ❻

뷔더리츠

린덴탈 마몽

외커른

모카우

타우하

네

쉐네펠트 수앙

드레스덴 →

베르트랑 ❷

파펜도르프

린데나우

파운스도르프

마르크란슈테트

로이트니츠 뮐카우

라이프치히

세바스티아니

나폴레옹 19만 명 모르티에 ❽

막도날 판렌

클레나우

코네비츠 포니아토프스키 뮈라 ❹ 로리스통 ❹

딜리즈 ❾ 우디노 리버트볼크비츠 ❹ 콜름베르크

굴라이 ❷ 오제로 갈겐베르크 ❶ 고르치코프

빅토르 ❸ 바하우

메르펠트/ 리히텐슈타인 ❺ 클라이스트 뷔르템베르크

연합군 그로스테비츠 아우엔하인 ❽ 퀼덴고사 ❼

프랑스군 프로이센 및 러시아 근위대

슈바르첸베르크
보헤미아(방면)군

오스트리아군, 프로이센군, 러시아군
15만 명

0 — 2 miles
0 — 4 km

❶ 오전 8시, 뷔르템베르크군이 바하우Wachau를 공격해 하루 동안 수차례나 주인이 바뀐다.
❷ 오전 8시, 굴라이가 프랑스군의 연락선과 퇴로를 차단하기 위해 린데나우로 진격한다. 이를 막던 베르트랑의 병력은 나폴레옹의 총공격에 참가할 기회를 놓친다.
❸ 클라이스트가 진격하지만, 프랑스군은 바하우를 고수한다.
❹ 오전 10시, 클레나우가 콜름베르크Kolmberg 고지와 리버트볼크비츠를 점령하다. 로리스통 장군이 이끄는 황제근위대가 전투에 투입된다.
❺ 메르펠트와 리히텐슈타인이 결연한 프랑스군의 방어선을 뚫는데 실패하다.
❻ 오전 10시, 블뤼허가 라이프치히를 향해 진격한다. 3 대 1의 열세에 놓인 마몽이 계획대로 남진해 나폴레옹의 총공격에 가담하지 못하고 외커른으로 밀려나는 가운데 비데니츠를 뺏고 빼앗는 전투가 반복된다.
❼ 오전 11시, 전황을 안정시키기 위해 프로이센과 러시아 근위대가 투입된다.
❽ 오후 12시, 막도날과 모르티에, 세바스티아니가 클레나우를 격퇴하다. 오제로는 그로스테비츠Grostewitz에서 클라이스트를 몰아낸다.
❾ 오후 2시, 나폴레옹이 공세로 전환하다. 우디노와 뮈라, 로리스통이 뛰어든 혈전에도 불구하고 연합군 전선의 돌파에 실패하다.

를 찾고 적 병력이 분산된 틈을 노려 곧바로 내가 당했던 것을 적에게 고스란히 되갚아줄 수 있었다.

그런데도 하루 종일을 이어진 쉐네펠트 일대의 혈투는 예비대를 소진한 프랑스군이 연합군에게 그곳을 넘겨줄 때까지 계속되었다. 그러나 고통은 거기서 끝나지 않았다. 불길이 솟으면서 그 동안 부서진 건물들 속에 부상당한 채 쓰러져 있거나 은신처를 찾아 그곳으로 기어들어온 이들이 도리어 함정에 빠지고 만 것이었다. 이름을 알 수 없는 어느 기록자는 이 무시무시한 광경을 다음과 같이 묘사했다.

양측의 수많은 부상병들이 불에 타 숨졌고, 영주의 농장에서는 키우던 가축들이 모조리 죽었다. 심지어 덩치 큰 검은 황소가 …… 사격과 함성 속에서 화상까지 입어 흥분해 뛰쳐나와 …… 질주하자 …… 공격 중이던 러시아 보병 1개 종대 전체가 저항도 못한 채 혼비백산해 도망쳤다. 불타오르는 교회의 첨탑은 성난 황소와 함께 러시아군을 응징하기로 작정한 듯 보였다. 첨탑이 무너져 내리자 수많은 병사들이 그 폐허 아래 깔리고 말았다. …… 소음과 병사들의 아우성, 땅에 떨어져 터지는 포탄 소리, 사람과 가축의 절규와 신음소리, 구슬픈 울음소리, 그리고 돌 더미, 벽체, 대들보 따위에 반쯤 묻혀 숨이 붙어 있던 이들이 부상자들과 함께 내던 곡소리며 도움을 애걸하는 소리에는 소름이 돋을 지경이었다. 연무와 흙먼지, 초연에 싸여 너무도 어두웠던 나머지 지금이 몇 시인지조차 가늠할 수가 없었다.

전투 셋째 날의 가장 극적인 사건은 작센군과 그들의 포대가 갑자기 편을 바꾼 데 이어 뷔르템부르크군 기병대 역시 곧바로 편을 바꾼 사건이었다. 프랑스군은 이제 후퇴를 피할 수 없게 되었고, 10월 19일 아침부터

강력한 후위대의 보호 아래 엘스터 강을 건너기 시작했다. 이를 본 연합군, 특히 블뤼허는 프랑스군의 탈출을 반드시 저지하겠다는 결의에 차서 시가지 수비대에게 맹공을 퍼부었다. 그 당시 엘스터 강 위에 놓여 있던 다리는 단 하나뿐이었고, 적이 나타나면 폭약을 점화하라는 임무를 띤 공병 상사 한 명이 이를 지키고 있었다. 이를 곧이곧대로 해석한 그는 강 건너편에 얼마 되지도 않는 프로이센군 소총병들이 나타나자, 성급히 다리를 폭파해버렸고, 이로 인해 반으로 갈라진 나폴레옹의 군대는 지난 사흘 동안 전투에서 입은 것보다 더 큰 피해를 입고 말았다. 3개 군단에 속한 병사 3만7,000명과 그들이 보유한 모든 야포, 거동 가능한 부상병 약 2만

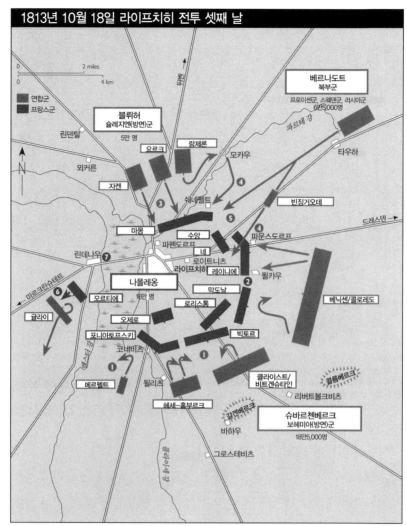

1813년 10월 18일 라이프치히 전투 셋째 날

0
2 miles
0
4 km

■ 연합군
■ 프랑스군

베르나도트
북부군
프로이센군, 스웨덴군, 러시아군
6만5,000명

블뤼허
슐레지엔(방면)군
5만 명

린덴탈

외커른

자켄

요크

랑제론

모카우

파르테 강

타우하

쉐네펠트

빈징거오데

드레스덴

❸

❹

마몽

수앙

파운스도르프

❺

❹

파펜도르프

네

린데나우 ❼

로이트니츠
라이프치히 레이니에

❷

뮐카우

나폴레옹
16만 명

막도날

베닝센/콜로레도

모르티에

로리스통

❻

오제로

빅토르

굴라이

포니아토프스키

코네비츠

❶

콜룸뻬르크

메르펠트

될리츠

클라이스트/
비트겐슈타인

리버트볼크비츠

헤세-홈부르크

강겐베르크

슈바르첸베르크
보헤미아(방면)군
18만5,000명

바하우

그로스테비츠

❶ 오전 7시, 슈바르첸베르크가 총공격을 실시하지만, 완강한 저항으로 연합군의 진격이 저지되다. 헤세-홈부르크가 될리츠를 점령한 반면, 코네비츠를 점령하려던 메르펠트는 포니아토프스키에게 저지당하다. 빅토르가 클라이스트와 비트겐슈타인을 물리치다.

❷ 막도날에게 막혀 있던 콜로레도Colloredo가 베닝센의 지원을 받아 홀츠하우젠Holzhausen을 점령하다. 레이니에는 뮐카우와 파운스도르프를 지켜내다.

❸ 베르나도트를 지원하기 위해 랑제론을 파견한 블뤼허가 이후 진격을 저지당하기에 앞서 파펜도르프를 점령하다. 프로이센 군이 로이트니츠까지 진출하지만 나폴레옹이 투입한 예비대에게 되밀려나다.

❹ 정오경, 베르나도트의 선봉대가 쉐네펠트에서 네를 공격 중이던 랑제론과 합류하다. 파운스도르프로 진격하던 빈징거오데 가 베닝센의 군대와 만남으로써 슐레지엔군과 보헤미아군 사이의 간극이 사라지다. 베닝센이 공격을 재개하다. 레이니에 휘하의 작센군과 뷔르템베르크군이 전열을 이탈하다. 파운스도르프가 연합군에게 함락되다.

❺ 네가 잠시 파운스도르프를 탈환하지만, 물량에 밀려 후퇴하다. 프로이센군이 로이트니츠를 돌파하다. 일진일퇴의 접전을 벌이던 랑제론이 마침내 쉐네펠트를 손에 넣다.

❻ 연합군에게 밀린 프랑스군이 라이프치히 시내로 후퇴하는 가운데, 모르티에의 청년근위대가 굴라이를 격퇴하며 서쪽으로 이어지는 퇴로를 확보하다.

❼ 10월 19일 오후 2시를 기해 나폴레옹의 총퇴각 명령이 내려지다. 린데나우에 있는 엘스터 강의 다리가 성급하게 폭파되면 서 무수한 병력이 강 건너편에 고립되다.

명, 장군 30명, 원수 2명이 엘스터 강을 건너지 못한 채 발이 묶여 사로잡히거나 저항하다 죽을 운명에 놓인 것이었다.

막도날 원수는 간신히 그곳을 빠져나올 수 있었다. 그는 자신의 회고록에 "나는 …… 산 채로 적에게 잡히느니 차라리 총으로 자살하거나 물에 빠져 죽겠다는 다짐으로 탈출에 나섰다"고 적었다. 막도날은 두 그루의 나무에 대문들, 덧문들, 그리고 널빤지들을 덧대어 아무렇게나 만든 다리가 어느 순간 나무줄기만 덩그러니 남은 모습을 보고는 훗날 그의 회고록에 쓴 대로 그 다리를 건너는 것 외에는 다른 길이 없었다.

기회는 단 하나뿐이었다. 나는 결단을 내려 위험을 무릅쓰기로 했다. 인파에 밀려 어렵게 말에서 내린 나는 양쪽 나무줄기에 한 발씩을 걸쳤다. 그 아래로는 깊은 물길만이 펼쳐져 있었다. 세찬 바람이 불어왔다. …… 3분의 2쯤 강을 건넜을 무렵, 몇몇이 내 뒤를 따르기로 결심했다. 나는 그들의 불안한 걸음걸이로 인해 나무가 흔들리면서 물 속에 처박히고 말았다. 다행히도 강바닥을 디딜 수 있었지만, 강변이 너무 가파른 데다가 지반마저 무르고 미끄러웠다. 나는 덧없이 허우적대며 강에서 빠져 나오려고 몸부림쳤다.

사실상 그를 제외한 모든 이들(포니아토프스키 원수 포함)이 뒤에 남겨지거나 강을 건너려다가 익사했다. 막도날 역시 강 반대편에 남겨진 이들을 도울 수 없는 무력한 처지이기는 마찬가지였다.

엘스터 강 저편에서는 그때까지도 총성이 끊이지 않았다. 돌연, 총성이 멈췄다. 불쌍한 우리 병사들은 강변으로 몰려들더니 중대 단위로 한꺼번에 강물로 뛰어들어 물살에 쓸려 사라져버리고 말았다. 사방에서 절규하는 소리가 터져 나왔다. 병사들이 나를 알아봤다. 소음과 아수라장 속에서도 그들의 목

■■■■■■ 1813년 10월 19일 라이프치히 전투. 패색이 짙어지면서 대규모 프랑스군 병력(그림 안쪽)이 도시를 탈출하려 하는 가운데 열세에 놓인 후위대(그림 왼쪽)가 프로이센 국토방위대에 맞서 바리케이드를 사수하고 있다. 평범한 보병의 사격 속도는 1분에 한두 발이 고작이었기 때문에, 그림과 같은 근접전에서는 총검과 개머리판이 동원되는 경우가 빈번했다. (Philip Haythornthwaite)

■■■■■■ 라이프치히 전투 당시, 연합국 군주들인 러시아의 황제 알렉산드르 1세와 프로이센 국왕 프리드리히 빌헬름 3세, 그리고 오스트리아 황제 프란츠 1세에게 승리를 고하는 슈바르첸베르크 대공. 1813년 8월부터 1814년 4월까지 연합군 총사령관을 맡은 그는 이 3명의 군주들과 그들이 거느린 참모장교들의 끊임없는 참견에 시달리며 직무를 수행해야 했다. 그는 자신의 처지를 다음과 같이 한탄했다. "떼쟁이와 온갖 종류의 바보들, 엉뚱한 일이나 꾸미는 인간들, 모사꾼, 얼간이, 뒷소리나 약점 들추기에 혈안이 된 인간들에게 둘러싸이고도 참고 견뎌야 한다는 것은 정말 사람이 할 짓이 못 된다." (AKG, Berlin)

소리가 똑똑히 들렸다. "원수님 부하들을 살려주십쇼! 당신의 자식들을 구해주십쇼!" 그들을 위해 내가 할 수 있는 일은 아무것도 없었다! 나는 복받치는 감정과 수치심, 분노에 휩싸여 울음을 터뜨렸다!

엘스터 강의 재앙이 벌어지기 전까지만 해도 전투는 여전히 백중세伯仲勢에 놓여 있었다. 그러던 것이 한순간에 연합군의 대승으로 돌변하고 만 것이었다. 사상자 또한 엄청나서 연합군은 전사자와 부상자를 합쳐 5만 5,000명 정도를 잃었고, 프랑스군은 이튿날 5만 명이 포로로 잡힌 것 이외에도 10월 16일에서 18일 사이에 3만8,000명을 잃었다. 프랑스군은 야포 300문을 포함해 사실상 거의 모든 장비를 잃었다. 라이프치히는 어느 주민의 기록이 말해주듯이 "도시 전체가 거대한 야전병원으로 둔갑해 성당만 56곳이 병원으로 쓰였다. 병자와 부상자는 3만6,000명에 이르렀다. 이들 가운데 상당수가 목숨을 잃었지만, 그들의 빈자리는 이내 근처 마을에 방치되어 있던 수많은 부상자들에 의해 채워졌다."

라이프치히 전투는 나폴레옹 시대의 전투들 가운데서도 가장 큰 규모의 전투이면서 가장 중요한 전투이기도 했다. 프랑스는 순식간에 독일에 대한 정치적 영향력을 잃었고, 그들의 물리적 지배력 역시 프랑크푸르트와 마인츠Mainz로 이어진 보급선을 따라 황급히 라인 강으로 후퇴한 프랑스군처럼 한꺼번에 자취를 감추고 말았다. 나폴레옹의 독일계 동맹국들은 전투를 앞둔 바이에른이나 전투 당시의 작센과 뷔르템베르크가 그랬듯이 모두 등을 돌렸다. 그 당시 작센은 11월 11일에 가서야 프랑스 수비대가 항복한 드레스덴을 제외하고는 바르샤바 공국처럼 연합국 군대의 점령하에 있었다. 라인 동맹의 나머지 국가들은 재빨리 동맹에서 탈퇴하거나 프랑스의 영향력에서 벗어났다. 대육군에 배속된 독일 여단의 지휘관 판 데어 겔더van der Gelder 장군은 마침내 더는 못 참겠다고 들고일어난 부하들의 모습을 보고도 전혀 놀란 기색을 보이지 않았다.

프랑스인들은 라이프치히 전투가 벌어지던 기념비적인 시기에 벌어진 동맹국들의 이탈을 소리 높여 규탄하지만, 내 입장에서는 그들이 과연 자신들보다 부강한 동맹국들로부터 당한 모욕과 부당한 대우를 감내할 수 있는지, 그리고 아무 보상도 없이 불평 따윈 들은 척도 않은 채 모든 것을 태우고 약탈하며 폭행과 강간을 일삼으면서 제 나라를 파괴하는 이들에게 등을 돌리지 않을 수 있는지 물어보고 싶다. 그렇다! 그것이 바로 지난 수년 동안 작센을 비롯한 독일계 국가들이 겪은 고통인 것이다.

연합군은 적극적인 추격을 펼치지 않았고, 별다른 방해를 받지 않은 프랑스군은 10월 23일에 에어푸르트에 닿을 때까지 후퇴를 계속했다. 1주일 뒤, 바이에른군 6만 명을 이끈 브레데 장군이 하나우에서 프랑스군의 퇴로를 차단하려 들었다. 10월 30일, 어리석게도 그는 만약의 경우에 도망갈 수 있는 다리라고는 단 하나뿐인 강을 등진 채 자신의 병력을 전개시켰다. 한쪽 측면을 야포도 지나갈 만큼 듬성한 숲에 의존했던 브레데는 50문의 포로 아군 진영을 휘젓는 황제근위대 소속 정예 포병대의 포화에 자신이 노출되었음을 깨달았다. 마르보는 그의 회상록에 다음과 같이 기록했다.

…… 한 차례의 바람으로 포연이 가시기 무섭게 근위대의 기마엽병들이 모습을 드러냈다. 기마엽병들의 곰 가죽 군모를 본 바이에른 보병들은 당황하며 뒷걸음질을 쳤다. 어떤 대가를 감수하고서라도 혼란을 막고 싶었던 브레데 장군은 가용한 모든 기병대를 아군의 포열로 돌격시켰고, 포대들은 순식간에 구름떼 같은 기병들에게 둘러싸였다. …… 일부는 전과를 올렸지만 황제의 명령에 따라 대거 출동한 세바스티아니와 (황제)근위대의 기병대가 …… 단번에 성난 기세로 적에게 달려들어 엄청난 수를 죽이며 나머지를 뿔뿔이 흩어놓았다. 이어서 바이에른 보병들에게 달려든 그들은 큰 피해를 입어가면서도 바이에른군을 격파했고, 바이에른군은 다리와 하나우 시가지를 향해 달아났다.

브레데는 재앙과도 같은 실수의 대가로 부하 6,000명을 잃었다. 그 덕분에 약 7만 명의 군대와 더불어 4만 명에 이르는 낙오병들을 거느린 나폴레옹은 11월 2일까지 라인 강에서 불과 30킬로미터밖에 떨어지지 않은 프랑크푸르트에 도착할 수 있었다. 나흘 동안 에어푸르트의 무기고에서

꺼낸 새 무기와 군복으로 재무장한 프랑스군은 마인츠에서 라인 강을 건 넜고, 이제 당분간 조국의 땅 위에서 안전하게 지낼 수 있었다. 그러나 엘 베 강 하류의 다부 휘하 군단을 비롯해 독일 전역의 도시와 마을에 주둔 한 그들의 전우 10만 명은 독일 땅에 그대로 남아 있는 상태였다. 고립되 고 수적으로 열세한 데다가 대부분의 경우 포위망 속에 갇혀 있던 그들은 다부의 끈질긴 저항이 계속된 함부르크 수비대를 제외하고는 2, 3주 안에 모두 거의 무조건 투항했다. 이들이 포로로 잡힘에 따라 가을 전투에서 발생한 프랑스의 인적 손실이 총 40만 명에 달했고, 라인 강 너머의 모든 독일 영토를 잃은 것을 감안한다면, 나폴레옹에게는 라이프치히 전투야 말로 재앙이 아닐 수 없었다.

상황을 요약하면 다음과 같다. 나폴레옹은 지난 2년 동안 40만 명이 넘는 군대를 이끌었다. 그의 전쟁은 두 번씩이나 7만 명도 안 되는 병력을 남긴 채 막을 내렸다. 연합군은 34만 5,000명에 이르는 병력으로 프랑스 동부 침공을 벼르고 있었고, 웰링턴 휘하의 또 다른 군대 12만 5,000명은 이미 프랑스 남서부까지 진격해 술트 원수와 쉬세 원수의 병력 10만 명과 대치 중이었다. 동쪽을 방어할 병력이라고는 482킬로미터에 걸쳐 분산된 8만 명이 고작이었던 프랑스는 이제 혁명 전쟁 초기 이래 20년 동안 겪어 본 적 없는 위기에 대비해야만 했다.

1814년 프랑스 본토 전투

연합군의 라이프치히 대승과 라인 강까지 계속된 프랑스군의 후퇴에 이 어 벌어진 1814년의 주요 전투들은 독일에서 프랑스 동부로 무대를 옮겼 고, 1813년 말까지 총 30만 명의 전력으로 라인 강을 위협한 연합군에 대항해 나폴레옹이 모을 수 있었던 병력은 채 10만 명이 안 되었다. 프랑스 군은 다른 두 곳의 전선에서도 절박한 상황에 빠져 있었다. 이탈리아에서는 벨라가르데^{Bellagarde} 장군 휘하의 오스트리아군이 외젠을 상대로 전투를 시작했고, 프랑스 남서부에서는 웰링턴이 계속 압박을 가하고 있었다. 파리는 물론 전원 지방까지 퍼진 정국 불안과 염전 의식은 가뜩이나 절박한 군사적 상황을 더욱 어렵게 만들었다.

나폴레옹은 극심한 병력 부족이 코앞에 닥친 가장 큰 문제임을 알고 있었다. 1812년과 1813년 전투로 잃은 병력은 거의 100만 명에 이르렀고, 이 가운데 일부라도 보충한다는 것은 라인 동맹의 속국들이 사라진(대부분 변절) 이상 결코 간단한 일이 아니었다. 나폴레옹은 라인 강에 닿은 연합군이 다음번 작전을 위해 휴식을 취하고 준비하는 데 수개월이 걸릴 것이며 그 사이 새로운 군대를 양성할 가용한 모든 인적 자원을 찾아낼 수 있으리라고 오판했다. 그러나 그의 목표인 90만 명을 징병한다는 것은 지독히도 비현실적인 것이었다. 11월 5일, 나폴레옹 황제의 총리대신 캉바세레스^{Cambacérès}*는 새로운 대책이 없는 한 당장의 목표치인 14만 명조차도 달성할 수 없음을 황제에게 보고했다. 그는 이미 8만 명에 가까운 장정을 모은 상태였지만, 나머지 결원에 대해서는 다음과 같이 고하지 않을 수 없었다.

…… 미혼 남성의 경우는 이미 마지막 대상자들까지 징집한 상태라서 더

---

* **캉바세레스** 1753년~1824년. 프랑스의 정치가, 법률전문가. 제1통령 나폴레옹 보나파르트에 이어 제2통령으로 프랑스를 통치했고, 그 후 제국의 총리대신을 지냈다. 1800년~1814년에 나폴레옹의 사법담당 수석고문관으로서 '시민법전'으로 불리는 나폴레옹 법전(1804)을 제정하는 데 큰 역할을 했으며, 그 후속 법전들도 제정했다. 그 밖의 다른 문제에 관해서도 상담역이 되어 황제에게 중도적인 영향력을 끼치기 위해 애썼다.

이상 기대할 게 없습니다. 기혼 남성의 경우는 그들 대부분이 징집을 피하기 위해 계약결혼을 하기 때문에 자발적인 입대를 기대하기 어렵습니다. 따라서 기혼 남성들을 징집하지 않으면서 용병을 고용하는 것은 비용이 너무 많이 들기 때문에, 이러한 조치는 비실용적입니다.

캉바세레스는 징병 연령을 낮추거나 자녀가 없는 기혼 남성들을 소집함으로써 '확실치도 않은 결과'를 위해 '확실한 문제'를 만들어내느니 기혼 남성들까지 포함된 국민방위대 병력 10만 명을 돌려쓰기로 했다. 프랑스군의 병력은 급속히 고갈되어갔다. 이처럼 병력 부족은 어떻게 손쓸 도리가 없는 문제이기는 했지만, 그나마 연합군의 우유부단함과 내분 덕분에 나폴레옹은 소중한 시간을 벌게 되었다.

동시에 나폴레옹은 적들을 달래고, 특히 이탈리아 및 스페인 여론의 비위를 맞추기 위해 외교적인 노력을 펼쳤다. 그는 교황 비오 7세를 복권시켜 로마로 데려옴으로써 이탈리아인들의 마음을 얻으려고 애쓰는 한편, 스페인의 페르난도 7세와 발랑세 조약을 맺음으로써 미약하나마 스페인과의 분쟁에 종지부를 찍으려고 시도했다.

여기서 잠시 연합군의 정치·전략적 목표를 살펴보고, 이것들이 그들의 군사행동에 어떤 영향을 미쳤는지 따져보는 게 좋을 듯하다. 북부 이탈리아를 회복하는 것이 가장 중요한 목표였던 오스트리아는 프란츠 1세의 딸 마리 루이즈의 황후 자리를 보존하기 위해서라도 프랑스의 파멸을 원치 않았다. 영국은 유럽 대륙의 힘의 균형이 재편되기를 바라면서도, 프랑스의 심각한 국력 저하에는 난색을 표했다. 스웨덴 황태자이자 프랑스 태생인 베르나도트는 자신의 조국에 대한 공격에 아주 소극적이었는데, 이는 그가 나폴레옹에게서 왕위를 이어받기를 바랐기 때문이라고 봐도 무방했다. 이와 달리, 러시아 황제 알렉산드르 1세는 자국을 침공한 프랑스에 복수하기를 원했고, 그의 협력자인 프로이센 국왕 프리드리히 빌헬름 3세는 프로이센이 겪은 1806년의 치욕, 그리고 뒤이은 영토 분할과 점령이란 빚을 되갚기를 바랐던 블뤼허 같은 인물들의 고압적이고 호전적인 태도에 적잖은 영향을 받아 이를 발 벗고 지지했다.

연합국 지도자들은 11월에 프랑크푸르트로 모였고, 16일에는 프랑스가 '자연적인 국경'으로 간주하는 지역들(라인 강 일대와 알프스 및 피레네 산맥)을 둘러싼 협상 조건을 제시하기로 합의했다. 이 무렵에는 라인 강을 넘보고 있던 연합군의 3개 군도 움직임을 멈췄다. 이 같은 협상 조건을 받아들일 생각이 없었던 나폴레옹은 우선 협상을 위한 토론장으로서 국제 회의를 개최할 것을 제안하더니 11월 30일에 슬그머니 화평 제안을 수락했다. 그러나 이때는 1792년의 국경을 보다 엄격히 적용해 라인란트와 저지대 국가들을 제외해야 한다는 일부 참전국들의 요구에 따라 연합국들이 내건 협상 조건이 바뀐 뒤였다. 이러한 조건들은 의도적으로 거부당하기 위해 고안된 것이었고, 12월 말에 프랑스 동부를 무대로 세 방향에서 연합군의 새로운 공세가 시작되면서 짧았던 휴지기도 막을 내렸다. 연합군은 프랑스 본토로 들어서기 직전 포고문을 발표해 이 분쟁이 다른 무엇보다도 나폴레옹을 겨냥한 것임을 분명히 했다.

우리는 프랑스와 전쟁을 하고자 하는 것이 아니라, 당신들의 정부가 우리 조국에 씌운 굴레를 벗겨내고자 할 뿐이다. 우리는 당신들의 영토를 밟기 전에 평화가 실현되기를 바랐지만, 이제 그곳에서 이를 실현시키게 되었다.

오스트리아군 1개 사단이 스위스에 무혈입성하는 동안, 12월 22일을 기해 라인 강을 건넌 브레데의 바이에른군은 위닝게Huningue*를 포위했다. 북부 전선에서는 빌로브가 이끄는 프로이센군과 토머스 그레이엄 경이 이끄는 소규모 영국군이 안트베르펜을 비롯한 벨기에 영토의 장악 및 프랑스 본토 침공의 전주곡이 될 네덜란드 진공에 들어갔다. 중부 전선에서는 블뤼허가 프로이센군 10만 명의 선두에 서서 연합군의 나머지 군대가 다가올 때 나폴레옹군의 주력을 고착시키려고 12월 29일에 코블렌츠Koblenz와 만하임Mannheim 사이의 라인 강을 건너기 시작했다.

1월 1일, 슈바르첸베르크 휘하 병력 20만 명으로 구성된 연합군 남익이 나폴레옹의 우익을 위협하고 스페인과 이탈리아에서 북쪽을 향해 진군하는 연합군과 연결하기 위해 라인 강 상류의 콜마르Colmar를 향해 행군하기 시작했다. 멀리 동쪽에서는 대규모 러시아-스웨덴 혼성군을 거느린 베르나도트가 후방의 독일 영토에 남아 함부르크에 고립된 다부의 군단과 그 밖의 소규모 프랑스 수비대를 감시하기로 했다. 나폴레옹은 스위스에서 네덜란드의 해안선까지 이어지는 국경 전역에 배치할 병력으로 겨우 6만 7,000명밖에 모으지 못했다. 황제근위대는 병력이 모자랐고, 예비대라고는 훈련도 채 못 마친 민병대 3만 명이 전부였다. 징집의 성과는 실제 요구에 턱없이 못 미쳤으며, 군대는 무기와 장비, 그리고 노련한 부사관이 절실히 필요했다.

한편, 나폴레옹의 외교적 노력은 완전히 수포로 돌아가고 말았다. 스페인의 페르난도는 발랑세 조약을 부인함으로써 웰링턴이 프랑스 남서부에서 계속 작전을 펼칠 수 있도록 힘을 실어주었다. 1월 11일에는 나폴리의 군주 뮈라가 연합군에 가담했고, 사흘 뒤에는 덴마크가 그 뒤를 이었다. 설상가상으로 나폴레옹은 나라 안에서조차 반대에 부딪치며 부르봉가의 부활을 꿈꾸는 음모에 맞서야 했다. 다른 사람도 아닌 외상 탈레랑

---

* 위냉게 프랑스 알자스 지방의 도시로 역사적 특성상 독일에 속했을 때는 휘닝엔Hüningen이라고 불렸다.

은 영국으로 망명한 루이 18세와 은밀히 내통하기 시작했다.

국토 동쪽에 있는 군대가 도저히 감당할 수 없는 연합군의 진격에 직면하는 동안 수도에 남아 있던 나폴레옹은 황제 없는 군대로는 제대로 된 항전이 불가능해진 그 시점에도 갈수록 꼬여가는 정치 문제의 해결에만 매달렸다. 남쪽에서는 국경 수비를 맡은 빅토르 원수가 총 한 발 쏘지 않은 채 스트라스부르Strasbourg와 낭시Nancy를 포기했고, 1월 13일에는 마몽 원수의 병력 1만6,000명이 메츠Metz까지 밀려났다. 두 원수의 군단과 네가 이끄는 청년근위대의 파견 병력은 나흘 만에 뫼즈Meuse 강 너머로 퇴각했다. 나폴레옹은 모르티에 원수와 황제근위대를 이곳으로 돌렸지만, 그들 역시 블뤼허가 이끄는 프로이센군이 1월 22일에 뫼즈 강을 건너는 것을 막지는 못했다.

이튿날, 블뤼허의 선봉이 마른Marne 강을 건너는 가운데 지난 6일간 새로운 협상 제안으로 발이 묶여 있었던 슈바르첸베르크는 그로부터 40킬로미터밖에 떨어지지 않은 바르쉬르오브Bar-sur-Aube로 접근했다. 모르티에는 그곳에서 1월 24일에 제라르 장군의 군단 일부와 더불어 완강한 후위전을 펼쳤지만, 연합군을 저지하는 데 실패하고 트루아Troyes를 향해 서쪽으로 퇴각했다. 이 무렵, 멀리 떨어진 북부 전선에서는 뷜로브와 그레이엄에 맞선 막도날의 군단 1만5,000명이 리에주Liège에서 쫓겨나 뫼즈 강까지 퇴각했다.

연합군은 북쪽으로 너무 멀리 떨어져 있는 병력을 제외한 20만 명이 파리를 향해 진격했고, 이에 맞선 프랑스군은 8만5,000명에 불과했다. 수도 파리는 방어시설들이 보수가 필요한 데다가 당장이라도 터질 듯한 역모로 불안감마저 팽배했지만, 황제 나폴레옹의 결사항쟁 의지는 결연했다. 1월 25일, 나폴레옹은 형 조제프에게 정부를 맡기고 전선의 군대를 지휘하기 위해 수도를 떠났다.

■■■■■■ 1814년의 황제근위대 보병들의 모습. 나폴레옹 군대의 최정예일 뿐만 아니라 전쟁사를 통틀어 가장 유명한 군사 집단 가운데 하나인 황제근위대는 기병과 포병, 공병까지 포괄하는 부대였다. 근위대 소속 보병들은 관례상 예비대로서 역할을 했기 때문에 1814년 전황이 절박하게 되어 최전선에 투입되기 전까지는 좀처럼 전투에 참가하지 않았다. 나폴레옹은 워털루 전투 당시 프로이센군에게 약점이 노출된 자신의 우익을 방어하기 위해 근위대의 일부를 동원하는 한편, 나머지 근위대에게 동요하는 월링턴의 중앙을 공격하도록 명령했다. [Philip Haythornthwaite]

이튿날, 그는 파리 남서부 지역에 도착했다. 이곳은 대부분이 평탄한 지대로, 뫼즈 강이나 센Seine 강처럼 이곳의 다리를 단단히 방어하거나 파괴했을 경우 파리로 이어지는 길목의 장애물이 될 수 있는 몇 개의 얽히고설킨 강들을 제외하면, 연합군이 진격하기에는 이상적인 지형을 갖추고 있었다. 나폴레옹은 결과가 어찌 되든 자신의 군대가 전면적인 전투의 여파를 감당하지 못하리라고 판단하고 보급 행렬의 존재에 따른 속도의 제약이 없는 내부 연락선의 이점을 활용해 급속 행군 전략을 구사하기로 결정했다. 이러한 압박에서 벗어난 그는 주력부대와 떨어져 있는 연합군 소병력을 차례로 집중해서 격파할 수 있었다.

나폴레옹은 첫 번째 공격 상대로 블뤼허를 선택했다. 블뤼허는 연합군의 주력부대와 멀리 떨어져서 2개 종대로 전진하고 있어 공격에 취약한 상태였다. 1월 27일, 나폴레옹은 생디지에St. Dizier에서 적을 포착하는

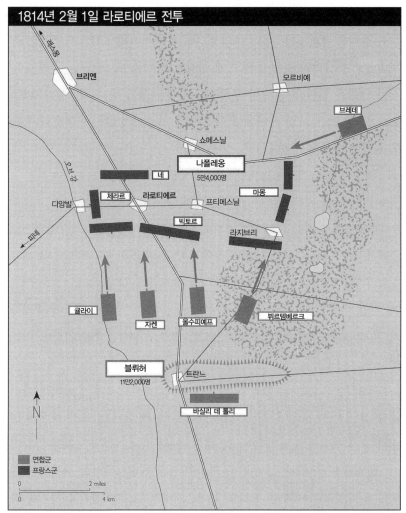

1814년 2월 1일 라로티에르 전투

브리엔

모르비예

브레데

쇼메스닐

나폴레옹
5만4,000명

네

제라르

라로티에르

마몽

디앙빌

프티메스닐

빅토르

라지브리

귤라이

자켄

올수피예프

뷔르템베르크

블뤼허
11만2,000명

트란느

바실리 데 톨리

N

■ 연합군
■ 프랑스군

0 ─── 2 miles
0 ─── 4 km

■■■■■ 오후 10시경, 사무치는 추위와 막 내리기 시작한 눈 속에서 블뤼허가 공격을 시작하면서 전투의 막이 올랐다. 뷔르템베르크 군대(1만2,000명)가 라지브리La Giberie 일대의 숲이 울창한 고지를 점령했지만, 이내 격퇴당했다. 라로티에르 전면의 들판에서 펼쳐진 주공격에는 귤라이(1만5,000명), 자켄(2만 명), 올수피예프Olssufiev(5,000명)의 압도적인 병력이 동원되었음에도 불구하고 제라르(5,000명), 빅토르(1만5,000명), 마몽(1만8,000명), 네(1만6,000명) 휘하의 병력이 버티고 선 프랑스군 전선을 뚫지 못했다. 북쪽에서는 오후 5시경 2만5,000명의 병력을 거느린 브레데가 마몽을 밀어냈지만, 패퇴시키지는 못했다. 거센 바람과 눈발 때문에 전투가 중단되면서 나폴레옹의 군대는 간신히 재앙에서 벗어났다. 이튿날, 나폴레옹은 연합군의 수적 우세에 눌려 포위될 처지에 몰리자, 후퇴를 선택할 수밖에 없게 되었다.

데 실패하고, 이틀 뒤 브리엔Brienne에서도 작은 전과를 거두는 데 그쳤다. 그는 추격을 펼쳤지만, 2월 1일 라로티에르La Rothière에서 갑자기 돌아선 블뤼허에게 불의의 역습을 당해 크게 패배했고, 이는 프랑스군의 사기에 심각한 타격을 입혔다. 훈련이 부족하다는 것은 누가 봐도 역력했다. 마몽은 전투 중 젊은 보병 하나에게 왜 무기를 사용하지 않는지 물었다가 다음과 같은 대답을 들었다.

"저도 어떻게 사용하는지만 안다면 사용하고 싶습니다, 원수님!"

이 말을 들은 그는 말에서 내려 그 방법을 일러주었다.

놀랍게도 나폴레옹은 그때까지도 자신의 왕좌를 보존하는 조건으로 평화조약을 맺을 의사가 있었다. 1월 29일에 연합군에게 제의된 이 제안은 2월 3일에 샤티옹쉬르센Châtillon-sur-Seine에서 열린 회담에서 논의되었다. 그 무렵, 나폴레옹의 군대는 트루아 인근의 센 강 기슭에서 방어 태세를 가다듬었고, 마몽에게는 아르시쉬르오브Arcis-sur-Aube의 탈환 명령이 내려졌다.

라로티에르 전투의 승리에 고무된 슈바르첸베르크와 블뤼허는 내친 김에 센 강과 마른 강을 지나 파리까지 진격하려 했지만, 그 과정에서 연달아 작은 실패를 맛봤다. 2월 3일에는 마몽이 아르시쉬르오브를 탈환했고, 트루아 인근에서는 그루쉬 장군의 기병대가 러시아군의 진격을 저지했으며, 비트리Vitry에서는 북쪽의 프랑스군이 요르크의 진격을 저지했다. 또 욘Yonne 강 근처의 상스Sens에서도 일단의 코사크 기병들이 격퇴되었다. 가뜩이나 조심스럽던 슈바르첸베르크는 이 작은 실패들을 의식한 나머지 오제로 원수 휘하의 프랑스군이 리옹Lyon에 집결 중이라는 보고를 받고는 걱정이 되어 진격 속도를 늦추었다. 한편, 블뤼허는 파리의 관문 마른 강을 향해 한껏 속도를 올리면서 진격로를 막아선 보잘것없는 소부대들을 밀어냈다.

당초 나폴레옹은 슈바르첸베르크를 칠 생각이었지만, 2월 5일에 블뤼허의 목표가 수도이며 그의 진로를 가로막고 있는 것이 막도날의 빈약한 군단뿐이라는 사실을 깨닫고는 가용한 모든 전력을 노장Nogent으로 급파하기로 결정했다. 한편, 2월 6일에는 트루아에서 출격한 모르티에가 슈바르첸베르크의 우익을 강타해 그를 바르쉬르오브까지 되밀어냈다. 2월 7일에는 모르티에가 노장으로 돌아오면서 그곳의 프랑스군 병력은 약 7만 명으로 늘었다.

2월 6일, 나폴레옹은 파리가 공황에 휩싸여 있으며 브뤼셀Brussels이 프로이센군에게 함락되었다는 소식과 함께 샤티용쉬르센Châtillon-sur-Seine의 연합국 협상단으로부터 프랑스의 영역을 1792년 이전의 국경으로 제한하지 않는 한 더 이상의 평화협상은 없을 것이라는 통첩을 받았다. 나폴레옹은 다음 행보를 생각하느라 2월 7일을 홀로 보냈다. 저녁 무렵, 그는 전쟁을 계속하기로 결심하고 우선 블뤼허를 겨냥해 그의 병력을 집중하기로 했다. 2월 9일, 그는 입수된 정보를 통해 블뤼허가 25킬로미터 동쪽의 몽미라일Montmirail 인근에 자리 잡고 있음을 알게 되었다. 나폴레옹은 빅토르와 우디노 휘하의 3만 4,000명을 남겨 슈바르첸베르크로부터 센 강의 다리들을 지키게 하는 한편, 막도날 휘하의 1만 8,000명을 에페르네Epernay 인근의 마른 강 북쪽에 배치해 요크를 감시하게 한 뒤, 병력 3만 명과 함께 샹포베르Champaubert를 향해 동진했다.

2월 9일 무렵, 연합군은 슈바르첸베르크가 트루아까지 진군했지만, 해빙과 함께 쏟아져내린 폭우로 연락망이 끊긴 탓에 마른 강을 향한 블뤼허와 요크, 클라이스트의 동시 기동을 조율할 수 없었다. 블뤼허와 그의 부하들은 세잔Sézanne 일대의 프랑스군을 포위하려다가 휘하 병력 5만 명을 너무 넓게 분산시키는 바람에 나폴레옹이 거둔 가장 인상적인 승리로 손꼽히는 일련의 전투에서 그의 제물이 되고 말았다.

■■■■■■ 1814년 전쟁 당시 프랑스에서 진창과 눈밭을 헤치며 나아가는 나폴레옹과 측근 참모들. 지난해에 대육군이 입은 엄청난 피해에도 불구하고 나폴레옹이 최후의 승리를 믿어 의심치 않았음은 피해 따위를 돌보지 않는 그의 태도에서 분명하게 드러났다. 나폴레옹은 수개월 전에 이미 "나는 전장에서 자랐고, 그런 나 같은 이들에게 수백만 명의 목숨은 대수도 아니다"라고 공언한 바 있었다. (Philip Haythornthwaite)

그 첫 번째 전투는 2월 10일의 샹포베르 전투로, 이 전투에서 블뤼허가 파견한 올수피예프 휘하의 러시아군 5,000명이 나폴레옹의 병력 3만 명에게 괴멸당했다. 이튿날, 몽미라일을 공격한 나폴레옹은 블뤼허의 흩어진 병력이 아직 재집결하지 못한 틈을 노려 자켄이 이끄는 프로이센 군단을 격퇴했다. 2월 12일, 프랑스군은 샤토티에리Chiâteau-Thierry에서 승리를 거두었지만, 같은 시기에 막도날은 연합군의 마른 강 도하를 저지하는 데 실패했다. 2월 14일, 블뤼허가 보샹Vauchamps에서 반격을 실시하다가 격퇴

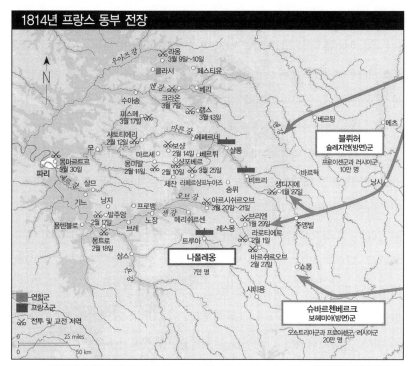

1814년 프랑스 동부 전장

라옹
3월 9일~10일
우아즈 강
클라시 페스티유
엔 강 베리
수아송 크라온
피스메 3월 7일
3월 17일 랭스
3월 13일
샤토티에리 마른 강
2월 12일 에페르네
보상
마르세 2월 14일 베르튀 샬롱
몽미랄 상포베르
몽마르트르 2월 11일 2월 10일 3월 25일
파리 제잔 라페르상프누아즈
3월 30일 송퓌 비트리
살므 오브 강 생디지에
기느 낭지 아르시쉬르오브 1월 27일
발주앙 프로뱅 3월 20일~21일
2월 17일 노장 브리엔
퐁텐블로 브레 메리쉬르센 1월 29일
몽트로 트루아 레스몽 라로티에로
2월 18일 상스 2월 1일
바르쉬르오브
2월 27일 쇼몽
샤티용

베르딩
메츠
블뤼허
슐레지엔(방면)군
프로이센군과 러시아군
10만 명

바르튀
낭시
주앵빌

나폴레옹
7만 명

슈바르첸베르크
보헤미아(방면)군
오스트리아군과 프로이센군, 러시아군
20만 명

연합군
프랑스군
전투 및 교전 지역
0 ____ 25 miles
0 ____ 50 km

N

▪▪▪▪▪▪ 연합군의 관대한 화평 제안을 뿌리친 나폴레옹은 갈수록 각박해지는 상황 아래 싸움을 치러야 했다. 그는 수적으로 압도적인 열세에 놓인 데다가 한꺼번에 여러 방면의 적을 상대해야 했기 때문에, 사실 프랑스 땅에서 그들을 몰아낼 가능성은 전무했다. 그는 그때까지도 25만 명의 병력을 거느리고 있었지만, 그들 중 상당수가 숙련도가 낮은 갓 징집된 자들이었던 반면, 연합군이 배치할 수 있었던 병력은 남쪽의 웰링턴이 이끄는 10만 명을 포함해 그의 두 배에 달했고, 네덜란드 쪽에서 다가오던 베르나도트와 각각 로렌과 스위스에서 출발한 블뤼허와 슈바르첸베르크의 병력까지 합치면 여기에 30만 명이 추가되었다. 나폴레옹은 1814년 전쟁에서도 자신의 전술적 재능이 건재함을 과시했지만, 결국에는 적의 물량과 열악한 아군의 상태가 궁극적인 결과를 결정지었다.

당했다. '6일 전투'라 불리게 된 이 전투에서 연합군은 총 2만 명을 잃었다. 나폴레옹의 승리는 프랑스군의 사기를 끌어올리기는 했지만, 빈칭거오데 장군이 이끄는 러시아군 3만 명이 샬롱Châlons에서 블뤼허의 군대와 합류할 만큼 연합군에게 큰 타격을 주지는 못했다.

한편, 남쪽에서는 슈바르첸베르크가 예르Yerre 강 인근의 기느Guignes와 샬므Chalmes를 향해 서진하며 우디노와 빅토르, 막도날 휘하의 규합된 군대를 몰아붙였다. 2월 중순 무렵, 연합군은 파리에서 30킬로미터 떨어진 지점에 이르렀다. 파리는 또다시 공황에 휩싸였다. 그러나 슈바르첸베르크는 자신의 측면이 처한 위험을 살피기 위해 진격 중지를 명령했다. 2월 17일, 나폴레옹은 슈바르첸베르크가 철수를 결정하기 무섭게 들이닥쳐 발주앙Valjouan에서 슈바르첸베르크의 선봉대를 참패시켰고, 이튿날에는 다시 몽트로Montreau에서 슈바르첸베르크를 격파했다.

역습으로 한방 먹은 슈바르첸베르크는 다시 신중한 전략으로 되돌아갔고, 한편 한결 대담해진 나폴레옹은 평화회담이 중지된 그 시점에 또다시 '자연적인 국경'의 회복을 화평 조건으로 내걸었다. 그는 이내 상황에 떠밀려 자신의 요구를 조정해야만 했다. 센 강의 다리들이 파괴되어 트루아까지 슈바르첸베르크를 추격할 수 없었고, 2월 21일 연합군의 주력이 메리쉬르센Méry-sur-Seine에 집결 중임을 안 나폴레옹은 또다시 1792년의 국경을 조건으로 한 화평 쪽으로 선회했다. 이 제안은 알렉산드르 1세와 영국 외무상 캐슬레이의 적극적인 회유에 넘어간 프란츠 1세가 마지막 승리를 코앞에 두고 협상을 벌일 수 없다는 원칙에 따라 이미 전쟁 속행을 결정한 터라 바로 거절되었다.

2월 22일, 슈바르첸베르크의 계속된 퇴각을 받아들인 연합군은 블뤼허의 항의에도 불구하고 그에게 후퇴를 명령했다. 이 때문에 그 무렵 트루아에 7만 4,000명의 병력을 증강시켜 놓은 나폴레옹은 벼르고 벼르던 결전의 기회를 잡을 수 없었다. 연합군은 2월 25일에 바르쉬르오브에서 또 다른 회의를 가진 뒤, 나폴레옹의 위협이 있을 시에는 블뤼허를 도와 진격하되 당분간은 후퇴를 계속할 것을 슈바르첸베르크에게 명령했다. 블뤼허는 전날부터 파리를 향해 새로운 공세를 시작했고, 3월 1일에는 마른 강 북쪽을 향해 나아가기 전에 모Meaux 인근에서 마몽 및 모르티에와 격돌할 수 있었다. 교량 건설 장비가 없었던 나폴레옹은 블뤼허를 추격할 수 없었다. 블뤼허는 10만 명이 넘는 빈징거오데와 뷜로브의 연합 군대와 합류하기 위해 휘하 병력의 대부분과 함께 수아송^{Soisson} 인근에서 엔^{Aisne} 강을 건넜다. 나폴레옹에게는 이 같은 수적 열세는 차치하더라도 자신이 항상 모든 전장을 관리할 수 없다는 문제가 있었다. 이를 이용한 슈바르첸베르크는 2월 26일부터 바르쉬르오브를 향한 진군을 재개해 임시로 이 지역을 책임지고 있던 막도날을 밀어낸 뒤, 3월 5일에는 노장에 도착했다.

이 무렵, 쇼몽^{Chaumont}에서 열린 역사적인 회담에서 연합국들은 뒤늦게나마 최종적인 승리를 향해 계속해서 싸울 것을 결의함으로써 오스트리아가 동맹을 탈퇴해 단독 강화를 맺을 가능성을 확실히 제거했다. 캐슬레이는 수개월에 걸친 공들인 외교 활동이 프랑스군의 반짝 승리나 알렉산드르 1세와 프란츠 1세 사이의 알력과 앙심 때문에 수포로 돌아갈까 봐 두려워 러시아와 오스트리아에게 공동의 목표를 위해서라도 이견을 조정하도록 호소했다. 2월 18일, 그는 다음과 같은 글을 썼다.

저는 지금이 그 어느 때보다도 폐하와 폐하의 동료들이 사령부에 모여 평화라는 목표에서 벗어난 불상사를 막아야 할 때라고 생각합니다. 폐하께서는 적과 폐하 자신, 그리고 전 유럽을 향해 선포한 것을 책임지셔야 하며, 만약 전쟁에서 흔히 있기 마련인 작은 패배와 저 역시 끝나기를 바라는 다소 곤혹스런 협의 과정의 부담에 눌려 평화라는 거대한 틀이 무너져 내리게 놔두신다면, 도덕과 정치적 파급 효과 양면에서 더 없이 큰 치명적인 희생을 치르시게 될 것입니다.

폐하의 처지를 살펴보십시오. …… 우리가 군사적이고 정치적인 성숙함을 발휘한다면, 어찌 프랑스가 60만 명의 전사들이 요구하는 정당한 평화를 거부할 수 있겠습니까? 감히 맞서겠다면 그리하라 하시되, 그 뒤 …… 프랑스 국민들을 향해 보나파르트가 확실히 제압되었다는 사실을 선언하십시오. …… 연합국들 사이에 놓인 이해관계는 오직 한 가지, 즉 그 끝이 코앞에 놓인 대업을 훌륭히 완수하는 것뿐입니다.

러시아와 오스트리아가 서로 티격태격하는 와중에도 프로이센과 프랑스가 일전을 갈구한다는 사실만은 변함이 없었다. 모에 있는 마몽에게 합류하라고 명령한 나폴레옹은 3월 6일에 베리오바크Berry-au-Bac에서 엔강을 건너 라옹Laon으로 급행했다. 그날 밤, 프랑스군은 크라온Craonne 인근에서 블뤼허가 파놓은 함정에 빠졌고, 이튿날까지 접전이 펼쳐졌다. 나폴레옹은 며칠 뒤 3월 9일에서 10일 사이에 벌어진 라옹의 또 다른 접전에서 간신히 병력을 온존할 수 있었다.

프랑스군은 이제 그 밖의 지역에서도 큰 압박에 직면했다. 남서쪽에서는 술트와 쥐세가 웰링턴의 집요한 압박에 시달리고 있었고, 이탈리아에서는 외젠도 그에 못지않게 고전하고 있었다. 북동부 전선에서는 메종Maison이 릴Lille로 밀려났고, 프랑스 동부의 수비대들은 고립무원 상태에 빠졌다. 보다 내륙 지방에 있었던 오제로는 리옹 탈환에 실패한 뒤, 3월 9일부터 후퇴에 들어갔고, 보르도의 관리들은 3월 12일에 프랑스 왕실의 백합 문장fleur-de-lis을 내걸었다. 파리 역시 정치적 지지가 양분된 채 왕정복고를 불가피한 것으로 받아들이는 분위기였다. 이제 나폴레옹은 고작 7만5,000명의 병력으로 무수한 적들과 맞서야 했다. 그러나 그러한 병력마저도 사실상 탈진한 징집병들이 전부였다.

여전히 유리한 화평 조건을 이끌어낼 수 있다는 확신에 차 있던 나폴레옹은 전속력으로 동쪽을 향해 진군했고, 3월 13일 랭스Rheims 전투로 고립된 프로이센군 군단에게 심대한 타격을 입혔다. 블뤼허와 슈바르첸베르크가 즉시 진격을 멈췄지만, 극심한 피로 탓에 그들과 맞붙을 여력이 없었던 나폴레옹의 군대는 그 대신 서쪽의 프로뱅Provins으로 밀려나고 있던 막도날을 지원하러 나섰다. 3월 17일, 나폴레옹은 다시 한 번 슈바르첸

파리의 관문 클리시Clichy 방어. 나폴레옹으로부터 파리 방어를 위임받은 형 조제프는 민심을 이반하며 유언비어와 연합군의 선전을 전파하려 든 부르봉 지지자들의 부지런한 선동을 막지도 못한 데다가 스스로 제대로 된 방어전을 펼칠 만한 무기, 자금, 병력 등을 구할 수 없다는 자기최면에 빠지고 말았다. 게다가 그는 파리의 방벽을 보수하고, 참호와 보루를 건설하라는 명령마저 무시했다. (Ann Ronan Picture Library)

베르크의 배후를 위협하려 했지만, 이번에도 연합군 총사령관인 슈바르첸베르크는 후퇴에 들어갔고, 같은 시기에 피스메Fismes에서는 블뤼허가 마몽을 격파했다. 연합군이 자신의 평화회담 제안에 응하지 않을 것임을 깨달은 나폴레옹은 연합군의 배후인 마른 강 상류의 생디지에와 주앵빌Joinville로 진격해 연합군의 2개 군에 대한 증원을 차단하는 한편, 메츠와 베르됭Verdun에서 분투 중인 프랑스군과 연결을 시도한다는 계획을 세웠다.

나폴레옹에게 남은 유일한 희망은 적들을 각개격파하는 것뿐이었다. 이에 따라 그는 브레데가 이끄는 아르시쉬르오브의 수비대를 공격하기로 했다. 3월 20일, 슈바르첸베르크는 평소와 달리 적극성을 보이며 이를 저지하기 위해 브레데를 지원하러 나섰고, 이틀간의 싸움 끝에 3,000명의 사상자를 낸 프랑스군은 그나마도 다행으로 여기며 전장에서 물러났다.

마른 강을 향해 진격을 재개한 나폴레옹은 3월 23일에 생디지에에 도착했고, 이곳에서 자신을 저지하기 위해 파견된 8,000명의 기병을 처음으로 쫓아냈다.

오제로가 리옹을 포기했다는 소식에 크게 고무된 연합군은 3월 24일 소마지스Sommagices에 모여 과감한 수를 구사하기로 결정했다. 빈징거오데가 이끄는 병력 1만 명이 생디지에로 향하며 양동작전을 펼치는 사이 연합군의 두 주력부대가 곧장 수도로 밀고 들어간다는 이 전략은 노회한 (내무대신이 황제에게 보내는) 보고서의 다음과 같은 내용에 힘입은 바가 컸다.

금고도 무기고도 탄약고도 텅 비었습니다. 우리에게는 남은 자원이 없습니다. 국민들은 낙담과 불만에 차 있습니다. 그들은 뭐가 어찌 되었건 평화만을 바랍니다. 황권의 적대 세력들은 대중의 동요를 부추기며 선동하고 있습니다. 아직은 잠재적이지만, 황제께서 연합군을 파리로부터 멀리 밀어내지 못한다면, 이들을 진압할 기회도 사라질 것입니다.

3월 25일, 파리를 향해 진군에 나선 슈바르첸베르크는 모르티에와 마몽이 버티고 있는 라페르샹프누아즈La-Fère-Champenoise를 유린했다. 나흘 동안 생디지에에 머물며 증원부대를 기다리던 나폴레옹은 3월 36일에 빈징거오데의 진격을 저지했지만, 라페르샹프누아즈의 패전보를 듣고 자신이 연합군의 공세를 저지하는 데 실패했음을 깨달았다. 고참 장군들의 건의를 받아들인 그는 일선에서 전쟁을 이끈다는 계획을 접은 채 3월 28일에 파리로 향했다. 같은 날 파리에서 불과 40킬로미터밖에 떨어져 있지 않은 모에 머물고 있던 슈바르첸베르크와 블뤼허는 병력을 하나로 모았다.

3월 29일, 마리 루이즈와 당시 세살배기 아기였던 로마 왕 나폴레옹 2세가 파리를 빠져나가자, 이튿날 저녁에 조제프와 나머지 정부 관료들도 그 뒤를 이었다. 그 순간 트루아에 남은 군대를 뒤로한 나폴레옹은 파리의 관문을 향해 다가오는 연합군에게 질세라 서둘러 말을 달렸다. 그러나 그는 한발 늦었고, 바로 그날 밤 몽마르트르Montmartre의 프랑스군은 무기를 버렸다. 수도 파리에 입성한 연합군의 병력이 거의 15만 명에 달했음에도 불구하고 나폴레옹은 바로 패배를 인정하려 들지 않았다. 그는 남쪽의 퐁텐블로Fontainebleau로 내려가 앞으로의 싸움에 대비했다. 4월 3일 오후, 열병식을 마친 나폴레옹과 베르티에의 대화에 화가 난 네와 르페브르, 몽세Moncey가 끼어들더니 계속된 저항이 무의미함을 주장했다. 나폴레옹은 파리 진군 계획을 설명했지만, 이제 막도날과 우디노까지 포함해 그 자리에 모인 이들의 반응은 싸늘하기만 했다. 뒤이어 막도날은 "파리를 모스크바 꼴이 나게 할 수는 없습니다"라고 말했다. 네는 여전히 뜻을 굽히지 않는 황제 나폴레옹의 모습에 흥분한 나머지 "군대는 파리로 진군하지 않을 겁니다"라고 버럭 소리를 내질렀다. "군대는 나를 따를 것이

■■■■■■ 1814년 3월 30일~31일 몽마르트르 전투. 나폴레옹의 첫 번째 폐위를 앞두고 벌어진 이 마지막 전투에서 파리 방어를 책임진 모르티에와 마몽 원수가 긁어모을 수 있었던 병력은 사기가 낮은 정규군과 국민방위대를 합쳐 고작 2만5,000명에 불과했다. 몽마르트르와 로맹빌Romainville에 포진한 일부 병력이 분전하기는 했지만, 연합군 15만 명이 수도 파리로 밀려드는 가운데 구원을 기대할 수 있는 나폴레옹마저 동쪽으로 멀리 떨어져 있는 상황에서 마몽은 31일 새벽에 어쩔 수 없이 휴전을 받아들여야 했다. (AKG, Berlin)

다"라는 나폴레옹의 노기 띤 대답조차도 "폐하, 군대는 자신들의 장군을 따를 겁니다"라는 네의 일침 앞에 맥없이 무너져 내리고 말았다.

이 사건 이후 마몽의 변절 소식을 접한 나폴레옹은 4월 4일에 조건부로 권좌에서 물러날 뜻을 내비쳤고, 이틀 뒤에 이를 거부당하자 무조건 하야를 제안했다. 열흘 뒤 맺어진 퐁텐블로 조약에 따라 지중해의 작은 섬 엘바에 거처가 정해진 나폴레옹은 4월 28일에 영국 해군 전함에 실려 그곳으로 압송되었다. 파리에서는 루이 18세가 왕좌를 되찾고 4월 30일에 파리 조약*에 서명함으로써 정식으로 전쟁이 종결되었고, 프랑스는 1792년의 국경으로 되돌아가게 되었다.

---

* **파리 조약** 프랑스의 나폴레옹이 패배한 후, 1814년 5월 30일 대프랑스 동맹에 참가한 유럽 제국諸國과 루이 18세 정부가 체결한 조약. 이 조약을 체결함으로써 프랑스는 나폴레옹이 점령한 지역을 전부 포기하고 1792년 1월 1일 당시의 국경을 유지하게 되었으며, 배상금은 부과되지 않았다. 이로 인해 영국은 프랑스로부터 몇 개의 섬을, 네덜란드로부터는 인도의 실론Ceylon 섬과 남아프리카의 케이프Cape 식민지 및 몰타 섬을 얻게 되었다.

어느 군인의 초상
영국 기마포병대 캐벌리 머서 대위

1783년, 캐벌리 머서^{Cavalié Mercer}는 미국 독립 전쟁 당시 헨리 클린턴 ^{Henry Clinton} 장군의 참모를 지냈으며 이후 20년간 서부 잉글랜드의 공병 책임자를 역임한 공병 장교 머서 장군의 둘째 아들로 태어났다. 어린 머서는 울위치^{Woolwich}의 사관학교를 나와 16세 나이로 포병 소위에 임관되었고, 1789년에는 아일랜드 폭동 진압에 파견되었다. 1806년 12월에 대위로 진급한 그는 이듬해 화이트로크 장군이 이끄는 남아메리카 원정군에 배속되어 참패를 경험했다. 그는 반도 전쟁에 참전하지 못한 것을 크게 아쉬워했지만, 아직 대위였던 워털루 전투 무렵, 영국 기마포병대 G포대 ^{G troop}＊의 포대장으로 전장에 파견되었다.

＊ **G포대** 일반적으로 troop은 기병/기갑 중대(미국)나 소대(영국)를 뜻하지만, 기마포병대의 전통이 남아 있는 영국 포병에서는 지금까지도 야포 4~6문으로 편성되는 포대^{battery}를 뜻하기도 한다.

〈워털루 전투 일지Journal of the Waterloo Campaign〉에 자신의 체험을 남긴 머서는 주위의 사건들을 솔직하고 생생하며 정확하게 전달하는 한편, 동시대나 이후의 많은 기록자들과는 달리 대부분의 군인들이 매우 제한된 시야로 전장을 보며 불과 수백 미터 밖에서 일어나는 일들에 대해서도 거의 알지 못했다고 솔직하게 인정했다.

장담하건대, 자신이 본 것을 가지고 대전투를 대략적으로 설명하려고 하는 자는 당신을 속이고 있는 것이다. 그러니 그런 자를 믿지 말라. 자기 코끝 너머조차 볼 수 없는 그가(전투에 직접 참여한 게 맞다면) 어떻게 언덕이며 나무, 건물 따위로 가로막힌 데다가 연기에 휩싸이기까지 한 2~3킬로미터 밖의 일들을 얘기할 수 있겠는가?

워털루 전투 당일(1815년 6월 18일) 아침, 머서의 포대는 과수원에서 야영하고 있었다. 그곳에서 머서의 포대원들은 럼주로 수통을 채우고 오트밀과 스프를 요리하고 감자를 캐고 있었다. 포격과 함께 언덕 위의 숙영지들이 순식간에 날라간 것을 발견한 머서는 점점 요란해지는 포성 속에서 자신의 포대에게 이동 준비를 명령했다. 포대원들은 한 솥 가득히 끓인 스프를 쏟아버리고 출격 준비를 마쳤다. 그러나 머서는 완전히 독자적인 판단에 의해 명령을 내린 것이었다.

우리는 마치 잊혀진 존재가 된 듯했다. 우리를 빼고는 모두가 전투에 휘말린 것처럼 보였다. 이런 착각에 빠진 나는 당장 전투에 가담해야만 한다고 생각했다.

전장에 도착한 머서는 옥수수 밭으로 둘러싸이고 덤불과 나무들이 드문드문 자라난 아름다운 평원을 관찰했다. 그곳은 튼튼하게 요새화된 우구몽 농장 왼쪽에 자리한 비교적 조용한 곳이었다. 그러나 전투가 격렬해지면서 프랑스 기병과 포병의 움직임이 더욱 활발해지는 것을 볼 수 있었고, 곧 그가 있는 곳까지 적의 포탄이 떨어지기 시작했다. 프랑스 포대와 잠시 포격이 오갔고 그 과정에서 그의 포수 한 명이 포탄에 맞았다.

그 불쌍한 친구가 포탄에 맞으며 내지르던 비명소리는 평생 잊을 수 없을 것이다. 포격전의 막바지에 날아든 그 포탄은 마차들 사이에 서 있던 그의 왼쪽 팔을 산산조각내버렸다. 그의 절규는 내 마음 깊숙한 곳을 찌르며 그의 불행이 마치 내 탓이라도 되는 양 죄책감을 느끼게 만들었다. 하지만 나는 그를 바라보는 부하들 앞에서 그런 감정을 드러낼 수 없었다. '진두지휘'로 부하들을 이끌기로 한 나는 끊임없이 포열을 오갔고, 그 사이 히친스Hitchins(포대의 군의관)가 달려와 그를 돌봤다.

계속해서 주위의 무른 대지를 파헤쳐댄 포탄 중 하나가 야포 끄는 말 한 마리에게 명중해 눈 아래쪽의 얼굴을 모조리 날려버리고 말았다. 하지만 그 짐승은 숨이 끊어지지 않은 채 우두커니 서 있었다. 머서가 말의 고통을 끝내주라고 군마 담당 부사관에게 명령하자, 그는 칼로 말의 심장을 찔렀다. 조금 뒤, 포연으로 새까매진 얼굴에다가 프랑스군의 포화로 소매까지 풀어헤쳐진 상급 장교가 달려와 "서둘러 포열을 해체해 이동하라"는 명령을 전달했다. 머서의 포대는 프랑스군의 대규모 중장 기병대가 돌격을 앞두고 집결 중인 우구몽과 샤를루아Charleroi 사이의 능선으로 번개같이 달려갔다.

상급 장교가 전달한 웰링턴의 명령은 명료하고도 직설적이었다. 머서와 그의 부하들은 기병대가 포열로 들이닥치는 상황에서도 인접한 보병의 방진으로 대피하기 전까지 가능한 오랫동안 포격을 해야만 했다. 머서의 포대가 영국 연합군의 주전선 뒤편으로 이어진 경사면을 올라가자, 전장의 전경이 한눈에 들어오면서 전투의 소음이 들려왔다.

우리는 낯선 공기를 들이켰다. …… 그것은 오븐의 열기처럼 숨이 턱 막혀오는 공기였다. 우리는 짙은 연기에 휩싸였고, 야포와 머스켓의 끊임없는 굉음에도 불구하고 주위를 감싼 신비한 허밍소리, 마치 여름날 저녁 무수한 바퀴벌레 떼가 내는 듯한 그런 소리를 분명하게 들을 수 있었다. 사방에서 대지를 갈아엎어댄 포탄이 그런 소리를 내고 있었고, 포탄과 총탄이 너무도 많이 빗발치는 나머지 그저 뻗기만 해도 팔이 날아가버릴 듯 아찔했다.

이런 소음에 익숙하지 않던 히친스가 놀라움에 압도되어 안장 위에서 움찔거리다가 뒤를 돌아보며 외쳤다.

"대단해, 머서. 이게 뭐지? 대체 이 소음이 다 뭐냐고? 놀라워! 정말 놀라워!"

포탄이 요란스레 머리 위를 가르며 날아가자, 포대원들을 위해서라도 멀쩡한 군의관이 필요하다고 판단한 머서는 그에게 뒤로 물러설 것을 명령했다.

그때까지도 전사자 한 명 없이 능선에 도착한 포대는 브라운슈바이크 보병들의 방진 2개 사이에 포를 방열하며 곧 있을 돌격에 대비했다. 머서는 첫 번째 포가 방진 사이의 간극으로 자리 잡기 무섭게 연기 저편에서 경쾌한 구보 속도로 다가오는 선두 기병대대를 감지할 수 있었다. 그는 곧바로 '산탄 사격'을 명령했고, 포들은 금세 사격 준비를 마쳤다. 머서의 기록에 따르면, "첫 번째 산탄 한 방에 다수의 기병이 말과 함께 고꾸라졌다. 하지만 그들은 계속해서 다가왔다."

한편, 브라운슈바이크 보병들의 머스켓 사격이 개시되었는데도 그들의 방진이 불안정함을 눈치 챈 머서는 자신이 포대를 사수하면서 공격자들을 물리치지 않으면 공황에 빠진 보병대가 궤멸하게 될 것이라고 생각했다. 이에 그는 웰링턴의 명령을 거역할 수밖에 없으며 결과 따위는 나중에 생각해야 한다는 결론에 이르렀다.

······ 결심은 나머지 야포들이 속속 전투에 가담해 무시무시한 떼죽음을 연출하며 순식간에 대지 위를 사람과 말들로 수놓은 덕분에 더욱 굳어졌다.

걷는 수준으로까지 떨어진 속도로 끈질기게 진격해오는 기병들을 본 머서는 '살육은 끔찍하지만' 그들이 자신을 짓밟을 것만 같다는 불안한 생각이 들었다. 황급히 퇴각을 준비하는 와중에 기병들은 잔해를 박차며 밀려 들어왔다.

그들은 완전히 폭도로 변했다. 우리는 포 6문으로 쉼 없이 산탄 사격을 가했다. 그 효과는 상상하기 어렵고, 그 같은 살육과 혼란의 순간은 뭐라고 표현하기 힘들다. 매번 포구가 불을 뿜을 때마다 상당수가 쓰러지는 가운데 살아남은 자들은 육탄전을 벌여야 했다. 실제로 나는 칼자루 끝을 무기삼아 그 난전에서 빠져 나오려 몸부림치는 이들을 볼 수 있었다. 어떤 이들은 방향을 잃고 우왕좌왕하다가 문자 그대로 우리의 포구 앞에서 그대로 얼어버렸고, 어떤 이들은 부상을 입고 당황한 채 우리의 포열 사이로 말을 달려 달아났다. 극소수만이 칼을 사용하려 들 뿐 다들 살아남겠다는 생각에 앞만 보고 내달리는 게 고작이었다. 이윽고 대열의 후미가 방향을 돌리면서 퇴로가 열리자, 무리 전체는 전진해올 때보다도 빠른 속도로 빠져나갔다. ······ 우리는 사격을 멈췄지만, 아직 군모의 끝자락이 보일 만큼 그들과의 거리가 멀지 않았기 때문에 포탄을 재장전하며 또 다른 공격에 대비해야 했다.

머서의 포대에서 발생한 최초의 전사자는 포신의 밀대질을 맡은 버터워스Butterworth 일병이었다. 포탄을 밀어넣은 뒤, 포구 옆으로 물러서던 그는 발이 진흙에 빠지면서 몸이 앞으로 기울었고, 바로 그 순간 포가 발사되었다.

넘어지는 사람들이 대개 그렇듯이 그는 양팔을 앞으로 뻗는 바람에 팔꿈치 아래쪽이 몽땅 날아가 버리고 말았다. 그는 밑동만 남은 팔로 잠시 일어나려는 듯하더니 처량하기 그지없는 표정을 지으며 나를 쳐다봤다. 그를 도울 방법은 없었다. 모두의 목숨이 신속한 사격을 유지하는 데 달려 있었기 때문에, 나는 그를 외면할 수밖에 없었다.

이윽고 스스로의 힘으로 후송 길에 오른 버터워스는 의료진을 찾아 워털루로 가던 중 출혈로 숨을 거뒀고, 이튿날 길가에서 그의 시신이 발

■■■■■ 방진을 이룬 하일랜더 연대를 향해 달려드는 프랑스 흉갑기병들. 몽생장Mont St. Jean 전면의 비탈에서 궁지에 몰린 방어자들을 몰아낼 수 있으리라 기대한 네 원수는 흉갑기병 2개 사단으로 이뤄진 중장기병 군단에 황제근위대 소속 경기병들까지 합세함으로써 순식간에 5,000명으로 불어난 기병대에게 진격을 명령했다. 제파 공격에 나선 기병대는 잠시 포대를 점거하는 데 성공했지만, 포를 못 쓰게 만들거나 영국군의 방진을 무너뜨릴 수는 없었다. 포격으로 방진을 제압하지 않은 채 이 훌륭한 기병들을 허비한 네의 실책은 프랑스군의 패배를 앞당긴 커다란 요인이 되었다. (Roger-Viollet)

건되었다. 한편, 프랑스군은 결연한 두 번째 돌격에 나섰다.

그것은 당신의 기대처럼 맹렬한 질주가 아닌, 차분한 걸음으로 목표를 죄어오는 침착한 전진이었다. 그들은 비장한 침묵 속에서 움직였고, 끝없는 전장의 소음을 배경으로 들려온 소리라고는 한꺼번에 수많은 말들이 다가오며일으킨 나지막한 뇌성 같은 땅울림뿐이었다. 각오로 치자면 우리 역시 그들못지않았다. 모두가 자기 위치를 굳게 지키는 가운데 발사 준비를 마친 포에는 일반 포탄에 이어 산탄이 함께 장전되었다. 포신에 장약이 채워지고, 그뒤편으로 빨갛게 지글대며 타들어가는 도화선이 준비된 순간, 그토록 대단한용기를 보여준 기병들과 저 근사한 말들을 도륙하는 데 필요한 것은 오로지

나의 구령 한 마디뿐이었다. …… 나는 …… 대열의 선두를 50~60미터 전방까지 유인한 뒤, "발사!" 하고 명령을 내렸다. 그 위력은 엄청났다. 단번에 선두 기병 대부분이 쓰러졌고, 대열을 관통한 포탄은 지나가는 길목을 온통 아수라장으로 만들었다. 첫 번째 격전의 희생자들이 널려 있던 대지는 이제 지나다니기조차 힘들 지경이었다. 그런데도 이 결연한 전사들은 우리에게 닿겠다는 일념만으로 전진을 계속했다. 그것은 불가능한 일이었다. …… 일제사격은 낫질로 풀 베듯 기수들과 말들을 쓰러뜨리며 …… 그들이 언덕 너머로 사라질 때까지 계속되었다. 사격을 멈춘 우리는 기쁜 마음으로 한숨을 돌렸다.

세 번째 돌격이 다가오는 있음을 본 머서는 "그들이 돌아왔다!"고 외쳤다. 그러나 그것은 안쓰럽다기보다는 오히려 비극적이라는 표현이 더 걸맞을 돌격에 불과했다.

이번 돌격은 어린아이 손목 비틀기와 다를 바 없었다. 그들은 우리에게 다가오는 동안에도 제대로 된 대오 한 번 갖추지 못했고, 우리는 아까보다 훨씬 느긋하게 포격을 할 수 있었다. 그것은 시도 자체가 어리석은 짓이었다. 그들이 등을 돌려 또다시 물러날 무렵, 나는 포대의 오른쪽에서 말에 올라타고 있었다. 나는 승리에 도취해 "끝내준다! 끝내줘!"를 연발했다.

G포대는 전사자 3명과 죽은 것으로 추정되는 실종자 2명, 그리고 포탄에 맞아 왼쪽 팔이 만신창이가 된 필립 헌트Philip Hunt 일병이 포함된 부상자들까지 합쳐 사상자가 모두 18명이었다. 머서의 포대가 잃은 말은 다른 포대의 세 배에 달하는 69마리였고, 사용한 포탄은 무려 700여 발에 달했다.

머서는 나폴레옹 전쟁이 막을 내린 뒤 1824년까지 캐나다에서 급여의 절반만 받는 임시임관 소령으로 복무했다. 1837년에 중령으로 진급해 또다시 캐나다로 발령된 그는 영국과 미국이 전쟁 직전까지 이르렀던 국경 분쟁 당시 노바스코샤Nova Scotia에서 포병대를 지휘했다. 1846년에 대령으로 진급한 그는 1854년에 준장이 되었다. 그는 그 뒤 도버Dover 요새의 수비대장을 끝으로 현역에서 물러났지만, 계속해서 제9포병여단의 명예 부대장colonel-commandant 직을 유지했다. 여생을 엑서터Exeter 외곽의 오두막에서 지낸 그는 세기의 결정적인 전투에 참가했다는 자부심을 간직한 채 1868년에 85세를 일기로 세상을 떠났다.

어느 민간인의 초상
영국 외무상 캐슬레이 자작

로버트 스튜어트^{Robert Stewart}, 즉 캐슬레이 자작은 영국 최고의 외무상이
라고 해도 손색이 없을 것이다. 1760년 얼스터^{Ulster}의 영국계 아일랜드 귀
족 가문에서 태어나 케임브리지 대학을 나온 그는 1790년 의회에 진출한
이후, 윌리엄 피트의 측근으로 지내며 아일랜드와 대영제국의 긴밀한 결
속을 지지한 인물이었다. 1804년에 전쟁 및 식민상^{Secretary of State for War and the}
^{Colonies}*에 임명된 그는 아서 웰즐리 경, 훗날의 웰링턴 공작이 이끄는 포
르투갈 원정을 기획하기도 했지만, 1809년에는 네덜란드의 발헤렌 원정
실패 후 정치적 희생양이 되어 공직에서 물러나야 했다. 그의 가장 두드
러진 업적은 1812년에서 1822년까지 리버풀^{Liverpool} 내각의 외무상을 지내

---

* **전쟁 및 식민상** 오늘날의 국방부 장관에 해당하며, 1801년~1854년에는 인도를 제외한
식민지 관할 업무도 겸임했다.

며 제6차 대프랑스 동맹을 성사시켰을 뿐만 아니라, 나폴레옹 몰락 후 유럽의 정치적 재건을 기획하고 추진했다는 것이다. 1815년에 유럽이 대부분 안정을 되찾을 수 있었던 기원은 기본적으로 캐슬레이의 노련한 외교가 낳은 참신한 쇼몽 조약Treaty of Chaumont에서 찾을 수 있으며, 그가 외무상으로서 거둔 여러 성과들을 살펴보는 것이 이 짧은 글의 주제이기도 하다.

캐슬레이는 오스트리아 외무상인 메테르니히 대공과 함께 20년이 넘는 전쟁에 따른 정치적 격변에 대한 실용적 해법을 고안해내는 한편, 열강들 간의 상대적 세력 균형을 잡는 데 있어서도 주도적인 역할을 했다. 그가

■■■■■ 1812년에서 1822년까지 영국 외무상을 지낸 캐슬레이 자작. 노련한 협상가이자 힘의 정치에 일가견이 있었던 캐슬레이는 1813년~1815년의 중대한 시기에 연합군 사령부와 전후의 빈 회의에서 개인적 영향력을 발휘하면서 영국의 외교정책을 이끌었다. 그는 오스트리아 외무상인 메테르니히 대공과 긴밀히 협조하여 이후 40년 동안 유럽의 평화를 보장할 새로운 정치 질서를 만들어냈다. (Phillip Haythornthwaite)

설립한 국가 간 협력체제는 1815년 이후 수십 년 동안 대륙의 평화를 유지하는 데 일조했다. 캐슬레이는 붙임성이 없는 데다가 자칫 오만해 보이기도 했으며, 당대의 어느 기록에는 "찔러도 피 한 방울 안 나올 것처럼 냉정한 인간"으로 그려지기도 했다. 그는 윌리엄 피트나 조지 캐닝, 찰스 제임스 폭스Charles James Fox* 같은 동시대의 유력 정치인들과 달리 능숙한

---

* 찰스 제임스 폭스 1749년~1806년. 영국의 정치가. 한때 휘그 내각의 외무장관이 되었고, 1783년 노스와 연립내각을 구성했으나 곧 와해되었다. 프랑스 혁명을 지지하는 한편, 대프랑스 전쟁을 반대했고, 소小피트의 정책을 공격했다. 교양과 웅변으로써 커다란 영향력을 발휘했으며, 자유주의의 선구자로서 활약했다.

대중 연설가는 아니었지만, 대륙의 세력 균형을 유지하고 해상과 식민지에서 영국의 지배력을 보전하는 것이 얼마나 중요한지를 이해한 인물이었다.

그는 제6차 대프랑스 동맹을 유지하려고 노력하면서 영국이 독일 전선에 파병만 안 했지 이미 나폴레옹과의 싸움에서 중요한 역할을 하고 있음을 인정했다. 영국 재무성은 스페인, 포르투갈, 러시아, 프로이센을 비롯한 여러 나라들에게 수천만 파운드의 지원금을 공급하고 있었고, 웰링턴이 이끄는 10만여 명의 영국군, 포르투갈군, 스페인군은 스페인 북부를 무대로 작전 중이었다. 무엇보다도 영국 해군은 오래 전부터 프랑스의 항만을 바짝 봉쇄한 채 프랑스의 해상 무역을 일소한 상태였다. 캐슬레이는 전쟁에 대한 이 같은 기여가 유럽 문제에 대한 영국의 발언권을 보장한다고 믿었고, 1813년 말 연합군 사령부를 향해 떠날 때도 영국은 어떤 유럽 열강과도 동등할 뿐만 아니라 이들을 일련의 공통된 목표 아래 묶을 수 있는 협약을 통해 그 같은 지위를 인정받아야 한다고 생각했다.

그럼에도 불구하고 그에게 영국의 국익 수호는 책임의 일부에 지나지 않았다. 왜냐하면 그는 자신의 상당한 신중함과 조정 능력으로 서로를 믿지 못하는 연합국 지도자들의 불신을 해소시켜 공동의 적을 쓰러뜨릴 때까지 동맹을 존속시켜야 했기 때문이다. 게다가 나폴레옹에게 전달할 세세한 조건들도 아직 합의되지 않은 상태였다.

1813년 12월 20일, 캐슬레이는 나폴레옹이 프랑크푸르트 제안Frankfurt Proposals을 받아들일 경우 열리게 될 평화회담에 영국 대표로 참석하기 위해 연합군 사령부로 출발했다. 외무상으로서 사적인 협상 권한을 갖고 있었던 캐슬레이는 1805년에 피트가 작성한 전후 유럽 재건안을 바탕으로 나름대로 지침을 만들었다. 그는 특별히 전략적으로 중요한 안트베르펜 항이 포함된 확실한 국경을 가진 독립 네덜란드를 보장하는 것이 중요함을 강조했다. 캐슬레이는 독립 벨기에가 스스로를 지킬 수 있으리라고 기대하지 않았기 때문에 되살아날 프랑스를 상대할 보다 안정된 국가를 만들기 위해서라도 벨기에와 네덜란드를 하나로 묶을 수밖에 없다고 생각했던 것이다. 그러나 그의 계획은 열강 프랑스의 파멸을 요구하지는 않았는데, 이는 장래 유럽의 안보가 달린 세력 균형을 생각했을 때 대륙의 지배권을 추구할 잠재 세력, 특히 러시아의 야욕에 맞서는 데 있어 필수적인 대항마가 프랑스밖에 없었기 때문이었다. 이에 따라 그는 프랑스의 통치자로서 부르봉가의 후손만을 고집하지 않게 되었고, 나폴레옹이나 그의 후계자가 권좌를 보존할 수 있는 가능성이 열렸다.

캐슬레이는 대륙의 안보와 맞바꿔 프랑스와 네덜란드에게서 뺏은 식민지를 되돌려주려고 했지만, 몰타와 모리셔스^{Mauritius}, 희망봉 같은 전략적 요충지는 절대로 양보하려 들지 않았다. 유럽에 평화가 돌아오고, 정치 질서가 회복되는 것만으로 모든 게 끝나는 것은 아니었다. 그가 자신의 정치적 스승인 피트에게 배운 것처럼 미래의 안보를 확보하기 위해서는 뭔가 틀이 필요했던 것이다. 평화가 정착된 뒤에도 전쟁 때만큼의 결속을 이어나갈 최고의 방법은 다시는 프랑스가 이웃나라들을 넘보지 못하게 하는 틀을 마련하는 것이었다. 캐슬레이는 연합국들 간의 우호관계 유지를 중시한 정책을 폈으며, 유럽 본토에 대한 영토적 야심이 없었던 영국의 입장 덕분에 유리한 위치에서 열강들의 이해관계를 조정할 수 있었다.

1814년 1월 18일, 바젤에 도착한 캐슬레이는 거의 모든 연합국 군주들과 재상들을 만났고, 이 가운데는 단번에 우정과 교감을 형성하며 전쟁 막바지의 중요한 시기와 이후 재건기의 유럽 외교를 함께 좌우할 메테르니히도 포함되어 있었다. 실제로 당시의 협상은 외교관, 정치가, 군주들 간의 긴밀한 접촉을 바탕으로 이루어졌고, 캐슬레이의 성공은 그를 둘러

██████ 19세기의 가장 위대한 정치가 가운데 한 사람인 메테르니히 대공. 외무상이었던 그는 프란츠 1세를 설득해 오스트리아가 1813년에 제6차 대프랑스 동맹에 가담하도록 하면서 동시에 왕권 보장이 포함된 타협안을 통한 나폴레옹과의 협상을 선호했다. 메테르니히는 유럽 대륙에서 힘의 균형을 추구했으며 안정되고 국력이 보존된 비교적 강력한 프랑스가 있어야만 러시아와 프로이센이라는 신흥세력을 견제할 수 있다고 생각했다. 메테르니히는 캐슬레이와 더불어 워털루 전투 이후 성공적으로 평화를 정착시킨 장본인으로 평가받는다. (AKG, Berlin)

싼 당대의 악평과는 별도로 그의 상냥한 태도와 인간적인 매력 덕분이었다고 할 수 있다. 프로이센 외무상을 지낸 빌헬름 폰 홈볼트Wilhelm von Humboldt는 그를 두고 "온건하면서도 강단 있게 행동하며 처음부터 이 자리의 구심점 역할을 한 인물"이라고 평했다. 베르나도트가 프랑스 왕좌에 오르기를 바랐던 러시아 황제 또한 캐슬레이와의 견해차에도 불구하고 그를 높이 평가했다.

이 밖에도 연합국들 간에는 민감한 이견들이 있었으며, 영국은 처음부터 자국의 입장을 명확히 해야만 했다. 캐슬레이는 연합국 외상들과의 첫 회담에서 장래 유럽의 안보가 프랑스의 국경선을 '옛' 국경선으로 되돌려놓을 수 있는지에 달려 있다고 강조했다.

연합국이 프랑스를 옛 국경 안으로 되돌려놓는다는 목표에 못 미치는 합의에 만족한 채 물러나도 괜찮다고 생각한다면, 평화를 위한 자신들의 가장 신성한 의무를 포기하는 것이나 다를 바 없으며, 유럽의 민심이 결코 그처럼 경솔한 합의로 진정되지는 않을 것이기 때문에, 결국 목표를 달성하는 데 실패하게 할 것입니다.

연합국 군주들이 스위스를 떠나 프랑스에 있는 슈바르첸베르크의 사령부에 모였고, 이때 러시아 황제 알렉산드르 1세가 나폴레옹과의 협상을 거부한 채 파리 진군만을 고집하는 바람에 그와 메테르니히 사이에 팽팽한 긴장감이 돌자, 캐슬레이가 나서서 둘 사이를 중재하는 역할을 해야만 했다. 연합국은 캐슬레이의 중재에 힘입어 나폴레옹과의 협상 시효를 연장하는 동시에 전쟁을 계속해서 수행할 수 있었다. 즉, 프랑스는 1792년 당시의 국경을 받아들여야만 했다. 메테르니히는 실제로 더 큰 양보도 할 의향이 있었던 반면, 알렉산드르 1세는 아무것도 내놓을 생각이 없었다. 캐슬레이의 타협안은 이런 두 사람 모두를 다독이는 한편, 연합국들의 결속이 서로 상충되는 목표, 특히 전후 처리 과정의 영토 보상 문제를 둘러싼 빈번한 갈등 속에서도 계속 유지되도록 했다.

캐슬레이는 알렉산드르 1세가 원하는 전후의 보상이 무엇인지를 파악해 그의 발목을 묶는 데 실패했다. 캐슬레이가 원한 것은 평화가 정착되고 열강들이 한자리에 모여 새로운 지도를 그릴 때 불거질지도 모르는 여러 세력 간의 불화를 피하기 위해서 연합국들이 자신들의 전쟁 목표를 분명하고 납득할 만하게 밝히는 것이었다. 하지만 알렉산드르 1세는 폴란드까지 확장을 노리는 자신의 의도가 훤히 알려졌음에도 불구하고 이러한 목표를 문서화하지 않았다. 이 같은 알렉산드르 1세의 행동으로 인해 캐슬레이와 메테르니히는 점점 더 친해지게 되었다. 캐슬레이는 '유럽의 안정된 평형 상태나 세력 균형'을 원했기 때문에, 전후 회의에서 1807년에 프로이센이 입은 손실과 현재 동맹에 참여한 것에 대한 보상으로 작센을 프로이센에게 주어야 한다고 주장했다. 그는 노르웨이(당시 나폴레옹의 동맹이었던 덴마크의 속국)를 노리는 베르나도트에게 도움의 손길을 내밀기도 했다. 단, 알렉산드르 1세와 폴란드에 관해서는 이렇다 할 제안을 내놓지 않은 채 이 중대 사안을 전후에 열릴 회의에서 논하기로 했다.

나폴레옹에게 협상 조건이 제시되었고 2월 5일부터는 샤티용Châtillon에서 화평 교섭이 시작되었다. 이 무렵, 캐슬레이는 연합국들에게 공동의 목표에 대한 명문화된 합의의 책임을 지움으로써 동맹을 정식화하기 위한 작업에 여념이 없었다. 연합국들은 3월 1일에 체결된 쇼몽 조약을 통해 스위스와 스페인의 완전한 독립, 스페인 페르난도 7세 왕의 복위, 프랑스의 이탈리아 지배 종식 및 이탈리아 반도 내 국가들의 정통성 있는 왕가들의 부활, 보다 안정된 국경을 확보하기 위해 벨기에를 포함시켜 네덜란드의 영토를 확장, 향후 프랑스의 공격을 이겨낼 수 있도록 독일계 국가들의 수를 줄여서 더 커진 국가들을 하나의 연방으로 재통합 같은 목표들이 달성될 때까지 전쟁을 계속하기로 결의했다. 연합군의 자금 조달을 맡은 영국은 이후 수개월에 걸쳐 500만 파운드의 지원금을 러시아와 프로이센, 오스트리아에게 균등하게 지급하기로 했다. 그 대가로 이 국가들은 각자 전쟁이 끝날 때까지 15만 명의 병력을 전장에 투입하기로 약속했다. 끝으로 만장일치의 동의 없이는 이들 열강 중 어느 나라도 프랑스와 단독 강화를 체결할 수 없었다.

쇼몽 조약은 외교사적 측면에서 볼 때 가히 혁명적이었다. 이 조약은 전후에도 20년 동안은 조약 체결국이 공격을 받을 경우 상호간의 파병(각 6만 명)을 의무화한 최초의 집단방어체제였다. 여기에는 물론 과거의 중요한 조약들에서 볼 수 있었던 공통된 요소들도 포함되어 있었다. 예를 들어, 강대국들은 자신들이 타당하다고 보는 전후 유럽의 정치적 지도를 다시 그릴 수 있었던 반면, 그보다 작은 나라들은 인접 지역에 제한된 문제들만을 논의할 수 있었고, 이 모든 문제들에 대해 열강은 거부권을 행사할 수 있다는 원칙이 바로 그것이었다.

쇼몽 조약은 사실상 캐슬레이 개인의 작품이었다. 1814년 2월에 나폴레옹이 연합국의 제안을 거부하는 치명적 결단을 내리자, 캐슬레이가 이뤄낸 결속이 깨지지 않고 유지된 덕분에 공동의 목표로 뭉친 연합군은 다른 식으로는 도저히 굴복시킬 수 없는 프랑스에 맞서 통합된 역량을 발휘할 수 있었다. 많은 사안들이 유럽의 국가들이 크든 작든 간에 구별 없이 모두 참여한 그해 연말 회담까지 보류되기는 했지만, 이후 역사적인 빈 회의가 성공을 거둔 것은 전쟁 중에 캐슬레이가 거둔 업적 덕분이었다고 해도 과언은 아닐 것이다.

사태의 종결 과정
워털루에 지는 해

1815년 2월 26일, 나폴레옹은 유배지 엘바 섬을 빠져나와 남부 프랑스에 도착한 뒤 파리를 향하면서 도중에 지지자들과 충성스런 군대들을 모았다. 그의 첫 번째 걸림돌은 저지대 국가들에 주둔 중이던 연합군의 2개군, 즉 웰링턴 공작이 이끄는 영국-네덜란드 연합군 9만 명과 블뤼허 원수 휘하의 프로이센군 12만 명이었다. 나폴레옹은 한 번에 하나씩 이들을 타격함으로써 전력의 결집을 막을 계획이었다. 6월 15일, 그는 북부군 12만 5,000명을 거느리고 상브르^{Sambre} 강을 건넌 뒤 브뤼셀 가도에 인접한 도시 샤를루아를 지나갔다. 그의 노림수는 연합군을 분단시켜 각개격파하는 것이었다. 이튿날, 리니와 콰트르브라 두 곳에서 전투가 발생했다. 리니에서 상당한 피해를 입은 프로이센군이 패배에도 불구하고 북쪽의 와브르로 철수하는 데 성공했다. 어느 프로이센 대위는 전투 막바지에 그의 부하들이 처한 끔찍한 상황을 다음과 같이 묘사했다.

길고 긴 6월의 햇살이 옅어지기 시작했다. …… 전투를 치르고 난 병사들은 지독한 피로에 찌들어 있었다. 엄청난 열기 속에서 초연과 땀, 진흙 따위가 뒤엉킨 두터운 때 때문에 그들의 몰골은 거의 검둥이처럼 보였다. 어느 병사는 입고 있는 군복의 초록색 옷깃과 표장을 거의 구분하기 어려울 정도였다. 모두들 목도리를 벗어던진 채 벌어진 상의 사이로 구질구질해진 셔츠나 갈색 털로 덮인 맨가슴을 드러냈고, 가벼운 부상 정도로 전열에서 이탈하기를 꺼린 수많은 부상병들은 제 손으로 감은 붕대를 두르고 있었다. 부상병 대부분의 붕대에는 피가 베어났다. 몇 시간이나 시가전을 치르며 산울타리 사이를 기었던 병사들의 군복은 여기저기가 헤져 맨살이 들여다보였다.

콰트르브라에 있던 웰링턴이 브뤼셀을 방어하기 위해 물러서기는 했지만, 결정타를 맞은 것은 아니었기 때문에, 연합군은 서로 분단되었음에도 불구하고 내일을 기약할 수 있었다. 6월 17일, 북쪽으로 이동한 웰링턴은 자신의 지친 군대를 몽생장과 가까운 남쪽 능선에 배치했다. 나폴레옹은 1개 군단을 파견해 웰링턴의 진영에서 서쪽으로 19킬로미터 떨어진 와브르의 프로이센군을 감시하도록 한 뒤, 이제 7만 2,000여 명으로 줄어든 휘하 병력과 함께 영국 연합군의 바로 남쪽에 자리를 잡았다.

웰링턴은 영국-하노버 혼성 사단들이 주를 이룬 6만 8,000명의 병력을 보유하고 있었다. 네덜란드-벨기에 혼성 사단 몇 개가 여기에 가세했다. 그는 이들 병력 대부분을 반달처럼 휜 길이 3킬로미터의 능선 위에 배치하고, 프랑스군이 원거리를 우회해 자신의 오른쪽 측면을 위협할 경우를 대비해 서쪽으로 8킬로미터 떨어져 있는 튀비즈Tubize에도 1만 8,000명을 배치했다. 웰링턴의 왼쪽에는 파플로트Papelotte와 라에이La Haye라는 마을이 있었다. 중앙에는 오아엥Ohain 가도와 샤를루아-브뤼셀 가도가 만나는 교차로 인근에 위치한 라에이상트 농장이 있었다. 오른쪽으로는 주전선에서 조금 튀어나온 곳에 숲과 농장의 부속 건물들, 그리고 정원으로 이뤄진 우구몽 저택이 자리 잡고 있었다. 우구몽과 라에이상트가 차지하는 전술적 중요성을 간파한 웰링턴은 두 곳 모두에 강력한 수비 병력을 배치했다. 이 두 진지는 연합군의 우익과 중앙을 공격하려는 프랑스군에게는 걸림돌로 작용했으며, 이를 우회하려 드는 프랑스군의 측면을 가격할 수도 있었다. 그 중에서도 우구몽은 프랑스군이 웰링턴의 우익을 불가능까지는 아니지만 쉽게 우회할 수 없을 정도로 크기가 컸다.

전투는 오전 11시 30분, 제롬 보나파르트 왕자가 이끄는 대규모 프랑스 보병대가 근위 경보병연대Foot Guard 및 나사우Nassau 백작령의 군대가 지키는 우구몽을 공략하면서 그 막을 올렸다. 그야말로 하루 종일 우구몽을 뒤흔든 싸움에도 불구하고 프랑스군의 공격은 모조리 격퇴됐다. 프랑스군은 한때 저택의 정문을 돌파하기도 했지만 이를 봉쇄한 근위대의 활약이 재앙을 막아냈다. 저택은 그 뒤 프랑스군의 곡사포 사격에 불탔고, 집요한 공격에도 아랑곳 않은 수비대는 증원 병력과 함께 나머지 건물들을 사수해냈다. 우구몽 일대에서 끊임없는 혈투가 벌어지는 동안 정오까지 80문의 야포를 밀집시킨 프랑스군은 영국군의 중앙을 겨냥한 에를롱 백작, 드루에 중장의 공격에 대비하고 있었다. 고작 550 미터 정도밖에 떨어져 있지 않았던 연합군 전선의 피해는 보병대를 경사지 반대편에 전개시킨 웰링턴의 조치에도 불구하고 끔찍했다.

오후 1시 30분, 4개 사단으로 편성된 에를롱 백작의 군단이 파플로트에서 라에이상트까지 이어지는 거대한 단일 대오를 이룬 채 중장 토머스 픽튼의 진영이 대부분을 차지하는 언덕으로 향했다. 웰링턴의 포병대는 다가오는 대열의 선두에 커다란 피해를 입혔고, 능선에 도달한 프랑스군은 붉은 옷의 보병대가 코앞에서 가한 일제사격에 이어 픽튼이 이끄는 총검돌격에 맞부딪쳤다. 바로 이때, 기병 사령관인 중장 억스브리지Uxbridge

■■■■■■ 워털루 전투 당시 가장 처절한 싸움의 무대 중 하나였던 요새화된 농장인 우구몽의 정문을 봉쇄하는 콜드스트림 근위연대Coldstream Guards. 연합군 전선의 중요 거점인 이 진지는 도끼로 북쪽 대문을 부순 프랑스 보병 가운데 일부가 마당으로 난입한 순간, 거의 함락되는 듯했다. 맥도넬Macdonnell 대령은 검을 거머쥔 채 4명의 콜드스트림 연대원들과 함께 간신히 문을 닫는 데 성공했다. 나중에 웰링턴은 그의 활약을 전투의 승패를 좌우한 결정적인 행위라고 격찬했다. [Trustees of the National Museum of Scotland]

백작이 연합군 중앙의 배후에 있던 2개 중장기병여단에게 픽튼의 전과를 확대하도록 명령했다. 에드워드 서머셋Edward Somerset 경이 이끈 왕실여단 Household Brigade과 윌리엄 폰슨비William Ponsonby 경의 연방여단Union Brigade*은 각각 브뤼셀 가도의 서쪽과 동쪽에서 대기 중이었다.

왕실여단은 에를롱의 좌익을 지원하기 위해 달려온 프랑스 중장기병

---

* **연방여단** 여기서 연방이란 '스코츠 그레이스' 연대로 더 잘 알려진 스코틀랜드의 제2용기병연대를 비롯해 아일랜드와 잉글랜드계 연대들이 함께 소속된 데서 기인한 명칭이다.

들을 격파한 뒤, 공격 중인 프랑스군의 가장 왼쪽에 위치한 사단을 배후에서 덮쳤다. 다른 한편에서는 연방여단이 아군인 픽튼 사단의 진영을 가르며 진격하여 양쪽 대오의 결속력을 끊어놓았다. 게다가 기병들이 언덕을 내려갈 무렵, 후퇴 중이던 프랑스군은 결국 기병들의 손에 큰 타격을 입고 말았다. 돌격에 참가했던 어느 영국군 장교에 따르면, 프랑스군의 전열은 "매우 절망적인 상태였고, 앞이나 옆에서 가하는 사격도 형편없었다. …… 전면과 측면의 병력이 대열 안쪽으로 돌아섰을 때, 후미에서는 이미 패주가 시작되고 있었다." 또 다른 장교는 "적은 모든 것을 용기병들의 자비에 맡긴 채 양떼처럼 구릉 사이로 내뺐다"고 말했다. 그러나 잔뜩 기세가 오른 돌격은 적당히 멈춰 설 줄을 몰랐다. 스코츠 그레이스 연대를 위시한 영국 기병들은 프랑스군의 포열에 이를 때까지 적진 깊숙이 들어갔다가 창기병들의 통렬한 반격을 받아 사실상 궤멸되고 말았다.* 그러나 오후 3시쯤에 처음으로 중단된 에를롱 백작의 공격은 곧이어 무질서한 패주로 돌변했다. 반면에 웰링턴의 전선은 약해지기는 했지만 여전히 흔들림이 없었다.

오후 4시경, 프랑스군은 연합군 전선에 대한 두 번째 돌파를 시도했다. 포병과 보병의 제대로 된 지원도 없이 무모한 돌격에 나선 네는 거의 5,000명에 달하는 40개 대대의 기병으로 능선 너머의 비탈에 포진한 보병들을 공격했다. 결과는 앞서 포병 장교 머서가 전한 그대로였다. 달려드는 화려한 기마병들에게 심대한 타격을 가한 영국 포대원들은 마지막 순간이 되어서야 몸을 피하며 방어용 방진을 형성하는 보병들 속으로 도망쳤다. 방진은 위력적인 자체 화력을 갖추고 있었기 때문에 제아무리 결의

---

* 스코츠 그레이스 연대의 궤멸은 사실상 웰링턴이 거느린 전체 기병 전력의 4분의 1이 사라졌음을 뜻했다.

■■■■■ 워털루에서 돌진하는 스코츠 그레이스 연대. 에를롱 백작 공이 이끈 대규모 보병대의 공격에 맞서 억스브리지 백작이 출격시킨 2개 기병여단 가운데는 이 특출한 연대도 포함되어 있었다. 완벽하게 프랑스군의 허를 찌른 스코츠 그레이스 연대는 수많은 적을 쓰러뜨리며 포로 2,000명을 잡고, 독수리기 2개를 빼앗았다. 성공에 도취된 나머지 위험에 둔감해진 기병들은 "스코틀랜드 만세"를 외치며 적진으로 뛰어들어 대규모 포대의 포수들과 마부들을 베어대다가 프랑스 창기병들에게 제압당해, 사실상 궤멸되고 말았다. (Ann Ronan Picture Library)

에 찬 기병들이라 해도 분쇄할 방법이 없었다. 네는 수차례에 걸쳐 공격을 거듭했고, 그때마다 병력과 진격 속도가 눈에 띄게 감소했다. 이름 모를 어느 영국군 장교는 일단 첫 돌격에서 기병들과 맞붙고 나자 부하들의 자신감이 점점 커졌다고 기록했다.

처음 흉갑기병들이 방진으로 다가왔을 때 …… 하나같이 어린 병사들은 당황한 듯한 모습이었다. 그들은 총을 높게 겨냥해서 쏘는 바람에 별 효과가 없었고, 방진 한쪽에 있는 병사들이 너무도 허둥대는 바람에 나 역시 불안하기 짝이 없었지만, 그것도 그리 오래 지속되지는 않았다. 기병들은 실제로 우리를 향해 돌격할 생각은 없었던 것이다.…… 부하들은 곧 자기들이 유리한 위치에 서 있음을 깨달았고, 그 뒤로는 적의 포대가 사격을 중지했기 때문에, 기병대가 다가오는 소리가 들려도 오히려 이런 상황을 반기는 것처럼 보였다.

오후 5시 30분, 프랑스 기병은 헛된 큰 피해를 입은 뒤 공격을 중지했다. 하지만 영국군 사상자 역시 엄청났으며, 무엇보다도 기병 돌격이 멈춘 사이 프랑스군이 가한 포격으로 입은 피해가 컸다. 상당수 방진들은 진형 안에 널브러진 전사자들의 무더기로 그 위치를 파악할 수 있을 정도였다. 그로노프^{Gronow} 대위는 그 광경을 생생하게 묘사했다.

전투 내내 우리의 방진에서는 소름끼치는 광경이 연출되었다. 우리는 그 속에서 연기와 장약 타는 냄새에 질식하기 일보직전이었다. 부상당한 전우나 전사자의 시신을 밟지 않고는 한 치도 움직일 수가 없었고, 무엇보다도 부상자와 죽어가는 이들의 요란한 신음소리가 끔찍했다.

4시쯤 되자, 우리의 방진은 완전히 야전병원으로 탈바꿈해 전사자와 죽어가는 병사들, 사지가 날아간 병사들로 가득했다. 기병대의 돌격은 겉보기에는 상당히 두려웠지만, 사실 돌격이 이루어지는 동안에는 적의 포병들이 우리를 향해 포격을 가하지 않았기 때문에 오히려 한숨 돌릴 수 있는 기회가 되었다.

네의 기병대가 격퇴된 직후, 라에이상트를 둘러싼 전투 역시 절정을 맞이했다. 라에이상트는 우구몽 못지않게 하루 종일 집요한 공격에 시달렸고, 오후 늦게부터는 그곳을 지키던 국왕의 독일 군단 소속 보병들이 심각한 전력 저하와 탄약 부족에 시달리는 가운데 상당수 건물이 불길에 휩싸였다. 오후 6시, 마지막 돌격을 감행한 프랑스군이 처절한 육탄전 끝에 당초 400명이었던 수비대 가운데서 남은 40명의 생존자들을 몰아냈다. 능선을 벗어나 이 독일 병사들의 구원에 나섰던 국왕의 독일 군단 소속 2개 보병연대가 프랑스 기병대에게 궤멸되면서 프랑스군의 라에이상트 점령은 확고부동한 사실이 되었다. 라에이상트의 함락으로 전선 중앙이 아주 취약해지자, 웰링턴은 가용한 모든 보병연대와 포대들을 전선 중

■■■■■ 노장근위대의 마지막 저항. "살려면 뛰어Sauve qui peut!"를 외쳐댄 나폴레옹의 병사들이 줄행랑을 치는 와중에도 굳건히 방진을 지탱한 황제근위대의 3개 대대는 밀려드는 연합군의 물결을 가로막는 헛된 분투를 펼쳤다. 압도적인 수의 보병과 야포에 둘러싸인 근위대원들은 55미터 거리에서 연합군이 퍼부은 집중포화에 끔찍한 피해를 입었다. 19세기 프랑스 역사가들은 프랑스군 지휘관 캉브론Cambronne 장군이 항복을 거부하면서 "근위대는 죽을지언정 항복은 하지 않는다"라는 영웅적인 말을 했다고 하지만, 목격자들은 그보다는 신경질적인 "엿 먹어라" 쪽에 더 가까운 반응을 보였다고 전했다. [Roger-Viollet]

앙에 집중했다. 동시에 그는 2개 기병여단을 전선 중앙의 배후에 배치했다. 온종일 계속된 결연한 방어에도 불구하고 연합군에게는 패배의 암운이 드리워지기 시작했다.

그러나 이 무렵 이미 도움의 손길은 다가오고 있었다. 오후 5시가 되자 아침부터 와브르에서 행동을 개시한 프로이센군이 조금씩 전장의 동쪽에 출현해 플랑세누아 일대의 프랑스군 우익을 공격하기 시작했던 것이다. 프로이센군은 황제근위대에게 격퇴당했지만, 웰링턴의 전선이 가장 취약해진 오후 6시경에 막 도착한 대규모 병력으로 플랑세누아 탈환에 나서며 라에이와 파플로트에 있는 프랑스군을 견제함으로써 웰링턴의

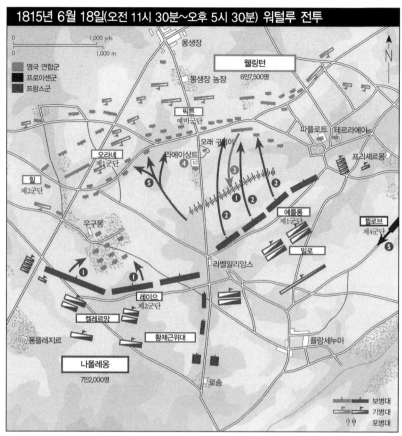

1815년 6월 18일(오전 11시 30분~오후 5시 30분) 워털루 전투

0 ___ 1,000 yds
0 ___ 1,000 m

■ 영국 연합군
■ 프로이센군
■ 프랑스군

몽생장

웰링턴
6만7,500명

몽생장 농장

픽튼
예비군단

오라녜
제1군단

라에이상트

모래 구멍이

파플로트 테르라에이

프리셰르몽

힐
제2군단

우구몽

에를롱
제1군단

밀로

빌로브
제4군단

라벨알리앙스

레이오
제2군단

켈레르망

황제근위대

몽플레지르

플랑세누아

나폴레옹
7만2,000명

로솜

▬ 보병대
▬ 기병대
╢╫╢ 포병대

❶ 오전 11시 30분, 밀집한 프랑스군의 포대가 연합군 전선의 중앙을 향해 포문을 여는 가운데 레이오Reille의 군단이 우구몽을 공격하다. 수많은 프랑스군이 하루 종일 펼쳐진 이 헛된 전투에서 꼼짝 못하게 되다.
❷ 오후 1시 30분, 에를롱이 연합군 전선 중앙으로 진격하다. 집중 포격으로 대피해를 입은 프랑스군의 밀집 대열에 픽튼 사단이 공격을 가하다.
❸ 오후 2시, 서머셋과 폰슨비의 기병대가 반격에 나서 에를롱 군단의 대부분을 패주시키다. 기병대가 대규모 포대를 공격한 뒤 아군 진영으로 돌아오는 과정에서 궤멸당하다.
❹ 라에이상트를 지키던 국왕의 독일 군단 소속 수비대가 1개 사단의 총공세에 맞서 그들의 요새화된 진지를 방어하며 돌입하려는 적을 간신히 막아내다.)
❺ 오후 3시 30분경, 뷜로브의 프로이센 제4군단이 와브르 방향에서 접근하다. 웰링턴이 퇴각한다고 믿은 네가 대규모 기병 공격을 실시하다. 적절한 보병 및 포병 지원조차 없이 적 보병의 방진을 깨려는 헛된 시도에 더욱더 많은 기병대가 투입되다.

좌익을 구원하는 한편, 남쪽에서 프랑스군의 우익을 타격했다. 마침내 연합군은 병력 집결에 성공했고, 이제 위기에 빠진 쪽은 프랑스군이었다.

나폴레옹은 전장의 균형이 자신에게 불리하게 기울어질 만큼 충분한 수의 프로이센군이 도착하기 전까지 웰링턴을 격파할 마지막 기회가 있

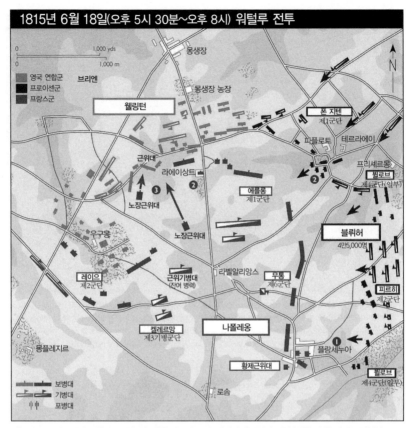

1815년 6월 18일(오후 5시 30분~오후 8시) 워털루 전투

■ 영국 연합군
■ 프로이센군
■ 프랑스군

몽생장
브리엔
몽생장 농장
웰링턴
폰 지텐
제1군단
파플로트 테르라에이
근위대
라에이상트
프린셰르몽
빌로브
제4군단(일부)
노장근위대
에를롱
제1군단
노장근위대
블뤼허
4만5,000명
우구몽
근위기병대
(잔여 병력)
라벨알리앙스
레이으
제2군단
무통
제6군단
피르히
제2군단
켈레르망
제3기병군단
나폴레옹
몽플레지르
플랑세누아
빌로브
제4군단(일부)
황제근위대
로솜

■ 보병대
■ 기병대
Ⅲ 포병대

❶ 5시 30분, 이 무렵 피르히Pirch와 블뤼허의 지원을 받는 빌로브의 프로이센군은 플랑세누아에서 한창 격전을 치르는 중이었다. 프로이센군은 마을을 점령하지만, 그 뒤 나폴레옹의 마지막 예비대인 황제근위대에게 밀려난다.
❷ 6시경, 마침내 라에이상트를 점령한 네가 전방으로 야포를 추진해 근거리에서 연합군 전선의 중앙을 통과한다. 웰링턴의 전선은 동요를 일으킨다. 이를 본 네가 급히 나폴레옹에게 전갈을 보내 황제근위대를 공격에 투입하도록 요청하지만, 이미 그들은 플랑세누아의 격전에 휘말려든 상태였다. 폰 지텐von Ziethen의 군단이 웰링턴의 좌익으로 다가온다.
❸ 오후 7시, 플랑세누아에서 불려온 노장근위대가 라에이상트 서쪽 공략에 투입되어 메이틀랜드Maitland의 근위여단을 비롯한 연합군과 맞붙는다. 공격자들이 세 방향에서 포화를 뒤집어쓰고 격퇴된다. 바로 그 무렵, 동쪽에서 다가오는 군대가 프로이센군이라는 것을 안 프랑스군이 패주하기 시작하다. 웰링턴의 총진격 명령과 함께 승리가 확정되다.

다고 믿었다. 그는 예비대로 남겨뒀던 근위대의 7개 대대에게 출격 명령을 내렸다. 그들은 우구몽과 오아엥 교차로 사이의 비탈을 올라 그 동안 전투로 꽤나 약화된 것처럼 보이는 연합군의 전선을 강타해 이를 와해시킬 생각이었다. 프랑스군은 왼쪽으로 살짝 벗어나 조지 쿡George Cooke 경과 콜린 할켓Colin Halkett 경이 이끄는 2개 여단을 향해 진격했다. 다가오는 보

■■■■■■ 전투 전날 밤에 계획을 짜고 있는 나폴레옹. 행군은 물론 전투 중에도 대규모 병력을 관리하고 이동시키는 데 타고난 재주를 발휘한 나폴레옹은 보통 휘하 군단장들에게 명령을 내리기에 앞서 혼자서 계획을 짰다. 하지만 그가 아주 정교한 대비책을 마련한다 해도 질이 떨어지는 병사들을 거느리고 전술 및 전략상의 재능이 부족한 부하들의 보좌를 받으며 수적으로 우월한 적을 상대할 때는 얼마든지 어긋날 수 있었다. (Phillip Haythornthwaite)

병들을 향해 불을 뿜은 영국군의 포대도 그들을 멈춰 세우지는 못했다. 황제근위대가 능선 꼭대기에 이르자, 엎드린 채 숨어 있다 난데없이 나타난 근위척탄병들이 무시무시한 일제사격을 가하며 이들을 짧은 거리나마 뒤로 물러서게 만들었다. 이어서 영국 근위병들의 돌격이 펼쳐졌고, 황제근위대는 전열을 추슬러 되돌아갈 때까지 또다시 비탈에서 물러나야만 했다. 똑같은 과정이 되풀이되었지만, 이번에는 새로운 위협에 직면한 나폴레옹의 고참병들이 재편성에 실패했다. 헨리 클린턴 경의 사단 소속 애덤Adam 중장은 자신의 여단을 이끌고 영국군 제1사단의 우익에서 출격하여 자신의 여단에 속한 제52경보병연대52nd Foot를 황제근위대의 왼쪽 측면에 배치한 뒤 동요하는 적의 군대에 사격을 퍼부었다. 정면과 측면에 치

명적인 사격을 당한 황제근위대가 후퇴를 시작하자, 총체적인 공황 상태
에 빠진 프랑스군 전체는 패주할 수밖에 없게 되었다. 웰링턴은 전 전선
에 걸쳐 총진격 명령을 내렸고, 전투에서 승리했다.

나폴레옹 전쟁과 세계
예술로 본 나폴레옹 시대

나폴레옹 제국의 예술

나폴레옹 제국은 프랑스 혁명을 전후로 등장한 갖가지 예술 사조를 흡수하고 활용했다. 당연히 이 시대의 예술에는 신고전주의와 초기 낭만주의의 매혹적이고도 흥미로운 결합에 매료된 제국의 취향이 반영되었다.

회화와 음악

회화 분야에서는 자크-루이 다비드^{Jacques-Louis David}*와 앙투안-장 그로

---

* **자크-루이 다비드** 1748년~1825년. 프랑스의 화가. 19세기 초 프랑스 화단에 군림했던 고전주의 미술의 대표자다. 나폴레옹에게 중용되어, 예술적·정치적으로 미술계 최대의 권력자로 화단에 많은 영향을 끼쳤다. 고대 조각의 조화와 질서를 존중하고 장대한 구도 속에서 세련된 선으로 고대 조각과 같은 형태미를 만들어냈다.

Antoine-Jean Gros* 같은 화가들이 제국의 장대한 영광을 작품 속에 투영했을 뿐만 아니라, 정점에 이른 제국의 정서까지도 표현해냈다. 음악 분야에서는 프란츠 요제프 하이든Franz Joseph Haydn의 엄격한 고전 양식에서 감상적인 선율의 낭만주의로 옮아가는 변화가 있었다. 루트비히 판 베토벤Ludwig van Beethoven은 이 같은 변화를 대표하는 인물이었다. 그는 다른 어떤 작곡가보다 음악계의 변화를 충실히 보여준 삶을 살았다. 평생 열렬한 공화주의자였던 그는 나폴레옹을 흠모해 교향곡 3번(〈영웅Eroica〉)을 작곡하기도 했지만, 나폴레옹의 황제 즉위 소식이 들려오자 '위대한 이를 기리며'로 헌사를 바꿔버렸다.

나폴레옹의 궁정에는 수많은 작곡가들이 머물렀지만, 가장 조예 깊은 음악 연구가들 제외하고 오늘날까지도 메월Mehul, 르쉬외르LeSueur, 셰뤼비니Cherubini, 고섹Gossec 같은 이들을 기억하는 이는 거의 없을 것이다. 나폴레옹은 이탈리아풍의 오페라를 좋아했기 때문에, 파리에서 오페라가 유행하기도 했다. 이 같은 오페라의 시대는 음악적으로 모차르트Mozart와 베르디Verdi 사이에 등장한 별 특징 없는 공백기나 다름없었다. 그러나 나폴레옹의 작곡가들이 몇몇 뛰어난 군악을 선보였다는 것은 그리 놀랄 만한 일이 아니었다. 나폴레옹의 군악대는 피리와 북이 고작인 옛 방식에서 벗어나 현대적인 오케스트라나 다름없었다. 전투가 펼쳐질 때마다 관악기와 어우러져 전장에 울려 퍼진 북 100개의 소리는 병사들의 사기 진작에 더없이 중요한 역할을 했다.

---

* **앙투안−장 그로** 1771년~1835년. 프랑스의 화가. 나폴레옹 시대 뛰어난 전쟁화를 많이 그렸다. 고전파의 마지막 거장으로서, 전통적 기법을 존중하면서도 현실적이며 색채의 명암이 뚜렷한 회화적 효과를 추구하여 낭만파의 선구자가 되었다.

조각과 건축

그 밖의 예술 분야 역시 부흥기를 맞이했다. 나폴레옹은 루브르 궁을 개방해 부르봉 왕가의 소장품부터 자신의 제1차 이탈리아 원정 당시 노획한 전리품에 이르는 예술품들을 대중이 볼 수 있게 했다. 거기에는 이탈리아 왕자와 교황들의 궁전을 장식하고 있던 옛 조각상들부터 안토니오 카노바Antonio Canova* 같은 당대의 명장들이 낳은 걸작들이 포함되어 있었다. 새로운 공공 박물관은 도미니크-비방 드농Dominique-Vivant Denon이라는 현대 박물관 체계의 선도자에 의해 그 모습을 갖추게 되었다. 드농은 당시 빈에서 태동하고 있던 체계를 발전시켜 예술 양식과 시기에 따라 전시물들을 정리했다. 드농이 나타나기 전만 해도 그림과 조각품들은 두서없이 전시되고 있었다.

통령과 황제 시절의 나폴레옹은 프랑스에서 전례가 없던 건축 사업들을 벌였다. 파리에서는 개선문을 필두로 지금의 증권거래소 건물과 리볼리Rivoli 가의 아케이드, 루브르 궁의 북쪽 익벽翼壁, 방돔Vendôme 광장의 전승 기념탑 등이 새로 들어섰고, 마들렌Madeleine 성당이 개축되었다. 우리가 보는 오늘날의 파리는 상당부분이 나폴레옹의 머릿속에서 만들어진 것이라 할 수 있다. 이들 화려한 건축물들은 대부분 파리에 집중되었지만, 나폴레옹의 건축 활동은 프랑스의 다른 지역에서도 활발하게 이뤄졌다.

프랑스 사회

프랑스 사회는 나폴레옹 황제 즉위 이후 변화기를 맞았다. 혁명 이전만

---

* 안토니오 카노바 1757년~1822년. 이탈리아의 조각가. 신고전주의의 대표자로 고대 조각을 열심히 연구하고 모방했다. 나폴레옹 등 여러 명사나 귀족의 묘비와 초상을 고대 양식으로 제작했다. 주요 작품으로 〈테세우스와 미노타우로스〉, 〈아모르와 프시케〉, 〈페르세우스〉 등이 있다.

해도 대부분 개인 살롱을 중심으로 형성되던 상류사회는 황제의 즉위 초부터 황후 조제핀이나 나폴레옹의 여동생들이 머무는 궁전으로 그 무대를 옮겼다. 나폴레옹은 이를 통해 파리의 정치와 유행에 더 큰 영향력을 발휘할 수 있었다.

패션은 나폴레옹의 취향에 맞지 않았던 통령 정부 시기의 자유분방함을 거쳐 더 보수적으로 변했다. 여자들은 고대 그리스를 동경해 길고 허리선이 높은 '제국 양식'의 옷을 입었다. 남자들은 외투와 조끼, 바지 따위를 다양하게 조합해서 입었다. 현대 남성복 양식은 실질적으로 이 시기에서 출발한 것이라고 볼 수 있다.

역사상 최초로 외식이 유행한 것 역시 이 무렵이었다. 레스토랑들은 문전성시를 이루기 시작했다. 프랑스가 낳은 최초의 요리 명장 브리야 사바랭Brillat-Savarin과 카렘Careme도 이때 이름을 날렸다. 특히 카렘은 요리를 외교술의 경지까지 끌어올림으로써 프랑스의 위상을 드높이려 한 황제의 추천을 받아 탈레랑의 전속 요리사가 되기도 했다.

나폴레옹은 극장, 가구, 법률, 가톨릭 교회를 비롯한 모든 것에 자신의 자취를 남겼다. '나폴레옹 시대'는 군사적 신기원 못지않게 문화 양식과 상상력에까지 정복자의 힘이 미친 시기로 기억될 것이다.

빈

1809년에 빈은 변화의 한복판에 놓여 있었다. 레오폴트 시대의 엄격한 도덕주의는 느슨해진 도덕적 판단 기준과 호시절의 분위기에 밀려난 지 오래였다. 카페는 사람들로 넘쳐났고, 한 세대 전에 비하면 훨씬 더 너그럽게 생각의 자유가 보장되었다. 당시 빈을 휩쓸던 유행 가운데 하나로 왈

츠를 꼽을 수 있다. 세기가 바뀔 무렵 등장한 이 춤은 오스트리아인들의 전통춤 랜들러Ländler*에서 발전한 것이었다. 처음에는 상대를 껴안고 빠른 속도로 마루 위를 도는 동작 탓에 천박하게 여겨졌지만, 어느새 1809년 무렵에는 그토록 예법에 집착하던 이들조차 거리낌 없이 이 춤판에 녹아들었다.

그렇다 해도 빈이 위대한 여제 마리아 테레지아의 유산이라는 사실에는 변함이 없었다. 오스트리아 수도를 장식한 제국의 건축물 가운데 상당수는 그녀의 작품이었다. 실제로 빈의 중심가는 여전히 1529년과 1683년에 걸쳐 두 번이나 터키인들의 포위공격을 이겨낸 성벽으로 둘러싸여 있었지만, 그 속만큼은 합스부르크 왕가의 장엄함을 대변하는 내용물들로 가득 차 있었다. 빈에는 웅장한 성당과 궁전들이 널려 있었다. 그리고 매일 밤 사상 최고의 드림팀을 이룬 작곡가들의 음악으로 넘쳐나던 극장이나 오페라 상연관들 역시 빈 사람들의 소중한 자산이었다. 모차르트, 글룩Gluck, 하이든, 베토벤 등은 지금까지 어느 누구도 능가할 수 없는 유산을 남겼다.

프란츠 요제프 하이든은 1809년까지 오랜 세월 동안 가장 영향력 있는 작곡가로 군림했다. 그는 고전주의 양식을 확립한 인물로 잘 알려져 있다. 이 새로운 음악 양식은 이전의 바로크 양식에 비해 자유분방한 음악으로 인식되었다. 당시의 음악은 대개 성직자나 귀족 같은 부유한 후원자들을 위해 만들어졌다. 하이든의 경우에는 1761년부터 숨을 거둘 때까지 에스터하치Esterhazy 가문을 위해 봉사했다.

하이든은 고전음악 시대의 가교 역할을 했다. 그는 모차르트와 동시대를 살았고, 그 뒤 베토벤을 지도하기도 했다. 활동 기간 내내 인기를 누렸

---

* 랜들러 시골을 뜻하기도 하는 독일어 'Land'에서 유래한 농부들의 포크댄스.

던 그는 부유한 삶을 살다가 생을 마감했다. 그는 나폴레옹이 존경해마지 않았던 작곡가들 가운데 그리 흔치 않았던 비이탈리아 · 비프랑스 출신 음악가였다. 하지만 하이든은 현명하게도 나폴레옹의 구애에 화답하지 않았다. 이는 아마도 빈에서 음악 활동을 계속하기 위해서였을 것이다.

1809년에 프랑스군이 빈으로 진군해올 무렵, 하이든은 이미 죽음을 눈앞에 두고 있었다. 나폴레옹은 이 위대한 작곡가에 대한 존경의 표시로 그의 집 앞에 보초를 세웠다. 하이든은 1809년 5월 31일에 숨을 거뒀고, 쇼텐키르헤Schottenkirche에서 치러진 장례식에서는 모차르트의 진혼곡이 연주되었다. 그의 관은 의장대로 나선 프랑스 병사들에게 둘러싸였다. 추모 대열을 따라 운구된 유해는 프랑스 의장대의 손을 떠나 오스트리아 의장대에게 전달되었다. 그는 집에서 가까운 훈트슈투룸Hundstrum 교회 묘지에 안장되었다.

모차르트가 죽은 지 18년이나 지났는데도 빈에는 여전히 모차르트의 그림자가 드리워져 있었다. 그는 후견인을 위해 일하는 전형적인 그 시대 작곡가였지만, 이런저런 이유로 그들 모두와 멀어지게 되었다. 무엇보다도 귀족들에게 별로 호의적이지 않았던 그의 불손한 창작태도가 후견인들을 떠나게 만든 원인이었다. 그는 친구들의 도움을 받고서야 오페라 부파Opera Buffa* 같은 일거리를 구할 수 있었다. 희극 오페라의 창작에 나선 모차르트는 오늘날까지 사랑받는 〈피가로의 결혼The Marriage of Figaro〉이나 〈마술피리The Magic Flute〉 같은 작품들을 선보였다. 20년 뒤, 온 세상 사람들이 그의 작품을 보기 위해 몰려들었고, 모차르트는 생전에 누린 것보다 훨씬 더 큰 인기를 얻었다.

고전음악은 1809년에 절정기를 맞이했는데, 여기에는 작곡 과정에서

---

* **오페라 부파** 18세기의 이탈리아 희가극.

기악 편성을 도입한 것이 한몫했다. 피아노가 하프시코드harpsichord를 밀어내면서 피아노를 위한 곡을 쓰는 것이 작곡가들의 새로운 유행으로 떠올랐다. 소리의 레벨level에 다양한 변화를 주는 게 가능했던 피아노는 프랑스 혁명과 함께 퍼져나간 신사고 정신에 부합하는 역동적인 음악을 만들어낼 수 있었다.

베토벤은 이 같은 사고를 대변한 사람이었다. 확고한 공화주의 사상을 갖고 있던 그는 나폴레옹이 프랑스 황제가 되었다는 소식을 듣자마자 그에 대한 존경심을 던져버린 인물이었다. 그의 생동하는 음악은 모든 계층에게서 사랑받으며 낭만주의라고 하는 새로운 사조의 매개체로 진화하기에 이르렀고, 그의 작품 가운데 상당수는 그 선구 격이 되었다. 그 점에서 이 시기에 가장 인기 있었던 그의 작품이 1812년의 살라망카 전투를 기념하기 위한 〈웰링턴의 승리Wellington's Victory〉 같은 단조로운 작품이었다는 것은 흥미로운 사실이 아닐 수 없다.

이 무렵, 빈 시민들은 아마도 하나가 된 세계를 꿈꾸고 있었을 것이다. 그들은 정작 프랑스를 꺾으려 들다가 파산 지경에 놓였으면서도 나폴레옹만은 인정하는 모습이었다. 어쨌든 그가 당대 최고의 유명인사라는 사실은 분명했다. 나폴레옹의 부관 데지데리 흘라포프스키Dezydery Chlapowski는 나폴레옹이 빈의 관문 앞에 모습을 드러낸 순간 그에게 쏟아진 반응을 다음과 같이 묘사했다.

"이때 펼쳐진 광경은 직접 눈과 귀로 듣고 보지 못했더라면 믿어지지 않을 정도였다. 도시의 성벽 위에는 붐비는 정도는 아니었어도 상당수의 유한 계층 사람들이 자리를 잡고 있었다. 황제는 재방 위로 훤히 몸을 드러낸 채 말을 달렸고, 이들과 그 사이를 갈라놓은 것은 폭 10미터짜리 해자가 전부였다. 사람들은 그를 알아보더니 모자를 벗어들며 환호하기 시작했다. 나는 사람들의 이런 행동이 황제 같은 인물이 주위의 모든 이들에게 불러일으키는 경외감에서 비롯된 것이라고밖에 설명할 수가 없다."

프랑스 병사들에게 빈만큼 지내기 좋은 곳이 없었다는 사실은 결코 놀랄 일이 아니었다.

프란시스코 고야의 작품들

스페인이 프랑스에 점령될 무렵 62세였던 프란시스코 고야는 당시에 이미 스페인 최고의 화가로 이름을 날리고 있었다. 그러나 그의 최고 걸작들은 아직 세상에 나오지 않은 상태였으며, 이후 6년 동안 펼쳐진 사건들은 그의 영감의 원천이 되었다. 공교롭게도 이 시기는 세상에 알려지지 않은 조각이나 그림부터 성당, 수도원, 개인, 관공서, 공공장소에서 빼앗은 걸작에 이르기까지 수많은 스페인의 예술품들을 프랑스 관리와 장군들, 그리고 도적들이 대대적으로 약탈당하던 시기였다.

1808년 봄, 카를로스 4세와 그의 아들 페르난도 사이에서 위태로운 정국이 조성되던 때에도 고야는 산 페르난도^San Fernando 왕립예술학교에 걸릴 말 탄 왕자의 초상화 제작에 여념이 없었다. 초상화는 겨우 모델이 45분씩 세 차례 자세를 취한 뒤 완성되어, 그해 10월에 공개되었다. 고야는 스페인 왕가를 좋아하지 않았는데, 대부분의 미술 평론가들 역시 왕실 가족을 그린 그의 초기 초상화들이 그들을 희화화하고 허세에 찌들고 아둔한 인물들로 묘사하고 있으며, 그가 차가운 시선과 자세로 그들을 대했다는 데 동의하고 있다. 황태자의 초상화라고 해서 예외일 수는 없었다. 페르난도는 일찌감치 왕좌에서 밀려난 상태였으며, 그를 대신한 조제프 보나파르트와 그의 군대는 잠시 마드리드 밖으로 내몰리면서도 정권 장악에 성공했다.

고야는 1808년 5월 2일과 3일의 대사건이 터질 당시 수도에 살고 있었지만, 그가 실제로 봉기와 그 진압 과정을 목격했는지는 분명치 않다. 그러나 그는 두 폭의 특대 유화라는 예술가다운 유산으로 이 사건들을 기록했고, 격렬한 감정을 생생하게 담아낸 첫 번째 작품과 무자비한

■■■■■ 1815년 무렵의 프란시스코 호세 데 고야 이 루시엔테스Francisco Jose de Goya y Lucientes(1746년~1828년)의 모습. 스페인이 낳은 위대한 예술가 가운데 한 사람인 그는 광범위한 주제와 표현 양식을 섭렵했으며, 반도 전쟁 중에 상당수의 대표작들을 내놓았다. 고야의 작품들 가운데는 때로는 노골적으로, 때로는 은유적으로 종교재판과 국가의 부조리함을 풍자하고 비판하는 것들이 많다. 더없이 파란만장하면서도 공허했던 그의 삶은 칼싸움과 여색, 수많은 자식들, 갈수록 더해가던 광기로 점철되었다. (Prado Museum/AKG Berlin)

복수를 다룬 두 번째 작품은 세계적인 명화가 되었다. 〈5월 2일Dos de Mayo〉은 봉기한 마드리드 시민들이 프에르타 델 솔에서 맘루크과 황제근위대를 공격하는 스페인 근대사의 결정적인 장면을 후대에 전하고 있다. 터번 차림에 아랍풍의 언월도偃月刀로 무장한 맘루크들은 마드리드 시민들로 하여금 먼 옛날 일이라 해도 결코 잊을 수 없는 무어인들의 지배를 떠올리게 만들었다.

폭동 이후를 다룬 〈5월 3일Tres de Mayo〉은 봉기에 가담한 것으로 의심되는 이들과 혼란스런 검거 열풍 속에서 필연적으로 나올 수밖에 없는 무고한 체포자들 앞에 늘어선 얼굴 없는 프랑스인 처형자들을 보여준다. 고야는 탁월한 색 안배를 통해 팔을 머리 위로 든 심금을 울리는 몸짓으로 삶

■■■■■■ 〈5월 3일〉, 1808년 작품. 고야의 걸작 가운데 하나로 꼽히는 이 그림은 마드리드 외곽에서 전날의 봉기에 가담한 것으로 의심되는 이들을 처형하는 프랑스 총살 집행대를 묘사한 것이다. 이 그림은 처형자들과 피해자들을 한 장면에 담아내기 위해 높이 3.7미터, 폭 3.1미터의 커다란 화폭을 사용하고 있으면서도, 등장인물들을 부자연스럽게 너무 가까이 배치해 독특한 구도를 보여주고 있다. 보는 이를 압도하는 대단히 감동적인 작품이다. (Prado Museum/Edimedia)

에 대한 체념과 임박한 죽음에 대한 감정을 표현하는 하얀 상의의 희생자에게 초점을 맞췄다. 그를 둘러싼 다른 희생자들 가운데는 작품 〈5월 2일〉에도 등장해 말을 찌르던 인물처럼 이미 땅에 쓰러진 채 숨이 끊긴 이들도 있다. 그 뒤편으로는 두려움에 질린 나머지 얼굴을 손에 파묻은 사람과 완강함의 표시로 주먹을 불끈 쥐어 보이는 사람이 보이고, 그 앞에 서서 두 손을 모은 승려는 자비를 구걸한다기보다 마지막 기도를 올리는 듯하다. 작품 〈5월 2일〉에는 주황색, 붉은색, 분홍색, 갈색이 주로 사용된 데 반해, 작품 〈5월 3일〉에는 짙은 회색이나 갈색, 검정색 같은 무거운 어두운 색을 주로 많이 사용했다.

1808년 말, 고야는 팔라폭스 장군의 부름을 받고 프랑스군에 맞선 포위전을 보기 위해 자신의 고향 푸엔데토도스Fuentedetodos에서 가까운 사라고사로 향했다. 1814년에 자신의 초상화를 맡기기도 한 수비대장 팔라폭스 장군은 고야가 이 역사적인 포위전에 참여한 시민들의 영웅적인 활약상을 작품에 기록해주기 바랐다. 그러나 그의 여행은 곧바로 작품으로 이어지지 못했고, 수도로 돌아온 그는 전쟁 기간 내내 프랑스 점령당국과 애매한 관계를 유지했다. 점령군이 물러나자 나라의 녹을 받던 다른 무수한 스페인 사람들처럼 조제프에게 충성을 맹세했던 고야는 수석 궁정화가라는 전쟁 전의 지위를 되찾았다. 그는 심지어 왕위 찬탈자인 조제프 왕에게서 당대 사람들이 '가지'라고 조롱하던 스페인 훈장을 받기도 했다.

고야를 부역자附逆者로 단정 지을 수는 없지만, 그가 저항운동에 이끌리지 않은 것은 분명했다. 그가 점령기에 남긴 작품 〈마드리드의 우화The Allegory of the City of Madrid〉에서는 수도를 상징하는 여인이 명성을 상징하는 인물들이 떠받들고 있는, 조제프의 얼굴이 새겨진 메달을 가리키고 있다. 메달에 새겨진 조제프의 얼굴은 조제프 하야 이후에 '5월 2일Dos de Mayo'이라는 문자로 바뀌었다. 고야는 프랑스 장군들을 비롯해 자유주의 성직자로서 종교재판소의 일원이었지만 그 무렵에는 앞장서서 이를 비판하는 글을 쓰던 카논 후안 안토니오 요렌테Canon Juan Antonio Llorente * 같은 몇몇 친프랑스 인사들의 초상화를 그리기도 했다. 사회 개혁을 열망했던 요렌테는 프랑스의 지배를 기회 삼아 이를 실현하고자 한 인물이었다. 고야의 작품들 가운데는 그 밖에도 중세 종교재판의 해묵은 부당함을 통렬하게 비난하여 끝내 동판화로 빛을 보지 못한 일련의 펜화들이 있었다. 역시 밑그림만이 남겨진 또 다른 작품들은 프랑스군에 의해 종교적 터전에서 쫓겨난 수많은 수녀와 수사들이 그때까지 엄격한 맹세로 금지되었던 속세의 쾌락에 물든 모습을 담고 있기도 하다. 그가 1810년에 그린 뛰어난 프랑스 장군 니콜라 기으Nicholas Guye의 초상화는 의뢰인을 크게 감동시켜

---

* 카논 후안 안토니오 요렌테 밀로스 포먼Milos Forman 감독의 영화 〈고야의 유령Goya's Ghosts〉에 나오는 로렌조 신부는 바로 이 요렌테를 토대로 만든 가상의 인물이다.

어린 조카의 초상화를 추가로 의뢰하도록 만들었다.

　고야는 점령자뿐만이 아니라 해방자의 초상화도 그렸다. 1812년에 프랑스군이 스페인의 수도를 포기하자, 마드리드 시민들로부터 열렬히 환영을 받은 웰링턴은 말 탄 초상화에 이어 두 점의 초상화를 더 주문했다. 주문한 작품들은 모두 그의 영웅다운 모습을 망가뜨리지 않으면서 다소 지친 듯한 모습을 담았다. 말 탄 초상화 속의 웰링턴은 스페인 기병의 푸른색 외투 속에 이와 강렬한 대비를 이루는 영국 육군의 선홍색 군복을 껴입고 있다. 그리고 머리가 좀 작게 묘사된 그는 영웅을 담아낸 다비드의 작품 〈알프스를 넘는 나폴레옹〉(1800년)과 달리 삭막한 배경 속에서 홀로 말을 달리고 있다. 웰링턴의 반신 초상화는 분명 실물을 정확히 반영하고 있지만, 훗날 토머스 로렌스 경이 그린 그의 전신 초상화처럼 노골적으로 위풍당당함을 느끼게 하려는 의도는 없는 듯 보인다. 분명히 영국과 포르투갈, 그리고 스페인 정부가 하사한 각종 훈장과 메달로 뒤덮인 군복을 갖춰 입었는데도 그의 포즈나 표정에서는 다른 신고전주의 시대 군인들의 초상화들이 한결같이 강조하던 열정이 느껴지지 않는다.

　고야는 유명인사들의 초상화만 그린 것이 아니었다. 그는 전쟁 기간 동안 가족이나 다양한 개인의 초상화를 그렸다. 실제로 전쟁 중 그가 남긴 작품들의 주제는 상당히 다양한 편이었다. 작품 가운데 상당수는 빼어난 간결함과 부드러움, 심지어 아름다움까지도 발산했다. 그는 아들의 장모와 장인을 비롯해 자신의 손자와 저명한 마드리드 가문 사람들, 안토니아 사라테Antonia Zarate라는 유명 여배우, 매력적인 여인 프란시스카 사바사 가르시아Francisca Sabasa Garcia의 초상화를 그렸다. 그는 초상화뿐만 아니라 〈물지게꾼The Water Carrier〉이나 〈칼 가는 사람The Knife Sharpener〉, 대장장이들의 일터를 다룬 〈대장간The Forge〉 등 평범한 일상과 노동을 다룬 작품들도 다수 남겼다. 고야는 도발적이고 매혹적인 젊은 여인 마하Maja처럼 전쟁 전부터 작업해온 대상에 대한 작품을 계속해나갔다. 이와 대조적으로 〈노년기The Old Age〉와 〈셀레스티나와 그 딸Celestina and her Daughter〉 같은 작품들은 세월 앞에서 돌이킬 수 없이 시들어가는 인간의 미모를 표현하고 있다.

물론 이 시기에 고야가 남긴 가장 유명한 작품들이 전쟁과 관련된 것임은 두말할 필요가 없다. 범접할 수 없는 불가사의한 작품 〈거인Colossus〉 (1811년 작품으로 추정. 프라도 박물관Prado Museum)이 바로 여기에 해당한다. 전쟁을 의인화한 듯한 이 벌거벗은 거인은 겁에 질린 수많은 난민들과 가축 떼가 사방으로 흩어지는 완벽한 아수라장을 굽어보며 성큼성큼 사라져간다. 전쟁 중에 나온 그의 가장 괄목할 만한 작품은 전쟁 자체를 매우 색다른 관점에서 그려냈으며, 자크-루이 다비드와 앙투안-장 그로처럼 전장을 영광이 가득한 곳으로 꾸미는 작풍과 정면으로 충돌했다. 고야가 보여주려던 것은 분명 영웅이나 승리가 아니었던 것이다. 〈전쟁의 참화Desastres de la Guerra〉라는 제목의 판화 82장은 전쟁 중 붉은 색연필로 그린 원화들을 바탕으로 한 작품으로, 1863년까지 빛을 보지 못했다. 이 작품들은 적나라하고 잊혀지지 않는 전쟁의 기록과 그에 관한 그의 솔직한 시선

■■■■■■ 프랑스군의 약탈. 고야의 연작 〈전쟁의 참화〉에 실린 이 판화는 스페인 여인을 욕보이려 드는 프랑스 병사들을 묘사하고 있다. 그림자 속에는 얼굴 없는 이들이 웅크리고 있고, 갓난아이는 바닥에 방치된 채 울고 있다. 강간은 이 끔찍한 전쟁에서 너무도 흔한 사건이었다. [Museum of Fine Arts, Boston/Roger-Viollet]

을 담고 있다. 오늘날 전쟁을 형상화하는 기법들은 바로 고야의 이 작품들에서 출발했다고 해도 과언은 아니며, 예술가들이 전쟁을 목격했을 때 그것을 예술 작품으로 표현하는 전통 역시 마찬가지라고 할 수 있다. 너무 강렬해서 마음에서 좀처럼 떠나지 않는 이

판화들은 전쟁이란 극단적 상황이 인간의 야만적 본능을 일깨웠을 때, 인간 본성이 과연 어디까지 타락할 수 있는가를 파헤치고 있다. 또한 이 작품은 단순히 반도 전쟁의 참상을 고발하는 데서 나아가 스페인 관료들과 성직자들이 저지른 수많은 불의와 억압, 위선까지도 담아내고 있다.

그렇지만 가장 주된 주제로 부각되는 것은 역시

■■■■■ 학살. 고야의 연작 〈전쟁의 참화〉에 담긴 수많은 목격자 시점의 스케치화 가운데 하나. 선대나 동시대의 무수한 작가들과 달리 전쟁의 미화에 뜻이 없었던 고야는 프랑스와 스페인이 벌인 전쟁의 끔찍하고 야만적인 측면을 그림 속에 담아냈다. 이 그림에서 그는 나뭇가지에 매달린 절단된 시신들을 보여주고 있는데, 이 같은 광경은 다른 많은 목격자들의 기록에도 자주 등장한다. (Museum of Fine Arts, Boston/Roger-Viollet)

전쟁의 부조리함이다. 몇몇 판화는 미묘하거나 지극히 뻔한 우화의 틀을 빌림으로써 보는 이들에게 전쟁의 처절함이나 그것이 사회와 종교, 인간 행동에 미치는 끔찍한 영향을 환기시키기도 한다. 그 속에서 상징적으로 등장하는 늑대, 돼지, 독수리, 당나귀 등의 동물들은 각각 사악함이나 아둔함 또는 무식함을 빗댄 것들이다. 대부분의 그림들은 전쟁이 초래한 최악의 재앙인 강간, 학살, 약탈, 고문, 내몰림, 기근 등을 묘사하고 있으며, 그것이 얼마나 끔찍한지를 직설적으로 보여준다. 〈전쟁의 참화〉 속 등장인물들은 학대 행위의 가해자와 피해자를 불문하고 대개 인간이 아닌 존재로 묘사된 경우가 많은 데 반해, 그 속의 주변 인물들은 분명히 인간으로 묘사된다. 이 시기 고야의 작품들 속에서는 전쟁과 그에 따른 참혹함이 낳은 지옥 같은 세상이 펼쳐진다. 고야는 무엇 때문에 사람이 사람에게 그토록 비인간적으로 구는 장면들만 그리느냐는 하인의 질문에

"야만인은 되지 말자는 얘기를 사람들에게 영원히 남기고 싶어서"라고 대답했다.

〈전쟁의 참화〉는 고야가 죽은 뒤 35년이 지나도록 출판되지 않았다. 이 작품들은 분명히 선전용은 아니었지만, 이것들을 출판할 경우 프랑스 점령 당국에게 체포될 게 뻔했기 때문이었다. 그런가 하면 고야는 페르난도의 복위 때조차도 이 작품들을 공개할 때라고 보지 않았다. 왜냐하면 나폴레옹과 짜고 제 아비를 몰아낸 뒤 보나파르트 가문 출신 조제프 보나파르트에게 왕위를 넘김으로써 스페인을 프랑스에게 점령당하게 만든 책임이 큰 페르난도 역시 자신의 작품을 불쾌히 여길 게 분명하다고 보았기 때문이다. 페르난도는 자신이 망명지에서 돌아오기만을 염원한 스페인 독립 전쟁의 희생자들을 저버린 채 전쟁과는 완전히 담을 쌓았던 인물이었다.

〈전쟁의 참화〉의 주제는 크게 세 가지로 나눌 수 있는데, 첫 번째 주제는 프랑스 침공에 대한 스페인 농촌의 반응을 보여주고 있다. 산을 이룬 시체들, 잡히는 건 뭐든 무기삼아 침략자에 맞선 농부들, 처형, 살인, 이 모든 것들이 작품에 담겨 있다. 두 번째 주제는 1811년~1812년에 마드리드를 덮친 끔찍한 기근으로 굶주림과 남루함에 찌든 도시의 삶을 다루고 있다. 보다 정치적인 어조를 띠는 마지막 주제는 전쟁의 종결, 그리고 왕권이 회복되어 1833년까지 집권하게 되는 페르난도 7세가 어떻게 나라를 새로운 격랑 속으로 떠밀었는지를 다루고 있다.

화집의 첫 번째 판화에는 한 남자가 무릎을 꿇고 손을 앞으로 뻗은 채 하늘을 바라보며 자신에게 닥친 불행의 이유를 애절하게 묻는 듯한 모습이 담겨 있다. 이 작품의 제목은 '다가오는 일들에 대한 암울한 예감'이다. 고야는 공포를 자아내는 광경 앞에서 움츠러드는 인물이 아니었다. 오히려 그는 사지가 없는 시신들이나 굶어 죽어가는 민간인들, 프랑스군의 무자비한 만행을 가리지 않고 이를 무덤덤하게 작품에 담았다. 그것은 결국 그가 작품 속에 묘사한 잔혹 행위를 본 목격자로서 사람이 사람에게 저지른 비인간적인 행위들을 고발한 것이다.

이 같은 잔혹 행위는 스페인인과 프랑스인, 영국인을 비롯한 다른 이들의 기록에서도 등장하고 있다. 영국 육군 제95연대의 시몬스는 1811년 어느 날, 황폐해진 포르투갈 마을을 발견했다.

······ 집들은 갈라지거나 망가졌고, 몇 안 남은 비참한 주민들은 움직이는 해골이 되어 있었다. 거리에는 집 안의 온갖 가재도구들이 반쯤 타거나 부서져 널려 있었고, 쓰레기와 잔해, 그리고 부패 과정에서 악취를 뿜어대는 사람, 노새, 당나귀의 시체가 여기저기서 발에 채이며 통행을 막았다. ······ 내가 들어간 집 안에는 잔혹하게 강간당한 어린 아가씨 둘이 몸도 가누지 못한 채 짚더미 위에 누워 있었다. 행군 중 다른 장교들에게 이 이야기를 한 나는 그들 모두가 프랑스군의 야만적인 잔혹 행위를 적잖이 목격했고, 그에 얽힌 슬픈 사연들을 알고 있음을 알게 되었다. ······ 마을에서 살아남은 불쌍한 주민들은 무덤에서 끄집어내 되살려내기라도 한 듯한 몰골을 하고 있었다.

판화 가운데 일부는 떼 지어 몰려 있는 비쩍 마르고 맥 빠진 난민들이 구걸하는 모습을 보여준다. 또 다른 판화에는 나뭇가지에 걸린 절단된 시신들이 등장한다. 이 같은 장면들은 다른 사람들의 증언이 뒷받침하고 있으며, 웰링턴 역시 다음과 같은 기록을 통해 자신이 목격한 장면을 증언하고 있다.

나는 길 옆의 나무에 매달린 수많은 이들을 보았다. ······ 그들은 프랑스의 침략에 고분고분하지 않았다는 것 외에는 납득이 가지 않는 죄목으로 처형당한 사람들이었다. …… 프랑스군의 퇴로는 그들이 불태운 마을에서 솟는 연기를 따라 이어지고 있었다.

고야의 작품 〈전쟁의 참화〉는 그런 장면들을 보고 영감을 받아 탄생했다. '그들은 원하지 않았다'라는 제목의 스물아홉 번째 판화에는 겁탈자의 얼굴을 할퀴려 드는 스페인 여인의 허리를 감싸 안은 프랑스 병사와 그 뒤에서 어머니처럼 보이는 나이 든 여인이 단검을 치켜들어 그의 등을 찌르려는 모습이 묘사되어 있다. 다른 판화에는 기괴하게 널브러져 있는 벌거벗겨진 민간인들의 시신과 두려움에 질려 얼굴을 감싼 목격자들이 등장한다. 또 다른 판화들은 수도원에서 내몰린 수도사들이나 여위고 맥이 빠진 농부들 틈에 앉아 있는 늑대 한 마리를 그려 불길함으로 묘사하고 있다. 깃펜으로 양피지 위에 휘갈긴 이 작품들은 전쟁의 고통과 참혹함을 고발하고 있다. '인간성의 파탄'이란 제목에는 '이것도 다 당신 탓'이라는 문구가 이어진다.

〈전쟁의 참화〉에 포함되어 있는 판화들은 전쟁으로 무너져내린 스페인의 영적 숭고함과 민중을 침략자들에 대한 보복 행위로 내몬 잔혹함, 끝없는 파괴와 유혈, 전쟁의 희생자가 된 평범한 비전투원들의 고통스런 삶이 고야의 반전 의식을 고취시켰음을 여실히 보여준다. 하지만 고야가 학살과 약탈만을 작품의 소재로 고집한 것은 아니었다. 그의 판화 가운데는 코르테스Cortes*가 전쟁 중 추진한 자유주의적 정치 개혁이 무위로 돌아갔음을 성토하는 것들도 적지 않다. 그는 '진실은 죽었다'라는 제목의

---

* 코르테스 1808년부터 1814년까지 프랑스의 지배력이 미치지 않는 카디스에서 활동한 전시 정부. 자유주의자들의 주도 아래 1812년 헌법을 제정하는 등 스페인 자유주의의 출발점으로도 평가받는다. 코르테스는 엄밀히 따져 중세부터 지금까지 이어지는 스페인 '의회'를 뜻하는 용어이므로 반도 전쟁 당시의 코르테스를 지칭할 때는 '카디스 코르테스'로 표기하는 게 정확하다.

판화에서 스페인의 부활한 압정을 상징하는 인물들이 진실의 상징인 젊은 여인의 시신을 짓밟고 있는 모습을 묘사했다. 여인의 시신은 빛을 내뿜는 반면, 그녀의 장례식을 이끄는 사제는 음울하고 불길하게만 보인다. 여인의 시신 앞에는 정의를 상징하는 인물이 깊은 슬픔에 잠겨 두 손으로 얼굴을 감싼 채 무릎을 꿇고 있다. 이 같은 정치적 주제 의식은 해방과 더불어 미완성으로 끝나버린 희망에 대한 쓰라림의 표현이라 할 수 있다. 평범한 스페인 사람들은 페르난도를 열광적으로 지지하며 구세주로 떠받들었지만, 그 같은 열의도 돌아온 왕가가 복수에 나서고 구체제가 강요되면서부터는 곧 자취를 감추고 말았다. 페르난도는 스페인으로 돌아오자마자 1812년 헌법을 폐지하며, 코르테스의 지도자들을 처형했다. 그 같은 탄압은 스페인 민중들이 겪은 6년간의 비참함에 대한 대가치고는 부당하기 짝이 없는 것이었고, 고야는 거리낌 없이 이 사실을 작품에 담아 남겼다.

결론 및 이후의 파장
영광의 끝

마침내 나폴레옹은 굴복했고, 연합국들은 이제 그의 부활을 용납하지 않으리라는 결의를 다졌다. 이제 항구적인 평화를 위해 협상하고, 역사상 가장 중요한 혁명과 그 속에서 탄생한 군사 및 정치의 귀재 나폴레옹 보나파르트가 일으킨 사건들에 대해서 곰곰이 생각해야 할 기회가 온 것이었다.

러시아와 프로이센

1807년 7월에 프랑스, 러시아, 그리고 프로이센이 맺은 틸지트 조약은 끝내 지속되지 못했다. 대체 무엇이 문제였을까? 이유는 결국 화평을 유지하기 위한 위험 부담이 너무 컸다는데 있었다. 이 전쟁은 처음부터 어느 한쪽이 쓰러져야만 하는 사상적 특성을 띠고 있었던 것이다. 유럽의 구지배 왕조들로서는 나폴레옹이 대변하는 프랑스 혁명의 원칙과 나폴레옹의 지배 아래 놓인 유럽을 받아들일 수가 없었다. 정상의 자리를 놓고 각축을 벌인 성공적인 제국주의 열강으로는 적어도 프랑스, 영국, 러시아, 이세 나라를 꼽을 수 있었다. 이는 이 열강들이 호시탐탐 주도권 쟁취의 기회를 노리는 상황으로 이어졌다. 이들보다 약한 제국주의 열강인 프로이센과 오스트리아는 국운의 부활과 더불어 1805년과 1806년에 걸쳐 '근본도 없는 황제'에게 당했던 굴욕을 되갚아줄 기회를 갈망했다. 그들은 나폴레옹의 적들의 입장에서 봤을 때 언제고 제 편으로 끌어들일 수 있는 잠재적인 연합국이었다.

나폴레옹은 대륙체제를 도입함으로써 그들의 반감을 더욱 격화시켰다. 대륙체제는 영국을 파산 직전까지 몰아붙이기도 했지만, 나폴레옹의 지배 아래 있던 무역 중심 경제권마저 덩달아 곤궁해지게 만들고 말았다. 이 때문에 밀수가 만연하고 반기를 드는 세력들이 속출했다. 예를 들어, 러시아 무역업자들은 틸지트 조약이 체결되기 무섭게 유력한 귀족들과 결탁해 이를 무력화시키기 시작했다. 바다에서는 영국이 자신들의 본토 방어에 유용할 뿐만 아니라 대륙 내의 어떤 열강과도 연결할 수 있으며 연합국들이 발판만 마련해주면 나폴레옹 제국의 어느 해안이라도 타격할 수 있는 제해권을 누리고 있었다.

방대한 제국을 통치하게 된 나폴레옹은 보다 많은 병력을 프랑스 밖에서 끌어 모아야만 했다. 새로 소집된 군대 가운데 일부는 일찍이 프랑스 육군의 원동력이었던 나폴레옹에 대한 충성심이라는 게 없었다. 설상가상으로 쓰러진 전우들의 빈자리를 채우고자 머스켓을 든 프랑스 출신 신병들도 대부분이 징집된 자들이었다. 프랑스군은 더 이상 지원병들의 군대가 아니었고, 그로 인해 탈영이 급증했다. 마지막으로 전쟁 후기의 나폴레옹 군대는 한 번도 고도로 복잡한 기동을 소화할 만큼 높은 숙련도에 이르지 못했다.

그러나 궁극적으로는 연합국들이 프랑스군에 버금가는 지상전 수행 능력을 키웠다는 사실이 더 중요했다. 파킨Parquin 대위는 널리 알려진 자신의 자서전에서 프랑스군이 승리를 거둔 뒤 어느 러시아 장군과 나눈 다음과 같은 대화를 소개했다.

"오늘은 러시아가 프랑스의 제자이지만, 언젠가는 반드시 그 스승과 어깨를 겨룰 날이 있을 겁니다."

구제국의 반격

알렉산드르 1세에게 따끔한 맛을 보여주고 영국에게는 러시아 항구들을 폐쇄하려던 1813년의 원정은 재앙으로 막을 내리고 말았다. 1810년과 1811년에 재정 압박에 시달리던 영국은 숨통이 트였다. 영국은 미국과의 전쟁만 아니었더라도 유럽 대륙에 엄청난 지원금을 쏟아 부을 수 있었다.

60만 병력을 거느리고 시작한 나폴레옹의 원정이 끝날 무렵에는 그 가운데 40만 명이 목숨을 잃거나 돌아오지 못했다. 엄청나게 많은 말을 잃은 프랑스군이 앞으로 펼쳐질 싸움에서 전과를 확대하거나 보급품과 야포, 부상병 등을 이동시킬 수 없는 절름발이가 되었다는 사실은 이 비극을 더욱 난감한 상황으로 만들었다.

러시아군은 25만 명에 이르는 병력을 잃은 데다가 탈진 정도도 프랑스군 못지않았지만, 알렉산드르 1세는 신의 전령을 자처하며 나폴레옹을 그리스도의 적으로 보고 날이 갈수록 심해지는 구세주의의 망상에 빠져 쿠투조프의 바람에도 아랑곳하지 않고 전쟁 속행을 결심했다. 또 하나의

■■■■■■ 1813년 5월 2일, 뤼첸의 전장에 널린 부상당한 보병들. 땅에 쓰러져 있던 프랑스 병사들이 말을 타고 지나가는 황제에게 환호를 보내고 있다. 그들의 주위에는 나폴레옹 시대의 전쟁이 얼마나 무시무시했는지를 보여주는 생생한 증거들이 널려 있다. 전사자들이 드럼이나 머스켓, 각종 장비, 부서진 수레 같은 전쟁의 온갖 잡동사니들과 뒤섞여 나뒹굴고 있다. 태평스레 적진 한복판에 앉아 있는 러시아 척탄병(그림 오른쪽)이 호주머니용 물통에 담긴 럼이나 보드카일 게 분명한 내용물을 음미하고 있는 장면이 이채롭다. (Philip Haythornthwaite)

결정적인 사건은 단독으로 러시아인들과 휴전조약을 맺은 프로이센 장군 요르크가 자신의 전 병력과 함께 편을 바꾼 것이었다. 이 사건으로 인해 프로이센은 생각지도 못한 이른 시점에 나폴레옹에 대항해 전쟁에 뛰어들게 되었다. 이와 동시에 나폴레옹의 동맹에서 탈퇴한 오스트리아는 한 발짝 물러선 채 사태를 관망했다.

나폴레옹은 군대의 재건을 위해 서둘러 프랑스로 돌아갔다. 그는 놀라운 성과를 일궈냈지만, 그의 독일계 동맹국들은 갈수록 전쟁에 신물을 내며 프랑스의 그늘 아래 남아서 얻는 이득이 무엇인지를 고민했다. 베르나도트가 통치한 스웨덴은 대프랑스 동맹에 가담하려 하고 있었다. 사정은 스페인에서도 별로 나을 게 없었다. 전황은 완전히 프랑스군에게 불리한 쪽으로 기울었고, 나폴레옹은 증원은커녕 그곳에서 병력을 빼와야 할 처지에 놓이고 말았다.

이제 유럽은 벌거벗은 프랑스를 눈앞에 두고 있었다. 각국의 군주들은 러시아 원정을 계기로 나폴레옹에게 맞선 싸움의 승산을 다시 생각하게 되었다. 후퇴하는 대육군의 머리 위를 맴돌며 시체를 쫄 기회만을 엿보는 까마귀 떼와도 같았던 유럽의 군주들은 1812년 프랑스군의 패배를 프랑스 혁명의 의의를 사장시키고 잘만 하면 영토까지 덤으로 늘릴 수 있는 절호의 기회라고 생각했다. 그들은 러시아 원정 때도 나폴레옹이 직접 지휘해 패배한 전투는 없었다는 사실을 잊지 않았다. 그렇지만 제아무리 나폴레옹이라도 언제나 모든 곳에 모습을 드러낼 수 없는 노릇이었고, 프랑스군을 타격하는 것은 굳이 주전선이 아닌 다른 두세 곳의 전선에서도 얼마든지 가능했다. 당시 이 전쟁의 신에게는 자신이 살필 수 없는 전선을 맡길 만한 유능한 원수들이 부족했다. 그의 적들은 이 사실을 꿰뚫고 있었고, 철저히 그 기회를 이용할 생각이었다.

이베리아 반도 전쟁

프랑스 제국의 몰락에는 이베리아 반도도 큰 몫을 했다. 이베리아 반도는 이 분쟁의 뒷무대에 그치지 않고 진정한 제2전선의 역할을 함으로써 투입한 지원금은 상당했지만 놀랍도록 작은 규모의 군대만을 파견한 영국과 함께 7년 동안이나 지속적으로 프랑스의 인적·물적 자원을 소진시켰다. 이에 반해 전쟁 기간 동안 약 60만 명에 이르는 병력을 이베리아 반도에 투입한 프랑스는 다른 곳의 적들을 상대로 유용하게 쓰였을 상당량의 자원을 이곳으로 돌려야만 했다. 프랑스군은 옛말 그대로 "스페인에서 작은 군대는 패하고, 큰 군대는 굶어 죽는다"라는 진리를 새삼 일깨워주는 역설적인 상황에 직면하게 되었다.

　나폴레옹의 대륙체제는 그것이 단지 그에게 빌붙거나 종속된 나라들의 이반을 초래해 지중해 지역을 중심으로 영국에 대한 심리적 지지 현상을 일으켰다는 점 외에도, 보다 실질적인 측면에서 영국과 영국 식민지 상품들이 밀반입되는 시장들을 늘려놓았다는 점에서 나폴레옹에게는 재앙이나 다름없었다. 영국 경제의 사활은 무역에 달려 있었는데, 1808년에 이르자 프랑스가 도입한 영국 상품 수입금지령 탓에 재고가 쌓이면서 영국의 상업도 고전을 면치 못하게 되었다. 프랑스 식민지의 접수 정도로는 영국 경제의 위기를 충분히 해소할 수 없었다. 의류와 금속제품의 제조업자들에게는 고정적이고 안정된 해외 시장이 필요했던 것이다. 반도 전쟁은 영국에 스페인과 포르투갈 제국의 시장을 제공해 1805년에 800만 파운드이던 수출액이 1809년에는 거의 2,000만 파운드로 늘어나 산업계의 고충을 해결하는 데 큰 역할을 했다. 이 같은 무역상의 이익은 여기서 그치지 않고 장기적으로 지속되어 20세기까지 이어지게 된다.

반도 전쟁에서 발생한 사상자 수를 정확한 수치로 정량화하기는 쉽지가 않다. 전투에서 발생한 피해나 병자들의 명단은 남아 있지만, 정확한 것은 아니다. 게릴라들로 인한 소모전이 프랑스와 동맹국 군대의 손실을 정확하게 집계할 수 없는 복잡한 상황을 낳은 것이다. 프랑스군의 사상자는 하루 평균 100명, 모두 합쳐 24만 명으로 추산되며, 이에 더해 헤아릴 수 없는 비용과 부담이 프랑스의 재정을 압박했다. 또 다른 계산에 따르면, 프랑스군의 피해가 30만 명에 이른다고도 한다. 나폴레옹은 스페인 주둔군을 유지하기 위한 비용과 급료 외에도 형 조제프에게 엄청난 차관을 제공했는데, 그 액수는 조제프가 왕위에서 물러나는 1813년 6월까지 무려 6억2,000만 레알에 달했다. 그러나 조제프는 이 같은 지원에도 불구하고 전쟁이 끝날 때까지 또다시 프랑스로부터 그와 맞먹는 금액을 빌렸다. 어떤 이는 프랑스 제국이 스페인에 쏟은 비용이 전쟁에 쓴 무기 구입비나 기타 군자금을 제외하고도 총 40억 레알에 이른다고 평가한다. 이처럼 엄청난 양의 인적·물적 자원만 봐도 반도 전쟁이 나폴레옹의 유럽 지배를 끝내는 데 있어 얼마나 큰 기여를 했는지 가늠할 수 있다. 프랑스는 한 곳에서 연달아 큰 싸움을 치러낼 저력이 있었지만, 두 곳에서 싸운다는 것은 분명히 무리였고, 러시아 원정이란 재앙을 겪은 뒤로는 더 이상 연합국들이 가하는 압박을 이겨낼 수 없었다. 영국이 이베리아 반도에서 치른 인적 희생은 알려져 있지 않지만, 영국이 한 가지 분야에 기여한 내용은 상세하게 기록되어 있다. 그것은 현금으로 지급된 지원금이나 엄청난 양의 무기와 탄약, 군복 등 스페인과 포르투갈에 영국이 제공한 제정 지원이 바로 그것이다. 영국은 1808년에서 1814년에 걸쳐 현금만 해도 거의 1,800만 파운드를 지원했다.

연합군의 승리 요인

반도 전쟁은 영국의 가장 위대한 장군과 영국사를 통틀어 최고라 불러도 손색이 없는 군대를 낳았다. 영국군이 스페인과 포르투갈에서 달성한 고도의 숙련도는 웰링턴이 지휘관으로서 탁월할 뿐만 아니라 관리자로서도 유능하다는 증거였다. 그는 도대체 어떤 능력을 가지고 있었고, 어떻게 전투를 승리로 이끌었을까?

웰링턴은 체력이 뛰어난 인물이었다. 그는 오전 6시면 자리에서 일어나 자정까지 수많은 명령서와 전갈을 작성했고, 매일 50~80킬로미터 정도 말을 타고 다녔다. 이베리아 반도에 머문 6년 동안 휴가 한 번 챙긴 일이 없을 정도였다. 그가 자신의 계획과 능력을 확신할 수 있었던 것은 사전 계획을 명료하게 세우고 정보를 현명하게 이용함으로써 자신의 한계를 이해하고 있었기 때문이었다. 웰링턴은 처음부터 명확하고 장기적인 전략을 염두에 둔 채 전쟁에 임했고, 항상 그런 것은 아니었어도 지형과 상대의 전력 및 약점, 부하들의 능력 등을 고려해 주로 방어적인 전술을 취했다. 그는 전술이나 전략 차원 모두에서 신속하게 전황을 이해하고 분석하는 지성을 갖추고 있었다. 계획을 세울 때마다 신중했던 그는 번번이 적의 계획을 간파해내곤 했다. 그는 병참이 무엇인지를 잘 알고 있었으며, 군대가 힘을 쓰려면 안정된 식량·장비·탄약 공급이 필요하다는 사실을 이해하고 있었다. 이처럼 그는 급양체계의 효율적 운영이 얼마나 중요한지를 인식하고 있던 인물이었다.

웰링턴은 가능한 한 자신이 전투를 비롯한 여러 상황을 통제하려 했기 때문에 좀처럼 부하들에게 권한을 위임하는 일이 없었다. 그의 명령은 명료했고, 본인이 직

■■■■■ 제1대 웰링턴 백작, 아서 웰즐리 경. 반도 전쟁에서 동맹을 이끌면서 위대한 군인의 반열에 오른 그는 처음이자 마지막으로 워털루 전투에서 나폴레옹과 마주쳤다. 그는 불과 1년 전과 달리 단련된 고참병들이 부족한 영국·하노버·네덜란드·벨기에·브라운슈바이크·나사우 백작령 혼성군을 워털루에 배치했다. 그렇기 때문에 만약 그날 오후 블뤼허가 이끈 프로이센군이 시기적절하게 개입하지 않았더라면, 역사상 가장 유명한 이 전투도 흐지부지 끝났을지 모른다. [Phillip Haythornthwaite]

접 정확한 실행 여부를 확인했다. 권한 위임을 꺼린 것은 그의 결점이 될 수도 있었지만, 항상 현장에 나타나 포화를 무릅쓰며 부하들을 독려하고 조치가 필요한 지점을 직접 찾아내 병력을 증원하거나 전과를 확대하며 후퇴를 명령했던 것 등이야말로 그가 전장에서 연전연승할 수 있었던 비결이었다. 그가 얼마나 격전의 현장에 가까이 있었는지는 세 번씩이나 포로가 될 뻔한 데다가 심각한 부상은 아니었어도 세 번이나 머스켓 탄에 맞았다는 기록이 증명해준다. 쇼먼 대위는 부사쿠 전투 당시 웰링턴이 포화

속에서 어떻게 행동했는지를 다음과 같이 기록했다.

"웰링턴 경은 이번에도 물론 탁월한 세심함과 침착함, 냉정함, 태연함을 보여주셨다. 그의 명령은 큰소리로 전달되었으며 짧고 분명했다."

웰링턴은 일찍이 전쟁 초기부터 규모가 작은 1개 군을 거느린 자신에게 패배가 허용될 여지가 없음을 깨달았고 이를 수긍하고 있었다. 다시 말해, 그는 패배라는 사치를 누릴 여유가 없었던 것이다. 그가 전략 차원에서 '방어에 치중하는' 장군이었다는 비판은 바로 이 점을 염두에 두고 검토해야만 할 것이다. 그는 3년 동안 거의 방어에만 매달린 채 좀처럼 도박에 나서지 않았으며, 여건이 좋을 때만 싸움을 펼쳐 그때마다 괜찮은 결과를 얻었다. 자신에게 프랑스군의 엄청난 병력이 집중되는 것을 막은 그는 분산된 적과 대등한 조건에서 싸웠으며 때를 기다리다가 공세로 전환했다. 이 때문에 프랑스군이 이베리아 반도에 상주시킨 군대가 수십만이었음에도 불구하고, 웰링턴이 펼친 싸움의 대부분은 양측에서 5만 명 정도의 병력이 투입되는 게 고작이었다. 나폴레옹의 1812년 러시아 원정은 이를 위해 일부 프랑스군 병력이 동쪽으로 이동한 것 외에도 이후 이베리아 반도의 프랑스 지휘관들이 목을 빼고 기다린 증원 병력을 앗아갔다는 점에서 웰링턴의 공세 전환에 기여했다. 그 뒤로 프랑스군은 2개 전선에서 동시에 전쟁을 치러야 했고, 이에 고무된 웰링턴은 공세를 개시했다. 그가 대부분의 전술적 상황에서 방어를 선택한 것은 사실이지만, 오포르투와 살라망카, 비토리아를 비롯한 여러 전투에서 입증되었듯이 이러한 경향이 일관된 것은 아니었다.

전쟁이 장기화되리라고 판단한 웰링턴은 다른 지휘관들처럼 절망적인 승산을 논하기보다는 버티기에 주력했다. 그는 자신의 작전이 실패할 경우 그 책임을 인정할 각오가 되어 있었고, 동맹국 국민들과의 우호관계가 필수불가결함을 깨닫고 있었다. 그는 1810년 10월에 런던의 상관들에게 보낸 보고에서 다음과 같은 자신의 생각을 밝혔다.

저는 조국의 명예와 국익을 지키기 위해서라도 우리가 끝까지 이곳을 고수해야 한다고 확신합니다. …… 저는 절대로 패배의 멍에를 대신들께 떠넘겨 책임을 벗어나려 들지 않을 것입니다. 저는 그분들이 구하지도 못할 자원을 요구하지 않겠습니다. …… 포르투갈 사람들이 자신들의 의무만 다해준다면 이곳은 지탱 가능합니다. 만약 포르투갈 사람들이 제 몫을 다하지 못한다면 제아무리 영국이 국력을 동원한다 해도 이 전쟁에서 포르투갈을 구해낼 수 없을 것입니다.

그는 자신이 '비관론자들'이라고 부른 군 내부의 일부 장교들이 탈라베라 전투 이후 토레스베드라스 선에서 마세나를 격퇴할 때까지 종종 뒷소리로 떠들어댄 것처럼 이 전쟁이 이미 의미가 없다는 여론에 굴하지 않았다. 웰링턴이 넘겨받은 군대는 비록 애버크롬비나 무어 같은 유능한 인물들 손에서 혁신되었지만, 형편없는 전적을 기록하고 있었다. 그러나 그는 불과 몇 년 만에 같은 규모의 어떤 유럽 군대에도 뒤지지 않을 만큼 우수한 군대를 조직하고 양성해냈다. 스페인 정규군과 게릴라들의 기여도가 아무리 크다 해도 연합군이 이베리아 반도에서 승리하느냐 패배하느냐는 궁극적으로 웰링턴 군대가 야전에서 프랑스군을 격파할 수 있는 능력이 있느냐에 달려 있었다. 웰링턴은 3만에서 6만 사이를 오가던 다국적의 작은 병력이지만 기량과 숙련도, 지휘 능력이 특출한 군대를 이끌고 이 같은 역할을 꾸준하게 수행했다.

즉, 웰링턴이 승승장구할 수 있었던 것은 그의 신중한 계획과 전투 전반을 직접 감독하는 성향, 상황 변화에 적절히 대처해 나가는 능력 덕분이었다. 그는 대부분 노련한 장군이 이끄는 상대 병력의 움직임을 미리 예상했기 때문에 그에 알맞게 작전을 입안할 수 있었다. 마지막으로 그는 유능한 장군들과 잘 훈련된 병사들로 이뤄진, 영국이 낳은 가장 훌륭한 군대를 이끌었다.

코아와 부루고스에서의 실패는 엄밀히 말해 전투에서 패한 것은 아니었지만, 영국군이 언제나 성공만 거두지는 않았음을 보여주는 사례다. 이에 더해 1813년에는 머레이와 윌리엄 벤팅크^{William Bentinck} 경이 이끈 스페인 동부의 작전이 별 볼일 없는 성과와 함께 막을 내렸다. 이와 더불어 영국 병사들이 항상 명예롭게 행동했던 것은 아니었다. 바다호스 함락 후나 그보다 좀 덜했던 산세바스티안에서 드러난 그들의 모습은 망신거리나 다름없었다. 이 사건들은 가장 문명인답게 전쟁을 치른다고 여겨졌던 영국군에게 오점을 남겼다. 웰링턴에게 적절한 공성 병기를 제공하지 못한 정부의 실책은 막대한 인명 피해를 낳았고, 결국 이로 인해 전투를 끝낸 병사들은 이성을 잃게 되었다.

전쟁에서 병참이 차지하는 중요성을 꿰뚫어보고 있던 웰링턴은 때와 장소가 허락하는 한 프랑스군의 보급선을 교란하고 자신의 것은 지켜내는 현명한 작전을 구사했다. 이와 더불어 그는 우호국 영토에 머문다는 커다란 이점을 살려 방대한 정보망을 가동했다. 반면에 프랑스군에게는 믿을 만한 정보가 거의 들어오지 않았다.

프랑스군이 한순간도 심각한 보급 및 통신 문제에서 벗어날 수 없었던 것과 달리, 우호국의 영토에서 작전 중이던 영국군은 대부분의 경우 바다를 통해 충분한 보급을 받을 수 있었다. 오로지 지상 작전으로 승부가 결정된다는 전쟁의 속성을 고려한다 해도 영국으로 이어지는 자유로운 통신 및 보급선을 유지해줬다는 점에서, 영국 해군은 육군의 성공에 결정적인 기여를 한 셈이었다. 피레네 산맥을 통해서만 연락이 가능했던 프랑스군은 비스케이 만이나 지중해 어느 쪽으로도 바다를 이용한 보급이 불가능했다. 반면에 영국은 해상에서 절대적인 자유를 누렸고, 이 같은 유연함 덕분에 1808년에 포르투갈 원정군을 파견할 수 있었으며, 그 뒤 상황에 따라 1809년 2월에 코루나에서 이들을 철수시킨 뒤, 4월에 또 다른 군대를 포르투갈로 보낼 수 있었다. 해군력과 지상군의 성공 간의 관계는 간과되기 쉬우나, 반도 전쟁은 해군력이 단지 대규모 함대 전투에만 쓰이는 것이 아님을 보여준 훌륭한 사례라 할 수 있다. 이렇게 본다면 이러한 유연함은 영국 같은 해상 강국만이 누릴 수 있으며, 영국이 그 같은 유연함을 획득할 수 있었던 것은 1805년에 위대한 트라팔가르 해전에서 승리한 덕분이라고 할 수 있다.

연합군의 성공은 전부는 아니어도 상당 부분이 웰링턴의 공이었다. 그 밖에도 나름대로 전쟁에 기여한 포르투갈군과 스페인군, 그리고 프랑스군의 실수와 결점 등을 성공 이유로 들 수 있다. 포르투갈군을 재건하고 개편한 베레스포드 역시 연합군의 승리에 커다란 공헌을 했다. 또 리스본을 지키기 위해 건설된 난공불락의 요새선도 빼놓을 수 없다. 웰링턴은 토레스베드라스 선 덕분에 경계선 뒤에서 완벽한 보호를 받으며 포르투갈 중부와 남부의 방어에만 신경 쓸 수 있었고, 기회를 노려 스페인을 공략할 수 있었다.

1808년~1809년의 스페인 정규군은 형편없는 기량 탓에 무시되곤 했지만, 바일렌 전투에서 프랑스군에게 피해를 입힘으로써 프랑스군의 명성에 흠집을 냈다. 프랑스군은 이때 입은 피해는 쉽게 보충할 수 있었지만, 잃은 명성은 회복하지 못했다. 스페인군은 그들이 1808년~1809년에 얼마나 만만한 상대였건 간에 존재하는 것만으로도 수많은 스페인 사람들, 특히 게릴라들의 의지를 고양시켰다. 즉, 스페인군은 싸울 때마다 패하고 듬직한 구석도 없었지만, 끈질기게 버팀으로써 프랑스군이 완전히 무시할 수는 없는 변수가 된 것이었다. 별것도 아닌 그들의 존재 자체가 압도적인 병력으로 전쟁 중 한 번도 6만 명을 넘지 못한 영국과 포르투갈의 작은 군대를 집중 공격할 수 있었던 프랑스군의 발을 묶어놓은 셈이었다. 스페인군이 수송 수단과 장비가 턱 없이 모자고, 훈련 상태가 한심한데다가 기병용 말이 부족하고, 병사들보다 못한 이들에게 지휘를 받는 비루한 떼거리였다는 점을 감안한다면, 그들이 전장에서 연달아 재앙을 맞이한 것도 그리 납득하기 어려운 것은 아니다. 그러나 그들은 유럽의 다른 곳에서 찾아볼 수 없는 결의를 불태우며 다시 나타나기를 반복했다. 전쟁 말기에는 웰링턴이 스페인군 총사령관으로 취임하면서 스페인 정규군은 수준이 향상되었고, 비토리아 전투와 산세바스티안 포위전을 통해 자신들의 오명을 어느 정도 씻게 되었다.

게릴라전은 그 특성상 횟수를 정확하게 파악할 수도 없고, 거기에 참가한 이들에 대한 평가 역시 야만적인 짐승이나 살인마, 또는 용감한 애국 영웅(이 모든 게 합쳐진 경우가 있을 수도 있다)으로 갈리기는 하지만, 그 파급효과에 있어서만큼은 결코 과소평가할 수 없다. 대다수가 이름도 알려지지 않은 이들은 포르투갈과 스페인 전역에서 프랑스군의 통신을 교란하고, 자신들을 소탕하기 위해 파견된 프랑스군 병력의 발목을 묶어 아무 성과도 거두지 못하게 만들었다. 실질적으로 프랑스군은 전장에 있는 연합군과 측면이나 후방을 노리는 스페인 게릴라들 및 그보다는 못한 포르투갈 게릴라들에 맞서 2개 전선에서 펼쳐진 싸움에 휘말렸다. 연락 및 보급선은 마음대로 쉽게 차단할 수 있었고, 농촌의 지형은 게릴라전에 이상적인 환경을 제공했다. 반도 전쟁에서는 전투원이 아닌 비무장 민간인들이 적잖이 그 대가를 치러야 했다. 이로써 반도 전쟁은 17세기 이후의 다른 분쟁들과 달리 민간인들의 삶에 가장 잔인하고 광범위한 영향을 끼친 분쟁으로 기록되었다. 군사적으로도 이 전쟁의 파장은 상당했다. 게릴라들의 집요한 공격은 프랑스군의 전력을 야금야금 소모시켰을 뿐만 아니라, 그들의 사기에도 매우 커다란 악영향을 미쳤다. 이처럼 스페인과 포르투갈의 지원과 기여가 없었더라면, 1814년 이후에 웰링턴 자신도 인정했듯이 이 전쟁에서 그가 승리할 수 없었을 것이다.

스페인 및 포르투갈의 기여와 더불어 신출귀몰하는 게릴라들, 그리고 당연히 빼놓을 수 없는 영국군의 존재는 결정적인 지점에 우세한 병력을 집중해 단번에 승부를 낸다는 프랑스군의 전략을 무력하게 만들었다. 실제로 프랑스군은 수적으로 우세한 병력을 거느리고 있었지만, 좀처럼 이를 활용할 수가 없었다. 병력을 한곳에 집중하면, 넓은 지역들을 적에게 내줘야 하고 그러면 나중에 다시 이를 빼앗아야 하는 부담이 있었다. 프랑스군 병력은 주민들을 통제하고 보급로를 지키며 마을과 도시에 수비대를 파견하는 탓에 분산되었다. 프랑스의 가장 큰 실수는 이베리아 반도의 주민들이 느끼는 적개심을 눈치 채지 못한 것이었다. 적대적인 민간인들을 굴복시키면서 동시에 연합군을 상대한다는 것은 힘에 부치는 일이었다. 웰링턴은 이를 두고 이렇게 말했다.

> (프랑스가 스페인에서 패한 것은) 어느 정도는 이베리아 반도에서 활약한 연합군의 작전 탓인 게 사실이다. 그러나 그 주된 원인은 스페인 사람들의 적개심이라고 할 수 있다. 내가 알기로 스페인에 주둔한 프랑스군의 병력은 한시도 38만 명을 밑돈 적이 없지만, 그럼에도 불구하고 그들의 권위는 그들의 주둔지 너머까지 미치지 못했다.

프랑스군 스스로도 스페인 민간인의 적대적인 태도에는 군사적인 해결책이 없음을 인정했다. 1810년~1811년에 카탈루니아 총독을 지낸 막도날 원수는 그 시절을 회고하며 놀랄 만큼 솔직하게 이 문제를 언급했다.

적은 어디에나 있었지만, 온 지방을 사방으로 훑었음에도 불구하고 어디에서도 그들을 찾을 수가 없었다.

프랑스군의 전통적인 보급 방식은 이베리아 반도에서 참담한 실패를 거뒀다. 나폴레옹이 1807년에 깨달았듯이 비옥하고 풍요로운 포 강과 도나우 강 기슭에서 전쟁을 벌이는 것과 동프로이센이나 폴란드에서 싸우는 것은 전혀 다른 얘기였으며, 스페인과 포르투갈에서는 '초토 작전'까지 가세해 상황이 훨씬 더 열악했다. 이곳은 '현지 조달'만으로는 버틸 수 없는 땅으로 밝혀진 데다가 지형상 험악하고 주거에 적합하지 않은 땅들로 인해 잘해봐야 간신히 보급을 유지하는 정도였으며, 최악의 경우에는 이마저도 도저히 지탱할 수조차 없었다. 프랑스는 궁핍한 주민들에게 자신들을 지원하도록 강요함으로써 판도라의 상자를 연 셈이었다.

웰링턴의 탁월한 지휘력과는 대조적으로, 프랑스 지휘관들은 (물론 쥐노, 빅토르, 마세나, 마몽, 술트처럼 우수한 이들도 적잖았지만) 종종 개인의 성공에만 집착한 나머지 질투, 불신, 경쟁심에 휩싸여 적보다 더 해로운 존재가 되곤 했다. 궁극적인 결과는 불을 보듯 뻔했다. 그들은 힘을 모아 수적 우세만 달성했더라면 전쟁에서 승리할 수 있었는데도, 사방에서 출몰하는 게릴라들 탓에 연락망이 이미 차단된 상태에서 끊임없이, 그리고 때로는 재앙으로 연결될 만큼 상호협조에 서툴렀다.

웰링턴은 무어의 군대가 처참하게 스페인을 빠져나온 뒤에도 전쟁을 계속하도록 정부를 설득하는 데 있어 큰 역할을 했다. 그는 비교적 소규모 병력만으로도 재편성된 포르투갈군과 협력해 포르투갈 방어가 가능함을 알고 있었을 뿐만 아니라, 스페인에서 프랑스 점령군의 입지가 얼마나 약한지도 간파하고 있었다. 단순히 점령군의 크기와 점령자들에 대한 주민들의 적대감만 봐도 프랑스가 결코 이 나라를 완전히 굴복시킬 수 없다는 것을 알 수 있었던 것이다. 가뜩이나 평균 이하의 삶을 살던 사람들의 땅에서 제아무리 가혹한 방법을 동원한다 해도 수십만 명에 이르는 군대를 부양한다는 것은 꿈같은 얘기였다. 좀처럼 답이 안 나오는 이 문제를 해결하려던 프랑스군은 무리하게 보급선을 늘릴 수밖에 없었고, 그로 인해 게릴라들의 공격 앞에 취약해지고 말았다. 처음부터 프랑스군에게 승산이 없었다는 주장은 그것이 이미 지나간 일이라 쉽게 그 전모를 파악할 수 있기 때문에 나온 것이기도 하지만, 스페인 민중들이 들고 일어난 그 순간, 프랑스군은 이미 엄청난 장벽에 부딪친 것이었다. 게다가 몇 달 뒤에는 웰링턴의 군대까지 포르투갈에 도착했다.

나폴레옹은 초전부터 부실한 보급, 제각각인 상급 지휘관들의 지휘 능력, 곳에 따라 천차만별인 기후, 험악하기 일쑤인 지형 등과 같은 엄청난 난관에 직면했음에도 불구하고 그것이 어떤 문제인지를 좀처럼 깨닫지 못하고 있었다. 어쩌면 그에게 승산을 낙관할 만한 그럴듯한 이유가 있었는지도 모른다. 무엇보다도 쥐노가 포르투갈을 침공한 1807년 당시에는 프랑스군이 병력을 나눠 투입해야 할 다른 전쟁도 없었고, 점령 임무에 굳이 1805년~1807년에 활약한 고참병들을 쓸 필요도 없었던 만큼 이들을 라인 강과 엘베 강, 오데르 강 등지의 주둔지에 남겨둘 여유까지 있었다. 처음에는 스페인인들의 저항이 어느 정도 규모이며 얼마나 결연한지 분명하지 않았기 때문에, 나폴레옹은 이 모든 난관과 더불어 영국의 군사 개입이 불가피하는 것을 확인한 뒤에도 전쟁을 속행하며 좀처럼 식지 않는 전의를 과시했다. 물론 나폴레옹이 전쟁을 망친 정확한 이유로 이 같은 오판과 자기기만적인 자신감을 꼽는 것은 어느 정도 타당하기는 하지만, 연합의 승리를 필연적인 결과로 보는 것은 일이 이미 지난 상태에서 결과를 알고 하는 얘기에 불과하다. 반도 전쟁의 결과는 영국군이 개입한 이후에도 웰링턴의 진영뿐만 아니라 의회의 야당 안에도 즐비했던 '비관론자들'이 코루나를 비롯한 여러 고비 때마다 이베리아 반도 철군을 옹호했던 만큼 쉽게 뒤바뀔 수도 있었다.

웰링턴이 스페인에 대한 본격적인 침공에 나선 것도 영국군의 계속된 분투와는 상관없이 1812년부터 프랑스군이 러시아로 병력을 돌리고 나서야 가능했다는 것을 강조할 필요가 있다. 그 시기 이전에는 야전에서 한 번 패하는 것만으로도 이베리아 반도에 대한 영국의 개입이 끝날 수도 있었다. 이것이 바로 한 번에 육군의 주력을 잃을 수도 있었던 데다가 정권을 유지하기 위해 의회의 지지가 필요했던 영국이 처한 현실이었다. 이와는 달리, 나폴레옹 치하의 프랑스는 거듭된 좌절을 겪으며 결코 그 땅을 굴복시키지 못할 것이라는 사실을 깨달은 뒤에도 억지로 떠밀리는 순간까지 스페인에 매달렸다.

영국군은 반도 전쟁을 통해 단순히 양동작전만을 수행했던 과거와 달리 나폴레옹의 프랑스에 맞서 연합군의 전반적인 전쟁 수행 과정에 동참할 수 있었다. 19세기 최초로 18세기 중반의 전쟁에 투입된 것보다 훨씬 더 규모가 큰 영국군이 유럽 대륙의 주전장에 투입된 것이었다. 영국 육군은 전장에서 불패의 기록을 이어나갔고, 부르고스를 제외한 모든 포위전에서 성공을 거뒀다. 영국 육군의 모든 연대들은 지금도 그들의 연대기를 장식하고 있는 전투 영예장battle honor이 보여주듯이 저마다 반도 전쟁의 영광에 한몫을 했다.

1814년에 파리 조약 체결을 위해서 한자리에 모인 대프랑스 동맹의 주요 열강들은 프랑스를 타도하는 데 있어 영국이 맡았던 역할이 다른 열강들 못지않음을 흔쾌히 인정했다. 만약 영국이 지원금이나 보내고 해군 작전에만 매달렸더라면, 나폴레옹의 1, 2차 폐위에 이은 평화회담에서 그들이 큰 영향력을 행사하지 못했을 것이다. 나폴레옹의 제국과 왕조가 이베리아 반도에서 펼친 무모한 도전만 아니었더라도 지탱되지 않았을까

하는 질문에는 논란의 여지가 있지만, 반도 전쟁에 나서기로 한 나폴레옹의 결정과 최후의 승리를 고집한 영국의 의지가 그의 궁극적인 몰락에 실질적으로 기여한 것은 분명한 사실이다.

빈 합의

1814년 11월에서 1815년 6월까지 오스트리아의 수도 빈에 모인 유럽의 지도자들은 이후 빈 회의Congress of Vienna로 알려질 국제회의를 통해 20여 년간의 전쟁을 끝낸 유럽 각국의 국경을 재조정하는 작업에 들어갔다. 나폴레옹이 몰락하고 프랑스가 굴복하기는 했지만, 승자인 열강의 지도자들이 보기에 전쟁의 위협과 또 다른 혁명의 가능성마저 사라진 것은 아니었다. 따라서 이들이 빈에 모여 이루고자 한 합의에는 평화와 안정의 유지가 상당한 비중을 차지하게 되었다. 반혁명의 선두주자인 오스트리아의 메테르니히 대공 같은 일부 지도자들은 자신들이 타협한 합의를 이행하기 위해서뿐만 아니라, 유럽의 어느 곳에서든 이를 강제하기 위해 필요한 군주들의 연합을 만들고자 했다. 이는 이론적으로 가능한 목표였지만, 이를 실현하기 위해서는 승리한 열강들뿐만 아니라 프랑스와도 최소한의 기초 협력체계를 세울 필요가 있었다.

빈에 모인 지도자들은 프랑스 혁명과 그것이 낳은 한 세대에 걸친 전쟁을 겪으면서 일단 시작된 급진적 정치 변혁은 통제가 불가능하다는 따끔한 교훈을 얻었다. 최근의 역사를 돌아봐도 혁명에는 정치적 격동과 내전, 국왕의 처형, 군사독재, 수년에 걸친 반대세력과의 전쟁이 수반된 것을 볼 수 있다. 프랑스 혁명과 나폴레옹이 정말로 유럽이 맞이할 미래의 예고편이라면 각국 지도자들 역시 앞으로의 재앙을 막기 위한 모든 방법을 동원하는 게 당연했다.

메테르니히는 일부에서 옹호하듯이 경제와 정치, 또는 사회 개혁으로

혁명의 기운을 다스리기보다는 그것이 탄력을 받기 전에 변혁 운동의 싹을 자르는 편이 낫다고 굳게 믿었다. 혁명을 국제적 선동세력에 의한 음모라고 여기던 메테르니히에게는 그 무엇보다도 안정이 중요했다. 다양한 민족을 끌어안고 있던 오스트리아 제국은 혁명의 민족주의적 성향이나 전쟁에 따른 소요에 지극히 취약했다. 실제로 메테르니히에게는 제국을 온존시키는 것이 유럽 대륙 전체의 평화를 유지하는 것과 다를 바가 없었다.

메테르니히는 혁명의 재발을 막고, 유럽의 평화와 안정을 지켜나가기 위해 다음 두 가지 원칙을 고수해야 한다고 믿었다. 첫 번째 원칙은 정통성의 원칙으로, 그는 유럽 각국이 정통성의 원칙에 따라 세습된 확실한 근거를 갖춘 지배자들을 모시는 군주제 국가가 되어야 한다고 보았다. 군주의 상대적인 능력은 통치할 권리에 비하면 부차적인 것으로 간주했다.

메테르니히가 신봉한 두 번째 원칙은 개입의 원칙으로, 그는 국제적으로 확산되는 혁명에 맞서는 과정에서 자국의 위협을 느낀 국가들이 다른 나라의 내정에 간섭하거나 일방적이든 국가 간 협의를 통해서든 군대를 보내 혁명 운동을 분쇄할 권리가 있음을 인정했다.

유럽의 국가 체제를 재건하는 마지막 단계를 이끈 이들은 메테르니히와 캐슬레이 두 사람이었다. 하지만 그들은 물론이고 빈 회의를 위해 모인 군주들 중 어느 누구도 처음부터 확실한 계획을 갖고 있었던 것은 아니었다. 이미 수많은 협약들이 개별 국가들 사이에서 맺어진 상태였는데, 그 중 일부는 1813년에 맺어졌다. 어떠한 집단 협의 사항이라도 반드시 이 같은 협정을 비롯해 참가국들의 상충되는 견해와 타협 과정을 거쳐야만 했다. 이 같은 난제들에도 불구하고 빈에서 논의된 많은 문제들은 다음의 세 가지 주요 원칙을 통해 타협점을 찾을 수 있었다.

우선, 지배자들과 국가들은 정통성의 원칙에 따라 회복되어야 한다. 메테르니히와 탈레랑은 세습된 권리를 근거로 내세워 왕좌에서 쫓겨났던 지배자나 왕실의 후계자들을 복권시킨다는 이러한 원칙을 옹호한 사람들이었다. 빈에 모인 열강들은 이 원칙을 프랑스, 스페인, 피에몬테, 토스카나Toscana, 모데나Modena, 교황령에 적용했다. 나폴리의 군주 뮈라는 제1차 파리 조약 이후만 해도 왕좌를 보존할 수 있었지만, 나폴레옹이 엘바 섬에서 돌아온 백일천하* 당시 편을 바꾼 뒤, 5월 2일~3일에 벌어진 톨렌티노Tolentino 전투에서 오스트리아군에게 패해 바로 처형당했다.

그러나 1792년 이래 정세가 급변한 뒤로는 이 같은 원칙을 일괄적으로 적용할 수 없다는 현실이 버티고 있었다. 이는 프랑스 혁명 이후로 근

---

* **백일천하** 1815년 3월 20일 엘바 섬에서 빠져나온 나폴레옹이 파리에 들어가 제정帝政을 부활한 뒤부터 6월 29일 워털루 전투에서 패배하여 퇴위할 때까지 약 100일간의 지배를 말한다.

본적인 정치 변화를 겪는 바람에 이전에 있던 300여 개의 국가 체제로 돌아간다는 것은 상상도 할 수 없었던 독일에서 여실히 드러났다. 그 대신 39개 국가로 통합된 이들은 각국이 정해진 수의 대표를 파견하는 국회diet에 의해 통치되는 새로운 독일 연방을 형성했다. 자국 대표가 국회의 양원에서 의장직을 맡은 오스트리아가 주도적인 영향력을 행사했다. 정통성의 원칙은 특정 국가의 안보나 이해관계와 상충될 경우에는 적용되지 않았다.

빈 회의에 적용된 두 번째 원칙은 영토 보상에 관한 것이었다. 즉, 승리한 나라들에게는 패자가 그 대가로 보상을 주어야 했다. 승자인 열강들은 나폴레옹을 굴복시킨 공적을 보상받고자 했을 뿐만 아니라, 프랑스와 그 동맹국들의 침략 행위도 응징할 생각이었다. 1814년 4월 30일에 체결된 제1차 파리 조약이 프랑스에게 요구한 조건은 캐슬레이의 탄원도 있어 비교적 가벼운 편이었다. 프랑스는 1792년 당시의 국경으로 돌아가야 했지만, 여전히 사보이아와 자르 지방을 보존함으로써 이 지역에서만 혁명 전쟁 이전에 비해 50만 명이나 늘어난 인구를 거느리게 되었다. 영국은 모리셔스와 토바고Tobago, 세인트 루시아St. Lucia를 제외한 모든 프랑스 식민지 반환에도 동의했다. 승전국들은 프랑스에게 전쟁 배상금을 요구하지도 않았고, 점령군을 남기지도 않을 생각이었다. 게다가 프랑스는 지난 20여 년 동안 독일, 이탈리아, 스페인을 비롯한 각지에서 약탈한 예술품과 보화들을 돌려주지 않아도 되었다. 영국은 네덜란드에 200만 파운드를 지불하고 희망봉을 받았지만, 값나가는 식민지인 네덜란드령 동인도 제도는 도로 내놓았다.

백일천하 이후 연합국들의 태도가 훨씬 강경해짐에 따라 1815년 11월 20일에 체결된 제2차 파리 조약은 보다 징벌적인 색채를 띠게 되었다. 프랑스의 국경은 1790년의 기준선까지 밀려났고, 7억 프랑에 달하는 배상금이 부과되었으며, 앞으로 3년에서 5년 동안은 배상금 지불이 완료될 때까지 이를 담보할 점령군이 주둔하게 되었다. 그러나 이는 연합국들이 이미 빈 회의를 통해 프랑스의 동맹국들까지 징벌하기로 결정한 상태인 데다가 승자인 4대 열강에 대한 영토 보상도 대부분 이들의 부담으로 이뤄졌음을 감안한다면, 어느 정도 예측 가능한 결과였다.

오스트리아는 프랑스 혁명 전쟁 중에 잃은 네덜란드에서 완전히 손을 뗐지만, 대신 이탈리아 북부의 국가들인 롬바르디아Lombardia와 베네치아로 이를 보상받았다. 그리고 이에 더해 바이에른 대공국의 티롤 지방과 아드리아 해의 동부 연안에 있는 일리리아와 달마티아를 차지하게 되었다.

영국은 유럽 대륙의 영토에 전혀 욕심이 없었다. 그들은 해군과 해운업계의 요구를 충족시키기 위해 몰타 섬, 아드리아 해의 이오니아 제도, 북해의 헬골란트^{Helgoland} 섬, 케이프 식민지, 실론 섬을 손에 넣었다.

러시아는 1808년에 스웨덴에게 빼앗은 핀란드와 더불어 1806년~1812년에 터키와 전쟁을 벌이며 차지한 베사라비아^{Bessarabia} 지방을 유지하게 되었다. 스웨덴은 나름대로 프랑스의 동맹국이었던 덴마크에게서 뺏은 노르웨이를 챙겼다. 무엇보다 중대한 사실은 프로이센이 장악하고 있던 폴란드 영토의 대부분을 넘겨받은 러시아가 이를 자신들이 점유한 영토와 합쳐 새로운 폴란드 왕국을 새운 뒤, 러시아 황제를 왕으로 앉힌 것이었다. 폴란드는 제1차 세계대전이 끝날 때까지 독립국가로 부활할 수 없는 운명에 놓였다.

프로이센은 앞서 말한 것처럼 1772년과 1793년, 그리고 1795년의 폴란드 분할 과정에서 얻은 모든 영토를 포기했다. 그들은 그 대가로 베스트팔렌 왕국과 스웨덴령 포메라니아, 그리고 새로 생긴 라인란트 대부분에다가 가장 큰 소득인 작센 왕국의 40퍼센트를 손에 넣었다. 모든 강대국들이 이 같은 조정 내용에 만족했다고 할 수는 없겠지만, 타협안에 대한 그들의 만족도는 대체로 높은 편이었다.

마지막으로 승자인 열강들은 유럽의 평화를 유지하기 위한 대응책을 만들었다. 이를 달성하기 위해 두 가지 방법이 동원되었다. 첫 번째는 완충지대 역할을 할 국가들로 프랑스를 둘러싸서 프랑스와 이웃 나라들 사이에 장벽을 세우는 것이었다. 북쪽에서는 자위 능력이 없는 것으로 인식되던 벨기에를 네덜란드와 합병함으로써 보다 크고 강력한 국가를 탄생시키려는 시도가 이루어졌다. 남동쪽에서는 피에몬테에 니스^{Nice}와 제노바를 덧붙여 이탈리아와의 국경을 강화시키고자 했다. 프랑스의 동쪽 국경에서는 스위스 연방으로 알려진 스위스가 22개 주로 확대되었고, 라인란트는 프로이센 영토가 되었다.

유럽의 평화를 유지하기 위해서는 무엇보다 힘의 균형을 유지하는 것이 중요했다. 강대국들이 전반적으로 자기 몫에 만족하지 못한다면, 프랑스의 새로운 침략을 방지하기 위해 방벽을 세워도 소용이 없을 게 틀림없었다. 유럽 최대의 군대를 갖게 된 러시아를 비롯한 어떤 국가가 또다시 미래의 평화를 위협할지 알 수 없는 일이었다. 폴란드의 대부분을 손에 넣은 러시아가 국력과 영향력을 급신장시키자, 균형을 맞추기 위해 작센의 대부분을 프로이센에 할양하는 조치가 이뤄졌다. 러시아 황제는 프로이센에 작센 땅 전부를 약속했다가 오스트리아가 맹렬히 반대하면서 전쟁 직전의 상황까지 이르렀고, 결국에는 두 나라 간의 타협이 성사되었다. 실제로 이 위기는 영국과 프랑스, 오스트리아가 프로이센 및 러시아와의 전쟁에 대비해 은밀히 연합 결성을 합의하는 단계까지 치달았다.

빈 합의의 평가

빈 회의는 이렇다 할 불만 없이 합의를 본 덕분에 이후 40년 동안 유럽 전체가 휘말려든 전쟁이 재발하지 않았다는 사실로 볼 때 비교적 성공적이었다고 할 수 있다. 그러나 여기에도 나름대로 문제들은 있었다. 빈에서 이뤄진 대대적인 영토 조정 과정에서는 사실상 언어나 문화, 또는 국민적 정체성이 고려되지 않았던 것이다. 벨기에 사람들이 품고 있었을 독립의 열의는 그들의 작은 나라가 부활한 프랑스를 홀로 감당할 수 없을 것이라는 현실 앞에서 부차적인 것이 되고 말았다. 유럽의 새 지도를 짜던 이들에게는 벨기에인들이 프랑스어나 플랑드르어를 쓰고, 절대 다수가 가톨릭 신도라는 사실은 개신교를 믿고 네덜란드어를 쓰는 네덜란드와 벨기에를 합병시키는 것이 최선인 상황에서 별 대수로운 일이 아니었던 것이다. 이와 비슷한 원칙이 적용된 이탈리아 북부에서는 프랑스가 지배하던 영토의 대부분이 오스트리아로 넘어갔다. 한편에서는 새로운 독일 연방이 생기는 과정에서 국가들의 수가 극적으로 줄어들면서 좋든 나쁘든 간에 궁극적인 독일 통일의 길이 열렸다. 그 밖에도 빈 회의는 모든 지배자들이 헌법을 제정하도록 규정함으로써 정치적 자유화를 향한 중요한 전례를 만들었다.

열강들이 서로 협력한 덕분에 전쟁에서 승리할 수 있었다면, 전후에도 일종의 공조를 통해 평화와 안정을 유지하는 것이 당연했다. 이 같은 공조를 어떻게 실현시킬지에 대한 열강들의 구상은 저마다 제각각이었는데, 메테르니히의 경우에는 어디서 혁명이 발생하든 열강들 간의 협력체계로 이를 진압해야 한다고 생각했다. '빈 체제'로 알려진 이 체제는 4국 동맹Quadruple Alliance*, 1815년 11월에 체결된 제2차 파리 조약의 제4조, 같은 해 5월 러시아 황제가 선포한 신성동맹** 조례Act of Holy Alliance라는 세 가지 문건으로 구체화되었다.

캐슬레이는 빈 합의를 이행하기 위해서는 프랑스 정부를 둘러싼 문제들에 관한 영구적 합의가 이뤄져야 함을 누구보다 분명히 인식하고 있었다. 러시아, 오스트리아, 프로이센, 영국은 4국 동맹의 내용에 따라 앞으

▪▪▪▪▪▪ 오른쪽 지도 빈 회의의 결과는 승리한 열강들이 얼마나 많은 영토를 챙겼는가와 더불어 혁명 전쟁 이전인 1791년의 국경으로 되돌아간 프랑스의 부활을 경계한 그들이 프랑스를 둘러싼 완충지대의 설정에 얼마나 큰 공을 들였는지를 여실히 보여준다. 전반적으로 각국의 국경은 서쪽으로 옮겨졌다. 러시아는 핀란드(1809년에 스웨덴에게서 뺏음)를 유지했고, 스웨덴은 프랑스의 동맹국이었던 덴마크에게서 노르웨이를 얻었으며, 프로이센은 작센의 3분의 1과 더불어 북서 유럽에서 그들의 존재감을 더해주게 될 라인란트의 상당 부분을 차지했다. 북부 이탈리아에서 영토를 넓힌 오스트리아는 밀라노와 만토바Mantova를 수복하는 한편, 베네치아를 합병함으로써 포 강 유역의 3분의 2를 얻었다. 피렌체와 파르마 역시 기타 합스부르크계 군주들에게 넘겨짐에 따라 이탈리아에 대한 오스트리아의 지배력은 절대적인 것이 되었다. 영국은 북해의 헬골란트나 지중해의 몰타, 그리고 이오니아 해의 몇몇 섬들처럼 육지와 떨어진 영토에만 욕심을 보였다. 프랑스에 대한 자위력이 충분치 않았던 벨기에는 보다 강력한 세력으로 거듭난다는 명목 아래 네덜란드와 합병되었다. 이와 비슷한 이유로 많은 독일계 국가들 역시 안보 역량 강화를 노린 느슨한 형태의 독일 연방으로 통합되었다.

---

* 4국 동맹 대프랑스 전쟁을 이끌었던 오스트리아, 러시아, 프로이센, 영국, 이 네 나라가 1815년 11월 20일 빈 체제의 유지를 위해 체결한 동맹이다. 강대국들 간의 군사적·외교적 협의기구 역할을 수행했으며, 1818년 프랑스가 가입하여 5국 동맹으로 확대되었다.

** 신성동맹 1815년에 러시아, 오스트리아, 프로이센, 이 세 나라 군주가 파리에서 맺은 동맹으로, 기독교 정신을 바탕으로 국내외의 정치에서 정의와 자애, 평화를 표방했으나 실질적으로는 아무런 성과를 거두지 못한 무의미한 것이었다.

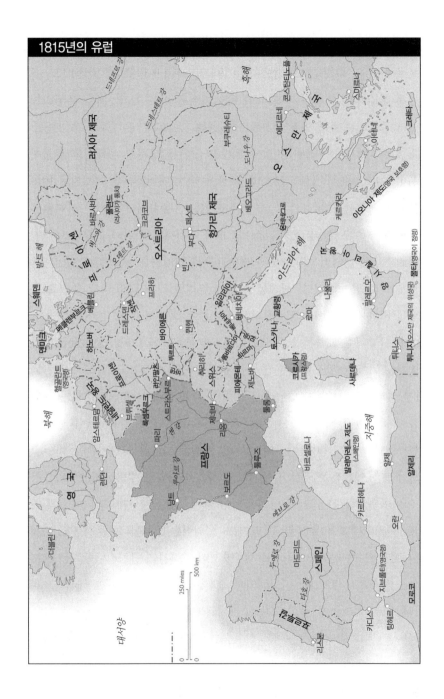

1815년의 유럽

드네프로프 강

흑해

러시아 제국

콘스탄티노플

크림 반도

오스만 제국

스미르나

크레타

에디르네

아테네

이오니아 제도(영국 보호령)

스웨덴

발트 해

핀란드

바르샤바

폴란드 (러시아가 통치)

포젠

크라쿠프

오스트리아

헝가리 제국

부쿠레슈티

도나우 강

베오그라드

소피아

부다 페스트

몰다비아

튀니지(오스만 제국의 속국) 몰타(영국군이 점령)

시칠리아

살레르노

프랑스

파리

리옹

보르도

툴루즈

툴롱

스페인

마드리드

제네바

제노바

피에몬테

토스카나

교황령

로마

나폴리

팔레르모

사르데냐

코르시카 (프랑스령)

발레아레스 제도 (스페인령)

지중해

바르셀로나

카르타헤나

무르시아

카디스

지브롤터(영국령)

리스본

포르투갈

앙제

대서양

영국

런던

북해

암스테르담

브뤼셀

네덜란드 연합 왕국

룩셈부르크

베를린

프로이센

작센

드레스덴

프라하

뮌헨

바이에른

라인연방

뷔르템베르크

스위스

취리히

바젤

덴마크

코펜하겐

함부르크

하노버

올덴부르크

메클렌부르크

더블린

아일랜드(영국령)

스코틀랜드(영국령)

0   250 miles   500 km

로 20년 동안은 보나파르트 왕조가 프랑스의 왕좌를 넘보지 못하게 하기로 합의했다. 파리 조약의 제4조는 열강들 사이에서 중대 사안이 발생하거나 어디서든 유럽의 평화와 안정을 지키기 위한 조치가 필요해진다면 또다시 회의를 소집할 수 있음을 명시했다.

다른 문건들에 비해 모호한 목표를 내건 신성동맹은 독일의 종교적 신비주의자 바로네스 폰 쿠르데너Baroness von Krudener 남작 부인에게서 영향을 받아 알렉산드르 1세가 제안한 것이었다. 종교적 서약이나 다름없었던 이 문건이 노린 것은 개인적·종교적 차원에서 유럽의 군주들을 결집시킴으로써 각국의 지도자와 백성들이 기독교라는 틀 속에서 혼연일체가 되도록 하는 것이었다. 신성동맹은 그 모호한 내용 덕분에 교황과 술탄, 영국 황태자Prince Regent*를 제외한 모든 지배자들에게서 호응을 얻었다. 이는 실질적으로 별 쓸모가 없었지만, 적어도 러시아와 오스트리아, 프로이센은 이를 통해 협력의 단초를 마련할 수 있었다.

빈 합의의 결과, 1815년에서 1822년 사이에 네 차례 국제회의가 열려 유럽 혁명의 발발 가능성과 남아메리카에서 진행 중인 독립운동을 비롯한 상호간의 관심사가 논의되었다. 빈 회의에 기초한 외교는 이내 다양한 의제들을 둘러싼 열강들의 의견이 갈리면서 단명할 수밖에 없었지만, 바로 이러한 외교가 근본에 있었기에 1854년에 크림 전쟁이 일어나기 전까지 유럽의 평화가 유지될 수 있었고, 심지어는 그 이후의 분쟁들도 러시아, 프랑스, 영국, 터키 사이에서 제한전이라는 선을 넘지 않을 수 있었다.

---

* '왕자 섭정'으로 직역될 이 용어는 영화 〈조지 왕의 광기〉에도 묘사되었듯이 정신이 나간 조지 3세를 대신해 1811부터 1820년까지 섭정을 맡은 당시의 황태자, 즉 훗날의 조지 4세를 뜻한다.

나폴레옹의 유산

두 번씩이나 폐위를 경험한 나폴레옹은 남대서양의 고도 세인트헬레나에 유배되었고, 두 번 다시는 유럽의 평화를 위협하지 못한 채 1821년 그곳에서 숨을 거두었다. 그러나 고작 10년 동안 권좌를 장악했을 뿐인데도 그 사이 프랑스와 유럽 전역에 구석구석 스며든 그의 유산으로 인해 사후에도 그의 영향력은 좀처럼 사라질 기미를 보이지 않았다.

■■■■■■ 시몬 볼리바르Simon Bolivar(1783년~1830년), 남아메리카의 해방자. 볼리바르가 스페인에 충성하는 군대를 제압하고 카라카스Caracas를 탈환할 무렵, 그가 베네수엘라와 누에바그라나다Nueva(New) Granada, Colombia에서 일으킨 반란은 실패로 돌아가고 있었다. 3년 동안의 망명 생활 끝에 다시 싸움에 나선 그는 이윽고 해방 전쟁을 승리로 이끌며 대콜롬비아 공화국을 건국했고, 1825년까지 독재자로 군림했다. 그 뒤 분리주의 운동이 일어나 베네수엘라, 에콰도르, 페루, 볼리비아 등의 독립국이 탄생했다. (Ann Ronan Picture Library)

　나폴레옹의 남다른 성공이 정확히 어디에서 비롯되었는지 따져보는 것은 상당히 중요하다. 그가 천재였고, 해박한 지식과 크고 작은 일들에 대한 비상한 기억력을 갖고 있었다는 얘기들은 쓸데없는 과찬이 아니다. 그의 타고난 지능은 포병 대위에 불과했던 그가 고작 1년 뒤 23세에 준장까지 벼락출세할 수 있었던 원동력이었다. 26세에 소장이 된 그는 그로부터 5년 뒤 정권을 장악했고, 35세에는 황제가 되었다. 40세가 될 무렵, 그는 거의 모든 유럽을 손에 쥐고 있었다. 타의 추종을 불허하는 군사적 혜안을 가진 것 외에도 민간 분야의 행정, 법률, 교육, 과학 등에도 조예가 깊었던 그는 오늘날까지도 나폴레옹 시대에 이뤄진 많은 개혁들이 그대로 이어질 만큼 상당한 수준의 지식을 자랑했다. 나폴레옹처

■■■■■ 세인트헬레나에 있는 나폴레옹의 거처였던 롱우드 저택Longwood House. 밤마다 1개 보병중대가 저택 주변을 포위한 채 보초를 서며 감시했다. 섬의 총독은 하나뿐인 자신의 포로에게 다음과 같은 주의를 내렸다. "무슨 일이 있어도 매일 당직 장교가 그를 면담해야 하며 이에 대한 일체의 방해와 반항은 적합하다고 판단되는 모든 수단을 동원해 제압할 수 있다. …… 만약 나폴레옹이 10시까지 눈에 띄지 않을 경우에는 당직 장교가 현관 마루를 통해서 나폴레옹의 방까지 무단으로 들어갈 수 있다." (Philip Haythornthwaite)

럼 후세까지 이름과 업적을 남긴 역사적 위인은 많지 않을뿐더러, 심지어 그는 자신의 이름을 딴 시대까지 갖고 있다.

그는 유명한 정교협약을 통해 일대 종교 개혁을 단행하는 한편, 프랑스 국내와 제국의 대부분에서 민간 및 행정 분야의 개혁을 실시함으로써 폭주하던 혁명에 고삐를 채우고, 비효율을 질서로 대체했다. 프랑스 국내에는 제 구실을 하는 기관들과 더불어 새롭게 생겨난 초등학교 및 고등 교육을 위한 대학들이 있었다. 프랑스와 독일의 봉건제적 원칙에 기반한 낡은 법률체계는 혁명기에 쏟아져 나온 1만 개의 포고령과 함께 폐지되었고, 그 대신 나폴레옹 법전Code Napoleon, 또는 프랑스 민법전Civil Code이라 불리는 새로운 체계로 바뀌었다. 이탈리아와 독일의 통일을 촉진시키기도 한 그는 특히 독일의 경우, 수백 개의 군소 공국과 자유 및 교회령 도시들을 통합해 보다 합리적인 조직체인 라인 동맹을 만들었다.

나폴레옹은 스스로를 혁명의 후원자라기보다는 정리자로 보았다. 일찍이 수석 통령에 취임한 그는 1799년에 "시민들이여, 혁명은 그것이 시작된 원칙하에 안정기에 접어들었다"라는 정부 포고를 발표했다. 그는 민법전의 편찬 과정에서 보기 드문 창의력을 보여주기도 했지만, 대체로 수많은 구체제 법률과 제도들을 없앤 혁명기의 개혁을 유지하는 데 주력했다. 그는 정치면에서는 제한된 남성 참정권과 헌법을 고수했고, 경제면에서는 국내 관세를 철폐한 제도를 그대로 유지했다. 교육면에서는 국가가 운영하는 교육체계를 세웠다. 그는 법 앞에 평등이라는 혁명의 원칙과 더불어 행정부의 구성 및 재능에 따른 승진을 보장하는 능력주의 원칙도 그대로 계승했다. 하지만 혁명기의 여러 정부들처럼 입법부에게 많은 자유를 주지 않음으로써, 결국 제국이란 독재로 향할 수밖에 없었던 것이다.

나폴레옹은 탁월한 군사적 재능에 힘입어 혁명의 원칙을 전파할 수 있었고, 스스로도 '혁명의 군인'으로 행세했다. 그에게 정복당한 나라들은 즉시 혁명기와 통령제 정부 시절, 그리고 황제 즉위 이후에 실시된 개혁들을 도입했고, 경우에 따라서는 루이 보나파르트가 형을 대신해 나폴레옹 법전을 전수한 네덜란드에서처럼 개혁들이 강제로 이뤄지기도 했다. 나폴레옹 법전은 멀리 동쪽의 바르샤바 공국까지 전파되기에 이르렀는데, 자유주의 성향이 강한 알렉산드르 1세는 전쟁 후에도 법 앞의 평등을 비롯한 주요 내용들을 그대로 놔두었다. 반동적 성향이 강한 스페인 같은 곳에서는 현지의 자유주의자들이 만든 헌법이 잠시 빛을 보기는 했지만, 프랑스군의 침략에 편승한 정치·사회적 개혁이 아무런 결실을 맺지 못한 반면, 그 밖의 이탈리아 등지에서는 나폴레옹의 개혁이 광범위하고 지속적이며 간혹 심대하기까지 한 영향을 끼쳤다.

혁명 이후 프랑스에서 종사제도serfdom가 폐지되자, 나폴레옹은 독일 서부와 남부, 이탈리아를 비롯한 대부분의 유럽 땅에서도 이를 폐지했다. 이탈리아의 도시국가 가운데 가장 가난하고, 정치적으로 낙후된 나폴리에서조차 돌아온 군주 페르난도가 민법전을 교체하거나 봉건체제를 되살릴 방법은 없었다. 반동 세력들은 어느 정도 왕실의 권위를 회복할 수 있었지만, 몇몇 경우에 10년이나 그 이상에 걸쳐 권좌를 비웠던 사이에 벌어진 수많은 사회·경제적 변화를 되돌리기에는 힘이 달렸다.

나폴레옹은 다른 어느 곳보다도 독일의 정치에 커다란 흔적을 남겼지만, 그 내용을 결정한 것은 그가 아니라 프로이센인들이었다. 그들은 어떻게 몰락한 국가가 패배를 딛고 총체적인 자기 혁신을 이루었는지에 관한 모범적인 사례를 보여주었다. 앞에서도 살펴보았듯이 요르크와 블뤼허, 샤른호르스트, 그나이제나우 같은 프로이센인들은 군대뿐만이 아니라 사회 전체를 철저하게 혁신함으로써 궁극적인 독일 통일과 더불어 자국 군대를 유럽 대륙 최고의 군대로 부상시킬 수 있는 기틀을 마련했다. 1807년~1815년에 뿌려진 독일 민족주의의 씨앗은 군국주의와 결합하여 1870년에서 1945년 사이에만 프랑스를 세 번 침략해 프랑스인들에게 쓰디쓴 비탄을 안겨줄 잠재적인 힘이 되었다.

나폴레옹이 추진한 개혁은 대다수가 그의 정권 아래서 실리를 챙기던 중산층을 위한 것이었다. 법적 권리는 경제적 기회 못지않게 크게 신장되었으며, 산업의 부양으로 수백만 프랑스 시민들의 생활수준이 확실히 높아졌다. 이러한 현상은 자연스럽게 정치의식을 성장시켰고, 보다 넓은 정치 참여의 욕구는 이후 1830년대의 혁명을 거치며 수면으로 떠올랐다. 수많은 점령지와 정복지의 부르주아들은 나폴레옹이 정치, 경제 양 측면에서 변화의 긍정적인 원동력이 되어주리라고 기대했다. 민법전으로 각 계층 간의 평등이 보장되고, 봉건제도 및 구체제의 소유권이 행정 개혁을 통해 폐지되는 가운데 귀족들의 특권은 군주제의 승리와 상관없이 날이 갈수록 약화되었다. 물론 프랑스 밖에서는 법적 권리의 신장이 반드시 농민들의 이익으로 직결된 것도 아니었고, 그들의 생활수준이 크게 나아진 것도 아니었다는 것을 분명히 짚고 넘어가야겠지만, 새로운 평등의 원칙 덕분에 어느 정도 사회 진보의 기회가 싹트고, 미래의 경제 발전을 위한 초석이 놓인 것은 사실이었다.

문화 예술 분야에 있어서 나폴레옹은 실제로 많은 유럽인들이 그랬듯이 당연히 파리를 유럽의 문화 중심지로 여겼다. 그는 루브르 박물관을 그림과 조각의 둘도 없는 보고로 만들기 위해 유럽 문화제들의 대대적인 약탈 행위를 합리화했다. 그가 쓴 방법은 극단적이기는 했지만, 온전하게 남겨진 그의 방대한 수집품들을 보기 위해 해마다 수백만 명의 관람객들이 찾아오고 있다. 나폴레옹은 특히 건축에 관심이 많았는데, 그가 세운 건물들 중에서도 당시의 유행에 따라 고전주의 양식에 영감을 얻어 만든 건물들은 대체로 강한 인상을 주는 균형미를 갖추고 있어 오늘날까지 찬탄의 대상이 되고 있다.

군사 분야를 놓고 봤을 때, 나폴레옹이 세인트헬레나에서 내뱉었다고 전해지는 다음과 같은 말은 그 의미가 정확하지는 않지만 많은 의미를 담고 있다. "나는 60번의 전투를 치렀고, 그 과정에서 처음에 몰랐던 것을 배운 적은 없었다." 그렇다면 그의 군사적 유산은 어떻게 평가해야 할까? 이 질문 하나만으로도 무수한 책을 써낼 수 있겠지만, 여기서는 몇 가지만 간단히 살펴보는 것으로 이를 대신하겠다. 역설적이게도 한 세대를 이끈 군인인 나폴레옹은 다른 나라들이 그에게서 얼마나 많은 개혁의 영감을 얻었는가와 무관하게 구스타프 아돌프Gustav Adolf나 프리드리히 대왕 같은 위대한 군사 개혁가가 아니었다. 그가 포병의 대규모 운용 등 병기와 전술의 발전에 기여한 것은 사실이지만, 거대화되는 군대를 비롯한 당시의 많은 변화들은 혁명 전쟁 시기로 대표되는 18세기에 이미 이루어지고 있었다.

그럼에도 불구하고 나폴레옹은 위대한 군사 지휘관들의 전당에서 한 자리를 차지할 자격이 있다. 여기서 중요한 것은 그 이유와 궁극적으로 그가 실패한 이유를 이해하는 것이다. 우선, 나폴레옹은 성공한 지휘관의 특징 중 하나인 엄청난 근면성을 타고 났다. 마몽 원수는 그에 관해 다음과 같은 기록을 남겼다.

그는 사령부 활동에 여유가 생길 때면 어김없이 저녁 6시나 7시에 잠을 청해 자정이나 1시쯤에 다시 일어났다. 이런 식으로 그는 때마침 도착하는 보고서들을 읽고, 관련된 명령을 내릴 준비를 마쳤다.

그는 적의 움직임과 배치에 철두철미하게 대응했고, 자기 군대의 상태를 꿰고 있었다. 그는 정확한 지도를 대단히 중요시했다. 1813년 전쟁 당시 지형에 관한 조언을 위해서 나폴레옹의 참모부에 파견되었던 어느 작센 장교의 기록에 따르면, 어디서든 나폴레옹의 곁을 지킨 콜랭쿠르 장군의 "가슴팍에는 항상 나폴레옹 곁에서 말을 달리다 그가 '지도'라는 한마디만 하면 바로 줄 수 있도록 필요한 지도들이 매달려 있었다"고 한다. 그는 탁월한 조직가이기도 했는데, 1813년과 1814년에 두 번씩이나 그가 군대를 재건할 수 있었다는 사실은 과거의 승리에 도취된 국민들의 지지를 감안한다 해도 나폴레옹의 천재성과 능력을 보여주는 증거였다.

그에게 혁명의 유산인 대규모 군대와 공만 세우면 특권이 보장되었기 때문에 사기가 높았던 병사들 같은 유리한 요소가 있었다는 사실은 분명히 짚고 넘어가야 한다. 이러한 이점을 활용한 나폴레옹은 전례를 찾아볼 수 없는 20만 명이 넘는 대병력을 이끌고 엄청난 거리를 생각지도 못한 속도로 이동하는 탁월한 능력을 보여주었다. 나폴레옹은 일단 군대가 전장에 도착하면 병력의 결집을 간과하기 일쑤인 적의 약점을 찌를 수 있는 위치로 엄청난 수의 병력과 말, 병기를 이동시키는 특출한 재능을 발휘했다. 이런 식으로 그는 차례대로, 또는 이미 집결해 있는 경우라면 분산시켜서 상대를 격파했다. 그는 자신의 병력을 쓸 때 결정적인 시점에 국지적인 병력 우세를 달성하는 것이 중요함을 알고 있었고, 이를 이용해 아우스터리츠와 예나 같은 전장에서 결정적인 우위를 누릴 수 있었다. 이 같은 전략은 한참 뒤인 워털루 전투에서도 그의 필살기로 쓰였다.

그러나 나폴레옹은 이 전략이 뜻대로 풀리지 않거나 적들이 이를 써먹을 기회를 내주지 않을 경우 패배를 맛봐야 했다. 사상 최대 규모의 군대를 동원했음에도 불구하고 나폴레옹의 러시아 원정이 실패로 돌아간 것은 정치적으로 프랑스 내부를 단속하는 것은 둘째치고, 군사적 성공을 거두기 위한 방대한 병력의 통솔마저 그 혼자 힘만으로는 불가능했기 때문이다. 그는 자신이 거느린 군대의 규모 자체가 작전 지역 내의 열악한 통신 및 농업 여건과 맞물려 감당할 수 없는 막대한 병참 수요를 발생시킨다거나 고속 행군과 현지 조달을 불가능하게 만든다는 사실을 깨닫지 못했다. 러시아군은 보로디노에서 프랑스군을 저지하려고 했지만, 결국에는 프랑스 대육군의 추격권 밖으로 후퇴해버렸다. 나폴레옹이 전쟁에서 승리할 길은 상대의 군대에게 치명타를 가하는 것뿐이었다. 그러나 알렉산드르 1세는 그런 기회를 주지 않았고, 싸움을 회피하면서 수도를 포함한 영토를 내줌으로써 결국에는 나폴레옹 스스로 상황을 감당할 수 없도록 만들었다. 나폴레옹은 우유부단해진 데다가 러시아인들이 협상을 제안해올 것이라고 오판하여 모스크바에서 물러날 시기를 차일피일 미루다가 다가오는 겨울을 피할 수 없게 되었다. 보다 거시적인 지정학적 전략의 측면에서 봤을 때, 그가 저지른 치명적 실수는 훗날 히틀러도 되풀이했다. 그는 아직 굴복하지 않은 적(이베리아 반도의 영국)을 배후에 남겨둔 채 방대한 영토와 혹독한 기후를 가진 러시아를 새로운 적으로 삼음으로써 대규모 군대가 무방비 상태로 겨울을 맞이하게 만들었다.

대부분의 병력을 자신이 직접 통제해야만 직성이 풀렸던 나폴레옹의 지휘 성향이 수많은 승리를 낳은 것은 사실이지만, 그가 직접 나서서 상황을 돌볼 수 없는 곳에서는 이것이 역효과를 낳았다. 그는 전투 계획 입안과 수행 과정 전반을 홀로 도맡다시피 함으로써 부하들에 대한 불신을 드러냈고, 이것은 결국 상설 참모체계의 형성을 막아 상설 참모부 구성에 필요한 토대가 쌓일 수 없게 만들었다. 이러한 토대는 프로이센인이 대신 쌓아올렸고, 상설 참모 조직을 발전시킨 그들은 이윽고 19세기 후반에 이르자 프랑스를 밀어내며 유럽 대륙의 패권 국가로 떠올랐다.

결국에 나폴레옹은 지나친 야심과 과도한 영토 확장 때문에 유럽은 물론이고 프랑스를 다스릴 기회마저 날리고 말았다. 하지만 그가 남긴 유산은 고작 10년이란 그의 집권기에 형성된 것임에도 불구하고 오늘날까지 깊고 끈질긴 지속력을 발휘하고 있다. 나폴레옹의 생애와 전쟁을 다룬 책들이 수없이 많이 나와 있고, 군인이나 민간인을 가리지 않고 새로운 세대에게 영감을 불어넣어주는 책들이 계속해서 나오고 있다는 사실은 퇴색하지 않는 그의 매력을 분명하게 보여주는 증거라고 할 수 있다.

연표

1803

5월 20일   프랑스와 영국이 전쟁에 돌입하다.

1804

12월 2일   나폴레옹이 프랑스 제국의 황제로 등극하다.

1805

10월 9일   네가 군츠부르크에서 도나우 강을 건너다.
10월 14일   네가 엘힝엔에서 오스트리아군을 둘러싼 포위망을 완성하다.
10월 19일   마크와 오스트리아군이 울름에서 투항하다.
10월 21일   트라팔가르 전투.
10월 30일   마세나가 칼디에로에서 칼 대공과 격돌하다.
11월 10일   모르티에가 뒤렌슈타인에서 궤멸을 모면하다.
12월 2일   아우스터리츠 전투.
12월 26일   오스트리아가 프레스부르크 조약으로 화평에 합의하다.

1806

1월 23일   피트 사망.
2월 14일   마세나가 나폴리 침공을 이끌다.
3월 30일   나폴레옹의 형 조제프가 나폴리 왕이 되다.
6월 5일   나폴레옹의 동생 루이가 네덜란드 왕이 되다.
7월 12일   라인 동맹 창설.
8월 6일   신성로마제국 해체.
8월 9일   러시아가 전시 동원체제에 돌입하다.
10월 7일   나폴레옹이 프로이센의 최후통첩을 받다. 이튿날 국경을 넘어 진군
           하다.

10월 10일	잘펠트 전투.
10월 14일	예나와 아우어슈테트의 이중 전투.
10월 27일	나폴레옹이 베를린에 입성하다.
11월 21일	나폴레옹이 대륙봉쇄령을 선포하다.
11월 28일	프랑스군이 바르샤바에 입성하다.
12월 26일	푸투스크와 골뤼민 전투.

1807

2월 8일	아일라우 전투.
3월 21일	영국군의 이집트 원정이 다미에타 전투의 패배로 막을 내리다.
5월 27일	터키의 셀림 3세가 암살당하다.
6월 10일	하일스베르크 전투.
6월 14일	프리틀란트 전투.
7월 7일	프랑스가 러시아 및 프로이센과 틸지트 화약을 맺다.
9월 7일	코펜하겐이 영국군에게 항복하다.
10월 18일	프랑스군이 스페인을 지나 포르투갈로 진군하다.
10월 27일	프랑스와 스페인이 퐁텐블로 조약을 체결하다.
11월 30일	쥐노가 리스본을 점령하다.

1808

2월 16일	프랑스군이 스페인으로 진주하다.
3월 17일	스페인의 카를로스 4세가 하야하다.
3월 23일	프랑스군이 마드리드를 점령하다.
4월 16일	바욘 회담 개시.
5월 2일	도스 데 마요, 마드리드 봉기.
6월 6일	조제프 보나파르트가 스페인 왕으로 선포되다.
6월 8일	아스투리아스의 훈타가 영국에 지원을 요청하다.
6월 15일~8월 13일	제1차 사라고사 포위전.
7월 14일	베시에르가 메디나 델 리오세코에서 케스타와 블라케가 이끄는 스페인군을 격파하다.
7월 21일	뒤퐁이 바일렌에서 휘하 군단과 함께 투항하다.

8월 1일	웰링턴의 군대가 포르투갈에 상륙하다. 조제프가 마드리드에서 탈출하다.
8월 17일	웰링턴이 롤리차에서 프랑스군을 격파하다.
8월 21일	웰링턴이 비미에루에서 쥐노를 격파하다.
9월 27일	에어푸르트 회의 개막.
10월 30일	프랑스군이 포르투갈에서 물러나다.
11월 4일	나폴레옹이 스페인에 도착해 에브로 강 선의 스페인군을 공격하려 하다.
11월 10일	에스피노사와 하모날 전투.
11월 23일	투델라 전투. 프랑스군이 스페인군을 격파하다.
11월 29일~30일	소모시에라 전투.
12월 4일	나폴레옹이 마드리드에 입성하다.
12월 10일	존 무어 경이 살라망카에서 진격을 개시하다.
12월 20일	제2차 사라고사 포위전 개시.
12월 25일~1월 14일	코루나 후퇴.

1809

1월 13일	빅토르가 우클레스에서 베네가스를 격파하다.
1월 16일	코루나 전투.
2월 20일	사라고사 함락.
3월 22일	프랑스군이 오포르투를 장악하다.
3월 28일	메델린 전투. 빅토르가 케스타를 격파하다.
4월 9일	제5차 대프랑스 동맹 선포. 오스트리아군이 바이에른을 공격하다.
4월 16일	사칠레 전투.
4월 19일	라쉰 전투.
4월 20일	나폴레옹이 아벤스베르크 전투를 승리로 이끌다.
4월 22일	웰링턴이 포르투갈로 복귀하다.
5월 3일	에벨스베르크 전투.
5월 8일	피아베 전투.
5월 12일	웰링턴이 오포르투에서 술트를 격파하다.
5월 13일	나폴레옹이 빈에 입성하다.

5월 21/22일	아스퍼른-에슬링 전투.
5월 24일	헤로나 포위전 개시.
5월 27일~28일	웰링턴이 탈라베라에서 프랑스군을 격파하다.
6월 14일	랍 전투.
7월 5/6일	나폴레옹이 바그람 전투를 승리로 이끌다.
7월 12일	츠나임 휴전조약으로 1809년 전투가 막을 내리다.
7월 29일	영국군이 발헤렌에 상륙하다.
9월 17일	러시아가 프레드릭스함 화약으로 스웨덴에게서 뺏은 핀란드의 영유권을 인정받다.
10월 18일	스페인군이 타마메스에서 승리하다.
10월 20일	토레스베드라스 선 건설 개시.
11월 19일	모르티에가 오카냐와 알바 데 토르메스에서 스페인군을 격파하다.
12월 11일	헤로나 함락.

1810

1월	프랑스군이 안달루시아를 점령하다. 스페인 중앙 훈타가 쿠데타로 전복되다.
2월 5일	프랑스군이 카디스를 공략하다.
7월 10일	마세나가 시우다드로드리고를 점령하다.
7월 24일	네가 코아 강에서 크로퍼드를 격파하다.
7월 28일	알메이다가 항복하다.
8월 21일	베르나도트가 스웨덴 황태자로 임명되다.
9월 16일	멕시코 반란.
9월 24일	카디스 인근에서 새로운 스페인 의회가 설립되다.
9월 27일	부사쿠 전투. 웰링턴이 마세나를 격파하다.
10월 10일	웰링턴이 토레스베드라스 선에 자리를 잡다.
10월 14일	마세나가 토레스베드라스 선에 부딪쳐 정지하다.
11월 16일	프랑스군이 토레스베드라스 선에서 물러나다.

1811

1월 26일	프랑스군이 바다호스를 포위하다.

2월 19일	술트가 헤보라 강에서 스페인군을 격파하다.
3월 5일	그레이엄이 바로사 전투에서 승리하다. 프랑스군이 포르투갈을 떠나다.
3월 9일	바다호스가 프랑스군에게 굴복하다.
3월 15일	마세나가 스페인으로 후퇴하다.
5월 1일	웰링턴이 알메이다를 점령하다.
5월 3일~5일	푸엔테스 데 오뇨로 전투. 웰링턴이 마세나를 격파하다.
5월 6일~15일	영국군의 제1차 바다호스 공략.
5월 16일	알부에라 전투.
5월 19일~6월 17일	영국군의 제2차 바다호스 공략. 결과는 실패.
7월 5일	베네수엘라가 스페인에게 독립을 선언하다.
9월 25일	엘보돈 전투.
12월 1일	러시아 황제 알렉산드르 1세가 대륙체제를 공식적으로 거부하다.

1812

1월 8일	시우다드로드리고 포위전.
1월 19일	영국군이 시우다드로드리고를 강습해 점령하다.
3월 16일	웰링턴이 제3차 바다호스 공략을 개시하다.
3월 24일	러시아와 스웨덴의 비밀조약.
4월 6일~7일	웰링턴이 바다호스를 점령하다.
5월 28일	러시아와 터키가 부쿠레슈티 조약을 체결하다.
6월 18일	미국이 영국에 선전포고하다.
6월 24일	프랑스군이 니멘 강을 건너다.
7월 23일	살라망카 전투.
8월 12일	웰링턴이 마드리드에 입성하다.
8월 17일~19일	스몰렌스크와 발루티노 전투.
8월 24일	프랑스군이 카디스 공략을 포기하다.
9월 7일	나폴레옹이 보로디노 전투를 승리로 이끌다.
9월 14일	프랑스군이 모스크바에 입성하다.
9월 19일~10월 22일	웰링턴이 부르고스를 포위하다.
10월 2일	웰링턴이 스페인군 총사령관에 임명되다.

10월 19일   프랑스군이 모스크바에서 철수하다.

10월 22일~11월 19일   연합군이 부르고스에서 시우다드로드리고로 퇴각하다.

10월 23일   파리에서 말레 장군의 역모가 발생하다.

10월 24일~25일 나폴레옹이 말로야로슬라베츠에서 퇴로를 저지당하다.

11월 2일   프랑스군이 마드리드를 되찾다.

11월 27일~29일   나폴레옹이 베레지나 강에서 러시아군의 포위를 뚫고 나오다.

12월 5일   나폴레옹이 대육군을 뒤로 한 채 파리로 돌아가다.

12월 14일   프랑스군 후위대가 니멘 강에 도착하다. 1812년 전투 종결.

12월 28일   프로이센의 요르크 장군이 타우로겐 협정에 서명하다.

12월 30일   1813년 전투가 시작되다.

1813

1월 16일   러시아군이 비스와 강을 건너다.

2월 7일   러시아군이 저항 없이 바르샤바에 입성하다.

2월 28일   프로이센이 러시아와 맺은 칼리슈 예비조약을 승인하다.

3월 3일   영국과 스웨덴이 스톡홀름 조약을 맺다.

3월 12일   프랑스군 수비대가 함부르크를 포기하다.

3월 13일   프로이센이 프랑스에 선전포고하다.

3월 27일   연합군이 작센의 수도 드레스덴을 점령하다.

4월 3일   뫼커른 전투.

5월 1일   프랑스군이 독일 영내에서 공세를 개시하다.

5월 2일   라이프치히 전투.

5월 8일   프랑스군이 드레스덴을 되찾다.

5월 20일~21일   바우첸 전투.

5월 22일   웰링턴이 공세를 개시하다.

5월 27일   프랑스군이 마드리드에서 물러나다.

5월 28일   프랑스군이 함부르크를 되찾다.

6월 1일   프랑스군이 브레슬라우에 도착하다.

6월 2일   연합군이 타라고나를 포위하다.

6월 3일   연합군이 두에로 강을 건너다.

6월 4일   연합군과 나폴레옹이 휴전에 합의하다.

6월 13일	프랑스군이 부르고스를 포기하다. 연합군이 타라고나 공략을 포기하다.
6월 17일	웰링턴이 에브로 강을 건너다.
6월 21일	비토리아 전투. 웰링턴이 조제프 왕을 격파하다.
6월 28일	산세바스티안 포위전 개시.
6월 30일	팜플로나 포위전.
7월 7일	스웨덴이 연합군에 합류하다.
7월 11일	술트가 피레네 지역 프랑스군 총사령관으로 임명되다.
7월 19일	오스트리아가 라이헨바흐 조약에 합의하다.
7월 25일	술트가 피레네 지역에서 반격에 나서 마야와 론세스바예스를 공격하다.
7월 28일~30일	웰링턴이 소라우렌에서 술트를 격파하다.
8월 12일	오스트리아가 프랑스에 선전포고하다.
8월 13일	프로이센군이 진격을 개시하다. 휴전협정이 조기 소멸되다.
8월 23일	그로스베렌 전투.
8월 26일~27일	드레스덴 전투.
8월 30일	쿨름 전투.
8월 31일	그레이엄이 산세바스티안을 점령하다. 베라 전투. 웰링턴이 산마르시알에서 술트를 물리치다.
9월 6일	데네비츠 전투.
9월 8일	산세바스티안 요새 항복.
9월 24일	프랑스군이 엘베 강 이서로 후퇴하다.
10월 6일	리트 조약.
10월 7일	연합군이 비다소아 강을 건너 프랑스 영내로 진입하다.
10월 9일	뒤벤 전투.
10월 14일	리버트볼크비츠 전투.
10월 16일~18일	라이프치히 전투. 나폴레옹이 라인 강까지 후퇴하며 독일의 지배권을 포기하다.
10월 18일	뷔르템부르크와 작센이 연합군에 가담하다.
10월 30일	하나우 전투.
10월 31일	프랑스군이 팜플로나에서 항복하다.

11월 10일	웰링턴이 니벨 강에서 술트를 격파하다.
12월 9일~12일	웰링턴이 니브 강에서 술트를 격파하다.
12월 11일	발랑세 조약.
12월 13일	생피에르 전투.
12월 22일	일부 연합군 병력이 라인 강을 건너 프랑스로 진입하다.

1814

1월 11일	나폴리 왕 뮈라가 연합군에 가담하다.
1월 14일	덴마크가 킬에서 연합군과 화약을 맺다.
1월 22일	프로이센군이 뫼즈 강을 건너 프랑스로 진입하다.
1월 27일	생디지에 전투.
1월 29일	브리엔 전투.
2월 1일	라로티에르 전투.
2월 3일	샤티옹쉬르센에서 평화교섭이 시작되다.
2월 10일	샹포베르 전투. 6일 전투의 시작.
2월 11일	몽미랄 전투.
2월 12일	샤토티에리 전투.
2월 14일	보샹 전투.
2월 17일	발주앙 전투.
2월 18일	몽트로 전투.
2월 25일	연합군이 바르쉬르오브에서 전쟁회의를 열다.
3월 7일	크라온 전투.
3월 9일	쇼몽 조약.
3월 9일~10일	라옹 전투.
3월 13일	랭스 전투.
3월 20일	아르시쉬르오브 전투.
3월 24일	연합군이 소마지스에서 전쟁회의를 열다.
3월 25일	라페르샹프누아즈 전투.
3월 31일	몽마르트르와 파리의 프랑스군이 투항하다.
4월 6일	나폴레옹이 하야하다.
4월 16일	퐁텐블로 조약으로 나폴레옹에게 엘바 섬의 주권이 주어지다.

4월 17일	술트 원수가 남부 프랑스에서 웰링턴에게 항복하다. 반도 전쟁 종결.
4월 28일	나폴레옹이 엘바 섬으로 출발하다.
4월 30일	파리 조약 체결. 정식으로 전쟁이 막을 내리다.
11월 1일	빈 회의가 시작되다.

1815

2월 26일	연합군이 바욘을 포위하다.
2월 27일	웰링턴이 오르테스에서 술트를 격파하다.
3월 1일	나폴레옹이 엘바 섬을 탈출해 프랑스에 상륙하다.
3월 14일	네가 옥세르에서 군대와 함께 나폴레옹의 편으로 돌아서다.
3월 15일	나폴리 왕 뮈라가 오스트리아에 선전포고하다.
3월 20일	타르베스 전투.
3월 20일	나폴레옹이 파리로 입성하다. '백일천하' 의 시작.
3월 24일	페르난도 7세가 스페인으로 돌아오다.
3월 25일	연합국 대표단이 아직 빈 회의가 진행 중인 가운데 제7차 동맹의 결성에 합의하다.
4월 6일	파리의 루이 18세가 하야하다.
4월 10일	웰링턴이 툴루즈에서 술트를 격파하다.
4월 14일	프랑스군이 바욘에서 출격하다.
4월 17일	술트가 항복하다.
4월 27일	바욘이 항복하다.
4월 30일	파리 조약.
5월 2일~3일	나폴레옹이 톨렌티노 전투에서 오스트리아에게 패하다.
6월 9일	빈 회의가 중단되다.
6월 15일	나폴레옹이 상브르 강을 건너 벨기에로 진입하다.
6월 16일	콰트르브라와 리니에서 동시에 전투가 펼쳐지다.
6월 18일	워털루와 와브르 전투.
6월 22일	나폴레옹이 하야하다. 이후, 영국에 투항하다.
8월 8일	나폴레옹이 세인트헬레나로 유배되다.
9월 26일	빈에서 신성동맹이 체결되다.
11월 20일	제2차 파리 조약.

더 읽어볼 자료

Alexander, Don, *Rod of Iron: French Counterinsurgency Policy in Aragon during the Peninsular War* (Wilmington, Del., Scholarly Resources, 1985).

Arnold, James, *Crisis on the Danube: Napoleon's Austrian Campaign of 1809* (Paragon House, 1990).

Bond, Gordon, *The Great Expedition*

Boutflower, Charles, *The Journal of an Army Surgeon during the Peninsular War* (New York, De Capo Press, 1997).

Bowden, Scott, *Armies on the Danube 1809* (Emperor's Press, 1989).

_____, *The Glory Years: Napoleon and Austerlitz* (Emperor's Press, 1997).

Brett-James, Anthony, *Life in Wellington's Army* (London, Allen and Unwin, 1972).

Bragge, William, *Peninsular Portrait, 1811-1814: The Letters of Capt. W. Bragge, Third (King's Own) Dragoons*, ed., S. A. Cassels (London, Oxford University Press, 1963).

Chalfont, Lord, ed., *Waterloo: Battle of Three Armies* (New York, Alfred Knopf, 1980).

Chandler, David, *The Campaigns of Napoleon* (London, Macmillan, 1966).

Chartrand, René, *Bussaco 1810* (Oxford, Osprey Publishing, 2001).

_____, *Vimeiro 1808* (Oxford, Osprey Publishing, 2001).

Chlapowski, Dezydery, *Memoirs of A Polish Lancer* (Emperor's Press, 1992).

Clausewitz, Carl von, *The Campaign of 1812 in Russia* (Greenhill Books, 1992).

Costello, Edward, *Adventures of a Soldier: The Peninsular and Waterloo Campaigns*, ed., Antony Brett-James (London, Longmans, 1967).

Dallas, Gregor, *The Final Act: The Roads to Waterloo* (New York, Henry Holt, 1996).

Davies, David, *Sir John Moore's Peninsular Campaign, 1808-1809* (The Hague, M. Nijhoff, 1974).

Delderfield, R. F., *Imperial Sunset: The Fall of Napoleon, 1813-14* (New York, Stein and Day, 1980).

Duffy, Christopher, *Austerlitz 1805* (Cassell, London, 1999).

_____, *Borodino* (Cassell & Co., 1999).

Elting, J. R., *Swords Around a Throne: Napoleon's Grande Armée* (London, Weidenfeld & Nicolson, 1988).

Epstein, Robert, *Prince Eugene at War* (Empire Press, 1984).

Epstein, Robert M., *Napoleon's Last Victory and the Emergence of Modern War*

(University Press of Kansas, 1994).

Esdaile, Charles, *The Spanish Army in the Peninsular War* (Manchester, Manchester University Press, 1988).

_____, *The Duke of Wellington and the Command of the Spanish Army, 1812-14* (Houndmills, Basingstoke, Hampshire, Macmillan, 1990).

Esposito, Vincent J., and Elting, John R., *Military History & Atlas of the Napoleonic Wars* (Greenhill Books, 1999).

Fletcher, Ian, et. al., *Aspects of the Struggle for the Iberian Peninsula* (Staplehurst, Kent, Spellmount Publishing, 1998).

Fletcher, Ian, *Badajoz 1812* (Oxford, Osprey Publishing, 1999).

_____, *Bloody Albuera: The 1811 Campaign in the Peninsula* (Crowood Press, 2001).

_____, *Galloping at Everything: The British Cavalry in the Peninsular War and at Waterloo, 1808-15* (Staplehurst, Kent, Spellmount Publishing, 2001).

_____, *Salamanca 1812* (Oxford, Osprey Publishing, 1997).

_____, *Vittoria 1813* (Oxford, Osprey Publishing, 1998).

Fletcher, Ian, ed., *Voices from the Peninsula: Eyewitness Accounts by Soldiers of Wellington's Army, 1808-1814* (London, Greenhill Books, 2001).

Fortescue, Sir John, *History of the British Army*, 13 vols. (London, Macmillan, 1910-1930).

Gates, David, *The Spanish Ulcer: A History of the Peninsular War* (London, W. W. Norton & Co., 1986; repr, 2001).

Gill, John H., *With Eagles to Glory: Napoleon and his German Allies in the 1809 Campaign* (Greenhill Books, 1992).

Glover, Michael, *Legacy of Glory: The Bonaparte Kingdom of Spain* (New York, Charles Scribner, 1971).

_____, *The Peninsular War, 1807-14: A Concise Military History* (Newton Abbot, David & Charles, 1974).

_____, *Wellington's Army in the Peninsula, 1808-1814* (New York, Hippocrene Books, 1977).

_____, *Wellington as Military Commander* (London, Batsford, 1968).

_____, *Wellington's Peninsular Victories* (London, Batsford, 1963).

Grehan, John, *The Lines of Torres Vedras: The Cornerstone of Wellington's Strategy in the Peninsular War, 1809-1812* (Staplehurst, Spellmount Press, 2000).

Griffith, Paddy, ed., *A History of the Peninsular War: Modern Studies of the War in Spain and Portugal, 1808-1814* (London, Greenhill Books, 1999).

Griffith, Paddy, *Wellington Commander* (Chichester, Sussex,.Anthony Bird, 1985).

Guedalla, Philip, *The Duke* (London, Hodder & Stoughton, 1931).

Hamilton-Williams, *David, The Fall of Napoleon: The Final Betrayal* (London, Arms and Armour Press, 1994).

Harris, John, *Recollections of Rifleman Harris* (London, 1848.; repr. Hamden, Conn, Archon Books, 1970).

Haythornthwaite, Philip, *The Napoleonic Sourcebook* (London, Arms and Armour Press, 1990).

_____, *The Armies of Wellington* (London, Arms and Armour Press, 1994).

_____, *Corunna 1809* (Oxford, Osprey Publishing, 2001).

_____, *Uniforms of the Peninsular War* (Blandford Press, Poole, Dorset, 1978).

Henderson, E. F., *Blucher and the Uprising against Napoleon* (New York, G. P. Putnam's Sons, 1911).

Hibbert, Christopher, *Corunna* (New York, Macmillan, 1961).

Hofschröer, Peter, *Leipzig 1813* (Oxford, Osprey Publishing, 1993, repr. 2000).

_____, *Lützen and Bautzen 1813* (Oxford, Osprey Publishing, 2001).

Hourtoulle, F.-G., *Jena, Auerstadt, the Triumph of the Eagle*

Howarth, David, *Waterloo: Day of Battle* (New York, Athaneum, 1968).

Humble, Richard, *Napoleon's Peninsular Marshals*, London, Purcell Book Services, 1973.

Jones, Proctor Patterson, *Napoleon: An Intimate Account of the Years of Supremacy: 1800-1814*, Random House, USA, 1992

Josselson, Michael, *The Commander: A Life of Barclay de Tolly*, Oxford University Press, 1980

Lachouque, Henri, Tranié, Jean and Carmigniani, J-C., *Napoleon's War in Spain* (London, Arms and Armour Press, 1982).

Larpent, F. Seymour, *Private Journal of F. Seymour Larpent, Judge-Advocate General* (London, R. Bentley, 1853; repr. 2001).

Lawford, James, *Napoleon: The Last Campaigns, 1813-15* (New York, Crown Publishers, 1977).

Longford, Elizabeth, *Wellington: The Years of the Sword* (New York, Harper & Row, 1969; repr. 1985).

Lovett, Gabriel, *Napoleon and the Birth of Modern Spain*, 2 vols (New York, NYU Press, 1965).

Mercer, Cavalié, *Journal of the Waterloo Campaign* (London, Blackwood, 1870, repr. New York, Da Capo Press, 1995).

Murray, Venetia, *High Society in the Regency Period, 1788-1830* (London, Penguin, 1998).

Myatt, Frederick, *British Sieges in the Peninsular War* (Tunbridge Wells, Spellmount Press, 1987).

Nafziger, George, *Lützen and Bautzen: Napoleon's Spring Campaign of 1813* (Chicago, 1992).

_____, *Napoleon at Dresden: The Battles of August 1813* (Rosemont, IL, Emperor's Headquarters, 1991).

_____, *Napoleon at Leipzig: The Battle of the Nations 1813* (Rosemont, IL, Emperor's Headquarters, 1997).

Nafziger, George, *Napoleon's Invasion of Russia* (Presidio Press, 1988).

Napier, William, *A History of the War in the Peninsula and the South of France,*

1807-1814, 6 vols. (London, T & W Boone, 1832-40; repr. 1993).

Nicholson, Harold, *The Congress of Vienna: A Study in Allied Unity, 1812-1822* (London, Constable, 1948, repr. New York, Harvest Books, 1974).

Oman, Sir Charles, *A History of the Peninsular War*, 7 vols. (Oxford University Press, 1902-30; repr. 1996).

Paget, Julian, *Wellington's Peninsular War* (London, Leo Cooper, 1990).

Parkinson, Roger, *The Peninsular War* (London, Granada, 1973; repr. 2000).

Palmer, Alan, *Napoleon in Russia: The 1812 Campaign* (Simon & Schuster, 1967).

_____, *Metternich* (Harper & Row, 1972).

Paret, Peter, *Yorck and the Era of Prussian Reform* (Princeton, Princeton University Press, 1966).

Pelet, Jean Jacques, *The French Campaign in Portugal, 1810-1811: An Account*, ed. and trans., Donald Horward (Minneapolis, University of Minnesota Press, 1973).

Petre, F. Lorraine, *Napoleon and the Archduke Charles* (Greenhill Books, 1991).

Petre, F. Loraine, *Napoleon's Conquest of Prussia 1806* (Greenhill Books, 1993).

_____, *Napoleon's Campaign in Poland 1806-1807* (Greenhill Books, forthcoming)

_____, *Napoleon at Bay, 1814* (London, John Lane, 1914, repr. London, Arms & Armour Press, 1977).

_____, *Napoleon's Last Campaign in Germany, 1813* (London, John Lane, 1912, repr. London, Arms & Armour Press, 1977).

Rathbone, Julian, *Wellington's War: Peninsular Dispatches presented by Julian Rathbone* (London, Michael Joseph, 1984).

Rudorff, R., *War to the Death: the Sieges of Saragossa* (London, Hamish Hamilton, 1974).

Schaumann, A. L. F., *On the Road with Wellington: The Diary of a War Commissary* (London, Greenhill Books, 1999).

Shanahan, W. O., *Prussian Military Reforms, 1786-1813* (New York, Columbia University Press, 1945).

Simmons, George, *A British Rifleman: The Journals and Correspondence of Major George Simmons, Rifle Brigade* (London, A & C Black, 1899).

Smith, Digby, *1813 Leipzig: Napoleon and the Battle of the Nations* (London, Greenhill Publishing, 2001).

Suchet, Louis-Gabriel, *Memoirs of the War in Spain* (London, H. Colburn, 1829).

Thiers, Louis, *A History of the Consulate and Empire under Napoleon*

Tomkinson, Lt.-Col. William, *The Diary of a Cavalry Officer in the Peninsular and Waterloo Campaigns, 1809-1815* (London, S. Sonnenschein & Co, 1894; repr. 2000).

Tone, John, *The Fatal Knot: The Guerrilla War in Navarre and the Defeat of Napoleon in Spain* (Chapel Hill, University of North Carolina Press, 1994).

Vachee, Colonel, *Napoleon at Work*

von Brandt, Heinrich, *In the Legions of Napoleon: The Memoirs of a Polish Officer in Spain and Russia, 1808-1813*, trans. and ed., Jonathan North (London, Greenhill Books, 1999).

Walter, Jakob, (trans. Marc Raiff), *The Diary of a Napoleonic Foot Soldier* (Doubleday, 1991).

Weller, Jac, *Wellington in the Peninsula* (London, N. Vane, 1962, repr. 1992).

Wheatley, Edmund, *The Wheatley Diary*, ed., Christopher Hibbert (London, Longmans, 1964).

Wheeler, W., *The Letters of Private Wheeler, 1809-28*, ed., B. H. Liddell-Hart (Boston, Houghton Mifflin, 1951).

Webster, Sir Charles, *The Congress of Vienna, 1814-1815* (New York, Barnes & Noble, 1963).

_____, *The Foreign Policy of Castlereagh, 1812-1815: Britain and the Reconstruction of Europe* (London, G. Bell and Sons, 1931).

Wellington, Duke of, *Supplementary Dispatches and Memoranda*, 15 vols., ed., his son, (London, John Murray, 1858-72).

_____, *Dispatches of Field Marshal the Duke of Wellington*, ed., Col. J. Gurwood, 8 vols. (London, Parker, Furnivall & Parker, 1844; repr. Millwood NY, Kraus Reprint Co., 1973).

Wooten, Geoffrey, *Waterloo 1815* (Oxford, Osprey Publishing, 1999).

찾아보기

한국국방안보포럼(KODEF)은 21세기 국방정론을 발전시키고 국가안보에 대한 미래 전략적 대안을 제시하기 위해 뜻있는 군·정치·언론·법조·경제·문화 마니아 집단이 만든 사단법인입니다. 온·오프라인을 통해 국방정책을 논의하고, 국방정책에 관한 조사·연구·자문·지원 활동을 하고 있으며, 국방 관련 단체 및 기관과 공조하여 국방 교육 자료를 개발하고 안보의식을 고양하는 사업을 하고 있습니다. http://www.kodef.net

KODEF 세계전쟁사 ❹

나폴레옹 전쟁
근대 유럽의 탄생

개정판 1쇄 발행 2020년 12월 28일
개정판 2쇄 발행 2024년 7월 19일

지은이 | 그레고리 프리몬-반즈 · 토드 피셔
옮긴이 | 박근형
펴낸이 | 김세영

펴낸곳 | 도서출판 플래닛미디어
주소 | 04044 서울시 마포구 양화로6길 9-14 102호
전화 | 02-3143-3366
팩스 | 02-3143-3360
블로그 | http://blog.naver.com/planetmedia7
이메일 | webmaster@planetmedia.co.kr
출판등록 | 2005년 9월 12일 제313-2005-000197호

ISBN 979-11-87822-54-7 03900